企业会计准则培训指导用书

企业会计准则
疑难点解析与账务处理实务

苏培添 项国 ◎ 编著

图书在版编目（CIP）数据

企业会计准则疑难点解析与账务处理实务 / 苏培添，项国编著 . -- 上海：立信会计出版社，2025.3.
ISBN 978-7-5429-7904-9

Ⅰ．F279.23

中国国家版本馆 CIP 数据核字第 2025P3Y074 号

责任编辑　　胡蒙娜

企业会计准则疑难点解析与账务处理实务
QIYE KUAIJI ZHUNZE YINANDIAN JIEXI YU ZHANGWU CHULI SHIWU

出版发行	立信会计出版社		
地　　址	上海市中山西路 2230 号	邮政编码	200235
电　　话	（021）64411389	传　　真	（021）64411325
网　　址	www.lixinaph.com	电子邮箱	lxaph@sh163.net
网上书店	www.shlx.net	电　　话	（021）64411071
经　　销	各地新华书店		

印　　刷	北京鑫海金澳胶印有限公司
开　　本	787 毫米 ×1092 毫米　1/16
印　　张	29.5
字　　数	645 千字
版　　次	2025 年 3 月第 1 版
印　　次	2025 年 3 月第 1 次
书　　号	ISBN 978-7-5429-7904-9/F
定　　价	96.00 元

如有印订差错，请与本社联系调换

前　言

在当代经济迅猛发展的背景下，资本市场（尤其是证券市场）以其独特的生机与活力，成为推动经济体系不可或缺的一环。此活力的源泉，在于上市企业严格遵循法律法规与会计准则体系，确保财务透明度，详尽披露包括财务状况、经营成果及现金流在内的核心财务信息。如果无此详尽的财务报告体系作为支撑，市场信息的非对称性将显著加剧，投资者的权益将得不到充分保护，同时社会资源的有效配置与优化亦会受阻。因此，保障企业财务报告的高标准质量，核心在于深入贯彻并遵循严格而规范的企业会计准则。

市场经济日益成熟的重要标志之一，便是市场运行的规范化和有序化，在这一进程中，企业会计准则无疑发挥着至关重要的作用。其作为会计理论与实践之间的桥梁，既是会计理论的具体化体现，又是会计实务操作的指导原则。它明确了会计核算的基准，为会计制度的建设提供了坚实的基础。因此，构建一套统一、完善的会计准则体系，既是会计管理体制革新的核心内容，也是会计领域深化改革的重中之重。

近年来，中国财政部致力于推进会计准则体系的持续完善与更新。自2017年始，财政部陆续对多个会计核心领域进行了系统性的准则修订与发布工作，这一系列举措涵盖了至关重要的七个方面，包括但不限于收入确认的新规定、政府资助的会计处理方式更新、金融工具的识别与计量标准的完善、金融资产转移操作的指导原则、套期保值活动的会计核算细化、金融工具信息披露框架的强化，以及持有以备出售的非流动资产会计处理方法的明确。这些修订不仅响应了国际会计准则的最新发展，也为企业会计处理方式带来了深刻的变革，对企业的经营管理提出了新的挑战与机遇。

随着全球化经济的深入发展，国际会计准则的趋同对促进我国资本市场的国际化进程具有重要意义。2020—2023年，财政部积极响应国际会计领域的发展趋势，推出了一系列重要的会计准则解释与修订举措等，包括但不限于发布了《企业会计准则解释第14号》与《企业会计准则解释第17号》两项关键性文件，印发了经过修订与完善的《企业会计准则第25号——保险合同》。这些举措不仅体现了我国会计准则体系的不断完善，也彰显了财政部在提升会计信息质量和促进保险行业健康发展方面的坚定决心。

2007年，与国际财务报告准则接轨的企业会计准则在资本市场全面实施，虽然有效推动了我国资本市场的国际化，但在执行层面也面临了一系列挑战。其中包括某些准则条款的模糊性增加了执行中的主观判断空间，国际准则在本土化过程中存在理解偏差，以及市场参与者职业判断能力存在差异等问题，这些都影响了信息的可比性。

面对这些挑战，企业及其管理者需要深刻理解和把握会计准则的最新演变，这对提升财务报告质量、优化企业决策过程具有重要价值。财政部通过发布准则解释和修订，旨在为相关企业和会计师事务所提供更明确和具体的指导，确保会计准则的准确执行，从而为投资者和其他利益相关者提供更加准确和透明的财务信息。

为达成上述宗旨，本书深度融合国际会计准则的前沿思潮与最新演变路径，巧妙融合中国会计准则的精髓与国际标准的共通之处，精准捕捉会计准则变革的先锋信号；通过精心筛选的、具有代表性的实务案例，秉持清晰实用之原则，深入剖析准则执行链条中的核心环节与复杂挑战。本书的出版旨在强化企业财务工作者、高层管理者及非财务决策者等群体在实务场景中灵活运用会计准则、作出精准决策的能力，进而深化他们对新会计准则框架下会计工作的全面理解，拓宽其财务战略视野。

本书的首要亮点在于其"时效性"与"创新性"。本书紧密追踪并深刻反映企业会计准则修订后的核心精神与实践要求，所有案例均取材自上市公司的年度财务报告，确保内容的鲜活与前沿性，为读者提供紧贴时代脉搏的知识资源。同时，本书追求"全面性"与"系统性"。本书构建了一个既全面又系统的会计准则知识体系，为读者提供了从理论到实践的全方位指导。此外，本书的"实战性"与"应用性"是其核心价值所在。它摒弃冗长的理论堆砌，转而采用真实上市公司财务报告作为分析蓝本，通过生动具体的案例剖析，引导读者逐步掌握解决会计准则实际问题的能力，实现理论与实践的有机结合，可为读者的职业发展提供强有力的支持。

鉴于编者能力有限，本书难免存在疏漏之处，恳请广大读者不吝赐教，您的宝贵意见将是编者持续改进的动力源泉。编者的联系邮箱是：supeitian001@163.com。

编者

2025 年 3 月

目 录

1 金融工具准则中金融工具划分原则及会计处理 ············· 1
   1.1 金融工具的分类 ······································· 1
   1.2 评估信用风险是否显著上升 ····························· 5
   1.3 应收款项预期风险的评估方法与信用损失计量 ············· 9
   1.4 区分金融负债与股东权益工具 ··························· 13
   1.5 保理业务实质与账务处理 ······························· 17
   1.6 混合金融工具运用方式和会计处理 ······················· 22
   1.7 公司购入银行信托等理财产品账务处理 ··················· 25
   1.8 资产证券化中资产终止确认的判定问题 ··················· 29
   1.9 金融衍生工具种类划分和财务处理 ······················· 33
   1.10 股份回购中关于确保最低收益的会计处理问题 ············ 36
   1.11 对赌协议中回购股权的业务实质与账务处理 ·············· 39
   1.12 集团内公司借款多种形式的业务判断 ···················· 41
   1.13 公司融券业务的解释及会计处理 ························ 46
   1.14 购入不良债权及其后续处置的会计处理 ·················· 49

2 收入准则中对"合同"的多维解析与权、责时点的把控 ········ 53
   2.1 收入准则适用范围概述 ································· 53
   2.2 商品控制权转移的判断 ································· 54
   2.3 履约义务的识别与确定 ································· 56
   2.4 收入确认时点的判断 ··································· 57
   2.5 主要责任人与代理人的角色界定 ························· 60
   2.6 授予知识产权许可的业务模式和账务处理 ················· 64

2.7 售后代管业务的收入确认问题 66
2.8 关于包含显著融资元素合同的收入确认考量 69
2.9 合同履约进度的计算 72
2.10 合同变更收入确认问题 76
2.11 关于特许权使用费收入的确认问题 80
2.12 关于合同中存在可变对价时的收入确认问题 82
2.13 售后回购业务模式 86
2.14 确认收到非货币形式对价的收入问题 89
2.15 合同合并在收入确认上的处理 91

3 政府补助准则中时点确认、收益计量 94
3.1 判断政府补助确认时点 94
3.2 政府补助的分类与计量 96
3.3 综合性政府补助的确认与计量问题 99
3.4 区分政府补助与营业收入 102
3.5 特殊事项下违约的账务处理 105

4 持有待售的非流动资产、处置组和终止经营准则中业务判断与计量 109
4.1 终止经营的判定 109
4.2 持有待售类别的分类 112
4.3 持有待售类别划分与初始计量 117
4.4 持有待售类别的后续计量 121

5 租赁准则对公司租赁业务会计角度定义与实务操作 129
5.1 交易是否含有租赁的判断 129
5.2 经营租赁业务中同时涉及的激励措施和政府补助的问题 ... 132
5.3 融资租赁手续费的会计处理 134
5.4 售后租回交易的判断及会计处理 137
5.5 涉及保证金和服务费并考虑可抵扣增值税进项税额影响的融资租赁的会计处理 140

5.6　租赁的分拆 ·· 143

6　非货币性资产交换准则 ·· 148
　　6.1　公允价值前提下不涉及补价非货币资产交换业务判断和账务处理 ·············· 148
　　6.2　公允价值前提下涉及补价情形的账务处理 ·············· 153
　　6.3　多项资产换入与换出业务公允价值为计量基础的会计处理 ·············· 157
　　6.4　以账面价值为基础计量的非货币性资产交换 ·············· 163
　　6.5　多项资产以账面价值为基础计量的非货币性资产交换 ·············· 168

7　债务重组实质性特征判断与业务处理 ·············· 173
　　7.1　以金融资产清偿债务的会计处理 ·············· 173
　　7.2　以非金融资产清偿债务的会计处理 ·············· 176
　　7.3　将债务转为权益工具的会计处理 ·············· 180
　　7.4　以多项资产或组合方式偿债的会计处理 ·············· 184
　　7.5　采用修改债务条款方式进行债务重组的会计处理 ·············· 188

8　长期股权投资准则 ·············· 193
　　8.1　复杂交易中处置日判断 ·············· 193
　　8.2　重大影响判断 ·············· 196
　　8.3　处置子公司股权丧失控制权时对剩余股权的会计处理 ·············· 200
　　8.4　对联营企业投资由他方增资导致持股比例下降的会计处理 ·············· 203
　　8.5　子公司以其未分配利润转增资本时母公司的会计处理 ·············· 207
　　8.6　附有业绩补偿条款的长期股权投资的会计处理 ·············· 210
　　8.7　对联营企业以持有股权作为资本增加对另一联营企业投资的会计处理 ·············· 215
　　8.8　联营企业之间交叉持股的会计处理 ·············· 218
　　8.9　已知被收购方将搬迁时购买对价分摊的会计处理 ·············· 221
　　8.10　私募股权投资基金对外投资的会计处理 ·············· 224
　　8.11　同一控制下以名义价格转让净资产为负数公司的会计处理 ·············· 228
　　8.12　资本公积存在借方余额下的长期股权投资减值确认问题 ·············· 232
　　8.13　长期股权投资股权被动稀释的会计处理 ·············· 235

8.14 联营企业发生同一控制下股权重组的会计处理 ……………… 239
8.15 公司通过持有项目公司股权间接获取收益的会计处理 ……… 242
8.16 长期股权投资核算方法转换的公允价值确定问题 …………… 245
8.17 与合营、联营企业之间顺流交易未实现损益的抵销 ………… 248

9 企业合并准则 ……………………………………………………… 253

9.1 企业合并类型的判断 …………………………………………… 253
9.2 购买日/合并日的判断 ………………………………………… 257
9.3 企业合并业务的判断 …………………………………………… 262
9.4 企业合并中商誉的初始确认 …………………………………… 265
9.5 同一控制下企业合并中相同多方问题 ………………………… 267
9.6 被购买方不构成业务但形成控制时购买方的会计处理 ……… 270
9.7 家族内成员之间转让股权形成的企业合并问题 ……………… 272
9.8 上市公司向母公司增发形成同一控制下合并的会计处理 …… 275
9.9 分步交易实现同一控制下合并的会计处理 …………………… 278
9.10 同一实质控制人下企业重组的会计处理 ……………………… 282
9.11 同一控制下企业合并对赌业绩未达标时股份回购注销问题 … 286
9.12 同一控制下企业合并同时完成少数股权收购的会计处理 …… 289
9.13 上市公司无偿受赠股份但需向目标公司分次增资的会计处理 … 292
9.14 收购少数股权与企业合并的关联性问题 ……………………… 296
9.15 非同一控制下合并认缴与实缴资本比例不一致且附有增资承诺的会计
     处理 ……………………………………………………………… 298
9.16 非同一控制下企业合并购买价格的分摊问题 ………………… 302
9.17 非同一控制下企业合并中客户关系的确认问题 ……………… 304
9.18 分步购买实现非同一控制下企业合并的会计处理 …………… 307
9.19 追加投资形成控制的交易性质判断及会计处理 ……………… 309
9.20 企业合并时双方同时存在债权债务关系的会计处理 ………… 313
9.21 以控股子公司股权增资实现非同一控制下合并的会计处理 … 316
9.22 非同一控制下企业合并中业绩补偿和业绩奖励条款的会计处理 … 320
9.23 子公司被重组时原控股股东的会计处理 ……………………… 323

10 保险合同准则 ··· 327
10.1 保险业务概念及业务梳理 ··· 327
10.2 保险合同的分拆 ··· 330
10.3 保险负债的初始计量 ··· 334
10.4 保险负债的后续计量 ··· 338
10.5 具有直接参与分红的保险合同组计量 ··· 346
10.6 亏损合同组负债的计量 ··· 357
10.7 保险合同组的简化计量——保险分配法 ··· 366
10.8 分出再保险合同的初始计量 ··· 375
10.9 分出再保险合同的后续计量 ··· 382

11 股份支付准则 ··· 392
11.1 股份支付范围的确定 ··· 392
11.2 限制性股票公允价值的确认问题 ··· 396
11.3 股份支付认定和授予日公允价值确定问题 ··· 399
11.4 股权激励计划取消的会计处理问题 ··· 403
11.5 以权益结算的股份支付计划修改的会计处理 ··· 407
11.6 附有市场条件股权激励的会计处理 ··· 410
11.7 分红约定同时包含股份支付和职工薪酬的会计处理 ··· 413

12 资产减值准则 ··· 417
12.1 商誉发生减值时的会计处理 ··· 417
12.2 减值迹象的判断 ··· 419
12.3 非同一控制下企业合并下形成暂估商誉的减值问题 ··· 423
12.4 收购少数股权交易对期末商誉减值测试的影响 ··· 426
12.5 存在对赌协议的吸收合并的商誉减值问题 ··· 428

13 合并财务报表准则 ··· 432
13.1 股权转让刚完成摘牌的子公司是否纳入合并范围 ··· 432
13.2 结构化主体是否纳入合并范围 ··· 435

13.3 职工持股平台相关会计处理问题 ································· 443
13.4 未实现内部销售损益对递延所得税及少数股东损益的影响 ············· 447
13.5 已进入清算程序的子公司是否纳入合并范围 ······················· 451
13.6 合伙企业纳入合并范围的问题 ································· 453
13.7 引入"国家特殊管理股"子公司纳入合并范围问题 ·················· 457
13.8 权益法下对被投资单位权益性交易的"视角调整"问题 ·············· 460

1 金融工具准则中金融工具划分原则及会计处理

1.1 金融工具的分类

1.1.1 案例概述

案例 1-1 2024 年 1 月 10 日，A 公司以 2 000 万元的购买价购入了 B 公司发行的收益增强集合资产管理计划的 1 002.6 万份额。该计划是 B 公司收益互换集合资产管理计划的一部分。此计划自设立之初便设定了一个为期 3 个月的封闭运作阶段，在此期间，暂停接受任何投资者的份额申购或赎回请求。封闭期届满后，该计划转为开放状态，每个工作日均可受理投资者的加入（申购）或退出（赎回）申请，为投资者提供灵活的投资进出机会。退出时，投资者的退出价格依据退出当天的单位净值确定，如果发生大额赎回导致延迟处理，就按延迟日的单位净值计算。在封闭期阶段，除了法定节假日，每周一会发布前一周末的最新单位净值与累计净值信息。而一旦进入开放期，每个工作日结束后，其对应的单位净值与累计净值数据将于紧接着的工作日内予以公布。相关信息可通过 B 公司官方网站查询。A 公司购买该产品主要是为了利用闲置资金获取较高收益，以实现投资收益为目的，而非做短期交易。

案例 1-2 2024 年 3 月 1 日，A 公司与 S 商业银行签订了一份为期 3 个月的人民币保本浮动收益理财协议，预期年化收益率为 5%。协议规定，A 公司需在起息日前将足额资金存入指定账户，并授权 S 商业银行在起息日将理财资金转入银行指定账户。如果实际理财收益超过预期收益，超出部分将作为银行的理财管理费；若实际收益低于预期收益，则不收取管理费。

案例 1-3 2024 年 5 月 20 日，A 公司购买了 B 公司非公开发行的股票，限售期为 1 年。在限售期内，A 公司计划根据 2024 年 12 月 31 日的收盘价来确认这些股票的公允价值。

思考问题：
在这些情况下，A 公司应如何根据《企业会计准则第 22 号——金融工具确认和计量》（2017 年修订）对其持有的金融工具进行分类？

1.1.2 准则依据阐述

《企业会计准则第 22 号——金融工具确认和计量》（2017 年修订）详细阐述了金融资产的分类框架与计量准则，以下是对其中第十六条、第十九条第二款、第二十三条及第二十四条的深入解析。

1）第十六条

本条明确界定了金融资产的三大分类基准，分别为以摊余成本计量的金融资产、以公允价值计量且其变动计入其他综合收益的金融资产，以及以公允价值计量且其变动计入当期损益的金融资产。企业需结合其管理金融资产的业务模式（即持有目的与方式）及合同中规定的现金流量特征来进行分类。业务模式决定了资产产生现金流的主要模式，而合同现金流量特征则需与基本借贷安排（如本金与利息支付）保持一致。

2）第十九条第二款

特别规定指出，针对非交易性权益工具投资，企业拥有选择权，可将其指定为以公允价值计量且其变动计入其他综合收益的金融资产，同时确认相应的股利收入。此指定决策一旦作出即不可更改。另外，对于非同一控制下企业合并过程中确认的作为或有对价组成部分的金融资产，则直接归属于以公允价值计量且其变动计入当期损益的金融资产类别，且不允许转换为以公允价值计量且其变动计入其他综合收益的金融资产。

3）第二十三条

该条款定义了嵌入衍生工具的概念，即那些被嵌入非衍生金融工具之中的能够影响主合同现金流量的衍生要素。此类嵌入衍生工具与主合同共同构成了混合合同。嵌入衍生工具对混合合同现金流量的影响应与独立衍生工具相似，且混合合同的现金流量需随特定经济变量的变动而相应波动。如果嵌入的衍生工具能够独立于主合同进行交易或存在不同的交易对手，则应按独立的衍生工具进行会计处理。

4）第二十四条

关于混合合同的处理，本条明确了指导原则。当混合合同的主合同属于本准则适用范围内的资产时，企业不得将嵌入的衍生工具从混合合同中剥离出来单独处理。相反，企业应将整个混合合同视为一个不可分割的整体，并严格遵循《企业会计准则第 22 号——金融工具确认和计量》（2017 年修订）中关于金融资产分类的具体规定来进行全面的会计处理。

1.1.3 关键分析与解读

通过分析所提供的案例数据，我们观察到案例 1-1 聚焦于 A 公司持有的资产管理计划份额，案例 1-2 关注的是银行理财产品，而案例 1-3 则关注非公开发行的限售股，这属于非交易性权益工具投资的一种。对这些金融工具进行分类的核心依据是合同现金流特性测试，即评估合同约定的现金流是否与典型借贷协议相吻合，并确认特定日期下的现金流是否严格受限于本金偿付及基于未偿本金计算的利息。

金融工具如果满足特定测试条件，且企业持有的主要目的在于收取合同约定的现金流，该类资产应采用摊余成本法计量。反之，如果目的既包含收取现金流，也涉及潜在的资产出售，该类资产应归类为以公允价值计量且其变动计入其他综合收益的金融资产。如果未能通过现金流测试，该类资产自动归为以公允价值计量且其变动计入当期损益的金融资产。

银行理财产品和资产管理计划通常包含动态调整的资产组合，其现金流来源多样，既包括投资期内资产产生的收益，也涵盖资产处置时的回流资金，因此银行理财产品和资产管理计划常常不符合基本借贷模式的现金流特征。非保本浮动收益型理财产品，由于合同不保证票息，仅提供预期收益率，实际收益与基础投资项目表现挂钩，同样无法通过现金流特征测试。

保本浮动收益型银行理财产品，如结构性存款，虽在保障期满时保证本金与预定收益，但其利率与多种市场变量（如商品价格、金价、利率、汇率或证券指数）挂钩，增加了收益的不确定性。

根据《企业会计准则第22号——金融工具确认和计量》（2017年修订）及其应用指南，嵌入的衍生工具若与受准则约束的主合同相结合，则无需单独处理，而是与主合同一并进行确认和分类。特定结构化主体投资需依据其是否为无追索权债务工具或合同挂钩工具来评估其现金流特征，同时参考指南中关于"合同挂钩工具"的详细解释。

在分级金融资产中，低层级持有人偿付优先权受制于更高级别持有人。金融资产如果分级设计能维持稳定的本金加利息支付模式，并有效降低现金流波动，可能符合本金加利息的现金流特征。然而，这一判断需综合考量基础资产的信用风险，虽无需深入每项工具细节，但需确保分析充分。

分级金融资产若初始时不符合上述条件，或后续因基础资产变动而不再满足，则应转为以公允价值计量且其变动计入当期损益的金融资产。涉及抵押物时，除非明确以控制抵押物为目的，否则不应将抵押物纳入考量范围。

1.1.4 案例深度剖析

在案例1-1中，A公司持有的B公司发行的资管产品，是一种非保本且不保证固定收益的金融工具。鉴于该产品的未来现金流构成不仅局限于本金回收及基于尚未偿付本金的利息偿付，应将其划分为"以公允价值计量且其变动计入当期损益的金融资产"类别。

在案例1-2中，A公司持有的保本浮动收益理财产品，类似于结构性存款合同，可能因嵌入衍生工具而产生不同于基本借贷安排的现金流。在这种情况下，该理财产品的合同现金流通常无法通过现金流量特征测试，因此应被归类为"以公允价值计量且其变动计入当期损益的金融资产"类别。

在案例1-3中，A公司在进行首次确认时，具备选择权，可将非交易性的权益工具投资明确指定为"以公允价值计量且其变动计入其他综合收益的金融资产"类别。如果

A公司在购买时选择将限售股作为非交易性权益工具投资，并指定为上述类别，该决定一旦做出，将不可撤销，且该限售股将不能被重新分类为"以公允价值计量且其变动计入当期损益的金融资产"类别。反之，一旦A公司在初始购入时将限售股划分为交易性金融资产（即以公允价值计量且其变动计入当期损益的金融资产），那么在后续过程中，A公司将无法再将其重新归类为"以公允价值计量且其变动计入其他综合收益的金融资产"类别。

企业进行这些分类决策应基于金融工具的合同条款和预期现金流特征，确保分类决策符合企业会计准则的相关规定。

1.1.5 案例总结

经过深入分析上述3个案例，我们可以总结出金融工具分类的详细流程以及对特殊金融工具进行分类的方法，这些内容在图1.1.1和表1.1.1中得到了清晰的展示。

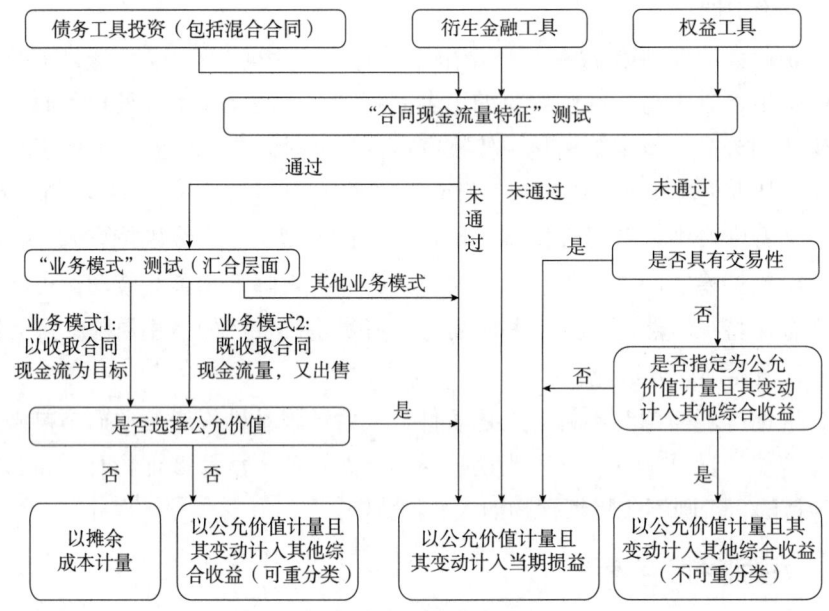

图 1.1.1　金融工具分类步骤示意图

表 1.1.1　金融工具分类总结

序号	合同现金流量特征	业务模式	金融资产分类
1	明确规定本金保障＋固定回报[包括通过合同挂钩机制（例如，优先级设置）实现的相关安排，符合这一条件]	收取合同现金流量	以摊余成本计量的金融资产
2		既收取合同现金流量，又出售	以公允价值计量且其变动计入其他综合收益的金融资产
3	未明确规定本金保障＋固定汇报	—	以公允价值计量且其变动计入当期损益的金融资产

1.2 评估信用风险是否显著上升

1.2.1 案例概述

案例 1-4 A 银行是一家全国性的股份制商业银行，于 2023 年 4 月与主营汽车零部件生产和出口的 X 公司签订了一份 3 年期的长期贷款合同，贷款金额达 1 亿元人民币。贷款发放时，X 公司财务状况良好，A 银行相信其能够履行合同条款。A 银行还预计，在贷款期内，X 公司所在行业将维持稳定的收入和现金流。然而，受全球经济衰退和中美贸易紧张局势的影响，2024 年 X 公司所在行业的销售状况及公司的利润和现金流均出现下滑，未达到 2023 年的业绩预期。尽管 X 公司采取措施减少库存，销售情况仍未有明显改善。为维持流动性，X 公司使用了额外的循环信贷额度，这导致其债务比率上升。尽管基准利率保持稳定，但是 X 公司发行的债券交易价格下跌，新贷款的信用利差扩大。

案例 1-5 M 公司是一家专业制造精密机床的企业，于 2024 年 3 月向 B 城市商业银行申请了一笔 5 年期、总额 1.6 亿元人民币的贷款，用于生产线建设。B 银行在审查贷款时考虑到了该行业的周期性和业绩波动性，但认为全球需求将继续增长，行业前景乐观，M 公司的债务比率与同信用风险的其他客户相当，故 B 银行批准了 M 公司的贷款申请，并将该贷款归类为低信用风险。2024 年 7 月，M 公司的半年报显示，原材料价格波动导致三家重要子公司毛利率下降，M 公司预计未来几个月情况将有显著改善。M 公司还宣布了业务和组织结构重组计划，以提高再融资能力和子公司支付股息的能力。

案例 1-6 H 公司是一家大型电力设备制造商，于 2024 年 3 月公开发行了一只 5 年期公司债券。根据债券发行条款，H 公司不得增加负债规模。C 基金公司作为债券投资者之一，依赖 H 公司的公开财务报告和其他公开信息，如评级机构公告和新闻报道，来评估信用风险。C 基金公司最初认为 H 公司债券违约风险低，短期内偿债能力强，长期经济和经营环境尽管可能变化，但不一定影响 H 公司的偿债能力，因此给予该债券投资级的内部信用评级。2024 年第三季度，H 公司营业收入和营业利润同比下降，债券价格下跌，收益率上升，评级机构对 H 公司的盈利前景持负面看法，并考虑是否下调其信用等级。尽管如此，H 公司的信用评级和债券利息支付保持不变。

> **思考问题：**
> 在这 3 个案例中，你是否观察到信用风险的显著增加？

1.2.2 准则依据阐述

《企业会计准则第 22 号——金融工具确认和计量》（2017 年修订）第四十八条明确规

定，除非存在特定豁免情况，否则企业需定期（每个资产负债表日）对持有的金融工具进行信用风险变动评估，并据此计提相应的损失准备，同时确认预期信用损失。

（1）信用风险显著增加时的处理。如果某金融工具的信用风险自其初始确认以来出现显著上升，企业需基于该金融工具在整个存续期间内可能发生的预期信用损失来全额计提损失准备。这种评估可以针对单项金融工具进行，也可基于金融工具组合进行。由此产生的损失准备增加或减少，将直接计入当期损益，分别作为减值损失或利得反映。

（2）信用风险未显著增加时的处理。如果金融工具的信用风险自初始确认后保持相对稳定或未显著增加，企业则仅需考虑该金融工具在未来12个月内（或如果其预计存续期更短，则为该期限内）的预期信用损失来计提损失准备。这一评估方法同样适用于单项金融工具或金融工具组合，且任何由此产生的损失准备变动也将计入当期损益。

（3）未来12个月内预期信用损失的定义。此概念指的是在资产负债表日后的12个月内（或金融工具预计存续期内，如果更短），因潜在的违约事件而可能发生的信用损失。这一损失是金融工具在整个存续期内预期信用损失的一个子集。

（4）评估的审慎性与全面性。在进行上述评估时，企业应确保综合考虑所有合理且可信赖的信息，特别是那些具有前瞻性的数据，以确保评估的准确性和及时性。在特定情境下，为了更有效地捕捉信用风险的显著变化，企业可能会选择以金融工具组合为单位进行评估。

（5）整个存续期预期信用损失的计算。对于整个存续期预期信用损失的计算，它要求企业全面考虑金融工具在其整个预期寿命内可能遭遇的所有潜在违约事件及其引发的信用损失，以确保损失准备的计提充分反映金融工具的真实风险状况。

1.2.3 关键分析与解读

企业在每个资产负债表日，必须对其持有的金融工具的信用风险进行深入评估，以判断自初始确认以来，该风险是否经历了显著的上升。这一评估过程核心在于对比金融工具违约概率的初始预测与当前估计，从而准确识别风险的增长态势。在执行评估时，企业应优先采用易于获取且合理的信息源，这些信息应能在不产生额外显著成本的前提下，对信用风险的评估结果产生实质性影响。

为了全面评估信用风险，企业必须综合考虑多元化的因素，包括但不限于：

（1）内部定价机制对信用风险变动的敏感度及其显著波动情况。

（2）新发行的金融工具在利率及合同条款上的潜在变化，特别是反映出更严格合同条件或更高回报要求的趋势。

（3）市场上同类或相似期限金融工具信用风险指标的显著波动。

（4）借款人信用评级的实际下调或预期降级。

（5）借款人业务、财务状况及宏观经济环境出现的不利变化，这些变化可能严重削弱其偿债能力。

（6）借款人经营业绩的急剧下滑。

（7）同一借款人其他金融工具信用风险的急剧恶化。

（8）借款人面临的监管、经济或技术环境发生的显著不利变迁。

（9）抵押品价值的显著贬值或第三方担保有效性的减弱。

（10）影响借款人还款意愿的经济激励机制的显著变化。

（11）借款合同中可能发生的预期变更，如条款修订或架构调整。

（12）借款人还款表现与习惯的明显恶化。

（13）企业针对金融工具信用风险管理策略的调整。

（14）逾期信息。但需注意的是，此类信息不应孤立作为评估的唯一依据，需结合其他因素综合考量。

在实际操作中，企业应优先采用前瞻性信息来进行判断，当这些信息充足且合理时，应优先于单纯依赖历史逾期记录。在前瞻性信息不足的情况下，逾期信息可成为评估信用风险的重要参考之一。特别地，当金融工具的合同支付出现 30 天及以上的逾期时，除非企业能提供强有力的证据证明该逾期并未实质性加剧金融工具的信用风险，否则这通常被视为信用风险显著上升的一个明确信号。

整个信用风险评估流程必须严格遵循《企业会计准则第 22 号——金融工具确认和计量》（2017 年修订）所确立的指导原则，确保评估工作的准确性、全面性及合规性，以保障企业财务报告的质量与透明度。

1.2.4 案例深度剖析

1.2.4.1 案例 1-4 分析

A 银行须对 X 公司的贷款进行重新评估，因为自初始确认以来，该贷款的信用风险已显著上升，需确认整个存续期的预期信用损失。原因包括：

（1）宏观经济环境的持续低迷可能对 X 公司的现金流产生负面影响。

（2）X 公司违约风险上升，可能需要贷款重组或合同条款修改。

（3）X 公司债券交易价格下跌和新贷款信用利差提高，表明信用风险增加，且这些变化与市场环境无关，暗示风险增加可能源自 X 公司内部因素。

因此，A 银行应密切监控该贷款的信用风险，并计算预期的信用损失。

1.2.4.2 案例 1-5 分析

自 B 银行对 M 公司发放贷款并完成初始确认以来，该贷款的信用风险未出现显著上升的情况，因此，B 银行仅需针对该贷款在未来 12 个月内的潜在信用损失进行预期计算。原因如下：

（1）尽管 M 公司当时销售业绩下降，但 B 银行在初始确认时已预见到这一情况，且目前变化未超出预期。

（2）M公司的业务重组预计将增强再融资灵活性，提高子公司支付股息的能力，可能提升信用质量。

B银行应当及时更新对M公司贷款在未来12个月内预期信用损失的评估与计量，但鉴于当前信用风险的稳定性，暂无需进行涵盖整个贷款存续期的信用损失全面计算。

1.2.4.3 案例1-6分析

H公司虽然目前能够履行偿债义务，但不利的经济和经营环境增加了违约风险，导致信用风险自初始确认后显著增加。具体原因包括：

（1）H公司2024年第三季度营业收入和利润同比下降，增加了盈利压力，可能影响偿债能力。

（2）评级机构对H公司的盈利预告作出负面反应，并考虑是否下调信用等级，显示市场对公司信用质量的质疑。

（3）H公司债券价格显著下跌，到期收益率提高，这些变化是由信用风险增加而非市场环境变化引起的。

综上所述，相关债券的信用风险已出现显著上升的迹象，因此有必要立即实施相应的信用损失计量措施。

1.2.5 案例总结

在资产负债表的编制日，企业需对其持有的金融工具进行信用风险评估，旨在识别并评估自初始确认以来，该金融工具发生违约事件的可能性是否有所增加。这里所指的信用风险，具体是指违约风险的发生概率。

（1）评估标准。企业应比较金融工具在初始确认时预测的存续期内违约概率与资产负债表日预测的同一时期的违约概率，据此评估信用风险是否有显著增加。

（2）评估因素。在评估信用风险等级时，企业应考虑所有易于获得的合理且有根据的信息，这些信息的获取不应带来额外的成本或劳动。

（3）逾期与信用风险的关联。金融资产的逾期情况，即交易对手方未能按时履行合同中规定的本金或利息支付义务，通常被视为信用风险已显著加剧的直接信号。然而，值得注意的是，信用风险的实质性增加往往早于逾期事件的发生。在企业面临前瞻性信息获取难题，难以提前预判信用风险激增的情况下，逾期记录可作为评估信用风险的重要依据之一。尽管如此，企业应致力于构建并优化风险评估机制，力求在逾期行为发生之前就敏锐捕捉到信用风险上升的迹象。此外，企业如果能以经济合理的成本获取到可靠且具前瞻性的信息源，那么在评估信用风险时，应避免过度依赖单一的逾期数据，而应综合多种信息来源进行全面、深入的分析。

针对这一评估流程，企业应遵循《企业会计准则第22号——金融工具确认和计量》（2017年修订）的规定，确保信用风险评估的准确性和符合性。

1.3 应收款项预期风险的评估方法与信用损失计量

1.3.1 案例概述

案例 1-7 A 公司作为一家大型零售企业，在 2024 年 12 月 31 日拥有不含重大融资成分的应收账款总额达 6.7 亿元。其客户基础由大量小规模客户组成，每笔应收账款金额较小且分布广泛，这导致公司难以对每笔账款的信用风险进行个别监控。

思考问题：
面对这种情况，A 公司应采取何种方法对应收账款进行减值准备的计提？

1.3.2 准则依据阐述

《企业会计准则第 22 号——金融工具确认和计量》（2017 年修订）第六十三条明确界定了针对特定财务项目在估算并计提损失准备时需遵循的具体会计准则，如应收款项、合同资产以及租赁应收款。

1.3.2.1 遵循《企业会计准则第 14 号——收入》的交易中涉及的应收款项及合同资产

（1）无显著融资特征或短期融资不计入考量。在交易中，如果未涉及重大融资因素，或企业根据《企业会计准则第 14 号——收入》决定不单独考虑一年内到期的合同融资成分，那么对于此类应收款项和合同资产，其损失准备需依据其全生命周期的预期信用损失进行计算。

（2）包含显著融资因素的情况。如果交易中包含明显的融资元素，那么企业拥有选择权，可自行决定是否采用全生命周期预期信用损失作为计量损失准备的基础。一旦选定该会计处理方式，必须确保对同类别下的所有应收款项及合同资产保持统一应用，但企业仍可针对不同类别的应收款项或合同资产，制定差异化的会计政策。

1.3.2.2 涉及《企业会计准则第 21 号——租赁》项下的租赁应收款

在租赁交易中产生的应收款项，企业在计量其损失准备时，同样具备选择权，即是否采纳基于全生命周期预期信用损失的方法。此决策一经作出，需对所有租赁应收款保持会计处理上的一致性。然而，企业也有权对融资租赁和经营租赁的应收款项分别评估，独立决定是否适用上述计量方法。

综上所述，《企业会计准则第 22 号——金融工具确认和计量》（2017 年修订）第六十三条赋予企业在处理应收款项、合同资产及租赁应收款的损失准备时以自主决定会计政策的空间，但同时强调所选政策在后续实践中必须保持连贯性和一致性以保障财务报表信息的精确性和横向可比性。

1.3.3 关键分析与解读

预期信用损失的计量可采用通用模型和简化模型。简化模型为企业提供了一种便捷途径，即无需持续追踪债务人的信用风险动态变化，而直接基于资产整个存续期内预期会发生的信用损失来计提减值准备。依据企业会计准则的规定，针对在《企业会计准则第 14 号——收入》下形成的且不包含显著融资成分的应收账款或合同资产，企业须采用简化模型进行预期信用损失的计量。而对于包含重大融资成分的应收账款、合同资产及租赁应收款，企业拥有选择权，可适用简化模型，并根据不同应收项目灵活选择适合的减值处理方法。其关键在于，一旦减值方法被选定，企业必须确保在所有相关项目中保持一致的应用。

在业界实践中，账龄分析法被广泛采纳为估算应收账款预期信用损失的方法。该方法的核心步骤在于确定应收账款的账龄迁移率，以此为基础推导出预期损失率。通过纳入前瞻性信息并进行适当调整，企业能够更准确地计算出应收账款在整个存续期内可能面临的预期信用损失。

1.3.4 案例深度剖析

遵循《企业会计准则第 22 号——金融工具确认和计量》（2017 年修订）的要求，在处理不包含重大融资成分的应收账款时，企业应采用简化的预期信用损失模型，以便估算并确认该应收账款在整个存续期间内可能发生的预期信用损失。据此，A 公司需依据账龄迁徙率模型来计量其应收账款的预期信用损失。

第一步：A 公司需对近年来的应收账款账龄进行统计和整理。公司应收集并汇总同一地区内信用风险特征相似的零售客户的应收账款账龄分布数据。为简化计算，A 公司选择对 2021—2024 年的数据进行分析（在实际操作中，采用更长周期的数据将是更优的选择）。相关汇总数据展示在表 1.3.1 中。

表 1.3.1　A 公司汇总的应收账款账龄统计情况

单位：万元

账龄	2021 年	2022 年	2023 年	2024 年
1 年以内（含 1 年）	30 032	35 450	50 063	58 352
1~2 年（不含 1 年）	7 010	5 205	2 535	3 303
2~3 年（不含 2 年）	1 778	3 028	2 006	1 503
3 年以上（不含 3 年）	1 423	2 202	3 245	3 842
其中：上年年末账龄为 3 年以上，本年继续迁移部分		1 423	2 202	3 245
总计	40 243	45 885	57 849	67 000

第二步：A公司将依据第一步所整理的应收账款账龄历史记录，进一步计算上一年度末各账龄区间的余额向接下来一年各账龄区间的转移金额。这一步骤的目的是确定账款随时间推移的迁徙模式。详细的计算结果已被归纳并展示在表1.3.2中，以供进一步分析和参考。通过这种方法，企业可以更准确地评估应收账款的信用风险，并据此计算预期信用损失。

表1.3.2　A公司应收账款的账龄迁移金额分布

单位：万元

账龄	2021—2022年迁移金额	2022—2023年迁移金额	2023—2024年迁移金额
1年以内（含1年）	3 372.59	2 733.20	4 005.04
1~2年（不含1年）	2 423.36	2 147.58	1 388.42
2~3年（不含2年）	1 241.76	2 522.93	1 833.28
3年以上（不含3年）	1 423.00	2 202.00	3 245.00

第三步：A公司需对2021—2024年的应收账款迁徙率及平均迁徙率进行计算，具体数据详见表1.3.3。迁徙率的计算方法是将上一年年末某一账龄区间的余额中在下一年年末尚未回收的部分与该账龄区间上一年年末的总余额进行比较，得出相应的比例。例如，如果2021年12月31日的一年期以内应收账款余额为30 032万元，到了2022年12月31日，该部分余额中未收回的金额为3 372.59万元，那么迁徙率为11.23%（3 372.59÷30 032×100%）。其他账龄区间的迁徙率也采用相同的计算方法得出。

表1.3.3　A公司应收账款的账龄转移比率

账龄	2021—2022年迁徙率	2022—2023年迁徙率	2023—2024年迁徙率	三年平均迁徙率	序号
1年以内（含1年）	11.23%	7.71%	8.00%	8.98%	A
1~2年（不含1年）	34.57%	41.26%	54.77%	43.53%	B
2~3年（不含2年）	69.84%	83.32%	91.39%	81.52%	C
3年以上（不含3年）	100.00%	100.00%	100.00%	100.00%	D

第四步：A公司将依据不同账龄区间的应收账款迁徙率来估算各相应账龄段的损失率，这一计算结果已在表1.3.4中展示。通过这种方法，公司能够对每个账龄区间的潜在信用损失进行量化评估。

表1.3.4　A公司过往应收账款的损失比率

账龄	历史损失率	代号及其公式
1年以内（含1年）	3.19%	$E = A \times B \times C \times D$
1~2年（不含1年）	35.49%	$F = B \times C \times D$
2~3年（不含2年）	81.52%	$G = C \times D$
3年以上（不含3年）	100.00%	$H = D$

第五步：A公司将考虑宏观经济状况、行业趋势和公司内部情况等前瞻性因素，对应收账款的损失率进行调整。鉴于2024年宏观经济增长的减缓可能对账款回收产生不利影响，公司根据历史数据和专业判断，预测3年以下账龄的预期损失率可能较历史水平高出5%。这一调整后的2024年年末预期损失率已在表1.3.5中呈现。

表1.3.5　A公司的应收账款预期信贷损失

金额单位：万元

账龄	2024年12月31日余额 I	预期损失率 $J=历史损失率×（1+5\%）$	预期信用损失 $K=I×J$
1年以内（含1年）	58 352	3.35%	1 954.79
1~2年（不含1年）	3 303	37.26%	1 230.70
2~3年（不含2年）	1 503	85.60%	1 286.57
3年以上（不含3年）	3 842	100.00%	3 842.00
总计	67 000	—	8 314.06

第六步：A公司将依据2024年12月31日的各账龄段应收账款余额及其对应的预期损失率，分别计算出每个账龄段的预期信用损失。随后，将所有账龄段的预期损失加总，以确定年末应计提的应收账款预期信用损失总额。这一总额将成为本年度应收账款的坏账准备金反映在公司的财务报表中。

1.3.5　案例总结

应收账款账龄迁徙率模型的实务操作流程涵盖以下几个关键环节：首先，依照模型规定合理界定信用风险分组；其次，在这些分组基础上进一步细分账龄区间；再次，基于精选的历史数据确定基期，利用这些数据执行账龄分析，并在此基础上进行前瞻性调整；最后，将数据应用于迁徙率模型的计算。

所谓的前瞻性调整，是指利用资产负债表日可获得的、无需额外成本的前瞻性信息，将历史损失率调整为符合当前情况的预期信用损失率。这一调整过程并非随意变更模型结果，而是基于充分依据进行的合理调整。在进行前瞻性调整时，企业需考虑宏观经济政策、行业政策等因素，并分析这些因素对客户信用状况的影响趋势（定性）和波动幅度（定量），同时还需评估这些因素对企业及其关联方，如投资方、供应商等的影响，以及它们之间的相互作用。此外，企业在进行前瞻性调整时，还应考虑到不同产业和行业发展周期的差异，以及企业自身生命周期的特点，因为这些因素都会对企业应收款项的信用风险产生不同程度的影响。

1.4 区分金融负债与股东权益工具

1.4.1 案例概述

案例 1-8 A 公司作为国务院国资委直属的中央企业，计划与 B 公司签订一份无固定期限的永续债权投资合同。合同要点概述如下：

（1）投资期限自资金到账日起算，无固定期限，B 公司有权在投资满 3 年后的付息日赎回永续债权。

（2）利息按季支付，B 公司可选择延期支付利息，且延期不视为违约。

（3）合同包含财务监督条款，限制 B 公司在未经 A 公司同意下进行可能影响偿付能力的财务安排。

思考问题：

A 公司应如何对此类投资合同进行会计处理？

案例 1-9 甲公司是一家涵盖地产、物业管理、餐饮娱乐等业务的集团企业。乙公司为甲公司全资子公司，主营房地产开发，于 2024 年 1 月与某信托公司签订增资协议：

（1）信托公司向乙公司增资 10 亿元，占股 40%，投资期限为 10 年。

（2）甲公司与信托公司签订股权回购协议，承诺在第 8 年至第 10 年逐年回购股份，并支付固定比例的对价款。

（3）在股东权利让渡期间，乙公司税后利润归甲公司所有。

思考问题：

从甲公司合并财务报表和乙公司单体财务报表的角度来看，该股权信托融资应如何进行会计分类，是作为负债还是权益？

1.4.2 准则依据阐述

1.4.2.1 金融负债的界定

根据《企业会计准则第 22 号——金融工具确认和计量》（2017 年修订）的有关规定，金融负债的认定覆盖了 4 个主要方面：

（1）那些明确规定企业需要向外部实体支付现金或转让金融资产的合同义务。

（2）即便在经济逆境下，企业也需履行的与第三方交换金融资产或负债的合同条款。

（3）针对非衍生金融工具，如果其结算可能以企业自身的不定数量权益工具进行，则同样视为金融负债。

（4）对于衍生金融工具，除非合同严格指定了以固定现金价值交换固定数量的企业权益工具，否则任何可能涉及企业自身权益工具的结算安排均归类为金融负债。

1.4.2.2 权益工具的定义

根据《企业会计准则第37号——金融工具列报》(2017年修订)的有关规定,权益工具作为法律文件,确认了持有人对企业净资产剩余权益的索取权。其显著特点包括:发行方无需承担向持有人支付现金、金融资产或在不利市场条件下转让资产或负债的法定责任;同时,对于可能通过企业自身权益工具结算的金融工具(无论其是否为衍生产品),只要这些工具不附带可变数量权益工具的交付责任,它们就被视为权益工具。

1.4.2.3 区分金融负债与权益工具的关键要素

根据《〈企业会计准则第37号——金融工具列报〉应用指南(2018)》,区分金融负债与权益工具包含下列关键要素:

(1)现金责任的确定性。如果企业无法避免使用现金或金融资产来履行合同义务,则该工具被判定为金融负债。

(2)赎回义务的分析。如果发行方承担了回购其权益工具的义务,无论此义务是否基于持有人的选择,在初始确认时均应归类为金融负债。

(3)利息偿付的考虑。如果金融工具附带利息支付责任,则该责任是金融负债的一部分。

(4)无现金交付的条件。如果企业能够无条件避免任何现金或金融资产的交付(如无固定到期日、无利息负担且发行方拥有无限期推迟支付的权力),那么该工具不应被视为金融负债。

1.4.2.4 特殊情境下的分类判断

(1)当金融工具合同赋予企业使用自身权益工具结算的权利或义务时,需评估该结算机制是否旨在替代现金支付或赋予持有人企业净资产的剩余权益。

(2)如果合同中的权利或义务金额与权益工具的数量及其公允价值相关联,且此金额受非市场因素影响而变动,那么该合同应被分类为金融负债。

综上,准确划分金融负债与权益工具的核心在于深刻理解合同条款所蕴含的经济义务性质,以及考虑企业是否有能力避免现金交付的实际情况。企业应当全面审查合同条款,并结合交易的经济实质,依据企业会计准则的规定进行恰当的分类处理。

1.4.3 关键分析与解读

1.4.3.1 金融工具的负债与权益属性判断

其核心评判标准聚焦于判定金融工具合约中是否明确赋予持有人拥有获取现金收益或取得其他金融资源权益的能力。这一过程是金融工具会计处理的关键一环,它严格遵循了会计标准对资产属性的界定,即资产本质上应代表未来经济利益的流入,这种流入直接源于合约条款所赋予的特定权利。因此,在进行此等评估时,我们需要细致入微地解读合同细节,确保准确无误地界定持有人所享有的权益范畴,以满足财务报告编制准则对信息透明度、准确性和逻辑严谨性的高标准要求。

若合同条款未明确要求发行方支付现金或其他金融资产，而仅基于经济利益考虑可能产生的支付（即经济强制），则不视为合同义务。

例如，某些优先股合同规定，只有在优先股股东足额获得股息后，才能向普通股股东分配股利。尽管发行方可能面临普通股股东的压力和资本市场信誉风险，但是其选择支付优先股股息更多是出于经济考虑而非合同强制。因此，此类条款不会导致优先股被归类为金融负债。

再如，某些永续债合同包含"递升条款"，规定在特定时间后（如5年后）股息累积增加，可能超过筹资成本，从而促使发行方提前偿还。这种条款虽具有经济强制作用，但不属于合同直接规定的支付义务，因此不影响永续债的权益工具属性。

1.4.3.2 包含或有结算条款的金融工具

面对含有或有结算条款的金融工具，其归属为金融负债还是权益工具的辨识挑战集中体现于评估此类合同是否实质性地引入了支付责任的潜在性。此类工具的未来支付请求，可能依托于一系列不确定的未来事件触发，诸如股票市场指数表现、消费者物价水平波动或利率变动等经济指标的演变。核心考量点在于发行者对于这些能够潜在驱动支付发生的不确定性因素，是否拥有实质上的控制力或影响力。如果发行者能够显著左右这些不确定事件的结果，那么其分类决策或将受到显著影响，进而需要更为审慎地权衡金融工具的实质经济特征与风险承担状况。

（1）若发行方能控制未来不确定事件，则表明可以避免支付义务，应将该工具分类为权益工具。

（2）若发行方不能控制这些事件，则表明存在支付义务，应将该工具分类为金融负债。

1.4.4 案例深度剖析

1.4.4.1 案例 1-8 分析

A公司所持有的信托投资并未被设定固定的期限，且其利息支付被设计为可无限期延迟，同时，该投资并未明确强加给A公司任何交付现金或其他形式金融资产的法定责任。鉴于上述特征，并依据《企业会计准则第37号——金融工具列报》（2017年修订）的相关规定，A公司计划将该投资在财务报表中归类为所有者权益的一部分，即将其视为一种权益工具进行列报。然而，乙方的赎回权是否构成嵌入式衍生工具，需依据《企业会计准则第22号——金融工具确认和计量》（2017年修订）进行确认。

永续债作为权益工具的会计处理，需关注信托资金来源及相关条款是否与永续债条款一致。例如，信托期限与永续债条款不一致，可能影响权益工具的认定。此外，A公司作为中央企业，分红政策可能受限，影响永续债的权益属性。

根据企业会计准则对衍生工具的界定，虽然某金融工具展现出了与衍生工具相似的特性，但是由于它不直接承担现金偿付责任，该金融工具可被视为权益工具的一个组成部分,无需单独进行确认作为金融负债。

1.4.4.2 案例 1-9 分析

信托公司等投资实体常通过增资或购股参与公司投资,并约定未来由母公司回购股权。此类投资需根据合同条款和经济实质,而非仅法律形式通过现金或金融资产进行清算,结合金融资产、负债和权益工具的定义进行分类。

在案例 1-9 中,信托公司按固定价格回购股权,确保本金安全和固定收益,未承担股权风险,因此,从经济实质看,该股权信托融资不属于权益工具。甲公司作为母公司,承担支付对价和回购股权的义务,应在合并报表中将资金记为债务工具,相关回报视为利息支出。

金融工具的债务与权益属性需基于合同条款、经济实质和相关会计准则综合判断。注册会计师在分析时应细致考虑条款差异,避免因细微差别导致分析结果错误。

1.4.5 案例总结

根据上述案例,发行方一般按图 1.4.1 所示的流程对金融工具分类进行分析。

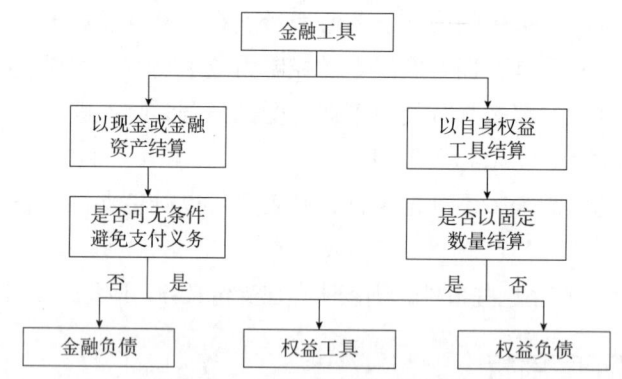

图 1.4.1 金融工具的分类流程图

在对金融工具进行分类时,关键在于判断支付义务是否能够被无条件避免,同时需审视或有结算条款的存在与否。表 1.4.1 详细列出了常见的或有结算条款及其发行方是否具备控制能力,表 1.4.2 则展示了金融负债与权益工具之间的区分标准。

表 1.4.1 典型的或有条件及其发行方的可控性分析

条件或事件	发行方控制情况
普通股股东利润分配	☑公司对普通股股东的利润分配无需条件
公司收购情况	该情况的控制权取决于决策过程
达到特定财务标准	☒公司收益、盈利能力、负债与资产比等关键指标的达成不受发行方控制
发行方清算流程启动	☒在持续经营的假设下,不会影响负债分类
受罚或调查	☒公司受到超过预定金额的处罚或政府及监管机构的调查不受发行方控制
政策变动影响	☒会计政策、税法或法规政策变动对发行方财务状况的影响不受发行方控制
上市公司股票停牌	☒很可能。股票市场交易的上市公司股票若停牌超过一定期限,通常不受发行方控制,但需具体分析停牌原因

续表

条件或事件	发行方控制情况
发布IPO招股说明书	☑ 发布IPO招股说明书是公司可控的活动
IPO发行失败	☒ IPO发行失败不受发行方控制
信用等级变动	☒ 发行方信用等级的变化不受发行方控制

表 1.4.2 金融负债与权益工具的区分

结算类型	合同义务情况	发行方控制情况	类别
现金或其他金融资产	可能存在交付义务,或在不利条件下需要交换给其他单位	通常不能避免赎回(注意:回售权到期或不行使时,可能重分类为权益工具)	金融负债
强制付息的金融负债	发行方被要求强制付息	不存在避免交付的义务	金融负债
自身权益工具	通过交付固定数量的自身权益工具进行结算	数量固定(如股数固定)	权益工具
非衍生工具	数量可变(作为资产的替代物)	数量固定,金额可变(资产替代物)	金融负债
衍生工具	数量可变,金额固定/不固定;或固定数量,金额可变(资产替代物)	数量固定,金额固定(符合"双固原则")	权益工具

1.5 保理业务实质与账务处理

1.5.1 案例概述

案例 1-10 ××集团财务有限责任公司(以下简称"财务公司")计划与××银行股份有限公司北京王府井支行(以下简称"王府井支行")签订银行保理合同。该合同涉及保理申请人(××工业集团的子公司)作为销售方,以其与购买方形成的应收账款,向银行申请无追索权的国内保理业务。

思考问题:

保理申请人在办理应收账款保理业务时,是否可以终止确认这些应收账款?

案例 1-11 B有限公司(A公司下属的子公司,具备保理业务资格)与A公司(一家中央企业控股的A股和H股上市公司,该公司主营业务聚焦于建筑业,不仅持有港口与航道工程、公路工程施工总承包的特级资质,还广泛涵盖了多项工程总承包的一级资质,同时具备大型项目总承包实施管理能力和BT、BOT项目融资能力)之间存在保理业务。截至2024年年底,B公司向A公司及其子公司办理无追索权保理余额共达59.722亿元,其中,2024年度新增42.753亿元。

以B公司向A公司子公司C公司办理的5 130万元无追索权保理业务为例,具体说明如下。

（1）保理合同内容：

2024年12月27日，B公司（甲方：保理商）与C公司（乙方：卖方）签订了一份无追索权的国内商业保理合同。该合同为公开型，保理额度为5 130万元，有效期为1年，从2024年12月27日至2025年11月30日。合同涉及2笔应收账款：X市城市规划建设和保障局2 910万元（支付审批日期为2024年9月），Y市某高速公路有限公司2 220万元（支付审批日期为2024年10月22日）。

其保理融资采用比例预付机制，首期利率依据中国人民银行在放款当日公布的对应档次贷款基准利率上浮10%确定。此融资利率将紧密跟随法定利率的变动而自动调整，利息计算自资金实际发放之日起，依据实际融资金额及占用天数精确核算。

（2）保理付款及应收账款到期日情况：

对于这2笔应收账款，B公司均已向买方发出转让通知书。保理额度于2024年12月28日由甲方拨付乙方，金额为5 130万元，起息日期为2024年12月28日，到期日期为2025年11月30日。保理合同及转让资料均未涉及应收账款到期日。

X市城市规划建设和保障局施工项目预计完工日为2025年6月9日，施工合同约定次月5日按上月完成进度相应价款的80%支付进度款，工程竣工时支付到完成量价的80%，项目审计通过后2个月支付至审定金额的95%，5%为质量保证金。

Y市某高速公路有限公司施工项目预计完成日为2025年5月16日，根据施工合同的约定，进度款的支付周期应与合同中规定的工程计量周期保持同步。具体而言，付款比例设定为：对于合同内已完成的工程量，在每个工程计量周期内支付其总价值的80%；而对于合同外新增且在该计量周期内完成的工程量，则支付其总价值的60%。工程全部竣工通过验收合格，在工程造价审计结果确定之前支付至合同价款的80%；结算经审计确定发出审计报告之日起180天内，发包人支付工程款至结算审定价的95%。5%余额作为质保金，保质期满无质量问题一次性支付结清余款。

（3）保理计息及账务处理情况：

甲方对上述保理款按应收乙方款入账，并按季度计提利息计入损益；乙方对上述应收账款按终止确认处理，按保理额度借记"银行存款"科目，贷记"应收账款"科目，利息部分乙方按与甲方一致的金额按季计入财务费用。

思考问题：

（1）保理合同中约定的条款"在买方或承租人付款前，经甲方同意，乙方可以提前一次性归还保理融资"，是否影响保理合同所涉及应收账款的终止确认？

（2）融资利率随法定利率调整而调整事项，是否影响保理合同所涉及应收账款的终止确认？

（3）在应收账款终止确认条件下，保理利息能否在保理融资期限内摊销？

1.5.2 准则依据阐述

深入剖析应收账款保理业务的会计处理流程，其核心在于透彻理解并恰当运用一系列关键的企业会计准则,特别是《企业会计准则第 23 号——金融资产转移》(2017 年修订)、《企业会计准则第 37 号——金融工具列报》(2017 年修订)、《企业会计准则第 30 号——财务报表列报》以及《企业会计准则第 31 号——现金流量表》。这些准则共同构成了保理业务在会计实践中的操作指南。

1.5.2.1 核心准则框架概览

在着手处理应收账款保理业务时,首要任务是明确并熟悉所涉及的会计准则体系,这是确保会计处理准确无误的基础。

1.5.2.2 金融资产转移的判断准则

判断金融资产是否已有效转移,关键在于评估该转移是否实质性改变了相关金融资产的风险与报酬状况。具体评估时,需考虑以下两点:

(1)转移前后,该金融资产未来现金流量的净现值及其时间分布是否发生了显著变化。

(2)企业因金融资产转移而面临的风险是否已发生根本性转移。

1.5.2.3 风险与报酬转移的具体分类

根据风险与报酬的实际转移情况,可将其划分为两大类别:

(1)完全转移。当金融资产在无附加保证条款的情况下被出售时,即视其为风险和报酬已完全转移至受让方。

(2)部分保留。如果贷款整体虽已转移,但转让方仍需对可能发生的全部信用损失承担补偿责任,那么表明风险和报酬并未完全脱离原转让方。

1.5.2.4 未来现金流量净现值的精确估算

在估算金融资产未来现金流量的净现值时,企业应充分考虑所有合理且可预见的现金流量变动因素,并依据当前市场条件选用适当的折现率进行折现计算,以确保估算结果的准确性。

1.5.2.5 终止确认的定义及其适用条件

根据《企业会计准则讲解(2010)》,终止确认是指企业将某项金融资产或金融负债从其财务报表中予以消除的行为。具体而言,当金融资产转移满足以下任一条件时,企业应进行终止确认:

(1)企业已将该金融资产所有权上几乎所有的风险和报酬转移给了受让方。

(2)即便企业未完全转移也未保留金融资产所有权上几乎所有的风险和报酬,但已彻底丧失了对该金融资产的控制权。

综上,通过上述详尽的分析,我们能够更加系统地掌握应收账款保理业务在会计处理中的关键要点,从而确保会计处理的精确性和合规性。

1.5.3 关键分析与解读

在处理保理业务的会计问题之前，企业必须首先确定保理业务的类型。根据风险和收益是否转移，保理业务可划分为以下几类情况。

1.5.3.1 无追索权保理

在无追索权保理模式下，保理商主动承担起对买断应收账款的坏账风险责任，但此责任受《商业银行保理业务管理暂行办法》制约，仅限于不存在商业纠纷的前提之下。这意味着，尽管债权人释放了部分风险，但并未完全剥离金融资产所有权上的所有风险。

依据《企业会计准则第 23 号——金融资产转移》（2017 年修订）的规定，如果企业在交易过程中未转移也未保留金融资产几乎所有的风险和报酬，且已放弃对该资产的控制权，则应当终止对该金融资产的确认。判断控制权是否放弃的关键在于评估受让方（转入方）是否具备独立且无条件地将该金融资产出售给无关联第三方的能力。如果此能力得到确认，即表明受让方拥有有效出售权，企业应相应终止对转移金融资产的确认。反之，若债权人仍保留对金融资产的控制权，则需根据其持续介入的程度，相应地在财务报表中确认相关金融资产与负债。

1.5.3.2 有追索权保理

在有追索权保理安排下，如果商业纠纷未发生而应收账款到期未获偿付，风险则回归至债权人承担。依据《企业会计准则第 23 号——金融资产转移》（2017 年修订）的规定，由于债权人保留了几乎全部的风险，该金融资产应维持在其财务报表上的确认状态，不被视为已转移。在实际财务操作中，这种保理融资方式有时会被企业归类并确认为短期借款，以反映其资金流动性和负债结构的实际情况。

1.5.3.3 商业纠纷下的无追索权保理

中国证监会《关于应收账款银行保理业务的监管提示》的有关案例中指出，如果无追索权保理发生商业纠纷，会计处理上应首先根据合同本质判断风险和收益是否完全转移，并作出相应会计处理。一旦发生商业纠纷，保理商按规定向债权人追偿，如果债权人已在早期终止确认了应收账款，则应重新确认该债权。

1.5.4 案例深度剖析

1.5.4.1 案例 1-10 分析

在审查财务公司提供的保理合同时，保理申请人应着重考虑以下要点：

（1）保理融资费用的期限限制。保理申请人需评估保理融资费用是否有期限限制。如果应收账款未能回收，融资费用是否无限期累积。如果存在无限期费用累积的可能性，除非申请人主动偿还保理款项，否则利息收取不会终止，这在经济实质上类似于应收账款质押贷款，表明主要风险和收益并未转移。

（2）违约条款中的预期违约事件。保理申请人应审查合同中可能触发申请人回购义务的违约条款，以及"预期违约事件"是否在保理期限内不太可能发生。

如果保理融资费用有明确的期限限制，超出期限后不再收取或仅收取固定金额，且违约条款中的事件在保理期限内不太可能发生，则可以认为在无追索权保理合同下，应收账款的主要风险和收益已转移给保理银行，满足终止确认条件。否则，即使名为"无追索权保理"，实际上可能不满足终止确认条件。

1.5.4.2 案例 1-11 分析

甲乙双方均为信誉良好的特大型中央企业下属企业。甲方已将涉及的应收账款确认为金融资产，乙方已终止确认。双方公司均表示不会发生"提前一次性归还保理融资"的情况，集团公司计划在管理层声明中增加对此事项的说明。在这种情况下，保理合同中的条款"在买方或承租人付款前，经甲方同意，乙方可以提前一次性归还保理融资"，不会影响应收账款的终止确认。

融资利率的变动比例在可预见期限内变动不大，对损益和整体金融资产转移的风险影响有限，因此，融资利率随法定利率调整不会影响应收账款的终止确认。

为降低对财务报表的影响，企业应在报表附注中披露此事项作为或有事项。

依据《企业会计准则讲解（2010）》的规范，当一项金融资产的全部转移达到终止确认的标准时，应当将该金融资产在账面上的价值，与因此次转移而实际收到的对价（此对价还需包括原先直接计入所有者权益中的公允价值变动所累积的数额）之间的差额，作为当期的损益予以核算和记录。

保理利息作为转移应收账款与保理对价的主要差额，应计入保理当期损益。考虑到保理涉及的应收账款具有很高的可收回性，且保理折价主要由收款期限引起，融资期限根据最佳收款期限估计，在保理融资期限内摊销保理利息是合理的。然而，该事项如果与准则规定不符，企业应按照准则规定将保理利息一次性计入当期损益。

1.5.5 案例总结

1.5.5.1 保理合同的确认终止

当保理合同满足条件，即当企业将金融资产所有权上所附带的几乎全部风险与报酬成功转移给接收方时，该金融资产可以终止确认。

1.5.5.2 应收账款终止确认时的融资利率调整

在应收账款终止确认的情况下，如果融资利率根据法定利率的变动进行调整，这一变化应在财务报表附注中作为潜在事项进行披露。

1.5.5.3 保理利息在终止确认条件下的处理

在应收账款满足终止确认条件时，保理利息不得在保理融资期限内进行摊销，而应一次性计入当期损益。

1.5.5.4 个别报表与合并报表的处理差异

应注意的是，上述讨论仅针对合同乙方在其个别财务报表中的处理方式。在集团公司层面编制合并报表时，此类内部交易应进行抵销处理，以反映合并集团对外的应收账款。

1.6 混合金融工具运用方式和会计处理

1.6.1 案例概述

案例 1-12 ××科技股份有限公司于2024年1月22日作出了投资抉择，选择了中国民生银行发行的"中国民生银行人民币结构性存款 D-1 款"产品。该产品为一款设计精妙的保本浮动收益型结构性存款，旨在通过专业策略为投资者寻求增值机会。本次投资总额为 5 000 万元人民币，期限设定为自2024年1月22日起至2025年1月20日止，其最终收益表现将与3个月美元伦敦银行间同业拆借利率（Libor）紧密关联，为投资者提供了与国际金融市场动态相连的收益潜力。

根据《中国民生银行结构性存款》协议，如果客户未发生提前支取等违约行为，银行将在到期日支付全部本金，并根据产品收益特性计算客户的收益。银行通过综合评估各类收益指标，预计该公司此项结构性存款年利率达到3%的概率高达95%。

思考问题：
该公司应如何按照会计准则进行相应的会计处理？

1.6.2 准则依据阐述

以下是对会计准则核心内容的深入剖析与阐述。

1）《企业会计准则第37号——金融工具列报》（2017年修订）第七条

企业在金融工具首次确认之际，其核心考量应聚焦于合同条款背后所蕴含的经济实质，而非仅拘泥于法律形式的表面文字。这意味着，企业需深入剖析金融资产、金融负债及权益工具的定义精髓，以实现对金融工具的精准分类。此做法不仅体现了会计处理的"实质重于形式"原则，而且确保了会计反映与经济业务实质的高度契合。

2）《企业会计准则第22号——金融工具确认和计量》（2017年修订）第二十五条

面对混合合同，尤其是当主合同性质不符合本准则直接监管范畴时，企业需细致审视嵌入其中的衍生工具。若满足三项关键条件——嵌入衍生工具的经济特征与风险与主合同无紧密耦合，单独存在的同条款工具符合衍生工具本质，该混合合同未被归类为公允价值计量且其变动计入当期损益的金融资产,则企业应将此衍生工具从主合同中剥离,并作为独立的衍生工具进行会计处理。

(1)主合同独立处理。企业应严格遵循相关会计准则,对剥离后的主合同实施恰当的会计处理,确保每一部分均得到准确反映。

(2)嵌入衍生工具公允价值评估。如果嵌入衍生工具的公允价值能够直接且可靠地被计量,就直接采用该价值进行确认;如果面临计量难题,就需巧妙利用混合合同与主合同公允价值的差额进行间接估算。

(3)特殊情况下的综合处理。在极端情况下,如果即便采用上述方法仍无法单独可靠计量嵌入衍生工具的公允价值,企业应采取一种更为简洁高效的处理方式,即将整个混合合同整体视为公允价值计量且其变动计入当期损益的金融资产,以此保障会计信息的准确性与时效性。

通过上述详尽剖析,我们不仅加深了对金融工具列报、确认与计量规范的理解,还掌握了混合合同中嵌入衍生工具的特殊处理技巧,为企业会计实务操作提供了坚实的理论支撑与实践指导。

1.6.3 关键分析与解读

结构性存款是一种金融产品,商业银行在传统存款的基础上,融入衍生产品元素,通过与多种国内外金融市场指数的联动,为投资者提供相比普通存款更高收益的可能性,同时要求投资者承担相应的风险。这些产品常见的挂钩对象包括但不限于利率、汇率、股票、基金和商品价格指数等。

在遵循《2014年上市公司年报会计监管报告》的指引框架下,结构性存款的会计分类首要依据是其产品设计说明书中详尽的条款内容。当此类存款的收益与基础市场变量,如利率波动、汇率变动、黄金价格等紧密挂钩时,该存款即被视为内含嵌入衍生工具的产品。根据《企业会计准则第22号——金融工具确认和计量》(2017年修订),企业需对此类嵌入的衍生部分进行独立识别,并采用专门的会计处理方法进行核算。

然而,存在特殊情况需考虑:如果嵌入的衍生工具与存款合约在经济特性及风险暴露上高度一致,或同类型条款的工具不满足衍生工具定义且其价值难以单独评估,则整个结构性存款可被视为一个单独的金融资产,其公允价值的任何变动都将直接反映在当期损益中。

此外,如果企业的风险管理政策或投资组合管理战略明确指出,结构性存款需与其他金融资产或负债作为一个整体进行管理和评估,且以公允价值为基础进行报告,则企业有权选择将该结构性存款整体归入指定的金融资产或负债类别。反之,如果嵌入的衍生工具对整体现金流量的影响可忽略不计,或根据会计准则规定不应从复合金融工具中拆分,则该结构性存款不应被归类为需以公允价值计量的金融资产或负债。

注意：

（1）衍生工具的定义。在判断嵌入衍生工具是否满足分拆条件时，需确认该工具如果单独存在，是否符合衍生工具的定义，包括其价值是否随市场变量变动，初始净投资的规模如何，以及是否在未来某一日期结算。

（2）基础变量的真实性。在实务中，还需考量结构性存款中约定的基础变量是否具有真实性。如果基础变量变动的可能性极低，表明该衍生工具缺乏真实性，此时结构性存款实质上与普通定期存款无异，不需执行分拆分析，按普通定期存款处理。

具体而言，如果结构性存款实质上等同于一般定期存款，企业根据结构性存款的期限长短以及银行是否出具相应的存款证明，可选择将其按照银行存款的会计处理方式进行核算；或者，在财务报表中，依据其流动性质的不同，将其归类并列报为"其他流动资产"或"其他非流动资产"。

1.6.4 案例深度剖析

尽管该结构性存款提供了本金保障，但其利息收益与 Libor 利率区间相关联。此类存款被视为含有嵌入衍生工具的复合金融工具。

在没有提前支取的情况下，存款提供本金保障加上与美元 3 个月 Libor（USD3M-Libor）挂钩的浮动收益。这种收益与锁定的 Libor 日波动区间有关，包括从成立日到到期日的锁定天数。如果需要对衍生工具部分进行分拆，可以参考以下方法来确认和计量其公允价值：

（1）期末公允价值的估计。如果结构性存款的最终收益率与到期日的 Libor 相关，而非与资产负债表日的 Libor 相关，那么在资产负债表日，应基于当日可获得的信息（如当日的 Libor 汇率）合理估计到期日的 Libor 值。据此估计值确定预期的到期收益率，再结合存款本金、预期收益率及计息期间，计算衍生工具的期末公允价值。该资产的价值应归类并展示于"以公允价值计量且其变动计入当期损益的金融资产"项目下，同时，其价值的变动部分则作为当期的"公允价值变动损益"项目进行核算和记录。

（2）宽幅利率变动区间的处理。如果结构性存款条款表明，其预期或潜在收益率对应的利率变动区间较宽，并且截至 2024 年年末的 Libor 值处于安全边际较大的区间内，同时考虑到存款期限较短，剩余期限内 Libor 发生重大变动的可能性很小（如本案例中，观察期至 2025 年 1 月 12 日结束，Libor 值发生显著偏离的可能性较低），就可以接受使用预期或潜在收益率来估算衍生工具的期末公允价值。计算方法为：期末衍生工具公允价值 = 存款本金 × 预期或潜在年化收益率 ×（存入日至年末的天数 ÷ 365）。

1.6.5 案例总结

依据前文的讨论，结构性存款的会计处理方法通常遵循图 1.6.1 中展示的分析框架。

1 金融工具准则中金融工具划分原则及会计处理

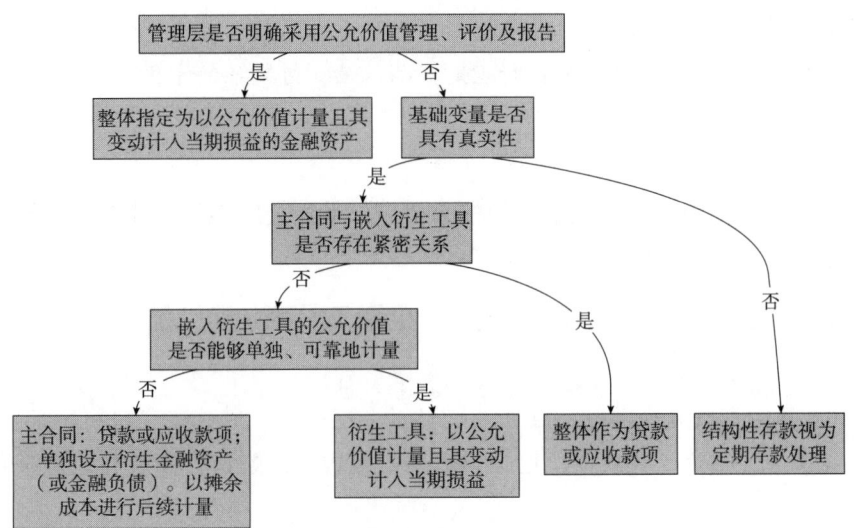

图 1.6.1　结构性存款会计处理流程图

1.7　公司购入银行信托等理财产品账务处理

1.7.1　案例概述

案例 1-13　A 公司计划在新三板上市，并选定 2024 年 9 月 30 日作为股份制改革的基准日。为了实现资金的低风险增值，A 公司出于优化资金利用效率的考量，将其闲置资金投放于多元化的银行理财产品之中。具体而言，A 公司精心挑选并购入了共计 17 种不同的银行理财产品进行投资，其中有 2 种产品具有特殊的估值和赎回机制：

（1）一种理财产品（代码 BJYJY02E），每日估值并公布，属于非保本浮动收益型，无锁定期，投资者可在工作日随时赎回，资金次日到账。

（2）另一种理财产品（代码 TF01ZST），每月首个工作日估值并公布，同样为非保本浮动收益型，募集期结束后，投资者可在每月首个工作日赎回，赎回资金在第三个工作日转入指定账户。

A 公司将所提及的这 2 种产品归类为其他债权投资，在编制资产负债表时，会将这两种产品的公允价值变动记录在"其他综合收益"项目中。而当这些产品被处置时，其原先累积在其他综合收益中的公允价值变动部分，则会相应地转入投资收益进行核算，同时 A 公司认为这些产品应列为现金等价物。

对于其余 15 种理财产品，其购买和赎回单位价格固定为 1 元/份，实际收益仅在赎回时确定。A 公司同样将其视为其他债权投资，在赎回时确认投资收益，但不将其列为现金等价物。

思考问题：

A 公司对使用自有资金购买的银行理财产品，应如何按照会计准则进行适当处理？

1.7.2 准则依据阐述

以下是会计准则中关于金融工具的核心要点，其让金融工具的分类、计价规则以及公允价值变动的处理方式变得更加一目了然。

1.7.2.1 《企业会计准则第 22 号——金融工具确认和计量》（2017 年修订）关键演变

1）2006 年版本概览

（1）交易性金融资产与负债：定义为短期内出售或回购，旨在通过交易获利的资产与负债。

（2）持有至到期投资：特指具备固定到期日和可确定回收金额的资产，企业有明确意图并具备能力持有至到期。

（3）贷款与应收款项：主要特征是缺乏活跃市场报价，但回收金额明确无误。

（4）可供出售金融资产：作为除前述三类外，企业可自行选择的非衍生金融资产类别。

（5）公允价值变动的影响：对于非套期保值的金融工具，其公允价值变动直接反映于当期损益。而可供出售金融资产的公允价值变动（不计减值及汇兑差异）则先计入所有者权益，待资产处置时再行转入损益。

2）2017 年修订版亮点

（1）应用范围：广泛覆盖了多数金融工具，但排除了特定的长期股权投资。

（2）以摊余成本计量：专注于那些以稳定收取合同现金流为主要目标的金融资产。

（3）以公允价值计量：适用于同时追求合同现金流与资产出售收益，或不适用于以摊余成本计量的资产。

（4）利得与损失：多数情况下，公允价值变动将直接影响当期损益，但套期保值和非交易性权益工具等特殊情况则另有规定。

1.7.2.2 《企业会计准则讲解（2010）》额外说明

（1）贷款与应收款项对比持有至到期投资：关键区别在于市场交易的活跃性。

（2）可供出售金融资产的灵活性：允许企业将公允价值可合理估计的金融资产（如股票和债券）归为此类。

1.7.2.3 《企业会计准则第 33 号——合并财务报表》要点解析

合并范围界定：明确以投资方对被投资方的控制权、影响可变回报的能力及其规模为基础，来界定合并范围。

1.7.3 关键分析与解读

1.7.3.1 理财产品分析

在实际操作中，关于理财产品（无论是保本型还是非保本型）是否能被归类为应收款项，业界存在分歧。以下是两种主要观点的概述：

（1）非应收款项归类。其依据是：根据合同条款，由于收益不固定或无法预先确定，因此不应视为应收款项。

（2）应收款项归类。其依据是：考虑到业务实质和历史兑付记录，如果收益被认为是固定的或可确定的，可以将其归类为应收款项。

1.7.3.2 "穿透"原则分析

某些理财产品，特别是那些基础资产为单一信贷资产的，可以采用"穿透"原则进行深入分析。支持者认为，如果理财产品仅作为资金的"通道"，并且投资者面临的是借款人的信用风险，鉴于信贷资产与理财产品在存续时间上保持一致，理财产品所产生的收益主要源自信贷资产所产生的利息收入（这一特性在评估两者关联性及理财产品的收益来源时显得尤为重要），那么理财产品的收益率可以被认为是固定的或可确定的。在没有信用恶化的情况下，投资者可以几乎全额回收其初始投资，因此可以采用实际利率法按摊余成本进行计量。

1.7.3.3 资产池投资分析

对于投资于固定收益类资产池的理财产品，不能简单地采用"穿透"原则。需要根据以下3种观点进一步分析：

（1）其他债权投资（债务工具）。其依据是：从商业实质角度，这类产品属于其他债权投资，应采用摊余成本法确认投资收益。尽管合同不保证本金和收益，但基于市场发展和兑付历史，投资者通常能收到预期的本金和收益。

（2）可供出售债务工具。其依据是：根据《企业会计准则讲解（2010）》和 IAS39.AG27 的指引，这类产品不符合权益工具的条件，应被视为可供出售的债务工具。

（3）其他债权投资（权益工具）。其依据是：理财产品的合同条款表明，投资者承担基础资产亏损的风险，这体现了权益工具的特征。《企业会计准则讲解（2010）》中对主合同经济特征和风险的判断指引，在此情况下不适用。

1.7.3.4 反对"穿透"原则的观点

反对者认为，尽管基础资产是单笔贷款，但经过特殊目的主体的嵌套后，理财产品的现金流并不完全反映基础资产的特征。从法律角度看，理财产品投资者不具备直接向借款人求偿的权利，因此在会计处理上将这类产品归类为应收款项存在缺陷。

1.7.4 案例深度剖析

在案例 1-13 中，所讨论的三种理财产品均为非保本型且提供浮动收益，并未设定固定期限。基于这些特点，案例 1-13 倾向于支持公司对这些产品确认和计量的方法，建议将其归类为"以公允价值计量且其变动计入其他综合收益的金融资产"类别的金融资产。以下是具体的会计处理建议：

（1）确认与计量：理财产品应以"以公允价值计量且其变动计入其他综合收益的金融资产"进行确认，并在期末按公允价值（基于管理人公布的当日净值）进行计量。如果公允价值无法可靠确定，那么可按成本法进行计量。

（2）收益处理：理财产品净值的波动应计入其他综合收益，在赎回或清算计划实施时，相关收益转入投资收益。

（3）资产负债表列报：如果预计持有期限不超过 1 年，那么理财产品应在资产负债表中作为"其他流动资产"列报。

（4）现金流量表列报：鉴于这些理财产品的存续期限不固定，且非在购入后 3 个月内到期，同时收益波动，可转换为现金的金额不固定，它们不被归类为现金流量表中的现金等价物。涉及这些理财产品的购买和赎回现金流量的，应作为投资活动在现金流量表中列报。

1.7.5 案例总结

1.7.5.1 保本且收益固定

理财产品如果保本且提供固定收益，根据市场活跃度和管理层意图，分为两种情况处理：

（1）若存在活跃市场报价，且管理层有明确意图并具备能力持有该金融产品至到期，同时该产品将在 1 年内到期，则应根据会计准则将其分类为持有至到期投资，并在资产负债表的流动资产部分进行列报。

（2）若不存在活跃市场报价，且该金融产品符合贷款和应收款项的定义，即主要是基于信用产生的，到期收回金额固定或可确定，则应将其分类为贷款和应收款项，并依据其特性进行其他应收款的会计核算处理。

1.7.5.2 非保本且收益浮动

针对那些既不保证本金也不保证固定收益的理财产品，其分类可依据其收益与基础金融变量之间的关联性，具体划分为以下两种情况：

（1）收益不挂钩基础金融变量的理财产品：分类为其他债权投资，可按成本计量或以预计收益率为基础进行公允价值估值。如果产品在 1 年内到期，视为流动资产列报。

（2）收益与基础金融变量相关联的理财产品：被视为在债务合同中融入了衍生金融工具的混合型金融工具。其处理方式为：

其一，分拆处理：主合同为其他债权投资，衍生工具为交易性金融资产，按预计收益率估值。

其二，不分拆处理：整体应被视为以公允价值进行计量的金融资产，其公允价值的任何变动都将直接计入当期损益，以预计收益率估值。

1.7.5.3 保本但收益浮动

如果理财产品保本但收益呈现浮动性，其分类亦依据收益与基础金融变量之间的关联性分为2种情形：

（1）如果收益与基础金融变量无直接关联：处理方式与上述非保本但收益浮动的理财产品中收益不挂钩基础金融变量的情况相同，应归类为其他债权投资，采用成本或预计的收益率进行计量。对于预计在1年内到期的产品，其在资产负债表中应被列示为流动资产。

（2）如果收益与基础金融变量相关联：此时，该产品同样被视为一种混合金融工具。处理此类混合金融工具时，企业可选择以下两种方式之一：

其一，分拆处理：将产品的保本部分归类为贷款和应收款项，而将与之关联的衍生金融工具部分视为交易性金融资产进行单独核算。

其二，不分拆处理：将整个产品视为一个整体，以公允价值进行计量，并将其公允价值的变动直接计入当期损益。在此情境下，通常采用预期收益率作为对该类金融资产进行估值的基础。

1.8 资产证券化中资产终止确认的判定问题

1.8.1 案例概述

案例 1–14 2024年，A公司持有的应收账款组合预计在18个月内到期，其账面价值达到1亿元，而公允价值则为1.2亿元。A公司决定以公允价值将该应收账款组合出售给B资产管理公司。B公司随后以这些应收账款为基础资产，创建了一个专项资产管理计划来吸引投资购买该应收账款组合。投资者与B公司签订了认购协议，以认购资金换取资产管理计划的证券。B公司计划通过收取应收账款来向投资者分配收益。合同中规定了几种可能的情形：

（1）A公司出售应收账款后，B公司有权将其无条件转让给第三方。

（2）资产管理计划设定为2年期限，到期时A公司需以固定金额加回报回购剩余的应收账款。

（3）资产管理计划同样为期2年，A公司在到期时拥有按公允价值回购未收回应收账款的优先权。

（4）资产管理计划期限为2年，但A公司有权以远高于公允价值的价格回购资产管理计划，这一价格设定使得A公司回购的可能性不大。

（5）计划期限2年，B公司有权以低于公允价值的价格向A公司出售资产管理计划，但这一价格设定使得B公司出售的意愿不大。

（6）A公司通过购买资产管理计划的次级权益为其他投资者提供信用增级，该权益占总权益的1%。

【思考问题：】
这些合同安排对A公司的应收账款组合终止确认有什么影响？

1.8.2 准则依据阐述

以下是对《企业会计准则第23号——金融资产转移》（2017年修订）中第四条和第五条内容的精炼梳理与解析，以明确金融资产在转移过程中部分或全部资产终止确认的具体条件和准则。

1）第四条：部分金融资产终止确认的条件

在金融资产发生部分转移时，若符合以下任一标准，则该部分资产可按终止确认原则进行会计处理：

（1）特定现金流量剥离：如果某部分金融资产仅涉及特定的、可明确识别的现金流量（例如剥离单独利息部分），且接收方仅享有该部分现金流权利，那么该部分视为终止确认。

（2）按比例现金流量转移：当转移部分的现金流量与金融资产整体现金流量呈固定比例，即接收方按比例分享金融资产的总现金流时，该部分亦满足终止确认条件。

（3）特定比例现金流量分割：如果转移部分与特定可识别的现金流量（如部分利息）保持一定比例，那么仅该特定比例部分可视为终止确认，即便在整体资产中该比例非均匀分布。该处理方法的关键在于转移份额与现金流量的比例关系，而非接收方持有的比例。

2）第五条：金融资产全面终止确认的准则

金融资产全面终止确认的判定依据为以下任一条件的满足：

（1）合同权利丧失：企业彻底失去从该金融资产中收取现金流的合同权利，即丧失了未来现金流的实质性获取权。

（2）符合终止确认规则：金融资产或其相关权益已完成向另一方的转移，且该转移严格依照本准则关于终止确认的具体规定执行，从而确认该金融资产已全面终止。

1.8.3 关键分析与解读

在资产证券化操作中，所涉及的标的资产可能已经符合会计确认标准，或者尚未达到这些标准。当证券化的标的资产满足了会计确认条件，就会面临资产终止确认的问题。资产证券化过程中的终止确认判断主要涉及两个关键的会计议题。

首先，需要对特殊目的实体（SPE）进行控制权的评估。依据《企业会计准则第 33 号——合并财务报表》和《国际财务报告准则第 10 号——合并财务报表》中针对"结构化实体"所确立的控制权评估准则，发起人或其集团母公司必须确定是否需要将所建立的特殊目的实体纳入合并报表。其次，无论是在个别还是合并财务报表层面，发起人或其集团母公司都应基于一致的原则来分析判断是否应对相关资产进行终止确认。

《企业会计准则第 23 号——金融资产转移》（2017 年修订）与《国际会计准则第 39 号——金融工具：确认和计量》联手制定了关于金融资产终止确认的明确规范架构，但在实际执行时，这些规范的适用常出现不一致现象，缺乏统一性。鉴于此，国际会计准则理事会于 2014 年 7 月发布了《国际财务报告准则第 9 号——金融工具》，旨在增强规范的统一性和实用性。该新准则不仅细化了金融资产终止确认的具体规定，还针对性地解决了先前实施过程中遇到的实际难题，为财务报告提供了更为清晰和一致的指导。本章将依据《国际财务报告准则第 9 号——金融工具》的相关规定，探讨常见的资产证券化合同安排对资产终止确认的影响。

在实际操作中，判断的挑战主要在于评估已转移资产的风险和报酬转移的程度。只有准确判断了这一点，才能确定终止确认的合理性，并进一步评估风险和报酬的相关问题。

1.8.4 案例深度剖析

在资产证券化过程中，合同的具体安排是决定发起人是否已经转移或保留了资产的重大风险和报酬的关键因素，进而影响资产的终止确认。以下是对案例中几种典型合同条款影响的具体分析：

情况 1：A 公司无条件地转让了应收账款，这通常意味着几乎所有的风险和报酬都已转移，因此 A 公司可以对该笔应收账款进行终止确认。

情况 2：如果 A 公司以固定价格或成本价加合理回报回购金融资产，这表明公司保留了几乎所有的风险和报酬，因此不应对该应收账款进行终止确认。

情况 3：A 公司仅保留了以公允价值优先回购被转移资产的权利，这通常意味着风险和报酬已经转移，A 公司可以对该应收账款组合进行终止确认。

情况 4：如果 A 公司在出售过程中保留了一项深度价外的看涨期权，这表明风险和报酬已经转移，可以进行终止确认。然而，如果保留的是深度价内的看涨期权，其很可能会被行权，这表明保留了几乎所有的风险和报酬，因此不应进行终止确认。

情况 5：出售时授予一项深度价外的看跌期权，A 公司可以对该应收账款组合进行终止确认。相反，如果授予的是深度价内的看跌期权，其很可能会被行权，这表明保留了几乎所有的风险和报酬，因此不应进行终止确认。

情况 6：A 公司通过次级化被转移资产的部分或全部剩余权益，为其他投资者提供信用增级。同时，出让方可能提供无限额或限额的信用担保。A 公司需要评估所提供的信用增级是否重大，确定是否已转移金融资产中几乎所有的风险和报酬。如果企业仍保留了几乎全部的风险和报酬，那么该金融资产应继续在其账面上进行确认。相反，如果企业仅保留了部分风险和报酬，并且同时保留了对该金融资产的控制权，那么在此情境下，企业可能需要针对所保留的风险和报酬部分确认相应的资产和负债。在本案例中，A公司持有的资产管理计划次级权益仅占总权益的1%，表明已转移了几乎所有的风险和报酬，可以对该应收账款进行终止确认，但需对继续涉入的1%权益确认相关资产和负债。

1.8.5 案例总结

在资产证券化的实务操作中，出让方是否能够对所转移的资产进行终止确认，取决于其是否已经转移或保留了该资产所有权上几乎所有的风险和报酬。以下是对这一原则的具体应用情况的阐述。

1.8.5.1 风险和报酬的转移评估

在判断金融资产转让是否已导致几乎所有风险和报酬的转移时，需考虑以下情形作为例证：

（1）无条件出售：如果出让方已无条件地让渡了相关金融资产的所有权，这通常被视为几乎所有风险和报酬的转移。

（2）附公允价值回购权的出售：在转让金融资产的同时，如果出让方被授予了基于该资产公允价值的回购选择权，但此权利的执行并不足以显著影响风险和报酬的实质转移，此仍可视为风险和报酬的几乎全部转移。

（3）附深度价外期权的出售：在转让过程中，如果同时授予了深度价外的看跌或看涨期权（即期权执行价格与市场价格存在显著差距，使得期权在正常情况下几乎不可能被执行），此类期权的存在不视为阻碍几乎所有风险和报酬转移的有效障碍。

1.8.5.2 风险的承担与报酬的保留

在评估金融资产转让时，如果出让方继续承担着该资产所有权上几乎所有的风险，并相应保留了几乎所有的报酬，这通常表现为以下几种情形：

（1）出让方在出售时承担了以固定价格或成本价加合理回报回购资产的义务。

（2）出让方在出售金融资产的同时，出售了深度价内的看跌或看涨期权，这些期权很可能被行使。

1.8.5.3 继续涉入的考量

若出让方通过购买次级权益或提供担保等方式对证券化产品进行了信用增级，则需要评估其涉入的规模，以确定是否保留了几乎所有的风险和报酬。此外，出让方因信用增级而承担的风险敞口，也可能影响对结构化实体控制权的判断。

1.9 金融衍生工具种类划分和财务处理

1.9.1 案例概述

案例 1-15 A 公司，一家专注于农产品进出口的企业，于 2024 年 4 月 9 日进行了一系列的金融交易。A 公司从 T 商业银行获得了 5 000 万美元的 3 年期贷款，年利率为上海银行间同业拆借利率（Shibor）上浮 2%。同时，A 公司存入了 1 亿元人民币作为该贷款的质押。此外，A 公司与 T 银行签订了利率互换协议，根据该协议，A 公司将在 3 年内按年固定利率 2.5% 向 T 银行支付利息，而 T 银行则按浮动利率（Shibor 上浮 1.5%）向 A 公司支付利息。同日，A 公司还与 T 银行签订了远期外汇交易协议，以 7.05 元人民币兑换 1 美元的价格买入 8 000 万美元，并约定到期日进行净额结算。预计这些交易将为 A 公司带来约 1 200 万元人民币的固定利润。

在 A 公司的财务报表中，这些交易被识别为金融衍生工具，包括货币互换、利率互换和远期外汇合约，依据该资产及负债在年末的公允价值，企业进行了相应的交易性金融资产与金融负债的确认与计量，同时，也对公允价值变动所产生的损益进行了记录与核算。其中，利率互换和远期外汇合约的公允价值基于 T 银行的评估，而货币互换工具的价值则基于预期的未来现金流进行计算。

> **思考问题：**
> A 公司应如何根据适用的会计准则，对应上述金融工具进行适当的会计处理？

1.9.2 准则依据阐述

以下是相关会计准则的概述和解析。

1.9.2.1 《企业会计准则第 22 号——金融工具确认和计量》（2017 年修订）精要解读

1）第十九条关键内容

（1）金融资产分类精准界定：除了特定条件下采用摊余成本计量或计入其他综合收益的金融资产，其余均归入公允价值变动即时影响当期损益的类别。

（2）非交易性权益工具投资特别处理：赋予企业自主权，使企业可选择以公允价值计量非交易性权益工具投资，并将价值变动隔离于其他综合收益中。

（3）企业合并或有对价清晰分类：由合并中的或有对价形成的金融资产，应遵循公允价值计量，且其变动直接反映在当期损益上。

2）第二十一条概览

（1）金融负债计量基础原则：确立摊余成本为金融负债的主要计量方式，但在特定情境下除外。

（2）特殊金融负债计量要求：如交易性金融负债，需采用公允价值计量，确保变动实时反映在当期损益中。

（3）资产转移未终止确认的处理：对于不满足终止确认条件的金融资产转移，其形成的金融负债需依据《企业会计准则第23号——金融资产转移》（2017年修订）的规定进行精确计量。

1.9.2.2 《企业会计准则第37号——金融工具列报》（2017年修订）精华提炼

1）第二十八条主旨

（1）金融资产与负债的基本列示原则：在资产负债表中原则上应分别列示，避免直接抵销。

（2）净额列示的特定前提：企业需同时满足享有法定抵销权且计划以净额结算的条件，方可采用净额列示方式。

2）第二十九条至第三十一条深入阐述

（1）抵销权定义及其适用性范围：债务人基于合同或协议享有的抵销应付金额的权利，特定情境下可涉及第三方。

（2）抵销权的可执行性评估：抵销权的有效性不应受未来不确定性影响，且在所有合理预见情境下均应具备可执行性，评估时需综合考虑法律、合同等因素。

（3）抵销意愿与计划的考量：即便存在可执行抵销权，若企业无此计划或无意行使，则不得将相关金融资产与负债进行抵销。

3）第三十三条特殊情况说明

该条款明确指出抵销权不适用的多种场景包括但不限于复杂的合成金融工具、跨交易对手的风险管理、无追索权负债与担保品的独立处理、债务资产的特定托管安排，以及预期通过保险赔付覆盖的债务责任等。

1.9.3 关键分析与解读

案例1-15中的会计处理核心在于两个关键问题：首先是三类衍生工具的分类方法；其次是这些工具在财务报告中的列示方式。

衍生工具的分类需基于其业务模式和合同规定的现金流量特性来决定，这包括评估持有目的是否为交易、获取固定收益，或两者兼具，以及合同条款是否仅涉及本金和基于未偿还本金的利息支付。至于列报问题，关键在于确定美元借款与人民币定期存款作为质押的资产是否可以相互抵销，并以净额反映在财务报表中，这取决于A公司与T商业银行签订的合同是否符合相关抵销和净额结算的标准条件。

1.9.4 案例深度剖析

案例1-15的会计处理需关注衍生工具的分类与列报这两个主要问题。

对衍生工具进行分类，其首要步骤是识别衍生工具的合同现金流量特征。如果这些现金流不局限于基于未偿本金的利息支付模式，且未作为权益工具投资构成部分，那么应将此类衍生工具归类为需以公允价值计量的金融资产，其公允价值的变动应即时反映于当期损益之中。针对 A 公司的具体情况，其三项远期合同——包括货币互换、利率互换及远期外汇合约中的衍生要素，在未采用套期会计策略的前提下，均须遵循上述分类原则。

在会计期末，这些衍生工具因市场波动而产生的累积公允价值变动需分别体现在资产负债表中的"衍生金融资产"或"衍生金融负债"科目下。同时，当期内的价值浮动所带来的盈利或亏损，则应在利润表中以"公允价值变动损益"项目进行列示。

此外，鉴于税法与会计准则在资产计价方面可能存在的差异，A 公司还需评估并可能确认因这些衍生工具的公允价值与其计税基础不一致而产生的递延所得税负债或资产。

直接的市场报价对于上述衍生工具而言并非普遍可得，因此需借助估值技术来准确评估其公允价值。这些估值技术将依据市场参数、合同条款及行业惯例等因素，以合理且可验证的方式确定衍生工具的公允价值。

至于衍生工具的列报问题，需依据企业会计准则及其应用指南中的规定，判断金融资产与金融负债是否满足抵销列报的条件。在本案例中，尽管存在到期日的净额结算安排，但如果双方在到期前无权提前以净额结算，也不打算这么做，那么应分别列报人民币存款和美元贷款为金融资产和金融负债。此外，远期外汇合约的期末公允价值变动应确认为衍生金融资产/负债，并计入当期损益。如果合同提前解除，例如，出于破产等原因，那么衍生工具的风险将重新体现，此时不适用无条件抵销权。因此，如果 A 公司与 T 商业银行的合同未明确允许提前净额结算，或双方均无此意图，那么应分别列报相关金融工具，不进行抵销。

1.9.5 案例总结

衍生工具是《企业会计准则第 22 号——金融工具确认和计量》（2017 年修订）范围内的一类工具或合同，它们的特点体现在以下方面：

（1）价值波动性。衍生工具的价值会随着特定因素的变化而变化，这些因素可能包括利率、金融产品价格、商品价格、汇率、各类指数、信用评级或信用指数等。特别是当涉及非金融变量（例如特定地区的地震损失指数或特定城市的气温指数）时，这些变量应与合同各方无直接关联。

（2）初始投资要求。衍生工具可能不需要初始净投资，或者与那些对市场变化有相似反应的其他合同相比，其所需的初始投资较少。

（3）结算时间。衍生工具通常规定在未来特定的日期进行结算。

在金融工具的分类原则下，衍生工具通常不符合合同现金流量特征测试，因此一般被归类为以公允价值计量且其变动计入当期损益的金融资产。至于衍生工具的列报问题，则需细致分析合同的具体条款，进行详尽的评估与确认，以明确是否达到会计准则中对于金融资产与金融负债进行抵销列报的具体要求与条件。

1.10 股份回购中关于确保最低收益的会计处理问题

1.10.1 案例概述

案例 1-16 A 公司，一家纺织服装生产加工企业，在 2024 年 6 月引入国外战略投资者 X 公司。X 公司投资 500 万美元，其中，300 万美元计入注册资本，余下 200 万美元计入资本公积，从而获得 A 公司约 5% 的股份。双方签订的股份回购协议规定了特定条件下的回购条款：如果在 2026 年 12 月 31 日前 A 公司未能完成 IPO，但满足了所有上市条件且 X 公司同意或未反对上市，或者公司决策层决定不上市或终止上市程序，X 公司有权在接下来的 2 年内要求 A 公司回购其股份。回购价格将基于原始投资额加上年 5% 的增值以及累计未分配红利，同时扣除已支付的任何红利。

截至 2024 年第三季度末，A 公司所有者权益因公司盈利而增加了 6 000 万元，X 公司按 5% 的持股比例应享有约 300 万元。A 公司如果此时执行股份回购，除了需支付 X 公司的原始投资 500 万美元和应得红利 300 万元，还需根据增资协议支付 5% 的年收益。

思考问题：

A 公司应如何根据会计准则进行股份回购及相关收益的会计处理？

1.10.2 准则依据阐述

根据《企业会计准则第 37 号——金融工具列报》（2017 年修订）关键条款解读金融负债的定义、分类与会计处理。

1）第八条：金融负债的四大界定要素

为明确金融负债的范畴，该文件第八条确立了以下 4 个核心判定标准：

（1）合同驱动的现金及金融资产转让：企业若负有依据合同条款向其他方支付现金或转移金融资产的明确义务，则构成金融负债。此类义务常见于借款、债券发行等融资行为中。

（2）不利情境下的资产交换：在潜在的经济不利条件下，如果企业需依据合同条款与其他方进行金融资产或负债的交换，这一责任同样视为金融负债的一部分。此条款涵盖了非货币性交易，揭示了企业在不利市场环境中的财务责任。

（3）权益工具结算的非衍生工具：对于某些非衍生金融工具，如果其结算方式为以企业自身权益工具（如股票）进行，且结算数量非固定，随合同条款变化，那么此类合同亦被归类为金融负债。这反映了企业未来资本结构的可变性及潜在财务责任。

（4）非固定对换的衍生工具结算：对于衍生金融工具，若其结算不是以固定数量的权益工具换取固定金额的现金或金融资产，则被视为金融负债。这一标准排除了以固定换固定方式结算的衍生工具，后者通常被归类为权益工具。

2）第二十一条：金融负债的会计处理准则

遵循该文件第二十一条规定，企业需将所有符合金融负债定义的金融工具或其组成部分的相关经济影响，包括但不限于利息支出、股利（或股息）收入、因公允价值变动产生的利得或损失，以及赎回或再融资活动导致的经济收益或费用，在会计当期进行确认，并直接反映于当期损益表中。此举旨在确保企业财务报告能够充分、及时地展现金融负债的经济实质，增强会计信息的透明度与有用性。

1.10.3 关键分析与解读

案例 1-16 的核心议题在于确定 A 公司接受 X 公司投资时，该笔投资应当被确认为权益工具还是债务工具。金融负债与权益工具的界定，关键在于企业是否负有合同义务，重点在于考察的是交易的本质属性，而非单纯关注于结算时刻是否以现金或公司自身的权益工具作为交付方式。

（1）现金与金融资产交付义务的界定：企业如果需无条件地履行合同中规定的现金或其他金融资产交付责任，即符合金融负债的定义。此责任不仅限于主条款直接明确的交付义务，还包括通过合同隐含或间接条款所确立的支付责任。同时，如果金融工具条款规定在特定不利情境下（如担保方违约），企业需承担金融资产或金融负债的交换责任，此类情境下的支付义务同样构成金融负债。

（2）以自身权益工具结算的评估标准：在评估金融工具是否以企业自身权益工具结算时，核心在于判断这些权益工具是否实质上等同于现金或其他金融资产的替代品，并考虑持有人是否真正享有对发行方资产剩余权益的所有权及相应风险。金融工具如果实质上替代了现金或金融资产的支付功能，则应归类为金融负债；反之，若持有人实际拥有剩余权益并承担风险，则视为权益工具。

（3）金融工具分类的核心原则：区分衍生工具与非衍生工具是金融工具分类的基础。非衍生工具若无现金交付义务且不涉及潜在不利条件下的资产交换，则通常归类为权益工具。对于以固定数量权益工具结算的非衍生工具，亦视为权益工具；而结算数量可变者，则归为金融负债。此外，对于非衍生工具，如果投资方有权收取利息或股利，且发行方在这些支付上无绝对自主权，可能也体现权益工具的特征。对于衍生工具，若以固定数量的权益工具交换固定金额的现金或金融资产，则视为权益工具；若交换条件涉及可变金额或数量，则需根据具体情况判定为衍生金融负债或资产。

1.10.4 案例深度剖析

在案例 1-16 中，A 公司在引入 X 公司作为投资者时签订了股份回购协议，承诺如果在规定期限内未能完成 IPO，将回购 X 公司的股份。考虑到 IPO 的实现并非完全由 A 公司控制，A 公司在确认 X 公司投资额及其对货币资金、股本和资本公积的影响时，也应确认相应的回购义务为金融负债。

账务处理步骤如下：

（1）初始确认：A公司在获得X公司投资时，应借记"资本公积"科目，贷记"长期应付款"科目，所需支付的回购金额的现值，这一数值可能涵盖远期回购价格、期权执行价格或任何其他回售条款下所确定金额的当前价值。

（2）利息费用确认：案例1-16中回购价款根据X公司出资额及5%的年回报率确定。因此，A公司应在初始计量时将出资金额等同于负债的初始确认金额。随后，每年根据5%的回报率确认利息费用，计入损益表的财务费用，并贷记"长期应付款——利息调整"科目。

（3）回购实施：如果X公司基于IPO计划的终止或失败要求A公司执行回购，A公司应借记"长期应付款"科目，贷记"银行存款"科目，以支付回购款项。

（4）义务解除：如果A公司在约定期限内成功实现IPO，或X公司宣布放弃回购权利，A公司的现时义务随之解除。此时，A公司应将负债的账面价值（包括本金和利息）从"长期应付款"科目转入"资本公积——股本溢价"科目。

1.10.5 案例总结

在个别财务报表中，对于发行方因回购自身权益工具而产生的义务，应采取以下会计处理方法：

（1）股本和资本公积确认：发行方收到增资款时，应当确认相应的股本数额，并对应地确认资本公积，该资本公积体现为股本溢价。

（2）金融负债的重新分类：同时，根据回购所需支付金额的现值，将回购义务从权益中重新分类为金融负债，并在后续期间通过确认融资费用，逐步增加负债的账面价值至最终的结算金额。

（3）衍生金融负债确认：如果存在发行方的母公司负有回购的责任或义务，这实质上相当于向增资方授予了一项看跌期权。该看跌期权的价值会随着发行方股权价格的波动而变化，并将在约定的未来日期进行结算。因此，该看跌期权作为衍生工具，在母公司的个别财务报表中应被确认为衍生金融负债，并按公允价值计量。

（4）公允价值确定：确定看跌期权的公允价值时，需要考虑回购价格与对应股权公允价值的差额、股权价值的波动性以及期权的有效期等因素。

（5）集团合并报表处理：在集团合并财务报表层面，看跌期权导致集团整体面临一项不能无条件避免支付现金的合同义务，因此，针对此回购义务，相应的增资款项应当被分类确认为金融负债，其金额应当基于未来回购时所需支付金额的当前价值或现值来确定。

1.11　对赌协议中回购股权的业务实质与账务处理

1.11.1　案例概述

案例1-17　2024年2月，A公司与R公司签订了一项增资协议，该协议包含了一项对赌条款，即如果R公司未能在2026年6月30日之前实现首次公开募股（IPO），R公司及其创始人股东将有义务按照法律规定的方式回购A公司在R公司持有的权益，回购价格为A公司投资时每元注册资本增资款的1.5倍加上年8%的复利。A公司的会计政策规定，对所有投资公司均以公允价值计量，并将公允价值的变动计入损益。

思考问题：

A公司应如何进行会计处理？

1.11.2　准则依据阐述

以下是对《企业会计准则第22号——金融工具确认和计量》（2017年修订）关键条款的重新阐释与说明，旨在深化对嵌入衍生工具定义、混合合同处理规则及嵌入衍生工具分拆条件与后续会计处理的理解。

1）第二十三条第二款：深入解析嵌入衍生工具的定义

嵌入衍生工具是指那些被巧妙融入非衍生类主合同之中的金融工具。这些工具以类似独立衍生工具的方式运作，能够显著影响混合合同的现金流状况，其价值的变动紧密跟随市场变量（如利率变动、商品价格波动、汇率调整等）的步伐。特别地，嵌入的衍生工具如果具备独立转让的能力或涉及不同的交易对手方，那么应按独立的衍生金融工具进行会计确认与计量。

2）第二十四条：混合合同的一体化会计处理策略

在处理混合金融合同时，如果主合同符合会计准则中资产的定义，企业应秉持整体性原则，不将嵌入的衍生工具单独剥离出来处理。相反，应将整个混合合同视为一个整体，依据金融资产分类的相关会计准则进行统一的会计处理。这种一体化处理策略有助于维护会计处理的连贯性和统一性，确保会计信息的准确传达。

3）第二十五条第一款：嵌入衍生工具的分拆条件与后续会计处理的详细指南

当混合合同的主合同不符合资产定义时，企业需依据以下三个条件审慎评估是否应对嵌入的衍生工具进行分拆处理：

（1）经济特征与风险的独立性：嵌入衍生工具的经济特性和风险必须与主合同保持相对独立，避免两者之间存在紧密的相关性。

（2）符合衍生工具定义的独立性验证：假设该嵌入衍生工具作为独立实体存在，且其条款与当前嵌入状态完全一致，则它应满足衍生工具的基本定义要求。

（3）非特定会计处理的排除：混合合同未被特别指定为以公允价值计量且其变动计入当期损益的金融工具。

如果上述条件全部得到满足，企业应着手将嵌入的衍生工具从混合合同中分拆出来，作为单独的衍生金融工具进行会计处理。分拆后的具体处理流程包括：

（1）主合同的会计处理：根据适用的会计准则，对混合合同中的主合同部分进行恰当的会计处理。

（2）嵌入衍生工具公允价值的确定：首先尝试直接获取嵌入衍生工具的公允价值；如果直接计量不可行，可通过比较混合合同与主合同的公允价值差额来间接估算。

（3）公允价值难以确定时的特殊处理：如果即便采用上述方法，嵌入衍生工具的公允价值在初始确认或后续财务报告日仍无法单独可靠计量，企业应采取特殊措施，将整个混合合同指定为以公允价值计量且其变动计入当期损益的金融工具，以确保财务报表的精确性和透明度。

1.11.3　关键分析与解读

在案例1-17的分析基础上，我们可以确定这项业务涉及一个嵌入在主合同（即股权投资）中的衍生工具。在此案例中，必须评估是否应当将该衍生工具单独分拆出来并予以确认。

首先，需要考虑的是衍生工具是否与特定股权紧密相关，或者它是否仅作为A公司的一个权利。例如，如果A公司在R公司完成合格IPO之前转让了这部分股权，关键问题在于受让方是否有权继承这一回购权。

其次，如果衍生工具确实与特定股权相关联，那么还需进一步判断A公司对R公司的增资是否赋予了其在R公司生产经营决策中具有重大影响的能力，或者是否构成了控制或共同控制的关系。

1.11.4　案例深度剖析

在案例1-17中，根据合同约定，衍生工具的处理可能有两种不同的结果。

首先，如果衍生工具不与任何特定股权挂钩，而仅仅是授予A公司，那么实际上，该衍生工具并不构成股权的一部分。在这种情况下，应当单独确认一项新的衍生金融资产。

其次，如果某衍生工具与特定的股权紧密关联，且具备随该股权转让而自动转让的特性，那么该衍生工具被视为一项嵌入式衍生工具。这时，需要评估A公司对R公司的增资是否能够对R公司的经营决策产生重大影响，或者是否能够控制或共同控制。

（1）如果A公司对R公司产生了重大影响，那么A公司对R公司的权益工具投资应被确认为长期股权投资。此时，需要进一步判断嵌入式衍生金融工具是否符合与主合同分离的条件。根据《企业会计准则第22号——金融工具确认和计量》应用指南

（2018）》，A 公司应特别关注嵌入式衍生工具与主合同的风险敞口是否相似，以及嵌入式衍生工具是否可能对混合合同的现金流量产生重大影响。

（2）如果 A 公司对 R 公司没有产生重大影响，那么 A 公司对 R 公司的权益工具投资应被视为金融资产。在这种情况下，不应单独分离衍生金融工具，而应将混合合同作为一个整体，根据金融工具会计准则对金融资产进行分类。

案例 1-17 的小结指出，A 公司在处理衍生工具时，需要根据其与股权的关系以及对 R 公司经营决策的影响程度，来确定衍生工具的会计处理方式。这包括确认长期股权投资、衍生金融资产，或者将混合合同作为一个整体进行分类。

1.11.5 案例总结

在考虑股权投资时，如果投资者对被投资公司没有显著的影响力，那么这类投资应当按照金融工具的准则进行处理。鉴于此类投资未能满足权益工具的标准，且其合同条款中的现金流量特征并非仅限于基于本金及未偿还本金金额的利息支付模式，它们应归类为需以公允价值计量的金融资产，同时，其价值的任何变动均应直接计入当期损益。

然而，如果投资者对被投资公司有重大影响，他们需要评估特殊股权投资中附带的回售权，以及这些回售权需要满足的条件，是否表明其风险和收益特征与普通股有显著差异。如果投资者实际上承担的风险和收益与普通股股东存在明显区别，那么这项投资应当被作为一个整体，按照金融工具进行核算。相反，如果投资者承担的风险和收益与普通股股东实质上相同，并且对被投资公司有重大影响，那么这项投资应当被分类为长期股权投资。在这种情况下，回售权应当被视为一种嵌入式衍生工具，进行相应的分拆处理。

对于持有上述附回售条款的股权投资的投资者，其在持有期间所获得的股利，应当根据其股权投资的分类，按照具体的会计准则规定进行处理。这种处理方式确保了会计处理的准确性，并符合会计准则和出版规范的要求。

1.12 集团内公司借款多种形式的业务判断

1.12.1 案例概述

案例 1-18 A 公司是一家从事通信设备研发和生产的企业，而 Y 公司是其全资子公司。2022—2024 年，A 公司与 Y 公司之间发生了若干笔无息和低息贷款交易，且每项业务独立于其他业务。在此情境下，我们假设不涉及可能的税务调整问题。

（1）2022 年年初，A 公司向 Y 公司提供了一笔 10 万元的无息贷款，该贷款没有设定固定的还款期限，A 公司有权随时要求 Y 公司偿还。

（2）2022年5月，A公司再次向Y公司提供了20万元的无息贷款，该贷款的还款条件是Y公司在资金充足时进行偿还。

（3）2023年3月，A公司向Y公司提供了10万元的无息贷款，期限为3年，到期一次性还本。按照市场利率10%计算，该贷款的公允价值为75 131元。

（4）2024年6月，Y公司向A公司提供了一笔10万元的低息贷款，期限为3年，名义利率为4%，到期一次性还本付息，合计为11.2万元。按照市场利率10%计算，该贷款的公允价值为84 147元。

（5）2023年4月，Y公司向A公司提供了一笔10万元的无息贷款，同样没有固定的还款期限，Y公司有权随时要求A公司偿还。

（6）2023年8月，Y公司再次向A公司提供了10万元的无息贷款，还款条件与业务（2）相同。

（7）2024年5月，Y公司向A公司提供了10万元的无息贷款，期限和还款条件与业务（3）相同，公允价值也为75 131元。

（8）2024年9月，Y公司向A公司提供了一笔10万元的低息贷款，期限、利率和还款条件与业务（4）相同，公允价值为84 147元。

思考问题：

针对上述各项业务，A公司与Y公司应如何分别进行恰当的会计处理？

1.12.2 准则依据阐述

以下是对《企业会计准则第22号——金融工具确认和计量》（2017年修订）及《企业会计准则第37号——金融工具列报》（2017年修订）核心要点的综合解读与阐释。

1）《企业会计准则第22号——金融工具确认和计量》（2017年修订）精华概览

（1）金融负债的界定：准则细致划分了金融负债的四大分类范畴，涵盖了企业承担的直接或间接交付现金或金融资产的义务、不利情境下的资产或负债互换责任以及通过可变数量自有权益工具结算的非衍生和特定衍生工具合同。值得注意的是，准则对特定形式的配股权、期权等金融工具的归类进行了明确，并阐明了这些工具如何与《企业会计准则第37号——金融工具列报》（2017年修订）的规定相协调。

（2）金融资产与金融负债的初始计量：准则规定了在资产与负债初次入账时，应一律采用公允价值作为其初始价值。针对不同类型的金融工具，交易费用的处理方式亦有所区分：对于直接影响当期损益的类别，交易费用同步计入当期损益；而其余类别，则将交易费用纳入初始确认金额之中。特别地，对于应收账款的初始计量，准则细化了考量其是否涉及重大融资成分或根据收入准则享有融资成分豁免的处理方法。

（3）交易费用的清晰界定：本准则明确，交易费用特指那些直接源自金融工具发行、买卖或清算过程中所产生的额外成本，而诸如债券溢价、折价及融资费用等非直接关联成本，则被排除在外。

2)《企业会计准则第 37 号——金融工具列报》（2017 年修订）特定指引要点

（1）第七条：具体内容参见本书 1.6.2。

（2）第八条：具体内容参见本书 1.10.2。

（3）第九条：具体内容参见本书 1.4.2.2。

1.12.3 关键分析与解读

在案例 1–18 中，在处理相关业务情况时，首要步骤是明确其性质，即判断其归属是金融负债还是权益工具，这一界定直接影响到后续如何对这些金融资产和负债进行恰当的计量处理。

1）金融负债的判断

业务（1）和业务（5）：对于借款方，这些金融工具显然属于金融负债。所收到或支付的金额即为公允价值，因为这是未来贷款方提出要求时需要偿还的金额。对于债权人可随时要求偿还的负债（如可随时提前支取的存款），其公允价值应不低于从债权人有权提出偿还要求之日起至当前日期的折现值。

2）权益工具的判断

业务（2）和业务（6）：只有当金融工具的发行者在所有未来情况下（清算除外）拥有避免交付现金或其他金融资产的无条件权利时，该金融工具才能被归类为权益工具。因此，除非发行者在进入清算之前能够避免向持有人交付现金，否则业务（2）和业务（6）中的贷款应继续被归类为金融负债。特别是业务（2）中，由于发行者是子公司，考虑到母子公司之间的控制关系，子公司不能单方面解除其交付现金的义务。业务（6）的情况更为复杂，发行者是母公司，可能有能力避免向子公司偿还借款，因此需要对所有相关的事实和背景信息（包括借款协议的内容和相关法律法规的规定）进行全面分析。

3）金融资产的计量

业务（1）至业务（4）：对于子公司而言，本金金额超过公允价值的部分可视为"额外借入的金额"。根据金融工具的经济实质而非法律形式，这部分差额不应列报为子公司的收益或负债。这部分差额本质上是母公司放弃的未来期间利息收支相关的现金流量的折现值，因此应视为母公司对子公司的额外资本性投入。这种处理方式符合企业会计准则的相关要求，并体现了交易的经济实质。

业务（1）至业务（4）：子公司按照权益性交易的会计处理原则，将借款本金金额超过公允价值的部分作为资本性投入计入所有者权益。因此，母公司会将这一差额确认为一项资产，此资产反映在财务报表上，具体表现为对子公司长期股权投资价值的增值。

4）公允价值确定

业务（1）和业务（5）：由于债权人可随时要求偿还，金融工具的公允价值（未来现金流量的现值）与其面值（本金金额）相等，债权人可随时要求偿还的贷款应按其成本

（通常即为面值）计量。

业务（2）、业务（3）、业务（4）、业务（6）：在这些业务中，公允价值等于未来现金流量的现值。

1.12.4 案例深度剖析

在案例1-18中，涉及的业务需先区分金融负债或权益工具，并据此决定计量方法。以下是对各项业务的会计处理和会计分录。

业务（1）：在初始确认时，母子公司应基于公允价值计量内部借贷，即实际支付的现金100 000元。子公司由于无法自主推迟超过1年的清偿，该借款应作为流动负债列报。母公司根据其意图，若近期无偿还要求，则视其为非流动资产。偿还时，双方仅需冲回原分录。

会计分录如下：

（1）母公司的账务处理如下：

借：长期应收款——Y公司　　　　　　　　　　　　　　100 000
　　贷：银行存款　　　　　　　　　　　　　　　　　　　100 000

（2）子公司的账务处理如下：

借：银行存款　　　　　　　　　　　　　　　　　　　　100 000
　　贷：短期借款/流动负债　　　　　　　　　　　　　　100 000

业务（2）：一般而言，"在资金充足时进行偿还"的贷款应确认为负债。其流动或非流动性分类及初始计量基于双方对资金充足时间的估计。如果预计3年后偿还，处理方式与业务（3）相同。

业务（3）与业务（4）：初始确认时，借款本金与公允价值差额视为母公司对子公司的资本性投入。子公司确认为资本公积，母公司增加长期股权投资成本。

会计分录［以业务（3）为例］：

（1）母公司的账务处理如下：

借：长期应收款——Y公司　　　　　　　　　　　　　　75 131
　　长期股权投资——Y公司　　　　　　　　　　　　　24 869
　　贷：银行存款　　　　　　　　　　　　　　　　　　100 000

（2）子公司的账务处理如下：

借：银行存款　　　　　　　　　　　　　　　　　　　　100 000
　　贷：长期应付款——A公司　　　　　　　　　　　　　75 131
　　　　资本公积——资本溢价　　　　　　　　　　　　　24 869

业务（5）：与业务（1）处理原则一致，按公允价值计量，流动或非流动资产的分类取决于管理层意图。

业务（6）：与业务（2）类似，"在资金充足时进行偿还"的贷款应确认为负债，分类和初始计量基于偿还时间的估计。

业务（7）与业务（8）：子公司向母公司提供无息和低息贷款，本金与公允价值差额视为股利分配或投资回收，子公司作利润分配处理，母公司减少长期股权投资。

会计分录［以业务（7）为例］：

（1）母公司的账务处理如下：

借：银行存款 100 000
　　贷：长期应付款——Y公司 75 131
　　　　长期股权投资——Y公司 24 869

（2）子公司的账务处理如下：

借：长期应收款——A公司 75 131
　　利润分配——股利 24 869
　　贷：银行存款 100 000

对于年末利息收入或支出的处理，双方根据实际利率法计算确认，并进行相应的会计分录。

如果子公司存在少数股东，相关的资本公积增加需在合并报表中体现为权益性交易，调整资本公积和少数股东权益。

1.12.5 案例总结

在处理母子公司间无息或低息贷款的会计问题时，双方必须根据合同条款，仔细考虑每笔贷款的适当分类，即是作为金融负债还是权益工具，并进一步分析其初始计量、后续处理和报表列报方式。

1）金融负债和权益工具区别

一种金融工具不能仅仅因为其在报告日没有明确的法律义务需要交付现金或其他金融资产，就被直接归类为权益工具。只有当发行者拥有在所有情况下（清算情况除外）无条件避免此类交付的权利时，该工具才应被视为权益工具。因此，即便发行者出于资金限制等原因暂时无法履行义务，该金融工具仍应被分类为金融负债。

2）金融资产与负债的估值与计量

金融工具在初次确认之时，其公允价值通常与交易过程中的成交价格相一致，即收到或支付的对价的公允价值。然而，如果交易对价中包含非金融工具相关部分，那么该金融工具的公允价值需通过估值技术来确定。例如，对于一项无息长期贷款或应收款项，其公允价值可通过将未来所有现金收入按照类似信用等级金融工具的当前市场利率进行折现来估算。任何超出本金的借出金额应视作费用或收益的抵减，除非符合其他资产的确认条件。此外，如果企业以低于市场利率发放贷款（例如，市场利率为8%，而贷款利率为5%），并直接收到费用作为补偿，企业应以扣除该费用后的金额确认贷款的公允价值，并使用实际利率法将相关的折价摊销至损益中。

45

1.13 公司融券业务的解释及会计处理

1.13.1 案例概述

案例1-19 2024年5月，W资产管理计划启动，该计划分为A、B两类份额。M银行对A类份额投资5 000万元，并按照约定的固定利率获得收益；N公司则持有B类份额，投资3 000万元。该计划共筹集8 000万元，专门用于投资Y股票的定向增发，共持有800万股，锁定期为1年。这800万股作为一个整体，不具体对应A、B两类份额各自的持股数量。A类份额持有人有权随时退出并收取本金5 000万元及相应利息（年利率10%），或在计划清算后收回本金及利息。依据资产管理合同的条款规定，在计划资产进行清算时，首要任务是确保A类份额的本金及其基准收益得到偿付。如果在完成A类份额的偿付后仍有剩余资产，这些剩余资产将归属于B类份额的持有人。然而，如果计划资产不足以全额覆盖A类份额的本金及基准收益，那么B类份额的全体持有人需对不足的部分承担补偿责任，并且这种责任形式为无限连带责任，即每位B类份额持有人均需对全部不足部分负责，而不受其所持份额比例的限制。

假设资产管理计划中Y股票的成本为每股10元。N公司同时向券商融得相同种类和数量的Y股票800万股，并在股价高于10元时卖出。资产管理计划到期后，N公司首先支付给M银行5 000万元本金及利息，随后该计划所持有的Y股票800万股归N公司所有，N公司再将这些股票归还给券商。

思考问题：

这项业务该如何进行会计处理？

1.13.2 准则依据阐述

以下是对相关条款的整理与解析，其概述了关于在其他主体中权益披露的核心框架，详细阐明了企业利用多种手段参与其他经济实体并获取相应权益的路径，以及识别和公布对子公司、合营安排（含共同经营与合营企业）、联营企业等实体所施加的控制、共同控制或重大影响的机制。此外，其还特别强调了在评估结构化主体的控制权归属时，需考虑的独特因素与特殊考量。

1)《企业会计准则第41号——在其他主体中权益的披露》

该文件第三条明确指出，其所涵盖的"在其他主体中的权益"，系指企业凭借合同协议或其他合法手段所持有的能够赋予其参与相关主体运营活动并分享可变收益的权利。这些参与手段广泛多样，可能涵盖股权与债权的持有、资金与流动性的支持、信用评级的提升以及担保服务等。通过这些多元化的参与手段，企业能够实现对其他主体（如子公司、合营安排——包括共同经营与合营企业、联营企业，以及那些未纳入合并财务报表编制范围的结构化主体）的不同程度控制、共同控制或施加重大影响。

特别地，针对"结构化主体"这一特殊类型，准则指出在评估控制权归属时，不应仅依赖于传统的表决权或类似权利，而是需要综合考虑该主体的特定设计特征及其实质控制关系，以确保对企业实际影响力的准确反映。这一特别说明为企业提供了在处理复杂经济关系时，如何更加精准地识别并报告其在不同经济主体中的权益的重要指导。

2）《企业会计准则第33号——合并财务报表》第七条

具体内容参见本书1.7.2.3。

3）《企业会计准则第22号——金融工具确认和计量》（2017年修订）

（1）第十六条：具体内容参见本书1.1.2。

（2）第十九条：具体内容参见本书1.7.2.1。

1.13.3　关键分析与解读

在案例1-19的背景下，N公司作为资产管理计划B类份额的唯一持有者，实际上承担了确保A类份额持有人本金安全和获得约定收益的责任。因此，N公司实际上承担了该计划几乎所有的剩余风险和收益，应将该资产管理计划视作其控制的结构化主体，并纳入合并报表范围。

在N公司的合并报表层面，该交易实质上相当于N公司以10%的年利率向银行借款1年（资产管理计划持有的限售股实际上充当了抵押物），用于购买限售股（Y股票800万股）。因此，在编制合并财务报表的过程中，这些限售股应当被分类为"以公允价值计量且其变动计入当期损益的金融资产"，或者，在满足特定条件的前提下，也可选择将其指定为"以公允价值计量且其变动计入其他综合收益的金融资产"。然而，N公司计划用资产管理计划持有的Y股票来归还融券，这些股票不被视为非交易性权益工具投资，因此不符合指定为后者的条件。在确定这些限售股的公允价值时，需要采用适当的估值技术进行调整，因为限售股的特性意味着其公允价值不能简单地依据市场上无限售条件股份的股价来确定。至于向银行偿还本金和利息，无论是由N公司直接操作还是由资产管理计划操作，在本质上并无差别。

同时，N公司通过融券交易融入相同品种和数量的证券，应在融入时按照公允价值确认交易性金融资产，并同时确认等额的交易性金融负债。该负债的金额与需归还的证券公允价值挂钩，并且随着公允价值的变动而调整，其变动额应计入当期损益。当N公司卖出融入的证券时，出售价与融入成本之间的差额应确认为投资收益。

从背景描述来看，购买资产管理计划和进行融券交易可能存在关联，通过这种金融产品组合，可以实现风险对冲效果，同时解决限售股的流动性问题，从而使N公司能够获得预期的固定收益。然而，由于两个产品的交易对手不同，它们应被视为两项独立的金融交易，并分别进行会计处理。在产品到期前，不应基于组合后形成的"固定收益率"来计提利息收入。对于资产管理计划份额和融券交易的公允价值变动损益，最终这些损益尽管可能会相互抵销，但还是应分别进行确认。

1.13.4 案例深度剖析

在案例 1-19 中，N 公司在合并报表层面的会计处理如下：

（1）资产管理计划的建立与银行借款：

从银行获得 5 000 万元的短期借款，期限为 1 年，年利率为 10%。

借：银行存款　　　　　　　　　　　　　　　　　　　　　50 000 000
　　贷：短期借款　　　　　　　　　　　　　　　　　　　　50 000 000

（2）资产管理计划购买 Y 股票：

以 8 000 万元购入 500 万股 Y 股票（限售股）。

借：交易性金融资产——Y 股票（限售股）　　　　　　　　80 000 000
　　贷：银行存款　　　　　　　　　　　　　　　　　　　　80 000 000

（3）融券交易：

N 公司向券商融入 800 万股 Y 股票（无限售条件股份），并立即出售。假设当日市价为每股 15 元。

借：银行存款　　　　　　　　　　　　　　　　　　　　 120 000 000
　　贷：交易性金融负债　　　　　　　　　　　　　　　　 120 000 000

（4）资产管理计划到期日的账务处理：

A. 计提银行利息：

应付利息 =5 000×10%=500（万元）

借：财务费用——利息支出　　　　　　　　　　　　　　　 5 000 000
　　贷：应付利息　　　　　　　　　　　　　　　　　　　　 5 000 000

B. 向银行还本付息：

借：短期借款　　　　　　　　　　　　　　　　　　　　　50 000 000
　　应付利息　　　　　　　　　　　　　　　　　　　　　　 5 000 000
　　贷：银行存款　　　　　　　　　　　　　　　　　　　　55 000 000

C. 限售股解禁：

假设当日 Y 股票（无限售条件）的市价为每股 12 元。

借：交易性金融资产——Y 股票（无限售条件）　　　　　　96 000 000
　　贷：交易性金融资产——Y 股票（限售股）　　　　　　 80 000 000
　　　　公允价值变动损益　　　　　　　　　　　　　　　　16 000 000

D. 确认交易性金融负债公允价值变动：

借：公允价值变动损益　　　　　　　　　　　　　　　　　24 000 000
　　贷：交易性金融负债　　　　　　　　　　　　　　　　　24 000 000

E. 使用解禁的 800 万股 Y 股票归还券商：

借：交易性金融负债　　　　　　　　　　　　　　　　　　96 000 000
　　贷：交易性金融资产——Y 股票（无限售条件）　　　　 96 000 000

通过上述会计处理，N 公司在整个交易过程中实现了 3 500 万元的收益。这相当于

800万股限售股购入时的市场价（每股15元）与购入成本（每股10元）之间的差额减去向银行支付的融资利息。这种交易安排不仅锁定了限售股买卖的价差收益，避免了限售期间内Y股票市价波动的影响，而且有效利用了银行杠杆，同时，通过融券交易解决了限售股的流动性问题，减少了资金占用。

1.13.5 案例总结

融资融券业务涉及证券公司向客户提供资金购买证券或借出证券以供销售的服务，客户需提交相应的担保物。这项业务主要分为融资和融券两大类。

在融资业务活动中，证券公司遵循《企业会计准则第22号——金融工具确认和计量》（2017年修订）的相关规定来执行其会计处理程序。证券公司借出的款项应确认为应收账款，并记录相应的利息收益；而客户借入的款项则应确认为应付款项，并记录相应的利息支出。

融券业务方面，根据《企业会计准则第23号——金融资产转移》（2017年修订）的规定，尽管证券公司借出的证券通常情况下不满足金融资产终止确认的条件，但证券公司仍需确认与此相关的利息收入。对于客户所借入的证券，其会计处理则需遵循《企业会计准则第22号——金融工具确认和计量》（2017年修订），同时，证券公司应确认由此产生的相应利息费用。

当证券公司作为代理为客户执行融资融券交易时，此类业务应按证券经纪业务的类别进行处理，并执行相应的会计记账流程。同时，无论是证券公司还是其客户参与的融资融券交易活动，都必须遵循《企业会计准则第37号——金融工具列报》（2017年修订）的规范，以确保对外部披露所需的会计信息的完整性和准确性。

1.14 购入不良债权及其后续处置的会计处理

1.14.1 案例概述

案例1-20 A公司通过一系列债权转让合同，从不同的机构收购了债权，并将其分类为以摊余成本计量的金融资产。以下是对A公司在不同时间点进行的交易及其处理：

（1）2023年12月20日，A公司与P银行签订合同，以2亿元购得P银行对X公司2.8亿元的债权。A公司将此项收购确认为金融资产，并以摊余成本进行后续计量。

（2）2023年12月31日，A公司与F市国资委签订合同，以3亿元购得F市国资委对Y公司5亿元的债权。同样，A公司将此项收购确认为金融资产，并采用摊余成本进行计量。

（3）2024年3月3日，A公司与Q银行签订资产转让合同，以1.5亿元购得Q银行对X公司的等额债权。A公司再次将此项收购确认为以摊余成本计量的金融资产。

随后，根据法院裁决，X公司以其持有的某ST上市公司限售股2 000万股抵偿A公司5 000万元的债权。A公司按照股权变更日的收盘价1.2亿元，将此股份计入金融资产，并确认公允价值与抵偿债务之间的差额7 000万元为投资收益。

到了2024年4月，A公司收回了1.1亿元的债权，其对应的收购成本为6 500万元。由于收款额超出债权收购成本4 500万元，A公司将此差额确认为投资收益。

思考问题：

A公司应该如何进行相应会计处理？

1.14.2　准则依据阐述

以下是对《企业会计准则第22号——金融工具确认和计量》（2017年修订）与《企业会计准则第12号——债务重组》关键内容的精炼总结与解析。

1.14.2.1　《企业会计准则第22号——金融工具确认和计量》（2017年修订）要点概览

（1）第十六条：具体内容参见本书1.1.2。

（2）第十九条：具体内容参见本书1.7.2.1。

（3）第三十九条：明确利息收入的计量规则，主要采用实际利率法，但依据金融资产信用状况调整计算方式：

①初始确认即信用减值的，采用摊余成本及信用调整后的实际利率计算。

②初始无减值后续减值的，后续期间以摊余成本和原实际利率计算，信用风险改善后恢复原方法。

（4）第四十六条：列举了需计提损失准备以反映预期信用损失的资产类别，涵盖以摊余成本计量的金融资产、以公允价值变动计量且其变动计入其他综合收益的金融资产、租赁应收款、合同资产及特定金融负债等，确保损失准备全面覆盖潜在信用风险。

1.14.2.2　《企业会计准则第12号——债务重组》核心要点

（1）第四条：界定准则适用范围，并排除特定情形，如金融工具相关事项遵循其他准则、企业合并适用《企业会计准则第20号——企业合并》以及具有权益性交易特征的债务重组按相应规定处理。

（2）第六条：成本计量原则。在债务重组框架下，如果债权人同意以非金融资产作为债务清偿方式，其成本核算需严格遵循以下规则：各类非金融资产的入账成本，均需在债权的公允价值基础上，加上资产转移过程中产生的直接费用（如税费、物流成本等）。此规则广泛适用于存货、对联营/合营企业的投资、投资性房地产、固定资产、生物资产及无形资产等各类资产。同时，债权公允价值与其原始账面价值之间的差异，将被直接计入当期损益，以反映债务重组的经济影响。

1.14.3　关键分析与解读

在案例1-20中，针对不良债权投资业务的会计处理，需细致分析以下几个关键点：

1）不良债权投资的分类与计量

分类问题：首先需评估合同的现金流特征及企业的业务模式。贷款合同的现金流特征通常可通过相关测试，但关键在于管理层的意图——是否仅为持有以获得合同现金流，是否同时考虑了现金流收取与潜在出售机会，或是否存在其他业务策略。

初始计量：在确认取得成本及相关交易费用的基础上进行。

后续计量：需识别不良债权是否遭受信用减值。如果已发生减值，应调整实际利率，并在期末依据预期信用损失模型计提相应的损失准备。

2）股权抵债业务的处理

对股权抵债业务进行处理，关键在于判断股权的性质是作为符合《企业会计准则第 22 号——金融工具确认和计量》（2017 年修订）的金融资产，还是作为符合《企业会计准则第 2 号——长期股权投资》的长期股权投资。

根据确定的资产性质，依照相关会计准则进行确认和计量。

1.14.4 案例深度剖析

在案例 1-20 中，A 公司收购的不良债权投资业务在会计处理上需细致考虑以下方面。

1）不良债权投资的分类

如果 A 公司的主要目标是追收债务并依据合同条款收取现金流，那么该笔不良债权应被归类为采用摊余成本计量的金融资产，并在其财务报表的"其他流动资产"或"债权投资"项目中列示。

如果 A 公司在致力于债务追收的同时，也积极探索市场机遇以高于账面价值的价格出售该不良债权，表明其业务模式中融合了现金流收取与资产出售双重策略，此时，该不良债权应被划分为以公允价值计量且其变动计入其他综合收益的金融资产，并在报表中标记为"其他流动资产"或"其他债权投资"。

对于不满足上述两种情况的其他业务模式，A 公司应将不良债权视为以公允价值计量且其变动直接计入当期损益的金融资产，相应地在财务报表的"交易性金融资产"或根据其流动性特征归类为"其他非流动金融资产"中进行列报。

2）初始计量

金融资产的确认应基于公允价值。如果 A 公司与转让方无关联关系，可将收购对价视为债权的公允价值。交易费用在分类为以摊余成本计量的金融资产和以公允价值计量且其变动计入其他综合收益的金融资产中计入资产的初始成本，在分类为以公允价值计量且其变动计入当期损益的金融资产中直接计入当期损益。

3）后续计量

应持续以公允价值对分类为以公允价值计量且其变动计入当期损益的金融资产的资产进行后续计量，并将其公允价值的变动直接计入当期损益。同时，在资产被处置或结算之时，原先累积于其他综合收益中的相关变动需转入当期损益中。对于分类为以摊余成本计量的金融资产和以公允价值计量且其变动计入其他综合收益的金融资产的资产，除了上述计量方式，还需在会计期末额外执行预期信用损失的减值测试，以评估并反映可能的资产价值减损情况。

4）以限售股抵偿债务的会计处理

当X公司用其持有的限售股抵偿债务时，A公司应确认一项新的金融资产，并终止确认相应的不良债权。限售股的会计处理取决于适用的会计准则：

（1）如果限售股适用《企业会计准则第22号——金融工具确认和计量》（2017年修订），应按公允价值进行初始计量，债权放弃与限售股入账价值的差额计入当期损益。

（2）如果限售股适用《企业会计准则第2号——长期股权投资》，初始投资成本应由放弃的债权的公允价值以及可直接归属于该资产的其他相关成本共同确定。同时，债权的公允价值与其原有账面价值之间的差异应被计入当期损益中。

对于尚未偿还的债权部分，A公司应基于预期信用损失模型，在期末进行减值测试并作出合理估计。

1.14.5 案例总结

企业在处理购买不良债权业务时，除了需关注金融资产的分类、初始确认、后续计量和债务重组等标准程序，还必须警惕该业务对当期损益可能产生的重要影响，特别是在实现收益时，需进行详尽分析。

在正常情况下，企业放弃债权的公允价值与通过交易获得的其他资产的公允价值之间应保持一致，无显著差异。如果存在显著差异，这可能意味着交易对价与获取资源的公允价值不匹配，这在公平的市场交易中是不正常的，因此，这种差异需要被严格审视。首先，对于资产公允价值的确定，例如限售股权，由于流通受限，不能简单地使用活跃市场的收盘价。限售股权的公允价值通常低于无限制股份的市价，可以通过期权定价模型来评估流通股收盘价中的流通权价值，从而确定限售股的公允价值。其次，放弃债权的公允价值可能缺乏活跃市场，需要依赖估值模型，这可能影响估值的可靠性。

因此，企业在评估不良债权和取得资产的公允价值时，应基于当前可获得的信息，合理运用估值模型，并充分考虑不确定性，谨慎确定金融资产的公允价值。只有在有明确证据显示取得资产的公允价值与偿还债权的公允价值不同时，才能确认相关的损益。

无论企业对不良债权采取何种分类，放弃债权的账面价值与公允价值之间也不应有显著差异，除非存在特殊情况。如果企业以公允价值对不良债权进行计量，其账面价值应与即时公允价值一致，不应存在差异。而当企业采用摊余成本计量时，若公允价值与预期信用损失模型的结果出现较大差异，则需要考虑市场利率与实际利率之间的差异。公允价值应反映市场利率对资产未来现金流的预期折现，而预期信用损失模型同样建立在对未来现金流量的预估与预测基础之上。特别是在较高风险阶段，需要全面考虑存续期。理论上，这两者不应有显著差异。然而，如果市场利率或预计的市场利率与债权的实际利率存在较大偏差，公允价值可能反映市场利率的变动，而摊余成本则以实际利率计量，这时账面价值与公允价值之间可能会出现差异。

2 收入准则中对"合同"的多维解析与权、责时点的把控

2.1 收入准则适用范围概述

2.1.1 案例概述

案例 2-1 A 公司作为一家具有土地一级开发资质的房地产企业，在 2024 年成功通过招标获得了 S 市 5 000 亩和 T 市 20 000 亩土地的一级开发权。以下是 A 公司与 S 市和 T 市的土地一级开发合同的主要内容。

（1）S 市合同：A 公司负责土地的前期整理、绿化及市政基础设施的建设。开发完成后，成本需经当地土地储备机构审计，用地单位通过招拍挂程序确定，随后 A 公司与用地单位签订"土地开发补偿协议"，由土地储备机构支付相应的补偿款给 A 公司。如果土地未全部交易，A 公司仅能获得已交易土地的补偿款。

（2）T 市合同：A 公司负责土地维护和公建配套设施建设，项目周期为 5 年。项目总价基于审计后的开发成本及投资利润确定，政府每年年末支付项目收益，而开发成本则在项目验收后 3 个月内统一结算。

思考问题：
合同是否符合当前《企业会计准则第 14 号——收入》中关于合同收入确认的条款？

2.1.2 准则依据阐述

《企业会计准则第 14 号——收入》规定，企业在客户获取商品控制权之际确认收入需遵循以下条件：

（1）合同批准与履行承诺：合同需获各方正式批准，且各方须明确表达并承诺执行各自在合同项下的责任与义务。

（2）权利义务的明确界定：合同中需精确界定与商品或服务（简称"转让项目"）转移相关的各方权利与义务。

（3）支付条款的清晰规定：合同应包含关于转让项目的具体支付条款，包括金额、支付方式、时间等详细要素。

（4）商业实质的具备：合同必须体现商业实质，这意味着合同的执行将实质性地改

变企业未来现金流量的风险、时间分布或金额。

（5）收入可收回性高：企业基于合同条款享有向客户收取对价的权利，且该权利的实现具有高度可能性，这通常需评估客户的支付能力及历史信用记录。

综上所述，企业确认收入的核心逻辑在于，当客户获取商品或服务控制权时，须确认合同的有效履行能力及收入的切实可回收性，以确保企业经济活动的真实反映与财务报告的精准可靠性。

2.1.3 关键分析与解读

在从事土地一级开发业务时，企业通常与政府土地储备管理机构建立合同关系。在收入确认过程中，应特别关注合同是否满足前述收入准则中"与客户之间的合同"的定义。特别是合同中关于对价收回的确定性。如果合同明确了支付时间，且不依赖于其他外部条件（如土地招拍挂结果），那么对价收回的可能性较大，满足合同成立的条件；反之，如果合同未明确支付时间或支付条件依赖于外部因素，那么对价收回的不确定性较大，可能不满足合同成立的条件。

2.1.4 案例深度剖析

（1）S市合同。由于合同未明确补偿款的支付时间，且补偿款的支付取决于土地出让金的支付情况，在初始阶段，该合同可能不满足"与客户之间的合同"的条件。企业应持续关注并评估对价收回的可能性，在满足条件后再进行收入的确认。

（2）T市合同。该合同明确了价款的支付时间，且不依赖于其他外部因素。因此，该合同符合"与客户之间的合同"的条件，企业可以在合同生效后，根据履约义务的完成情况逐步确认收入。

2.1.5 案例总结

在确认收入时，企业应首要审视合同是否满足《企业会计准则第14号——收入》中针对"与客户之间的合同"所规定的各项条件。对于专注于土地一级开发业务的企业来说，其更应细心考量合同中关于对价回收的保障性条款。如果合同条款清晰且保障措施到位，那么企业收入确认的概率会相应增大；相反，如果存在任何不确定因素或潜在风险，企业应在这些条件得到满足和确认无误后再进行收入的确认。

2.2 商品控制权转移的判断

2.2.1 案例概述

案例2-2 A公司是一家专注于农作物新品种研发与农副产品加工的农业企业。2023年，A公司成功培育出新一代西瓜种子，为了快速渗透市场，其与各地农户达成了合作协议。协议规定：A 公司以每千克 360 元的价格向农户销售新种子，并提供一项保底服务——以每千克 15 元的价格回收西瓜子；如果市场价格上升，A 公司将按市场价格进行收购；农户享有充分的自由，既可选择将西瓜子卖给 A 公司，也可选择其他买家。

思考问题：
A 公司应如何依据会计准则，合理判断并确认西瓜种子的销售收入？

2.2.2 准则依据阐述

《企业会计准则第 14 号——收入》为收入确认确立了清晰的框架和准则。其核心主旨在于，企业在确认收入时，应紧密结合合同的实际履行进度和客户对商品或服务的控制权取得情况。

具体而言，一旦企业完成了向客户承诺的商品或服务交付，且这些交付满足了合同规定的履约义务，并且客户已经掌握了该商品或服务的控制权，企业即可进行收入的确认。

这里所谓的"控制权"，实际上是指客户拥有了对该商品或服务的完全支配权，能够自由使用并从中获取几乎全部的经济利益。这样的准则设定，确保了收入确认的准确性和合理性，为企业的财务报告提供了更加可靠的数据支撑。

2.2.3 关键分析与解读

判断收入确认的关键在于确认商品控制权是否被真正转移至农户。虽然 A 公司提供保底价格收购西瓜子的服务，但这并不强制要求农户只能将西瓜子卖给 A 公司。农户完全有权选择其他买家，且 A 公司并不限定西瓜子必须来自其提供的种子。因此，该保底条款并不影响西瓜种子控制权的转移。农户一旦购买并支付种子款项，获得实物后，即拥有独立使用和处置的权利，并承担相关风险。

2.2.4 案例深度剖析

基于先前的分析，A 公司出售西瓜种子的收入的确认节点，实质上取决于这些西瓜种的控制权何时被正式转移到农户手中。也就是说，从农户获得能够自由支配这些种子（无论是自行种植还是转赠他人）的权力，并享有种植西瓜后所得的全部经济利益（无论是直接销售西瓜还是出售西瓜种子）的那一刻起，控制权即发生转移。

实际上，当农户表达购买意愿并完成支付后，A 公司随即交付西瓜种子给农户，此时，西瓜种的控制权已经由 A 公司转移至农户。因此，A 公司有权依据西瓜种子的销售价格来确认相应的收入。

然而，值得注意的是，A 公司对农户的保底价格收购西瓜子的承诺（目前处于待执行状态），在未来可能会面临转化为亏损合同的风险。这是因为，随着市场情况的波动，农户可能会要求 A 公司按照高于市场价格的约定价格收购西瓜子。为了规避这种潜在风险，A 公司需要在该承诺有效期内，根据市场变化的实际情况，审慎评估该待执行合同转变为亏损合同的可能性。同时，对于可能涉及的按保底价收购的数量以及保底价与市场价的差额，应进行合理的预测和评估，并在必要时计提相应的预计负债。

2.2.5 案例总结

在评估商品控制权转移时，企业应着重关注客户是否已经具备独立支配商品的使用权以及获取其近乎全部经济利益的能力。案例 2-2 中，A 公司在农户完成货款支付并实际取得西瓜种子之时，便确认了销售收入的实现。此外，面对如保底收购等潜在风险，A 公司需保持高度的警觉性，通过合理的评估和妥善的处理方式，确保公司利益不受到损害。

2.3 履约义务的识别与确定

2.3.1 案例概述

案例 2-3 A 公司是一家网络通信服务的领军企业。随着市场需求的不断变化，A 公司与客户甲达成了一项长期合作协议。该协议不仅涉及向客户提供网络终端设备，还包含了网络信号的传输以及多项增值信息服务。作为合同的一部分，客户需按照合同约定的期限支付服务费用，且在合同有效期内，设备所有权归 A 公司所有。如果客户擅自更换设备或提前终止服务，则需承担违约金并返还设备。A 公司对设备有实时监控和最终回收的权益。

案例 2-4 B 公司作为国内软件科技领域的领军企业，近期与 X 上市公司携手合作，开发资产管理软件。根据项目要求，B 公司需深入了解 X 公司的信息化建设情况，并据此进行软件的定制开发。项目涵盖硬件集成、软件设计、个性化开发、用户培训及最终验收等多个环节，预计实施周期为数月至 1 年。

思考问题：

面对日益复杂的市场环境，我们如何精准界定案例 2-3 和案例 2-4 的履约义务？

2.3.2 准则依据阐述

《企业会计准则第 14 号——收入》规定，商品或服务在同时符合以下列出的条件时，被视为可明确区分：

（1）客户能够直接使用商品或将其与易得资源结合以获得利益。

（2）合同中关于商品或服务的转让承诺能够与其他承诺清晰分离。

2.3.3 关键分析与解读

在案例 2-3 和案例 2-4 中，客户都能直接获得设备、服务或软件系统的益处，这满足了《企业会计准则第 14 号——收入》的第一个条件。然而，难点在于如何判定各项服务承诺的独立性。对于案例 2-3，关键在于评估设备与网络服务的绑定程度；而对于案例 2-4，则需要分析硬件、软件与系统集成服务之间是否需要深度整合或定制。

2.3.4 案例深度剖析

2.3.4.1 案例 2-3 分析

如果网络终端设备与 A 公司的网络服务紧密相连，构成不可分割的整体，那么它们共同构成一个履约义务；如果两者能够独立运作，它们各自形成独立的履约义务。

2.3.4.2 案例 2-4 分析

如果硬件、软件与系统集成服务需要深度融合和定制以满足客户特定需求，那么它们构成一个综合性的履约义务；如果各部分功能独立，无需深度整合，它们可能各自成为独立的履约义务。

2.3.5 案例总结

在界定履约义务时，我们应遵循以下原则与步骤：
（1）梳理服务内容。明确合同中涵盖的所有商品与服务。
（2）评估商品独立性。根据商品或服务的特性，判断其是否能够独立为客户创造价值。
（3）分析承诺独立性。进一步考察合同中的各项承诺，判断其是否能单独履行而不影响其他承诺的实现。这样，我们能够更加精确地界定履约义务的性质和范围。

2.4 收入确认时点的判断

2.4.1 案例概述

案例 2-5 A 公司专注于智能系统的产销业务，涵盖智能照明控制、空气质量监控、能耗监测、地下车库 CO 监测及建筑智能控制等领域，并提供相关售后服务。其经营模式主要分为附带安装调试服务的系统销售和纯系统销售两大类。对于需要安装调试的合同，A 公司采用分期付款模式，即客户在合同初期预付 15% 款项，系统抵达指定地点后支付 60%，系统安装调试完成并验收合格后支付 20%，而剩余 5% 的款项则在质保期结束后结清。对于无需安装调试的系统，A 公司则在客户签收后要求客户在规定时间内支付全额合同款项。

在业务执行过程中，A 公司面临了以下特殊情况：
（1）系统运送至指定地点后，客户按约支付了全部货款，但因项目停工，系统未完成安装调试，故客户尚未支付调试和质保金。
（2）客户支付部分货款后，同样因项目停工，系统未完成安装调试，导致剩余货款、调试和质保金未付。A公司因此将客户诉诸法律,并获得胜诉,法院裁定客户在30日内支付余款。

(3)客户在系统抵达后自行完成了安装和调试并开始使用,但尚未支付剩余款项。

(4)A公司完成系统安装调试并正常使用后,客户未提供验收证明,也未支付剩余款项。

(5)客户要求内部调试后,因系统性能与合同不符而拒绝付款,系统未投入使用。

(6)系统完成安装调试并正常使用后,客户支付了调试款但质保金尚未支付。

思考问题:

面对上述情形,A公司如何判断并确定收入确认的时点?

2.4.2 准则依据阐述

《企业会计准则第14号——收入》对于收入确认的关键时点与原则进行了如下精炼概述。

2.4.2.1 收入确认的核心规范

1)核心原则

企业需在其全面履行合同所规定的责任,即客户全面掌控商品或服务的使用权与主要经济利益之时,确认相关收入。这标志着客户能够自主运用商品并享受其带来的主要经济利益。

2)时点明确化

(1)商品销售。其主要包括以下几点:①托收承付,待托收程序完备即确认收入;②交款提货,发票与货款结算完毕时确认;③预收货款,商品实际交付之际确认收入;④分期收款,满足收入确认条件后,依据应收款项的公允价值一次性入账;⑤委托代销,收到代销方的销售清单后确认。

(2)劳务服务。在满足收入确认的先决条件(前文已详尽阐述)且明确每项服务义务为时段性或时点性履行后,企业应于各单项义务履行完毕时分别确认收入。

(3)复杂合同处理。针对包含多重履约义务的合同,企业需先行评估,明确区分并识别每项义务,随后在其各自完成之时分别确认收入。

2.4.2.2 必要条件

除了上述时点规定,企业确认收入还需同时达成以下条件:

(1)商品所有权的核心风险与收益已转移至买方。

(2)企业已放弃对商品的控制权及所有权相关的管理职责。

(3)收入的数额能够明确无误地计量。

(4)预期相关经济利益将高度可能流入企业。

(5)相关成本,包括已发生及预期成本,均能实现可靠计量。

上述条件与时间点的界定,共同构建了一个严谨的企业销售收入确认体系,旨在提升收入确认的精确度、全面性及合规性,进而保障企业财务信息的真实性、可靠性及合法性。

2.4.3 关键分析与解读

在明确 A 公司收入确定时间的过程中，首要任务是对合同中规定的履约义务进行细致的划分。从合同中，我们可以看到 A 公司涉及 2 个主要行为：系统销售以及安装调试。显然，客户能够直接从使用该智能系统中获益，同样也能从安装服务与其他已有资源的结合使用中受益。这种清晰的分离性说明系统销售和安装服务在合同层面上是可明确区分的。

具体来说，如果安装工作相对简单或可由其他公司轻易替代，那么系统销售和安装调试可以被视为两个独立的履约义务，从而分别确认其单项履约义务。然而，如果系统安装过程较为复杂，需要 A 公司独家进行，或安装服务涉及对系统的定制化重大修改，那么系统销售和安装服务则不应被区分开，而应合并为一个履约义务。

此外，我们还需要考虑合同中质保金的条款。如果质保条款除了保障商品符合既定标准，还包含了一项额外的服务，那么这项服务应被视为一个单独的履约义务。反之，预计因提供质保服务而产生的支出应被确认为预计负债。

在确认不同履约义务的收入时，我们需采取不同的方法。如果系统销售和安装调试构成两个独立的履约义务，A 公司应在交付客户且客户验收后确认系统销售收入，而对于安装调试服务，应根据履约进度在特定时间段内分期确认收入，若安装工作极其短暂，则可以在完成后一次性确认。如果系统销售和安装调试合并为一个履约义务，A 公司需评估系统的定制程度和不可替代性，从而决定是按时间点还是时间段来确认收入。如果系统具有不可替代性，那么收入将在履约义务履行过程中按进度分期确认；否则，将在系统调试并得到客户验收后确认整体收入。

2.4.4 案例深度剖析

情形 1：当系统销售和安装调试作为两个独立的履约义务时，一旦客户签收系统，系统销售的合同价款可立即确认为收入；而安装调试服务因尚未启动，相关收入暂时无法确认。如果系统销售和安装调试合并为一个履约义务，由于安装调试尚未进行，整体履约义务尚未完成，在安装调试完成前不得确认任何收入。

情形 2：如果系统销售和安装调试为两个独立履约义务，且 A 公司预期能收到的货款足以覆盖系统销售部分的合同价款，系统销售收入可在客户签收后确认，但需考虑退货风险，作为"附有销售退回条款的销售"处理。安装调试收入待服务开始后确认。如果 A 公司因法院判决获得全额合同价款，其中，安装调试部分应作为客户违约补偿，计入营业外收入。合并为一个履约义务时，任何收入的确认均须等待安装调试开始，并根据后续情况（如退货、法院判决等）进行处理。

情形 3：在系统销售和安装调试为两个独立履约义务时，A 公司应在客户签收系统后确认设备销售收入，同时考虑退货及收款风险。如果客户选择自行安装，A 公司应评估是否存在退货风险或款项调整的可能性，进而确定已收款项是否应全额计入系统销售收入。若两者合并为一个履约义务，则A公司在合同对价能够被可靠估计（包括退款可能性）时确认收入。

情形4：尽管未收到客户验收报告，但A公司应评估系统安装条件和运行状态。如果系统已能按合同要求正常运行，可视为客户已实质验收。此时，A公司应根据系统销售和安装调试的履约义务数量，分别考虑收入确认并关注收款风险。

情形5：如果因客户对系统性能存在异议，大部分款项未收回，且存在退货风险，A公司因而尚未转移大部分风险和报酬，不能确认任何收入。

情形6：即使未收到正式验收报告，但系统已开始正常使用且A公司收到客户调试验收款项，表明系统已通过验收。此时，如果系统销售和安装调试为两个独立履约义务，应分别确认系统销售收入和安装调试收入（可根据履约进度一次性或分期确认）；质保条款需作为单项履约义务或预计负债进行处理。系统销售和安装调试合并为一个履约义务时，A公司则应根据收入确认的时点或时间段要求，分期或全额确认收入，质保金处理同前文所述。

2.4.5 案例总结

在确立企业收入确认的时间点之际，首先需要明确应根据履约义务的特性来确定是采用时点确认法还是时段确认法。如果选择时点确认法，关键在于确认商品的控制权是否已经有效地转移至客户；而如果选择时段确认法，企业需根据履约的实时进展，逐步确认与之对应的收入。

在决策过程中，企业应全面审视合同所涵盖业务的商业逻辑与合理性，深入解读合同条款的细微之处。这些要素包括但不限于业务的独特性质、履约流程的具体步骤、交付的模式以及收款条款等核心细节。企业需将业务情况与在时段内履行履约义务的多种情形逐一比对，并经过深思熟虑的论证后，方能做出既合理又准确的判断。

一般来说，如果企业提供的商品或服务在技术上门槛较低，且实施流程高度标准化，同时合同或项目的进行对先期完成的环节依赖程度不高，即便企业在履行过程中止，客户也能轻易选择其他企业接续完成剩余部分，无需重复企业已完成的工作，那么这种情况下，可以合理推断客户已经能够对履约过程中的在建商品进行掌控，此时更倾向于适用时段确认收入的方式。

2.5 主要责任人与代理人的角色界定

2.5.1 案例概述

案例2-6 A公司专营数码产品，其在市场推广环节采取了一种独特的方式，其中，部分工作交给了非全职销售人员（他们不享受固定薪资）。这些销售人员虽然可以自主确定具体销售价格，但销售合同的签署方始终是 A 公司，并且所有货款直接由客户支付给 A 公司，最终发票也由 A 公司出具。A 公司与这些销售人员签订了代理协议，按照产品销售收入的 15% 至 20% 支付佣金，对于业绩或信誉表现不佳的销售人员，还需缴纳一定的保证金。在产品发货后，相关的运输责任和产品风险将由销售人员自行承担。他们还需负责催收货款，如果货款未能及时回收，A 公司将不予支付佣金。A 公司与推荐员之间的结算价格差异（即销售价格高于与推荐员的结算价部分）已在市场部有明确的定价标准，并且每笔交易的结算价格可能不同。

案例 2-7 B 公司是一家广告代理公司，主营电视节目和杂志的广告代理业务。在业务运营中，B 公司首先与客户签订广告发布合同，随后再与电视台或杂志社签订广告代理合同。在电视广告代理方面，B 公司受电视台委托代理广告业务，广告播出时间和长度通常固定。如果代理的广告时长未能达到合同约定，电视台有权自行销售剩余广告时间，B 公司需按约定支付广告发布费用，而电视台将根据实际广告费用向 B 公司支付 20% 的代理费。B 公司发布的广告价格需得到电视台的核准，并不得擅自更改价格。在杂志广告代理方面，B 公司需完成每年至少 500 万元的广告销售任务，并根据完成情况获得不同比例的结算费用。B 公司需严格遵守杂志社的广告价格规定，并最终根据实际收款向客户开具发票，而电视台和杂志社也将向 B 公司开具相应的发票。

思考问题：

案例 2-6 和案例 2-7 所描述的 A 公司和 B 公司在这些交易中是扮演了主要责任人的角色，还是仅作为代理人存在？

2.5.2 准则依据阐述

《企业会计准则第 14 号——收入》详细阐明了企业在交易活动中作为主要责任人或代理人的界定标准及其会计处理规则，内容概括如下。

2.5.2.1 身份判断标准

1）基于合同承诺的本质

（1）企业若直接承诺向客户提供具体商品，则被视为交易的主要责任人。

（2）如果企业的承诺仅限于协调或促使第三方提供商品，企业作为辅助性角色，那么企业被归类为代理人。

2）商品控制权的评估

（1）在商品被正式转移给客户前，若企业对该商品具有实际控制权，则其身份为主要责任人。

（2）若企业不掌握商品控制权，则其身份为代理人。

2.5.2.2 会计处理准则

（1）主要责任人的会计处理。主要责任人需以其已收或应收的全部交易对价为依据，确认并计量相关收入。

（2）代理人的会计处理。代理人根据其预期可获得的佣金或手续费来确认收入，该金额可以是扣除支付给其他方费用后的净额，也可以直接根据约定的佣金率（或比例）计算得出。

2.5.2.3 其他重要考量

（1）商品的可区分性。企业在判断前需明确提供的商品或服务是否可清晰区分，这适用于单一商品及商品组合的情况。

（2）多商品交易的身份细分。针对包含多种商品的交易合同，企业应针对每项商品分别进行身份评估，可能出现同时作为主要责任人和代理人的情况。

上述详尽的规则与指引，为企业在实施《企业会计准则第14号——收入》时如何准确界定自身在交易中的角色提供了明确方向，从而确保了企业财务报告能够真实、准确地反映其经济交易的本质。

2.5.3 关键分析与解读

企业需先明确界定其向客户提供的商品，这些商品应当是可清晰辨认的单一商品或商品组合。当涉及多商品交易时，对于每一项商品，企业都须独立评估其作为主要责任人或代理人的身份。

《企业会计准则第14号——收入》的细化条款为企业提供了明确指导，帮助它们准确反映交易的经济实质。对于A公司和B公司，判断其身份的核心在于商品控制权是否直接转移至客户。如果控制权直接转移给客户，那么A公司和B公司为主要责任人，需按总额法确认收入；反之，如果控制权先转移至如推销员、电视台、杂志社等第三方，那么这些第三方为主要责任人，A公司和B公司为代理人，应采用净额法确认收入。

在实务中，企业评估商品控制权时，不应仅依赖合同形式，而应全面考量相关事实和情况。这些考量包括：

（1）主要责任。企业是否在商品的规格、质量、售后服务等关键方面向客户承担主要责任。当第三方参与时，如果客户认为企业是责任主体，那么这些第三方可能仅是代表企业提供服务。

（2）存货风险。在交易前或后，企业是否承担了商品的存货风险。例如，在合同签署前已购买或承诺购买商品，或在销售后仍需承担退货风险，这些均表明企业在商品交易中占据主导地位。

（3）定价权。虽然代理人在一定范围内可能拥有定价权以吸引客户，但这并不足以证明其为主要责任人。即使代理人提供折扣优惠，其本质仍是赚取佣金或手续费，而非掌控商品的主要经济利益。

综上所述，企业在应用《企业会计准则第14号——收入》时，需全面分析交易中的各项要素，以确保准确判断其身份，并合规确认收入。

2.5.4 案例深度剖析

2.5.4.1 案例 2-6 分析

首先，值得注意的是 A 公司承担了向客户转移商品的主要责任。这主要体现在商品销售合同以 A 公司的名义签订，并由 A 公司直接向客户开具发票，这表明 A 公司有义务确保商品的安全运输和成功移交。尽管合同内可能规定了产品出厂后的运输责任和产品风险由推销员承担，但这更多地被视作 A 公司与推销员之间的内部管理协议。也就是说，如果商品在运输过程中受损、丢失或存在质量问题，A 公司需承担首要责任，并根据内部约定向推销员进行追责和赔偿。

其次，商品的最终销售价格由 A 公司决定。尽管合同中可能允许推销员在一定范围内与客户商定销售价格，但最终的结算价格仍须遵循 A 公司与推销员之间的约定。推销员可以在这个基础上自主决定自己的佣金水平（即结算差价）。因此，从整体上看，商品的控制权仍然掌握在 A 公司手中。在确认收入时，A 公司应依据总额法（即销售合同上的总价格）进行核算，并将支付给推销员的佣金作为合同成本，按照《企业会计准则第 14 号——收入》的规定，在确认收入的时点计入销售费用。

2.5.4.2 案例 2-7 分析

B 公司的情况则有所不同。首先，从合同承诺的条款来看，B 公司并不直接负责广告的播放和发布，这些职责主要由电视台和杂志社承担。如果广告效果未达到合同规定标准，客户虽可向 B 公司追偿，但最终的责任还是由电视台和杂志社来承担。

其次，B 公司没有承担存货风险。根据合同规定，电视台有权对未使用的广告时长进行再次销售。如果 B 公司未能完成约定的年销售任务，其代理费用将会减少，但合同中并未要求 B 公司向电视台或杂志社支付任何固定或最低金额的费用。实际上，B 公司支付的款项是根据广告实际播出时长或占用版面来计算的，这意味着 B 公司支付给电视台或杂志社的金额与客户实际支付的款项之间存在固定比例关系。

最后，B 公司无法自主决定广告的销售价格。合同明确规定，B 公司不得随意更改电视台和杂志社已经制定好的广告价格，这表明广告的最终售价实际上是由电视台和杂志社掌控的。

综上所述，B 公司在这一案例中扮演的是代理人的角色，因此在确认收入时应采用净额法。

2.5.5 案例总结

通过上述案例分析，我们可以依据以下原则来明确企业在交易中是扮演主要责任人还是代理人的角色。

1）核心原则

要明确企业在交易中扮演的角色是主要责任人还是代理人，关键在于判断企业是否在向最终客户转让商品之前已取得该商品的控制权。若已取得控制权，则企业应被视为主要责任人；若未取得，则企业为代理人。

2）商品控制权评估要素

（1）企业是否承担了将商品转移给客户的主要责任，包括商品的质量保证、售后服务等。

（2）企业是否承担了与商品相关的存货风险，如商品损坏、丢失或价格波动等。

（3）企业是否能自主决定商品的交易价格，或者是否在价格确定上有足够的自主权。

若企业满足以上3个要素，则表明其已取得了商品的控制权；若不满足，则表明企业尚未取得商品的控制权。

3）收入确认方法

在企业角色定位为核心责任方时，应采用总额法，即依据已收取或预期可收取的全部对价总额来计量并确认收入；反之，企业若作为中介代理方，则宜采用净额法，基于预估将获得的佣金或手续费净额来核算并认定收入，以确保收入确认既精确又合规。

这些原则和方法有助于企业在复杂的经济交易中明确自身的角色，并准确地进行收入和成本的会计处理。

2.6 授予知识产权许可的业务模式和账务处理

2.6.1 案例概述

案例2-8 A公司是一家专注于线上教育的培训企业，其核心业务模式是提供网络教育平台和相关课程学习资料。用户在使用A公司的服务前，需要先购买授权账号以获取访问权限。一旦获得账号，用户便可以在约定的有效期内，通过线上平台浏览课程资料、观看教学视频等方式完成学习。

A公司与用户之间会签订软件许可合同，该合同明确了双方的权利和义务。合同中包含了开通费和许可使用费两个主要费用项目。开通费是一次性收取的，用于开通用户的软件及课程资料访问权限，并且合同中明确规定用户无法出于任何原因要求A公司退还此开通费。此外，A公司承诺在许可使用期限内，确保平台的稳定运行和正常使用，每年至少更新或升级一次软件内包含的课程，并免费提供技术支持服务。

思考问题：

针对上述业务模式，A公司应如何在其财务报表中确认相关收入？

2.6.2 准则依据阐述

根据《企业会计准则第14号——收入》，企业在实施此类许可前，应进行详尽的评估，以判断该知识产权许可是否独立构成合同中的履约义务。

如果经评估确认为独立的履约义务，企业需进一步分析该义务的履行方式，即该义务是在一定时间段内持续进行，还是在特定时间点一次性完成。

具体来说，如果企业在授予知识产权许可时，同时满足以下条件，应视为在一段时间内持续履行的履约义务，企业应据此确认相关收入：

（1）合同条款明确规定，或客户有合理预期，企业将进行对知识产权产生实质影响的活动。

（2）这些活动对客户产生直接或间接的积极影响或消极影响。

（3）此类活动不涉及除知识产权许可外的其他商品或权益的转让。

如果未能全部满足上述条件，该知识产权许可的履约义务将被视为在某一特定时间点达成，企业需在此时点确认相应的收入。此条款为企业的财务处理提供了一个清晰且规范的操作指南，确保了收入确认过程的准确性和合规性。

2.6.3 关键分析与解读

在案例 2-8 的探讨中，A 公司收入确认的核心聚焦于 2 个关键维度：一是评估授予的知识产权许可是否应作为独立的履约义务处理；二是如果该许可构成独立履约义务，其履行模式应界定为时点履行还是时段履行。

2.6.3.1 单项履约义务的界定标准

在界定知识产权许可是否构成单项履约义务时，需综合考虑以下几点：

（1）知识产权的独立应用性。如果该知识产权能够独立于其他商品或服务单独使用，且企业在交易中未捆绑销售有形商品或提供与知识产权直接相关的附加服务，那么该知识产权许可自然成为一项独立的履约义务。

（2）与有形商品的结合紧密性。当知识产权许可必须与特定有形商品结合使用，且二者在功能上不可分割时（如软件与专用硬件），应视为一个整体，共同构成单项履约义务。

（3）与相关服务的依赖关系。如果知识产权许可的有效使用高度依赖于特定的后续服务，且二者在功能上紧密相连，不可分割，那么应将知识产权许可与该服务捆绑，视为单一履约义务处理。

2.6.3.2 时段履约义务的判定依据

对于被认定为时段履行的履约义务，需满足以下 3 项关键条件：

（1）持续影响活动的必要性。合同中明确或客户有合理预期，企业将执行一系列对知识产权产生持续影响的活动，这些活动将显著改变知识产权的特质、内容或效用，且客户从知识产权中获取的价值在很大程度上依赖于这些活动的持续进行。

（2）活动对客户的经济影响。上述活动对客户具有直接的经济利益关系，可能正面提升客户的业务表现（如增加销售额），也可能带来一定的经济负担（如增加运营成本）。

（3）无新增履约义务的附加。这些后续活动不应视为向客户转让新的商品或服务，即不产生额外的、独立于知识产权许可之外的履约义务。

综上所述，通过对上述两个方面的细致分析，可以精确把握案例 2-8 中 A 公司收入确认的适用方式，确保财务报告的准确性和合规性，使之符合会计准则的严格要求。

2.6.4 案例深度剖析

2.6.4.1 合同单项履约义务的独立性与识别

根据案例 2-8 的详细情况，A 公司向客户作出了 3 项明确的承诺，即在线学习课程（知识产权许可）、软件升级以及技术服务。首先，知识产权许可作为独立的产品，在软件升级和技术服务之前已交付客户，并且客户能在无需其他服务的情况下正常使用并从中获益。其次，软件升级和技术服务并未对知识产权的本质内容或形式造成根本性的变更。综上所述，这 3 项承诺在性质上相互独立，各自构成单项履约义务。

2.6.4.2 交易价格的分配与确认

在将交易的总价格合理分配到每一个独立的履约责任上时，如果 A 公司历史上曾单独销售过知识产权许可，那么其单独售价应作为分摊依据；如果未曾单独销售，无法直接观察其单独售价，A 公司应依据市场调整法、成本加成法等合理方法进行估算，以确保交易价格的公平与合理。

2.6.4.3 各单项履约义务的收入确认时点与方式

（1）知识产权许可。客户支付相关费用后即可获取学习账号并开展线上学习，且软件升级和技术服务对知识产权许可的使用不构成显著影响，因此，知识产权许可的收入应在客户开通账号时按时点一次性确认。

（2）软件升级与技术服务。鉴于软件升级和技术服务具有持续性和消耗性的特点，即客户在 A 公司履约过程中同时获得并消耗这些服务所带来的经济利益，这两项义务属于时段内履行的范畴。其中，可根据已升级的次数与合同期内预计总升级次数的比例来确定履约进度，并据此进行软件升级的收入确认；可根据服务提供的时间来确定履约进度，并据此进行技术服务的确认收入。

2.6.5 案例总结

当企业向客户授予知识产权许可，且同时伴随商品销售或提供服务时，需要审慎分析以判断这一知识产权许可是否单独形成一项履约义务。如果该知识产权许可并不单独构成履约义务，企业应依照常规会计处理方法进行核算。然而，如果其构成独立的履约义务，那么企业需进一步考量该履约义务是否属于在某一时段内履行的范畴。如果交易对价中涉及可变对价成分，那么企业应遵循特定的会计准则和规定，采取相应的会计处理措施。

2.7 售后代管业务的收入确认问题

2.7.1 案例概述

案例 2-9 A 公司作为集成电路芯片制造与封装测试领域的领军企业，依据客户需求定制化生产芯片。其中，部分客户为追求轻资产运营的芯片设计企业，出于成本效益考虑，这些企业通常不设立专属的仓储系统。为了解决这个问题，A公司与该类客户达成如下共识：

（1）当芯片通过严格的封装测试和品质鉴定后，如果因故无法及时取货，A公司将会提供专门的标准化包装服务（包括赋予产品独特的内部识别码），并将产品安全转移至特定的独立托管仓库进行临时存储。

（2）在托管期间，如果产品因A公司管理疏忽或不当操作而受损，A公司将依法承担相应的损害赔偿责任。一旦客户在合理期限内提出发货或自提需求，A公司将积极响应，确保产品及时、安全地送达客户手中。关于托管服务费用，双方约定：如果托管时长未超过三日，则A公司不收取任何费用；如果超过三日，则按照市场公允价格收取相应的托管服务费。

（3）在客户书面授权与同意的前提下，A公司可提供专业的物流运输服务，包括将产品运送至客户在中国大陆指定地点，且所有相关运输费用均由A公司自行承担。为便于双方对账和结算，A公司将每月编制详细的托管产品清单，详列产品的批次号、型号、入库数量及时间等信息，并在每月末与客户核对无误后，将其作为双方结算的依据。客户将依据合同约定的价格向A公司支付相应的款项。

思考问题：

A公司应该什么时候确认收入？

2.7.2　准则依据阐述

《企业会计准则第14号——收入》中关于收入确认的核心精髓可简述如下。

1）收入确认的5个关键条件

在确认销售商品所得收入时，必须同时达到以下5个关键条件：

（1）风险报酬转移。商品所有权伴随的主要风险与报酬已有效转移至买方。

（2）管理控制权放弃。企业需彻底放弃对售出商品的后续管理权与控制权。

（3）金额可靠计量。交易产生的收入金额须能够被精确且可靠地计算。

（4）经济利益预期流入。预计与交易相关联的经济利益将顺利流入企业。

（5）成本可靠确定。已产生或预期产生的成本均需具备可靠计量的基础。

2）收入确认的明确时点

（1）移交控制权。企业应在客户真正获取商品控制权之时确认收入，这象征着客户能够全权使用商品并享受其主要经济利益。

（2）确认合同完备性。一旦企业与客户之间的合同全面满足各项必要条件（如合同正式批准、双方权利义务清晰界定、支付条款明确无误、合同具备商业实质等），企业即应在客户取得商品控制权时确认收入。

2.7.3 关键分析与解读

根据案例2-9的具体情形，我们可将A公司与客户的合同归类为"售后代管商品安排"。然而，在这种安排下，A公司不能仅仅依据客户是否获得商品控制权的迹象来判断，还需同时满足以下4个关键条件，以确保客户已真正取得商品的控制权：

（1）这一安排须具备商业实质，即该安排应是基于客户的明确需求而建立的，并且反映了双方真实的经济意图。

（2）属于客户的商品应当能够被单独识别。例如，这些商品应当被独立存放于特定的区域或地点，以避免与其他商品混淆。

（3）商品必须随时可交付给客户。这意味着A公司应当确保商品在客户需要时能够迅速、无阻碍地转移给客户。

（4）A公司不得擅自使用这些商品或将它们提供给其他客户。这确保了商品的专属性，仅供原始客户使用或处置。

因此，A公司在审视合同履约义务及控制权转移的同时，还应细致分析案例中的具体情况，确保以上4个条件均得到满足，从而准确判断客户是否已取得商品的控制权。

2.7.4 案例深度剖析

2.7.4.1 控制权转移的判断

对于芯片的销售，首要考量的是交易是否满足了客户的特定需求，从而体现出其商业实质。此外，我们观察到几个关键因素：

（1）商品的单独识别性。在托管之前，芯片已完成必要的包装，并被赋予唯一的编号，确保其在A公司的存储中能够被清晰识别，满足了商品独立识别的条件。

（2）交付的即时性。芯片在入库前已完成了封测、质量检验及包装，达到了合同规定的可使用状态。客户如有需求，A公司能迅速地将产品交付至其指定地点，这表明了商品交付的即时性。

（3）排他性使用。由于芯片包含特定的客户资源，且与其他客户的产品分开存放，其用途受到限制，A公司无权擅自使用或将其转售给其他客户。

基于以上条件，我们可以确信，当芯片转入托管仓库后，其法定所有权及伴随的主要风险和报酬均已转移给客户。因此，A公司有权在此时点确认芯片的销售收入。

2.7.4.2 单项履约义务的判断

在案例2-9中，A公司与客户之间的合同包含了3个主要部分：芯片销售、托管服务以及运输服务。这些服务各自独立，客户能够单独或将其与其他资源结合使用以获得收益。A公司无需对这些服务进行组合以形成新的产出，每一项服务都可以单独履行，且它们之间没有相互依赖的定制或改制需求。

因此，我们可以认为此合同包含了3个单项履约义务。A公司应依据每项服务的单独售价，按比例分摊合同总价款。其中，芯片的售价可通过直接观察获取，托管服务的价格可参考市场价格确定，而运输服务的价值则可通过市场调整法合理估算。对于芯片的销售收入，确认时机为控制权转移至客户之时；而托管和运输服务作为在一定时期内履行的义务，其收入应按照实际履约进度分期确认。

2.7.5 案例总结

售后代管是指企业在与客户签订合同后，尽管已经收取了销售商品的款项或拥有收款权，但在将商品实物交付给客户之前的某个时间点内继续持有该商品的安排。在实际情况中，客户可能缺乏足够的仓储空间或生产进度存在延迟，可能选择与销售方签订这样的合同。尽管此时商品仍由企业进行实物保管，但是当客户已经获得了对该商品的控制权时，即便他们选择暂时不提取商品，他们依然掌控着该商品的使用权，几乎能够攫取到该商品带来的全部经济利益。因此，企业实质上已不再控制该商品，而是为客户提供了一种售后代管服务。

在售后代管商品的情境中，除了确认客户是否已取得商品控制权的迹象，还需同时确认满足以下4项条件以证明客户已获取商品的控制权：一是这种安排需具有商业实质，即基于客户的实际需求而设立；二是属于客户的商品需能够被单独识别，如通过专门存放来确保区分；三是商品必须能够在客户需要时立即交付；四是企业不能自行使用或将其提供给其他客户。在实践中，通用性强、可与其他商品轻易替换的商品，往往较难满足上述条件。

尤为关键的是，当企业依据上述条件对尚未发货的商品确认收入之时，还需审慎评估是否还肩负着其他未完成的履约责任，例如为客户提供商品保管等额外服务。如果确有此类额外义务存在，企业应遵循合理原则，将交易价格中的一部分恰当地分配至这些附加的履约责任上。

2.8 关于包含显著融资元素合同的收入确认考量

2.8.1 案例概述

案例2-10　A公司作为一家专注于财税终端管理信息系统及相关应用软件产品研发与销售的高新技术企业，同时也是国家重点"金税工程"的指定服务提供商，在T省税务局拥有良好的信誉和稳定的财务状况。2024年1月，A公司与T省税务局正式签署了一项智慧办税终端管理系统服务合同。根据合同内容，A公司将全权负责T省税务局智慧办税系统的建设，涵盖财税通用型号的终端设备采购、安装与调试。

项目的实施采用了一种特殊的融资模式，即A公司将全额垫付系统建设的资金，并在系统成功通过验收后,由 T 省税务局分 3 年等额支付合同约定的总价。合同的总费用不仅包含了前端设备建设的成本,还包括了设备用电费用、网络租金以及后期维护费用,这些均由 A 公司预先垫付。

对于垫付的资金,A 公司将按照实际垫付的天数和同期银行贷款利率以及相应的银行贷款手续费来计算利息费用。

思考问题:

在这样的合同模式下,A 公司应当如何合理地确认其收入?

2.8.2 准则依据阐述

《企业会计准则第 14 号——收入》有关融资的条款:

具体内容参考本书 2.1.2、2.3.2 和 2.4.2。

另外,如果合同中显著包含融资要素,企业应依据假设客户在商品控制权转移时即以现金支付所应支付的金额来确立交易价格。对于此交易价格与合同总对价之间的差额,企业应在合同有效期内,运用实际利率法进行摊销处理。然而,在合同起始日,企业如果预估客户取得商品控制权与完成价款支付之间的时间跨度不超过 1 年,可选择忽略合同中涉及的重大融资因素。

2.8.3 关键分析与解读

从案例 2-10 的描述中,我们可以清晰地看出 A 公司与 T 省税务局的合同属于 BT (Build-Transfer,建设—移交) 项目类别。BT 项目涉及一个完整的流程,包括项目的融资、建设、移交以及回购。具体的业务流程是:在回购方完成了项目的立项、筹划报批等前期准备后,通过招标或议标的方式选定投资方,并与之签订 BT 投资合同;紧接着,投资者会设立专门的 BT 项目公司,该公司全权负责项目的融资、投资、建设管理,并在建造阶段承担所有潜在风险;项目竣工并成功通过验收后,投资方将项目整体转交给回购方,而回购方则需依据双方合同中既定的总价款,分阶段向投资方偿付建设费用及资金占用的相关成本。

从会计的视角来分析,BT 项目的核心在于"建造合同"与"提供融资"的有机结合。这意味着投资方不仅负责项目的建设,而且还提供了融资服务。具体地说,就是投资方先行投入资金进行项目建设,而回购方则在项目移交后的一段时间内,以分期付款的方式支付项目的本金和利息。因此,在当前的会计准则下,BT 项目可被视为一种包含重大融资成分的建造合同。

在处理 BT 项目时,有几个关键问题需要特别关注。首先,我们需要判断合同是否满足收入准则所规定的合同标准;其次,我们需要明确并判断合同中的单项履约义务;最后,我们还需要确定收入确认的具体时点。这些问题将直接影响到项目的会计处理及财务报告的准确性。

2.8.4 案例深度剖析

2.8.4.1 识别重大融资成分

在 BT 项目中，T 省税务局与建设方商定在项目竣工并被移交后，将在一段较长时间内分期偿付回购款的本息。特别的地方是，当支付时间跨度超过 1 年时，该 BT 合同即表现出显著的融资特性。因此，在建设周期内，为确保会计处理的准确性，需基于假设的即时现金支付方式（即不考虑融资因素）来确定建造合同的公允价值，并据此确认建造收入。对于合同总价与假设现金支付方式之间的差额，应依据实际利率法在建设和后续还款期间内分别计算并确认融资利息收入。

2.8.4.2 评估合同符合性

BT 项目往往要求投资方先行垫资建设。在收入确认过程中，若发包方（如 T 省税务局）的支付意愿或财务能力存在不确定性，则需审慎评估此不确定性对合同条款下收入确认的具体影响。在本案例中，鉴于 T 省税务局拥有良好的信誉和稳定的财务状况，A 公司的垫资款项回收的可靠性较高，故可依据《企业会计准则第 14 号——收入》规范进行收入确认。

2.8.4.3 界定单项履约义务

根据案例 2-10 的具体情况，A 公司承担了终端设备的采购与安装调试工作。若安装调试流程相对简易，市场上同类服务可由其他供应商提供，则应将设备采购与安装调试视作两个独立的单项履约义务。然而，若安装调试流程复杂，涉及对硬件的重大定制或需要企业提供额外服务以实现合同约定的组合产出，则应将设备采购与安装调试合并为一个单项履约义务。

2.8.4.4 确定收入确认时点

在将设备采购与安装调试判定为两个独立履约义务的情况下，设备采购的收入通常在设备交付给 T 省税务局时确认，因为此时 T 省税务局已获得该设备的使用权和经济利益，且设备非特别定制，不存在不可替代性。而安装调试作为在客户现场完成的承诺，其收入应依据履约进度分期确认。

如果设备采购与安装调试被视为一个整体履约义务，那么收入的确认应推迟至设备安装调试完成并交付 T 省税务局且通过初步验收之后。在此之前，尽管安装调试工作已在客户场地进行，但设备的控制权尚未转移至 T 省税务局，且合同条款或相关交易惯例并未赋予企业就已完成部分收取款项的权利。因此，收入的确认应在最终交付并通过初验时完成。

2.8.5 案例总结

从案例分析中我们可以观察到，合同如果存在重大融资成分，通常需要满足 2 个核心条件：首先，企业的交货时间与收款时间之间存在显著的不一致性；其次，这种时间差异应超过 1 年。对企业而言，重大融资成分通常呈现为两种场景：第一种场景是企业先行收款，并在 1 年后交货，其间产生的利息将纳入企业的财务费用；第二种场景则是企业先交货，而收款则延迟超过 1 年，在此期间企业所收取的利息将用于冲减财务费用。

在确定交易价格时，企业应基于一个关键假设，即假设客户在取得商品控制权时立即以现金支付的金额（即现销价格）作为基准，该金额应被确认为企业的主营业务收入。为量化重大融资成分的具体金额，企业应采用恰当的折现比率，对合同约定的名义金额进行折现处理，直至其达到商品如果即刻销售所能实现的公允价格水平。

然而，在实际操作中，尽管企业与客户之间的商品转让与支付对价之间可能存在时间差，但是并非所有情况都构成重大融资成分。以下是几种特例：

（1）当客户预先支付商品款项，并有权自行决定商品转让的时机时，这通常不被视为融资行为。例如，超市发行的储值卡，顾客可根据自己的需求随时消费，消费时间跨度可能长达数年。

（2）如果客户承诺支付的对价中包含显著变动的部分，且此变动或支付时机的确定依赖于某一未来的既非客户亦非企业所能控制的事件时，那么该变动部分不构成合同中的重大融资成分。例如，特许权使用费，其金额通常基于实际销售量计算，因此在合同开始时难以准确估计。

（3）如果合同中承诺的对价金额与现销价格之间存在差额，但该差额并非主要由融资利益所致，而是由其他合理因素（且这些因素与差额的大小相称）所致，那么这种情况同样不属于重大融资成分。例如，合同中约定的质保金条款，其目的是确保设备在一定期限内正常运行，而非为了融资。

2.9 合同履约进度的计算

2.9.1 案例概述

案例 2-11 A 公司是一家专业从事矿石冶炼成套设备制造的企业。其产品的生产周期普遍较长，通常为 2~4 年。从生产工艺的角度来看，制造过程大致分为 2 个主要阶段：首先是毛坯制造阶段，此阶段耗时约 6 个月，占据产品成本约 60%，但技术附加值相对较低；其次是后续加工阶段，这一阶段的工期长达 1 年 6 个月至 3 年 6 个月，包含的技术附加值较高。

长期以来，A 公司根据预估总成本和合同总额来计算设备的整体毛利率。为简化收入确认过程，公司根据生产工艺将项目划分为三个关键节点，并按照 3∶3∶4 的比例，在这些节点上分别确认收入，然后通过已确认的收入反向推算出对应的完工成本，随后将这一估算成本与项目实际产生的成本进行比对分析。针对两者之间的差额，企业需采取预留资金或进行预提处理的方式，以确保成本计量的准确性。

然而，这种方法存在一个显著问题：在毛坯完工阶段，尽管实际工作量和技术含量相对较低，但是成本占比较大，按照上述比例将确认高达60%左右的收入，这与实际工艺流程中的技术附加值严重不符；相对而言，后续的加工阶段技术附加值高、工期长，但按此方法仅能确认40%的收入。这显然有失偏颇。

鉴于上述情况，A公司正在考虑对现有的完工百分比计算方法进行调整，转而采用产出法，以便更加准确地反映项目各阶段的技术附加值和真实进展，从而更合理地确认收入和成本。

> **思考问题：**
> A公司是否有权变更其履约进度的计算方法，以便更精确地反映项目的实际进展和技术附加值？

2.9.2 准则依据阐述

《企业会计准则第14号——收入》中关于合同履约进度的条款主要涉及收入的确认原则，特别是当履约义务在一段时间内完成时如何确认收入。

1）合同履约进度的确认原则

企业应在完成合同所规定的履约责任，即客户成功获得相关商品的控制权之际，方可确认收入的实现。

2）在一段时间内履行履约义务的条件

满足下列条件之一的，属于在某一时段内履行履约义务；否则，属于在某一时点履行履约义务：

（1）在企业履行其合同义务的过程中，客户即时地获得并享受了由企业履约直接产生的经济利益，这一过程不受合同中任何限制性条款或实际可行性的约束。例如企业提供服务，客户在服务过程中即可获得服务所带来的经济利益。

（2）客户能够控制企业履约过程中在建的商品。例如大型设备制造项目，在建造过程中，客户可以随时停止项目并将设备转作他用，这表明客户能够控制在建商品。

2.9.2.3 收入在一段时间内的确认

对于需要在一段持续时间内完成的履约义务，企业应当根据该段时间内的实际履约进度来逐步确认收入。这种履约进度的衡量，可以依据投入因素（比如人工成本、材料成本等资源的投入）或产出因素（比如完工的百分比、已完成的工程量等实际成果）来具体确定。

2.9.2.4 履约进度的确定方法

（1）投入法。投入法是指通过评估企业为执行并满足合同义务所投入资源的数量或价值来衡量合同的履行进度的方法。

（2）产出法。产出法是指根据已经实际完成的合同义务数量或这些义务所代表的价值来确定合同的履行进度的方法。

2.9.2.5 特殊情况

如果合同在起始日不满足收入准则第五条所列的条件，企业应持续对该合同进行审视与评估。一旦该合同符合了收入准则第五条的要求，企业应立即按照该条款的规定进行相应的会计处理。

如果合同在开始日不满足确认收入的条件，企业需要持续评估该合同，一旦满足条件，即按照上述原则确认收入。

2.9.3 关键分析与解读

在涉及制造销售大型成套设备的情形中，首先需要辨识其履约义务的性质，即确定其是属于在一段特定时间内逐步履行的义务，还是在某个特定时间点一次性履行的义务。这个判断应严格基于合同条款清晰且具体的细节来做出。如果评估结果显示，该项履约义务确实是在一段时间内连续履行的，那么接下来就需要确定采用产出法还是投入法来更为精确地量化履约的进度。

产出法专注于评估已向客户转移的商品的实际价值，以确定履约进度。具体而言，可以通过实际测量的完工百分比、已实现结果的评估、达成的关键里程碑、时间进度以及已完工或交付的产品数量等产出指标来进行衡量。在采用产出法时，企业应审慎考虑实际情况，选择能够真实反映履约进度及商品控制权转移情况的指标。若所选指标无法准确计量控制权被转移的商品的价值，则不应采用产出法。

而投入法则侧重于基于企业为履行义务所投入的资源来衡量履约进度。这可以通过投入的材料数量、耗费的人工或机器工时、产生的成本以及时间进度等投入指标来衡量。在某些情况下，如果企业的工作或投入在履约期间内分布均匀，也可以简化，采用直线法来确认收入。

综合上述考虑，企业应根据合同具体情况和履约特点，合理选择履约进度的衡量方法，确保收入的确认既符合会计准则要求，又能准确反映企业的履约状况。

2.9.4 案例深度剖析

在案例2-11中，该企业原本采用的是投入法来衡量履约进度，但现在有意向转变为采用产出法。按照收入准则的规定，履约进度的衡量方式应当基于所转让商品的本质特性来决定，同时，在做出这一变更时，还需审慎考虑以下几个关键点：

（1）公司需要其生产部门、技术部门等提供详尽的论证材料，以支持变更后履约进度确定方法的合理性。这些材料应清晰阐述为何产出法更适用于当前的业务模式和商品特性。

（2）公司还需考虑国内外同行业普遍采用的履约进度确定方法，以确保与行业标准或行业惯例保持一致性（这包括主要节点的设定以及各节点完成工作量比例的合理估计）。这样的做法有助于提升会计信息的横向可比性，使公司的财务报告更易于被外部利益相关者理解和比较。

一旦决定变更履约进度的确定方法，公司应当将此变动视作会计估计变更进行处理，并按照未来适用法来衔接调整。此外，对于所有同类或类似设备的合同，如果它们同样属于在一段时间内履行的义务，公司应确保采用统一的确定方法，以保持财务报告的一致性和准确性。

2.9.5 案例总结

2.9.5.1 履约进度的确定原则

（1）不确定性应对策略。面对难以合理量化履约进度的情形，若企业针对已投入的成本有望获得相应补偿，则应将已产生的成本总额作为收入的确认基准，持续此做法直至能够精确计算出履约的具体进度为止。

（2）环境变化与重新评估。随着客观环境的变化，企业应重新评估履约进度是否发生变动，应将这种变动作为会计估计变更，并据此进行会计处理。

（3）方法一致性。对于每一项履约义务，企业应保持一致的确定方法，以确保财务报告的准确性和可比性。

（4）定期重新估计。在资产负债表日，企业应对履约进度进行重新估计，以确保信息的实时性和准确性。

2.9.5.2 履约进度的确定方法

1）产出法

此方法依据已向客户转移的商品价值来衡量履约的进展程度，具体可通过实际确定的项目完成比例、对已实现成果的评估、达成的关键里程碑、时间进度、已生产完成并交付给客户的产品数量等衡量。

2）投入法（成本法）

此方法通过企业为履行履约义务所投入的成本比例来确定履约进度，通常按照累计实际发生的成本占预计总成本的比例来计算。这里的成本包括直接成本和间接成本，如直接人工、直接材料、分包成本等。应用投入法时需考量要点包括以下几点：

（1）直线法的适用性评估。直线法是指将收入在履约期间内平均分摊的方法。当企业的工作量与资源投入在合同执行期间保持均衡分布时，采用直线法来确认收入是一种恰当且简便的方法。

（2）非转移商品投入的剔除原则。在计算投入法下的履约进度时，应明确区分并排除那些并未直接促成商品向客户转移的投入成本，尤其是初始阶段活动所产生的费用，以确保收入确认的准确性和合理性。

（3）成本调整。已发生的成本可能与履约进度不成比例或反映了非正常消耗。在这种情况下，企业应对成本进行适当调整，以确保准确反映履约进度。例如，非正常消耗的直接材料、人工及制造费用等不应计入累计实际发生的成本中。

2.10 合同变更收入确认问题

2.10.1 案例概述

案例 2-12 A 公司是一家主营农用机械零配件生产的企业，于 2024 年 1 月 4 日与客户签订了一份合同，承诺在 1 年内以固定单价 500 元供应 2 000 件标准配件，不包含任何折扣或折让条款。A 公司一向遵循的政策、声明及历史做法表明其不提供价格优惠。然而，当 A 公司交付了 1 000 件配件后，市场上出现了单价为 450 元的竞品。为了维持与客户的良好关系，A 公司与客户协商，决定将剩余 1 000 件配件的价格降低至每件 400 元。由于已交付和未交付的配件可以明确区分，收入确认将分别按照原合同价格和协商后的价格进行。

案例 2-13 B 公司，一家家具制造公司，在 2024 年 3 月 10 日与客户签订了一份销售 100 张办公桌的合同，单价为 1 500 元。合同中约定分两批交付，首批 50 张在 4 月 15 日前完成支付，剩余 50 张在 4 月 30 日前完成支付。合同还规定了在商品存在质量问题时，B 公司将根据具体情况给予价格折让。合同开始日，B 公司预估将提供 5 000 元的价格折让。首次交付后，B 公司确认了收入 72 500 元（考虑到了预估的折让）。随后，因商品质量问题，B 公司与客户协商并主动提出每张办公桌提供 100 元的价格折让，总计 10 000 元。双方达成协议，通过调整剩余办公桌单价至 1 300 元来实现这一折让。

案例 2-14 C 公司，一家广告传媒公司，在 2024 年 6 月 15 日与客户签订了一份为期 7 个月的广告投放合同，总金额为 30 万元，不涉及折扣或折让，也未约定投放效果标准。广告投放于一个灯箱上，客户每月月底支付 5 万元。然而，由于突发情况，人流量大幅下降，客户对投放效果不满。双方于 2024 年 9 月 30 日达成了一份补充协议，约定了 3 种处理方案：一是降低后续广告服务的价格；二是延长广告投放时间；三是增加广告投放媒体而不改变合同总金额和支付方式。这些变更的协议在双方批准执行后将影响收入的确认。

> **思考问题：**
> 在上述案例中，企业就相关合同所涉金额应如何确认收入？

2.10.2 准则依据阐述

对《企业会计准则第 14 号——收入》中关于合同变更时收入确认的相关条款归纳如下。

1）合同变更的界定

合同变更指的是经过合同各方正式同意后，对原有合同的范围或价格进行调整或修改。

2）合同变更的会计处理方式

（1）新增可区分商品及独立计价。如果合同变更中增加了能够清晰识别并独立定价的商品，并且新增的合同价款合理反映了这些新增商品的单独售价，那么应将此变更部分视为一份全新的合同，并据此进行独立的会计处理。

（2）已转让与未转让商品可区分。若合同变更不符合上述第一种情况，但原合同中已转让的商品（或服务）与未转让的商品（或服务）彼此之间能够明确区分，则视为原合同已终止。此时，应将原合同中尚未履行的部分与合同变更的内容合并，形成一个新的合同，并按照新合同的条款进行会计处理。

（3）已转让与未转让商品不可区分。在合同变更时，如果已转让的商品（或服务）与未转让的商品（或服务）彼此之间无法明确区分，那么应将合同变更部分视为原合同的自然延伸或组成部分。任何由此产生的对先前已确认收入的影响，都应在合同变更当日作相应的会计调整，以反映最新的经济实质。

3）合同变更中的价格调整

如案例 2-12 至案例 2-14 所示，如果因为市场竞争、客户需求变化或其他原因需要对合同价格进行调整，并且这种调整已经得到合同各方的同意，企业应根据上述合同变更的会计处理方法进行相应的会计处理。

注意：

合同变更的会计处理应当基于合同变更的具体情况，包括变更的范围、价格、时间等因素。

企业在应对合同变更的情形时，需着重考量其与原始合同的关联程度及内容的可区分性，以便决定是将变更内容独立出来作为新合同处理，还是将其视为原合同的一部分进行会计处理。合同变更导致的价格调整可能影响企业的收入确认和计量，因此企业应仔细评估变更带来的影响，确保会计处理的准确性和合规性。

2.10.3　关键分析与解读

合同变更指的是对既有合同中约定的商品数量、价格或业务范围进行调整。这通常发生在合同部分履行后，双方协商决定对剩余内容作出修改。常见的合同变更形式包括增加或减少商品的数量或范围，以及进行相应的价格调整。

关于合同变更的会计处理，关键在于确定变更部分是否构成独立的合同，或是否需与原始合同合并处理。合同变更可归结为以下 3 种情形。

2.10.3.1　变更部分构成独立新合同

这种情况下，变更内容独立形成一个新的合同，与原始合同无直接关联。新合同包含可明确区分的商品和合同价款，即使没有原始合同，新合同本身也具备独立的商业价值和市场价值。新合同中的商品价格反映的是合同成立时的市场价格，与原始合同的条款无关。

2.10.3.2 原合同未履行部分与变更部分合并为新合同

当原始合同的一部分尚未履行，而变更部分涉及新增商品时，这两部分共同构成一个全新的合同。原合同已履行部分与未履行部分的商品必须能够明确区分，而新增变更部分的商品价格通常低于市场价，这是基于与原合同客户关系的优惠考虑。由于原合同已履行部分与新增变更部分能够清晰区分，它们被合并为一个新的合同进行会计处理。

2.10.3.3 原合同整体与变更部分合并为单一合同

在某些情况下，原始合同的全部内容（包括已履行和未履行部分）与变更部分共同构成了一个不可分割的整体合同。这通常出现在商品或服务的性质使得各部分无法明确区分时，例如建筑工程中的设计变更。在这种情况下，变更部分成为原始合同的自然延伸，因此企业无需将其视为新合同进行会计处理。整个合同被视为一个整体，其包括所有已履行、未履行和变更的部分。

2.10.4 案例深度剖析

2.10.4.1 合同变更与价格调整

在案例 2-12 中，原合同不包含任何折扣或折让条款，且 A 公司根据所获信息判断不会提供可能导致对价金额变动的价格折让。然而，市场条件的变化触发了价格调整，这一变化在合同开始日是无法合理预期的。因此，合同各方对原合同价格达成的变更协议不属于可变对价范畴，而应作为合同变更处理。由于该变更并未引入可明确辨识的新商品，同时已转让的商品与未转让的商品之间界限分明，可以清晰地区别开来，A 公司应将其视为原合同终止并订立新合同进行会计处理。在向客户交付剩余 1 000 件配件时，A 公司应确认收入 400 000 元。

2.10.4.2 质保义务与可变对价

在案例 2-13 中，B 公司因办公桌存在质量瑕疵进行了退换，并提供了质保外的价格折让以维系客户关系。这一折让在合同开始日基于 B 公司惯例是可预期的。实际折让与初始预计的差异被视为可变对价的变化，而非合同变更。由于没有证据表明折让与特定履约义务相关，B 公司应将折让分摊至合同中的各项履约义务。对于已交付的 50 张办公桌，B 公司应在交易价格变动当期冲减收入 2 500 元。剩余部分待客户取得控制权时确认收入。

2.10.4.3 合同变更与广告服务

在案例 2-14 中，C 公司与客户签订的合同不包含可变对价条款，且 C 公司不会提供折扣或折让。对于后续补充协议，所有情形均视为合同变更。

情形 1：当合同价格发生变动，但并未引入任何可明确区分的额外商品或增加合同的总价款，且已履行的服务与尚未履行的服务在内容上可以明确划分界限时，C 公司应将此视为原合同的实质性终止，并随后订立一份新的合同。新合同的服务期限设定为自

2024年10月1日起至2024年12月31日止,而双方约定的交易价格为7.5万元人民币。

情形2：如果合同的履行范围发生变更,具体表现为增加了可明确识别的广告投放时间段,而合同的总价款并未因此提高,C公司应同样采取视为原合同终止并启动新合同的方式处理。新合同的服务期限将涵盖2024年10月1日至2025年1月31日的时段,并且双方商定的交易价格提升至15万元人民币。

情形3：合同范围变更,增加了可明确区分的广告投放服务范围,但未增加合同价款。C公司应将此视为原合同的有效终止,并据此订立一份新的合同。新合同中涉及的服务内容（具体为两个灯箱的广告服务）将涵盖2024年10月1日至2024年12月31日的时间段,而双方约定的交易总价为15万元人民币。

2.10.5 案例总结

合同变更不同情形如表2.10.1所示。

表2.10.1 合同变更不同情形

序号	情形		原合同与新增部分关系示意图
1	变更部分构成独立新合同	新增的商品与原合同中的商品具有清晰的区分度,并且其定价基于独立的市场售价确定	原合同　新增部分
2	原合同未履行部分与变更部分合并为新合同	原合同中已履行与未履行的商品部分界限清晰,且不符合前述的第一种情况	原合同　新增部分
3	原合同整体与变更部分合并为单一合同	原合同中未履行与已履行部分的商品界限模糊,且与前述的第一种情况不符	原合同 新增部分

合同变更的3种情形在逻辑上呈现递进关系。

首先,当变更中新增的商品与原合同商品能够明确区分,且其价格反映独立市场售价时,这构成第一种情况。此时,变更部分形成一个新的、独立于原合同的合约,应依据二者分别确认收入。

其次,若不满足第一种情况,即新增商品与原合同商品无法明确区分或无法反映独立市场售价,但原合同已履行部分与未履行部分商品仍可明确区分,则进入第二种情况。在此情境下,原合同的未履行部分与变更新增部分共同构成一个新的合同,企业应对原合同的已履行部分单独确认收入,对新合同（包括原合同未履行部分和变更新增部分）整体确认收入。

最后,如果既不属于第一种情况,原合同的已履行部分与未履行部分也无法明确区分,那么这就属于第三种情况。在此情况下,原合同的已履行部分、未履行部分以及变更新增部分将共同构成一个整体合同,共同进行收入的确认。

2.11 关于特许权使用费收入的确认问题

2.11.1 案例概述

案例 2-15 A 公司是一家主营网络游戏开发的上市公司，自 2023 年 2 月起，依据市场需求判断，投入资源自主开发了一款以中国武侠风为主题的大型网络游戏项目。2024 年 3 月，A 公司顺利完成了该游戏的著作权登记、软件产品登记及游戏版号登记等法定程序。

随后，在 2024 年 4 月，A 公司与 L 公司达成了一项为期 3 年的中国大陆区域授权运营合约。按照合约条款，A 公司需要确保按时交付相关资料，完成游戏的本地化、公众测试、安装与维护等工作。在合约期间，A 公司还需根据 L 公司的要求，无偿进行游戏的修改与维护，并在收到技术支持请求后的 3 小时内响应，确保在合理时间内解决问题。此外，A 公司还需负责全面的技术支持，如防外挂、反黑客攻击等，以确保游戏的稳定运行。

合约规定的权利收益分为 2 个部分：首先是权利金或签约金，作为初始合作的固定收益；其次是分成金，这部分收益将根据网络游戏运营商的实际收入，按照双方约定的比例进行分配。

思考问题：

鉴于以上情况，A 公司应如何合理地确定其游戏项目的收入？

2.11.2 准则依据阐述

《企业会计准则第 14 号——收入》关于特许权使用费收入的确认概述如下。

1）基于销售业绩或使用量的特许权使用费

在企业授予客户使用其知识产权的权限，且收费依据为客户后续的实际销售业绩或对该知识产权的实际使用量时，企业应秉持审慎原则，延迟收入的确认时间点至两个标志性时刻中较晚的一个达成，即客户已发生销售或使用行为，企业全面履行了与该项许可相关的所有合同义务。

此举意味着，收入的确认不是单纯依据合同条款中的规定日期，而是紧密结合市场实际表现与企业服务履行的真实状况。

2）变动特许权使用费的估算策略

鉴于某些特许权使用费可能随着客户的销售业绩或使用量而发生变动，企业在处理此类收入时，需严格遵循可变对价估算的会计准则框架。

特别的是，如果特许权使用费完全围绕某一单项知识产权许可展开，或虽与其他交易相关联但知识产权许可占据核心地位，企业应采纳专门的会计准则和技术，以精准且合理地确认此部分收入，从而保障会计处理的严谨性和科学性。

2.11.3　关键分析与解读

首先，A公司应清晰界定其合同项下的所有履约责任。参考案例2-15的特定情境，A公司需深入剖析合同中涉及的多重承诺，评估这些承诺彼此之间是否能清晰区分。

其次，A公司需确立合同的总交易价格，该价格由固定金额的权利金以及基于网络游戏运营商收入一定比例的可变分成金共同构成。在处理分成金时，应特别注意识别其是否属于依据销售或使用成果计算的特许权使用费类型。

如果A公司向客户授予知识产权许可，并约定依据客户的实际销售或使用情况来计费，那么收入的确认应延迟至客户后续发生销售或使用行为之时，或A公司完成相应履约义务之日（以两者中较晚者为准）。这一规则是针对可变对价估计的特殊处理，仅适用于2种情况：一是特许权使用费完全且唯一地与知识产权许可相关联；二是即便特许权使用费同时关联于知识产权许可及其他商品，但知识产权许可部分在合同整体价值中占据显著优势地位。当A公司能够合理推断出，客户对知识产权许可的价值评估远高于合同内其他商品时，即可视为知识产权许可占据主导地位。对于不满足上述特殊情况的特许权使用费，A公司应遵循可变对价的一般估计原则进行会计处理。

最后，A公司需基于上述分析，将合同总交易价格合理、公平地分配到每一项履约义务上，并在各自义务得以履行的过程中，逐步确认相应的收入。

2.11.4　案例深度剖析

2.11.4.1　单项履约义务的判断

A公司在合同中向客户承诺了以下服务：首先，授予网络游戏的知识产权许可，包括按时交付资料、本地化工作以及完成公众测试等；其次，在合同期间内，提供不定期的游戏修改和维护服务；最后，在合同期内，应客户要求提供实时技术支持。尽管后续的修改、维护和技术支持服务对于游戏的经济寿命至关重要，但是即便A公司不提供这些服务，客户仍能够独立使用网络游戏并获益。因此，授予网络游戏的知识产权许可与后期的修改维护、技术支持服务可视为3个独立的单项履约义务，应分别进行会计处理。

2.11.4.2　合同交易价格的确定

合同总价由固定权利金和基于网络游戏运营商收入比例的可变分成金组成。分成金属于"基于销售和使用情况的特许权使用费"，虽然它同时关联了知识产权许可、修改维护和技术支持，但在本案例中，网络游戏知识产权许可的价值显著高于其他服务。因此，对于这部分"基于销售和使用情况的特许权使用费"，A公司可应用可变对价的特殊规定，即在合同期间内，按照网络游戏运营商的实际运营收入比例直接确认收入，无需拆分处理。

2.11.4.3　交易价格的分摊

（1）固定对价的分摊。在合同起始日，A公司应基于3个单项履约义务的单独售价

（如果无直接可观察价格，可进行合理估计，如按预计成本比例估计）的相对比例，将固定对价进行分摊。

（2）可变对价的分摊。由于可变对价主要与知识产权许可相关，A公司将不再对其金额进行单独估计或分摊至各个单项履约义务，而是依据各项独立履行义务的个别售价所占的比重来分配，在游戏运营商的收入实际产生时，直接按该比例即时确认相应的收入。

2.11.4.4 收入的确认

（1）知识产权许可的确认。A公司在完成资料交付、本地化工作和公众测试后（即客户能够控制该知识产权许可时），将一次性确认分摊给知识产权许可的固定对价部分。对于基于游戏运营商营业收入的可变对价部分，则按照其分摊比例在游戏运营商收入实现时逐步确认。

（2）游戏维护和修改服务、技术支持服务的确认。由于这些服务在合同期间内是逐步提供的，A公司应采用直线法或其他更合理的系统摊销方法，在合同期间内分期确认分摊至这些服务的固定对价。对于分摊的可变对价部分，确认方式与知识产权许可相同，即在游戏运营商收入实现时按分摊比例确认。

2.11.5 案例总结

在《企业会计准则第14号——收入》的框架下，基于销售或使用情况收取的特许权使用费被归类为可变对价。通常，在不确定性因素得以消除且已确认的累计收入不太可能发生显著转回时，才应将可变对价的估计纳入交易价格。然而，在涉及知识产权许可的交易中，企业如果在不确定性消除前确认基于销售或使用的特许权使用费的可变金额，可能导致合同期间因条件变化而对初始确认金额进行大幅调整，这既不反映真实经济实质，也不为报表使用者提供有效参考。

根据最新的收入确认标准特别指出：在企业向客户授予知识产权使用权，并且授权费用与客户的实际销售或使用情况挂钩时，收入的确认应当延后，直到客户进行了实际的销售或使用了该知识产权，或者企业履行了相应的义务（以两者中较晚的时间为准）。这一规定作为可变对价估计及其限制的例外，专门适用于基于销售或使用的特许权使用费情形，其他包含可变对价条款的销售不适用此规则。

2.12 关于合同中存在可变对价时的收入确认问题

2.12.1 案例概述

案例2-16 A公司是一家国际知名的大型咨询管理企业。2024年5月，A公司与

K煤炭公司签订了一份咨询服务合同。根据合同规定，K煤炭公司的控股股东将无偿转让其持有的K公司20%的股份给A公司。作为交换，A公司负责对K煤炭公司进行企业改制，并设计和规划其整体管理运营制度，目标是在5年内实现特定的经营成果，如销售额和净利润增长1倍至3倍、生产成本降低50%等。如果这些经营目标未能实现，K煤炭公司的控股股东将重新无偿收回之前转让的20%股份。此外，K煤炭公司还将支付A公司约定的咨询服务费用。相反，如果这些经营目标得以实现，A公司不仅无需返还其已受让的20%股份，还将放弃收取相关的服务费用。

思考问题：

在这种情况下，A公司应如何确认其收入？

2.12.2 准则依据阐述

以下是一些关于合同中存在可变对价时收入确认的要点：

（1）可变对价评估的重要性。企业需首要评估合同中涉及的可变对价是否构成显著影响因素，其重要性直接关联于该对价变动对最终收入确认金额所产生的潜在影响深度。

（2）交易价格的界定与考量。在确立交易价格时，企业务必纳入可变对价作为关键考量因素。交易价格即为企业预期从客户处获取作为商品或服务转让回报的总额度。

（3）收入确认的时机准则。对于与已交付商品或服务直接挂钩的可变对价，如果相关商品或服务的控制权已成功转移至客户，那么企业应即时在控制权转移的时刻确认收入；如果可变对价关联于未来拟转让的商品或服务，企业需遵循合同条款，待相应商品或服务的控制权实际转移至客户时再行确认收入。

（4）估计值的定期复审与调整。在每个财务报告编制日，企业有责任重新审视可变对价的预估数值，并基于最新信息适时作出必要调整，以确保会计信息的准确性。

（5）信息披露的透明度要求。企业需在财务报表的附注部分，清晰披露与可变对价相关的各项关键信息，包括但不限于可变对价的本质属性、所采用的估计方法，以及估计金额随时间推移的变化情况等，以提升财务信息的透明度与可比性。

2.12.3 关键分析与解读

2.12.3.1 确定"极可能"发生的条件

在国际财务报告准则中，术语"极可能"被定义为比"很可能"的可能性更大。根据《企业会计准则第13号——或有事项》相关的解释，经济利益流出的可能性一般通过以下几个概率区间进行评估：基本确定（大于95%但小于100%）、很可能（大于50%但小于或等于95%）、可能（大于5%但小于或等于50%）、极小可能（大于0但小于或等于5%）。据此，我们可以合理推断，"极可能"与"基本确定"这2个术语在含义上相近，都指发生的可能性超过95%，在实际应用中，将某一情况判定为"极可能"需要

2.12.3.2 评估"重大转回"的条件

"重大转回"主要评估可变对价对收入确认的影响程度。这种影响程度通常需要通过适当的估计方法，结合可变对价条款的不确定性情况来计算。关键点在于，"重大性"在此上下文中是与合同交易的金额（即包括可变对价和固定对价的总金额）相比较的，而不是基于对整个财务报表的影响。这表明，即便某个事项对整个财务报表的影响可能并不显著，但如果它对合同交易金额有较大的影响，该事项仍可能被认为不足以确认为可变对价。关于如何量化"重大"的标准，目前仍依赖于职业判断。

2.12.3.3 影响"极可能"和"重大转回"的因素

《国际财务报告准则》第 15 号第 57 段提出可能会增加收入转回概率或转回金额的因素包括但不限于以下几点：

（1）对价金额可能容易受到企业控制范围之外的因素影响，例如，市场波动、第三方决策或行为、天气条件，以及承诺的商品或服务的过时风险。

（2）预计在可预见的将来，对价金额的不确定性将持续存在。

（3）企业在处理相似类型的合同方面缺乏足够的经验，或者其经验对未来预测的指导价值有限。

（4）在实际操作中，对于相似情况的合同，可能会提供不同程度的价格优惠或不同的支付条款与条件。

（5）合同可能涉及广泛的潜在对价金额，这些金额的数量庞大且多样。

在处理某笔交易的会计问题时，关键在于判断在合同开始时获得 K 公司 20% 股权的本质意图。如果合同履行时获得的 20% 股权主要是作为收取服务费的保障，并且更便于 A 公司以 K 公司股东的身份参与管理和决策实施，这并不意味服务费一定会被支付。由于实现承诺的业绩指标存在不确定性，如果未能实现，那么 A 公司需将所获得的 K 公司 20% 股权返还给 B 公司的大股东。因此，在合同期间，A 公司对 K 公司不应有控制权、共同控制权或重大影响，也无需对持有的 K 公司 20% 股权进行账务处理（即不确认为合同负债）。

2.12.4 案例深度剖析

2.12.4.1 确定合同交易价格

当咨询合同生效，A 公司根据协议无偿获得 K 公司 20% 的股权时，不进行会计处理，仅在账外进行登记。合同的交易价格分为 2 个部分：首先是固定对价，即基本服务费（在未达到预定经营目标的情况下应支付的费用）；其次是可变对价（如果实现了预定经营目标，其为所获得的 K 公司 20% 股权的价值超出基本服务费的部分）。

在处理涉及可变对价的合同时，企业应依据期望值或最可能的金额来计算最佳估计值。但是，在确定含有可变对价的交易价格时，应确保在相关不确定性被消除之后，已确认的收入不会面临重大逆转的风险。在案例 2-16 中，K 公司能否实现特定经营目标存在不确定性，因此在合同开始时，A 公司确定的交易价格应仅包括基本服务费，不包括可变对价部分。

在每个资产负债表日，A 公司需要重新评估可变对价。如果根据 K 公司的实际经营状况，判断 5 年后极可能实现特定经营目标，那么应将该可变对价纳入交易价格，并作为会计估计变更处理，相应调整当期和后续合作期间的收入金额。

2.12.4.2 确认收入

通常，当 A 公司提供咨询管理服务时，客户能够即时获得并享受企业履约带来的经济利益。因此，A 公司应根据适当的履约进度（例如按时间）在一段时间内确认收入。

值得注意的是，基本服务费是在合同期满时确定能够收到的金额，属于企业拥有的无条件收款权。因此，在确认这部分对价收入时，应借记"应收账款"科目（如果预计收款时间不超过 1 年）或"长期应收款"科目（如果预计收款时间超过 1 年）。对于超过基本服务费的部分（合理估计的可变对价），在确认收入时，应借记"合同资产"科目，因为只有在合同期满且 K 公司达到特定经营目标时，A 公司才能收到这部分对价，A 公司拥有的并非无条件收款权。

服务期满时，如果未达到约定的业绩条件，由于基本服务费已被全部转为收入，只需在实际收到基本服务费时，转销已确认的应收账款或长期应收款，无需进行其他特殊处理。如果达到约定的业绩条件，此时应确认的全部收入为 K 公司 20% 股权的公允价值。如果之前累计确认的收入低于该金额，应将差额计入合同期满当期的收入（可视为对前期可变对价估计的调整）。相应地，A 公司对 K 公司 20% 股权的投资成本应为取得该股权之日的公允价值。对于后续这 20% 的长期股权投资，应基于具体的投资情况与条件，选择适用权益法或成本法进行会计核算。

2.12.5 案例总结

按照国际财务报告准则的阐释，当企业享有的收款权利紧密依附于未来某一事件的发生时，此类安排即构成可变对价机制。可变对价的形式多样，包括但不限于折扣优惠、退款政策、返利计划、积分兑换、价格折扣、退货安排、绩效奖金、违约罚金及特许权使用费等。

在评估并确认可变对价作为收入时，必须同时考量 2 个核心标准：一是转回事件是否"极可能"发生；二是该转回所涉及的金额是否构成"重要影响"。此两者必须同时满足。例如，如果预计未来转回金额虽具显著性，但转回概率未达"极可能"或可明确判定为不会发生，那么该部分可变对价可被计入可确认收入。反之，如果转回为"极有可能"发生之情况，但金额上不具重要性，那么同样可将此可变对价视为收入确认的一部分。

通常情况下，如果可变对价在合同总交易价格（包含固定与可变部分）中所占比例不属"重大"，那么无论转回概率如何，均视该可变对价的收入确认为符合国际财务报告准则的要求。然而，值得注意的是，"极可能"这一条件较为严格，许多企业倾向于完全避免确认可变对价。因此，在评估时，需要综合考虑转回金额是否"重大"，以避免过度谨慎或忽视可变对价的重要性。

2.13 售后回购业务模式

2.13.1 案例概述

案例 2-17 A 公司专注于无水乙醇的生产与销售。2024 年 7 月，A 公司与 X 公司签订了一项合同，根据合同，A 公司以每吨 0.6 万元的市场价格向 X 公司出售 2 万吨无水乙醇，其生产成本为每吨 0.4 万元。合同签订并交付产品后一个月内，X 公司向 A 公司支付了 6 000 万元。接下来 10 年内，X 公司将每年支付 6 000 万元的 5% 给 A 公司。10 年后，X 公司将无偿返还这 2 万吨无水乙醇给 A 公司。同时，X 公司还协调银行为 A 公司提供了 6 000 万元的贷款，贷款期限为 10 年，年利率为 2%，还款方式为每年支付利息，到期一次性还本。这些安排是与销售合同同时约定的，构成了一项整体的交易，且该合同是不可撤销的。假设 10 年后这 2 万吨无水乙醇的公允价值为 6 000 万元，A 公司通过商业银行获得市场化融资的资金成本的折现率为 10%。

思考问题：

在这种情况下，A 公司应如何确认收入？

2.13.2 准则依据阐述

《企业会计准则第 21 号——租赁》详细界定了售后回购交易中收入确认的核心条款与指导原则，具体如下。

1）售后租回交易的会计界定

企业需严格遵循《企业会计准则第 14 号——收入》的规范，深入分析售后租回交易中资产转让的实质，以明确其是否构成销售，并据此决定适用的会计处理方式。

2）销售性质的资产转让处理

一旦确定资产转让构成销售，承租人需基于原资产账面中与后续租回使用权直接相关的价值，来计量新形成的使用权资产，并相应确认转让所带来的利得或损失。同时，出租人则需分别按照适用的会计准则对资产购买与出租进行会计记录。

如果销售对价偏离市场公允价值，或租金未遵循市场标准设定，企业应将这些差异作为预付租金或融资成本处理，并据此调整销售利润、损失及租金收益。

3）非销售性质的资产转让处理

如果资产转让不符合销售标准，承租人需持续在账面上确认该资产，并同步确认等额的金融负债，依据《企业会计准则第 22 号——金融工具确认和计量》（2017 年修订）的规则进行会计处理。相应地，出租人则确认等额的金融资产，并遵循金融工具会计准则进行操作。

4）租赁的辨识与核心要素

在合同起始之时，企业应仔细评估其是否包含租赁要素或整体构成租赁。租赁的核心在于出租人在特定期限内让渡资产使用权以换取对价，且需同时满足存在明确的租赁期限、已识别的租赁资产以及资产使用权的有效控制转移三大条件。

5）售后租回交易的实质判断标准

值得注意的是，尽管承租人在资产正式过户给出租人之前可能已获得法定所有权，但会计处理的关键在于承租人是否已实现对资产的实际控制。如果承租人在所有权转移前已实质控制资产，那么该交易应被归类为售后租回交易。

2.13.3　关键分析与解读

确定 A 公司收入确认方式的核心在于准确把握交易的本质。从合同内容来看，A 公司在 10 年后将产品无偿回收，实质上构成了一种售后回购安排。由于 A 公司与 X 公司之间存在未来回购的协议，且回购价格为零，低于初始销售价格，这种交易应被视为一种租赁交易进行处理。

2.13.4　案例深度剖析

2.13.4.1　租赁类型的判定

在租赁合同生效之初，A 公司能够确认其收到的租金的公允价值涵盖了以下部分：

（1）初始租金：在租赁开始时一次性收取的 6 000 万元。

（2）年度租金：在接下来的 10 年内每年收取的 300 万元（6 000×5%）按市场利率 10% 计算的年金现值，为 1 843.38 万元。

（3）贷款折现差额：A 公司获得的 10 年期贷款的未来还本付息金额按市场利率 10% 折现的现值 3 050.60 万元，与该贷款的名义本金 6 000 万元之间的差额，为 2 949.40 万元。

将上述三项金额合计后，得出总额为 10 797.78 万元，这一金额占据了租赁起始日时租赁资产公允价值（12 000 万元）的 89.98%，明显高于该批次无水乙醇的生产成本（8 000 万元）。这一现象强烈暗示 A 公司已实质上将所有与租赁资产所有权相关联的主要风险和利益都转移给了承租人 X 公司。基于此，该租赁合同应当被明确归类为融资租赁。

2.13.4.2 收入的确认

作为生产商兼融资租赁的出租人，A 公司的租赁收款额现值为 10 797.78 万元，低于租赁开始日产品公允价值的 12 000 万元。因此，A 公司应在租赁开始日将 10 797.78 万元确认为营业收入。

2.13.5 案例总结

售后回购是指企业在完成商品销售的同时，与客户协商达成一致或保留有未来某一时刻回购该商品（可能是相同或几乎相同的商品，抑或是该商品的某一部分）的条款或选择权。对于这种交易，企业应根据不同情况采取以下会计处理方法。

2.13.5.1 回购义务的界定与会计处理

当企业依据远期协议承担回购商品的责任或保有回购商品的权利时，这表明在商品销售之际，客户尚未实现对商品控制权的完全掌握。针对此类交易，企业需根据其经济实质，将其分类为租赁交易或融资交易，并严格按照相应的会计准则执行会计处理。

如果回购条款设定的价格低于原始销售价格，那么应依据《企业会计准则第 21 号——租赁》的规范，将该交易界定为租赁交易，并遵循租赁准则进行相应的会计处理。

反之，如果回购价格不低于甚至高于原始售价，那么此类交易应被视为具有融资性质。在此情况下，企业需在收款之时确认一笔金融负债，并在回购协议的持续期间内，基于负债金额与未来回购价格之间的差额，逐步确认利息费用等相关的财务成本。企业若在回购权利的有效期限内选择放弃行使回购权，则需在权利到期之时，同时终止对该金融负债的确认，并相应地确认销售收入的实现。

2.13.5.2 客户回购要求的会计处理考量

如果企业在合同中承担了应客户要求回购商品的义务，需在合同订立之初评估客户是否具备行使该权利的重大经济动机。如果评估结果显示客户确实存在重大经济动机行使回购权，那么应将此类售后回购交易视为租赁或融资交易，并按照上述第一部分的会计处理方法进行操作。

相反地，如果评估认为客户无重大经济动机行使回购权，那么应将该交易视为包含销售退回条款的普通销售交易，并据此进行会计处理。在评估客户的经济动机时，企业应全面考量多种因素，如回购价格与预计回购时商品市场价值的比较、回购权利的到期时间等。例如，如果回购价格显著高于商品在未来回购时点的市场预估价值，这通常意味着客户有强烈的经济动机去行使回购权。

售后回购交易的收入确认流程详见图 2.13.1。

图 2.13.1 售后回购交易的收入确认流程图

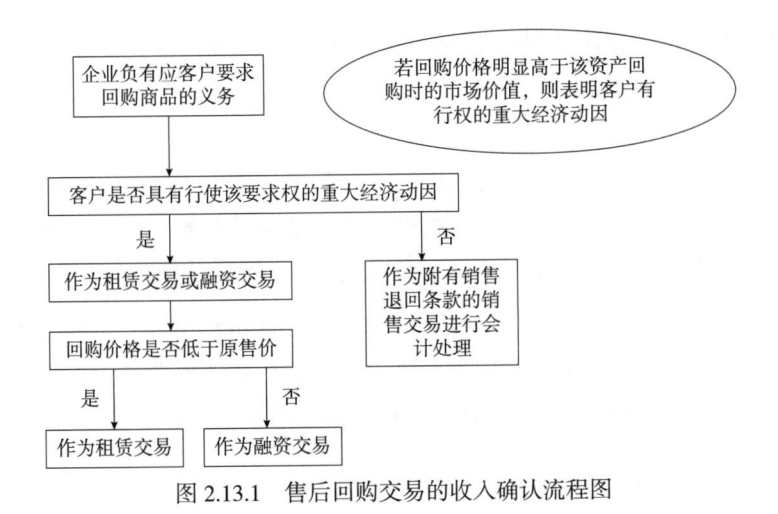

2.14 确认收到非货币形式对价的收入问题

2.14.1 案例概述

案例 2-18 A 公司是一家主要从事文化传媒业务的企业，其核心运营模式是通过其杂志为顾客发布广告。2024 年，A 公司在经营过程中出现了一些特殊情况：首先，一些客户选择用他们生产的产品、购物卡或礼品券等非货币形式支付广告费用；其次，对于年广告发布总费用超过 100 万元的客户，A 公司会额外免费提供一次广告刊登服务；最后，A 公司还与一些网络平台和电视栏目进行了广告资源的互换。

思考问题：
面对这些特殊情况，A 公司应如何正确地确认其收入？

2.14.2 准则依据阐述

1）深入解读《企业会计准则第 14 号——收入》第十八条

（1）核心原则解析。针对非现金对价的交易，本条款清晰界定了企业确定交易价格的方法论。首要步骤是依据非现金对价的公允价值作为定价基准；如果该公允价值的评估存在困难，企业可转而利用商品的单独售价作为合理推断的依据。特别指出，如果非现金对价的公允价值因非直接因素发生波动，此类变动被视为可变对价，其会计处理需遵循准则第十六条的相关规定。

（2）单独售价的深入理解。单独售价，即企业独立销售某商品时，未附加任何额外条件或捆绑优惠的价格，它直接映射了商品的市场接受度及客户支付意愿，是商品价值的真实体现。

2）细致剖析《企业会计准则第 12 号——债务重组》第六条

具体内容参见本书 1.14.2.2。

3）深度剖析《企业会计准则第 7 号——非货币性资产交换》第七条

商业实质的判断标准。该条款精准界定了非货币性资产交换构成商业实质的两大核心要素：其一，若换入与换出资产在未来现金流量的风险特性、时间分布或金额规模上存在显著差异，则表明该交换具有商业实质；其二，如果使用换入资产所能产生的未来现金流量现值，与继续使用换出资产相比，存在显著且相对于资产公允价值而言不可忽视的差异，亦证明该交换具有商业实质。这两大标准旨在保障非货币性资产交换能够真实、准确地反映交易的经济本质，有效防范利用会计政策进行盈余管理的行为。

2.14.3　关键分析与解读

从案例 2-18 中可以观察到，A 公司的某些业务活动涉及非货币性支付（实物支付）、无偿服务提供以及项目交换等多种形式。针对这些非货币性对价，A 公司首先需要确定这些支付方式是否在合同中已有明确规定。如果合同中已明确约定了这些支付方式，A 公司应根据最新的收入确认准则来进行收入的确认；如果合同中未有此类约定，那么 A 公司需要评估是否符合《企业会计准则第 12 号——债务重组》的相关标准。对于无偿提供的服务，如果其提供是基于达到一定销售额度的前提条件，A 公司在考虑折扣影响的同时，也应确认相应的收入。至于项目交换业务，A 公司应评估是否符合《企业会计准则第 7 号——非货币性资产交换》的规定，并按照相应准则进行处理。

2.14.4　案例深度剖析

2.14.4.1　非货币性对价支付广告费用

在处理以实物等非货币性对价支付广告费用时，需要考虑以下 2 种情形：

（1）合同约定的实物支付。如果双方在签订合同时已明确约定客户将以实物形式支付服务费用，企业应根据这些实物的公允价值来确定交易价格。企业应在某一特定时间点或时间段内，将该公允价值确认为收入。同时，根据公司是否涉及相关实物销售的经营范围，相应地借记"其他流动资产"或"库存商品"科目。

（2）非合同约定的实物支付。如果合同中未预先约定客户以实物支付，但在实际收款时客户选择以实物抵偿债务，企业应按照合同约定的交易价格确认收入，并借记"应收账款"科目。当客户最终以实物抵偿应收款项时，根据债务重组的相关会计准则，企业应将所收到的抵债物资按其公允价值入账，并借记相应的科目。当抵债物资的入账价值与应收账款在账面上的价值之间存在差异时，这一差额应当被确认为营业外收入（如果抵债物资价值高于应收账款账面价值）或营业外支出（如果抵债物资价值低于应收账款账面价值）。

在任何情况下，企业在取得抵债物资后，如果用于职工薪酬，那么应按照外购商品向职工发放非货币性福利的规定，确认职工薪酬费用；如果相关支出是用于商务接待或社交应酬活动，那么应当将这些费用归类并确认为管理费用——业务招待费；若相关支出与销售活动紧密相关，则确认为销售费用——业务招待费。如果企业的经营范围包括相关实物的销售，那么对于作为非货币性福利或交际应酬目的发放的购物卡，应视同销售处理；否则，在会计上不确认销售收入。

2.14.4.2 项目互换

在处理项目互换交易时，首要步骤是评估合同是否具备商业实质。这一评估的核心在于判断合同的履行是否足以引发企业未来现金流量的风险、时间分布或金额发生实质性变化。唯有当合同满足这一条件，即确实具有商业实质时，才考虑收入确认。只有在交换的广告服务不相同或不相似的情况下，才能考虑收入确认问题。

2.14.4.3 无偿提供的服务

无偿赠送的广告服务通常是在广告业务量达到一定金额的前提下提供的，属于数量折扣性质，并非真正的无偿赠送。在这种情况下，无偿赠送的广告服务也是企业的一种承诺，应与其他承诺（收费的广告服务）一起确定是否构成单项履约义务，并进行交易价格的分摊。因此，无偿提供的广告服务也应确认收入。

2.14.5 案例总结

企业在确认非货币性支付对价的收入时，应注意以下几个关键点：

（1）适用性判断。首先，根据所交换的资产是否属于存货，判断该交易是否适用最新的收入确认准则。

（2）非货币对价金额的确定。确定非货币性对价的金额时，首选方法是使用所接收资产的公允价值。如果这一价格难以被合理估计，那么应选择所交换资产的单独售价作为参考。

（3）公允价值变动的处理。如果非货币性资产的公允价值出现变动，必须区分变动的原因。如果变动是由对价形式本身引起的，那么应将此变动纳入交易价格中；如果变动是由其他因素导致的，那么应按照可变对价的会计处理原则进行收入确认。

2.15 合同合并在收入确认上的处理

2.15.1 案例概述

案例 2-19　A 公司作为一家房地产开发商，在 2024 年 10 月完成了一处商品房项目的毛坯房建设。根据预售合同，售房价格仅包含毛坯房的成本，同时合同中也明确了毛坯房的初步装修标准。业主在接收毛坯房时，需要委托装修施工单位进行验收，并在房产证办理时，以毛坯房的价格进行登记。合同中还指出，一旦毛坯房交付，相关的风险和收益即被转移给业主。此外，业主、装修施工单位以及 A 公司签订了一份三方装修协议，其中，A 公司作为开发商负责监管工程，以确保工程质量。装修协议详细规定了装修的价格和材料标准，施工单位负责提供全部施工和材料，装修费用由业主支付给 A 公司进行监管，而装修过程中的风险则由业主和施工单位共同承担。

思考问题：

在这种情况下，A 公司应如何根据准则确认相关收入？

2.15.2　准则依据阐述

《企业会计准则第 14 号——收入》第七条对合同合并的会计处理条件进行了明确阐述。根据该条款，如果企业与同一客户（或其关联方）在短期内签订的多份合同满足下列任一条件，那么在进行会计处理时，这些合同需被视为单一整体进行合并处理：

（1）这些合同共同服务于一个清晰的商业目的，并紧密关联，形成一个整体性的交易架构，不可分割。

（2）其中任一合同的支付条款均与其他合同的定价机制或实际履行状况存在直接或间接的相互依赖关系。

（3）每份合同项下承诺交付的商品，或是这些合同中部分商品的组合，均符合该准则第九条对单一履约义务的具体界定标准。

2.15.3　关键分析与解读

在案例 2-19 中，商品房销售与装修服务的合同虽然分别签订，但实质上是同步进行的。A 公司作为房地产开发商，与业主签订了商品房销售合同，同时与业主及装修公司共同签订了装修服务合同。在这两个合同框架下，A 公司不仅向业主销售商品房，还负责对装修工程进行监督和管理，其服务对象均为业主。因此，尽管合同签订的主体略有差异，但均满足"同一客户或其关联方"的条件。

在装修合同中，A 公司并未直接约定收取的对价，其在履行装修监管职责中所获得的对价，实际上已包含在商品房销售合同中。这一点满足了"合同对价的确定或履行依赖于其他合同的定价或履行情况"的条件。基于此，A 公司应将商品房销售合同与装修合同视为一个整体，进行合并处理，以符合会计准则的要求。

2.15.4　案例深度剖析

在案例 2-19 中，A 公司与业主签订的合同经过合并处理后，A 公司向业主提供了 2 项服务承诺：商品房的销售和装修的监管。这 2 项服务承诺各自独立，业主可以分别从中获益，且两者之间并无必须整合为一个整体产出的需求。它们之间既无显著的修改和定制，也缺乏高度的关联性，A公司完全有能力单独提供房产销售而不涉及装修监管服务，反之亦然。因此，这2项服务构成了两个独立的履约义务。

A公司需要将合同的交易价格（主要体现在商品房销售合同中）按照这2个履约义务的单独售价进行分摊。如果A公司之前没有单独提供过监管服务，因而无法直接获取其可观察的单独售价，那么应采用合理的估算方法来确定。

对于商品房销售的履约义务，A公司应在毛坯房实际交付给业主时（以完成验收交接手续为标准），确认毛坯房的销售收入。在装修合同中，A公司仅承担对装修公司的监管职责，包括监督装修款项和质量、协助完成装修验收手续、协助处理纠纷等。这不应被视为A公司继续以控制人的身份参与已出售房产的相关事务。如果装修公司提供的装修服务存在问题，业主无权要求A公司退房、降价或退款，而应依据装修合同的约定向装修公司提出索赔。装修公司对装修合同履行所产生的所有后果均由业主承担，与A公司无关。因此，一旦毛坯房交付，其控制权便被转移至业主。

对于装修监管的履约义务，由于业主在监管过程中能够获得并消耗A公司监管服务带来的利益，这属于在一段时间内履行的履约义务。A公司应根据适当的履约进度，在履约过程中逐期确认收入。

2.15.5 案例总结

当企业在相近时间段内与同一客户或其关联方订立了多份合同，并符合以下任一条件时，应视这些合同为单一合同进行会计处理：

（1）诸合同均旨在实现同一商业目的，且联合起来才构成完整的交易框架。具体而言，任何一份合同的孤立评估如果未考虑其他合同背景，可能导致经济上的不可行或亏损。

（2）合同间的支付条款相互关联，即一份合同的定价或履行状况直接影响到另一份合同的支付金额。例如，某合同的违约可触发另一合同支付条款的调整。

（3）合同内所承诺的商品或服务（或各合同部分承诺的商品/服务）共同构成了一个不可分割的履约责任整体。

企业即便实施了上述合同合并处理，仍需在合并后的合同框架内，清晰识别并分别核算各个独立的履约义务。这一做法对于确保会计处理的精确性，以及遵循相关会计准则的规定至关重要。

3 政府补助准则中时点确认、收益计量

3.1 判断政府补助确认时点

3.1.1 案例概述

案例 3-1 2024 年 6 月，Y 市出台了《支持人工智能产业创新发展若干政策实施细则》，明确指出在该市注册的人工智能企业，如果因业务拓展需要购置土地建设自用办公大楼，可在依法获得土地使用权并支付相应的地价款后，由市政府提供相当于企业支付地价款（包括配套费用等）40% 的建设补助。企业在申请此类优惠政策时，必须保证其办公大楼的自用面积比例超过 70%，并且承诺在申请之日起的 10 年内不会迁出 Y 市。

依据这些规定，A 公司在 2024 年 10 月成功获得了公司总部办公大楼的建设用地使用权，并全额支付了土地出让金。随后，A 公司向当地政府相关部门提交了"购地补贴"申请，并在 2025 年 1 月收到了相应的专项补助资金。

思考问题：
A 公司应当在何时确认这项政府补助？

3.1.2 准则依据阐述

以下是对《企业会计准则第 16 号——政府补助》中第六条及第八条关键要点的整合与深度剖析。

1）第六条：政府补助确认的双重严苛标准

在正式将政府补助纳入企业财务记录之前，企业必须满足两大核心条件，二者相辅相成，缺一不可：

（1）条件满足性：企业必须自我审视并证实，其已完全符合政府补助政策中规定的所有额外要求，这是获取补助资格的首要门槛。

（2）收款保障性：企业需持有确凿证据，证明政府补助款项的获取是确定无疑的，即补助资金的获取权已经稳固确立，后续不会受到任何不确定性因素的干扰或阻碍。

2）第八条：资产相关政府补助的会计处理方式概览

针对直接与企业资产挂钩的政府补助，会计准则提供了 2 种会计处理方法供企业选择：

（1）资产账面价值直接调整法：企业可直接利用政府补助来抵减相关资产的账面价值，此举直接体现了政府补助对资产价值评估的即时影响。

（2）递延收益分期确认法：企业亦可将政府补助确认为递延收益，这意味着该笔收益将在资产的使用寿命期间内，按照合理且连贯的分配方式，被逐步计入各期损益。

递延收益的确认过程需遵循严格的标准，确保其在资产使用期内均匀分摊，以准确反映政府补助对企业长期经济利益的渐进性贡献：①名义金额补助的即时损益处理：对于仅具象征意义、不代表实际价值的名义金额政府补助，企业应采取快速简便的方式，直接将其计入当期损益，以便即时反映该补助对当前财务状况的影响。②资产处置时的递延收益再分配：如果相关资产在预定使用寿命前便发生出售、转让、报废或损毁等情况，企业需及时对尚未计入损益的递延收益余额进行重新分配。此项调整的具体操作为将剩余的递延收益余额，在资产处置的当期会计期间内，一次性转入损益表，确保政府补助所赋予的全部经济利益能够在合理的时限内得到全面体现。

3.1.3 关键分析与解读

在会计处理中，会计准则赋予了企业在确认政府补助时的合规性与灵活性，企业不必等到实际满足所有条件，但需要有充分的理由相信这些条件最终能够得到满足。企业管理层在确认将能够满足政府补助的条件，并且没有迹象表明这些条件可能无法实现时，便可以确认该补助。

针对与资产相关联的政府补助，企业在确认补助时，需遵循以下时间准则：应以资产达到预定可使用状态之日，或实际收到补助款项之日，这两者中较晚发生的时间点作为起点，来开始进行相应的会计处理。此后，企业应按照一个合理和系统的方法，在资产的使用寿命内，或者在剩余的使用寿命内（如果补助款项在资产达到预定可使用状态后才收到），将补助金额分摊到各个会计期间的损益中。

通过这种方式，企业可以确保政府补助的会计处理既符合会计准则，又能够真实反映企业的经济活动。

3.1.4 案例深度剖析

该项补助资金的获取与购置非流动资产——土地使用权紧密相连，并且具有政府补助的"无偿性"属性，因此，应将其归类为与资产相关的政府补助。

根据案例 3-1 的资料，政府补助附带的条件包括 2 个主要方面：首先，申请人需承诺在未来 10 年内不离开该地区；其次，建筑面积的自用率必须达到规定的标准。确认政府补助的条件之一是企业必须能够满足这些附加条件。只要企业管理层确信能够满足这些条件，并且没有迹象表明这些条件可能无法实现，就可以确认政府补助。

以案例中的企业为例，既然企业已经向当地政府做出了书面承诺，保证 10 年内不迁离，并且目前没有迹象表明这一承诺无法实现，那么可以认为企业满足了政府补助的条件。因此，一旦企业购建的办公楼达到预定的使用状态并开始计提折旧，就可以开始摊销政府补助，并将其计入各期损益。摊销期限应基于土地使用权的剩余摊销年限，而无需等到 10 年承诺期满后才进行摊销。

3.1.5 案例总结

确认政府补助的时间应在企业满足相关条件并能够实际收到补助款项时。当企业已经收到补助资金时，应根据实际收到的金额进行会计计量。反之，如果企业在编制资产负债表之日尚未实际收到补助资金，但已符合相关政策规定，并据此确立了收款权利，同时预测该经济利益有很大可能性将流入企业，那么，在补助款项被确认为应收账款之时，企业应按照其应收的金额进行相应的计量。

在实际运作过程中，当企业面对尚未到账的政府补助时，需综合考量以下核心要素，以做出是否应确认该补助的决策：

（1）企业是否符合相关政府文件的规定。
（2）企业申请补助的程序是否合法且符合规定。
（3）企业在收到资金之前，是否需要通过政府部门的实质性审核。
（4）历史上类似类型的政府补助的发放情况。

通过这些因素的综合考量，企业可以更准确地判断政府补助是否应当在财务报表中予以确认。这样的处理方式既符合会计准则，也确保了财务报告的真实性和公允性。

3.2 政府补助的分类与计量

3.2.1 案例概述

案例 3-2 2023 年 1 月，J 市为推动智能制造产业的专项发展，发布了一项政策，旨在鼓励拥有自主知识产权和核心技术的智能制造企业在本市设立或增加投资。自 2023 年 6 月 1 日起，J 市对经过市投资促进领导小组审核的新设立或现有智能制造企业新增投资，根据其机器设备固定资产年投资总额的不同，提供不同额度的一次性奖励。具体奖励标准如下：

年投资总额达到 1.5 亿元及以上的企业，可获得 800 万元奖励。
年投资总额在 1.0 亿元至 1.5 亿元之间的企业，可获得 500 万元奖励。
年投资总额在 0.5 亿元至 1.0 亿元之间的企业，可获得 300 万元奖励。
该政策文件并未对企业收到奖励资金后的具体用途或方向设置限制。
A 公司是一家 2017 年在 J 市注册成立的新材料研发生产企业，于 2023 年投入 2.2 亿元用于购买新生产设备，扩大生产规模，符合 J 市智能制造产业发展的扶持政策。2024 年 1 月，A 公司收到了 J 市政府拨付的 500 万元奖励。

思考问题：

A 公司应如何确认和计量该项奖励？

3.2.2 准则依据阐述

以下是对《企业会计准则第 16 号——政府补助》相关条款的梳理与深度分析。

1）第四条：政府补助的两大分类标准

（1）与资产相关的政府补助：此类别涵盖了企业因购置、建设或形成长期资产（如设备、设施等）而获得的政府资金支持。

（2）与收益相关的政府补助：此类别是指除上述资产相关补助外，企业获得的任何形式的政府补助，这些补助通常直接关联于企业的收入或利润状况。

2）第八条：与资产相关政府补助的会计处理框架

（1）会计处理方法的选择。企业在处理与资产相关的政府补助时，需从 2 种主要方式中择一而行：一是直接冲减所涉资产的账面价值，以此反映政府补助对资产成本的直接抵减；二是将补助确认为递延收益，即在资产未来的使用期限内逐步确认其经济利益。

（2）递延收益的合理分摊。企业若决定采用递延收益方式，则需制定并执行一套合理且系统的分摊计划，确保在相关资产的有效使用期内，将递延收益按一定比例逐年计入企业损益，以平滑反映政府补助对企业长期经济状况的正面影响。

（3）名义金额补助的即时反映。对于那些仅以名义金额（即非实质性经济价值）计量的政府补助，企业应采取简化的会计处理方式，直接将其计入获取补助当期的损益中，以快速体现其对企业短期财务表现的贡献。

（4）资产处置时的递延收益调整。考虑到资产可能提前退出使用（如出售、转让、报废或毁损等情况），企业需在相关资产处置时，对尚未计入损益的递延收益余额进行一次性调整，将其全额转入资产处置当期的损益中，以确保政府补助带来的全部经济利益在最终阶段得到完整体现。

3.2.3 关键分析与解读

在实际操作中，政府补助通常附带 2 类条件：首先是政策条件，即企业必须遵守政府补助的相关政策规定，这是申请政府补助的基本资格。需要注意的是，满足政策条件并不保证企业一定能够获得补助，但不满足政策条件的企业必然无法获得政府补助。其次是"使用条件"，这要求企业在接受政府补助后，必须严格遵循政府所设定的特定用途、时间安排以及使用范围等限制条件，来合理运用所获得的补助资金。

基于会计准则中对政府补助的明确定义以及上述两类关键条件的细致区分，我们可以清晰地认识到，判断一项政府补助是归属于收益相关还是资产相关，其核心依据在于其"使用条件"，即该补助资金的特定使用目的与方向，而非仅依赖于"政策条件"，即企业获取补助所需满足的基本资格与门槛。

因此，企业在处理政府补助时，应先确保满足政策条件以获得申请资格，然后在获得补助后严格按照使用条件来使用资金，以确保补助的使用符合政府的要求和规定。这样的处理方式有助于企业合理利用政府补助，同时使之符合会计准则和出版规范。

3.2.4 案例深度剖析

参考案例3-2的资料，据此可以明确，"投产时机器设备固定资产年投资总额需达到或超过1.5亿元人民币（此金额不涵盖土地购置及基础设施建设等相关费用）"即为获取该政府补助所需满足的"政策条件"。同时，从政府对该项资金的管理规定及补助款项的正式批准文件中可以了解到，对于该笔资金的具体使用条件并未设定任何限制性要求，即此情形下并不涉及"使用条件"的设定。

因此，这笔500万元的奖励应被归类为与收益相关的政府补助。A公司在进行账务处理时，应考虑其现行的会计政策，比如是否采用总额法或净额法。由于这笔奖励资金没有直接对应的支出项目，A公司应选择总额法进行核算。具体做法是，在收到奖励时，直接将其计入当期的其他收益。

通过这种方式，A公司可以确保其会计处理符合会计准则，这体现了政府补助的经济效益，同时保持了财务报告的透明度和一致性。

3.2.5 案例总结

企业在进行政府补助的会计处理时，应当首先依据补助所针对的具体对象，将其明确归类为与资产相关或与收益相关的两大类别，并采取相应的会计处理方法。通常情况下，企业能够通过政府补助文件明确识别补助的对象，进而确定补助的分类。然而，在某些特殊情况下，文件可能未明确指出补助对象，而是以奖励形式提供，这时企业需要根据奖励的原因进行具体分析，以确定补助的隐含对象。

例如，某地方政府为了吸引投资，对满足特定条件（如承诺10年内不搬迁）的企业给予奖励资金。尽管这类补助在文件中未明确指出具体对象，但通过分析奖励的目的——鼓励在当地开厂投资，可以认为补助的对象是企业的投资成本。这些成本通常属于资本性支出，如土地使用权、厂房、机器设备等，因此可以将此类奖励资金归类为与资产相关的政府补助，并按成本比例在不同资产中进行分摊。

净额法是一种会计处理方法，它将政府补助视为对相应资产账面价值或所补偿成本及费用的直接抵减。企业在决定采用总额法或净额法时，拥有对会计政策的选择权，应根据经济业务的实质进行判断。企业应对同类或类似政府补助业务采用一致的方法，以体现一贯性原则，但这并不意味着必须对所有政府补助采用同一种方法。

所谓的同类或类似政府补助业务，是从补助相关的经济业务角度进行判断的。例如，企业可以选择对与研发活动相关的政府补助采用一种方法，而对与税收返还相关的政府补助采用另一种方法。对于政府直接拨付给企业的贴息资金，为了更清晰地反映借款费用及其费用化或资本化的金额，新准则推荐采用净额法进行处理。

3.3 综合性政府补助的确认与计量问题

3.3.1 案例概述

案例 3-3 A 公司是一家房地产上市公司，其与 L 市经济开发区管理委员会在 2023 年 8 月签订了战略合作协议。根据协议，A 公司及其专门设立的项目公司计划在该经济开发区投资建设产业园，预计投资额超过 45 亿元。同时，双方还签署了《奖励协议书》，约定 A 公司将获得 5 亿元的奖励，用于支持其产业园项目。奖励的具体支付计划如下：

第一期奖励 1.5 亿元，在 A 公司成功竞得产业园地块并按规定支付 50% 土地出让金后的 1 个月内支付。

第二期奖励 1.05 亿元，占剩余奖励的 30%，在产业园项目正式开工后的 3 个月内支付。

第三期奖励 2.45 亿元，占剩余奖励的 70%，在项目竣工验收结束后的 1 个月内支付。

A 公司承诺，将努力确保产业园在 2023 年 12 月底前开工建设，并在 5 年内（即 2028 年年底前）完成竣工。同时，A 公司还承诺在 2024 年年底前，使入驻产业园的企业数量达到 20 家以上，形成应税销售额不少于 10 亿元，并最终形成至少 50 家企业的集群规模。该奖励基于 A 公司按时完成《投资协议书》及《奖励协议书》中约定的义务发放。如果 A 公司未能履行约定的义务，L 市政府有权对相关的扶持和奖励进行适当调整。

截至 2024 年 1 月，A 公司已收到 L 市经济开发区拨付的第一期奖励 1.5 亿元；2024 年 6 月，A 公司收到第二期奖励 1.05 亿元。截至 2024 年 12 月 31 日，产业园的累计总投资额为 18 亿元。

思考问题：

A 公司应如何确认与核算这项奖励？

3.3.2 准则依据阐述

以下是对《企业会计准则第 16 号——政府补助》关键内容的精炼总结与深入阐释。

1）第六条：政府补助确认的双重标准

企业在正式确认政府补助时，需严格遵守 2 项核心确认标准：一是全面符合条件，即企业需满足政府补助政策规定的所有额外要求，这是资格获取的基础；二是收款确定性，企业需有确凿证据表明补助款项将切实到账，确保收款权益的稳固性和未来不受不确定因素影响。

2）第八条：资产相关补助的会计处理选项

对于与资产直接挂钩的政府补助，企业拥有 2 种会计处理方案：第一种是直接抵减资产价值，即将补助直接用于减少相关资产的账面价值，体现对购置成本的直接冲抵；第二种是递延收益分期摊销，选择此方案的企业需在资产使用寿命内，采用合理且系统的方式，逐步将递延收益计入各期损益，以均衡反映补助对企业长期财务效益的积极影响。对于名义金额补助，则采取简化处理，直接计入当期损益，迅速体现其财务效应。此外，如果资产在预定寿命前发生出售、转让、报废或毁损，未分配的递延收益余额应一次性转入当期损益，确保补助的经济利益得到全面体现。

3）第九条：收益相关补助的会计处理灵活性

针对与收益紧密相关的政府补助，其会计处理需根据补助性质灵活应对：如果补助旨在补偿未来成本、费用或损失，那么应确认为递延收益，并在相关费用发生时按比例计入当期损益或冲减成本；如果补助用于弥补已发生的成本、费用或损失，那么应直接计入当期损益或冲减相应成本项目，以精确反映补助对企业当期经营业绩的直接促进作用。

3.3.3　关键分析与解读

在案例 3-3 中，A 公司在处理政府补助时需要考虑 2 个主要方面：首先，我们需要验证所收到的资金是否符合政府补助的正式确认标准；其次，在确认资金满足所有必要条件之后，进一步明确政府补助的具体分类，并据此确定相应的会计核算与处理方式。

3.3.3.1　判断确认条件

依据《企业会计准则第 16 号——政府补助》，判断企业是否能获得政府补助的核心在于其是否能够有效达成补助条款中设定的各项条件。A 公司与 L 市政府签订的《奖励协议书》虽然规定了未完成约定义务时的责任，但该规定不够明确，需要有进一步分析。具体来说：

需要明确 A 公司在未完成约定义务或承诺事项时，是否需要退还已收到的资金。如果双方有补充协议明确了即使未履行承诺义务也无需退还，那么在收到资金时可以认为满足政府补助条件。否则，建议将收到的资金计入负债（如其他应付款）。

准则允许企业在合理保证能够满足政府补助条件的情况下确认补助，即便是在收到资金时企业尚未完全满足条件。然而，考虑到 A 公司的投资额巨大且建设周期长，市场变化和招商引资的不确定性较大，不能简单地认为在收到资金时就能满足政府补助条件。

3.3.3.2　金融负债的判断

如果未完成约定条件或承诺事项需要退还资金，那么 A 公司对收到的政府拨付资金应按照《企业会计准则第 37 号——金融工具列报》（2017 年修订）进行分析，判断其是否属于金融负债。根据该准则第十二条，只有在几乎不可能发生的情况下，才可不分类为金融负债。在本案例中，未完成约定条件的可能性较大，因此，收到的资金应先划分为金融负债。

3.3.3.3　政府补助的分类和计量

《奖励协议书》明确了资金专项用于产业园建设，主要涉及基建投资和项目前期的费用性支出。在满足政府补助确认条件的情况下，应将该资金视为综合性补助。根据企业会计准则，在处理综合性补助时，首要步骤是识别并区分其不同组成部分，随后对这些部分分别进行恰当的会计处理。仅当难以清晰区分各组成部分时，方可考虑将该补助整体划归为与收益相关的政府补助进行会计处理。

3.3.3.4 实务中的处理

在实际操作中，企业应谨慎行事，不应轻易以"难以区分"为唯一依据，直接将综合性补助草率地归类为与收益相关的政府补助，而应努力区分其不同组成部分，并据此进行细致的会计处理。例如，研发投入可能包括设备等长期资产的投入和人员工资、材料费等费用性支出。企业应依次按照以下顺序进行处理：

（1）当补助文件中清晰界定了补助的具体对象（即明细项）时，企业应严格按照这些对象的性质，分别将其归类为与资产相关的政府补助或与收益相关的政府补助，并据此进行相应的会计处理。

（2）如果补助文件未明确补助对象明细，可按照研发项目预算中长期资产与费用性投入的比重区分与资产相关或与收益相关的政府补助。

（3）如果没有研发总预算，企业应谨慎分析其合理性，并获取其他证据以对会计处理提供支持。例如，企业管理层批复了当年的研发投入资金计划、补助资金使用计划等。

3.3.4 案例深度剖析

在对 A 公司收到的政府资金进行会计处理时，应依据以下准则进行。

3.3.4.1 政府补助的确认条件与时点

（1）如果政府与 A 公司协议规定，无论 A 公司是否完成后续投资总额或招商引资企业数量等义务，已收到的资金均无需退还，那么 A 公司可在收到资金时将其确认为政府补助。

（2）若协议规定，A 公司未能完全履行承诺义务，需按双方约定的方法退还部分资金，则 A 公司应按实际收到的资金与约定比例计算出的较低金额确认政府补助，超出可确认部分的资金差额应计入金融负债。

（3）如果政府与 A 公司未就此事进一步明确，或规定 A 公司如果未完成约定义务需退还全部资金，那么建议 A 公司在收到资金时全额确认为金融负债，待满足政府补助确认条件后再将其转为政府补助。

3.3.4.2 政府补助的分类与会计处理

（1）当拨付的资金满足政府补助确认条件时，企业应将其确认为政府补助，并根据约定的资金用途，将其分类为与资产相关或与收益相关的政府补助。

（2）鉴于产业园建设主要聚焦于长期资产的构建，且直接相关的费用性支出占比较小，企业通常可将收到的政府补助全额视为与资产购置或建设直接相关的政府补助。

（3）如果企业在相关资产尚未准备就绪以供使用时即已获得政府补助资金，并且这些资金满足政府补助的正式确认标准，企业应将这笔资金从负债类科目转移至"递延收益"科目，以反映其未来经济利益的属性。

（4）一旦资产达到预定可使用状态，企业在遵循其会计政策的前提下，有两种主要方法处理先前确认的递延收益：

①净额法：采用此方法时，企业会将递延收益直接用于减少该资产的账面价值，从而反映政府补助对资产实际成本的抵减效应。

②总额法：依此方法，企业需在资产的预计使用寿命期间内，按照合理且系统的方式，逐步将递延收益摊销至各会计期间的"其他收益"科目中，以体现政府补助对企业利润的持续正面影响。

3.3.5 案例总结

综合性政府补助包括与资产相关和与收益相关的部分。企业在接收到这类补助时，应进行细致的分摊工作，将不同部分区分开来，以便分别按照会计准则进行处理。如果区分存在困难，准则允许企业将补助整体归类为与收益相关的政府补助。

然而，值得注意的是，如果将补助归类为与收益直接相关的政府补助，那么此分类将在较早的会计期间内对企业的损益表产生显著影响。企业在判断是否"难以区分"时应持审慎态度。在实际操作中，许多综合性政府补助的文件往往只提供一个总金额，而不是明细。面对这种情况，企业不能简单地将补助归类为与收益相关的政府补助，而应深入分析具体情况。

一种分析方法是从企业的申请文件着手。企业申请政府补助时通常会提交相关文件，这些文件中可能包含了补贴对象的预算明细。政府在审批这些申请时，批准的补助金额可能是预算的全部，或者只是其中的一部分。如果补助涵盖了整个预算，企业可以直接根据预算明细识别出与资产相关的部分和与收益相关的部分。如果补助只覆盖了部分预算，企业可以根据补助在预算中的占比，将补助资金分配到不同的预算项目中，进而确定各自的补助金额。

如果企业缺少相关申请文件或文件中未提供预算明细，企业管理层关于补贴资金使用计划的决策可以作为区分政府补助类别的依据。总体而言，在没有经过深入分析和判断的情况下，在对综合性政府补助进行分类时，应谨慎行事，避免轻率地将其全部归类为与收益相关的政府补助，因为这样的处理可能违背了会计准则中强调的谨慎性原则。

3.4 区分政府补助与营业收入

3.4.1 案例概述

案例3-4 A公司是一家旅游实业公司。2023年12月，A公司与D市文旅局签订了一份为期 3 年的合作协议，负责经营该市所有风景区的客运索道。根据协议，客运索道的票价统一定价为 80 元/人。如果国内类似景区的客运索道票价上涨或运营成本增加，A 公司可以向当地旅游管理部门申请调价。一旦申请获批，政府部门将对票价差额部分提供补贴，但对外售价维持不变。

案例 3-5 F 省航空局为促进民航业蓬勃发展，同时减轻 A 航空公司运营国内客运航班的经济压力与风险，特制定了一项阶段性财政补贴政策。该政策明确规定，在 A 航空公司每周国内客运航班平均班次未达到或刚达到 4 000 班次的阈值（此标准被认定为确保航班安全运营的最低水平）时，将启动补贴机制。此外，该政策还设立了补贴的亏损上限，即每小时的最高补贴金额不超过 2.4 万元人民币，以精准而有效地支持 A 航空公司的稳健运营。

案例 3-6 为了刺激消费，2024 年 5 月，D 市政府向当地居民发放了消费券，有效期为 1 年。居民可以使用这些消费券在 D 市 A 百货公司购买日用品。对于这些日用品的进货成本，D 市政府部门将直接拨付给 A 百货公司。

思考问题：

在上述案例中，各公司如何区分该项收入是政府补助收入还是营业收入？

3.4.2 准则依据阐述

以下是对《企业会计准则第 16 号——政府补助》核心要点的精炼提炼与深入解读。

1）第三条：政府补助的双重核心特性阐述

（1）财政属性明确。政府补助作为政府财政体系的直接或间接输出，无论其流转路径如何，只要最终追溯至政府，且中间机构仅扮演传递角色，均被视为政府财政支持的明确体现。

（2）无偿特征显著。企业接受政府补助，无需承担任何形式的返还责任，彰显了政府补助的纯粹无偿性，是对企业的一种直接经济援助。

2）第五条：会计准则间的协同应用原则

紧密业务关联下的会计处理：当政府补助与企业的主营业务（商品销售、服务提供等）形成紧密的经济联系，且作为交易对价的一部分时，其会计处理需严格依据《企业会计准则第 14 号——收入》及相关会计准则执行，旨在确保企业财务报告精确无误，信息透明度高，并强化公众信任。这一原则进一步凸显了政府补助会计处理与其他会计准则之间的协同作用，共同维护会计准则体系的完整与严谨。

3.4.3 关键分析与解读

政府补助的本质特征在于企业能够无偿地从政府那里获得资源。对于那些企业与政府之间的交易产生的收入，如果交易具有商业实质，并且与企业的日常经营活动，如销售商品或提供劳务紧密相关，那么企业应遵循收入确认的会计准则进行处理。在评估交易是否具有商业实质时，需考虑交易是否经济上互惠，相关的合同、协议或国家文件是否明确了交易的目的和双方的权利义务，特别是政府采购是否遵循了相应的采购程序。

在实际操作中，可以确认为营业收入的补助款项通常具有以下特点：

（1）从经济实质上分析，这些补助款项实际上是政府对最终消费者的补助，而非直接对企业（作为商品或服务提供者）的补助。此做法中，政府作为中介，先将资金预付给消费者，再由这些消费者利用这些资金购买企业提供的商品或服务。基于此流程，企业有权将由此产生的交易视为其提供商品或劳务所获得的营业收入。此类安排往往旨在简化结算流程，促使政府直接向服务提供商拨付资金，并鼓励企业通过给予消费者价格上的优惠，来间接回馈这一支持措施。

（2）涉及的行业通常属于以下2类情况之一：一是与国计民生密切相关的基础公共服务行业（如公用事业、基本生活必需品等），政府对这些行业实施价格管制，可能导致企业出现政策性亏损；二是政府重点扶持的新兴产业（如新能源行业），在初创阶段可能因成本较高和市场尚未成熟而面临亏损。

（3）相关款项的拨付应基于规范且权威的政策依据。所依据的文件应当由当地财政部门通过官方渠道正式发布，并遵循《政府信息公开条例》的要求，积极、主动地对外公开。这些正式发布的文件中，必须详尽阐述财政扶持项目的具体内容以及相应的资金管理办法，确保信息的透明度与公众的知情权，且这些办法应具有普遍适用性（任何符合条件的企业均可申请），而不是仅为特定企业量身定做的优惠政策。在操作程序上，应执行规范的政府购买服务流程（例如，通过招投标确定服务提供者，并严格核实其成本）。

3.4.4 案例深度剖析

3.4.4.1 案例3-4分析

A公司实际上掌握了D市客运索道业务的独家经营权。尽管协议是与单一企业签订的，但实质上，该协议对整个行业的普遍适用性等同于一项普惠政策。A公司所收取的票价低于国内其他同类景区，即便在文旅局同意调价的情况下，依然维持原价，由文旅局补足差价。这表明补贴差价实际上构成了客运索道服务票价的一部分。因此，A公司在提供服务时，应根据"乘客人数 × 单位票价标准"计算补贴金额，并将其确认为当期的营业收入。

3.4.4.2 案例3-5分析

地方政府为了推动民航业的发展和降低航空公司的经营风险，根据航空公司实际执飞的航班数量提供航线补贴。这种补贴旨在鼓励航空公司增加非热门航线的飞行，而航空公司无需向政府提供任何商品或服务作为交换。这种交易安排使得航空公司单方面受益，缺乏经济上的互惠性，且未经过政府采购程序，因此，根据经济实质，其更应被视为政府补助。航空公司应将根据实际执飞航班数量获得的补贴确认为其他收益或用于冲减航线运营成本。

3.4.4.3 案例 3-6 分析

判断 A 百货公司从政府获得的资金性质是营业收入还是政府补助，关键在于确定"消费券"政策的补助对象是居民还是公司。首先需要考虑的是政策的初衷，即政府希望通过这项政策使谁受益，以及居民和发行集团中，谁拥有更大的自主权来决定自己可以获得的补助利益的大小。需要考虑的具体问题包括：

（1）消费券是否限定了用途和消费场所，比如是否仅限于在 A 百货公司使用。

（2）交易流程是居民先使用消费券在 A 百货公司消费后由公司与政府结算，还是政府先预拨资金给 A 百货公司，再由居民使用消费券消费。

（3）使用消费券与使用现金消费相比，在经济影响上是否存在本质区别，例如销售价格是否一致。

综合这些因素分析，如果居民使用消费券的自主性较强，消费券具有较高的流通性和接受度，且 A 百货公司受益程度与消费券的使用情况紧密相关，同时使用消费券的消费条件与现金消费相近，这更可能表明 A 百货公司应将此笔收入确认为营业收入而非政府补助。这种做法符合会计准则和出版规范，可以确保财务报告的准确性和透明度。

3.4.5 案例总结

在确定企业收到的财政资金属于政府补助还是营业收入时，关键因素在于识别谁是这些资金的真正受益者。

1）政府补助的认定

如果企业的支出用于自身的费用性支出或资产购建（即这些支出的受益者是企业自身），并且政府依据相关财政资金管理办法对这些支出给予补助，那么企业应将这些财政资金视为政府补助。

2）营业收入的确认

如果补助的对象并非企业自身的费用性或资本性支出，而是企业之外的第三方，企业仅仅是在政府的委托下执行项目，在这种情况下，如果企业执行的项目不构成企业自身的费用或资产，并且这些项目属于企业日常经营活动的范畴，那么企业可以依据实质重于形式的原则，将相应的财政资金确认为营业收入。

通过这种方式，企业可以确保其会计处理既符合会计准则，也真实反映企业的经济活动，同时保持财务报告的透明度和一致性。

3.5 特殊事项下违约的账务处理

3.5.1 案例概述

案例 3-7　A 公司是一家智能电网领域的国有企业，与 Y 市高新技术开发区管委会在2023年3月签订战略合作协议。协议涉及的政府优惠政策包括：

（1）项目引进奖1 000万元，于项目成立时发放。A公司在2023年7月成立研究院，并在同年9月收到了1 000万元补助。

（2）项目扶持资金3 000万元，根据A公司与某大学的合作意向书付款进度发放。截至2024年6月30日，A公司已向大学支付了795万元研发费用，但仅在2024年1月收到了420万元补助款，剩余款项尚未收到。

（3）项目研发设备及仪器补助款6 000万元，A公司需申报设备清单，由政府采购后以零租金租借给A公司使用。在研究院获得省级、国家级实验室认定后，政府将按比例奖励设备给研究院。目前，A公司尚未购置设备，也未收到政府补助款。

（4）科研专用奖励由政府承诺，研究院在5年内每次获得省级或国家级科研经费补助或奖励，政府将给予1∶1的配套奖励。2024年3月，研究院获得国家级创新奖105万元，但政府尚未提供配套奖励。

项目补助附带的条件包括：

（1）项目完成时间：智能电网研发中心项目需在开工后12个月内，即2024年12月前建成并投入使用。新能源研发中心和新材料研发中心项目也需在2025年建成投入使用。项目总投资不低于5亿元，2024年投资不低于1.5亿元。目前，A公司尚未实现这些目标。

（2）研发项目产业化：研究院每年至少有一个研发项目实现产业化。至今，A公司尚未有项目产业化。

（3）能源科技产业园项目：包括智能电网设备操控装置生产基地，占地约100亩，计划于2025年3月开工，36个月内建成投产。投产后，固定资产投资额不低于70万元/亩，年纳税额达到500万元以上，2年内销售额达到3亿元以上。虽然项目已基本完成，但尚未满足业绩考核标准。

上述框架协议未明确双方的违约责任。

思考问题：

A公司应如何确认与核算这项政策补助？

3.5.2 准则依据阐述

以下是对《企业会计准则第16号——政府补助》第六条"政府补助确认条件"的深入解析。

企业在正式接纳一笔政府补助为自身资产时，必须同时满足以下2个严格的标准，二者均不可或缺：

（1）资格达标：企业需全面、无一遗漏地满足政府设定的所有补助授予条件，确保其资格完全符合补助政策的各项要求。

（2）资金到账的可预见性：企业需掌握确凿信息，证明所申请的政府补助资金已处于即将或已可安全接收的状态，即补助资金的到位拥有高度的可预期性与确定性。

3.5.3 关键分析与解读

在案例 3-7 中，A 公司的违约情况主要表现为未达到协议规定的项目投资进度指标；而管委会的违约则体现在未完全按照协议约定支付符合条件的补助款项。这两类违约情形对政府补助的确认和计量产生不同的影响。

企业的违约可能影响的是《企业会计准则第 16 号——政府补助》第六条中的第一项条件，即企业是否有资格获得补助款项；而管委会的违约则可能影响的是同一条款的第二项条件，即企业在已经满足政府补助条件的情况下，能否确实收到补助款项。

在当前情况下，可以确认的政府补助应当满足以下 2 个条件：

（1）企业已经实际达到了政府补助所附的投资进度、项目产业化数量等考核指标。

（2）企业已经实际收到了补助款项，并且退还给管委会的可能性极小。

只有同时满足上述两个条件的补助金额，才能进行确认。根据补助对象的不同，对于政府补助，应当进一步细致地区分为与资产直接相关联的补助和与收益直接相关联的补助两大类，随后，根据这两类补助各自的特性和要求，分别遵循适用的会计原则进行妥善处理。

3.5.4 案例深度剖析

在案例 3-7 中，A 公司与管委会的框架协议并未明确违约责任等相关条款。因此，A 公司需与管委会沟通，就协议的有效性、后续实施计划以及是否需要退还已收到的补助资金等问题达成共识。

根据会计准则，企业在确认政府补助时，并不必须在补助计入损益之前已经完全满足政府补助的条件。企业只需提供合理保证，表明其能够满足补助的条件。如果企业管理层持有确凿信念，认为能够充分达成政府补助所附带的各项条件，且当前并无任何显著迹象显示这些条件将无法实现，那么该企业即可确认该政府补助的有效性。进一步而言，即便在资产负债表日尚未实际收到补助资金，但只要企业已依据相关政策规定获取了收款权利，并且确信相关经济利益有很大概率将流入企业，那么企业亦有权在补助转化为应收账款之时，按照既定的应收金额进行相应的会计计量。

然而，针对本案例，A 公司和管委会均存在违约行为，这使得企业是否符合获得政府补助的资格以及是否能够最终收到补助款都存在较大不确定性。因此，基于谨慎性原则，A 公司应仅确认那些已经确定满足条件且已经实际收到的政府补助。

3.5.5 案例总结

当出现企业或政府违约的情形时，企业通常无法对所接收的补助资金进行全额或即刻确认。如果违约方为企业，这暗示企业可能无法达到政府补助所设定的条件；如果违约方为政府，这意味着企业可能无法按计划收到补助款项。此外，审查原始补助协议中关于双方违约责任的条款至关重要，若存在明确规定，则应依照协议约定执行。

在违约情况下，企业应审慎评估其对补助资金确认的影响。企业违约可能影响其满足政府补助条件的能力，而政府违约可能影响补助款项的及时支付。同时，必须检查补助协议是否详细说明了违约责任，若有，则应遵循协议中的指导原则进行相应处理。

4 持有待售的非流动资产、处置组和终止经营准则中业务判断与计量

4.1 终止经营的判定

4.1.1 案例概述

案例 4-1 大型零售企业 A 公司,其分店遍布全国,数量超过 400 家。2024 年 3 月 13 日,A 公司与 B 公司签订了一份转让协议,将其在 S 市的 5 家分店中的 1 家出售。这家分店符合作为持有待售资产的条件。

案例 4-2 B 公司专注于医药产品的研发、生产和销售,其控股的子公司 R 公司主要从事药品批发,是 B 公司的一项独立主营业务。R 公司在多个城市设有营业网点。由于经营问题,B 公司决定终止 R 公司的所有业务活动。截至 2024 年 9 月 30 日,B 公司已经处理了 R 公司的所有库存,并解除了所有员工的合同,但仍有部分债权待回收,一些门店的租赁合同尚未到期,租金支付仍需继续。

案例 4-3 C 公司是一家金融控股企业,因战略调整,决定关闭其放贷业务的子公司 M。自 2024 年 1 月 1 日起,M 公司停止了新的贷款发放,但将继续回收未结清的贷款本金和利息,直至贷款期限结束。

案例 4-4 D 公司是建筑行业的上市公司,于 2024 年 6 月 1 日宣布关闭其工程承包业务的分部 N。分部 N 需在完成当前承包合同后,停止承接新的工程合同。

案例 4-5 E 公司是一家房地产开发企业,于 2024 年 5 月 10 日决定出售其主要业务之一的子公司 G,该子公司负责酒店管理和连锁健身中心的运营。为了实现最大收益,E 公司计划将酒店集团和健身中心分别出售给不同的买家,但两者的转让是相互依赖的,即要么同时出售,要么都不出售。2024 年 11 月 15 日,E 公司与 T 企业就健身中心的转让达成了正式协议,此时健身中心已符合持有待售资产的分类标准,而酒店集团尚未满足这一条件。

思考问题:
上述案例中,各子公司是否属于终止经营?

4.1.2 准则依据阐述

以下是对《企业会计准则第42号——持有待售的非流动资产、处置组和终止经营》核心要旨的全面梳理与深刻阐发。

1)第二条：分类与列报准则的精密解析

（1）全面覆盖的普适性：本准则详尽地囊括了所有非流动资产及其处置组的分类与列报标准，旨在通过规范化的会计处理，提升财务报表内容的完整度和精确性，进而为财务信息的使用者提供更加可靠、准确的决策依据。

（2）处置组定义的精准把握：准则对处置组的概念进行了精确的界定，指出其是指在单一交易背景下，作为统一整体进行出售或采取其他形式进行整体处置的资产群组及其相关联的负债集合。这一定义深刻体现了会计处理的集成性和内部逻辑的一致性。

（3）商誉处理的专门规范：对于企业合并中，依据《企业会计准则第8号——资产减值》已分配至具体资产组或资产组组合的商誉，如果该组或其部分被归类为处置组，那么相应商誉需纳入处置组的评估与计价之中，以确保商誉价值在会计处理中的合理体现和连贯性。

2)第四条：终止经营定义的严谨界定

（1）终止经营概念的深度挖掘：本部分深入剖析了终止经营的定义，指出其为企业内部能够清晰界定并已实施处置或划定为持有待售状态的组成部分，需满足特定的识别条件，包括业务或地域的独立完整性、与整体剥离或转让策略的关联性，以及专为转售而设立的子公司等情形。

（2）识别标准的明确阐述：针对终止经营的识别，本部分列出了3项具体标准，即业务或地域的独立重要性、与整体处置策略的紧密关联，以及专为转售目的而设立的子公司特征，为企业实际操作中准确判定终止经营提供了清晰、具体的指导。

4.1.3 关键分析与解读

终止经营的定义与条件：

（1）区分性：终止经营应为可单独识别的企业组成部分，其运营和现金流在企业整体运营和财务报告编制中应能被清晰区分。该部分可能包括一个单独的资产组或资产组的集合，通常表现为企业的子公司、部门或业务单元。

（2）规模要求：终止经营应具有一定规模，代表独立的主营业务或特定经营区域，或作为处置该业务或区域的计划的一部分。并非所有处置组均满足终止经营的规模标准，企业需运用专业判断确定。如果企业主要运营单一业务或在特定地理区域，其主要产品或服务线可能满足规模条件。对于为转售而获取的子公司，无规模限制，只要满足特定时点要求，即可视为终止经营。重要的合营或联营企业，如果符合规模等条件，也可能构成终止经营。

（3）时点要求：满足终止经营定义的组成部分应符合以下2种情况之一：

处置完成：在资产负债表日之前，该部分已处置，包括已出售或停用（如关闭或报废）。若资产和负债均已处置，收入和成本来源消失，则确认"处置"时点较为明确。然而，如果资产仍在出售或报废过程中，可能产生清理费用，企业需根据实际情况判断是否符合终止经营的定义。

待售状态：在编制资产负债表之前，该部分资产已被明确归类为持有待售类别。如果企业对主要业务或特定区域的处置计划持续多年，部分资产组或资产组组合可能先满足待售条件，构成终止经营，而其他资产组或组合可能在未来满足条件，应适时处理为终止经营。

4.1.4 案例深度剖析

4.1.4.1 案例 4-1 分析

分店作为处置组符合持有待售类别的条件，但它仅是一个零售点，并不代表一个独立的主营业务或一个单独的主要经营区域，也不构成任何相关联计划的一部分，用以处置独立的主营业务或主要经营区域。因此，该处置组不满足企业终止经营的定义。

4.1.4.2 案例 4-2 分析

R 子公司的药品批发业务已经中止，其债权回收和租约处置等未结事项并不构成业务的延续。因此，自 2024 年 9 月 30 日起，该子公司的经营活动已终止，符合终止经营的定义。

4.1.4.3 案例 4-3 分析

M 子公司继续进行收回贷款本金和利息的活动，创造日常经营收入，直至最后一笔本金和利息被收回。在这一过程中，该子公司并未被处置，也不符合终止经营的条件。

4.1.4.4 案例 4-4 分析

分部 N 在完成现有合同期间，持续进行收入创造活动。无论工程承包是否构成 D 公司的独立主营业务，在合同履行期间，分部 N 始终不符合终止经营的定义。

4.1.4.5 案例 4-5 分析

出售酒店集团和连锁健身中心是一个相关联的计划。尽管两者可能被分别出售给不同的买家，但它们都属于处置一项独立主营业务的相关联计划的一部分。因此，连锁健身中心符合终止经营的定义。当酒店集团满足持有待售类别的条件时，其也将符合终止经营的定义。

4.1.5 案例总结

持有待售的定义与条件：

（1）概念理解：持有待售意味着企业已决定出售或转让，不再继续经营。如果处置组（如业务线）被归类为持有待售，可能预示着其经营活动的终止。

（2）终止经营的列报：企业应基于处置组的重要性进行判断。仅当处置组构成企业的主要独立业务或分部时，才可能在财务报表中作为终止经营进行列报。

（3）终止经营与持有待售的区别：即使经营活动已终止，处置组也不一定符合持有待售的会计处理条件。因为终止经营可能已经完成出售或清理，不再是等待出售的状态。

（4）终止经营的条件：

区分性与规模：第一和第二个条件强调处置组应能单独区分且具有一定规模。

相关联计划：第三个条件指出，即使是联营或合营企业，只要满足规模条件，也可被认定为终止经营。长期股权投资作为非流动资产，如果符合持有待售条件，也应被确认为终止经营。

（5）时点要求：终止经营的认定需满足特定时点要求，即在资产负债表日前，处置组应已处置或被划分为持有待售。

对已处置的理解：处置完成意味着所有相关订单均已执行，即使存在未清偿的债权债务，也不影响业务终止的判断。

持有待售的独立经营部分：如果已被划分为持有待售，且为独立经营部分，可在利润表中作为终止经营进行列报。

4.2 持有待售类别的分类

4.2.1 案例概述

案例 4-6 A 公司在 X 市区的繁华地带拥有一栋办公室大楼，其主要业务部门均在此办公。随着公司发展战略的调整，A 公司计划整体搬迁至 Y 市。为此，A 公司与 J 公司签订了一份办公大楼的转让合同，并附带了相关条款。

情形 1：A 公司将在腾空该办公楼后，按照正常交易惯例的时间，将其移交给 J 公司。

情形 2：在 Y 市的新办公楼竣工并装修完成之前，A 公司将继续使用现有的 X 市办公楼，完成后将移交给 J 公司。

案例 4-7 2023 年 2 月，B 公司因经营范围变更，计划出售生产 W 产品的全套生产线。尽管 B 公司还有一批未完成的客户订单。

情形 1：B 公司决定在出售生产线的同时，将未完成的订单也一并移交给买方。

情形 2：B 公司决定在完成所有积压订单后，再将生产线转让给买方。

案例 4-8 C 公司计划出售其钢铁生产厂房和设备，并于 2024 年 4 月 17 日与客户签订了转让合同。该厂区的污水排放系统存在缺陷，导致环境污染。

情形 1：C 公司未知晓污染情况，2024 年 5 月 6 日，客户在检查过程中发现污染，并要求 C 公司进行补救。C 公司随即采取措施，预计到 2024 年 12 月底能解决污染问题。

情形 2：C 公司知晓污染情况，并在合同中承诺自 2024 年 6 月 1 日起开展污染清除工作，预计持续 6 个月。

情形 3：C 公司知晓污染情况，并在协议中明确不承担清除污染的责任，转让价格已考虑污染因素，预计转让将在 6 个月内完成。

案例 4-9 D 公司计划转让一栋自用的写字楼，并在 2023 年 11 月 8 日与客户签订了转让协议，预计 3 个月内完成。该写字楼在签订协议时符合持有待售类别的条件。由于 2024 年房地产市场的不确定性增加，客户认为原协议价格过高，决定放弃购买，并在 2024 年 1 月 5 日支付了违约金。D 公司决定降低售价，并在 2024 年 5 月 20 日与另一客户重新签订了转让协议，预计 5 个月内完成。

案例 4-10 2024 年 6 月 10 日，E 公司计划出售其部分长期股权投资。

情形 1：E 公司拥有子公司的全部股权，计划出售全部股权。

情形 2：E 公司拥有子公司的全部股权，计划出售 51% 的股权，出售后将失去控制权，但仍具有重大影响。

情形 3：E 公司拥有子公司的全部股权，计划出售 30% 的股权，出售后仍保持控制权。

情形 4：E 公司拥有子公司 60% 的股权，计划出售 15% 的股权，出售后将失去控制权，但仍具有重大影响。

情形 5：E 公司拥有联营企业 30% 的股权，计划出售 20% 的股权，持有剩余的 10% 股权，且对被投资方不具有重大影响。

情形 6：E 公司拥有合营企业 50% 的股权，计划出售 35% 的股权，持有剩余的 15% 股权，并且，对被投资方的运营或决策不享有共同控制权，也不具备产生重大影响的能力。

思考问题：

请问上述案例是否可被划分为持有待售类别？

4.2.2 准则依据阐述

以下是对《企业会计准则第 42 号——持有待售的非流动资产、处置组和终止经营》关键条款的精炼阐述与深入解读。

1）第五条：持有待售定义的核心

如果企业以出售为首要目的回收非流动资产或处置组的账面价值，而非继续用于运营，此类资产应被明确分类为持有待售。

2）第六条：持有待售的额外判定准则

资产或处置组被认定为持有待售需同时满足三项关键条件：即刻交易的可能性、预期 1 年内（含必要审批时间）高概率完成出售以及一份具有法律强制约束力、条款详尽且难以撤销的购买协议作为支撑。

3）第七条：专为转售资产的快速识别

对于专为转售而采购的资产，如果预计在 1 年内能够成功出售并快速达到其他分类要求，应在采购时即直接归类为持有待售。

4）第八条：应对交易延迟的策略

在非由企业控制的外部因素（如买方条件变更、罕见事件）导致交易延迟的情况下，只要企业维持强烈的出售意愿并具备充分证据支持，可继续将资产保持为持有待售状态，但需积极应对以推动交易进程。

5）第九条：条件变更后的分类调整

当资产或处置组不再符合持有待售条件时，需立即进行重新分类。如果部分资产剥离后剩余部分仍符合条件，需重新评估并可能重新分类；否则，仅将符合条件的资产单独归类。

6）第十条：控制权变更的财务报表处理

企业因出售子公司等投资导致控制权丧失时，即便保留部分股权，只要符合持有待售标准，也必须在个别及合并财务报表中清晰标注相关投资或子公司的全部资产与负债为持有待售项目。

7）第十一条：非出售目的资产的排除原则

对于企业已计划淘汰或停止使用的资产与处置组，如果不存在明确的出售计划，不应将这些资产纳入持有待售的分类之中。

4.2.3 关键分析与解读

4.2.3.1 分类原则

如果企业决定通过出售方式，而非继续利用非流动资产或处置组来回收其账面价值时，这些资产或处置组应被视为持有待售类别，即便它们在此过程中可能仍产生有限收入，也不应影响其分类，因为这些收入与通过出售回收的价值相比是次要的。

4.2.3.2 划分为持有待售的条件

（1）立即出售的可能性：企业必须能够在当前状态下立即出售该资产或处置组，并已做好出售前的相关准备，如允许买方进行尽职调查等。此处的"出售"概念还广泛涵盖了那些具有商业实质的非货币性资产之间的交换行为。

（2）出售的高度可能性：企业必须已经做出出售决议并获得了确定的购买承诺，预期在1年内完成交易。如果需获得批准，在此情况下，应已获得相应权力机构或监管部门的正式批准。所谓的确定的购买承诺，是指一份具备法律约束力的协议，其中详尽规定了关键条款，使得该协议在后续进行大幅调整或撤销的可能性变得微乎其微。

4.2.3.3 1年期限的例外情况

当非关联方之间的交易因企业无法掌控的外部原因而未能在1年内达成时，只要企业依然坚守出售承诺且能提供充分的证据支持其立场，该资产或处置组仍可继续被归类为持有待售。这些原因可能包括买方设定的条件或罕见情况，如不可抗力或宏观经济形势的剧烈变化。

4.2.3.4 特定情境下的持有待售资产分类

（1）专为转售购置的资产：当企业出于转售目的新获取的资产或处置组，在购入当日即满足 1 年内可售出的条件，并有望短期内达成其他分类标准，则应在购入日即将其标记为持有待售。

（2）长期股权投资的特殊处置：如果企业通过出售对子公司的投资而失去控制权，即便可能仍持有部分股权投资，一旦满足相应条件，需在个别及合并财务报表中，将该整体投资重新分类为持有待售。

（3）终止使用而非出售的资产界定：对于那些计划终止使用而非出售的非流动资产或处置组，企业不应将其纳入持有待售类别。这类资产的经济效用已近终结，其账面价值的回收主要通过持续使用而非销售实现。

4.2.4 案例深度剖析

4.2.4.1 案例 4-6 分析

情形 1：根据出售此类资产的常规做法，即使办公大楼尚未腾空，只要腾空过程符合常规所需时间，它仍然满足立即出售的条件。

情形 2：继续使用现有办公大楼直至新大楼竣工并装修完成，不属于出售此类资产的常规做法。因此，即便 A 公司已获得购买承诺，办公大楼在当前状况下不能被立即出售，不满足持有待售类别的划分条件。

4.2.4.2 案例 4-7 分析

情形 1：移交未完成客户订单不影响生产线的转让时间，生产线满足立即出售的条件。

情形 2：生产线需在完成积压订单后才能被出售，在积压订单完成前，生产线不满足立即出售的条件，不符合持有待售类别的划分条件。

4.2.4.3 案例 4-8 分析

情形 1：环境污染问题在签订转让合同前未知，属于延长 1 年期限的例外情况。C 公司预计将在 1 年内解决延期因素，处置组可被继续划分为持有待售类别。

情形 2：污染问题未解决前，处置组不能被立即出售，不符合划分为持有待售类别的条件。

情形 3：卖方不承担清除污染义务，转让价格已考虑污染因素，处置组在协议签署日符合划分为持有待售类别的条件。

4.2.4.4 案例 4-9 分析

D 公司与客户的房产转让交易未能在 1 年内完成，原因是市场预期不确定性增强和买方违约的罕见事件。D 公司在最初 1 年内重新签署了转让协议，并预计将在 1 年内完成交易，使写字楼重新符合持有待售类别的划分条件。

4.2.4.5 案例 4-10 分析

情形 1：E 公司在个别财务报表中将全资子公司的长期股权投资划分为持有待售类别，在合并财务报表中将子公司所有资产和负债划分为持有待售类别。

情形 2：与情形 1 类似，E 公司应将子公司的长期股权投资在个别和合并财务报表中划分为持有待售类别。

情形 3：E 公司保留对子公司的控制权，拟处置的部分股权不满足"主要通过出售收回其账面价值"的条件，不应划分为持有待售类别。

情形 4：类似于情形 2 的情况，E 公司需在个别及合并财务报表中，将其持有的子公司 60% 股权归类为持有待售资产。

情形 5：E 公司应将计划出售的子公司 20% 股权标记为持有待售类别．对于剩余的 10% 股权，在实际处置之前，将继续采用权益法进行核算；而在完成处置后，将依据《企业会计准则第 22 号——金融工具的确认和计量》(2017 年修订) 的相关规定进行相应的会计处理。

情形 6：与情形 5 类似，E 公司应将拟出售的 35% 股权划分为持有待售类别，剩余 15% 股权在处置前继续采用权益法，在处置后按《企业会计准则第 22 号——金融工具的确认和计量》(2017 年修订) 进行会计处理。

4.2.5 案例总结

通过上述案例的深入分析，我们得以清晰把握持有待售资产分类的标准、特殊情况下的处理以及不同类别的特定要求。表 4.2.1 提供了对这些要点的精炼概括。

表 4.2.1 待售资产类别的分类与汇总

原则/条件	描述
基本原则	企业若计划通过出售或实质性非货币资产交换来回收非流动资产或处置组的账面价值，则该资产或组别应被归类为持有待售
条件	(1) 能够迅速出售 (2) 出售极有可能实现，企业已有明确的出售决策和确定的购买意向，预计在1年之内完成交易
例外情况	(1) 非关联方交易，有持续出售承诺及意外条件导致的延期，企业已及时响应并预计 1 年内解决 (2) 发生罕见情况导致出售延期，但企业已采取必要措施并在最初 1 年内重新满足持有待售的条件
不再符合条件时的处理	(1) 若资产或处置姐不再满足持有待售条件，企业应停止将其归类为持有待售 (2) 若处置组中部分资产或负债被移除，剩余部分若仍满足条件，应重新被归类为持有待售；否则，将符合条件的非流动资产单独归类
特定情况下的持有待售分类	(1) 企业为转售而获取的资产或处置组，若在获取时满足 1 年内出售条件，并在短期内很可能符合其他条件，应在获取时归类为持有待售 (2) 对于长期股权投资，若企业出售导致失去子公司控制权，应在满足条件时，在母公司和合并财务报表中将相关投资归类为持有待售。权益性投资若全部或部分被分类为持有待售，应停止权益法核算；未分类的部分在出售前继续以权益法核算

4.3 持有待售类别划分与初始计量

4.3.1 案例概述

案例 4-11 A 公司持有一座未使用的生产厂房，其原始成本为 1 000 万元，年折旧额为 120 万元，截至 2023 年 12 月 31 日，累计折旧额已达 400 万元。2024 年 1 月 31 日，A 公司与 Z 公司签订了不动产转让协议，计划在 5 个月内完成转让。该厂房符合所有划分为持有待售类别的条件，并且其价值未出现减值。

案例 4-12 X 公司是 B 公司的全资子公司。2024 年 4 月 10 日，B 公司与 K 公司签订了转让协议，计划在 6 个月内将 X 公司出售，X 公司符合被划分为持有待售类别的条件。尽管 X 公司与 S 银行存在未决诉讼，存在败诉风险，但由于其不符合预计负债的确认条件，B 公司仅在财务报表的注释中披露了潜在的或有负债。转让协议规定，X 公司的转让价格将根据最终的判决结果进行调整。

案例 4-13 2024 年 6 月 12 日，C 公司收购了非关联方 G 公司的全部股权，支付了 1 500 万元。在收购前，C 公司管理层已决定，一旦收购完成，将在 1 年内将其出售给 H 公司，G 公司在当前状况下可立即出售。预计 C 公司为此次出售将支付 20 万元的费用。C 公司计划于 2024 年 7 月 5 日与 H 公司签署股权转让合同。

情形 1：C 公司与 H 公司初步商定的股权转让价格为 1 600 万元。

情形 2：C 公司尚未与 H 公司确定转让价格，截至 2024 年 6 月 12 日，该股权的公允价值与 C 公司的支付价款 1 500 万元相等。

思考问题：

针对上述案例的各情形，企业应当如何进行会计处理？

4.3.2 准则依据阐述

以下是《企业会计准则第 42 号——持有待售的非流动资产、处置组和终止经营》关键条款深度剖析。

1）第十二条：持有待售资产分类的计量前提

企业在决定将非流动资产或处置组划分为持有待售类别之前，必须严格遵循现行的会计准则要求，精确计算并确立这些资产及其对应负债的账面价值，以此为后续会计处理奠定坚实基础，确保分类转换的精确无误与透明度。

2）第十三条：账面价值与公允价值差异的处理效应

在持有待售资产的初次确认或后续财务报表日复核中，如果资产的账面价值高于其公允价值减去预计销售费用的净额，企业应即刻执行减记程序，将账面价值调整至该净额水平。此举将直接导致资产减值损失的确认，此需立即在当期损益表中体现，以真实展现资产价值变动对企业盈利能力的即时影响。同时，企业还需设立相应的减值准备，以增强财务报表的准确性和稳健性。

3）第十四条：购入即待售资产的计量特殊处理

对于那些在购入之时即被界定为持有待售的非流动资产或处置组，企业在初次计量时需采用特殊方法。具体而言，需比较两个关键数值：一是基于常规会计准则、未考虑持有待售属性的初始计量值；二是该资产的公允价值减去预期销售成本后的净额。企业应选择两者中的较低值作为最终的初始计量标准。尤为重要的是，如果企业决定采用公允价值扣减费用后的净额作为计量基准，且该资产非通过企业合并方式取得，那么任何由此产生的差额均需被直接计入当期损益，以快速反映市场变动对企业财务表现的即时作用。

4.3.3 关键分析与解读

4.3.3.1 首次划分为持有待售的计量基础

在将非流动资产或处置组首次归类为持有待售类别之前，企业应严格遵循相关会计准则，以确保资产与负债的账面价值得到准确、合理的确认与计量。例如，根据《企业会计准则第 4 号——固定资产》计提固定资产折旧，根据《企业会计准则第 6 号——无形资产》进行无形资产摊销，以及根据《企业会计准则第 8 号——资产减值》评估资产减值迹象。针对计划出售的资产，企业在将其归类为持有待售前，应当进行详尽的减值测试评估。

4.3.3.2 持有待售资产的初始计量规则

在首次计量持有待售的非流动资产或处置组时，如果其账面价值低于公允价值减去预计出售费用后的净额，企业无需对账面价值进行调整。然而，若其账面价值超出该净额，则需将账面价值调整至该净额水平，并将两者之间的差额确认为资产减值损失，该损失需被即时计入当期损益。此外，企业还需为这些减值资产设立相应的减值准备，以确保财务报表的准确反映。值得注意的是，对于已根据相关会计准则确认的损失，不得进行重复确认。

4.3.3.3 公允价值的确定

企业应依据《企业会计准则第 39 号——公允价值计量》确定非流动资产或处置组的公允价值。有确定购买承诺时，公允价值应参考交易价格，考虑可变对价等因素。如果无确定承诺，如转售资产，应使用市场报价等可观察输入值进行估计。

4.3.3.4 出售费用的处理

出售费用包括直接与资产出售相关的增量费用，如法律服务、评估咨询等中介费用，以及相关税费，但不包括财务费用和所得税。如果公允价值减出售费用后的净额为负，资产账面价值应减记至零。相关预计负债的确认应遵循《企业会计准则第 13 号——或有事项》。

4.3.3.5 取得日即确认为持有待售的计量方法

对于取得当日即被判定为持有待售的资产或处置组，企业在初始计量时需采用以下方法：首先，确定在不考虑持有待售分类情况下的初始计量金额；其次，评估其公允价值减去预计出售费用后的净额。最后，企业应取此两者中的较低值作为该资产或处置组的初始计量基础。

在编制合并财务报表时，对于非同一控制下企业合并中获取的资产或处置组，其计量应基于公允价值减去出售费用后的净额。而对于同一控制下的企业合并所取得的资产或处置组，应以合并日的账面价值与上述净额中的较低值进行计量。

在非企业合并的情形下，如果上述2种计量基础之间存在差额，该差额应被直接计入当期损益。

4.3.4 案例深度剖析

4.3.4.1 案例 4-11 分析

在 2024 年 1 月 31 日，A 公司须将其厂房资产归类为持有待售，同时，根据《企业会计准则第 4 号——固定资产》的相关规定，企业需对该资产进行 1 月份的折旧计提，折旧费用为 10 万元。至该时点，厂房的账面价值已调整至 590 万元，并自此不再进行折旧计提。相应的会计分录如下：

借：折旧费用　　　　　　　　　　　　　　　　　　　　　　　100 000
　　贷：累计折旧　　　　　　　　　　　　　　　　　　　　　　100 000

4.3.4.2 案例 4-12 分析

B 公司在编制合并报表时，确定 X 子公司的公允价值减去出售费用后的净额需纳入尚未确认的或有负债的公允价值。由于 X 公司的账面价值未包含该或有负债，其公允价值减出售费用后的净额低于账面价值，B 公司应确认持有待售资产的减值损失，并计入当期损益。

4.3.4.3 案例 4-13 分析

情形 1：G 公司作为专为转售而获取的子公司，在不被划分为持有待售类别的情况下，其初始计量金额为 1 500 万元；当日公允价值减去出售费用后的净额为 1 580 万元，C 公司按照两者中的较低值进行计量。2024 年 6 月 12 日，C 公司的会计分录如下：

借：持有待售资产——长期股权投资　　　　　　　　　　　15 000 000
　　贷：银行存款　　　　　　　　　　　　　　　　　　　15 000 000

情形 2：G 公司作为专为转售而获取的子公司，如果不被计入持有待售类别，其初始计量金额确定为 1 500 万元。而在当日，经评估后的公允价值减去出售费用所得的净额为 1 480 万元。因此，C 公司根据较低值（即 1 480 万元）进行计量，并相应地确认了减值损失。以下是 2024 年 6 月 12 日的会计分录示例：

119

借：持有待售资产——长期股权投资　　　　　　　　　14 800 000
　　　资产减值损失　　　　　　　　　　　　　　　　　　200 000
　　贷：银行存款　　　　　　　　　　　　　　　　　　　15 000 000

说明：持有待分配给所有者的非流动资产或处置组所产生的分配费用，属于直接与分配资产或处置组相关的增量费用，但不涵盖财务费用和所得税费用。此外，持有待分配类别的计量要求与持有待售类别相似。

4.3.5　案例总结

4.3.5.1　来源与分类概览

持有待售资产源自两个方面：其一，企业在初获资产时即规划出售的非流动资产或处置组；其二，企业基于经营策略调整或市场变动，将现有资产重新定义为持有待售，包括但不限于单一非流动资产、处置组内的各类资产及关联负债，构成了一个复杂的资产体系。

4.3.5.2　初始识别与减值预评估

在资产正式被划分为持有待售之前，企业需执行严格的减值预评估流程，确保每项资产都经过公正、合理的价值评估。一旦发现资产存在减值风险，企业应立即启动减值准备计提程序，严格遵守会计准则，避免任何不当操作。

4.3.5.3　固定资产与无形资产的特殊处理

当固定资产与无形资产首次被纳入持有待售范畴时，企业需特别处理其累积的折旧/摊销额及已计提的减值准备，如固定资产减值准备或无形资产减值准备，以准确反映资产在待售状态下的真实价值。

4.3.5.4　处置组内流动资产的调整策略

如果处置组中包含流动资产且已计提跌价或减值准备，企业在将其转为持有待售时，需将这些准备转移至专门的"持有待售资产减值准备"账户，并编制相应的会计记录，以确保资产价值变动的准确追踪。

4.3.5.5　后续计量与减值管理的专门规定

资产一旦被归类为持有待售，其减值准备的核算与管理便需遵循《企业会计准则第42号——持有待售的非流动资产、处置组和终止经营》的特定要求，与一般资产的《企业会计准则第8号——资产减值》相区别。在初始确认时，企业主要任务是结转既有的减值准备，除非后续有新的减值迹象出现，否则无需额外确认减值损失。

4.3.5.6　初始计量的核心原则

持有待售资产的初始计量以资产的账面价值或账面余额为基础，通过借记"持有待售资产"科目进行记录。如果账面价值高于公允价值减去预计出售费用后的净额，超出部分应被确认为资产减值损失，并计提相应减值准备，以确保财务报表的精准反映。

4.3.5.7 总结

综上所述，持有待售资产的初始确认与计量是一个高度专业化的过程，融合了资产价值评估、减值准备计提与结转以及会计科目的精准运用。企业在执行此过程时，必须严格遵守会计准则，确保财务信息的准确无误，从而维护企业财务报告的真实性与公信力。

4.4 持有待售类别的后续计量

4.4.1 案例概述

案例 4-14 2024 年 4 月 20 日，A 公司收购了非关联方 X 公司的全部股权，支付了 1 000 万元。在收购前，A 公司已决定在 1 年内将其转售给 Y 公司，且 X 公司已处于可立即出售的状态。预计 A 公司将支付 5 万元的交易费用。

情形 1：A 公司与 Y 公司商定的转让价格为 1 100 万元。

情形 2：A 公司尚未确定转让价格，但截至 2024 年 4 月 20 日，股权的公允价值与 A 公司的支付价款一致。A 公司预计于 2024 年 7 月 5 日与 Y 公司签署转让合同，价格定为 1 005 万元，预计交易费用将增加至 8 万元。

案例 4-15 2024 年 6 月 16 日，B 公司与 P 公司签订了一份转让协议，将位于 J 市的一个销售门店资产及相关负债整体出售，但门店员工将被保留。该处置组不构成一项业务，初步定价为 190 万元。门店的部分科目余额详见表 4.4.1。协议规定，门店于 2022 年 6 月 10 日购入的一项其他债权投资（成本 38 万元），其转让价格将根据交易完成当日的市场报价确定。该门店满足持有待售资产的分类条件，但不符合终止经营的定义。

截至 2024 年 6 月 16 日，门店的固定资产和无形资产分别需计提折旧和摊销 5 000 元和 1 000 元，两者均用于管理目的。当日，其他债权投资的公允价值下降至 36 万元，固定资产的可收回金额降至 102 万元，而其他资产和负债的价值未发生变化。门店的公允价值为 190 万元，B 公司预计为此次转让支付 7 万元的专业咨询费。B 公司没有其他持有待售的非流动资产或处置组，且不考虑税收影响。

截至 2024 年 6 月 30 日，门店的债券投资的市场报价上升至 37 万元，其他资产和负债价值维持不变。P 公司在检查过程中发现资产轻微损坏，B 公司同意进行修理，预计费用为 5 000 元。同时，B 公司将专业咨询费的预计金额调整为 4 万元。当日，门店处置组的整体公允价值为 191 万元。

表 4.4.1　2024 年 6 月 16 日 B 公司销售门店调整前的部分科目余额表

单位：万元

科目名称	借方余额	贷方余额
库存现金	31	
应收账款	27	
坏账准备		1
库存商品	30	
存货跌价准备		10
其他债权投资	38	
固定资产	110	
累计折旧		3
固定资产减值准备		1.5
无形资产	95	
累计摊销		1.4
无形资产减值准备		0.5
商誉	20	
应付账款		31
其他应付款		56
预计负债		25

思考问题：

上述案例中，各公司应如何进行相关会计处理？

4.4.2　准则依据阐述

以下是对《企业会计准则第 42 号——持有待售的非流动资产、处置组和终止经营》精炼总结与深入剖析。

1）第十七条：非流动资产价值回升与减值调整

在后续财务报告中，如果持有待售非流动资产的净公允价值（即公允价值减去预期销售费用）上升，之前因减值确认而减少的资产价值部分可获调增，但仅限于归类为持有待售后所确认的减值损失，并需立即计入当期损益。需特别注意的是，资产在被归类为持有待售前已确认的减值损失，不得在此阶段进行转回。

2）第十八条：处置组价值增加与减值损失的特定恢复

当持有待售处置组的净公允价值提升时，允许对符合条件的减值损失进行恢复。恢复范围仅限于该处置组中，依据本准则在归类为持有待售后确认的非流动资产减值损失部分，且恢复金额同样计入当期损益。值得注意的是，已计入商誉的减值损失及在归类前确认的减值损失，均不包含在此恢复范围内。

3）第十九条：处置组内非流动资产减值恢复的分配机制

针对持有待售处置组内已确认的资产减值损失，在恢复时应依据非流动资产（不包括商誉）的账面价值比例进行公正分配，以调整各资产的账面价值。这种分配方式可确保减值恢复过程的公平性和合理性，避免不当的财务操纵。

4）第二十条：持有待售资产的折旧、摊销暂停与负债管理

企业在持有期间，对于已分类为持有待售的非流动资产及其处置组内的资产，将暂停计提折旧和摊销费用，这反映了企业计划通过出售而非继续使用这些资产来实现其价值回收的财务策略。同时，对于处置组中包含的负债，其产生的利息及其他相关费用仍需继续核算，以确保财务报表能够准确、全面地反映企业的财务成本和负债状况。

4.4.3 关键分析与解读

4.4.3.1 持有待售非流动资产的后续计量管理

在每个资产负债表编制的时点，企业需对持有待售的非流动资产进行全面复审与价值重估。如果其账面价值超越公允价值扣除预计出售成本后的净额，企业需立即将账面价值调整至该净额，差额部分应被识别为资产减值损失，并即时反映在当期损益中，同时建立相应的减值准备账户。如果随后公允价值上升导致该净额增加，对先前确认的减值损失，可在限定范围内予以恢复，恢复金额亦应计入当期损益。重要的是，一旦资产被划入持有待售分类，便不再适用折旧或摊销的会计处理。

4.4.3.2 持有待售处置组的后续计量与评估

在资产负债表编制日，针对持有待售的处置组，企业首先需依据会计准则精确确定其内部资产与负债的账面价值，这可能涵盖投资性房地产、生物资产、金融工具等多种类型。随后，将处置组的整体账面价值与公允价值减去出售费用后的净额进行对比分析。如果账面价值高于该净额，需进行账面价值调整至净额水平，并确认相应的资产减值损失，同时设立减值准备以反映此调整。在此过程中，需避免对已依据其他会计准则确认的损失进行重复计量。

如果处置组中包含商誉，在确认资产减值损失时，应优先抵减商誉的账面价值，随后按既定比例调整其他非流动资产的账面价值。如果后续公允价值有所回升，符合准则规定的非流动资产减值损失，可在一定范围内转回，但需将转回金额计入当期损益。需要注意，已抵减的商誉价值及在资产被列为持有待售前已确认的减值损失，均不得恢复。而针对已确认的资产减值损失后续转回的处理，应依据处置组内各非流动资产账面价值所占的比例进行合理分配。

4.4.4 案例深度剖析

4.4.4.1 案例 4-14 相关会计处理

情形 1：2024 年 4 月 20 日，A 公司将专为转售而获得的 X 公司股权进行初始确认。在不考虑持有待售类别的情况下，其初始计量值为 1 000 万元，而当日的公允价值减去销

123

售费用后的净额为 1 095 万元，故按较低值计量。当日的会计分录如下：

　　借：持有待售资产——长期股权投资　　　　　　　　　　10 000 000
　　　　贷：银行存款　　　　　　　　　　　　　　　　　　　　　　10 000 000

到了 2024 年 7 月 5 日，A 公司持有的 X 公司股权的公允价值减去销售费用后的净额降至 997 万元，低于账面价值 1000 万元，因此需计提减值。当日的会计分录如下：

　　借：资产减值损失　　　　　　　　　　　　　　　　　　　　30 000
　　　　贷：持有待售资产减值准备——长期股权投资　　　　　　　　　　30 000

情形 2：同样在 2024 年 4 月 20 日，A 公司对 X 公司的股权进行初始确认，初始计量值为 1 000 万元，而公允价值减去销售费用后的净额为 995 万元，故按较低值计量，并即刻确认减值损失。当日的会计分录如下：

　　借：持有待售资产——长期股权投资　　　　　　　　　　　9 950 000
　　　　资产减值损失　　　　　　　　　　　　　　　　　　　　　　50 000
　　　　贷：银行存款　　　　　　　　　　　　　　　　　　　　　10 000 000

到了 2024 年 7 月 5 日，X 公司股权的公允价值减去销售费用后的净额为 997 万元，与账面价值 995 万元相符，因此 A 公司当日无需进行会计处理。

4.4.4.2　案例 4-15 的会计处理

（1）2024 年 6 月 16 日的初始计量：

B 公司在首次将门店处置组归类为持有待售前，须根据相关会计准则确定资产和负债的账面价值。相应的会计分录如下：

　　借：管理费用　　　　　　　　　　　　　　　　　　　　　　6 000
　　　　贷：累计折旧　　　　　　　　　　　　　　　　　　　　　　5 000
　　　　　　累计摊销　　　　　　　　　　　　　　　　　　　　　　1 000
　　借：其他综合收益　　　　　　　　　　　　　　　　　　　　20 000
　　　　贷：其他债权投资　　　　　　　　　　　　　　　　　　　　20 000
　　借：资产减值损失　　　　　　　　　　　　　　　　　　　　30 000
　　　　贷：固定资产减值准备　　　　　　　　　　　　　　　　　　30 000

上述调整后，门店资产和负债的账面价值详见表 4.4.2。

表 4.4.2　2024 年 6 月 16 日门店资产和负债调整后账面价值

单位：万元

科目名称	账面价值
持有待售资产：	
库存现金	31
应收账款	26
库存商品	20
其他债权投资	36

续表

科目名称	账面价值
固定资产	102
无形资产	93
商誉	20
持有待售资产小计	328
持有待售负债:	
应付账款	（31）
其他应付款	（56）
预计负债	（25）
持有待售负债小计	（112）
合计	216

（2）2024年6月16日，持有待售类别的划分：

B公司将门店处置组正式划分为持有待售类别时，进行了以下会计处理：

借：持有待售资产——库存现金等
　　贷：持有待售资产减值准备——坏账准备
　　　　持有待售负债——应付账款等

（3）2024年6月16日，B公司的会计处理：

B公司在2024年6月16日，对门店处置组进行了账面价值与公允价值的比较。由于账面价值216万元超出了公允价值减去预计销售费用后的183万元（190-7），公司决定以183万元对处置组进行计量，并据此计提了33万元的持有待售资产减值准备，该准备被计入了当期损益。

根据《企业会计准则第42号——持有待售的非流动资产、处置组和终止经营》的要求，在分配减值损失时，应遵循以下步骤：首先，从该处置组中的商誉账面价值中扣除20万元；紧接着，剩余的13万元减值损失将按照固定资产与无形资产各自的账面价值所占比例进行分摊。表4.4.3详细列出了具体的资产和负债分摊情况以及抵减减值损失后的各资产账面价值。

表4.4.3　2024年6月16日门店资产和负债分摊情况以及抵减减值损失后的各资产账面价值

单位：万元

科目名称	2024年6月16日抵减减值损失前账面价值	减值损失分摊	2024年6月16日抵减减值损失后账面价值
持有待售资产：			
库存现金	31	—	31
应收账款	26	—	26
库存商品	20	—	20
其他债权投资	36	—	36
固定资产	102	-6.8	95.2

续表

科目名称	2024年6月16日抵减减值损失前账面价值	减值损失分摊	2024年6月16日抵减减值损失后账面价值
无形资产	93	－6.2	86.8
商誉	20	－20	0
持有待售资产小计	328		295
持有待售负债：			
应付账款	（31）		（31）
其他应付款	（56）		（56）
预计负债	（25）		（25）
持有待售负债小计	（112）		（112）
合计	216		183

注：6.8=13÷（102+93）×102；6.2=13÷（102+93）×93。

会计分录如下：

借：资产减值损失　　　　　　　　　　　　　　　　　　　　330 000
　　贷：持有待售资产减值准备——固定资产　　　　　　　　　68 000
　　　　　　　　　　　　　　——无形资产　　　　　　　　　62 000
　　　　　　　　　　　　　　——商誉　　　　　　　　　　　200 000

（4）2024年6月30日，B公司的会计处理：

截至6月30日，B公司根据适用的会计准则对其他债权投资进行了计量，并确认了10 000元的利得。会计分录如下：

借：持有待售资产——其他债权投资　　　　　　　　　　　　10 000
　　贷：其他综合收益　　　　　　　　　　　　　　　　　　　10 000

当日，处置组的账面价值为184万元，包含已确认的1万元利得，预计销售费用为4.5万元，因此公允价值减去销售费用后的净额为186.5万元，高于账面价值。根据准则，公允价值净额的增加应在已确认的减值损失范围内转回，但已抵减的商誉和非流动资产的减值准备不得转回。因此，转回金额限于13万元。A企业据此转回了2.5万元的减值损失，并按固定资产和无形资产的账面价值比例进行了分摊。转回金额的分摊情况见表4.4.4。

表4.4.4　2024年6月30日门店资产和负债抵减减值损失后的账面价值

单位：万元

科目名称	2024年6月16日抵减减值损失后账面价值	2024年6月30日按照其他适用准则重新计量	2024年6月30日重新计量后的账面价值	减值损失转回的分摊	2024年6月30日抵减减值损失转回后账面价值
持有待售资产：					
库存现金	31		31	—	31
应收账款	26		26	—	26

续表

科目名称	2024年6月16日抵减减值损失后账面价值	2024年6月30日按照其他适用准则重新计量	2024年6月30日重新计量后的账面价值	减值损失转回的分摊	2024年6月30日抵减减值损失转回后账面价值
库存商品	20		20	—	20
其他债权投资	36	1	37	—	37
固定资产	95.2		95.2	1.307 7	96.507 7
无形资产	86.8		86.8	1.192 3	87.992 3
商誉	0		0		0
持有待售资产小计	295		296		298.5
持有待售负债：					
应付账款	（31）		（31）		（31）
其他应付款	（56）		（56）		（56）
预计负债	（25）		（25）		（25）
持有待售负债小计	（112）		（112）		（112）
合计	183	1	184	2.5	186.5

注：1.307 7=2.5÷（95.2+86.8）×95.2；1.192 3=2.5÷（95.2+86.8）×86.8

会计分录如下：

借：持有待售资产减值准备——固定资产　　　　　　　　　13 077
　　　　　　　　　　　　　　——无形资产　　　　　　　　　11 923
　　贷：资产减值损失　　　　　　　　　　　　　　　　　　25 000

在2024年6月30日的资产负债表中，B公司应分别列示"持有待售资产"为298.5万元和"持有待售负债"为112万元。由于处置组不满足终止经营的定义，确认的资产减值损失应在利润表中作为持续经营损益的一部分列示，并在附注中披露处置组的相关信息。

4.4.5　案例总结

持有待售资产被明确区分为两大类：一类为独立管理、旨在转售的固定资产与无形资产，另一类则是构成整体处置组部分的同类资产。这两类资产在后续的会计处理方式上，遵循着截然不同的规则与流程。

4.4.5.1　独立持有待售非流动资产的评估与调整机制

对于单独归类为持有待售状态的固定资产与无形资产，如果其账面价值高于经调整后的公允价值（已扣除预计销售成本），企业必须计提减值准备，并即时将其纳入当期损益。如果后续公允价值回升，导致可回收净额增加，原先确认的减值损失在限定条件下可予以转回，同样计入当期损益，但此转回仅限于资产被划分为持有待售后所确认的部分。在此期间，这些资产将停止计提折旧与摊销。

特别地,对于专为转售目的而获取的子公司,其计量与调整逻辑与上述资产一致,但相关减值准备及其变动需通过"持有待售资产减值准备——长期股权投资"科目进行核算。

4.4.5.2 持有待售处置组的全面计量与减值应对策略

在后续计量中,处置组需先依据适用的会计准则,明确组内各资产与负债的账面价值,进而汇总得出处置组的整体账面价值。随后,将这一价值与调整后的公允价值(已扣除预计销售成本)进行比较。如果整体账面价值较高,需计提减值准备,并确认为资产减值损失。

在分配减值准备时,必须遵循《企业会计准则第42号——持有待售的非流动资产、处置组和终止经营》的具体规定,首先尝试抵减商誉的账面价值(以其账面价值为上限),剩余部分则按比例分摊至其他非流动资产,确保不超过其各自账面价值的总和。值得注意的是,那些不受《企业会计准则第42号——持有待售的非流动资产、处置组和终止经营》直接管辖的资产,将不参与此减值损失的分摊。

如果未来市场变化导致公允价值上升,进而提升了可回收净额,原先计提的减值准备在特定条件下可予以恢复,但已用于抵减的商誉价值及在资产归类为持有待售前确认的减值损失,将不在此恢复范围内。恢复的金额将依据除商誉外各非流动资产的账面价值比例,在它们之间进行重新分配。

5 租赁准则对公司租赁业务会计角度定义与实务操作

5.1 交易是否含有租赁的判断

5.1.1 案例概述

案例5-1 A公司，一家专业生产智能卡机的企业，其商业策略之一包括向客户部署刷卡终端设备。商户向A公司一次性支付包含数据处理服务的服务费用。此外，A公司基于交易结算额在后续期间收取手续费。根据合同条款，刷卡终端的所有权归A公司所有，并由A公司承担终端的维护和保养责任。

案例5-2 B公司与C公司就X产品的制造签订了合作协议，C公司承诺投入5 000万元建立专用生产线，而B公司提供必要的技术设计方案。生产线完工并投入使用后，C公司将向B公司供应X产品，合同期限定为5年。合同还规定，合同期满且顺利履行后，生产线相关设备将无偿转移至B公司名下。

合同中对X产品的供应量有明确规定：B公司每月至少向C公司采购5 000吨X产品，采购价格为每吨500元。如果采购量未达到最低限额，B公司需对C公司进行补偿。合同期间，C公司不得向其他企业供应X产品，违反此条款将面临对B公司的补偿责任。C公司将根据每月的结算金额向B公司开具增值税专用发票。预计B公司将持续运营，并且每月采购的X产品量将超过最低采购量。

思考探讨：

这些交易安排是否构成租赁关系？

5.1.2 准则依据阐述

以下是《企业会计准则第21号——租赁》相关核心要点深度剖析。

1）第二条：租赁定义的深刻内涵

租赁作为一种基于合同的交易模式，其核心在于出租方赋予承租方在特定时间范围内对某项或多项资产的使用权，而承租方则需为此支付相应的价值。这一交换过程清晰地界定了合同双方的权利与责任边界，为租赁关系的形成提供了坚实的法律与经济基础。

2）第四条：租赁合同的辨识要点

在合同正式生效之前，企业需对合同条款进行细致入微的分析，以判断其是否构成租赁交易或包含租赁要素。核心在于确认合同中是否明确规定了某一方在特定时间段内将具有明确识别性的资产控制权转移给另一方，并以此作为获取经济利益的手段。除非合同关键条款发生显著变化，否则企业无需频繁重新评估其租赁性质。

3）第五条：控制权转移的判断依据

为了精准判定合同是否已实现对特定期间内已识别资产控制权的实际转移，企业需深入解读合同条款，着重考察客户是否能在资产使用期间内享有其带来的主要经济利益，并具备自主决策资产使用方式的自由。这不仅是评估控制权转移是否成功的关键指标，也是确保租赁交易合规性的重要环节。

4）第八条：客户主导使用权的情形

在特定情境下，客户可被视为在资产的整个使用周期内拥有主导使用权。具体而言，当客户被赋予在整个使用期限内自由选择资产使用目标和方式的权利时；或当资产使用目的与方式在合同签订前已明确，且客户有权依此独立操作或指导他人操作资产时；再或当客户在资产设计初期便规划好了其整个使用周期内的用途与操作方式时，均可视为客户已具备对资产的主导使用权。

5.1.3 关键分析与解读

在企业会计准则中，租赁被定义为一种合同形式，其中出租方在约定的时间段内，将资产使用权授予承租方，以换取相应的对价。

要判断一项合同是否构成租赁，需考量2个关键要素：首先，承租方是否能够获得在租赁期限内使用该资产所产生的几乎所有经济利益；其次，承租方是否拥有在租赁期限内对资产使用的控制权。租赁的成立依赖于租赁期限、可识别资产、经济利益的绝大部分以及使用控制权这四个基本要素的共同存在。

5.1.4 案例深度剖析

5.1.4.1 案例 5-1 分析

交易的安排涉及几个关键要素，表明其中包含了租赁成分。首先，合同规定了基于结算额收取交易手续费的条款，确立了交易的持续期间。其次，刷卡终端作为一项明确的资产，其使用权在客户处，而供应商 A 公司缺乏实质性的替换能力。最后，根据合同，虽然刷卡终端的所有权归 A 公司，并且 A 公司负责维修和保养，但客户实际上控制了终端的使用权。基于这些因素，可以认定交易中包含了对刷卡终端的租赁。

5.1.4.2 案例 5-2 分析

生产线作为一项可识别资产，其产生的几乎所有经济利益在合同期间由 B 公司享有或承担，这是基于 B 公司对 C 公司 X 产品的最低月接收量承诺以及 C 公司不得向第三方供应 X 产品的条款。在评估哪一方能够控制生产线的使用方式和目的时，主要决策包括产品选择、产量和品种决策，以及生产过程的决策，这些决策对投资、设备、劳动力、技术、库存等方面产生重大影响。生产线被预先设定专用于生产 X 产品，其生产量和合同期内的总产量由 B 公司的需求决定。B 公司在初始设计阶段提供了生产线的技术设计方案，表明 B 公司实际上已经决定了生产线在合同期内的主要生产过程和工艺路线。因此，尽管 C 公司在操作生产线，但实际上是 B 公司主导了关键的生产决策，说明合同中隐含了租赁关系。

5.1.5 案例总结

通过分析前述案例，我们可以概括出判断合同是否包含租赁的标准流程，该流程在图 5.1.1 中有详细展示。资产的识别可以通过合同的明确说明或隐含指定来实现，例如资产是为满足客户特定需求而特别生产或设计的。然而，如果供应方在资产使用期间拥有实质性的替换权，该资产不应被视为已识别资产。

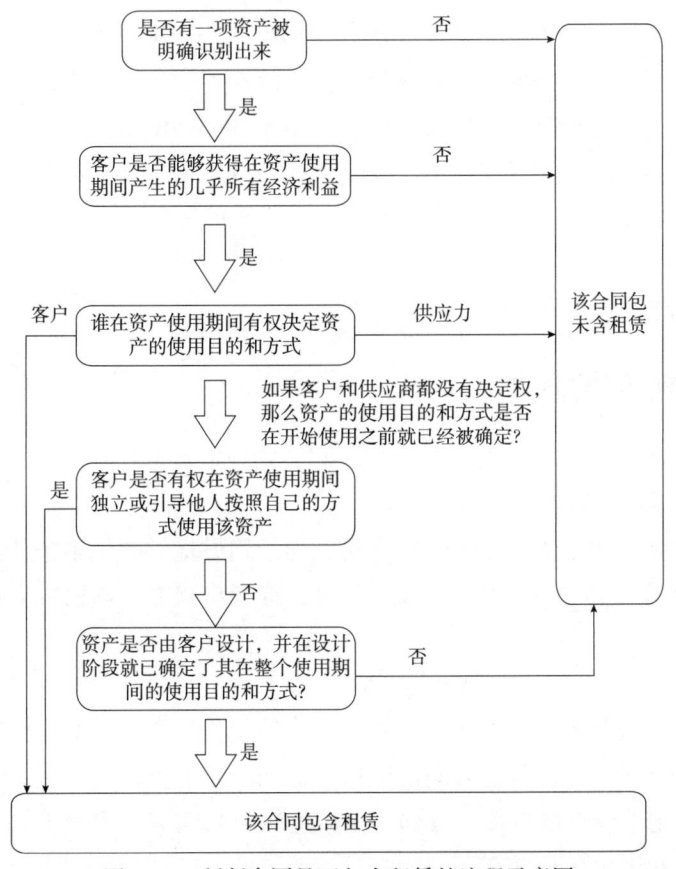

图 5.1.1　判断合同是否包含租赁的流程示意图

评估供应方是否享有实质性替换权需基于 2 项核心标准：首要条件是供应方必须能够在实际操作中，于资产的整个使用寿命周期内实施资产的替换；次要条件是供应方通过实施该替换权，需能实际获得经济上的利益。如果在面对具体情况时，无法清晰地判定供应方是否确实拥有这样的实质性替换权，应采取保守立场，推定供应方不具备此项权利。

5.2 经营租赁业务中同时涉及的激励措施和政府补助的问题

5.2.1 案例概述

案例 5-3 A 公司是一家专门从事资产管理的企业。2024 年 2 月，该公司与 S 市的产业园管理委员会签订了一份房屋租赁协议。根据协议的主要条款，租赁的总面积为 500 平方米，租金按每平方米每月 50 元计算，整个租赁期限为 5 年。从租赁的第四年开始，租金将在前一年的基础上，每两年增加 20%。然而，如果 A 公司在第一年的税收贡献达到特定的标准，公司将享受免租的优惠；如果未能达到，必须补足差额。同样，在第二年，如果公司达到一定的税收要求，租金将减半；如果未能满足条件，公司同样需要补缴全额租金。在假设公司能够满足所有减免条件的情况下，该租赁合同规定了 5 年内每年的租金金额：第一年无租金，第二年为 150 000 元，第三年和第四年均为 300 000 元，而第五年则为 360 000 元。

> **思考问题：**
> A 公司应如何进行相关会计处理？

5.2.2 准则依据阐述

根据《企业会计准则第 21 号——租赁》相关的规定和解析如下。

1）第十六条第三款：租赁激励

租赁激励是指出租方为了促成租赁交易，向承租方提供的优惠条件。这些优惠可能包括出租方支付给承租方的与租赁相关的款项，或者出租方代承租方支付或承担的相关成本。

2）第十八条第三款：可变租赁付款额

可变租赁付款额是指承租方为了在租赁期内使用租赁资产，根据租赁期开始后发生的实际情况或变化（而非仅仅是时间的流逝）而向出租方支付的款项。这类变动的款项可能包括：①与消费者价格指数（CPI）挂钩的款项；②与基准利率挂钩的款项；③反映因市场租金费率变化而调整的款项。

这些规定旨在明确租赁交易中涉及的激励和付款额的会计处理方式，确保财务报告的准确性和透明度。

5.2.3 关键分析与解读

在案例 5-3 中，政府采取了一系列租赁激励措施，旨在吸引企业前来投资。这些措施包括免租和降低租金等优惠条件，其最终目标是通过这些激励手段促进招商引资。因此，我们可以将这种交易安排视为"租赁激励措施"与"政府补助"的融合。

对于业主来说，是否能够享受这些免租或减租的优惠，取决于他们是否满足一定的业绩条件，例如，完成既定的投资工作量，达到预期的产能水平或上缴足够的税款总额。这些条件完全符合会计准则中关于可变租赁付款额的定义。

因此，本交易安排不仅是一种租赁激励措施，同时也是一种可变租赁付款额的体现，它将政府补助与租赁条件紧密结合在一起，为企业提供了一个灵活而有吸引力的投资环境。

5.2.4 案例深度剖析

A 公司在处理政府补助问题时，可以遵循以下准则：

1) 市场租金的确定与政府补助的计量

A 公司应首先参照租赁开始之时，同类房地产在无政府补助影响的情况下的市场租金水平。如果实际支付的租金低于此市场标准，A 公司可以将差额视为政府补助。在条件满足的前提下，A 公司应在租赁期间按直线法平均分配可预期的政府补助总额，以确认年度的其他收益或抵扣租赁成本。

2) 市场租金水平的不确定性

如果无法准确确定同类房地产的市场租金，或者企业采取了非标准操作，不将低于市场价的租金视作政府补助，那么在本交易中，无需考虑政府补助的部分，只需按照租赁标准进行相应处理。

3) 租赁激励的会计处理

A 公司可将减免的租金视为租赁激励，在计算租赁付款额时，应减去这部分激励金。但需注意，租赁激励伴随业绩条件，公司能否实际享受这一优惠，取决于未来事件的发展。租赁付款额将随时间推移通过现金结算，因此 A 公司需要评估租赁优惠条件几乎不可能实现的可能性。若公司几乎确定能享受优惠，则在租赁付款额中扣除；反之，则不应扣除。

4) 可变租赁付款额的考量

A 公司也可以将减免租金视为可变租赁付款额。如果可变租赁付款额依附于企业未来业绩（如投资、产能或税收等），且与租赁资产的使用或绩效相关，那么就不属于基于指数或比例的可变租赁付款额，这部分不应计入租赁负债的初始计量。但如果这些条件几乎不可能实现，且缺乏经济实质，那么该付款额实质上无法避免，应作为实际固定付款额纳入租赁负债的初始计量。

5.2.5 案例总结

在会计处理中，除了基于指数或比率变化的可变租赁付款额，其他类型的可变租赁付款额通常不计入租赁负债的初始计量。这类付款额本质上代表了企业潜在的现金支付义务，应当按照金融负债的标准进行会计处理。

对于那些与租赁资产的使用量（如产量）或绩效（如销售额）相关的可变租赁付款额，企业理论上可以通过减少使用资产或销售量来避免产生这些付款义务。这些行为是企业能够控制的，因此准则规定，这类可变租赁付款额不应计入租赁负债的初始计量。

然而，对于负相关的可变租赁付款额，情况则有所不同。企业无法通过控制使用量或绩效来避免这些付款义务，因为这些因素往往受到客户、市场等外部因素的影响，超出了企业的控制范围。因此，对于负相关的可变租赁付款额，应将其视为固定付款额，并在租赁负债的初始计量中包括未扣除这些可变付款额前的约定金额。

当企业因达到一定的绩效标准而获得租金减免时，这部分减免的租金应当被直接计入当期损益。在处理这类租赁交易时，企业可以选择不考虑政府补助的影响，或者在考虑政府补助的情况下，选择一种处理方式并保持一致性。

5.3 融资租赁手续费的会计处理

5.3.1 案例概述

案例5-4 2021年5月11日，A公司与W融资租赁公司达成了一项融资租赁协议。根据合同，W公司根据A公司的需求，购买了价值3 000万元的设备，并将其出租给A公司使用。租赁期从2021年5月11日开始，一直持续到2024年5月10日。A公司从2021年6月1日起，每季度支付一次租金。

合同规定的租赁年利率为6.5%，且该利率不包含增值税。在租赁的首年，A公司无需支付利息。从第二年开始至第五年，A公司需在每年的12月15日偿还本金500万元。此外，2024年3月31日，A公司还需一次性偿还剩余的1 000万元本金。

关于手续费，W公司将按照每年租赁本金的1%收取，且该费用同样不包含增值税。首笔手续费将在放款后的第一个结息日收取，以实际发放的款项为基数，累计收取3年的手续费，总计3%。随后，在第四年的第二个结息日，W公司将根据剩余的本金，收取剩余两年的手续费，总计2%。

思考问题：

针对融资租赁合同的手续费，A公司该如何进行相关会计处理？

5.3.2 准则依据阐述

根据《企业会计准则第 21 号——租赁》的明确指导，以下是对其第十六条第一款关于使用权资产初始计量的深入剖析与第十八条第一款租赁付款额定义的全面梳理。

1）第十六条第一款：使用权资产初始成本的精准核算

在初始确认阶段，使用权资产的成本核算严格遵循成本原则，具体细化为三大关键要素：

（1）租赁负债的初始计量：直接反映租赁合同初始界定的负债数额，精确描绘出承租人在租赁全周期内的基础财务责任。

（2）预付及调整后的租赁款项考量：全面覆盖租赁期前或当日预付的款项，并细致调整以剔除租赁激励带来的支付减免，确保实际成本计算的准确无误。

（3）初始直接费用的完整计入：将租赁交易启动时承租人直接承担的各项费用，作为获取使用权资产不可或缺的成本部分，全额纳入初始成本核算中。

2）第十八条第一款：租赁付款额的清晰界定

租赁付款额，作为承租人在租赁期间因使用权而需支付给出租人的总金额，其构成既明确又详尽，涵盖以下 5 个方面：

（1）固定及实质固定支付：依据租赁合同明确条款，考虑租赁激励后的实际支付义务，确保支付额的准确性。

（2）可变支付安排的动态调整：根据租赁期初设定的指数或比率变动（如通胀率、市场利率等），灵活调整支付额，以反映市场实际情况。

（3）购买选择权的潜在成本：如果承租人预期行使购买权，其行权价格将作为未来财务责任的一部分，纳入付款额计算。

（4）终止租赁条款的财务影响：针对合同中的提前终止条款，评估并计入相关费用，以全面反映租赁合同的财务效应。

（5）担保余值支付的前瞻性考虑：基于承租人的担保余值承诺，将未来可能发生的支付额纳入规划，确保对潜在财务责任的全面覆盖。

这一系列详尽且严谨的规定，旨在增强租赁交易会计处理的透明度与标准化程度，帮助企业构建精准、全面的财务状况视图，为所有利益相关者提供更加清晰、可信的财务信息支持。

5.3.3 关键分析与解读

初始直接费用是指在租赁协议达成过程中所产生的额外成本，这些成本是企业在未获得租赁时不会产生的，如佣金和印花税等。在界定初始直接费用时，企业需关注 2 个关键点：

（1）非租赁相关成本的排除：对于即便未签订租赁合同亦会产生的费用，如差旅费及法律支出等，不应纳入初始直接费用的范畴。这些费用应当直接在其实际发生之时，计入当期的损益表，而非作为租赁成本的一个组成部分进行核算。

（2）租赁付款额的界定与初始直接费用的区别：在租赁交易中，租赁付款额特指承租人为获取并持续享有租赁资产使用权而需向出租方支付的总金额。这一金额不涵盖初始直接费用，后者是承租人在租赁交易达成过程中，为完成该交易所支付给出租人或其他第三方的额外费用，如交易手续费等直接成本。简而言之，租赁付款额专注于租赁资产使用权的经济交换价值，而初始直接费用则反映了交易过程中的额外成本负担。

通过明确区分这些费用，企业能够确保其会计处理既符合会计准则，又准确反映租赁交易的财务影响。

5.3.4 案例深度剖析

在确定租赁付款额时，企业应关注的是款项的实际性质而非表面形式或名称。以本案例为例，租赁手续费和利息均由出租人收取，且手续费的数额与出租人提供的资金量相关联。通常，手续费的数额和支付时间的协商会影响租赁利率的确定，表明租赁双方将手续费和融资利息视为一个整体进行考虑。

从另一个角度来看，租赁公司获得的这部分手续费，会影响其基于本次租赁交易的收益情况，这进一步表明手续费与融资安排的紧密关联。因此，承租人应将预计支付的手续费计入租赁负债的初始计量金额，而不是作为初始直接费用。

值得注意的是，在确定租赁负债的折现率时，企业不能简单地采用合同中规定的利率。相反，企业应重新进行计算，以反映租赁公司在该交易中的实际收益率。这一折现率也将用于租赁负债的后续计量，确保会计处理的准确性和符合性。

5.3.5 案例总结

在会计处理中，手续费的归属问题至关重要，该因素决定了某项支出是被归类为使用权资产的初始直接费用并计入其成本，还是作为租赁付款额的一个组成部分进而计入租赁负债。这两种不同的处理方式会导致负债项目的显著差异。

通常情况下，初始直接费用并不构成租赁负债的组成部分，而是根据会计规则，通过如"应付账款""其他应付款"或"长期应付款"等会计科目进行单独的账务处理。然而，值得注意的是，并非所有以"手续费"名义支出的款项都能被一概而论地视为初始直接费用，其归属需依据具体业务性质及会计准则来判断。企业需要合理区分这些手续费是与获取融资相关，还是与资产的购建相关。对于那些与获取融资更紧密相关的手续费，应当计入"租赁付款额"，并以其现值来确定租赁负债的初始计量金额。在租赁期内，对这些款项将根据其折现率计算实际的利息支出。

当企业获取存货、固定资产等资产时，其初始计量成本包括购买对价和可直接归属于这些资产的必须支付的相关税费。支付给出租人的款项，如果属于"购买对价"的一部分，应计入使用权资产的初始计量金额。这个对价包括：

（1）租赁期开始日或之前已支付的租金；

（2）未付的租赁付款额。这部分同样以其现值作为租赁负债的初始计量金额。

而初始直接费用不属于获取使用权资产的"购买对价"。它通常指的是为了达成租赁协议而接受的相关服务支付的费用，或是与租赁达成有关的增量税费。这些费用通常在初始取得使用权资产时已一次性发生并支付。如果租赁期开始日这些费用尚未支付，企业也应记录一项负债，但这项负债并不属于租赁负债。

5.4 售后租回交易的判断及会计处理

5.4.1 案例概述

案例 5-5 A 电力公司是一家专门提供家庭分布式光伏电站系统服务的企业。2024 年，该公司与家庭客户签订了一份销售合同，涉及光伏发电系统。根据合同，客户通过银行获得了一笔为期 3 年的无首付信用贷款，该贷款被直接支付给 A 电力公司，用于购买光伏系统。

合同规定，在一家指定银行设立的专用账户将由 A 电力公司管理，该账户将存放客户的投资款项、售电收入和政府补贴。合同还指出，在贷款期间，客户不得解除合同，且 A 电力公司负责光伏系统的运维工作。合同还规定，贷款期满后，客户有权以书面通知形式终止合同。如果 A 电力公司同意回购，将根据设备现值（扣除折旧和拆装费用）进行拆除和回收。

此外，双方还签订了一份委托管理协议，客户委托 A 电力公司对发电系统的售电收入、国家补贴、自用电量的电费支出、银行贷款的还款以及电站的运维和保险支出等进行管理，期限为 7~10 年。

在受托管理期间，客户的售电收入和补贴可能不足以覆盖贷款本息和管理费用，这意味着 A 电力公司在前 3 年需要向客户支付一定的资金。只有当委托管理期满，例如 10 年后，项目的销售收入、成本和期间的全部收支产生的现金流合并计算，才能形成现金净流入。

思考问题：

该交易属于售后租回吗？A 公司该如何进行相关会计处理？

5.4.2 准则依据阐述

深度解析《企业会计准则第 21 号——租赁》第五十条至第五十三条的内容。

1) 第五十条：售后租回交易销售性质的界定

在遵循《企业会计准则第 21 号——租赁》的框架下，承租方与出租方均需紧密依据《企业会计准则第 14 号——收入》的判定标准，对售后租回交易中的资产转让行为进行深入剖析，以明确其是否满足会计上对于销售的定义。

2）第五十一条：销售确认后的财务处理准则

（1）承租方立场：如果资产转让被正式确认为销售，承租方需精准识别其原资产账面价值中直接关联于未来租回使用权的那部分，并据此计量新生成的使用权资产。同时，仅就转让给出租人的权益变化部分进行利得或损失的会计处理。

（2）出租方视角：出租方则需依据相应的会计准则，对资产的购买进行规范记录，并严格遵循租赁准则，对随后的资产出租活动实施详尽的会计核算。

（3）价格与公允价值差异的调账机制：

售价低于市场公允价时，差额部分应被合理归类为预付租金，并纳入账目处理。

售价高于市场公允价时，超出部分应被视为出租方向承租方提供的额外融资支持。

双方需紧密关注公允价值或市场价格的变动，据此调整销售利得/损失及租金收入，确保会计信息的真实性与透明度。

（4）调整方法的选择原则：企业应结合实际情况，在销售对价与公允价值差额、租赁合同付款额现值与按租赁市价计算的付款额现值差额之间，灵活选择更为明确且合理的调整项目作为基准。

3）第五十三条：非销售性售后租回交易的会计处理方式

（1）承租方行动指南：在资产转让未被认定为销售的情况下，承租方应保持该资产在会计账簿中的持续记录，并同步确认一笔与转让收入等额的金融负债。此负债的会计处理需严格遵循《企业会计准则第22号——金融工具确认和计量》（2017年修订）的相关规定。

（2）出租方应对策略：出租方则无需在账簿中确认该转让资产，但需根据转让收入金额，记录一笔等额的金融资产，并严格按照《企业会计准则第22号——金融工具确认和计量》（2017年修订）的规范进行会计处理。

5.4.3 关键分析与解读

在考虑是否适用企业会计准则中关于"售后租回"的规定时，首要条件是确定承租方是否在将资产转移给出租方之前已经实际控制了该资产。一旦确认了这一点，接下来需要进一步分析该交易是否符合"销售"的条件，即评估甲公司是否已经失去了对标的物的控制权。基于这些判断，企业应根据相关会计准则选择适当的会计处理方法。简而言之，企业需要按照以下步骤操作：

（1）确认资产控制权：确认承租方在资产转移前是否已经控制了该资产。

（2）判断是否为售后租回：如果满足上述条件，则进一步判断该交易是否属于"售后租回"。

（3）评估销售条件：在确认属于"售后租回"后，继续评估甲公司是否丧失了对标的物的控制权。

（4）基于上述评估结果，将依据企业会计准则的相关规定，执行恰当的会计处理措施。

通过这一流程，企业可以确保其会计处理既符合准则要求，又准确反映交易的经济实质。

5.5.4 案例深度剖析

在案例 5-5 中，交易被认定为售后租回交易。要确定该资产转让是否符合收入确认标准，关键在于评估客户是否获得了对资产的控制权。考虑到 A 电力公司在合同期间继续运营合同标的物，同时管理着相关的投资款项、系统售电收入和政府补贴，并且在个人客户收入不足以覆盖贷款本息和其他支出时，由 A 电力公司提供补充资金，以及在客户提出终止合同时，由 A 电力公司负责回购、拆除并承担剩余风险，这些因素表明 A 电力公司实际上仍然控制着相关资产。

因此，尽管合同名称为"光伏发电系统（光伏电站）销售合同"，但实质上并未构成真正的销售。基于这一分析，A 电力公司应继续将转让的光伏电站系统确认为一项固定资产，并按照其原账面价值进行会计处理。该固定资产应在预计的可使用年限内（考虑到谨慎性原则，不超过受托管理的期限）计提折旧。

另外，A 电力公司的售电所得及补贴收入应被正式确认为其营业收入，而系统折旧费用、贷款利息及由 A 电力公司自行承担的运维费用等则应被计入公司的营业成本。对于名义上的"销售款"，它应被归类为一项金融负债，企业应遵循《企业会计准则第 22 号——金融工具确认和计量》（2017 年修订）的规定进行相应的会计处理。

5.4.5 案例总结

依据企业会计准则的指导和对案例的深入分析，我们归纳了售后租回交易的会计处理步骤，这些步骤的详细流程展示在图 5.4.1 中。

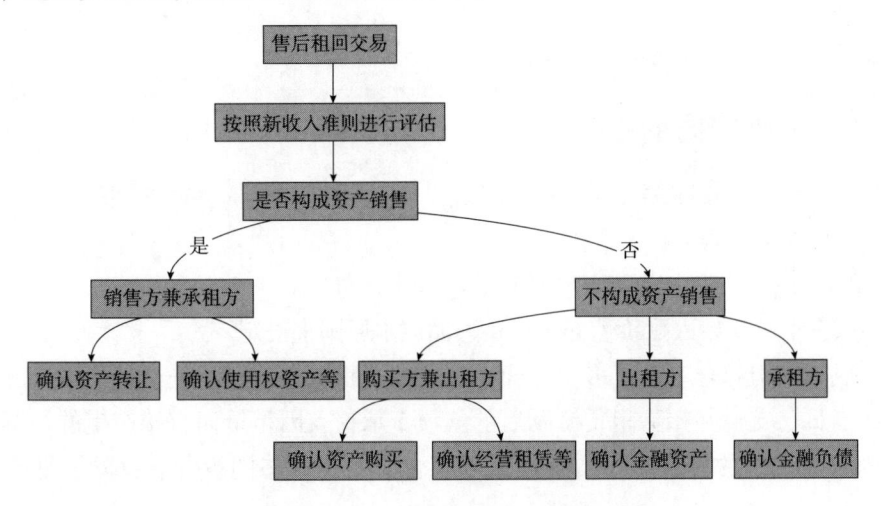

图 5.4.1 售后租回交易会计处理流程图

5.5 涉及保证金和服务费并考虑可抵扣增值税进项税额影响的融资租赁的会计处理

5.5.1 案例概述

案例 5-6 A 公司作为承租方（乙方）与作为出租方（甲方）的 Y 融资租赁公司，在 2024 年（即合同起始年）签订融资租赁合同。合同条款规定了含税价款，增值税率为 13%。租赁资产的市场价值为 480 万元，租赁期限设定为 3 年，融资租赁总额为 450 万元。

根据合同，A 公司在 Y 公司向供应商 C 公司支付首笔货款之前，即租赁开始日之前，需支付 30 万元作为首期租金，这笔款项被称为零期租金，且不计入计息基础。此外，A 公司在 Y 公司放款前一次性支付了 20.25 万元的租赁服务费，该费用在合同解除或终止时不予退还。此外，A 公司已向 Y 公司指定的账户支付了 45 万元作为履约保证金。此保证金将在双方合同得以全面执行完毕后，由 Y 公司一次性全额退还给 A 公司。然而，如果 A 公司违反合同条款，此保证金将被 Y 公司没收，不再予以退还。同时，该保证金在 Y 公司持有期间不产生任何利息。

合同规定的租赁利率为 6.6%，A 公司在租赁期内每期需支付 138 313.43 元的租金，租金总额达到 4 979 283.48 元。租赁期结束时，A 公司有权以 1 万元的优惠价格购买租赁资产的所有权。

A 公司已经支付了含税的零期租金 30 万元、租赁服务费 20.25 万元和履约保证金 45 万元。假设在租赁期间，A 公司每期支付的租金所获得的增值税专用发票上注明的进项税额均可用于抵扣。

思考问题：

A 公司应如何进行相关会计处理？

5.5.2 准则依据阐述

根据《企业会计准则第 21 号——租赁》，我们对涉及租赁会计处理的核心条款进行了系统性的归纳与深入剖析。

1）第十六条：使用权资产的初始确认与成本计量

使用权资产的初始入账价值必须严格遵循成本原则来设定。

这一成本结构综合考量了多个方面：包括基于租赁条款初始确认的负债金额、租赁开始前或当日已支付并扣除租赁激励后的款项、承租人因租赁而直接产生的初期支出，以及未来可能发生的旨在将租赁资产恢复至合同规定状态的拆卸、移除、复原或恢复费用。

此成本如果直接关联于生产存货的核算，企业应按照《企业会计准则第 1 号——存货》的相关规定进行处理。

针对预计成本的确认与计量，我们则需依据《企业会计准则第 13 号——或有事项》中的条款来执行。

2）第十七条：租赁负债的初始计量机制

（1）租赁负债的初始账面价值：被确定为租赁期首日尚待支付的租赁款项，经适当折现率折算后的现值。

（2）折现率的选择依据：如果能确定，优先采用租赁内含利率；如果无法确定，转而使用承租人在相似融资条件下的增量借款利率。租赁内含利率是指使租赁期内的收款额与未担保余值的现值总和恰好等于租赁资产公允价值与出租人初始直接费用之和的特定利率。

（3）增量借款利率：直观反映了承租人在相似市场环境下，为获取资金所需支付的利率水平。

3）第十八条：租赁付款额的全面阐述

（1）租赁付款额，一个综合性的概念，它涵盖了多种支付义务，包括但不限于固定及实质固定的付款额（已剔除租赁激励的影响）、基于租赁期初预设的指数或比率调整的可变付款额、承租人预估将行使购买权时的购买价格、承租人预期会触发的终止租赁权所需支付的费用，以及承租人担保的资产余值。

（2）实质固定付款额，指的是尽管在形式上可能含有变动因素，但实际上几乎可以确定会发生的支付金额。

（3）可变租赁付款额，随租赁期开始后市场环境或特定条件的变动而调整，如随消费者价格指数或基准利率的波动而变化。

4）第三十六条：特定条款的参考指引

具体内容参见本书 2.13.2。

综上所述，这一系列规定为企业在进行租赁交易的会计处理时，提供了明确、详尽的指导原则与操作框架，旨在提升会计信息的精确度和可比性，确保财务报告的透明度和一致性。

5.5.3 关键分析与解读

根据会计准则，以下是对承租人和出租人在租赁交易中初始直接费用的会计处理：

（1）承租人：在租赁开始时产生的直接费用应计入使用权资产的初始成本。这些费用不应作为长期待摊费用单独处理，而应构成租入资产价值的一部分。

（2）出租人：与经营租赁相关的初始直接费用应资本化，并在租赁期间根据与租金收入确认相对应的基础进行分摊，逐期计入损益。在融资租赁交易中，出租人所承担的初始直接费用会被整合进租赁投资净额之中，具体体现为增加应收融资租赁款的初始计量价值。

（3）租赁付款额现值的计算过程要求承租人首先尝试采用租赁内含利率作为折现率

的基准。如果因故无法明确获取租赁内含利率，承租人需转而采用其增量借款利率作为折现率的替代方案来进行计算。

通过这种会计处理方法，可以确保租赁交易中的初始直接费用得到适当的确认和分摊，同时反映租赁交易的实质和经济效果。

5.5.4 案例深度剖析

5.5.4.1 零期租金的处理

零期租金，即在租赁期开始日或之前支付的款项，被直接计入使用权资产的初始成本。该 30 万元的租金，扣除可抵扣的增值税进项税额后，差额作为初始直接费用，同样被计入使用权资产的初始成本。此外，租赁服务费作为获取租赁的直接费用，也应被计入使用权资产的初始计量。

使用权资产的初始计量由以下五个部分构成：

（1）零期租金 300 000 元，不含税金额为 265 486.73 元。

（2）每月租金 138 313.43 元，不含税金额为 122 401.27 元，按 36 期，每期 0.55% 的利率，计算的现值为 3 987 721.34 元。

（3）留购价格 10 000 元，不含税的复利现值为 7 263.85 元。

（4）租赁服务费 202 500 元，不含税金额为 179 203.54 元。

（5）预计可收回的租赁保证金 450 000 元的复利现值与实际支付的 450 000 元的差额为 141 592.51 元。

综合以上，使用权资产的初始计量总额为 4 581 267.97 元。

5.5.4.2 租赁负债的初始计量

租赁负债的初始计量基于使用权资产初始计量的第二项和第三项，总额为 3 994 985.19 元。租赁付款额计算为 4 415 295.12 元，差额 420 309.93 元作为未确认融资费用。

（1）初始确认的会计分录：

借：使用权资产　　　　　　　　　　　　　　　4 581 267.97
　　应交税费——应交增值税（进项税额）　　　57 809.73
　　长期应收款　　　　　　　　　　　　　　　450 000.00
　　租赁负债——未确认融资费用　　　　　　　420 309.93
　　贷：租赁负债——租赁付款额　　　　　　　4 415 295.12
　　　　银行存款　　　　　　　　　　　　　　952 500.00
　　　　未实现融资收益　　　　　　　　　　　141 592.51

（2）每期支付租金的会计分录：

借：应交税费——应交增值税（进项税额）　　　15 912.16
　　租赁负债——租赁付款额　　　　　　　　　122 401.27
　　贷：银行存款　　　　　　　　　　　　　　138 313.43

（3）分摊未确认融资费用：

借：财务费用/在建工程　　　　　　　　　　　　　21 972.42
　　　贷：租赁负债——未确认融资费用　　　　　　　21 972.42

（4）分摊未实现融资收益：

借：未实现融资收益　　　　　　　　　　　　　　　1 696.24
　　　贷：财务费用/在建工程　　　　　　　　　　　　1 696.24

（5）计提使用权资产折旧：

借：生产成本/制造费用/管理费用/销售费用等　　　127 257.44
　　　贷：使用权资产累计折旧　　　　　　　　　　　127 257.44

在现金流量表中，A公司每期支付的租金将被归类为"支付的其他与筹资活动有关的现金"项目。

5.5.5　案例总结

《企业会计准则第21号——租赁》针对承租人的会计处理进行了重大变革，引入了一体化的会计处理方法。此修订摒弃了以往对融资租赁与经营租赁的二元划分，要求承租人除对短期租赁和低价值资产租赁可选择简化处理外，其余所有租赁均须按照合同赋予的权利与义务，在资产负债表中清晰列示使用权资产及租赁负债，并独立进行资产的折旧与负债的利息费用核算。

这一根本性调整意味着，原本隐匿于表外的经营租赁活动现需纳入资产负债表内反映，对企业的财务报表结构与关键财务指标构成了显著影响。具体而言，使用权资产与租赁负债的确认将直接推高企业的资产与负债规模，进而可能促使资产负债率上升，而资产周转率则可能因此承受下行压力。此外，随着经营租赁支出被部分或全部重分类至筹资活动，此举有助于改善企业的经营性现金流状况，使其报表上的经营性现金流量表现更为亮眼。

对于依赖经营租赁资产的企业，如航空公司，实施修订后的租赁准则将显著提高其资产负债率，同时，租赁负债的确认可能在初期导致每股收益的减少。这一变化反映了会计准则对企业财务透明度和信息披露要求的提升，促使企业更加真实地反映其财务状况。

5.6　租赁的分拆

5.6.1　案例概述

案例5-7　A公司是一家专业经营智能车载显示屏的企业。2024年3月，A公司与

S通信公司签订了一份长期合同。根据合同条款，S通信公司购买了5 000台智能车载显示屏并将其提供给A公司使用。合同期限为10年，自合同生效的第5年开始，这些设备的所有权将被转移给A公司。

S通信公司保留收取设备数据通信费的权利，具体收费标准为：合同前4年，每台设备每年2 000元；合同第5年至第10年，每台设备每年800元。相较之下，正常的数据通信费用标准为每台设备每年300元，这一价格远低于合同约定的800~2 000元。值得注意的是，合同规定即使设备损坏或报废，也不影响数据通信费的收取，确保了费用的执行。此外，该合同在10年的期限内是不可撤销的。而这类显示屏的一般使用寿命大约为5年。

思考问题：

A公司该如何进行相关会计处理？

5.6.2 准则依据阐述

以下是对《企业会计准则第21号——租赁》第九条、第十一条及第十二条关键要点的整合与深入剖析。

1）第九条：合同的分割与独立会计原则

该条款详尽阐述了当合同包含多个独立的租赁元素时，承租方和出租方需采取的合同分割措施，即需将各个独立的租赁部分逐一识别并单独进行会计核算。如果合同中租赁成分与非租赁成分并存，除非满足第十二条所规定的简化处理条件，否则二者必须明确划分，租赁部分依照本租赁准则进行会计处理，非租赁部分则依据其他适用的会计准则执行。

2）第十一条：合同价值分配的严格性

在处理租赁与非租赁混合合同时，第十一条强调了合同价值分配的严格精确性。承租方需根据各租赁部分与非租赁部分独立定价的权重比例，精确地将合同总价款分摊至各个组成部分。而出租方在分配合同对价时，则必须紧密遵循《企业会计准则第14号——收入》中关于交易价格分摊的明确规定。

3）第十二条：简化会计处理的自主决策权

为提高会计处理效率与便捷性，第十二条赋予了承租方在特定条件下的简化处理自主权。承租方可根据租赁资产的类别特点，自行决定是否对合同中的租赁与非租赁部分进行分割处理。如果选择不分割，可将所有涉及的租赁及其附带非租赁部分视作一个整体，按照本租赁准则统一进行会计处理。但需注意的是，对于符合《企业会计准则第22号——金融工具确认和计量》（2017年修订）拆分要求的嵌入衍生工具，承租方必须实施独立的会计处理，严禁将其与租赁部分合并处理。

综上，这些条款的制定不仅体现了对租赁交易会计处理精确性的高标准要求，也充分考虑了合同复杂性的实际情况，通过精细的合同分割与灵活的简化处理机制，为企业会计实践构建了一个清晰明确的指导框架,从而增强了企业会计处理的灵活性与适应性。

5.6.3 关键分析与解读

对于 A 公司而言,该笔交易可以划分为 2 个独立的部分:首先,通过租赁形式获得显示屏设备;其次,获得未来 10 年的数据通信服务。鉴于市场上显示屏和数据传输服务有多个供应商,且这两项服务之间并无直接的一对一关联,可以对合同规定的未来现金流(前 4 年每台每年 2 000 元,第 5 年至第 10 年每台每年 800 元)基于合理的方法进行分拆,以便对每个部分按照相应的会计原则进行处理。

具体来说,A 公司应将合同中的租赁和非租赁部分明确区分,并将合同对价按照各部分的独立价格比例进行分配。这种分拆有助于更准确地反映交易的经济实质,并确保每个组成部分的会计处理符合适用的会计准则。通过这种方式,A 公司能够更精确地核算租赁资产和负债,以及与数据通信服务相关的成本和收益。

5.6.4 案例深度剖析

A 公司在处理租赁交易时,需依据企业会计准则对租赁部分进行细致的会计处理。具体步骤如下:

1)租赁负债的确认与计量

A 公司应在租赁期开始时,对未来应付租金进行现值计算,并将此现值记录为"使用权资产"的初始计量金额。

同时,将未折现的未来应付租金记入"租赁负债——租赁付款额"科目。

折现过程中产生的利息部分则记入"租赁负债——未确认融资费用"科目。

2)数据通信费的处理选择

A 公司可选择将数据通信费与租金合并,一并计入租赁付款额,并据此计算使用权资产和租赁负债。

或者,A 公司也可以选择将租金与数据通信服务费用分开处理,仅将租金部分确认为使用权资产和租赁负债,而将数据通信费在服务当期确认为成本费用。

3)租赁期限与设备寿命的不一致性

由于显示屏的预期使用寿命短于数据通信服务期限,A 公司至少应对超出租赁期限的后 5 年数据通信服务费用进行分拆处理。

4)合同对价的分摊

A 公司应根据显示屏设备的市场价格、不含数据传输服务的设备租赁费用,以及出租方的租赁内含利率或 A 公司的增量借款利率等因素,确定合理的租金价格。

将合同约定的每期付款在公允租金与数据通信费 300 元/(台·年)之间进行合理分摊。

5）具体情形分析

情形1：若A公司仅分拆后5年的数据通信服务，则将第1年至第4年的2 000元/（台·年）、第5年的800元/（台·年）以及第6至10年的500元/（台·年）的付款均视为租赁付款额的一部分。基于上述分析，我们确定了租赁负债的初始计量数额，并据以计算出使用权资产的初始入账价值。在接下来的5年里，A公司将租赁及服务的总费用通过使用权资产的折旧计提与租赁负债的利息费用来反映；而在随后的5年期间，对于服务产生的成本，A公司则选择在每个服务当期直接确认300元的费用。

情形2：若A公司选择分拆整个10年的数据通信服务，则将第1年至第4年的1 700元/（台·年）和第5年至第10年的500元/（台·年）的付款纳入租赁付款额。在整个合同期内，A公司每年在接受数据通信服务时确认300元的成本费用。

通过这样的处理，A公司能够确保租赁交易的会计记录既符合准则要求，又能准确反映交易的实质和经济效果。

5.6.5 案例总结

5.6.5.1 承租人的会计处理选项

（1）承租人有权根据租赁资产的类别决定是否将合同中的租赁和非租赁部分进行分拆。

（2）如果选择不进行分拆处理，承租人应将涉及的所有租赁与非租赁部分合并视之，并依据租赁准则统一进行会计处理。但需注意，若存在依据《企业会计准则第22号——金融工具确认和计量》（2017年修订）规定需独立处理的嵌入衍生工具，则不应将其纳入租赁部分的合并处理范畴。

（3）如果选择分拆，承租人应根据租赁部分和非租赁部分各自的独立价格，按比例分摊合同对价。独立价格应基于出租人或类似资产供应商的单独收费标准确定。如果难以获取可观察的独立价格，承租人应利用所有可观察信息来估计。

5.6.5.2 出租人的会计处理要求

（1）出租人必须将合同中的租赁和非租赁部分进行分拆。租赁部分应遵循租赁准则，非租赁部分则应按照其他适用的企业会计准则进行会计处理。

（2）在分拆过程中，出租人应依据《企业会计准则第14号——收入》中关于交易价格分摊的规定来分配合同对价。

通过这种区分，租赁准则确保了承租人和出租人能够根据合同的具体内容，选择最合适的会计处理方法，同时保证了会计信息的准确性和透明度。针对合同中既包含租赁又包含非租赁部分的情形，图5.6.1为承租人与出租人提供了租赁的分拆流程，作为他们进行账务处理时的直观参考依据。

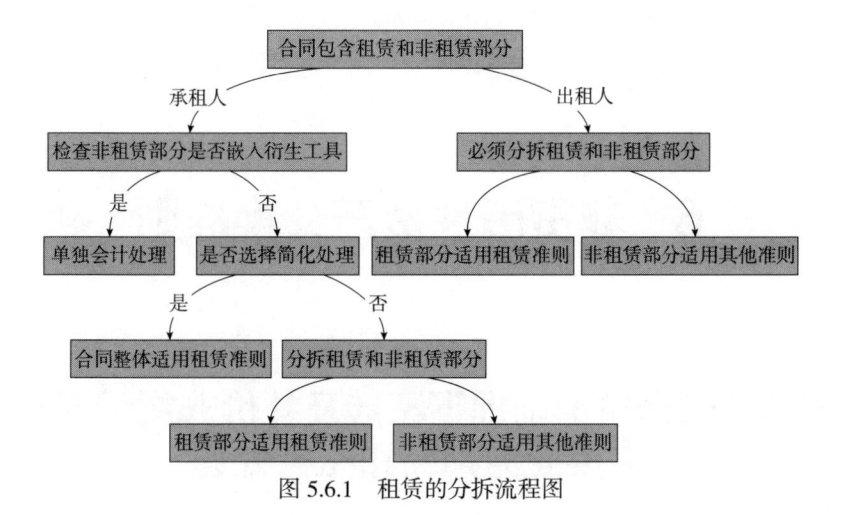

图 5.6.1　租赁的分拆流程图

6 非货币性资产交换准则

6.1 公允价值前提下不涉及补价非货币资产交换业务判断和账务处理

6.1.1 案例概述

案例 6-1 A 公司与 B 公司之间达成了一项资产交换协议,作为增值税一般纳税人,双方均需遵循 13% 的增值税税率规定。此次交易的基础是双方于 2024 年 2 月 20 日正式签署并生效的资产交换合同,该合同一经双方签字盖章即产生法律约束力。

依据合同内容的要求,A 公司以其经营中使用的原值为 10 万元,并且已累计折旧 2.6 万元,现在账面价值剩余为 7.4 万元的设备,与 B 公司价值为 7 万元账面价值的一批办公家具进行等价交换。值得注意的是,在交换过程中,双方资产的公允价值均被专业评估确定为 7.5 万元。

在交换过程中,A 公司和 B 公司均开具了增值税专用发票,发票上注明的计税价格为 7.5 万元,相应的增值税税额为 9 750 元。此外,A 公司还支付了 1 500 元的设备清理费用,该费用通过银行存款结算。值得注意的是,A 公司和 B 公司在此次交易之前均未对相关资产计提减值准备。此次交易中,除增值税外,未产生其他税费。

交易完成后,A 公司接收的办公家具将被纳入其固定资产范畴,用于日常办公;相应地,B 公司获得的设备也将作为其固定资产,用于生产经营活动。这一资产交换过程,不仅实现了双方资源的优化配置,也体现了市场公允价值在交易中的重要作用。

通过此次资产交换,A 公司和 B 公司能够将各自不再需要的资产转换为更符合其当前需求的资产,同时在会计处理上也符合相关的税务和会计准则。

思考问题:

A 公司该如何进行相关会计处理?

6.1.2 准则依据阐述

以下是对《企业会计准则第 7 号——非货币性资产交换》第六条至第八条关键内容的提炼与深度剖析。

1）第六条：公允价值计量的先决条件

非货币性资产交换适用公允价值计量，须同时满足2个先决条件：其一，交易需展现商业实质，即交易在经济层面真实反映了资源的交换；其二，公允价值的可获取性，确保换入与换出资产的公允价值均能被准确且可靠地评估。在缺乏明确证据表明换入资产公允价值更为优越的情况下，通常依据换出资产的公允价值作为会计处理的基础。

2）第七条：额外信息获取途径

具体内容参见本书2.14.2。

3）第八条：公允价值计量下的具体会计处理

在公允价值计量框架下的非货币性资产交换中，换入与换出资产的会计处理被明确界定：

（1）换入资产：其成本确定依据为换出资产的公允价值加上交易过程中产生的相关税费。然而，如果存在确凿证据表明换入资产的公允价值更为精准可靠，其成本将据此及相应税费确定。

（2）换出资产：资产从资产负债表中剥离时，其公允价值与原始账面价值间的差异将直接计入当期损益，从而精准反映交易对企业财务状况的即时效应，确保会计信息的真实性与相关性。

6.1.3 关键分析与解读

在进行非货币性资产交换的会计处理时，企业需严格依照《企业会计准则第7号——非货币性资产交换》的指引。首要任务是评估交易是否适用公允价值计量，关键在于判断交易是否蕴含商业实质，并且所涉及资产的公允价值能否被精确且可靠地估量。如果满足这些条件，采用公允价值计量法；如果不满足，依据账面价值进行处理。

6.1.3.1 商业实质的界定标准

商业实质的判断侧重于交易对企业未来现金流量的显著影响。如果换入与换出资产在未来现金流量的特征（如风险、时间分布或金额）上存在显著差异，或两者在预计未来现金流量的现值上存在足以影响公允价值评估的重要偏离，该交易被视为具有商业实质。例如，设备换存货因现金流时间差异而体现商业实质；相似公寓楼因租户风险不同导致的现金流不确定性差异也是商业实质的判断依据。在复杂情况下，可通过比较换入资产与继续持有换出资产的未来现金流现值，并结合企业的具体税率和折现率，来深入验证商业实质的存在。

6.1.3.2 资产类别对判断的影响

跨类别资产交换因其资产负债表中的不同分类，往往更容易被识别商业实质。而对同类资产交换，则需细致分析其对未来现金流的特定影响，以确定其是否具备商业实质。

6.1.3.3 会计处理的五项核心原则

（1）公允价值透明性：合同应明确列示相关资产的公允价值；如果无明确约定，采用交易发生日的公允价值。

（2）计量基础选择：在公允价值均可信赖的情况下，首选换出资产的公允价值作为计量基准，除非换入资产的公允价值信息更为直接和可靠。

（3）输入值优先级：评估公允价值时，应优先考虑第一层次（最高可信度）的输入值，而第三层次（最低可信度）的输入值则需审慎对待。

（4）换入资产成本确定：通常，换入资产的成本以换出资产的公允价值加相关税费计算；如果换入资产的公允价值更为可靠，以其为基准。

（5）换出资产处置：在换出资产终止确认时，其公允价值与账面价值之差应计入当期损益；如果换入资产的公允价值更为可靠，据此调整损益。

综上所述，非货币性资产交换的会计处理是一个全面考虑的过程，要求企业深入分析交易的商业实质、公允价值的可信度及资产类别特性，以确保会计信息的准确性和决策的有用性。

6.1.4 案例深度剖析

在案例 6-1 中，A 公司和 B 公司进行了一项资产交换，涉及的资产为办公家具和设备，均属于非货币性资产。此次交换并未涉及货币性资产的收付。对 A 公司而言，虽然换入的办公家具也作为固定资产进行使用和管理，但其产生的未来现金流主要依赖于员工的使用，而换出的设备则通过生产和销售产品来实现现金流。鉴于这两种资产在现金流的风险特征、时间分布以及具体金额上均呈现出显著的差异性，此次资产交换被认定为具有商业实质。此外，考虑到这两项资产的公允价值均能够通过可靠方式予以计量，这满足了以公允价值作为计量基础的必要条件。在没有任何确凿证据显示换入资产的公允价值相比换出资产而言更为可靠的前提下，A 公司应按照非货币性资产交换准则，以换出资产的公允价值为基础确定换入资产的成本，并确认换出资产产生的损益。

（1）A 公司的会计处理如下：

借：固定资产清理　　　　　　　　　　　　　　　　　　　　　85 250
　　累计折旧　　　　　　　　　　　　　　　　　　　　　　　　26 000
　　贷：固定资产——设备　　　　　　　　　　　　　　　　　100 000
　　　　银行存款　　　　　　　　　　　　　　　　　　　　　　 1 500
　　　　应交税费——应交增值税（销项税额）　　　　　　　　　 9 750
借：固定资产——办公家具　　　　　　　　　　　　　　　　　 75 000
　　应交税费——应交增值税（进项税额）　　　　　　　　　　　 9 750
　　资产处置损益　　　　　　　　　　　　　　　　　　　　　　　 500
　　贷：固定资产清理　　　　　　　　　　　　　　　　　　　　85 250

（2）针对 B 公司而言，其涉及的相关收入应严格遵循《企业会计准则第 14 号——收入》的具体规定来进行会计处理。在假定换出的存货交易完全符合收入确认的既定条件时，B 公司将按照以下步骤进行账务处理：

借：固定资产——设备	75 000	
应交税费——应交增值税（进项税额）	9 750	
贷：主营业务收入		75 000
应交税费——应交增值税（销项税额）		9 750

此外，B公司还需将换出存货的成本结转为当期营业成本。这样的会计处理确保了交易的公允性和透明度，符合会计准则的要求。

6.1.5 案例总结

在进行非货币性资产交换并遵循公允价值计量时，企业应确立换出资产的公允价值及其相关税费之和为换入资产成本的基准。这一做法建立在一个核心假设之上，即无确凿证据显示换入资产的公允价值在可信度上超越换出资产。在此计量体系框架内，无论交易是否涉及差额补偿，换出资产的公允价值与其账面价值之间的差异都将直接体现在企业当期损益中，准确反映交易的经济实质和财务影响。

6.1.5.1 处理换出资产公允价值与账面价值间的差异

如果两者资产的公允价值均能通过可靠方式确定，初始时以换出资产的公允价值作为换入资产成本计算的基准。然而，如果存在确凿证据指明换入资产的公允价值更为精确，应以此为准。针对这一差异，需依据资产的具体类型采取不同会计处理方式：

（1）存货：视为销售行为，确认收入并结转成本，差额则作为营业利润进行核算。

（2）固定资产与无形资产：差额直接计入资产处置损益，以反映资产处置过程中的经济结果。

（3）长期股权投资：差额归入投资收益，体现投资活动的经济效益。

6.1.5.2 换入资产成本的精准计算

依据《企业会计准则第7号——非货币性资产交换》的明确规定，在公允价值计量规则下，换入资产的成本通过详细计算得出，公式为：

$$\text{换入资产成本} = \text{换出资产公允价值} + \text{换出资产应纳增值税销项税额} + \text{计入换入资产成本的其他相关税费} - \text{换入资产可抵扣的增值税进项税额}$$

此公式全面考量了交易过程中涉及的各类税费，确保了换入资产成本的精确无误，进而提升了企业财务报告的准确性和信息透明度。

6.1.5.3 相关会计分录

（1）换出资产为存货：

确认存货收入：

借：换入资产
　　应交税费——应交增值税（进项税额）
　贷：主营业务收入/其他业务收入
　　应交税费——应交增值税（销项税额）

结转存货成本：

借：主营业务成本／其他业务成本

　　贷：库存商品／原材料

（2）换出资产为固定资产：

结转固定资产账面价值：

借：固定资产清理

　　累计折旧

　　固定资产减值准备

　　贷：固定资产

支付清理费用：

借：固定资产清理

　　贷：银行存款

计算应交税费：

借：固定资产清理

　　贷：应交税费——应交增值税（销项税额）

换入相关资产：

借：换入资产

　　应交税费——应交增值税（进项税额）

　　贷：固定资产清理

结转固定资产净损益：

借：资产处置损益

　　贷：固定资产清理

或者：

借：固定资产清理

　　贷：资产处置损益

（3）换出资产为无形资产：

借：换入资产

　　累计摊销

　　无形资产减值准备

　　贷：无形资产

　　　　应交税费——应交增值税（销项税额）

　　　　资产处置损益（或借方）

（4）换出资产为长期股权投资：

借：换入资产

　　贷：长期股权投资

　　　　投资收益（或借方）

以上会计分录确保了非货币性资产交换的会计处理既符合准则要求，又能准确反映企业的财务状况。

6.2 公允价值前提下涉及补价情形的账务处理

6.2.1 案例概述

案例 6-2 2024 年 5 月 15 日，A 公司为了提升其产品的质量，与 B 公司达成了一项协议，以获取 B 公司所拥有的一项专利技术。根据双方签订的合同，A 公司决定用其持有的联营企业 C 公司的 20% 股份作为交换条件。C 公司是一家上市公司，根据合同生效当日的股票市场价格，这部分股权的公允价值被评估为 700 万元人民币。与此同时，B 公司专利的公允价值为 650 万元，这一价值是由第三方评估机构依据 B 公司提供的数据，运用专业估值技术得出的。鉴于 A 公司对这项专利技术的迫切需求，A 公司同意 B 公司通过银行转账支付 40 万元的差价。

到了 2024 年 6 月 18 日，专利权的所有权转移手续顺利完成，专利权正式归属于 A 公司。B 公司在接手 C 公司 20% 的股份后，派遣了一名董事取代了 A 公司原派遣的董事，从而对 C 公司产生了重大影响，使得 C 公司成了 B 公司的联营企业。相关的股权过户手续、董事会成员变更、董事会决议以及公司章程的修订，都在 2024 年 6 月 30 日完成并正式生效。

截至 2024 年 6 月 30 日，A 公司的长期股权投资账户当前记录着 630 万元的账面价值，这一数值是通过将初始投资成本 670 万元进行调整后得出的，具体调整是扣除了 40 万元的损益变动。相比之下，B 公司所拥有的专利权，其当前账面价值为 680 万元，这一价值相较于其原始的 800 万元账面价值有所减少，减少数额为累计摊销额 120 万元。

在整个交易过程中，A 公司和 B 公司均未对涉及的资产进行减值准备。自 C 公司成立以来，也未发生任何其他综合收益的变动。此外，交易过程中没有产生任何相关的税费。

思考问题：
A 公司、B 公司该如何进行相关会计处理？

6.2.2 准则依据阐述

以下是对《企业会计准则第 7 号——非货币性资产交换》第六条、第七条和第九条的主要内容概述和解析。

1）第六条
具体内容参见本书 6.1.2。

2）第七条

具体内容参见本书 2.14.2。

3）第九条：公允价值计量框架下非货币性资产交换的补价调整规则

针对涉及公允价值计量的非货币性资产交换，如果交易条款中明确包含补价的支付或收取，需按照以下具体原则进行会计处理：

1）补价支付方视角

（1）企业应将换出资产的公允价值、实际支付给对方的补价（按公允价值计量）以及因此项交易所产生的相关税费三者之和，共同确定为换入资产的入账成本。

（2）换出资产的公允价值与其账面记载价值之间的差额，需即时确认为企业当期的损益变动，以真实反映该交易对企业财务状况的即时效应。

（3）如果存在充分且确凿的证据表明换入资产的公允价值更为可靠时，应以换入资产的公允价值及其附带的相关税费，作为换入资产初始确认的计量基础。在此情境下，换入资产的公允价值扣除已支付的补价公允价值后，与换出资产账面价值之间的差额，同样应计入当期损益进行核算。

2）补价接收方视角

（1）对于接收补价的一方，换入资产的成本应计算为换出资产的公允价值减去收到的补价（按公允价值计量），并加上因此项交易所产生的必要税费。

（2）类似于补价支付方，换出资产的公允价值与其原始账面价值之间的差异，亦需计入当期损益，以保障财务报告的精确性与时效性。

（3）如果根据确凿证据判断换入资产的公允价值更为合理可靠，应以其公允价值及伴随的相关税费，作为换入资产初始计量的依据。此时，换入资产的公允价值加上收到的补价公允价值后，相较于换出资产账面价值的增减变动，应相应计入企业的当期损益之中。

6.2.3 关键分析与解读

当企业进行涉及补价的非货币性资产交换时，其会计处理必须灵活应对各种具体情况，遵循以下具体规则。

6.2.3.1 支付补价方企业的会计处理

（1）基于换出资产公允价值计量：换入资产的成本构成包括换出资产的公允价值、实际支付的补价金额以及交易中发生的税费。此外，企业还需将换出资产公允价值与其账面价值之间的差异，作为当期损益进行确认。

（2）基于换入资产公允价值计量（如果更可靠）：在确凿证据表明换入资产公允价值更为精确可靠的情况下，换入资产的初始计量应调整为换入资产公允价值与相关税费之和。在此过程中，企业需先扣除支付的补价后，将调整后的换入资产公允价值与换出资产的账面价值进行比较，所得差额需计入当期损益。

6.2.3.2 收到补价方企业的会计处理

（1）基于换出资产公允价值计量：换入资产的成本由换出资产的公允价值减去收到的补价，并加上交易税费得出。同时，企业还需将换出资产公允价值与其账面价值之间的差异，确认为当期的损益。

（2）基于换入资产公允价值计量（如果更可靠）：如果存在确凿证据支持换入资产公允价值作为更可靠的计量基础，企业则直接将换入资产公允价值加上相关税费，作为换入资产的初始计量。随后，将换入资产公允价值与收到的补价之和，与换出资产的账面价值进行对比，所产生的差额同样需计入当期损益。

上述会计处理方法的灵活性，确保了企业在不同补价情境下，能够准确捕捉交易的经济实质，并合理反映相关的财务影响，从而保证会计信息的真实性和相关性。

6.2.4 案例深度剖析

在一项不涉及货币性资产收付的资产交换中，A 公司与 B 公司分别以其长期股权投资和无形资产进行了交换，且补价 40 万元在整个交易金额中所占比例不足 25%，因此该交易被界定为非货币性资产交换。

A 公司通过从 B 公司引进专利权，预期能够大幅增强产品竞争力，进而借助这些改进后的产品销售实现现金流的显著增长。这一转型策略与 A 公司原先通过长期持有 C 公司股权（主要依赖股利分红获取现金流）的方式，在风险特性、回报周期及资金规模上形成了鲜明对比，凸显了此交易的经济合理性和实质性。相应地，B 公司在接纳 A 公司的长期股权投资后，成功地将 C 公司纳入其联营体系，赋予了 B 公司深入介入 C 公司财务及运营战略的能力，开辟了全新的现金流渠道，这与直接变现专利权所预见的现金流路径截然不同，进一步验证了交易的商业逻辑和本质。

在双方均确认相关资产公允价值具备可靠性，且没有信息显示换入资产的公允价值更具优势的基础上，A 公司与 B 公司共同选择了以各自交出的资产公允价值作为交易定价的基准，用于确定换入资产的成本，并以此为基础计算交易引发的损益变动。

具体到交易细节，C 公司作为公开市场上市的企业，其 20% 股权的公允价值直接通过市场股价核算得出，为 700 万元，这代表了最高精度的估值输入。而 B 公司的专利权则经历了复杂的估值流程，最终确定公允价值为 680 万元，这属于估值层级中较为间接的一类。基于这些参数，A 公司以其出让的 C 公司 20% 股权公允价值 700 万元为基础，扣除接收到的 40 万元补价后，计算出换入的专利权成本为 660 万元。同时，A 公司将出让资产公允价值与账面价值之间的 70 万元增值部分确认为当期收益。

对 B 公司而言，其以获得的 C 公司 20% 股权公允价值 700 万元作为初始会计记录，扣除支付的 40 万元补价后，与交出的专利权账面价值 680 万元相比，出现了 20 万元的负差异（即公允价值调整后的结果），该差异亦被及时计入当期损益，直观反映了此交易对 B 公司财务状况的即期效应。

（1）A 公司的会计处理如下：

借：无形资产——专利权　　　　　　　　　　　6 600 000
　　长期股权投资——损益调整　　　　　　　　　400 000
　　银行存款　　　　　　　　　　　　　　　　　400 000
　　贷：长期股权投资——投资成本　　　　　　　6 700 000
　　　　投资收益　　　　　　　　　　　　　　　700 000

（2）B 公司的会计处理如下：

借：长期股权投资——投资成本　　　　　　　　7 000 000
　　累计摊销　　　　　　　　　　　　　　　　1 200 000
　　资产处置损益　　　　　　　　　　　　　　　200 000
　　贷：无形资产——专利权　　　　　　　　　8 000 000
　　　　银行存款　　　　　　　　　　　　　　　400 000

6.2.5　案例总结

在非货币性资产交换过程中，企业需遵循既定的会计准则框架，精确核算换入资产的成本，并据此合理确认当期损益。针对交易中可能涉及的补价情况，企业需根据公允价值的可靠性采取不同的会计处理方式。

6.2.5.1　对支付补价的企业而言

（1）当换出资产公允价值更可靠时：

成本计量：换入资产的成本等于换出资产的公允价值，加上（如已确定）支付的补价公允价值，以及相关的税费支出。

损益核算：将换出资产的公允价值与其账面价值之间的差额计入当期损益，以准确反映交易的财务影响。

（2）当换入资产公允价值更可靠时：

成本计量：换入资产的成本直接以其公允价值为基础，加上必要的相关税费，而不直接考虑支付的补价。

损益核算：在计算损益时，先从换入资产的公允价值中扣除（如已明确）支付的补价公允价值，然后与换出资产的账面价值进行比较，所得差额计入当期损益。

6.2.5.2　对收到补价的企业而言

（1）当换出资产公允价值更可靠时：

成本计量：换入资产的成本计算涉及从换出资产的公允价值中减去（如已明确）收到的补价公允价值，再加上相应的税费。

损益核算：换出资产的公允价值与其账面价值之差，同样作为当期损益进行反映。

（2）当换入资产公允价值更可靠时：

成本计量：换入资产的成本直接依据其公允价值加上相关税费确定，不受收到补价的直接影响。

损益核算：此时，将换入资产的公允价值（可能加上收到的补价公允价值，如果已确定）与换出资产的账面价值之差，计入当期损益，以全面揭示交易的经济效应。

上述会计处理方法不仅确保了非货币性资产交换的会计处理准确无误，还严格遵循了会计准则的原则，有效展现了交易的商业实质及其对企业财务状况的真实影响。这种处理方式为企业的利益相关方提供了清晰、透明且可靠的财务信息基础。

6.3 多项资产换入与换出业务公允价值为计量基础的会计处理

6.3.1 案例概述

案例 6-3 2024 年 3 月 15 日，A 公司与 B 公司（均为增值税一般纳税人）经过协商签订了一份资产交换合同，该合同自签订日起即时生效。按照合同条款规定，A 公司在此次资产交换中投入的资产涵盖了：一座生产厂房，其经专业评估的公允价值为 110 万元；一栋长期用于租赁的公寓楼，其公允价值为 390 万元；A 公司作为交易性金融资产管理的 P 公司股票投资，该股票在交易日的公允价值达到 30 万元，而其账面价值则为 25 万元。与此同时，B 公司则贡献了一块土地使用权（其公允价值为 240 万元），以及正在运营中的 10 辆货车（总计公允价值为 300 万元）。作为交换的一部分，A 公司还额外向 B 公司支付了 10 万元的银行存款作为补价。至 2024 年 3 月 31 日，双方顺利完成了所有资产交换的法定程序与手续。

在交换当日的账面价值详细如下：A 公司的厂房账面价值为 120 万元，这是基于原价 150 万元扣除累计折旧 30 万元后得出的；公寓楼则作为投资性房地产以成本模式计量，其账面价值为 360 万元，由原价 420 万元减去累计折旧 60 万元计算得出。相应地，B 公司提供的土地使用权账面价值为 210 万元，源于成本 220 万元中扣除了累计摊销的 10 万元；而 10 辆货车的账面价值则为 320 万元，这是从原价 400 万元中减去累计折旧 80 万元后得出的。

在有关税务处理上，A 公司为厂房和公寓楼分别开具了增值税专用发票，注明计税价格分别为 110 万元和 390 万元，增值税额分别为 9.9 万元和 35.1 万元。B 公司也为土地使用权和货车开具了增值税专用发票，计税价格分别为 240 万元和 300 万元，增值税额分别为 21.6 万元和 39 万元。A 公司最终向 B 公司支付了 15.6 万元的增值税差额。

交易过程中，A 公司还支付了土地使用权的契税及过户费用 5 万元，而 B 公司则为厂房和公寓楼支付了契税及过户费用，分别为 3 万元和 10 万元。值得注意的是，A 公司和 B 公司在此次交易前均未对所涉及的资产计提减值准备，且资产交换后的使用目的并未发生改变。此次交易中未考虑其他可能的税费。

思考问题：

A 公司、B 公司该如何进行相关会计处理？

6.3.2 准则依据阐述

以下是对《企业会计准则第 7 号——非货币性资产交换》第六条、第七条和第十条的规定概述与解析。

1）第六条

具体内容参见本书 6.1.2。

2）第七条

具体内容参见本书 2.14.2。

3）第十条：非货币性资产交换中多项资产公允价值计量的操作指引

企业在进行非货币性资产交换活动，且该交换以公允价值为基础，同时牵涉多项资产的交换进出时，需遵循以下具体的操作指南。

1）关于同时换入的多重资产

（1）价值分配原则：如果换入的资产组合中，除金融资产外还包含其他类型的资产，应根据这些非金融资产公允价值的相对权重，对换出资产公允价值净额（已纳入补价调整，即经换入金融资产公允价值调整后的净额）进行合理且均衡的分配。

（2）成本确认流程：分配给每项换入资产的金额，需进一步加上相关税费，共同构成其初始入账成本的核算基础，确保成本计算的准确无误。

（3）特殊情况的调整：在确凿证据表明换入资产的公允价值更加准确可靠的情况下，应直接采纳其公允价值及相关税费，作为各换入资产初始计量的基准。

2）关于同时换出的多重资产

（1）损益核算方法：在换出资产的所有权发生转移、换出资产正式终止确认时，应计算每项资产的公允价值与其账面价值之间的差额，并将此差额计入当期损益，以准确反映交易对企业当期经营绩效的实质性影响。

（2）换入价值重新分配：如果经评估确认换入资产的公允价值更为可信，需根据换出资产公允价值的相对比例，对调整后的换入资产公允价值总额（已考虑补价影响）进行再次分配，以确保价值分配的公正性和合理性。

（3）差额损益的确认：按上述方法重新分配后，换出资产分摊到的金额与其原始账面价值之间的差额，同样需要在资产终止确认时将其计入当期损益，以便全面且准确地反映该交易所带来的财务影响。

6.3.3 关键分析与解读

在非货币性资产交换的领域中，企业需应对多样化的交易挑战，涵盖单资产对多资产、多资产对单资产及多资产间互换等模式,且此类交易往往伴随补价调整。面对这些复杂的交换情况,企业首先需评估交易是否满足公允价值计量的先决条件,而后严格遵循非货币性资产交换的会计准则,逐一精确地确定所有相关资产的初始计量值,并据以细致核算交易带来的损益变动。

6.3.3.1　换出资产公允价值导向的计量

(1) 多项换入资产的合理分配:在换入多项资产且难以直接对应换出资产时,企业应采用换入资产公允价值的相对比例(或当公允价值不可得时,采用账面价值等合理替代)来分摊换出资产的公允价值。经过补价调整,最终确定每项换入资产的成本,并计入相关税费完成初始计量。

(2) 金融资产的专项会计处理:如果换入资产中包含金融资产,需依据《企业会计准则第 22 号——金融工具确认和计量》(2017 年修订)进行特殊处理,即先从换出资产总额中剔除金融资产的公允价值,再对其余非金融资产进行初始计量。

(3) 换出多项资产的损益核算:对于同时换出的多项资产,企业在每项资产终止确认时,需计算其公允价值与账面价值之差,并将其计入当期损益,以全面体现交易的经济影响。

6.3.3.2　换入资产公允价值导向的计量

(1) 换入资产成本的直接确认:在同时换入多项资产时,企业直接依据每项换入资产的公允价值及相关税费确定其初始计量金额,确保计量的精确性和透明度。

(2) 换出资产损益的详细处理:对于同时换出的多项资产,企业首先需根据换入资产公允价值的比例分摊换出资产总额,并考虑补价因素,而后基于分摊结果确定每项换出资产的损益,并在终止确认时将其计入当期损益。如果涉及金融资产,需依据《企业会计准则第 22 号——金融工具确认和计量》(2017 年修订)评估其终止确认条件,并在计算其他资产损益时剔除该金融资产的公允价值。

通过上述全面的计量标准与操作指南,企业能够确保非货币性资产交换的会计处理不仅符合会计准则的严格规定,而且能够真实、全面地反映交易的经济实质及其对企业财务状况的深刻影响,为所有利益相关者提供清晰、透明的财务信息。

6.3.4　案例深度剖析

在案例 6-3 中,涉及的资产交换包含了货币性资产的收付,但该货币资产的收付占总交换金额的比例较小,因此整体交易被归类为非货币性资产交换。补价为 10 万元,相对于总交换金额 540 万元,占比仅为 1.85%,低于 25% 的界定标准。

6.3.4.1　A 公司相关会计处理

1) 确定各项换入资产的初始计量金额

A 公司换入的各项资产的初始计量金额详见表 6.3.1。

表 6.3.1　A 公司各项换入资产初始计量金额的确定

单位：万元

投入资产	公允价值	换出资产公允价值总额＋补价	分摊额	相关税费	初始计量金额
无形资产——土地使用权	240	—	240	5%	245
固定资产——货车	300	—	300	0	300
合计	540	540	540	5%	545

2）确定各项换出资产终止确认的相关损益

A 公司换出的各项资产终止确认的相关损益详见表 6.3.2。

表 6.3.2　A 公司各项换出资产终止确认的相关损益

单位：万元

换出资产	账面价值	公允价值	处置损益
交易性金融资产——P 公司股票	25	30	5
固定资产——厂房	120	110	-10
投资性房地产	360	390	30
合计	505	530	25

3）A 公司的具体会计处理

（1）对于换出的厂房，执行终止确认程序，并将其从原有账目中转入"固定资产清理"科目进行处理。

借：固定资产清理　　　　　　　　　　　　　　　　　　1 299 000
　　累计折旧——厂房　　　　　　　　　　　　　　　　　　300 000
　　贷：固定资产—厂房　　　　　　　　　　　　　　　　1 500 000
　　　　应交税费——应交增值税（销项税额）　　　　　　　99 000

（2）确认换入的土地使用权和货车，同时确认换出资产相关损益。

借：无形资产——土地使用权　　　　　　　　　　　　　2 400 000
　　固定资产——货车　　　　　　　　　　　　　　　　3 000 000
　　应交税费——应交增值税（进项税额）　　　　　　　　606 000
　　资产处置损益　　　　　　　　　　　　　　　　　　　100 000
　　贷：固定资产清理　　　　　　　　　　　　　　　　1 299 000
　　　　其他业务收入　　　　　　　　　　　　　　　　3 900 000
　　　　交易性金融资产——P 公司股票　　　　　　　　　250 000
　　　　投资收益　　　　　　　　　　　　　　　　　　　 50 000
　　　　应交税费——应交增值税（销项税额）　　　　　　351 000
　　　　银行存款　　　　　　　　　　　　　　　　　　　256 000

（3）确认换入的土地使用权的相关税费。

借：无形资产——土地使用权　　　　　　　　　　　　　　50 000
　　贷：银行存款　　　　　　　　　　　　　　　　　　　　50 000

（4）终止确认换出的投资性房地产，结转其他业务成本。

借：其他业务成本　　　　　　　　　　　　　　　　　　3 600 000
　　投资性房地产累计折旧　　　　　　　　　　　　　　　 600 000
　　贷：投资性房地产　　　　　　　　　　　　　　　　 4 200 000

6.3.4.2　B公司相关会计处理

1）确定各项换入资产的初始计量金额

B公司换入的各项资产的初始计量金额详见表6.3.3。

表6.3.3　B公司各项换入资产初始计量金额的确定

单位：万元

投入资产	公允价值	换出资产公允价值总额－补价－换入金融资产公允价值	分摊额	相关税费	初始计量金额
固定资产——厂房	110	—	110	3%	113
投资性房地产	390	—	390	10%	400
合计	500	500	500	13%	513
交易性金融资产——P公司股票	30	—	—	0	30

2）确定各项换出资产终止确认的相关损益

B公司换出的各项资产终止确认的相关损益详见表6.3.4。

表6.3.4　B公司换出资产终止确认的相关损益

单位：万元

换出资产	账面价值	公允价值	处置损益
无形资产——土地使用权	210	240	30
固定资产——货车	320	300	−20
合计	530	540	10

3）B公司的具体会计处理

（1）对于换出的厂房，执行终止确认程序，并将其从原有账目中转入"固定资产清理"科目进行处理。

借：固定资产清理　　　　　　　　　　　　　　　　　　3 590 000
　　累计折旧——货车　　　　　　　　　　　　　　　　　800 000
　　贷：固定资产——货车　　　　　　　　　　　　　　4 000 000
　　　　应交税费——应交增值税（销项税额）　　　　　　 390 000

（2）确认换入的厂房和公寓楼及股票投资，同时确认换出资产相关损益。

借：固定资产——厂房　　　　　　　　　　　　　　　1 100 000
　　投资性房地产　　　　　　　　　　　　　　　　　3 900 000
　　交易性金融资产——P 公司股票　　　　　　　　　　300 000
　　应交税费——应交增值税（进项税额）　　　　　　　450 000
　　银行存款　　　　　　　　　　　　　　　　　　　　256 000
　　累计摊销　　　　　　　　　　　　　　　　　　　　100 000
　　贷：无形资产——土地使用权　　　　　　　　　　2 200 000
　　　　应交税费——应交增值税（销项税额）　　　　　216 000
　　　　资产处置损益　　　　　　　　　　　　　　　　100 000
　　　　固定资产清理　　　　　　　　　　　　　　　3 590 000

（3）确认换入的厂房和公寓楼的相关税费。

借：固定资产——厂房　　　　　　　　　　　　　　　　30 000
　　投资性房地产　　　　　　　　　　　　　　　　　　100 000
　　贷：银行存款　　　　　　　　　　　　　　　　　　130 000

通过这些会计处理，A 公司和 B 公司均能准确反映资产交换对各自财务状况的影响，并确保交易的会计记录既规范又透明。

6.3.5　案例总结

在非货币性资产交换的复杂情形中，企业可能进行多种资产的交换，如用单一非货币性资产换取对方企业的多项资产，或者用多项资产换取对方企业的单一或多项非货币性资产，这些情形可能伴随补价的收付。与单项资产交换相同，涉及多项资产的交换需要首先确立资产成本的计量基础和损益确认的标准，随后计算换入资产的总成本。

6.3.5.1　涉及多项资产交换的计算公式

企业应依据各项换入资产的公允价值与换入资产公允价值总额的比例，对总成本进行分摊，以确定每项资产的成本，计算公式可表示为：

$$各项换入资产成本 = \frac{该项资产公允价值}{投入资产公允价值总额} \times 换入资产成本总额$$

6.3.5.2　非货币性资产交换详细操作流程总结

1）基于换出资产公允价值的计量方式

（1）总成本计算：依据单一资产交换的会计准则，精确计算出换入资产组合的总体成本。

（2）成本分摊机制：依据换入资产中非金融资产公允价值的相对权重，将总成本进行合理、公平的分摊。针对直接按公允价值计量的金融资产，直接确认其成本；而对于非金融资产，则在扣除金融资产公允价值后的剩余基础上，按比例分配成本，并确保在计算过程中充分考虑所有相关税费。

（3）损益核算：在换出资产所有权转移并完成终止确认时，将每项换出资产的公允价值与其原始账面价值之间的差额，精确计入企业当期损益，以此真实反映交易对当期财务状况的直接经济影响。

2）基于换入资产公允价值的计量方式

（1）换入成本确定：企业需明确换入资产的总成本，该成本由换入资产的公允价值与所有相关税费之和构成。

（2）换出资产价值分配：遵循单项资产交换的原则，估算换出资产的整体经济价值，并以此为基础，按比例将总价值分配到每一项被换出的资产上。

（3）金融资产处置：对于被换出的金融资产，如果其满足终止确认的会计条件，按照其公允价值进行相应的会计处理。

（4）非金融资产分配与损益核算：对于其他非金融资产，首先需从总价值中剔除金融资产的公允价值部分，随后将剩余的价值按比例分配至各项非金融资产。分配结果与各资产原始账面价值之间的差额，在资产终止确认时，应作为企业当期损益的一部分进行记录，以确保全面、准确地反映交易的财务效应。

上述流程不仅可以增强非货币性资产交换会计处理的透明度与合规性，还可以深刻揭示交易的经济内涵，为企业财务状况与经营成果的即时与长远评估提供精确的数据支持。

6.4　以账面价值为基础计量的非货币性资产交换

6.4.1　案例概述

案例 6-4　A 公司作为 B 公司的母公司，于 2024 年 4 月进行了一项资产交换。A 公司将其载货汽车交换为 B 公司所拥有的一套生产模具，且交易双方均未支付任何补价。

具体资产交换情况如下：

A 公司的载货汽车，原始购置成本为 18 万元，已累计计提折旧 6 万元，未有减值准备，目前公允市场价值评估为 12 万元。

B 公司的生产模具，原始购置成本为 20 万元，已累计计提折旧 8 万元，同样未有减值准备，公允市场价值为 13 万元。

在最初购买载货汽车和生产模具时，双方都已经抵扣了相应的进项税额。

此次交换过程中，双方未发生其他额外费用。

思考问题：

A 公司、B 公司应如何进行相关会计处理和税务处理？会计和税务之间有什么差异？

6.4.2 准则依据阐述

以下是针对《企业会计准则第 7 号——非货币性资产交换》第十一条与第十二条关键内容的简明概述与深入解读。

1）第十一条精髓提炼

当非货币性资产交换无法适用第六条规定的公允价值计量时，会计处理将转而遵循账面价值计量规则。这意味着：

（1）对换入资产的成本确定：换入资产的初始入账价值将基于换出资产的账面价值，并考虑交易中发生的额外税费进行调整。

（2）对换出资产的损益考量：鉴于采用账面价值计量，换出资产在会计上的处置不会触发任何利得或损失的确认。

2）第十二条细致剖析

在涉及补价的非货币性资产交换中，如果以账面价值为基础进行计量，其特定处理规则如下：

（1）支付补价情形。换入资产的入账价值计算公式为：换出资产的账面价值 + 支付的补价（亦以账面价值计量）+ 交易税费，整个过程不涉及交易损益的确认。

（2）收到补价情形。换入资产的入账价值计算方式为：换出资产的账面价值 – 收到的补价（按公允价值计量）+ 交易税费，整个处理流程同样不确认任何交易带来的损益。

上述条款的主要目的是在公允价值计量条件不具备的情况下，确保非货币性资产交换的会计处理保持高度的连贯性和可比性，同时通过清晰的规则指导，简化会计操作流程，进而提升财务信息的准确性和透明度。

6.4.3 关键分析与解读

在非货币性资产交换过程中，如果交易缺乏必要的商业实质，或虽具备商业实质但相关资产的公允价值难以达到准确可靠的计量标准，企业需依据换出资产的账面价值来设定换入资产的成本。在此情境下，无论交易的具体情况如何，会计上均不确认由此产生的任何损益。

6.4.3.1 换入资产成本的计算准则

（1）无补价情况：换入资产的成本直接由换出资产的账面价值加上交易过程中产生的相关税费构成，简洁明了。

（2）涉及补价情况：

①支付补价：换入资产的成本需在换出资产账面价值及税费基础上，额外加上实际支付的补价。

②收到补价：换入资产的成本为换出资产账面价值加税费后，扣除收到的补价金

额。这可以确保成本计算的准确性。

6.4.3.2 会计与税务处理的差异剖析

在采用账面价值计量非货币性资产交换时，会计处理保持了高度的简洁性，避免了损益的确认。然而，税务处理则有所不同，税法要求确认非货币性资产转让所得，即便会计上未予确认，这也导致了会计与税务处理之间的显著差异。为遵循税法规定，企业需调整应纳税所得额，确保税务合规。

（1）会计入账价值：严格依据换出资产的账面价值确定，体现了会计处理的稳健性。

（2）计税基础：原则上，计税基础基于换入资产的公允价值确定；如果公允价值无法获取，可能依据税法规定的替代方法进行合理估算，以符合税务要求。

此处理方式不仅可以简化会计记录流程，还可以兼顾税法对资产转让所得确认的强制性要求，确保企业的税务合规性。同时，由于会计与税务在资产价值确认上的基础差异，会产生暂时性差异，企业需通过适当的会计处理手段来反映并管理这种差异，以维护财务报表的准确性和完整性。

6.4.4 案例深度剖析

在分析 A 公司和 B 公司之间的非货币性资产交换的税会处理及差异时，我们首先注意到两公司存在关联关系，即便在公允价值存在的情况下进行了不对等交换，交易缺乏商业实质。以下是对 A 公司和 B 公司税会处理及差异的分析。

6.4.4.1 A 公司的税会处理及差异分析

（1）会计处理。

A 公司在进行固定资产（货车）的清理过程中，首先将其净值从固定资产账户转出至固定资产清理账户，相应的会计分录记录为：

借：固定资产清理	120 000
累计折旧	60 000
贷：固定资产——货车	180 000

随后，当 A 公司通过非货币性资产交换换入生产模具时，会计处理包括确认新固定资产（生产模具）的入账价值，并处理相关税费及可能的资产处置损益。相应的会计分录为：

借：固定资产——生产模具	120 000
应交税费——应交增值税（进项税额）	16 900
贷：固定资产清理	120 000
应交税费——应交增值税（销项税额）	15 600
资产处置损益	1 300

（2）税务处理。

换入生产模具的计税基础为 130 000。

换出货车应确认的资产转让所得为 10 000。

（3）税会差异分析。

非货币性资产交换实质上可视为一种"先出售再购置"的交易模式。在此情境下，A 公司被视为以货车的公允价值进行销售，鉴于先前已抵扣进项税，需按标准税率核算增值税的销项税额。

A 公司在处置货车时，基于转让财产所得计算企业所得税的应纳税所得额。鉴于货车的公允价值与其账面价值相吻合，财产转让所得为零。随后，A 公司以等价公允价值换入 B 公司的生产模具，但 B 公司主动减免了超出货车公允价值部分的金额，实质上相当于 A 公司获得了不含税价值为 10 000 元的无偿捐赠。尽管 A 公司在交易过程中实际实现了 11 300 元的净收益，但依据会计原则，仅确认了 1 300 元作为会计收益。为确保税务合规并真实反映企业经济成果，需在计算应纳税所得额时额外加入 10 000 元进行调整。

另一方面，A 公司在会计账簿中记录换入的生产模具入账价值为 120 000 元，然而，根据税法规定，该资产的计税基础被设定为 130 000 元，以反映包括捐赠部分在内的完整经济价值。因此，需对计税基础进行 10 000 元的调增处理。

6.4.4.2　B 公司的税会处理及差异分析

（1）会计处理。

B 公司将生产模具转入固定资产清理，会计分录如下：

借：固定资产清理	120 000
累计折旧	80 000
贷：固定资产——生产模具	200 000

换入货车的会计处理，会计分录为：

借：固定资产——货车	120 000
应交税费——应交增值税（进项税额）	15 600
资产处置损益	1 300
贷：固定资产清理	120 000
应交税费——应交增值税（销项税额）	16 900

（2）税务处理。

换入货车的计税基础为 120 000。

换出生产模具应确认的财产转让所得为 10 000。

（3）税会差异分析。

B 公司换入货车的计税基础与账面价值相等，故不作纳税调整。应调增应纳税所得额 8 700 元。

通过上述分析，A 公司和 B 公司在非货币性资产交换中的会计处理与税务处理存在差异，需要进行相应的调整以符合税法规定，并确保税会差异得到妥善处理。

6.4.5 案例总结

在进行非货币性资产交换的会计处理时，如果选择"账面价值为基础计量"的方式，常会遇到与税务法要求的公允价值视同销售原则之间的不一致。税务法规倾向于以公允价值作为资产转让的税务处理基准，因此，企业需要采取相应措施以协调会计与税务之间的差异。

6.4.5.1 会计处理的具体步骤

1）换入资产的会计入账

企业应将换出资产的账面价值，加上交易中涉及的各项税费，总和作为换入资产在会计记录中的初始价值。

当换出资产在会计账簿中终止确认时，不将其产生的任何交易收益或损失计入当期损益。

2）补价交易的会计处理

对于包含补价的交换，如果企业为补价的接收方，其补价应依据《企业会计准则第22号——金融工具确认和计量》（2017年修订）第三十三条，以公允价值为基础进行初始计量，以确保金融工具计量的准确性。

6.4.5.2 增值税管理的核心要素

增值税的征收和监管建立在精确的销售额认定之上。交易双方需依据公平、公正的原则，参考资产评估报告或近期市场上同类资产的交易价格，商定一个合理的等价金额，并以此为依据开具增值税发票。

6.4.5.3 企业所得税的处理指导

（1）对于换出资产：在企业所得税处理中，换出的资产被视为销售行为，其所得需根据公允价值（排除增值税）计算并确认。

（2）对于换入资产：新获得的资产，在企业所得税的计算中，其计税基础依据税前扣除凭证上载明的"销售额"确定。这种处理方式可能引发会计账面价值与企业所得税计税基础之间的暂时性不一致，企业需在税务申报时进行必要的调整，以确保遵循税法规定。

通过上述策略，企业能够有效管理非货币性资产交换中的会计与税务差异，保持会计处理的合规性，并确保会计记录与税务申报之间的和谐统一。

6.5 多项资产以账面价值为基础计量的非货币性资产交换

6.5.1 案例概述

案例 6-5 2024 年 3 月，A 公司面临经营战略的重大调整，导致其产品线也发生了显著变化。原有的专用设备和专利技术，原本用于生产旧产品，现在已不再适用于新产品的生产需求。经过与 B 公司的协商，A 公司决定将其专用设备和专利技术与 B 公司正在建设中的建筑物以及对 C 公司的长期股权投资交换。

A 公司用于交换的专用设备，其初始账面价值为 1 200 万元，截至交换发生时，已累计折旧达 750 万元；另外，所交换的专利技术，其原始账面价值为 450 万元，至交换时已摊销的金额为 270 万元。而 B 公司方面，其用于交换的在建工程在交换日的成本为 525 万元，另外，B 公司对 C 公司的长期股权投资在交换时的账面价值则为 150 万元。由于 A 公司持有的专用设备和专利技术在市场上已较为罕见，其公允价值难以准确评估。同样，B 公司的在建工程因为完工程度不易确定，其公允价值同样难以评估，加之 C 公司并非上市公司，B 公司对 C 公司的长期股权投资的公允价值也无法可靠计量。在这一交换过程中，A 公司和 B 公司均未对相关资产进行减值准备。假设在此过程中不考虑税费等其他因素。

思考问题：

A 公司、B 公司该如何进行相关会计处理？

6.5.2 准则依据阐述

对非货币性资产交换的相关会计准则与税法条例的深度剖析如下。

6.5.2.1 《企业会计准则第 7 号——非货币性资产交换》精髓分析

（1）账面价值计量指南：为非货币性资产交换在账面价值计量方式下提供了明确的操作指引。

（2）多资产交换的会计入账方法：针对同时换入多项资产的情况，采用换入资产公允价值的相对比例（如果公允价值不明，参考原账面价值或其他合理比例）来分配换出资产的账面价值总额（需考虑补价调整）及关联税费，以此确定各换入资产的初始会计记录价值。

（3）多资产换出的财务效应：在同时换出多项资产时，会计规则规定，这些资产在会计上终止确认时不产生任何交易损益的确认。

6.5.2.2 《中华人民共和国企业所得税法实施条例》税务分析

（1）非货币性交换的税务处理原则：该条例强调了企业非货币性资产交换在税务处

理上的等同性原则,即除非存在特定的税务豁免条款(由更高层税务管理机构规定),否则此类交换在税务上应被视为销售、财产转让或劳务提供进行处理,以保障税收的公正性和效率性。

(2)资产计税基础的确定机制:深入阐述了通过非货币性资产交换方式获得的各类资产(包括但不限于固定资产、生产性生物资产、无形资产、投资资产及存货)的计税基础计算方法,即基于资产的公允价值,并加入交易过程中发生的所有相关税费,以此构建了一个旨在提高税务处理精确度和合规性的框架,确保税务处理的标准化和准确性。

6.5.3 关键分析与解读

案例 6-5 深入剖析了一个特定场景下的非货币性资产交换难题,即当交换双方所涉换入与换出资产的公允价值均难以准确评估时。在此特殊情况下,A 公司与 B 公司应采取的策略是,将各自换出资产的账面价值总和作为换入资产成本总和的替代,并进一步根据每项换入资产原账面价值在总和中的比例,分配确定各自的入账价值。

特别指出,此类非货币性资产交换如果因缺乏商业实质或虽具商业实质但公允价值无法可靠计量,将引发会计与税务处理间的显著分歧:

(1)会计视角:换出资产不被视为公允价值销售,故不确认交易损益;换入资产亦不以公允价值入账,而是基于换出资产的账面价值进行会计处理,保持了会计处理的稳健性。

(2)税务视角:尽管会计上未确认销售,税务上仍视为销售行为发生,允许换出资产计税基础在所得税前扣除。而换入资产的计税基础则需依据公允价值及相关税费确定,这与会计处理的逻辑存在明显脱节。

针对案例 6-5,由于公允价值无法可靠计量,双方公司在确定换入资产计税基础时面临挑战。实践中,一种可行的解决方案是双方事先达成协议,明确不含税的交易价格,并开具增值税专用发票,以此作为公允价值缺失情况下的替代,确保换入资产计税基础符合税法要求。如果未开具发票,可能面临税务部门要求补缴税款及后续税前扣除受限的风险。

在此情境下,会计处理有 2 种路径可供选择:

(1)成本模式为主:遵循"实质重于形式"的原则,严格依照《企业会计准则第 7 号——非货币性资产交换》的指引,采用成本模式,即依据换出资产的账面价值来确定换入资产的初始入账价值,确保会计信息的真实性与可靠性。

(2)公允价值优先:如果未来能够确凿且可靠地衡量换出与换入资产的公允价值,应依据准则规定,适时调整会计处理,以公允价值为基础进行计量,提升会计信息的相关性与有用性。

6.5.4 案例深度剖析

在案例 6-5 的具体应用场景下，涉及非货币性资产交换的会计处理，必须细致遵循既定的步骤，以保证处理结果的精确无误。以下是针对此场景下 A 公司与 B 公司各自详细的会计处理流程阐释。

6.5.4.1　A 公司会计处理流程概览

（1）计算账面价值总额：

换入资产总账面价值计算为在建工程 525 万元加上长期股权投资 150 万元，合计 675 万元。

换出资产方面，已提折旧固定资产的净值为 450 万元（原价 1 200 万元减去折旧 750 万元），已摊销无形资产的净值为 180 万元（原价 450 万元减去摊销 270 万元），总计 630 万元。

（2）设定换入资产总成本：

鉴于采用账面价值计量，换入资产的总成本直接确定为换出资产的账面价值总额，即 630 万元。

（3）按比例分配换入资产成本：

计算在建工程与长期股权投资各自占换入资产总成本的百分比，分别约为 77.8% 和 22.2%。

（4）确认换入资产的具体成本：

在建工程成本分配为 630 万元的 77.8%，约 490.14 万元。

长期股权投资成本分配为 630 万元的 22.2%，约 139.86 万元。

（5）编制会计分录：

借：在建工程	4 901 400
长期股权投资	1 398 600
累计摊销	2 700 000
贷：固定资产清理	4 500 000
无形资产——专利技术	4 500 000

6.5.4.2　B 公司会计处理流程概览

（1）确定换入与换出资产的账面价值：

换入资产账面价值总和等同于 A 公司换出的 630 万元。

B 公司换出资产（假设为专有设备与专利技术）的账面价值总和为 675 万元。

（2）设定换入资产的总成本：

同样基于账面价值计量，换入资产总成本确定为 675 万元。

（3）成本分配与确认（方法类似于 A 公司）：

专有设备成本约为 481.95 万元。

专利技术成本约为 193.05 万元。

（4）编制会计分录：

借：固定资产——专有设备		4 819 500
无形资产——专利技术		1 930 500
贷：在建工程		5 250 000
长期股权投资		1 500 000

6.5.4.3　关于协议确定价值的特别说明

（1）如果交易双方依据协议明确了不含税价格并出具了增值税专用发票，会计处理上可模拟公允价值计量模式，从而可能减少税务与会计之间的差异。

（2）在遵循"实质重于形式"原则时，尽管会计上不直接确认交易损益，但税务上可能要求确认，这时需注意税会差异可能引发的纳税调整需求。

（3）直接依据协议形式进行计量，有助于税会处理的一致性，避免不必要的纳税调整。

6.5.5　案例总结

非货币性资产交换中多项资产交易的会计与税务处理概览如下。

6.5.5.1　会计处理流程概览

（1）设定分摊基数：

支付补价方：计算基数为换出资产的总账面价值加上支付的补价账面价值。

接收补价方：计算基准是换出资产总账面价值减去收到的补价公允价值。

（2）分配金额：

将上述确定的分摊基数，按照换入资产公允价值的相对比例进行分配，以确定每项换入资产的入账价值份额。

（3）确定初始入账价值：

换入资产的初始入账价值为其分配到的金额与相应税费（不含进项税额）之和。

6.5.5.2　税务处理关键要点

1）增值税处理的指南

在非货币性资产交换中，双方需模拟商品买卖行为，分别计算销售和购进金额，以此为基础申报销项税和进项税。

强调交易凭证的合法性，特别是增值税专用发票的合规使用，符合条件的可申请进项税抵扣。

2）企业所得税处理的注意事项

企业在进行非货币性资产交换或类似捐赠、偿债、赞助等行为时，除非有特别规定，均需视同销售处理，并在相关收入确认年度内缴纳企业所得税。

公允价值计量模式下，会计上与税务上均按销售处理，换出资产的公允价值与账面价值差额计入损益，通常无税会差异。

账面价值计量模式下，会计上不确认处置损益，但税务上仍需视同销售，因此需通过纳税调整来确保处置损益的正确反映与申报。

7 债务重组实质性特征判断与业务处理

7.1 以金融资产清偿债务的会计处理

7.1.1 案例概述

案例 7-1 A 公司向 B 公司出售了一批次商品，根据协议，A 公司应收到 B 公司的款项为 100 万元，且已对这笔款项计提了 10 万元的坏账准备。然而，2024 年 10 月，B 公司遭遇资金链紧张的问题，随后与 A 公司签订了一项债务重组协议。根据协议，B 公司将以其持有的一项其他债权投资作为偿还手段，该投资的账面价值总计 60 万元，具体构成为初始成本 40 万元以及后续公允价值变动所带来的增值 20 万元。到了 2024 年 10 月 20 日，双方完成了资产转让的手续，且在当日，该其他债权投资的公允价值上升至 70 万元。在此案例中，我们假设不涉及任何相关税费的计算。

思考问题：
A、B 公司该如何进行会计处理？

7.1.2 准则依据阐述

以下是对《企业会计准则第 12 号——债务重组》中第四条、第五条、第十条内容的精炼概括与深刻剖析。

1) 第四条指引性要点

该条款作为导向标，引导读者深入研读第一章第十四节，旨在全面揭示债务重组操作的实施细则与精髓，确保会计准则的全面透彻理解与严格准确执行。

2) 第五条专业解析

资产清偿与权益转换的会计认定：在债务重组架构内，无论是通过资产受让还是债务转增资本的方式，债权方均需严格遵循会计准则的资产界定与确认原则，对所接收资产进行严谨的会计确认。此举确保了会计处理流程的规范性和会计信息的真实性。

3) 第十条深度阐释

（1）资产清偿模式下的债务终结确认：在资产清偿形式的债务重组中，债务方需确保所有涉及资产与负债均已达到会计终结确认的标准后，方可进行正式的会计终结确认操作，标志着该项交易的财务记录正式完结。

（2）差额计量与财务效应分析：在终结确认环节，债务方需精确计算债务账面价值与转让资产账面价值之间的差额，并即时将该差额计入当期损益，以直观展现此交易对债务方即时财务状况及经营业绩的实质性影响。此举措不仅可以提升财务信息的清晰度，也可以加强其对外部投资者、债权人等利益相关者决策制定的参考价值。

7.1.3 关键分析与解读

依据《企业会计准则第22号——金融工具确认和计量》（2017年修订）的规范，债权人在接受涵盖现金在内的金融资产作为债务偿付时，应遵循一系列明确的确认与计量步骤：

（1）金融资产的初次确认与计价。首次确认金融资产时，必须以其公允价值作为计量基准。

（2）差额的财务处理。如果金融资产确认的金额与债权终止时的账面价值存在差异，该差异将被视为投资收益，并在会计账簿中相应记录。

（3）特定公允价值差异的处理。如果接收的金融资产公允价值与所放弃债权的公允价值不一致，需根据该准则第三十四条的条款进行必要的调整。

（4）债务人的会计处理。债务人利用金融资产清偿债务时，其债务账面价值与偿债金融资产账面价值之间的差额，亦需被归类至"投资收益"账户。

（5）减值准备的转移机制。对于已计提减值准备的偿债金融资产，在债务清偿过程中，需对相关的减值准备进行转移处理。

（6）其他综合收益的管理与记录。针对公允价值变动已计入其他综合收益的债务工具投资，在债务清偿之际，需将累积于其他综合收益的利得或损失转移，并在"投资收益"科目中体现。

对于特定分类的、以公允价值计量且其变动计入其他综合收益的非交易性权益工具投资，债务清偿时需对累积于其他综合收益的利得或损失进行特殊处理，将其转移至"盈余公积"及"利润分配——未分配利润"等科目中。

7.1.4 案例深度剖析

在债务重组过程中，涉及债权人和债务人的会计处理如下。

7.1.4.1 债权人A公司的会计处理

（1）会计分录：

借：其他债权投资　　　　　　　　　　　　　　　　　　　　　700 000
　　坏账准备　　　　　　　　　　　　　　　　　　　　　　　100 000
　　投资收益　　　　　　　　　　　　　　　　　　　　　　　200 000
　　贷：应收账款——B公司　　　　　　　　　　　　　　　　1 000 000

（2）差额计算：

失去的应收账款账面价值为 900 000 元（1 000 000-100 000）。

得到的其他债权投资公允价值为 700 000 元。

产生的差额 200 000 元（900 000-700 000）记入"投资收益"科目的借方。

7.1.4.2 债务人 B 公司的会计处理

（1）会计分录：

借：应付账款——A 公司	1 000 000
贷：其他债权投资	600 000
投资收益	400 000

（2）其他综合收益处理：

借：其他综合收益	200 000
贷：投资收益	200 000

其他债权投资的价值波动被记录在其他综合收益之中，金额为 200 000 元，债务重组相当于 B 公司处置了该资产，因此将其他综合收益结转到投资收益中。

7.1.4.3 如果偿还的金融资产是其他权益工具投资

（1）债权人 A 公司的会计处理：

借：其他权益工具投资	700 000
坏账准备	100 000
投资收益	200 000
贷：应收账款——B 公司	1 000 000

（2）债务人的会计处理：

借：应付账款——A 公司	1 000 000
贷：其他权益工具投资	600 000
投资收益	400 000

（3）其他综合收益结转：

借：其他综合收益	200 000
贷：盈余公积	20 000
利润分配——未分配利润（200 000-20 000）	180 000

7.1.5 案例总结

在债务重组过程中，使用金融资产清偿债务的会计处理如下：

（1）债权人的会计处理：

借：银行存款/其他债权投资/其他权益工具投资等（依据金融资产的当前公允价值确定）

　　坏账准备（如果存在已计提的坏账准备）

　　投资收益（反映金融资产公允价值与债权原始账面价值之间的差异，或在贷方）

　　贷：应收账款（按照应收账款的账面余额记录）

（2）债务人的会计处理：

借：应付账款（按应付账款的账面价值记录）

　　贷：银行存款/其他债权投资/其他权益工具投资等（依据用于偿债的金融资产的账面价值确定）

　　　　投资收益（反映债务账面价值与用于偿债的金融资产账面价值之间的差额）

如果涉及其他债权投资：

借：其他综合收益

　　贷：投资收益（将原本计入其他综合收益的累积变动转入投资收益）

如果涉及其他权益工具投资：

借：其他综合收益

　　贷：盈余公积（一定比例）

　　　　利润分配——未分配利润

根据新准则，所有与债权和债务终止确认相关的账面价值差额均记入"投资收益"科目。这与旧准则不同，后者将差额分别记入"营业外支出"科目和"营业外收入"科目。

7.2　以非金融资产清偿债务的会计处理

7.2.1　案例概述

案例 7-2　A 公司对 B 公司有一笔 200 万元的应收账款，并且已经为此计提了 20 万元的坏账准备。2024 年 5 月 13 日，经过协商，A 公司和 B 公司同意通过债务重组来解决这笔债务。B 公司决定使用一项固定资产——设备，来抵偿所欠的债务。该设备原价为 300 万元，已经累计计提了 200 万元的折旧。到了 5 月 20 日，双方完成了资产转让的所有手续。在转让当日，A 公司所接收的应收账款的公允价值评估为 150 万元。此外，A 公司为了取得这项固定资产，还支付了 10 万元的运杂费用。B 公司为此笔交易开具了增值税专用发票，涉及的增值税额为 15 万元。

思考问题：

A 公司、B 公司该如何进行相关会计处理？

7.2.2　准则依据阐述

以下是对《企业会计准则第 12 号——债务重组》中第六条和第十条的内容进行的总结和分析。

1）第六条指引

具体内容需参照本书 1.14.2.2。

2）第十条解读

（1）资产清偿下的终止确认准则：在债务重组以资产清偿形式进行时，债务人需遵循严格的终止确认标准。具体而言，只有当相关资产及所清偿债务均满足会计准则所规定的终止确认条件后，方可进行会计层面的终止确认操作。

（2）差额计入当期损益：债务人在进行终止确认时，还需细致计算并处理所清偿债务的账面价值与转让资产账面价值之间的差额，并将该差额直接纳入当期损益之中，以真实反映此次债务重组交易对债务人当期财务状况及经营成果的影响。

7.2.3 关键分析与解读

在债务重组交易中，利用金融资产作为偿付手段的详细会计处理方法概述如下。

7.2.3.1 债权人会计操作及其分录概览

借：银行存款（针对现金偿付）/其他债权投资/其他权益工具投资（依据接收资产公允价值）

　　坏账准备（反映坏账准备的转回）

　　投资收益（用以衡量金融资产公允价值与债权原账面价值的差异）

　贷：应收账款（金额等同于应收账款的账面余额，标志债权的有效清偿与终止）

7.2.3.2 债务人会计操作及其分录要点

借：应付账款（记录待清偿债务的账面数额）

　贷：银行存款/其他债权投资/其他权益工具投资（依据偿债金融资产的账面值）

如果债务与偿债资产账面价值不等，应通过贷记"投资收益"科目来调整差异，确保账务平衡。

涉及其他债权投资时：

借：其他综合收益（将之前累积的变动转出）

　贷：投资收益（实现其他综合收益至投资收益的转化）

涉及其他权益工具投资时：

借：其他综合收益

　贷：盈余公积（按照一定比例计提）

　贷：利润分配——未分配利润

债权与债务终止确认过程中产生的所有账面价值变动，均需统一记入"投资收益"科目，此举不仅简化了会计处理流程，还增强了财务报表的连贯性和可比性。

7.2.4 案例深度剖析

在债务重组过程中，债权人A公司和债务人B公司债务重组情景下的会计处理概览，以及债权人A公司的具体会计分录如下。

7.2.4.1 债权人 A 公司的会计处理（债务重组日）

（1）会计分录记录：

借：固定资产	1 450 000
应交税费——应交增值税（进项税额）	150 000
坏账准备	200 000
投资收益	300 000
贷：应收账款——B 公司	2 000 000
银行存款	100 000

注意：

如果存在 A 公司向 B 公司支付额外款项的情况，银行存款应调整为借方记录，以反映资金的流出。但根据常见的债务重组逻辑，此笔费用更可能是 B 公司向 A 公司支付，故在此保持为贷方记录。

（2）入账价值的确定：

非金融资产的入账价值基于债权人付出的总代价确定，即：放弃的应收账款公允价值 150 万元，加上运杂费 10 万元，再减去可抵扣的进项税额 15 万元，总计 145 万元。

（3）差额处理：

当应收账款的公允价值低于其账面价值，形成的差额为 30 万元时，该笔差额应作为损失记入"投资收益"科目的借方。

（4）持有待售资产的确认：

如果 A 公司计划在半年内出售该设备，且当日公允价值为 140 万元，预计出售费用 3 万元，设备满足持有待售资产的确认条件。

（5）持有待售资产的计量：

2024 年 5 月 20 日，设备按入账价值 145 万元与公允价值减出售费用后的净额 137 万元（140-3）孰低计量。

（6）后续会计处理：

如果 A 公司于 5 月 31 日决定将某项固定资产重新分类为持有待售资产，相应的会计分录调整如下：

借：持有待售资产——固定资产	1 370 000
资产减值损失	80 000
贷：固定资产	1 450 000

7.2.4.2 债务人 B 公司的会计处理

（1）会计分录：

借：固定资产清理	1 000 000
累计折旧	2 000 000
贷：固定资产	3 000 000

```
借：应付账款——A 公司                    2 000 000
    贷：固定资产清理                      1 000 000
        应交税费——应交增值税（销项税额）   150 000
        其他收益——债务重组收益            850 000
```

（2）损益计量：

B 公司以固定资产抵偿债务，固定资产账面价值 100 万元（300-200），开具增值税发票税额 15 万元，总代价 115 万元（100+15），债务账面价值 200 万元，债务重组收益 85 万元（200-115），记入"其他收益——债务重组收益"科目。

7.2.5 案例总结

在债务重组过程中，涉及非金融资产清偿债务时，债权人和债务人的会计处理应遵循以下规定。

7.2.5.1 债权人的会计处理

1）会计分录

借：库存商品/固定资产等（按放弃债权的公允价值及相关税费计算）
    坏账准备
    投资收益（反映放弃债权的公允价值与账面价值之间的差额，或在贷方）
    贷：应收账款
        银行存款（相关税费）

2）计算解析过程

为了确定放弃债权的公允价值，我们需要综合考量坏账准备、投资收益以及应收账款三个账户的金额。这一公允价值的计算基于以下逻辑和公式：

（1）应收账款的净账面价值：首先，应收账款的净账面价值是通过从应收账款的总额中减去已计提的坏账准备来得到的。这反映了在不考虑额外经济影响（如投资收益）的情况下，应收账款的当前估计可回收价值。

（2）差额的识别：在此场景中，差额特指投资收益的金额。这一投资收益可能是因债务重组、资产处置或其他经济交易而产生的，它直接影响了放弃债权时的整体经济效果。

（3）公允价值的计算：放弃债权的公允价值是通过将应收账款的净账面价值与上述差额（即投资收益）相加来得到的。具体公式为：公允价值 = 应收账款总额 – 坏账准备 + 投资收益。这个公式全面考虑了债权放弃时的各项经济要素，包括债权的原始价值、已预期的损失以及额外获得的经济利益。

7.2.5.2 债务人的会计处理

（1）会计处理分录：

在债务人使用非金融资产（如库存商品、无形资产或固定资产清理所得）进行债务清偿的情况下，应记录以下会计分录：

借：应付账款（记录所清偿债务的账面价值）

　　贷：库存商品／无形资产／固定资产清理（根据所转让资产的原始账面价值进行记录）

　　　　其他收益——债务重组收益（反映的是债务清偿过程中，因债务账面价值与转让资产账面价值之间的差额而产生的额外收益）

（2）计算与解释：

当债务人选择以非金融资产的形式来偿还其债务时，需要进行一项关键的计算，即将所清偿债务的账面价值，与用于清偿该债务的非金融资产的账面价值进行比较。两者之间的差额，依据会计准则，应被确认为其他收益——债务重组收益。此收益体现了债务人在债务重组过程中因资产转让而获得的额外经济利益。

7.3　将债务转为权益工具的会计处理

7.3.1　案例概述

案例 7-3　B 公司于 2024 年 4 月 9 日从 A 公司购买了商品，双方达成协议，其中 B 公司承诺在未来 3 个月后向 A 公司支付总额为 5 000 万元的款项。A 公司根据会计准则，将此笔预期收款项归类为以公允价值计量的金融资产；而 B 公司则相对应地，将其应付款项归类为以摊余成本计量的金融负债。至 2024 年 6 月 30 日的评估结果显示，无论是 A 公司的应收款项还是 B 公司的应付款项，其公允价值均已调整至 4 250 万元。

随后，在 2024 年 9 月 7 日，B 公司由于面临支付困难，与 A 公司达成债务重组协议，A 公司同意将债权转换为对 B 公司的股权投资。截至当日，应收款项和应付款项的公允价值均为 3 800 万元。到了 2024 年 10 月 18 日，A 公司完成了对 B 公司的增资手续，双方分别承担了 60 万元和 75 万元的手续费等相关费用。债转股后，B 公司总股本增至 6 250 万元，A 公司持有的股份占 B 公司总股本的 20%，从而对 B 公司具有重大影响。B 公司股权的公允价值无法可靠计量，而 B 公司的应付款项账面价值维持在 5 000 万元，应收款项与应付款项的公允价值均稳定维持在 3 800 万元的水平。暂不考虑其他任何可能涉及的相关税费因素。

思考问题：

A 公司、B 公司应如何进行相关会计处理？

7.3.2　准则依据阐述

以下是对《企业会计准则第 12 号——债务重组》第七条及第十一条关键内容的精简阐述与深度分析。

1）第七条精髓解读

（1）债务转权益的特定场景：在债务重组框架下，如果债务以权益工具形式被转换，同时债权人将相应债权转换为对联营或合营企业的投资份额，那么该投资的初始成本设定须依据第六条规范进行。

（2）差额损益处理：此转换过程中，债权人应测算并记录放弃债权的公允价值与账面价值间的差额，直接归入当期损益，以准确反映交易对债权人即期财务表现的影响。

2）第十一条核心分析

（1）债务终止确认的时点：债务重组如果导致债务转化为权益工具，并符合终止确认条件时，债务人应立即终止该债务的会计记录，标志着债务关系的法律与经济层面终结。

（2）权益工具的计量准则：债务人新获得的权益工具，其计量首选公允价值。若公允价值无法可靠确定，则转而依据所清偿债务的公允价值计量，以维护会计处理的严谨性和精确性。

（3）差额计入当期损益：债务人需进一步计算清偿债务的账面价值与新确认权益工具金额之间的差额，并将此差额纳入当期损益，全面展现债务重组对其经营业绩的即时效应。

7.3.3 关键分析与解读

在债务重组中，采取将债务转换为权益工具的做法，即所谓的"债转股"，涉及以下会计处理。

7.3.3.1 债权人的会计处理

（1）会计分录：

借：长期股权投资（因债权转为股权而发生的初始投资成本，该成本涵盖了所放弃债权的公允价值以及与之相关的税费）

投资收益（根据具体情况决定是借方记录还是贷方记录，用于反映放弃债权的公允价值与其原有账面价值之间的差额，作为投资过程中产生的收益或损失）

贷：应收账款（原债权资产在转换前的账面价值，随着债转股操作的进行，该应收账款的账面价值将被相应冲减）

（2）处理流程与说明：

当债权人选择将其持有的债权转换为对联营企业或合营企业的股权投资时，必须遵循既定的债务清偿原则和规则，以合理确定并计量此次转换所形成的长期股权投资的初始成本。

在此转换过程中，如果债权的公允价值与其在财务报表上的账面价值之间存在差异，该差异将被视为一种投资活动的结果，具体表现为投资收益或投资损失，并需直接计入当期的损益表中，以反映该交易对企业当期财务状况和经营成果的影响。

7.3.3.2 债务人的会计处理

（1）会计分录：

借：应付账款（债务的账面价值）

　　贷：股本（因发行权益工具而增加的资本）

　　　　投资收益（债务账面价值与权益工具确认金额的差额）

（2）处理说明：

在债务人选择以发行权益工具的方式清偿其债务时，首先需要依据权益工具的公允价值来评估并计量此清偿行为的价值。如果由于市场环境或出于其他原因，权益工具的公允价值无法被准确且可靠地确定，应以所清偿债务的公允价值作为替代依据进行计量。

在此清偿过程中，如果债务的账面价值与最终确认的权益工具金额之间存在差额，该差额将被视为一种投资活动产生的收益或损失，并应当记入"投资收益"会计科目中，以反映此差额对企业财务状况的影响。

另外，如果因发行权益工具以清偿债务而产生了相关的税费等支出，这些支出需按照一定顺序进行处理，首先冲减企业的资本公积，若资本公积不足以冲减，则继续冲减盈余公积，最后冲减未分配利润，以确保企业的财务报表准确反映此类交易的经济实质和后果。

7.3.4 案例深度剖析

在债务重组的财务处理框架下，针对 A 公司（债权人）与 B 公司（债务人）之间的交易，双方分别采取了如下的会计处理方式及相应的会计分录、计算流程概述。

7.3.4.1 债权人 A 公司的会计处理

（1）2024 年 4 月 9 日，债权转换为交易性金融资产：

借：交易性金融资产——成本　　　　　　　　　　　　50 000 000

　　贷：其他应收款　　　　　　　　　　　　　　　　　　　　50 000 000

（2）2024 年 6 月 30 日，公允价值变动调整（资产价值下降）：

借：公允价值变动损益　　　　　　　　　　　　　　　7 500 000

　　贷：交易性金融资产——公允价值变动　　　　　　　　　　7 500 000

（3）2024 年 9 月 7 日，进一步公允价值变动调整：

借：公允价值变动损益　　　　　　　　　　　　　　　4 500 000

　　贷：交易性金融资产——公允价值变动　　　　　　　　　　4 500 000

（4）2024 年 10 月 18 日，债权转为长期股权投资并处理前期公允价值变动：

长期股权投资初始成本 =38 000 000（公允价值）+600 000（相关税费）=38 600 000（元）

借：长期股权投资——B 公司		38 600 000
交易性金融资产——公允价值变动		12 000 000
贷：交易性金融资产——成本		50 000 000
银行存款（支付税费）		600 000

7.3.4.2　债务人 B 公司的会计处理

（1）2024 年 4 月 9 日，初始负债确认：

借：库存商品	50 000 000
贷：应付账款——A 公司	50 000 000

（2）2024 年 10 月 8 日（日期微调以匹配债权人处理），债务重组，通过发行权益工具清偿债务：

鉴于股权公允价值难以精确计量，以债务公允价值 38 000 000 元及税费 750 000 元为基础处理：

借：应付账款——A 公司	50 000 000
贷：实收资本	12 500 000
资本公积——资本溢价	24 750 000
银行存款（支付税费）	750 000
营业外收入	12 000 000

7.3.5　案例总结

在债务重组的交易框架下，债权人与债务人需遵循特定的会计原则进行账务调整，具体会计处理方式如下所述。

7.3.5.1　债权人的会计处理

（1）债权转为对联营企业或合营企业的权益性投资：

借：长期股权投资（基于公允价值及发生的相关税费总和）
　　坏账准备（如果已计提）
　　投资收益（反映债权公允价值与账面价值之间的差额，收益记贷方，损失记借方）
　　贷：应收账款（原债权金额）
　　　　银行存款（支付的相关税费，如有）

说明：长期股权投资的初始确认金额包含债权的公允价值及转换过程中产生的直接费用。差额根据评估结果调整至投资收益账户。

（2）债权转为对子公司的权益性投资（同一控制下）：

借：长期股权投资（依据被合并方所有者权益的账面价值及可能产生的商誉）
　　坏账准备（如果已计提）
　　贷：应收账款等（原债权相关科目）
　　　　资本公积——资本溢价或股本溢价（根据调整后的差额，可能需冲减或增加此账户）

说明：在同一控制下的企业合并中，长期股权投资的计量基于被合并方的账面价值。

（3）债权转为对子公司的权益性投资（非同一控制下）：

借：长期股权投资（基于放弃债权的公允价值）
　　坏账准备（如果已计提）
　　贷：应收账款等（原债权相关科目）
　　　　投资收益（体现公允价值与账面价值之间的差异，盈亏方向依据实际情况）

说明：非同一控制下的合并，长期股权投资以公允价值计量，差额影响投资收益。

（4）债权转为其他权益工具投资：

借：其他权益工具投资（包含公允价值及交易费用）
　　坏账准备（如果已计提）
　　贷：应收账款等（原债权相关科目）
　　　　银行存款（支付的交易费用）
　　　　投资收益（根据公允价值与账面价值的差额调整）

说明：转换为其他权益工具投资时，入账价值考虑公允价值及交易成本，差额计入投资收益。

7.3.5.2　债务人的会计处理

借：应付账款
　　贷：实收资本（或股本）
　　　　资本公积——资本溢价（或股本溢价）
　　　　银行存款（支付相关税费）
　　　　投资收益（权益工具公允价值与偿付债务之间的差额，或在借方）

说明：权益工具的公允价值减去实收资本的差额计入资本公积。若使用银行存款支付发行股份的相关税费，则相应减少资本公积。实收资本、资本公积和银行存款的合计金额应等于权益工具的公允价值。权益工具的公允价值与偿付债务之间的差额，作为投资收益或损失，计入当期损益。

7.4　以多项资产或组合方式偿债的会计处理

7.4.1　案例概述

案例7-4　B公司于2024年1月9日自A公司采购价值234万元（含税）的材料，约定两个月后全额清偿。至2024年3月9日，因B公司财务困境，双方达成债务重组协议，A公司同意接受B公司以商品、机器设备及债券投资作为债务的替代偿还方式。

在债务重组生效日（2024年3月9日），经评估，该债权的公允价值降至210万元。B公司提供的抵债资产包括市场价值（不含税）90万元的商品、公允价值75万元的机器设备，以及市价23.55万元的债券投资。至3月20日，所有资产转让手续圆满完成，其中B公司承担了0.65万元的设备运输费，A公司则支付了1.5万元用于设备安装。

A公司原本以摊余成本计量该债权，并在重组前已计提19万元的坏账准备。重组后，A公司将接收的商品作为低值易耗品管理，设备计入固定资产，而债券投资则归类为以公允价值计量且其变动计入当期损益的金融资产。

B公司方面，该债务原本同样以摊余成本计量，至3月20日账面价值仍为234万元。用于偿债的商品成本为70万元；设备原值为150万元，已累计折旧40万元，并额外计提了18万元的减值准备。债券部分，B公司未确认任何利息收入，该债券亦以摊余成本计量，票面金额15万元，按票面利率（等同于实际利率）逐年付息。

鉴于A公司、B公司均为增值税一般纳税人，适用13%的税率，税务机关确认的商品与设备计税价格与其市场价格相符，即分别为90万元和75万元。此外，本案例分析排除了除增值税外的所有其他潜在税费影响。

思考问题：
A公司、B公司应当如何进行会计处理？

7.4.2 准则依据阐述

以下是对《企业会计准则第12号——债务重组》中第九条和第十三条的整理和解析。

1）第九条

首先，当债务重组通过多项资产清偿债务或采用组合方式进行时，债权人应依据《企业会计准则第22号——金融工具确认和计量》（2017年修订）的规定，确认和计量所受让的金融资产和重组债权。

其次，债权人应按照受让的金融资产以外的各项资产的公允价值比例，对放弃债权的公允价值减去受让金融资产和重组债权确认金额后的净额进行分配。

各项资产的成本应根据上述分配结果，按照相关准则规定分别确定。

放弃债权的公允价值与账面价值之间的差额，应计入当期损益。

2）第十三条

在多项资产清偿债务或组合方式进行债务重组的情况下，债务人应按照相关准则规定，确认和计量权益工具和重组债务。

债务人应将所清偿债务的账面价值与转让资产的账面价值以及权益工具和重组债务的确认金额进行比较，计算差额。

该差额，即债务重组过程中产生的损益，应计入当期损益。

7.4.3 关键分析与解读

在债务重组的会计处理架构下，债权人与债务人需严格遵循一系列具体规则进行操作。

7.4.3.1 债权人的会计处理细则

（1）金融资产的确认与准确计量：

根据《企业会计准则第22号——金融工具确认和计量》（2017年修订）的要求，债权人在债务重组过程中，必须正式确认并准确计量所接受的金融资产，确保财务报表的准确性和透明度。

（2）非金融资产成本的确定准则：

对于从债务人处获得的非金融资产（可能伴随金融资产），债权人需依据债务重组合同生效日的公允价值比例，对放弃债权公允价值中扣除受让金融资产公允价值后的余额进行公正分配，进而确定每项非金融资产的具体成本。

（3）差额的会计处理：

债权人应将放弃债权的公允价值与其原有账面价值之间的差额，作为"投资收益"进行核算，并在会计记录中明确体现，以反映重组交易所产生的财务影响。

（4）会计分录实例：

借：受让金融资产（明确为非长期股权投资类）
　　重组债权（如有，涉及重组过程中的债权调整）
　贷：放弃债权公允价值（反映债权人放弃债权的总价值）
　　　受让金融资产公允价值（记录受让金融资产的精确价值）
　　　投资收益（记录公允价值与账面价值之间的差额）

7.4.3.2 债务人的会计处理细则

（1）重组后债务与权益工具的识别与确认：

债务人需根据金融工具会计准则，清晰界定并确认重组后的债务及可能发行的权益工具的公允价值，确保财务报表反映重组后的真实财务状况。

（2）差额的会计处理：

在债务重组过程中，债务人需计算并记录所清偿债务的原始账面价值，与转让资产的账面价值、新确认的权益工具及重组后债务公允价值之间的差额，该差额应计入其他收益——债务重组收益，准确反映重组交易所带来的经济成果或负担。

（3）债务重组损益的计算：

为精确评估债务重组对财务状况的影响，债务人可采用以下公式进行计算：

$$\text{债务重组损益} = \text{放弃债权公允价值} - \text{受让金融资产公允价值} - \text{重组后债务金额} - \text{权益工具公允价值（如适用，如债转股）} - \text{转让资产的账面价值}$$

此公式有助于债务人量化债务重组的财务效应，为决策提供有力支持。

7.4.4 案例深度剖析

在债务重组的情境下，以下是对债权人和债务人的会计处理。

7.4.4.1 债权人的会计处理

（1）增值税的计算：

低值易耗品可抵扣增值税 =90×13%=11.7（万元）

设备可抵扣增值税 =75×13%=9.75（万元）

（2）非金融资产成本的确定方法如下：

首先，计算放弃债权的公允价值与受让金融资产公允价值之间的差额，即净额。

其次，依据公允价值比例（低值易耗品与固定资产的比例为 90∶75）来分配这个净额，以此确定低值易耗品和固定资产各自的成本：

低值易耗品成本 =90÷（90+75）×（210-23.55-11.7-9.75）=90（万元）

固定资产成本 =75÷（90+75）×（210-23.55-11.7-9.75）=75（万元）

（3）会计分录（2024 年 3 月 20 日）：

借：低值易耗品	900 000
在建工程——在安装设备	750 000
应交税费——应交增值税（销项税额）	214 500
交易性金融资产	210 000
坏账准备	190 000
投资收益	75 500
贷：应收账款——B 公司	2 340 000

（4）投资收益的计算：

投资收益的计算公式为：投资收益 = 放弃债权的公允价值 – 账面价值 + 交易性金融资产公允价值的变动金额，总计结果为 –7.55 万元。

（5）支付安装费用：

借：在建工程——在安装设备	15 000
贷：银行存款	15 000

（6）设备安装完毕：

借：固定资产——设备	765 000
贷：在建工程——在安装设备	765 000

7.4.4.2　债务人的会计处理

（1）固定资产清理：

借：固定资产清理	920 000
累计折旧	400 000
固定资产减值准备	180 000
贷：固定资产	1 500 000
借：固定资产清理	6 500
贷：银行存款	6 500

（2）债务清偿：

借：应付账款	2 340 000
贷：固定资产清理	926 500
库存商品	700 000
应交税费——应交增值税	214 500
债权投资——面值	150 000
其他收益——债务重组收益	349 000

（3）债务重组收益的确定方法如下：

债务重组收益=偿还债务的账面价值−失去资产的账面价值，经计算得出为349 000元。

7.4.5 案例总结

在债务重组的会计处理中，债权人和债务人的会计分录和计算过程需遵循特定规则。

7.4.5.1 债权人的会计处理

（1）会计分录：

借：交易性金融资产（按债权终止确认日的公允价值确认）
　　库存商品（基于合同生效日公允价值的比例分配）
　　固定资产（同样基于合同生效日公允价值的比例分配）
　　坏账准备
　　应交税费——应交增值税
　　投资收益（反映差额）
　　贷：应收账款
　　　　银行存款（支付的相关税费）

（2）差额（投资收益）的计算：

投资收益的金额基于借贷相等的原则计算得出，由以下2个部分构成：①放弃债权的公允价值与其原始账面价值之间的差额；②交易性金融资产在合同生效日至债务重组完成日期间的公允价值变动。

7.4.5.2 债务人的会计处理

（1）相关会计分录处理：

借：应付账款（按账面价值）
　　贷：交易性金融资产/库存商品/固定资产清理（按账面价值）
　　　　应交税费——应交增值税
　　　　其他收益——债务重组收益（该差额反映了债务原始账面价值与转让资产账面价值之间的不同）

（2）确定债务重组收益：

债务人进行会计处理时，采取直接方法，即将转让资产的账面价值与所偿还债务的账面价值之间的差额，明确记入"其他收益——债务重组收益"科目下。

7.5 采用修改债务条款方式进行债务重组的会计处理

7.5.1 案例概述

案例7-5　A公司对B公司有一笔592万元的应收账款，该款项原为应收票据，原利率为 6%，A 公司已对这笔款项计提了 10 万元的坏账准备。由于 B 公司遭遇财务困难，未能如期偿还全部债务，双方于 2024 年 2 月 21 日达成了债务重组的共识。重组协议如下：

（1）B 公司同意以一厂房（原值为 260 万元，已计提折旧 100 万元）抵偿部分债务，作价 230 万元。

（2）B 公司向 A 公司发行 50 万股新股票，每股面值 1 元，占公司股份总额的 1%，以每股 2 元的价格抵偿 100 万元债务。

（3）A 公司同意在 B 公司履行上述偿债义务后，免除 B 公司 50 万元债务，并将剩余 212 万元债务延期至 2024 年 12 月 31 日，延期债务的年利率定为 10%。

如果 B 公司未能履行上述偿债义务，A 公司保留终止债务重组协议的权利，届时未履行的债权调整承诺将无效。截至 2024 年 2 月 21 日，该应收账款的公允价值为 512 万元，而延期的应收账款公允价值为 212 万元。

2024 年 3 月 15 日，在完成房产转让手续后，A 公司已将该房产纳入其投资性房地产的账簿管理之中。随后，至 2024 年 4 月 18 日，双方已顺利办妥了股权转让的所有相关手续。A 公司将该股权分类为以公允价值计量的金融资产，且其变动计入当期损益。当日，B 公司股票的收盘价为每股 3 元。

思考问题：
A 公司、B 公司该如何进行相关会计处理？

7.5.2 准则依据阐述

以下是对《企业会计准则第 12 号——债务重组》中第八条与第十二条条款的整合与阐释。

1）第八条要点概述

涉及债务重组中通过调整债务条款达成的情形，债权人需依据《企业会计准则第 22 号——金融工具确认和计量》（2017 年修订）的相关要求，对重组债权实施准确的确认与计量过程。

2）第十二条关键解析

当债务重组以修改债务条款作为实施路径时，债务人需同时遵循《企业会计准则第 22 号——金融工具确认和计量》（2017 年修订）及《企业会计准则第 37 号——金融工具列报》（2017 年修订）的准则规定，对重组后的债务进行全面、合规的确认与计量工作。

7.5.3 关键分析与解读

在执行债务重组并选取修改债务条款作为解决方案时，债权人与债务人需遵循以下详细的会计处理准则。

7.5.3.1 债权人的会计处理指引

（1）债权全面终止的会计处理。如果债务重组条款导致债权需全面终止，债权人需以公允价值为基础，重新评估重组后债权的价值。评估后的价值与原有账面价值之间的差额，应作为财务影响直接计入"投资收益"账户。

（2）债权持续计量操作说明。如果重组条款未导致债权终止，债权人应保持资产的分类和计量方法不变，可能继续沿用摊余成本法或根据公允价值变动调整收益。

（3）摊余成本法的深化运用。对于采用摊余成本法的债权，债权人应紧密跟踪合同现金流量的变化，及时更新账面余额，并将产生的利得或损失体现在投资收益中。

账面价值调整时，应采用最新的合同现金流量预测，并基于原始实际利率或经信用风险调整后的新实际利率进行折现。

（4）合同修改成本的会计处理。合同修改过程中产生的费用，应视为对重组债权账面价值的调整项，在剩余合同期限内均摊至损益表。

7.5.3.2 债务人的会计处理规范

（1）债务终止的会计处理。当债务重组条款符合终止条件时，债务人需立即以公允价值重新计量重组债务，并将账面价值变动作为投资收益进行一次性会计处理。

（2）债务持续计量的会计处理。如果重组未导致债务终止，债务人应对未终止部分保持原计量方法，如摊余成本法或将公允价值变动计入当期损益。

（3）摊余成本法的深入应用。对于摊余成本法下的债务，债务人需根据最新的合同现金流量预测，重新评估并调整债务账面价值，相关利得或损失应计入投资收益。

折现率的选择应以原始实际利率或按照《企业会计准则第 24 号——套期会计》（2017 年修订）规定重新确定的实际利率为依据。

（4）合同修改费用的会计处理原则。债务人在合同修改过程中产生的费用，应直接抵减重组债务的账面价值，并在剩余合同期内平均分摊至损益，以准确反映财务成本。

7.5.4 案例深度剖析

在债务重组过程中，A 公司和 B 公司的会计处理如下。

7.5.4.1 债权人 A 公司的会计处理

（1）2024 年 3 月 15 日，房产转让的会计处理：

借：投资性房地产　　　　　　　　　　　　　　　　　　2 000 000
　　贷：应收账款　　　　　　　　　　　　　　　　　　　2 000 000

投资性房地产的入账价值基于放弃债权公允价值 512 万元减去股权价值 100 万元和展期应收账款公允价值 212 万元后的余额确定。

（2）2024 年 4 月 18 日，发行股票的会计处理：

会计分录包括交易性金融资产的确认、应收账款的调整、坏账准备的反向确认以及投资收益的计算。

借：交易性金融资产——B公司股票	1 500 000
应收账款——债务重组	2 120 000
坏账准备	100 000
投资收益	200 000
贷：应收账款	3 920 000

投资收益体现了在债权终止确认日，新确认的金融资产金额与当时债权账面价值之间的价值差异。

7.5.4.2　债务人B公司的会计处理

（1）2024年3月15日，房产转让的会计处理：

借：固定资产清理	1 600 000
累计折旧	1 000 000
贷：固定资产	2 600 000

债务人通过资产转让解除了部分债务，但未全部交付，因此不能终止确认全部债务。

（2）2024年5月12日，发行股票的会计处理：

借：应付账款	4 320 000
贷：股本	500 000
资本公积	1 000 000
应付账款——债务重组	2 200 000
其他收益	620 000

债务人采取了增资发行股票的方式作为偿债手段，并据此确认了与债务重组相关的损益情况，并调整了新金融负债的账面价值。

7.5.4.3　债务重组损益的确认

债务人确认了债务重组相关损益，并根据修改后的条款确认了新金融负债。债务的现时义务已解除，可以确认债务重组相关损益。

7.5.4.4　实质性修改的判断

若重组债务未来现金流量现值与原债务现金流量现值的差异超过10%，则构成实质性修改。本案例中，差异额小于10%，不构成实质性修改。

7.5.5　案例总结

在债务重组的会计处理框架内，债权人与债务人需共同遵循的核心原则及具体操作细则如下。

7.5.5.1　债权人会计处理指南

1）基本原则概述

当债权因实质性变更或新协议签订而被新金融资产所替代时，债权人应终止对原债权的确认,并依据修改后的条款或新协议内容,对新金融资产进行准确确认。此处的实质性变更,通常指的是条款的重大调整或重组形式的根本转变。

2)具体会计处理策略

实质性变更情况:在此情境下,新金融资产将按照修订后条款的公允价值进行初始计量,而原债权与新金融资产之间的价值差额,应被视作"投资收益"进行会计处理。

非实质性变更情况:如果变更未达到实质性标准,债权人应保持对资产的既有分类,并依据资产的具体属性,灵活选择摊余成本法、公允价值变动计入其他综合收益法,或直接计入当期损益的公允价值计量法等,进行后续计量工作。

7.5.5.2 债务人会计处理指引

1)基本原则明确

如果债务重组导致新金融负债的生成或原债务形式发生转变,债务人需立即停止对原债务的确认,并相应地确认新金融负债。此外,若重组后债务的未来现金流量现值相较于基于原债务实际利率计算的现值发生超过10%的变动,则视为发生了实质性变更。

2)具体会计处理措施

实质性变更情形:在此类情况下,重组债务应以其公允价值为基础进行计量,原债务账面价值与重组债务确认金额之间的差异,应作为一次性事件,在"投资收益"账户中予以体现。

非实质性变更情形:如果债务重组未构成实质性变更,债务人应维持对负债的既有分类,并继续运用摊余成本法、公允价值变动计入当期损益法,或其他适用的会计处理等,进行后续会计处理工作。

8 长期股权投资准则

8.1 复杂交易中处置日判断

8.1.1 案例概述

案例 8-1 A 集团在 2024 年实施了一项重大资产重组计划。该计划通过一系列措施，包括转让股份和第三方增资，将 A 集团对其全资子公司 B 公司的持股比例从 100% 降至 34%，从而使 A 集团失去对 B 公司的控制权，改为采用权益法进行会计处理。根据重组协议，C 公司通过向 B 公司增资获得 20% 的股份，而 A 集团保留 80% 的股份。此外，A 集团将 40% 的股份出售给 D 公司，剩余的股份通过股权激励计划转让给两位自然人，甲（4%）和乙（2%）。以下是交易的其他关键条款内容：

（1）交易完成的条件：当 A 集团收到至少 51% 的股权转让现金对价，且 B 公司收到至少 51% 的增资款项时，本次交易被认为完成。

（2）董事会组成：交易完成后，B 公司的董事会将由 9 名成员组成。D 公司有权提名 5 名董事，C 公司提名 1 名，甲和乙共同提名 1 名，而 A 集团则提名 2 名。除非有合理的理由，股东们不应拒绝这些提名或在董事当选后对其进行罢免。

（3）违约责任：协议中对违约责任的描述较为笼统，没有具体提及增资款后续支付的任何问题会影响股权转让的有效性。

思考问题：
A 公司该如何确定本次交易股权转让时间？

8.1.2 准则依据阐述

以下是对会计规范中关键要点的阐述与解析。

8.1.2.1 控制权转移标准的详尽分析

根据《〈企业会计准则第 20 号——企业合并〉应用指南》中的精确指导（特别是第二条第二款），控制权的正式转移需严格符合以下 5 个核心标准：

（1）合同与协议的法定认可：企业合并的基石——合同或协议，必须获得股东大会的正式法律认可。

（2）政府审批的全面达成：如果合并事宜涉及国家层面的监管审查，那么所有相关的政府审批流程必须圆满完成。

（3）财产权交接的无缝对接：合并双方需确保财产权的全面且顺畅交接，以维护资产与权益的平稳转移。

（4）资金支付的实质性进展：合并方或购买方需实际支付超过总价半数的款项，并展现出对剩余款项的支付实力与明确规划。

（5）实际控制与风险共担：合并方或购买方必须在实际层面掌控被合并方的财务与经营策略，既享受相应利益，也需承担伴随的风险。

8.1.2.2 合并财务报表下控制权丧失的会计处理原则阐述

依据《企业会计准则第 33 号——合并财务报表》第五十一条的规定，当企业经历一系列交易而逐步减少对子公司的控制权，直至最终丧失时，如果这一系列交易被视为一个不可分割的整体（即一揽子交易），其会计处理应遵循以下核心原则：

（1）收益与损益的阶段性处理：在控制权丧失的过渡阶段，每次交易中处置价款与子公司净资产份额之间的差异，应先在合并财务报表中作为其他综合收益反映，待控制权完全丧失之时，再行转入当期损益。

（2）一揽子交易的判定标准：如果多笔交易在条款、条件及经济效应上符合以下任一或多项特征，应将其视为一揽子交易进行会计处理：交易订立具有同时性或相互关联性；交易的整体性是实现商业目标的必要条件；某笔交易的实现依赖于其他交易的发生；单独考虑时经济上不合理的交易，在联合考虑时则具备经济上的合理性。

8.1.3 关键分析与解读

在会计领域，确定合并日或购买日的关键在于获得对被合并或被购买实体的控制权。这一时点标志着合并或购买开始对被合并方或被购买方的活动拥有决策权，能够通过参与其活动获得变动回报，并运用权力影响其回报的数额。

在会计处理上，当长期股权投资的所有权上的主要风险和报酬已经被完全转移给购买方，投资方不再享有股东权利或承担股东义务，且该投资不再为企业带来经济利益时，应当终止确认该投资，同时确认股权转让产生的收益。

《〈企业会计准则第 20 号——企业合并〉应用指南》中提出的确定合并日（购买日）的五项标准之一，即参与合并各方已完成必要的财产权转移手续，并不仅限于工商变更登记。依据《中华人民共和国公司法》的第三十二条条款规定，公司应当将其股东的姓名或名称登记在公司登记机关进行备案，且任何变更都应办理变更登记。未登记或变更登记的，不能对抗第三人。工商变更登记的目的是确立股权变更对外部第三人的效力。然而，股权转让双方可以在协议中约定其他标志性事件作为财产权转移手续完成的标志，如被购买方的公章、账册等被移交给购买方的管理人员，而不仅仅以工商变更登记为唯一标准。如果这些约定不违反法律法规，实践中也可被认可，关键在于实质性地评估与股权相关的风险和报酬,以及股东权利和义务何时开始被转移给新股东。

法律上,工商登记或变更登记不是行政许可,而是对交易或事项发生后的事实情况向主管部门登记。因此,在实务中,合并日(购买日)或投资处置日可能早于被合并方或被购买方完成工商变更登记的日期。

然而,对于股权转让和变更前必须获得的行政许可,如外资企业股权变更需商务、外汇部门批准,国有产权转让需国资委审核批准,金融企业股权转让需金融监管机构核准,上市公司收购需中国证监会核准等,这些批准是股权转让合法进行的前提。未经批准的股权转让不受法律保护,因此,合并日(购买日)不可能早于获得所有必要的行政许可的日期。

企业管理层和注册会计师应区分企业合并或股权处置中涉及的行政许可事项和登记事项,以及它们对确定合并日(购买日)或处置日的潜在影响。

8.1.4 案例深度剖析

根据《企业会计准则第33号——合并财务报表》第五十条的明确要求,在控制权丧失的当天,合并财务报表中应确认相应的处置损益。因此,确定"控制权丧失之日"或"处置日"是解决此问题的核心。

根据重大资产重组协议的相关条款,治理结构的调整和业务整合应在"交易完成"之后进行。因此,应将"交易完成日"视作控制权丧失的日期,并在该日对因丧失控制权而产生的处置损益进行会计确认。

在实际操作中,识别"交易完成日"通常涉及对相关协议的具体条款进行详细分析,以确保准确反映控制权的转移。这通常包括但不限于财产权的转移、必要的法律手续的完成以及相关款项的支付等关键因素。通过这种方式,可以确保会计处理的准确性和及时性。

8.1.5 案例总结

在综合考虑了前述讨论后,我们提出以下建议,以确定合并日、购买日或处置日,即当以下条件同时得到满足的日期:

(1)股权交易合同已经正式签署且生效。如果合同生效之前需要得到相关监管部门的批准,那么必须已经完成了必要的批准流程并获得了相应的许可。

(2)通过产权交易所完成了所有产权交易流程,并已获得产权转让的交割证明。

(3)被投资公司已经更新了其股东名册,以反映股东变更。与交易股权相关联的表决权和收益权等股东权利已经被转移至合并方或购买方(受让方),原股东(转让方)不再承担与此相关的风险,也不再享有相应的收益。

(4)股权转让的总价款、支付条件和时间表已经明确,受让方已根据约定的进度进行了价款支付,并对未付的款项制定了明确的付款计划。此外,没有迹象表明受让方会违反协议,导致交易被撤销或逆转。

（5）预计目标企业在完成工商变更登记的过程中不会遇到重大法律障碍。

这些条件的满足，为会计处理提供了明确的时点，有助于确保交易的会计记录准确无误。

8.2 重大影响判断

8.2.1 案例概述

案例 8-2 ××股份有限公司在 2022 年新增了一项长期股权投资，持股比例为 9.416 2%，而该被投资企业共有 42 名股东。××股份有限公司与该企业的第一大股东（持股比例为 21.400 4%）签订了一份一致行动协议，协议内容如下：

（1）一致行动协议：双方基于对公司经营理念的一致认同以及对公司长远利益的考虑，为了提高公司决策效率，就投资公司、行使股东权利及委派公司董事行使决策权的事宜达成以下共识：

各方承诺自协议生效之日起，作为公司股东行使权利时应保持一致，尤其在公司股东会审议议案时行使表决权应保持一致。

各方同意自协议生效之日起，在行使股东权利时应协商一致，形成统一意见。对于向公司股东会或董事会提出的议案，各方应事先充分沟通，必要时对议案内容进行修改，直至共同认可后再提出。

对于非一致行动各方提出的议案，各方应在会议召开前进行充分沟通，直至达成一致意见，并在股东会或董事会中作出相同的表决意见。

各方承诺自协议生效之日起，及在委派公司董事期间，应确保董事会在审议议案、行使表决权时保持一致，形成统一意见。

除非法律法规或规范性文件有其他要求，各方同意公司可在公开文件中披露各方为公司的一致行动人。

（2）公司章程：公司章程规定股东会会议由股东按照实缴的出资比例行使表决权。股东大会的决议需获得出席会议股东所持表决权的过半数支持方可通过。而对于涉及修改公司章程、调整注册资本（包括增加或减少）、公司合并、分立、解散或变更公司组织形式的重大决议，则必须获得出席会议股东所持表决权的三分之二以上多数通过。至于董事会的决议，则需得到出席会议的董事中三分之二以上的赞成票方为有效。被投资公司董事会共有 7 名成员，××股份有限公司与第一大股东各委派 1 名董事。

截至 2024 年 12 月 31 日，××股份有限公司持有被投资方股份 16.08%，派出 1 名董事（被投资方共有 9 名董事）。××股份有限公司不参与被投资方的任何财务和经营政策制定过程，不影响任何决议的生效与否，与被投资方无关联交易，不对其经营产生影响，也未向被投资方派出任何经营管理人员。

截至 2024 年 12 月 31 日，××股份有限公司对被投资方的持股比例为 10.2%，并仅委派了 1 名董事（在被投资方总计 7 名董事中）。然而，××股份有限公司并未参与被投资方的任何财务或经营政策的制定流程，与被投资方无关联交易，未向被投资方派出任何经营管理人员，也不提供任何技术支持。

思考问题：

××股份公司对被投资企业是否可以确认为无重大影响？

8.2.2 准则依据阐述

以下是对《企业会计准则第 2 号——长期股权投资》及其应用指南中关于"重大影响"相关条款的系统梳理与深入解读。

8.2.2.1 《企业会计准则第 2 号——长期股权投资》关键条款解析

第二条第三款明确界定了"重大影响"的概念：即投资方虽不具备对被投资单位的完全控制或与其他方共同控制的权力，但拥有参与其财务和经营政策决策的实质性能力。在评估此影响力时，需全面考量包括可转换债券、认股权证等在内的潜在表决权因素。如果确认投资方能施加此等影响，被投资单位在会计上被归类为联营企业。

8.2.2.2 《〈企业会计准则第 2 号——长期股权投资〉的应用指南》详解

（1）适用范围：部分具体阐述了在实际操作中，如何识别"重大影响"的存在。这通常表现为投资方在被投资单位的决策机构中拥有席位，并能通过其发言对关键财务和经营决策施加影响。此外，当投资方持有的表决权份额介于 20%~50%（不含 50%），且无证据表明其无法参与决策时，往往默认存在重大影响。同时，评估过程中还需考虑潜在表决权因素，如金融工具转换后的投票权变化。

（2）重大影响的判断标准：列举了多个关键指标，帮助企业判断其对被投资单位是否构成重大影响：

A. 董事会代表：投资方在被投资单位董事会或类似机构中拥有正式代表。

B. 政策参与：能够实质性参与被投资单位财务和经营政策的制定过程。

C. 重要交易：与被投资单位之间存在重大经济交易，显示其能够影响对方决策。

D. 管理人员派遣：向被投资单位派遣关键管理人员，以影响其运营方向。

E. 关键技术资料提供：通过提供关键技术资料，对被投资单位的核心竞争力产生重要影响。

8.2.3 关键分析与解读

关于"一致行动协议"的考量要点如下。

（1）一致行动协议的分类。一致行动协议通常分为 2 种情形：第一种情形是所有涉及被投资方的活动事项都需经过各方协商一致后形成统一意见，这实质上反映了参与方对被投资方的共同控制；第二种情形是存在一个主导方，当各方意见不一致时，以主导方的意见为准。在这种情况下，实际上是主导方对被投资方实行单独控制，而其他参与方的存在则是为了增强主导方的控制力度。对其他参与方而言，他们对被投资方的影响力将不如独立决策时。

（2）协议的灵活性与证据需求。一致行动协议的签订和解除可能相对容易和灵活，因此在实际操作中，仅凭一致行动协议本身通常不足以作为判断控制或共同控制的充分审计证据。需要收集其他证据来支持这一判断。项目团队应关注一致行动安排是否具有合理的经济基础和商业实质。一致行动安排应基于参与各方在协议所涉及的交易或事项中具有共同利益，并应证明这是一个互利共赢的安排。例如，主导方在市场、技术、管理等方面具有显著优势，其他参与方可能因此选择放弃部分决策权以获得更大的经济利益。特别是在参与各方非关联的情况下，应避免为了主导方利益最大化而损害其他方的利益，否则协议的真实性、合理性和可持续性可能会受到质疑。

（3）基于协议的控制权判断。对控制权的判断，当涉及表决权委托协议、一致行动协议、托管或承包经营协议、VIE架构下的相关协议等时，可能比仅基于股权和表决权的判断更为复杂。在这些情况下，需要综合考虑各种因素，包括但不限于协议条款、各方的权利与义务以及实际的决策过程，以准确评估控制权的归属。

8.2.4 案例深度剖析

在考虑"一致行动协议"时，以下几点需要特别注意。

（1）一致行动协议的实质。一致行动协议可能表现为2种情形。第一种是所有涉及被投资方的事项均需经过各方协商一致后形成统一意见，这实质上体现了各方对被投资方的共同控制；第二种情形是存在一个主导方，当各方意见不一致时，以该主导方的意见为准。在这种情况下，主导方实际上单独控制被投资方，而其他参与方的存在则是为了加强该主导方的控制力。对其他参与方来说，他们对被投资方的影响力将小于他们独立决策时。

需要指出的是，重大影响不能逐层向下传递，仅在直接的投资与被投资关系中有效。因此，"间接重大影响"的概念是不存在的。

（2）表决权的行使。如果××股份有限公司和第一大股东在协商一致的基础上确定他们在被投资公司的股东会和董事会上的表决立场，那么可以认为被审计单位和第一大股东作为一个整体对被投资单位具有重大影响。在这种情况下，××股份有限公司与第一大股东的关系类似于合营安排中的合营方，共同控制该"一致行动体"的决策。

然而，如果××股份有限公司按照第一大股东的指示和要求行使其表决权，实际上××股份有限公司成为第一大股东的代理人，对被投资公司没有重大影响。

同样，如果××股份有限公司对该"一致行动体"在被投资公司的董事会和股东会上的表决立场可以施加重大影响但不具有否决权，也应认为被审计单位对被投资单位不具有重大影响。

（3）投资性主体的识别与会计处理方法。需严格审核××公司是否符合《企业会计准则第 33 号——合并财务报表》中对"投资性主体"的定义，或是否属于《企业会计准则第 2 号——长期股权投资》提及的"风险投资机构、共同基金及其相似实体"。一旦确认其身份，根据会计准则要求，所有出于财务投资目的进行的对外投资，无论是否对被投资单位具有控制、共同控制或重大影响能力，均应作为金融资产进行会计处理，而非遵循传统的长期股权投资模式。

值得注意的是，《企业会计准则第 33 号——合并财务报表》与《企业会计准则第 2 号——长期股权投资》企业会计准则在处理此类特定实体时，存在会计处理的差异性。为了确保会计信息的精确性和内部一致性，对于符合投资性主体标准且满足相应认定条件的风险投资机构、共同基金及其类似实体，在首次识别其财务性投资时，即应明确选择将这些投资归类为以公允价值计量且其变动计入当期损益的金融资产，或是根据投资特性和市场情况，将其合理分类为交易性金融资产。这样的处理能够更好地捕捉并反映这些投资的经济本质及市场波动的即时影响。

（4）重大影响的进一步分析。如果不是投资性主体，企业应根据对被投资方有无重大影响，来判断该投资是作为长期股权投资以权益法核算还是作为金融资产核算。基于此，企业有必要深入剖析，仅通过委派 1 名董事是否足以构成对被投资企业产生重大影响的因素。

判断对被投资方是否具有重大影响的关键，在于投资方能否通过向董事会提交议案并积极参与投票，以促使那些符合自身利益的财务与经营政策议案获得采纳，尽管在此过程中投资方并不享有对所议事项的单方面决策权或否决权。

在董事会人数较多而公司派出的董事不能独立提出议案，或者由于董事会人员构成的影响，本公司派驻的董事对议案的表决结果不能施加实质性影响的情况下，投资方对被投资方可能不具有重大影响。

因此，针对本案例，应进一步具体了解被投资公司的股权结构、董事会人员构成、董事会议事规则，派出董事参加董事会实质性权利有哪些，被投资公司在技术和市场等方面是否对本公司有重大依赖，公司进行投资的目的是什么，公司与被投资企业有无战略合作关系等，再行确定对被投资方是否具有重大影响。

另外，在通常情况下，上市公司的股权更为分散，治理机制也较为透明，因此本案例中，持有上市公司 16.08% 股权并派驻 1 名董事情形对被投资方具有重大影响的可能性相对较大，应深入了解被投资上市公司的前十大股东持股情况，以及董事会成员的构成情况，作为判断对被投资方是否具有重大影响的重要考虑因素。

8.2.5 案例总结

重大影响通常被定义为在没有控制权的情况下，持有股权比例在 20%（含）至 50%（不含），并且没有证据显示投资方对公司不产生重大影响。这种影响通常体现为投资方在董事会中有其派遣的代表。

判断重大影响的关键在于确定投资方是否具有实质性的参与权而非决定权。董事会作为公司的管理层，负责制定公司的财务和经营政策，因此，任何董事会成员都参与这些政策的决策过程。在会计准则中，派遣董事会成员，不论人数多少，都足以构成重大影响。因此，即使投资方的持股比例低于 20%，只要其派遣了董事会成员，就认为对被投资单位产生了重大影响，应按权益法进行会计处理。

然而，如果公司持有 20%（含）至 50%（不含）的股权，但未派遣董事会成员，是否仍具有重大影响呢？一般而言，持股比例在这一范围内被视为产生重大影响的定量标准，除非有明确证据表明公司实际上不会施加重大影响。例如，如果 A 公司持有 B 公司 20% 的股权，但未派遣董事会成员，此外，在股东会进行表决时，A 公司依然会依据其持有的 20% 股份比例来行使其相应的表决权，那么可以认为 A 公司对 B 公司具有重大影响。反之，如果 A 公司放弃了其 20% 的表决权或将表决权委托给他方股东，那么 A 公司对 B 公司将不再具有重大影响，其会计处理应由权益法改为其他债权投资的核算方式。

8.3 处置子公司股权丧失控制权时对剩余股权的会计处理

8.3.1 案例概述

案例 8-3 X 置业公司出售了其持有的 Y 公司 51% 的股份，导致失去了对 Y 公司的控制权。具体的交易细节和股权形成过程在表 8.3.1 中有所展示。

表 8.3.1 X 置业公司持有 Y 公司股权的形成过程

单位：万元

项目	持股比例	是否纳入合并	收购比例	收购对价	长投账面价值
初始投资	43%	是			12 900
第一次收购后	53%	是	10%	4 500	17 400
第二次收购后	85%	是	32%	13 400	30 840
本期处置股权后	34%	否			

在 7 月 31 日的审计和评估基准日，Y 公司的账面净资产为 31 325.99 万元，而评估价值为 53 297.69 万元。评估增值主要来源于存货。此外，从审计基准日到 9 月 30 日的处置日，Y 公司进行了 678.89 万元的分红。

思考问题：

X 置业公司该如何进行相关会计处理？

8.3.2 准则依据阐述

以下是对相关内容的精炼概括与深入阐述，旨在增进理解并确保遵循会计准则。

（1）投资处置会计处理：明确区分个别与合并报表中，子公司投资处置差额应计入当期投资收益，确保报表间投资收益的一致性。

（2）控制权丧失会计处理：规范了母公司部分处置子公司股权致控制权丧失的会计处理，包括个别报表中股权处置及剩余股权的处理，以及合并报表中剩余股权的公允价值重估与投资收益的确认，同时强调综合收益的转化与信息披露的详细性。

（3）《企业会计准则讲解（2010）》增补亮点：在合并报表编制中，新增了商誉剔除的计算要求，增强了商誉会计处理的严谨性，提升了财务报告的清晰度和透明度。

8.3.3 关键分析与解读

在个别财务报表的编制过程中，企业应严格遵循《企业会计准则第 2 号——长期股权投资》的规定，对出售的股权进行相应的会计记录。对于仍持有的剩余股权，企业需依据其特定属性，在现有账面价值的基础上，将其灵活分类为长期股权投资或其他适用的金融资产类别。具体而言，如果剩余股权赋予企业对原子公司实施共同控制或重大影响的权利，需按照从成本法转换为权益法的会计准则进行处理，并可能需进行追溯调整，以准确反映经济实质。

针对剩余股权在个别报表中的处理，存在以下 2 种情况：

（1）当原母公司对原子公司的共同控制或重大影响得以维持时，对剩余股权，应采用权益法核算，并在股权减持过程中完成从成本法到权益法的转换，这一过程可能涉及必要的追溯调整，以确保会计信息的连续性和准确性。

（2）如果对原子公司的控制、共同控制或重大影响已不复存在，且剩余股权在活跃市场能够被可靠计量公允价值，应将其重新归类为金融资产，具体可根据企业管理层的持有意图将其进一步细化为交易性金融资产或其他债权投资，以反映其市场价值及潜在风险。

在合并财务报表的编制中，对剩余股权，需以丧失控制权当日的公允价值为基准进行重新评估。这一重新计量的计算逻辑为：将处置股权所得的对价与剩余股权的公允价值相加，再扣除按照原持股比例计算的原子公司自购买日至控制权丧失日期间累计的净资产份额（考虑商誉的调整），同时，将与原股权投资相关的其他综合收益部分转入当期投资收益。此做法旨在确保合并报表能够全面、准确地反映出企业因股权变动而承受的经济后果。

此外，为增强财务报表的透明度和信息的有用性，企业还应在报表附注中详细披露剩余股权在控制权丧失之日的公允价值，以及由此产生的任何利得或损失，帮助财务报告使用者更全面地理解企业的财务状况、经营成果及投资绩效。通过上述处理措施，企业能够确保个别及合并财务报表在反映股权变动及其后续财务影响方面，既合规又清晰明了。

8.3.4 案例深度剖析

X 置业公司财务报告中关于 Y 公司 51% 股权处置的会计处理概览。

8.3.4.1 个别财务报表的会计处理细节

（1）投资收益的核算与确认：

在 X 置业公司出售 Y 公司 51% 股权的交易中，计算的投资收益依据特定公式得出：

投资收益 =（评估值－评估后分红）×51%－（处置时账面价值 ×0.85）×51%

相应的会计分录记录为：

借：银行存款　　　　　　　　　　　　　　　　　　　263 855 900
　　贷：长期股权投资　　　　　　　　　　　　　　　180 540 000
　　　　投资收益　　　　　　　　　　　　　　　　　 83 315 900

（2）剩余股权的权益法追溯调整：

针对剩余的 34% 股权，X 置业公司按照权益法进行了追溯调整，以反映其应享有的被投资单位权益变动。相应的会计分录如下：

借：长期股权投资　　　　　　　　　　　　　　　　　　3 021 500
　　贷：期初盈余公积　　　　　　　　　　　　　　　　　290 900
　　　　期初未分配利润　　　　　　　　　　　　　　　2 617 800
　　　　投资收益　　　　　　　　　　　　　　　　　　　112 800

上述会计处理体现了 X 置业公司在处置 Y 公司部分股权时，对投资收益的精确计量及对剩余股权的恰当调整，确保了财务信息的准确性与合规性。

8.3.4.2 合并财务报表的账务处理

（1）合并层的投资收益计算：

合并层面的投资收益 = 处置时 Y 股权的公允价值 ×0.85－处置时 Y 净资产的账面价值 ×0.85=（53 297.69－678.89）×0.85－（31 325.99－678.89）×0.85=18 675.945（万元）

（2）剩余股权公允价值的调整：

在合并报表层面，将剩余的 34% 股权调整为公允价值，相应的会计分录为：

借：长期股权投资　　　　　　　　　　　　　　　　　178 190 646
　　贷：投资收益　　　　　　　　　　　　　　　　　178 190 646

（3）投资收益的差额调整：

对合并层应确认的投资收益与已确认的投资收益之间的差额进行调整，会计分录为：

借：期初未分配利润　　　　　　　　　　　　　　　　　8 568 804
　　贷：投资收益　　　　　　　　　　　　　　　　　　 8 568 804

通过上述会计处理，X 置业公司确保了其个别财务报表和合并财务报表的准确性和合规性，同时清晰地反映了股权处置和剩余股权的财务影响。

8.3.5 案例总结

深入剖析案例 8-3 后，我们总结出关于控制权变动情况下的关键会计处理准则。

8.3.5.1 控制权丧失的会计处理准则

（1）一旦母公司失去对被投资实体的控制权，即丧失对其财务与经营决策的主导权及利益获取能力，该实体自控制权丧失的处置日起，将从母公司的合并财务报表中移除，且不得追溯调整合并报表的期初数值。同时，需确保在处置日之前，该子公司的所有财务表现已被全面计入合并利润表。

（2）合并层面：处置之日，商誉与少数股东权益的确认在合并报表中被终止，相关资产与负债被剔除；处置交易所产生的盈亏直接体现在损益表中，不得计入资本公积。

（3）个别层面：需进行追溯性调整，将原本采用的成本法核算转换为权益法核算，以准确反映投资价值的变动轨迹。

8.3.5.2 控制权未变的会计处理准则

如果母公司在部分转让子公司股权后仍保留控制权，其会计处理遵循不同路径：

（1）合并层面：商誉价值保持不变，但少数股东权益可能因股权结构调整而有所变动；鉴于控制权未变，处置行为不产生实质性盈亏，无需对资本公积进行调整。

（2）个别层面：由于控制权稳固，无需进行追溯调整，直接记录处置产生的盈亏即可，维持原有的投资核算框架不变。

这 2 套准则确保了企业在面对控制权变动时，会计处理既严格遵循会计准绳，又能精准、透明地展现其财务健康状况与经营成果，为各利益相关方提供了坚实的信息支撑。

8.4 对联营企业投资由他方增资导致持股比例下降的会计处理

8.4.1 案例概述

案例 8-4　2023 年，××智能科技有限公司通过货币资金投资，成功获取了××旅游集团有限公司（以下简称"旅游公司"）的长期股权投资，并决定采用权益法对该项投资进行会计处理。根据旅游公司章程，股东们将按照实缴资本比例分配利润，具体详情可见表 8.4.1。

表 8.4.1　2023 年长期股权投资明细

单位：元

股东名称	出资方式	总出资额	出资比例	2023 年年底实际缴纳金额	2023 年年底实际出资比例
××旅游集团股份有限公司	货币资金	4 900 000	49.00%	1 470 000	49.00%
××智能科技有限公司	货币资金	3 100 000	31.00%	930 000	31.00%
××文化艺术有限公司	货币资金	2 000 000	20.00%	600 000	20.00%
合计		10 000 000	100.00%	3 000 000	100.00%

截至 2023 年 12 月 31 日，××省科技风险投资有限公司确认增资 200 万元，旅游公司于 2024 年 1 月实际收到 60 万元。由于其他公司的增资，××智能科技有限公司在旅游公司的股权比例由 31% 被稀释至 25.83%。具体数据见表 8.4.2。

表 8.4.2　2024 年长期股权投资明细表

单位：元

股东名称	出资方式	认缴出资	出资比例	2024 年年底实际缴纳金额	2024 年年底实际出资比例
××旅游集团股份有限公司	货币资金	4 900 000	40.83%	1 470 000	40.83%
××智能科技有限公司	货币资金	3 100 000	25.83%	930 000	25.83%
××文化艺术有限公司	货币资金	2 000 000	16.67%	600 000	16.67%
××省科技风险投资有限公司	货币资金	2 000 000	16.67%	600 000	16.67%
合计		12 000 000	100.00%	3 600 000	100.00%

2024 年 1 月 1 日至 12 月 31 日，旅游公司累计实现了净利润 111 653.10 元。截至 2024 年 12 月 31 日，旅游公司的净资产为 3 055 348.53 元。

思考问题：

针对上述情况，旅游公司应如何进行会计处理？

8.4.2　准则依据阐述

以下是相关准则内容整合与解析。

8.4.2.1　会计处理原则概述

当外部投资者向企业子公司注资，导致原投资方股权被稀释至丧失控制权但仍维持共同控制或重大影响力时，企业应依据会计准则，在个别财务报表与合并财务报表层面分别采取适宜的会计处理措施。

8.4.2.2　个别财务报表处理细则

（1）核算方法转换：将原本采用成本法核算的长期股权投资调整为采用权益法核算，以反映新持股比例下的投资关系变化。

（2）差额计入损益：依据增资后新的持股比例，重新计算并确认净资产份额，将因此产生的增值与原持股比例下账面价值的差额，计入当期损益，以体现投资价值的变动。

（3）追溯调整：自投资初始日起，按照新的持股比例及权益法原则，对过往的财务数据进行追溯调整，确保会计信息的连贯性和准确性。

8.4.2.3 合并财务报表处理要点

（1）遵循准则：严格遵守《企业会计准则第33号——合并财务报表》的各项规定，确保合并报表的合法性与规范性。

（2）控制权评估：在编制合并报表时，首要任务是基于控制权的标准，全面审视并综合评估所有相关因素，以确定控制关系的存在与否。

（3）要素变动响应：一旦控制权定义中的核心要素发生变动，需即时重新评估对被投资方的控制状态，确保合并范围的准确性。

（4）范围调整：如果经评估后确认不再满足合并条件，应将相关子公司从合并报表中剔除，以真实反映企业的财务状况与经营成果。

8.4.2.4 总结

面对外部增资导致的持股比例变动，企业在会计处理上需采取双轨制策略。在个别报表层面，重点在于核算方法转换与差额损益处理，并辅以追溯调整；而在合并报表层面，则需精准把握控制权的动态变化，适时调整合并范围，确保财务信息的真实、完整与合规。

8.4.3 关键分析与解读

当企业子公司通过增资扩股方式引入新投资者时，这一行为往往伴随着对原有投资者持股比例的稀释。此情境下，原有投资者在子公司增资后的净资产权益与其长期股权投资账面价值间可能形成差异（以下简称"差异"）。

8.4.3.1 成本法视角下的处理

在成本法核算框架下，即使子公司完成增资，原有长期股权投资的账面价值仍维持于初始投资成本不变，无需根据子公司净资产变动进行调整。因此，对于上述"差异"，无需特别会计干预，长期股权投资持续以成本基础计量。

8.4.3.2 权益法视角下的争议与观点

如果采用权益法核算，企业需根据子公司净资产的变动同步调整长期股权投资的账面价值。关于"差异"的处理，学术界与实务界存在分歧：

（1）学术界主张，持股比例下降应被视作股权部分处置，故应将"差异"计入投资收益，反映资本增值或减值。

（2）实务界则认为，此"差异"实为股东间权益调整，非直接源自企业盈利，故不宜将其计入投资收益，而应调整资本公积，以反映股东权益的净变动。

8.4.3.3 针对上述 2 种观点提出的见解与建议

（1）直接将持股比例下降等同于股权处置，忽略了其未涉及实际现金流入或资产交换的本质。

（2）简单将所有净资产变动计入损益，亦忽略了权益变动类型的多样性及其对财务状况的不同影响。

8.4.3.4 对企业的建议

（1）深入剖析"差异"成因，明确区分由净利润变动引起的部分权益变动与其他权益变动（如资本公积增减等）。

（2）分别采用适宜的会计处理方式，以更精确地反映企业实际投资状况及财务状况变化。

此举不仅符合会计准则的严谨性要求，也有助于外部信息使用者更清晰地理解企业的投资布局与经营绩效。

综上所述，通过对"差异"的细致分类与恰当处理，企业能够更准确地评估其在子公司中的投资价值，并有效提升财务信息的透明度与决策有用性。

8.4.4 案例深度剖析

根据案例 8-4 分析，××智能科技有限公司因未能同比例增资导致其在被投资单位的股权比例下降，但依然保有重大影响。根据《企业会计准则第 2 号——长期股权投资》的第十一条，投资方需对被投资单位的所有者权益变动（除净损益、其他综合收益和利润分配外）进行账面价值调整，并计入所有者权益。具体而言，这意味着因股权稀释导致的净资产份额变动应反映在"资本公积——其他资本公积"科目中。

以下是具体的会计处理过程和分录：

（1）股权稀释情况分析：

2023 年 12 月 31 日，××智能科技有限公司未进行新增投资，外部股东增资 600 000 元，使得被投资企业的净资产从 3 055 348.53 元增加到 3 655 348.53 元。

增资前后，××智能科技有限公司的股权比例由 31% 降至 25.83%。

（2）计算变动额：

计算增资前后本企业在被投资方净资产中所享有份额的变动额，即：

变动额 =（3 655 348.53×25.83%）-（3 055 348.53×31%）=-2 981.52（元）

（3）会计分录：

根据上述计算结果，进行会计分录如下：

借：长期股权投资——其他权益变动　　　　　　　　　　2 981.52
　　贷：资本公积——其他资本公积　　　　　　　　　　　2 981.52

8.4.5 案例总结

在处理持股比例下降的不同情况下,会计准则提供了相应的指导原则。以下是对不同情况下会计处理方法的解析。

8.4.5.1 成本法核算下的稳定性

在投资企业持续采用成本法核算,且未发生核算方法转换的情形下,如果持股比例下降,对于因此产生的"差异",无需采取特别会计处理措施。鉴于缺乏实质性的资金流入或资产交换,投资企业不应将其视为股权的实际处置行为。此时,长期股权投资的账面价值维持原状,继续基于初始投资成本进行计量。

8.4.5.2 成本法向权益法的转变

当投资企业因持股比例下降导致控制权丧失,转而形成共同控制或重大影响时,会计核算方法需从成本法调整为权益法。在此转换过程中,需明确区分因净利润变动和其他权益变动所导致的"差异"。净利润变动部分应追溯调整期初留存收益,而其他权益变动则应相应调整资本公积,以准确反映投资企业在被投资单位所有者权益中的份额变化。

8.4.5.3 权益法核算下的差异处理

在权益法核算框架内,即使未发生核算方法的转换,投资企业也应根据被投资单位净资产的变动,适时调整长期股权投资的账面价值。对于因股本和资本公积变动等非净利润因素引起的"差异",鉴于净利润变动已通过"损益调整"科目予以反映,此类"差异"应直接调整资本公积,而非计入投资收益。直至投资企业实际处置长期股权投资时,再将相关累积金额从资本公积转出,计入投资收益。

8.4.5.4 权益法向成本法的回退

如果因持股比例进一步下降,投资企业不再具有共同控制或重大影响,且该投资无活跃市场报价,即公允价值难以可靠估计时,会计核算方法需由权益法转回成本法。根据《企业会计准则第 2 号——长期股权投资》的规定,此时应以权益法下的账面价值为基础,将其作为成本法核算的新起始投资成本。然而,从会计政策变更的视角出发,还需进行追溯调整,视同该长期股权投资自初始投资之日起即采用成本法核算,并据此对历史各期的留存收益进行相应的调整。对于此过程中的"差异",则无需单独进行会计处理。

8.5 子公司以其未分配利润转增资本时母公司的会计处理

8.5.1 案例概述

案例 8-5　A 公司在进行年度审计时,注意到其投资的 B 公司在 2023 年实施了分红,分红分为2个部分：一部分为现金股利，另一部分则是按照出资人的出资比例增加资本，且股东没有现金选择权。A公司对现金股利部分进行了适当的账务处理，但对资本转增部分未进行任何会计处理。

> **思考问题：**
> 在上述案例中，A公司的会计处理正确吗？

8.5.2 准则依据阐述

以下是对相关内容的精炼总结与概括。

8.5.2.1 《企业会计准则第2号——长期股权投资》要点

（1）成本法核算原则：投资方控制被投资单位时，适用成本法。成本法下，投资成本为初始投资额，随投资增减调整。

（2）现金股利或利润处理：被投资方宣告的现金股利或利润，均计入投资方当期投资收益。

8.5.2.2 《企业会计准则解释第3号》相关补充

（1）成本法下的特殊处理：取得投资时，如果含已宣告未发放股利，需单独确认；其余股利或利润，不论投资前或后实现，均视为投资收益。

（2）减值评估：确认股利后，需评估投资价值，必要时按《企业会计准则第8号——资产减值》进行减值测试。

8.5.2.3 《〈企业会计准则第2号——长期股权投资〉应用指南》关键指引

（1）子公司投资核算：对子公司投资采用成本法，确保收益完整回收，避免母公司垫付。

（2）合营与联营企业投资：采用权益法；股票股利不记账，但须记录股数变动以反映持股变化。

8.5.3 关键分析与解读

在遵循企业会计准则的规范下，一旦投资企业成功掌控被投资实体，其对于该长期股权的投资应遵循成本法进行会计核算。这一方法的基石确立于初始投资成本之上，后续任何对投资的增减变动均需同步调整其成本基础。当被投资实体宣布发放现金股利或利润时，这些资金将直接且透明地体现在投资方的当期财务收益之中。

成本法因其直接、清晰的特性，在日常会计处理中广受欢迎。然而，当面临特定情形，比如子公司选择将累积的未分配利润直接转化为股本或实收资本，而非直接发放现金股利时，会计处理方式便引发了不同的见解与争议。

8.5.3.1 意见交锋亮点

一派坚守谨慎性原则，认为在仅有权益架构调整而无实际现金流动的情况下，母公司无需采取任何会计处理措施。这一立场深刻体现了成本法的核心理念，即确保在子公司真正支付现金股利之前，母公司的财务报表能够免受潜在资金垫付效应的误导。据此，如果子公司仅以未分配利润增资，而未直接向母公司分配现金，母公司的会计记录应维持现状，严格遵循成本法的基本原则。

另一派则展现出更为灵活的视角，主张母公司应依此情形调整对子公司的长期股权投资成本，并据此确认相应的投资收益。他们视子公司的此类操作为一种间接的现金股利分配与再投资流程，即子公司以非现金形式（即权益增加）向母公司"分配"了股利，随后这些"股利"又以投资的形式回到了子公司。

8.5.3.2 立场阐述

从第一种观点的立场上出发，在缺乏真实现金流动的背景下，仅凭公司内部权益结构的内部调整，不应轻率地调整母公司的长期股权投资成本或确认投资收益。从本质上来看，无论是未分配利润转增资本，还是资本公积转增股本，均属于企业内部财务结构的优化调整范畴，并未涉及外部资金的实质性流动。因此，遵循会计准则的精髓所在，即在没有实际经济交易发生的情况下，保持会计记录的稳定性与准确性，避免无依据的收益确认或投资基础调整，是更为稳妥且符合会计准则精神的做法。

8.5.4 案例深度剖析

在案例8-5中，B公司根据各出资人的出资比例，将资本公积直接转入实收资本，且未赋予股东现金选择权。在这种情况下，A公司不应确认任何投资收益，因为实际上并没有发生现金的流入或利润的实际分配。

然而，如果B公司在本案例中无条件地为投资方提供了等值的现金选择权，并且投资方一旦选择接受现金，B公司不能拒绝这一现金分配要求，那么这实质上等同于B公司已经向投资方宣告了利润分配。在这种情形下，采用观点二的处理方式将更加准确地反映交易的实质，即母公司应调整其对子公司的长期股权投资成本，并确认相应的投资收益。

这种处理方法与会计准则中关于投资收益确认的原则相一致，确保了会计记录能够真实、公正地反映企业的经济活动。

8.5.5 案例总结

在处理被投资公司的利润分配和资本转增事务时，应遵循以下会计准则。

（1）针对转增资本无选择权情况：如果被投资公司的利润分配决议中规定了转增资本的股利金额，并且股东们没有选择接受现金或转股的权利，应将"分配股利"和"转增资本"视为一个整体交易。在这种情况下，被投资企业实际上是使用留存收益来增加资本。相应地，投资方应按照股票股利的会计处理方法，不在账簿上进行会计处理，而是在备查簿中记录股本或实收资本的增加数额。

（2）针对分配股利有选择权情况：如果被投资公司的股东会决议规定了股利分配金额，并且股东们有权选择是接收现金股利还是将股利转增资本，那么即便是选择转增资本的股东，也应将"分得股利"和"增资"视为两项独立的交易。对于选择股利转增资本的股东，他们一方面可以根据分得的股利金额确认投资收益，另一方面，同增资一样，可以确认其投资成本的增加。

8.6 附有业绩补偿条款的长期股权投资的会计处理

8.6.1 案例概述

案例 8-6 甲方是一家私募基金公司，在 2024 年 1 月对乙方进行增资，涉及金额 12 000 万元，甲方由此获得了对乙方 20% 的股权，从而具有重大影响。丙方，作为乙方的实际控制人，与甲方签订了包含业绩补偿机制的投资协议：

（1）业绩补偿条款：

如果乙方 2024 年的净利润未达到 4 000 万元，丙方应按以下公式进行现金补偿：

$$业绩补偿金额 = 12\,000\,万元 \times \left(\frac{4\,000\,万元 - 2024\,年实际净利润}{4\,000\,万元} \right)$$

如果乙方 2025 年和 2026 年两年的净利润总和未达到 12 000 万元，补偿金额计算公式为：

$$业绩补偿金额 = 12\,000\,万元 - (2025\,年实际净利润 + 2026\,年实际净利润)$$

如果乙方 2025 年或 2026 年的净利润低于前一年度，补偿计算公式为：

$$业绩补偿金额 = 12\,000\,万元 \times \left[\left(\frac{考核年度上一年度实现净利润 - 考核年度上一年度实现净利润}{} \right) \div 考核年度实际净利润 \right]$$

（2）上市条款与权益转让：

乙方需确保在 2026 年 12 月 31 日之前成功提交上市申请并获得监管机构的正式受理。如果未能达成此条件，或在后续一年内，即 2027 年 12 月 31 日前未能顺利完成上市流程，甲方则保留权利，要求丙方按照约定条件受让甲方目前所持有的乙方全部或部分股份。

（3）受让价格条款：

受让价款根据 10% 的年投资回报率计算，其公式为：

$$受让价款 = \left[12\,000\,万元 \times (1 + n \times 10\%) - 购买日前甲方已分得的现金红利 - 甲方已经获得业绩补偿款 \right] \times \frac{甲方要求丙方受让的乙方股份数量}{甲方通过本次增资取得的乙方股份数量}$$

其中 n 代表年数，为 3 或 4 年。

思考问题：

（1）甲方对乙方的投资应如何根据会计准则进行账务处理？

（2）如果乙方未达到业绩目标，甲方收到丙方支付的补偿款项时应如何进行会计处理？

（3）乙方在接收投资时应如何进行会计处理？

（4）丙方在编制个别财务报表和合并财务报表时应如何处理乙方的接受投资？

（5）如果乙方业绩未达标，丙方支付给甲方补偿款时应如何进行会计处理？

（6）丙方应如何对甲方可能行使的股份受让请求权进行会计处理？

（7）丙方受让甲方持有的全部或部分乙方投资时应如何进行会计处理？

8.6.2 准则依据阐述

以下是对相关会计准则内容的精炼整理与解析。

8.6.2.1 《企业会计准则第 37 号——金融工具列报》（2017 年修订）修订精髓

第十条清晰界定了金融负债与权益工具的区分标准，明确无条件及间接形成的现金或金融资产交付义务均构成金融负债，明确了以企业自身权益工具结算的金融工具，需根据其经济属性划分为金融负债或权益工具。

8.6.2.2 《企业会计准则第 2 号——长期股权投资》特别应用指导

第三条第二项特别指出，特定金融资产（如风险投资、共同基金投资）以公允价值计量且其变动计入当期损益进行初始确认时，需依据《企业会计准则第 22 号——金融工具确认和计量》（2017 年修订）进行会计确认和计量。

8.6.2.3 《企业会计准则第 22 号——金融工具确认和计量》（2017 年修订）关键要素

第五条首款概括了衍生金融工具的三大核心特征：价值波动性、低初始净投资需求以及未来结算属性。

第十九条为衍生金融工具的会计处理提供了详尽的指导框架（详见原准则）。

8.6.2.4 《企业会计准则讲解（2010）》管理原则

在风险管理或投资策略中，以公允价值为基础进行管理、评价和报告的金融资产或负债组合，需在书面文档中明确指定，以真实反映企业的管理实践和业绩评估方式。

8.6.2.5 《〈企业会计准则第 2 号——长期股权投资〉应用指南》特殊条款解析

针对同一控制下企业合并的长期股权投资，如果涉及或有对价，需遵循《企业会计准则第 13 号——或有事项》进行预计负债或资产的评估与确认，并据此调整资本公积，不足部分则调整留存收益。

对于非同一控制下的企业合并，其或有对价的会计处理应遵循企业合并相关的会计准则进行。

8.6.3 关键分析与解读

根据《企业会计准则第 2 号——长期股权投资》及《企业会计准则讲解（2010）》，股权投资的会计处理方式依据投资者的初衷及管理上的具体需求灵活设定。

1）主动指定为公允价值计量并计入当期损益的金融资产

对于风险投资机构等以投资增值后退出为目标的实体，其可选择将特定股权投资直接归类为"以公允价值计量且其变动计入当期损益的金融资产"。在此分类下，与该投资相关联的任何补偿款项均作为衍生金融工具处理，同样适用公允价值计量原则，且其公允价值变动将被即时且直接地反映在企业的当期损益之中，以反映市场价值的即时变动。

2）非主动指定情况下的金融资产计量

如果企业未主动选择上述特定分类，其股权投资的会计处理需严格遵循《企业会计准则第 2 号——长期股权投资》的详细规定。这主要包括对能够实施重大影响、共同控制或控制的权益性投资，按照该准则进行会计核算。尽管如此，企业在特定情境下仍享有选择权，可依据实际情况将符合条件的投资重新分类为以公允价值计量且其变动计入当期损益的金融资产，此举旨在提升会计处理的灵活度与适应性，以更好地适应市场变化和企业战略需求。

上述会计准则的安排，不仅可以展现会计处理方法的多样性和灵活性，也可以为投资者提供明确、具体的操作指南，确保会计信息的准确性、真实性和高度透明度，为所有利益相关者的决策提供坚实的财务信息基础。

8.6.4 案例深度剖析

案例 8-6 涉及甲方（投资方）、乙方（被投资公司）及丙方（实际控制人）之间的投资协议。该协议可分解为 2 个部分：一是甲方与乙方之间的投资协议；二是甲方与丙方之间的业绩补偿及股份回购协议。以下是对案例的详细分析。

8.6.4.1 甲方与乙方投资性质的判断

根据《企业会计准则第 37 号——金融工具列报》（2017 年修订）中的第十条规定，金融负债与权益工具之间的区分，其核心判定标准是从发行方的视角出发进行界定的。甲方在乙方业绩不达标时，可依条款获得现金补偿，且在上市条件未满足时可要求丙方回购股份。然而，由于乙方并无交付现金的合同义务，从发行方角度看，可视该投资为权益工具。同时，甲方在业绩达标时也能享受超额收益，因此，甲方对乙方的投资应被归类为股权投资。

8.6.4.2 丙方对甲方回购承诺的会计处理

遵循协议条款，甲方在特定条件满足时，拥有依据既定公式向丙方转让其股权的权利，此权利构成一项卖出期权，需按照衍生金融工具的相关会计准则，采用公允价值进行计量，并将由此产生的价值变动直接反映在当期损益之中。

8.6.4.3 衍生金融工具的会计处理

衍生金融工具，如期权，使持有方拥有权利而无义务，而另一方则承担义务。期权买方支付权利金后，获得在未来以特定价格买卖标的资产的权利。在本案例中，甲方持有的看跌期权赋予其出售股权的权利，而丙方则必须履行。

8.6.4.4 远期金融合同的处理

远期合同要求双方在未来以固定价格交换金融资产。如果合同规定丙方在将来某个日期购买甲方股权，该合同即构成衍生金融资产或负债，其价值取决于权利与义务的公允价值。

8.6.4.5 甲方对衍生工具的核算选择

甲方可选择根据长期股权投资准则核算对乙方的投资，同时将衍生工具作为以公允价值计量的资产进行核算，或将整个投资指定为以公允价值计量的资产。

8.6.4.6 乙方接受投资的会计处理

乙方应根据《企业会计准则第 37 号——金融工具列报》（2017 年修订）将甲方投资计入实收资本，因为乙方作为发行方没有交付现金的合同义务。

8.6.4.7 丙方个别财务报表的处理

丙方作为乙方的控股股东，除非丧失控制权，否则应继续采用成本法对乙方的长期股权投资进行核算。

8.6.4.8 丙方个别财务报表中金融负债的确认

丙方因业绩补偿和股份回购承诺而承担的现金支付义务，构成金融负债，应以公允价值计量并计入损益。

8.6.4.9 丙方合并财务报表的处理

丙方应将乙方纳入合并范围，并根据合并财务报表准则对特殊交易事项进行调整。如果甲方增资导致丙方丧失控制权，丙方应重新计量剩余股权，并在丧失控制权时将相关综合收益转为投资收益。

8.6.5 案例总结

在会计处理中，风险投资机构、共同基金以及类似主体在进行联营企业或合营企业的权益投资时，面临不同的计量和披露选择。

1）初始确认与后续核算的选择

一种可选的做法是这些投资方在初始确认时可以选择按照《企业会计准则第2号——长期股权投资》进行计量，并在后续采用权益法进行核算。同时，他们需要根据《企业会计准则第41号——在其他主体中权益的披露》进行信息披露。

另一种可选的做法是在初次确认金融工具时，依照《企业会计准则第22号——金融工具确认和计量》（2017年修订）进行价值评估，并在后续期间持续采用公允价值进行计量，同时，将公允价值变动直接计入当期损益。在此情境下，相关信息的披露必须严格遵循关于《企业会计准则第41号——在其他主体中权益的披露》以及《企业会计准则第37号——金融工具列报》（2017年修订）的规定。

2）披露准则的统一性

无论选择哪种计量方法，披露均需遵循《企业会计准则第41号——在其他主体中权益的披露》。这是因为，尽管会计处理方法的选择权存在，但权益的性质并未改变。《企业会计准则第37号——金融工具列报》（2017年修订）侧重于要求披露权益的金融工具属性，而《企业会计准则第41号——在其他主体中权益的披露》则侧重于要求披露主体间的关系，从而帮助财务报表使用者全面了解企业所面临的风险。两者在信息披露上互为补充，提供了不同角度的风险揭示。

3）投资性主体的特别规定

对于投资性主体的投资方，其对子公司（非为投资性主体提供服务的子公司）的权益投资，可以豁免编制合并财务报表。个别财务报表的编制过程中，需严格遵循《企业会计准则第22号——金融工具确认和计量》（2017年修订），以公允价值对金融工具进行计量，并确保所有公允价值变动均在损益表中得以恰当反映。此外，在对外披露这些信息时，还需遵守关于《企业会计准则第41号——在其他主体中权益的披露》要求以及《企业会计准则第37号——金融工具列报》（2017年修订）的相关规定。

4）联营与合营企业的权益性投资处理

对作为投资性主体的投资方而言，在其个别财务报表中，针对联营企业及合营企业的权益性投资，亦需依据《企业会计准则第22号——金融工具确认和计量》（2017年修订），采用公允价值进行计量，并确保这些投资的价值变动在损益表中得到及时且准确的反映。同时，在编制相关财务信息披露时，需严格遵循关于此类投资的特定披露准则要求。

5）会计处理的决策过程

在处理具有重大影响、共同控制或控制的权益性投资时，首先需确定投资方的性质是风险投资机构、共同基金或类似主体（这些通常为结构化主体或投资性主体）还是一般性主体。其次，根据投资的意图和管理需求进行初始确认的计量。最后，才是后续的核算和披露。

8.7 对联营企业以持有股权作为资本增加对另一联营企业投资的会计处理

8.7.1 案例概述

案例 8-7 A 公司执行了一项增资操作，涉及联营企业 B 公司和 C 公司。以下是对这一交易的详细描述：

A 公司于 2024 年 11 月 20 日，将其对 B 公司持有的 30% 股权（账面价值为 1.3 亿元）作为资本注入，对另一联营体 C 公司进行了价值 1.5 亿元（基于评估值）的增资。与此同时，为保持 A 公司在 C 公司的股权比例不变，C 公司的另一股东 D 公司也按比例进行了增资。此次增资后，A 公司在 C 公司的持股比例保持为 40%，而 D 公司则持有剩余的 60% 股份。该交易有效地维护了 A 公司在 C 公司中的相对股权结构。

思考问题：
在上述案例中，A 公司该如何进行会计处理？

8.7.2 准则依据阐述

以下是对《企业会计准则第 2 号——长期股权投资》第十条至第十三条及第十五条的综合解读与深入分析。

1）第十条：初始投资成本的校准与净资产公允价值的评估

（1）溢价情况下的处理：当长期股权投资的初始成本高于被投资单位可辨认净资产公允价值中的对应份额时，该初始成本保持不变，无需进行额外调整。

（2）折价情形的调整：如果初始成本低于该份额，将其差额直接计入当期损益，并据此增加长期股权投资的账面价值。此外，对被投资单位的净资产公允价值，需严格遵循《企业会计准则第 20 号——企业合并》的规定进行准确评估。

2）第十一条：投资收益与其他综合收益的确认框架

（1）收益确认的基本准则：投资方需基于其在被投资单位净损益及其他综合收益中的占比，分别确认相应的投资收益与其他综合收益，并据此适时调整长期股权投资的账面价值。

（2）利润分配与权益变动的反映：被投资单位宣布的利润分配或现金股利将相应减少投资方的长期股权投资账面价值。同时，被投资单位所有者权益的任何变动均需由投资方在其长期股权投资账面价值及自身所有者权益中予以体现。

（3）净利润的适当调整：在确认收益时，需考虑投资时点的被投资单位净资产公允价值，对净利润进行相应调整。

（4）会计政策的一致性要求：为确保会计信息的可比性，如果被投资单位的会计政策或会计期间与投资方不一致，需先将其财务报表调整至与投资方一致的标准。

3）第十二条：净亏损的应对策略

（1）亏损确认的限额规定：投资方确认的被投资单位净亏损不得超过其长期股权投资及其他相关长期权益账面价值总和减至零的界限。

（2）亏损恢复的机制：如果被投资单位后续实现盈利，投资方在原有未确认的亏损分担额得到补偿后，可恢复确认其应享有的收益份额。

4）第十三条：未实现内部交易损益的处理规定

（1）内部交易损益的剔除：在计算投资方应享有的被投资单位净损益时，需排除联营、合营企业间未实现的内部交易损益，以防止重复计算。

（2）特殊损失的全额确认：对于已构成资产减值损失的未实现内部交易损失，需全额确认，以真实反映投资状况。

5）第十五条：共同控制或重大影响丧失后的会计处理指南

（1）剩余股权的重新核算：出于股权处置等原因，共同控制或重大影响丧失时，剩余股权需依据《企业会计准则第22号——金融工具确认和计量》（2017年修订）进行重新核算，差额计入当期损益。

（2）其他综合收益的后续处理：原采用权益法核算期间确认的其他综合收益，在终止采用权益法时需按照相关资产或负债处置的原则进行会计处理。

（3）持续影响的评估与会计调整：如果丧失控制权后仍能维持共同控制或重大影响，应继续采用权益法并做相应调整；否则，按《企业会计准则第22号——金融工具确认和计量》（2017年修订）处理，差额计入当期损益。

（4）合并报表的编制规范：在编制合并财务报表时，需严格遵循《企业会计准则第33号——合并财务报表》的规定，确保合并报表的准确无误与完整性。

8.7.3 关键分析与解读

在案例8-7的操作中，A公司通过其持有的B公司30%的股权对C公司进行增资，导致其不再对B公司具有重大影响。由于重大影响通常只存在于直接持股的情况下，A公司对C公司的投资并不构成对B公司的间接重大影响。以下是对这一情况的会计处理的关键。

在成功向C公司增资后，A公司不再对B公司维持原有的重大影响。依据《企业会计准则第2号——长期股权投资》的相关规定，当投资方因部分股权的处置而不再具备对被投资单位（如B公司）的共同控制或重大影响时，必须依照《企业会计准则第22号——金融工具确认和计量》（2017年修订）的准则，对剩余的股权部分进行重新评估与核算。

具体而言，A公司应于确认对B公司重大影响消失的当日，将剩余的股权按照公允价值进行新的计量，并将这一公允价值与其原账面价值之间的差异，直接确认为当期的损益。这一步骤不仅体现了股权投资价值的实时变动情况，也严格遵循了会计准则对损益确认的严谨标准。

此外，对于之前采用权益法核算该股权投资时所确认的其他综合收益，A 公司在终止采用权益法核算之际，需要遵循与被投资单位（B 公司）直接处置相关资产或负债时相同的会计处理方法。这样的处理方式可以确保 A 公司在处理类似财务事项时的一致性和透明度，进一步提升财务报告的准确性和可靠性。

8.7.4 案例深度剖析

A 公司利用其持有的 B 公司 30% 股权作为对价，向联营企业 C 公司进行增资。在此过程中，A 公司需对转让的 B 公司股权的公允价值与账面价值之间的差额进行财务记录，将此差额计入当期投资收益。同时，A 公司向 C 公司新增的股权投资成本则以其换出的 B 公司股权的公允价值为基础进行确认。

以下是 A 公司增资 C 公司的会计处理方式及相应的会计分录，该分录严格遵循了上述会计原则：

会计分录展示：

借：长期股权投资——C 公司　　　　　　　　　　　　　　　150 000 000
　　贷：长期股权投资——B 公司　　　　　　　　　　　　　　130 000 000
　　　　投资收益　　　　　　　　　　　　　　　　　　　　　 20 000 000

通过上述会计分录，A 公司不仅实现了对 C 公司长期股权投资成本的更新，以准确反映其最新的投资状况，同时也将因增资行为产生的额外收益体现在了财务报表上，确保了会计处理的准确性及合规性，完全符合会计准则的相关规定。

8.7.5 案例总结

在处理联营企业增资的会计事宜时，不同比例的增资对会计核算有不同影响。以下是根据案例 8-7 分析得出的不同情况下的会计处理原则。

（1）同比例增资：

当所有股东按相同比例对联营企业进行增资时，可以依照案例 8-7 的分析执行会计处理。

（2）非同比例增资：

如果增资不是按比例进行，但增资后企业仍然是联营企业，相关会计处理可参照案例 8-7 的分析进行。

（3）股权比例上升：

如果增资行为促使企业在联营企业中的股权比例有所提升，应根据这一新的持股比例，持续采用权益法来核算对该联营企业的股权投资。在增资的生效日，如果新增的投资成本超出了按照新持股比例所计算的被投资单位可辨认净资产公允价值的相应份额，无需对长期股权投资成本进行调整；反之，如果新增投资成本低于此份额，需对长期股权投资成本进行相应调增，并将差额部分确认为营业外收入。在进行此类调整时，必须全面考量原投资及追加投资所可能涉及的商誉或损益金额，以确保调整的合理性和准确性。

（4）股权比例下降：

如果增资导致企业在联营企业中的股权比例降低，应将其他股东的增资视为2个部分：一部分是与企业自身增资按比例对应的等比例出资，另一部分是其他股东超出等比例出资的超额部分。首先，假设企业与其他股东等比例增资，保持股权比例不变，企业在联营企业净资产中的份额增加额应与本次增资成本一致；其次，考虑其他股东的超额出资，这部分将导致企业在联营企业中的股权比例被稀释。

（5）采用权益法核算：

在使用权益法进行核算时，A公司应遵循《企业会计准则第2号——长期股权投资》第十一条的规定进行处理。通过这种方式，企业能够确保其会计处理既符合会计准则的要求，又适应了不同增资情况下的具体需求，保证了财务报告的准确性和透明度。

8.8 联营企业之间交叉持股的会计处理

8.8.1 案例概述

案例8-8 A公司和B公司形成了相互持股的联营关系，各自持有对方20%的股权，并对对方具有重大影响。以下是对这一情况的详细描述：

A公司拥有B公司20%的股权比例，这一持股比例赋予了A公司对B公司日常经营决策施加显著影响的权利。

相应地，B公司亦持有A公司20%的股权，这意味着B公司同样能够对A公司的运营策略及活动产生重要的影响。

两家公司的注册资本结构相同，均为500万元人民币，各自划分为500万股，每股面值设定为1元，体现了等额的资本划分标准。

在财务表现上，如果忽略税收因素及未分配股利的影响，A公司实现了150万元的净利润，这一数据并未计入其通过B公司投资所获得的间接利润份额。

类似地，B公司也实现了150万元的净利润，该净利润同样未包含其通过A公司投资而间接享有的收益部分。

思考问题：

A公司、B公司该如何进行相关会计处理？

8.8.2 准则依据阐述

以下是对准则相关内容的概述与解析。

8.8.2.1 《国际会计准则第 28 号》：关于联营与合营企业投资

第 26 段强调了权益法在联营与合营企业投资中的应用，其处理程序与《国际财务报告准则第 10 号》中的合并程序存在相似性。具体而言，取得联营或合营企业股权投资的会计处理方式，借鉴了取得子公司的基本概念。

8.8.2.2 《国际财务报告准则第 10 号》：合并财务报表准则

第 B86 段规定，合并财务报表的编制需全面抵销集团内部所有交易对资产、负债、权益、收入、费用及现金流的影响。这包括集团内部交易形成的资产（如存货、固定资产）的完整抵销，以确保报表反映集团整体的真实财务状况。

8.8.2.3 《国际会计准则第 32 号》：金融工具揭示与呈报

第 33 段指出，企业回购自身权益工具（库存股）时，应从权益中剔除这些工具。与此相关的利得或损失不得计入损益，而是直接在权益中反映，即支付或收到的对价直接确认为权益变动。

8.8.2.4 《企业会计准则第 37 号——金融工具列报》（2017 年修订）

第二十六条明确了回购自身权益工具（库存股）的会计处理：支付的对价及交易费用应减少所有者权益，而非确认为金融资产。此外，库存股可由企业自身或其集团合并报表范围内其他成员购回并持有，体现了企业对其资本结构管理的灵活性。

8.8.3 关键分析与解读

在处理 2 个互为联营企业的企业间的相互投资及其会计核算时，应遵循以下步骤：

（1）确定投资与会计处理方法。通常，应采用净额法来确定投资和会计处理。这种方法排除了相互间的投资额，仅核算投资方在联营企业中按比例享有的净利润份额，同时扣除了由相互投资产生的股权收益。

（2）计算每股收益。对于每股收益的计算，应基于普通股的加权平均股数，并从中减去实际上的交叉持股数量，以得出准确的每股收益数值。

8.8.4 案例深度剖析

在案例 8-8 中，A 公司和 B 公司之间的相互投资关系构成了一个依赖的循环，其经济实质可以通过以下联立方程式来表达：

$$\begin{cases} a = 150 + 0.2b \\ b = 150 + 0.2a \end{cases}$$

解这组方程，我们可以得到 A 公司和 B 公司的利润（a 和 b）均为 187.5 万元。然而，根据净额法的会计处理原则，A 公司和 B 公司在各自财务报表中反映的新增利润应限制为 30 万元，这是基于各自对对方净利润享有的 20% 份额计算得出的，非联立方程式的解。

会计分录如下：

（1）A 公司确认在 B 公司的投资收益：

借：投资收益　　　　　　　　　　　　　　　　　300 000

　　贷：长期股权投资　　　　　　　　　　　　　　　　300 000

（2）B 公司确认在 A 公司的投资收益：

借：投资收益　　　　　　　　　　　　　　　　　300 000

　　贷：长期股权投资　　　　　　　　　　　　　　　　300 000

这种处理避免了通过相互投资产生的利润重复计算的问题。在本例中，A 公司和 B 公司通过净额法确认的利润各为 180 万元，而 7.5 万元的差额，即相互投资影响的金额，不计入利润。

在计算每股收益时，需要从普通股的加权平均数中扣除交叉持股的数量，即 20 万股（500×20%×20%）。因此，A 公司和 B 公司用于计算每股收益的普通股数量应各调整为 480 万股。

此外，遵循净额法的要求，两家公司需各自调减其所有者权益余额及对联营企业的长期股权投资余额，调减幅度为各自持有股权比例的 4% 所对应的权益部分。这一调整举措，是采用权益法核算过程中遵循合并报表编制原则的具体体现，旨在消除集团内部交易余额的重复计算，确保财务信息的准确性与透明度。

通过这种方式，我们确保了会计处理的准确性和透明度，同时避免了在相互投资情况下的利润重复计算问题。

8.8.5　案例总结

在会计实践中，当两个企业互为联营企业并进行相互投资时，可以应用净额法进行会计处理。

1）净额法的应用

净额法在处理相互投资时忽略具体的投资金额，专注于投资方从联营企业中获得的净利润份额，该份额扣除了由相互投资产生的股权收益。

2）联营企业股份的独特性质

联营企业因其非集团成员身份，其持有的投资方股份不被纳入"库存股"范畴，即便会计实践中不依赖于此类分类。

3）子公司持有母公司股份的会计处理

子公司对母公司股份的持有需执行抵销程序，这一做法在采用权益法核算中也同样适用，效果上类似于从股东权益中剔除库存股。

4）每股收益计算的准确性保障

为确保每股收益的精确计算，必须从总数中剔除联营企业间因交叉持股而间接对应的本企业股份数量。

5）集团对联营企业股份的综合计算

集团在联营或合营企业中的总体持股，应仅包括母公司及其直接子公司所持股份，而不将集团内其他联营或合营企业的持股纳入计算范围。

6）权益法核算下的财务要素考量

应用权益法对联营或合营企业的损益、其他综合收益及净资产进行核算时，需基于其财务报表中的已确认数额，并在此之前确保会计政策的一致性与必要调整。

8.9 已知被收购方将搬迁时购买对价分摊的会计处理

8.9.1 案例概述

案例 8-9 在一项协议中，A 公司计划收购 B 公司个人股东所持有的 30% 股份。该收购的净资产基准日设定为 2023 年 9 月 30 日，且协议规定自基准日至收购完成日之间 B 公司的损益归 A 公司所有。

2023 年 5 月，B 公司与当地开发区管理委员会（以下简称管委会）签订了"拆迁补偿协议书"。根据协议，B 公司同意在管委会辖区内进行搬迁并扩建，以提高产能。管委会将为 B 公司的新厂区重新安排工业用地。双方基于对 B 公司厂区资产的评估和搬迁停产试产损失的核算，确定了 1.2 亿元的搬迁安置补偿总费用。

2023 年 6 月，B 公司获得了新的土地使用权。2023 年 9 月 25 日，管委会收回了 B 公司原土地使用证与房产证。B 公司于 2024 年 5 月前完成搬迁工作。

思考问题：

在收购 B 公司的过程中，A 公司面临如何确定收购日 B 公司各项可辨认资产和负债的公允价值的问题。考虑到 B 公司即将进行的搬迁和已有的拆迁补偿协议，A 公司应该如何进行这一评估？

8.9.2 准则依据阐述

以下是对长期股权投资、企业合并及或有负债确认与计量的关键条款的概括与阐释。

8.9.2.1 《企业会计准则第 2 号——长期股权投资》

核心条款（具体参见本书 8.7.2）聚焦于长期股权投资的会计处理方式，涵盖其确认、价值计量及信息披露等关键环节。

8.9.2.2 《企业会计准则第 20 号——企业合并》

第十四条详尽阐述了被购买方可辨认净资产公允价值的确定方法，即基于合并过程中获取的资产公允价值总额，扣除相应负债及或有负债的公允价值。

对于被购买方的各类财务要素，本准则第十四条明确了其单独确认与计量的条件：

（1）资产（非无形资产）：需具备未来经济利益流入的高度可能性且公允价值能够被可靠估计，方可单独确认并以其公允价值入账。

（2）无形资产：仅当公允价值被可靠计量时，才应独立确认为无形资产并按此价值计量。

（3）负债（非或有负债）：如果履行义务可能导致经济利益的流出，且公允价值被可靠计量，须单独确认并按公允价值计量。

（4）或有负债：在公允价值能可靠计量的前提下，单独确认为负债，并按以下规则进行后续计量：①遵循《企业会计准则第 13 号——或有事项》确认的金额进行调整；②初始确认后，根据《企业会计准则第 14 号——收入》的相关规定，考虑累计摊销额对或有负债账面价值的影响。

此番整理旨在清晰、精确地传递会计准则中的相关规定，为会计实务操作提供明确无误的指引，从而促进财务报告编制者与使用者之间对准则精神的准确理解和有效应用。

8.9.3 关键分析与解读

在进行合营或联营企业的长期股权投资布局时，投资方于投资当日需对被投资企业的各项可辨认资产与负债实施公允价值的全面评估。

（1）投资方获取合营或联营企业长期股权之际，务必对被投资企业的可辨认资产及负债实施专业评估，以确保其公允价值得到准确认定。

（2）这一评估流程可借鉴非同一控制环境下企业合并时，被收购企业在交易日所遵循的可辨认净资产公允价值确定策略，以保证评估方法的一致性与合理性。

（3）公允价值的确定应当基于广泛市场参与者在相似交易中会普遍考量的因素，剔除那些仅特定于交易双方（如收购方与被收购方）之间的特殊考量因素，从而确保评估结果的客观性与公正性。

8.9.4 案例深度剖析

在案例 8-9 中，A 公司在与 B 公司及其股东签订股权收购协议时，已经知晓 B 公司将与政府进行搬迁补偿协议的执行。A 公司在评估 B 公司的可辨认资产和负债的公允价值时，需采用不同于 B 公司自身的视角。

8.9.4.1 废弃资产的估值

对于搬迁中将废弃的房屋、机械设备等，在收购日后尽管仍可使用一段时间，但其产生的经济利益有限，主要成本回收将通过补偿款实现。因此，应根据剩余使用寿命和原账面价值计算的应计折旧额，模拟其在收购日的公允价值，以确保从收购方视角在资产废弃时不产生损失。

8.9.4.2 搬迁补偿款的确认

根据 B 公司与政府签订的搬迁补偿协议，如果补偿款很可能收到，A 公司应按收购日的折现值将其确认为"其他流动 / 非流动资产"。尽管 B 公司因尚未开始搬迁工作而未能在自身财务报表中确认该补偿款为资产，A 公司在谈判股权转让时应已考虑搬迁补偿协议对交易定价的影响，确认补偿款收取权的价值，并按其现值确认为资产。

8.9.4.3 预计负债的确认

对于预计发生的停工损失和搬迁费用（不包括资产处置损失，该因素已在资产公允价值确定时考虑），A 公司应确认为预计负债，并在收购日从 B 公司的净资产中扣除。当实际发生此类损失和费用时，冲减预计负债。

8.9.4.4 商誉与负商誉的核算方法

A 公司按照既定规范调整 B 公司收购日可辨认净资产公允价值后，再将调整值乘以股权收购比例，如果计算结果与实际支付的股权收购价款之间存在差异，此差异将作为商誉（如果为正数）或负商誉（如果为负数）计入股权收购成本之中。特别地，正商誉不影响长期股权投资的初始成本确认，而负商誉则会被直接确认为当期的营业外收入。

8.9.4.5 递延收益的财务处理与报表调整

B 公司可能选择将收到的部分补偿金初始分类为递延收益，计划在未来期间内，根据相关费用的实际发生情况或新增非流动资产折旧 / 摊销的进度，逐步释放并计入当期损益。然而，对收购方 A 公司而言，在整合 B 公司财务数据并编制调整后的财务报表时，需将这类递延收益从报表中剔除，以维护报表的准确性和财务信息的一致性。

8.9.5 案例总结

以下是搬迁活动的会计分类及其处理差异详解。

8.9.5.1 政策性搬迁

1）政策性搬迁定义

政策性搬迁是基于城市规划、库区建设、棚户区及沉陷区改造等公共利益需求，由政府部门推动的迁移活动。

2）会计处理关键点

（1）补偿款核算：遵循《财政部关于印发企业会计准则解释第 3 号的通知》（财会〔2009〕8 号），企业对直接获取的政府财政拨付的搬迁补偿款，初始确认为专项应付款。

（2）费用与损失的会计处理：搬迁及后续建设过程中涉及的固定资产与无形资产损失、各项费用支出、因停工造成的损失，以及用于新建资产的补偿部分，需从专项应付款中调出，转入递延收益，并依据《企业会计准则第 16 号——政府补助》（2017 年修订)进行后续处理。

（3）递延收益与资本公积：递延收益反映尚未确认的政府补助收益，如果补偿款在转为递延收益后仍有结余，该结余应计入资本公积。

（4）政府补助会计方法：企业有权选择总额法或净额法来处理政府补助。总额法要求全额计入收益，不直接抵减相关成本费用；而净额法则通过冲减相关成本费用来反映。

（5）收益分类：对于与企业日常经营活动相关的政府补助，应计入其他收益或用于冲减相关成本费用；非日常活动相关的补助，则纳入营业外收支核算。

8.9.5.2 非政策性搬迁（商业拆迁）

1）非政策性搬迁的定义

非政策性搬迁，亦称商业拆迁，是指非由政府部门主导的基于市场行为的不动产公允价值交易或非货币性资产交换活动。

2）会计处理依据

此类搬迁的会计处理不适用《财政部关于印发企业会计准则解释第3号的通知》（财会〔2009〕8号），应遵循《企业会计准则第7号——非货币性资产交换》《企业会计准则第4号——固定资产》及《企业会计准则第6号——无形资产》等相关规定。

3）不动产处理

在商业拆迁中，涉及的不动产需按照固定资产（包括土地使用权）的处置规则进行处理，所收到的拆迁补偿款应视为销售收入或非货币性资产交换中的额外补偿。此过程中的会计处理需基于市场公允价值进行评估和记录。

8.10 私募股权投资基金对外投资的会计处理

8.10.1 案例概述

案例 8-10 A公司是一家私募股权投资基金（PE）业务的有限合伙企业，其在2024年度对三家公司进行股权投资。表8.10.1是对A公司投资情况。

表 8.10.1 2024年A公司对外投资公司信息

单位：万元

投资项目	企业性质	投资额	持股比例	派驻董事情况
A1公司	新三板挂牌公司	1 000	9.35%	未来可能派驻董事
A2公司	新三板挂牌公司	3 500	20.25%	即将派驻董事
A3公司	有限责任公司	2 000	15.30%	7人董事会中已派驻1人
合计		6 500		

尽管 A 公司对持股比例超过 10% 的被投资单位已派驻或计划派驻董事，但其参与仅限于形式上的董事会会议参与，并未实质性影响董事会的决策过程。

思考问题：

对于 2024 年度的股权投资，A 公司应如何根据其持股比例、董事会参与情况及实际影响力，依据相关会计准则进行会计处理？

8.10.2 准则依据阐述

以下是对相关会计准则内容的重新组织与阐述。

8.10.2.1 关于《企业会计准则第 2 号——长期股权投资》的核心要点解析

1）适用范围与特例规定

第三条特别指出，特定情境下的长期股权投资需遵循其他会计准则的指引。具体而言，外币计量的长期股权投资需按照《企业会计准则第 19 号——外币折算》进行折算处理；而对于风险投资机构、共同基金等主体持有的、初始确认时即以公允价值计量且其变动计入当期损益的金融资产，则须遵循《企业会计准则第 22 号——金融工具确认和计量》（2017 年修订）的相关规定。

2）采用权益法核算的特殊性与灵活性

第九条强调了投资方对联营企业及合营企业的长期股权投资应采用权益法进行会计核算，并详细指出了应遵循的条款范围（第十条至第十三条）。此外，对于通过风险投资机构等间接持有的权益性投资，即使其不具备重大影响，投资方也享有选择的权利——即可以对此类投资采用公允价值计量，而对其余部分则保持权益法核算，这体现了会计处理的灵活性。

8.10.2.2 关于《企业会计准则第 22 号——金融工具确认和计量》（2017 年修订）的关键条款解析

第四十四条是关于权益工具投资计量的核心条款，它明确规定企业应对其持有的权益工具投资及其相关合同以公允价值进行计量。面对特定挑战，如缺乏近期公允价值信息或公允价值估计范围宽泛时，该条款提供了指导：在这些情况下，成本可能被视为公允价值的一个合理估计，前提是企业需充分利用所有可获取的信息，包括但不限于被投资方的财务表现及经营状况，来评估成本作为公允价值估计的适当性。这一规定为企业提供了在实际操作中应对复杂估值环境的实用框架。

8.10.3 关键分析与解读

在分析案例时，首要任务是准确判定 A 公司是否属于"投资性主体"或类似于"风险投资机构、共同基金"等。

1）投资性主体的判断

我们需确定 A 公司是否为投资性主体。如果是，无论其对被投资单位的控制权、共同控制或影响力如何，其财务报表中的所有对外财务性投资应被分类为金融资产，而非长期股权投资。

2）非投资性主体的财务性投资处理

当 A 公司不被界定为投资性主体时，对其对外进行的财务性投资，如果未能使其在被投资企业中取得控制、共同控制或重大影响的地位，应单纯地作为金融资产记录在财务报表中，采用相应的金融资产会计准则进行核算。

3）对被投资企业的控制力与影响力的会计处理选择

在 A 公司对被投资企业拥有控制、共同控制或能施加重大影响的情况下，它拥有多种会计处理选择。具体而言，A 公司可以在投资首次确认时，选择将该项投资指定为以公允价值计量的金融资产，并将由此产生的公允价值变动直接计入当期损益。或者，A 公司也可将其归类为交易性金融资产，在每个会计期末进行市场价值评估。另外，A 公司还可以依据长期股权投资的相关会计准则，对此类投资进行更为详细和系统的会计核算。

8.10.4 案例深度剖析

在深入研究《企业会计准则第 33 号——合并财务报表》与《企业会计准则第 2 号——长期股权投资》的内容时，我们发现两者针对"投资性主体"及"风险投资机构、共同基金等同类型实体"在会计处理策略上存在鲜明的差异。

8.10.4.1 会计政策的抉择与一致性维护

A 公司在设定其会计政策框架时，面临两项关键决策，并需确保这些决策在同一性质或类似性质的交易中得到一致应用：

（1）首要选择是，将那些不具备控制、共同控制或重大影响的权益性投资，按照金融资产的标准进行会计处理；而对具备上述任一影响力的投资，则依循长期股权投资的会计准则进行核算。

（2）次要选择则是，将所有财务性投资（无论其影响力大小）均视作以公允价值计量的金融资产，并将任何公允价值的变动直接计入当期损益，以此反映投资的市场表现。

8.10.4.2 公允价值作为核心计量标准的实践

鉴于 A 公司的主要目标是追求资产价值的增长及投资收益的最大化，公允价值自然而然地成了其会计计量中的核心要素。面对被投资企业股份缺乏活跃市场交易价格的情况，A 公司需灵活运用估值技术手段，以准确合理地确定并采纳公允价值。

8.10.4.3 重大影响的界定标准与案例分析

根据《企业会计准则第 2 号——长期股权投资》的权威指南，通常认为，投资方如果直接或间接持有被投资方 20%（含）至 50%（不含）的表决权，可能对其产生重大影响，但这一结论需建立在投资方能够实质性参与被投资单位决策活动的基础上。

具体到本案例，A 公司对 A1 公司的持股比例为 9.35%，且未安排董事入驻，故一般判断为不具有重大影响。

对 A2 公司，A 公司的持股比例为 20.25%，虽未直接派驻董事，但已接近重大影响的持股比例阈值；而 A3 公司的情况则较为特殊，尽管持股比例（15.30%）低于 20%，但 A 公司已派驻 1 名董事，这可能意味着 A 公司具备一定的决策参与能力。然而，如果 A 公司对 A2 和 A3 公司的投资完全出于财务目的，且并未实际介入这些公司的日常经营决策，A 公司在这些公司的权益可能不被视为具有重大影响。

8.10.5 案例总结

私募股权投资基金通常进行权益工具投资，其会计处理取决于投资对被投资单位的影响程度。在判断控制、共同控制及重大影响时，除了考虑持股比例，还应考虑董事会席位等其他结构化安排。控制、共同控制及重大影响等及其具体如表 8.10.2 所示。

表 8.10.2 控制、共同控制及重大影响等及其准则适用情况

分类	适用准则	具体
控制（持股50%以上）	《企业会计准则第2号——长期股权投资准则》第二条	长期股权投资——成本法
共同控制、重大影响（持股20%~50%）	《企业会计准则第2号——长期股权投资准则》第二条	长期股权投资——权益法
其他	《企业会计准则第2号——长期股权投资准则》第三条（二）、《企业会计准则第22号——金融工具确认和计量》（2017年修订）	以公允价值计量且其变动计入当期损益的金融资产、以公允价值计量且其变动计入其他综合收益的金融资产

私募股权投资基金的多数投资由于缺乏对被投资单位的控制、共同控制或重大影响，通常按照《企业会计准则第22号——金融工具确认和计量》（2017年修订）进行核算。投资如果具有战略性质且无明确交易计划，可被指定为非交易性权益工具投资，其公允价值变动计入其他综合收益。而大多数投资则被分类为交易性金融资产，其公允价值变动计入当期损益。这两类资产的会计处理要点在表 8.10.3 中进行了总结。

表 8.10.3 金融资产会计处理要点

分类	会计科目	报表项目	持有中	处置时
以公允价值计量且其变动计入当期损益的金融资产	交易性金融资产	1年以内（含1年）：交易性金融资产 1年以上（不含1年）：其他非流动金融资产	公允价值变动:公允价值变动损益 股息等:投资收益	投资收益
以公允价值计量且其变动计入其他综合收益的非交易性权益工具投资（该指定一经作出，不得撤销）	其他权益工具投资	其他权益工具投资	公允价值变动:其他综合收益 股息等:投资收益	其他综合收益及处置价差均计入留存收益

8.11 同一控制下以名义价格转让净资产为负数公司的会计处理

8.11.1 案例概述

案例 8-11 2024年9月30日，A公司正筹备将其所持有的B公司全部（即100%）股权，以象征性的1元价格，转让给由A公司控股股东（一位自然人）掌控的C公司。B公司是A公司在早期投资成立的，自那时起，A公司一直保有其全部股权。截至2023年12月31日，B公司的评估价值与其净资产的期末值相当。B公司的经营状况在表8.11.1中有详细展示。所有涉及的公司，即A公司、B公司和C公司，均为有限责任公司。

表 8.11.1 B公司经营状况

单位：万元

项目	金额
2024年1~9月净利润	-5 100
2023年年末净资产	-4 400
实收资本	10 000
2024年9月30日往来欠款（应付A公司）	115 000

思考问题：

A公司该如何对上述股权转让进行会计处理？

8.11.2 准则依据阐述

以下是对相关会计准则关键内容的梳理与阐释。

8.11.2.1 2010年年报编制、披露与审计规定概览

《关于切实做好2010年年报编制、披露和审计工作有关事项的公告》（中国证券监督管理委员会公告〔2010〕37号）明确强调了在年报准备过程中，公司需清晰界定股东出资与市场化交易间的界限。特别地，对于控股股东或其关联方实施的各类捐赠行为（涵盖现金、实物资产、债务豁免等形式），如果其本质基于特定关联关系并体现对上市公司的资本性投入特性，公司应遵循权益性交易的会计处理原则进行核算。

8.11.2.2 《企业会计准则第33号——合并财务报表》解析

依据《企业会计准则第33号——合并财务报表》第五十条之规定，企业如果出于部分股权出售等原因丧失对被投资方的控制权，在编制合并报表时，需对剩余股权按丧失控制权当日的公允价值进行重估。处理流程包括：计算并确认股权处置收益与剩余股

权公允价值之和，扣除原持股比例下应享有的子公司净资产份额，差额计入当期投资收益，并据此调整商誉。同时，原与子公司股权投资相关联的其他综合收益需在丧失控制权之际转入当期投资收益。

8.11.2.3 《企业会计准则第 22 号——金融工具确认和计量》（2017 年修订）要点

该准则主要围绕金融工具的会计确认与计量展开详细规定了金融工具的分类、初始计量、后续计量、减值测试及终止确认等关键会计处理方法，为企业准确反映金融工具的经济实质提供了规范指导，其精华概览可参见本书 1.12.2.1。

8.11.3 关键分析与解读

在案例 8-11 中，股权转让的特殊情况要求我们首先解决几个核心问题。鉴于 A 公司与 C 公司同处同一控制之下，作为关联公司，其间的股权转让行为是否遵循了公平交易原则是值得审视的。当上市公司与其控股股东、控股股东所控制的其他关联实体，或是上市公司的实际控制人发生交易时，如果交易定价显著偏离公允价值，那么上市公司因此获得的超出合理范畴的经济利益，在经济学本质上，很可能被视为一种形式的资本性投入。在这种情况下，上市公司应将这部分超出公允价值的经济利益计入所有者权益，即资本公积。

随后，我们将深入探究 A 公司股权转让所带来的盈亏状况。这一分析流程包含几个核心环节：首先，确立股权转让的实际交易金额，即所谓的对价；其次，对涉及的债权进行公允价值的评估与处理；最后，依据 A 公司在其个别财务报表和合并财务报表中所采用的特定会计准则，来执行相应的会计记录与处理。具体来说，股权转让损益的确定需要考虑以下几个方面：

（1）股权转让的对价：确定交易双方同意的股权转让价格是否反映了市场价值。

（2）债权的公允价值：评估与股权转让相关的债权在交易时的公允价值。

（3）个别财务报表与合并财务报表的会计处理：明确 A 公司在股权转让过程中，如何在其个别财务报表和合并财务报表中进行相应的会计处理。

这些问题的解决对于确保交易的合规性、公正性以及会计信息的准确性至关重要。

8.11.4 案例深度剖析

在案例 8-11 中，股权转让的特殊性引发了几个关键问题，需要我们仔细分析和判断。

8.11.4.1 股权转让的公允性

根据案例信息，B 公司净资产的负值很可能是由其对 A 公司的应付款项所致。尽管 B 公司作为有限责任公司，理论上母公司 A 公司不应承担其无力偿还的债务，但实际情况是，母公司 A 公司同时是该债务的债权人。因此，A 公司在一定程度上需要承担 B 公司资不抵债的损失。

在判断1元交易价格是否公允时，关键在于考虑受让方或其他关联方是否为A公司的应收债权提供了额外担保。如果没有提供额外担保，且B公司作为有限责任公司，受让方无需对B公司无力偿还的债务承担责任，那么1元的转让价格在实务中是常见的，且不违反公允性原则。然而，如果受让方或关联方提供了担保，使得应收债权的可收回金额增加，这部分增加的金额应视为关联方的资本性投入，在A公司的个别财务报表及合并财务报表中，依据权益性交易的原则，将相关交易金额计入资本公积。

8.11.4.2 股权处置损益的计算

在A公司的个别报表层面，原先对B公司的长期股权投资为10 000万元，应收债权为115 000万元。在不考虑计提减值准备和坏账准备的情况下，按1元名义价格转让股权，将导致个别报表层面确认长期股权投资处置损失10 000万元。假设应收债权的可收回金额为100 000万元，股权转让前后未发生实质性变化，账面价值保持不变。

因此，在个别报表层面，B公司的股权和债权投资累计确认亏损为115 000万元（10 000万元的股权投资损失加上15 000万元的应收债权损失）。

需要注意的是，B公司的严重亏损和资不抵债是长期累积的结果。因此，当子公司发生亏损导致净资产减少时，应将此视为减值迹象，并在以前各年度末对长期股权投资进行减值测试，同时对应收债权计提坏账准备。将所有损失都确认在2024年度可能并不合适。

8.11.4.3 合并报表层面的处理

在合并报表层面，A公司处置子公司股权并丧失对其控制权，原先在编制合并报表时予以抵销的内部债权债务关系随着控制权的丧失变成了合并集团对外的一项应收债权。从合并报表主体角度来看，这相当于一项应收债权的初始确认，而对金融工具的初始计量应采用其公允价值。

假设根据B公司截至处置日的财务状况，预计可收回金额为100 000万元，则A公司在合并报表层面应确认一项对B公司的应收债权100 000万元。这一金额应与A公司个别报表层面该项应收债权扣除坏账准备后的账面价值一致。

在案例8-11中，A公司处置股权所获得的对价为名义价款1元加上该项应收债权的公允价值。由于子公司B对A公司的应付款项在编制合并报表时已经抵销，B公司的净资产在A公司合并报表层面的账面价值为110 600万元（-4 400万元的净资产加上115 000万元的应收债权）。

因此，在合并报表层面，应确认的处置损益为名义价款1元加上该项应收债权的公允价值（假设为100 000万元）减去原子公司净资产账面价值110 600万元，即净损失10 599万元。扣除将B公司2024年1~9月利润表纳入合并范围导致增加的亏损额5 100万元后，该交易导致合并报表层面本期利润净减少15 699万元。连同合并报表层面在以前年度已经确认的该子公司累计亏损额99 301万元，在合并报表层面就该项股权、债权投资累计确认的亏损额也是 115 000 万元,与个别报表层面累计确认的亏损额一致。

8.11.5 案例总结

通过对案例 8-11 的详尽剖析,我们能够系统性地整理出关联企业间以极低价格(象征性价格)转让净资产为负值公司股权的会计处理流程。以下是执行此过程时需关注的关键步骤概览。

8.11.5.1 个别报表层面会计处理

在母公司编制其个别财务报表时,需将此次股权处置所实际获得的价款,与原先长期股权投资在该股权项目上的账面价值进行对比,两者之间的差异应被明确确认为投资收益或投资损失,并据此进行相应的会计分录处理。

8.11.5.2 合并报表层面的会计处理

在合并财务报表中,可能存在因前期确认的超额亏损在处置时转回而产生的较大投资收益。实务中,经常见到以零对价处置资不抵债子公司却确认大额处置收益的情况,这通常是由前期在子公司确认的超额亏损部分在处置期间转回所致。此类大额收益的确认可能伴随较高的舞弊风险,因此在确认大额处置收益时,除了常规关注事项,还应特别关注以下问题:

(1)商业理由与逻辑:评估此类交易是否具有合理的商业理由,是否符合商业逻辑。例如,收购方收购一家资不抵债的企业可能出于何种目的,以及这种收购对其自身可能带来何种利益;转让方处置子公司是否可能对正常经营活动产生重大不利影响,是否可能导致业务模式的重大变化。同时,考虑到受让方以极低的名义价格取得股权,需要评估受让方是否具有足够的经济利益以驱动其参与子公司的决策。

(2)额外责任的承担与转移:在处置子公司之前,作为原控股股东的本公司是否实际上承担了超出法定责任的额外责任,如为子公司融资提供担保或直接提供资金支持,承担人员安置等费用。如果这些额外责任在处置后被转移给了受让方,需要评估受让方是否为此支付了相应的对价,以及这些责任的转移是否已在股权转让价格中得到合理体现。如果额外责任未被转移,而是继续由本公司承担,在判断是否已丧失对子公司的控制权时需要格外谨慎,并在个别报表和合并报表层面就继续承担的额外责任确认预计负债,相应调整处置损益金额。

(3)应收款项的可收回性与计量问题:评估由于直接提供资金支持等形成的对子公司的应收款项的可收回性,及其在合并报表层面的计量问题。在实务中,母公司可能在个别报表中对应收子公司款项少提或不提坏账准备,导致账面价值与实际可收回金额存在较大差异。在丧失对子公司控制权时,这一问题将显现出来。此时,除了合并报表层面的计量,还应考虑是否需要在个别报表层面进行前期差错更正。如果使用资产评估报告来证明转让价格的公允性,需要警惕是否存在滥用资产基础法,导致子公司净资产评估值虚增的情况。

通过上述分析，我们可以确保关联企业间的股权转让交易在会计处理上的合规性、透明度和公允性，从而降低潜在的舞弊风险，并提高财务报表的可靠性。

8.12 资本公积存在借方余额下的长期股权投资减值确认问题

8.12.1 案例概述

案例 8-12 截至 2023 年 12 月 31 日，A 公司持有的境外联营企业 B 公司的股权投资账面价值为 5 亿元。进入 2024 年，B 公司实施了股份增发，但 A 公司未参与此次认购。此变动导致 A 公司在 B 公司的股权占比自 2020 年的 25% 缩减至 2023 年的 18%，尽管如此，A 公司对 B 公司仍保持着重大影响力的地位，并持续采用权益法作为其会计处理的基础。然而，由于股份的被动稀释，A 公司在 B 公司的净资产份额减少了 1.2 亿元，相应地，这一减少额被计入了资本公积，减少了 1.2 亿元。2024 年，B 公司所在国政府针对 B 公司所在行业实施了新的税收政策，加之 B 公司自身的经营状况，A 公司认为其对 B 公司的投资可能面临减值风险。

思考问题：

在这种情况下，A 公司应如何计提长期股权投资的减值准备？

8.12.2 准则依据阐述

以下是依据《企业会计准则第 2 号——长期股权投资》相关条款解析的关键内容。

1）第十一条指引

关于该条的具体阐述，请参见本书 8.7.2，其中详细说明了相关会计处理的规定。

2）第十八条详解

在执行长期股权投资的会计管理过程中，投资方负有持续监控其账面价值是否超越了在被投资企业所有者权益中所占份额的责任。一旦发现账面价值超出其应享有的份额，投资方需立即遵循《企业会计准则第 8 号——资产减值》的规定，对长期股权投资启动减值评估程序。如果评估结果显示，该投资的可回收金额低于其当前账面价值，必须依据会计准则要求，对超出部分计提减值准备。这一减值测试与准备计提的机制，旨在确保长期股权投资的会计记录能够真实、公允地反映其经济价值，从而维护财务报表的准确性和可靠性。

8.12.3 关键分析与解读

在案例 8-12 中，计提长期股权投资的减值准备具有一些特殊情况。当被投资企业进行增发，而投资方未参与认购时，投资方在被投资企业增发后的净资产中所占的份额会减少。这种减少的份额应记入"资本公积——其他资本公积"科目的借方。然而，在进行这一会计处理后，B 公司主要的经营地政策环境发生了不利变化，同时其自身的经营状况也不佳，这些因素都可能表明该项股权投资存在减值的迹象。在这种情况下，需要关注减值是否为永久性的，并根据具体情况进行处理。

8.12.3.1 减值测试结果低于账面价值

如果期末时执行的减值测试结果显示，长期股权投资的可回收金额低于其当前账面价值（该账面价值已因最新增发活动而缩减了 1.2 亿元），这一差异表明，该投资发生了永久性减值。也就是说，在将来实际处置股权投资时，目前计入资本公积的 –1.2 亿元将成为一项实际损失，无法通过被投资方未来的盈利来弥补。在这种情况下，应当将可收回金额低于账面价值的差额计提减值准备，并确认为当期的减值损失。同时，将被投资方增发股份时确认的"资本公积——其他资本公积"科目中的负数金额一并转入"资产减值损失"科目。

8.12.3.2 减值测试结果高于账面价值

如果期末减值测试结果显示，长期股权投资的可收回金额超过了其调整后的账面价值（该账面价值已因本次增发活动而缩减了 1.2 亿元，并已在确认对被投资方净资产享有份额的减少后调整了资本公积），这一结果表明，在进行了上述会计调整后，该投资的可收回价值并未出现额外的减少。这意味着上述资本公积的负数金额有可能部分转回。因此，可以将可收回金额超出账面价值的差额所对应的这部分资本公积（负数）保留在资本公积中。同时，超出部分的资本公积应转入当期损益（投资收益——其他投资收益）。

8.12.4 案例深度剖析

在案例 8-12 中，截至 2023 年 12 月 31 日，A 公司的长期股权投资账面价值为 5 亿元。然而，2024 年 B 公司进行了股份增发，A 公司未参与，导致其在 B 公司的持股比例下降，账面价值相应减少 1.2 亿元，调整后的账面价值为 3.8 亿元。如果减值测试显示该股权投资的可收回金额为 3 亿元，应计提资产减值准备 0.8 亿元，并确认资产减值损失 2 亿元（1.2 亿元加上 0.8 亿元）。相应的会计分录如下：

借：资产减值损失 200 000 000
　　贷：长期股权投资减值准备 80 000 000
　　　　资本公积——其他资本公积 120 000 000

如果期末减值测试确定的可收回金额为 4 亿元，且此金额高于经调整后的长期股权投资账面价值 3.8 亿元，无需进一步计提减值准备。在此情境下，原资本公积中因投资价值调整而产生的负数差额（假设为 –0.2 亿元，即 4 亿元与 3.8 亿元之差），应保持于"资本公积——其他资本公积"账户中不作转出，而超出的部分（1.2 亿元中的 1 亿元，即 1.2 亿元减去用于抵销 –0.2 亿元的金额）应被视为一种非典型的投资处置收益，并应会计分录如下调整：

借：资本公积——其他资本公积　　　　　　　　　　　100 000 000
　　贷：投资收益——其他投资收益　　　　　　　　　　　　100 000 000

在后续每年的年末，应持续关注该项长期股权投资的可收回金额的变化。如果可收回金额进一步下降且低于长期股权投资账面价值，应根据差额计提或补提减值准备。如果此前留存了部分负数资本公积，应将相应的负数资本公积转入利润表中的资产减值损失，但仅限于将"资本公积——其他资本公积"科目中的负数全部消除。如果可收回金额出现回升，根据会计准则中"资产减值损失一经确认，不得在未来的会计期间内转回"的原则性规定，先前因减值测试而计入资产减值损失中的、原为资本公积负数（代表损失或调整）的金额，不得因此次可收回金额的上升而被逆向转回。

8.12.5 案例总结

在面对被投资企业增发股份导致投资方所占净资产份额下降的情况下，投资方在计提减值准备时需考虑不同情形，并据此对资本公积的借方金额进行相应处理。

8.12.5.1 减值发生时的处理

如果期末减值测试显示长期股权投资的价值已下降至低于其账面价值（即可收回金额减少），这表明减值是永久性的。此时，由于被投资方增发股份而计入资本公积借方的金额已转变为实际损失，且无法逆转。在这种情况下，投资方应确认长期股权投资减值准备的金额为期末账面价值与可收回金额之间的差额，并将原先因增发股份而记入"资本公积——其他资本公积"科目的借方金额，一并调整至"资产减值损失"科目。

8.12.5.2 无减值发生时的处理

如果期末减值测试结果表明长期股权投资的可收回金额高于其账面价值，这意味着因被投资方增发股份而计入资本公积借方的金额有可能部分恢复。在这种情况下，投资方应保留那部分与可收回金额超出账面价值等额的资本公积借方金额在资本公积中。至于超出账面价值的可收回金额所对应的资本公积部分，则应转入当期损益，具体记入"投资收益——其他投资收益"科目。

通过这种区分情况的处理方法，可以确保投资方在面对被投资企业增发股份时，能够合理地对资本公积和资产减值损失进行会计处理，符合会计准则的要求，并保持财务报表的准确性和透明度。

8.13 长期股权投资股权被动稀释的会计处理

8.13.1 案例概述

案例 8-13 B 公司本是 A 公司的全资子公司，A 公司全资持有 B 公司（100% 股权），且将 B 公司的财务状况纳入其合并财务报表中。然而，在 2024 年 6 月 30 日，B 公司计划通过引入外部投资者 C 公司进行资本扩张，而 A 公司决定不参与此次增资。这一决定预示着 A 公司在 B 公司的股权比例将发生显著变化。

截至增资前夜（2024 年 6 月 30 日），B 公司的账面净资产为 3 000 万元，经评估其价值上升至 3 500 万元，其中，A 公司的初始投资成本保持在 2 000 万元。2024 年 7 月 1 日，C 公司向 B 公司注入资金 4 000 万元，完成增资后，B 公司的总资产增至 7 000 万元，具体构成为 5 000 万元的实收资本、增加至 1 000 万元的资本公积（部分来源于 C 公司的增资溢价）以及保持为 1 000 万元的未分配利润。

随着 B 公司股权结构的变动，A 公司对 B 公司的控制程度也将根据其所持股权比例的不同而有所调整：如果 A 公司持股比例降至 75%，A 公司仍保持对 B 公司的控制权；如果降至 40%，表明 A 公司对 B 公司具有重大影响但不再拥有控制权；如果持股比例进一步降至 10% 或以下，意味着 A 公司对 B 公司的运营既无控制权也无显著影响。

思考问题：

A 公司在持有 B 公司的股权比例分别降至 75%、40% 和 10% 时，应怎么进行相关会计处理？

8.13.2 准则依据阐述

以下是对《企业会计准则第 2 号——长期股权投资》与《企业会计准则第 22 号——金融工具确认和计量》（2017 年修订）关键条款的概要解析。

8.13.2.1 《企业会计准则第 2 号——长期股权投资》解析摘要

（1）核心定义（第二条）：明确了长期股权投资的概念，包括控制性投资、重大影响性投资及合营企业投资。控制的界定依据《企业会计准则第 33 号——合并财务报表》，强调投资方对被投资单位的实际控制能力，从而确认子公司身份。重大影响则涉及投资方在财务与经营政策上的参与程度，同时提醒需考虑潜在表决权因素。合营企业的认定则遵循《企业会计准则第 40 号——合营安排》。

（2）其他条款概览：第三条、第七条、第八条、第九条第一款、第十条、第十一条及第十五条的具体内容，因篇幅所限未详细列出，但均位于本书各自章节的指定部分，分别涉及长期股权投资的会计处理细节、成本法与权益法的适用条件、投资后续处理及信息披露要求等关键方面。其中：

第三条：具体内容参见 8.10.2.1。

第七条：具体内容参见 8.5.2.1。

第八条：具体内容参见 8.5.2.2。

第九条第一款：具体内容参见 8.10.2.1。

第十条：具体内容参见 8.7.2。

第十一条：具体内容参见 8.7.2。

第十五条：具体内容参见 8.7.2。

8.13.2.2 《企业会计准则第 22 号——金融工具确认和计量》（2017 年修订）关键条款提示

第三十三条概述：此条款在 1.12.2.1 有所涉及，是金融工具确认和计量准则的重要组成部分，其涵盖金融工具的分类标准、初始确认与后续计量的详细规则，以及可能的减值评估与会计处理，对于确保金融工具在财务报表中的准确反映具有重要意义。

上述 2 项准则详细规范了企业在长期股权投资和金融工具管理领域的会计实践。前者从投资关系的界定出发，明确了控制、重大影响及合营企业的不同会计处理；后者则专注于金融工具的确认、计量与报告，确保了金融工具交易的透明度和准确性。深入理解并遵循这些条款，对提升企业财务管理水平、保障财务报告质量具有不可替代的作用。

8.13.3 关键分析与解读

案例 8-13 展示了 A 公司对 B 公司股权影响的 3 种不同模式，对应不同的股权比例变化：

（1）75% 的股权比例：这一比例表明 A 公司对 B 公司保持控制权。在这种情况下，A 公司继续使用成本法对 B 公司的投资进行会计处理。由于 A 公司未参与增资，个别财务报表无需进行特别的会计处理。然而，在合并财务报表中，需要对 A 公司在 B 公司的权益份额进行相应的调整。

（2）当 A 公司持有 B 公司 40% 的股权时，这表明 A 公司对 B 公司具有重大影响，但已不再具备控制权。因此，在个别财务报表编制中，A 公司需将针对 B 公司的长期股权投资调整为采用权益法进行核算，并需进行追溯调整，以确保自投资之初即采用权益法反映的财务状况得以准确体现。在合并财务报表层面，鉴于控制权的丧失，A 公司需对剩余的 40% 股权，以其丧失控制权当天的公允价值进行重估。此过程中，处置股权所得收益加上剩余股权的公允价值，与 A 公司按原持股比例自投资日起应享有的 B 公司净资产份额之间的差额，将作为当期投资收益入账，并据此调整相关的商誉价值。同时，原先因投资子公司 B 而产生的其他综合收益，在控制权丧失时，也应按相同原则进行相应处理。至于剩余 40% 股权在合并报表中的后续处理，其成本将以控制权丧失日的公允价值确定，并继续采用权益法进行长期股权投资的核算。

（3）如果 A 公司持有的 B 公司股权比例降至 10%，这意味着 A 公司对 B 公司的经营活动将既无控制权，也无共同控制或重大影响。在此情境下，个别财务报表中，该长期股权投资将被归类为金融资产，其初始成本即为丧失控制权当日的公允价值。相应地，在合并财务报表的编制过程中，该金融资产的确认与计量原则与个别财务报表保持一致，无需进行额外的会计处理或调整。

通过对这 3 种情况的分析，A 公司可以确保其对 B 公司股权投资的会计处理符合相关会计准则的要求，并在不同持股比例下作出适当的会计调整。

8.13.4 案例深度剖析

深入解析案例 8-13，A 公司对 B 公司股权调整下的会计策略多变性，深刻揭示了 A 公司根据其对 B 公司持股比例的变动，所采取的 3 种截然不同的会计处理方式。以下是详细剖析：

场景 1：持股比例缩减至 75% 的会计处理。

（1）单体报表视角：A 公司对 B 公司的长期股权投资策略保持不变，继续沿用成本法核算。由于未参与 B 公司的增资行动，A 公司的投资成本未受影响，因此在单体报表层面无需进行额外的会计调整。

（2）合并报表视角：鉴于 A 公司持股比例的变化，需在合并报表中重新评估其在 B 公司的权益份额。调整的具体金额为外部股东增资额减去增资后 B 公司净资产中不再由 A 公司持有的 25% 部分。

场景 2：持股比例进一步缩减至 40% 的会计处理。

（1）单体报表视角：随着持股比例的显著降低，A 公司需将长期股权投资的核算方法从成本法转变为权益法。如果剩余股权能够施加共同控制或重大影响，按照权益法的规则进行相应的会计调整。本案例中，A 公司因未主动增资而"被动稀释"了其在 B 公司的控制权，该交易被视为先增资后转让给新股东 C 的复合过程。处置损益的计算依据是外部股东增资额与增资后 B 公司净资产中 A 公司不再持有的 60% 部分的差额。具体的会计处理包括调整权益法下的投资成本及损益，并反映相关的投资收益及利润分配变化。

（2）合并报表视角：在合并报表中，A 公司丧失控制权的收益计算涉及多方面因素，包括处置股权的对价、剩余 40% 股权的公允价值以及丧失控制权当日 B 公司的全面净资产状况。之后，A 公司对 B 公司的 40% 股权投资将以新的公允价值 3 500 万元为基础，继续按照权益法进行核算。

场景 3：持股比例最终降至 10% 的会计处理。

（1）单体报表视角：由于 A 公司对 B 公司的持股已降至无足轻重的水平，不再具备控制、共同控制或重大影响能力，该长期股权投资需被重新分类为金融资产，并采用公允价值进行计量。在转换时，金融资产的初始成本被设定为丧失控制权当日的公允价值，与原 100% 持股时的账面价值之间的差额将被确认为当期投资收益。A 公司可根据其投资策略，选择将该 10% 股权归类为影响其他综合收益或当期损益的金融资产。若公允价值难以精确确定，则采用合理范围内的最佳估计值进行计量。

（2）合并报表视角：鉴于单体报表层面已完成了必要的会计处理，合并报表在此场景下无需再进行额外的调整。

8.13.5 案例总结

在股权被稀释之前，如果投资方对被投资企业拥有重大影响且采用权益法进行会计记录，那么当被投资企业实施增资举措使得原股东的股份占比下降时，投资方需要重新审视其持股比例变化后的影响力状态，即确认是否仍对被投资企业保持重大影响。基于这一重新评估的结果，投资方需相应地调整其会计处理方式，以确保财务信息的准确性和合规性。

8.13.5.1 稀释后仍保持控制关系

如果投资方在被投资单位增资后仍能施加控制，应继续使用成本法核算。在这种情况下，个别会计报表中的长期股权投资保持不变，原账面价值无需调整。合并会计报表中，子公司的财务数据继续被纳入合并。

8.13.5.2 控制权丧失后的重大影响保留

当投资方未能参与或未以相同比例参与被投资方的增资过程，导致其在被投资方的持股比例下降并因此失去控制权，但在个别财务报表层面仍能显著影响被投资方的运营时，会计处理需对个别报表与合并报表作出区分：

（1）个别财务报表处理：投资方需根据更新后的持股比例，重新评估并核算被投资方增资后新增的净资产权益份额。同时，需将原持股比例减少部分所对应的长期股权投资账面价值进行调整，转出相应金额，并将此调整与新增净资产份额之间的差额计入当期损益。此外，长期股权投资的账面价值需根据新的持股比例进行调整，此举视同自投资初始便采用权益法进行持续核算。

（2）合并财务报表处理：鉴于控制权的丧失，被投资方将不再作为合并报表的组成部分。在此情况下，持股比例的减少被视为一种股权处置行为，其处置收益的计算依据为稀释后持股比例所对应的股权公允价值，减去丧失控制权当日投资方按原持股比例应享有的被投资方净资产份额的差额。

8.13.5.3 控制权与重大影响双重丧失

如果因被投资方的增资行为，投资方同时失去了对其的控制权及重大影响，长期股权投资的会计处理方式将发生根本转变，由原先的成本法核算转变为金融资产的公允价值计量与核算。这一变化实际上是对原有长期股权投资的处置，并随后以公允价值为基础重新确认了部分股权的价值。在此转变过程中，新旧投资成本之间的差额应直接计入当期损益，以准确反映投资价值的变动情况。

8.14 联营企业发生同一控制下股权重组的会计处理

8.14.1 案例概述

案例 8-14 D 公司计划对其所控制的 A 公司、B 公司及 C 项目实施重组，具体为 A 公司吸收合并 B 公司，并将 C 项目并入 A 公司。重组前后各公司的股权结构详见表 8.14.1 所列的评估权益价值及比例明细。

表 8.14.1 各公司股东权益评估价值及重组前后比例明细表

单位：万元

标的	2024 年12 月31 日标的评估价值	重组前 股东	重组前 各股东权益评估价值	重组前 比例	重组后 股东	重组后 各股东权益评估价值	重组后 比例
A 公司	69 245.94	D 公司	41 547.56	60.00%	D 公司	84 556.86	60.05%
		E 公司	13 849.19	20.00%	F 公司	28 560.36	20.28%
		G 公司	13 849.19	20.00%	E 公司	13 849.19	9.835%
					G 公司	13 849.19	9.835%
B 公司	63 467.47	D 公司	34 907.11	55.00%			
		F 公司	28 560.36	45.00%			
C 项目	8 102.19	D 公司	8 102.19	100.00%			
合计	140 815.60		140 815.60			140 815.60	

E 公司为 F 公司的子公司。F 公司原在"长期股权投资——B 公司"的账面余额为 27 016.88 万元，评估增值后的价值为 28 560.36 万元，评估增值为 1 543.48 万元。E 公司原在"长期股权投资——A 公司"的账面余额为 12 133.46 万元，评估增值后的价值为 13 849.19 万元，评估增值为 1 715.73 万元。F 公司和 E 公司两家公司与 D 公司、G 公司之间不存在关联关系。

思考问题：

在这次重组中，F 公司应如何进行会计处理？

8.14.2 准则依据阐述

以下是对相关的企业会计准则相关条款的整理。
1）《企业会计准则第 2 号——长期股权投资》第十一条
具体内容参见本书 8.7.2。

2)《企业会计准则第 22 号——金融工具确认和计量》（2017 年修订）第六条具体内容参见本书 1.7.2.1。

8.14.3 关键分析与解读

在案例 8-14 中，首要任务是判定重组后 F 公司对新 A 公司是否继续保有重大影响。如果答案是肯定的，F 公司应对其在新 A 公司的长期股权投资采用权益法进行核算；反之，如果不再具有重大影响，需根据金融工具会计准则进行相应的确认和计量。考虑到 F 公司及其子公司 E 公司在重组后共同持有新 A 公司 30.115% 的股份，无其他特殊情况时，可以初步判断 F 公司对新 A 公司维持着重大影响。

在重组前，F 公司持有 B 公司 45% 的股权，而重组后其在新 A 公司的持股比例调整为 20.28%，这表明 F 公司实质上放弃了在 B 公司净资产中 24.72% 的权益份额，以换取对 A 公司和 C 项目净资产的 20.28% 的权益。此次重组本质上属于同一控制下的企业重组，因为涉及的各方重组前后均处于 D 公司的控制之中，F 公司及其子公司作为少数股东，其会计处理应依据长期股权投资的会计准则来进行。

具体来说，F 公司在重组中的会计处理应遵循以下步骤：
（1）评估其在新 A 公司的持股比例是否足以施加重大影响。
（2）如果有重大影响，继续使用权益法核算其长期股权投资。
（3）如果无重大影响，依照金融工具的会计准则进行投资的确认和计量。
（4）考虑到 F 公司在重组中的地位和作用，其会计处理应详细记录在长期股权投资的账目中，并确保符合会计准则的要求。

8.14.4 案例深度剖析

在案例 8-14 中，F 公司需要在个别报表和合并报表层面对重组后的新 A 公司进行会计处理。以下是详细的会计处理过程：

8.14.4.1 个别报表层面

1）计算新 A 公司净资产中的份额

F 公司需计算其在新 A 公司净资产中所占的份额。对于原先未持有股权的 A 公司和 C 项目的权益，按重组日的公允价值计算；对于原持有股权并具有重大影响的 B 公司，则按原账面价值核算。

$$\text{新 A 公司净资产份额} = (69\,245.94 + 8\,102.19) \times 20.28\% + \frac{27\,016.88 \times 20.28\%}{45\%}$$
$$= 27\,861.81 \text{（万元）}$$

2）B 公司股权投资的初始账面价值阐述

F 公司之前运用权益法会计处理的，其对 B 公司所持有的 45% 长期股权投资，其原始的账面价值明确记录为 27 016.88 万元。

3）资本公积调整的具体说明

经过细致的核算过程，确定需将 844.93 万元计入资本公积中。这一金额源自重组完成后总价值（27 861.81 万元）与 F 公司对 B 公司原有股权投资账面价值（27 016.88 万元）两者之间的差额。

4）新 A 公司权益法核算的后续操作指南

当 F 公司转而采用权益法对新 A 公司进行后续的会计核算时，应遵循以下原则：就原 A 公司与 C 项目涉及的资产而言，F 公司应依据这些资产在重组日所确定的公允价值，持续性地计算和评估其价值；而对于原属于 B 公司的资产部分，F 公司则维持其原有的账面价值不变，并在此过程中实施恰当的"视角差异调整"措施，以确保会计处理的精确度与合规性。

8.14.4.2 合并报表层面

1）计算新 A 公司净资产中的份额

在 F 公司的合并报表层面，应将母子公司在重组前分别持有的对原 A 公司、B 公司的股权投资和重组后对新 A 公司的股权投资视为一个整体。

C 公司净资产份额 = 8 102.19 × 30.115% = 2 439.97（万元）

B 公司净资产份额 = $\dfrac{27\,016.88 \times 30.115\%}{45\%}$ = 18 080.30（万元）

原 A 公司净资产份额 = 12 133.46 + 69 245.94 ×（30.115% − 20%）= 19 137.69（万元）

上述三项合计为 39 657.96 万元。

2）原股权投资的账面价值

在原先的权益法核算体系下，F 公司对 B 公司持有的 45% 长期股权投资以及对原 A 公司持有的 20% 长期股权投资的合计账面价值达到了人民币 39 150.34 万元，这一数值由 B 公司股权的账面价值 27 016.88 万元与原 A 公司股权的账面价值 12 133.46 万元相加得出。

3）资本公积的调整

应计入资本公积的金额为 507.62 万元（39 657.96 − 39 150.34）。

8.14.4.3 会计分录

（1）个别报表层面：

借：长期股权投资	278 618 100
贷：长期股权投资——B 公司	270 168 800
资本公积	8 449 300

（2）合并报表层面：

借：长期股权投资	396 579 600
贷：长期股权投资——B 公司	270 168 800
长期股权投资——原 A 公司	121 334 600
资本公积	5 076 200

注意：

合并报表层面的处理结果与个别报表层面的处理结果不同，需在合并报表层面进行进一步的调整，以确保正确反映合并报表层面的会计处理结果。

8.14.5 案例总结

当合营企业经历同一控制下的企业合并并需调整其财务报表中的比较信息时，作为投资方，不应更改其财务报表中的比较数据。如果在这一合并过程中，投资方因合营企业以发行股份作为支付手段而经历股权稀释，且在稀释之后继续使用权益法进行会计处理，投资方应采取以下会计处理方法。

8.14.5.1 会计处理分界点

以持股比例变更日，即合营企业合并生效之日为分界点，对会计处理进行分段。

8.14.5.2 合并生效日的会计处理

首先，我们必须基于合营企业在合并前达成的净利润水平以及投资方原先持有的股份比例，来精确计算和确认投资方的投资收益。其次，根据这一确认结果，对长期股权投资的账面价值进行相应的调整，以确保会计记录的准确性。最后，以调整后的长期股权投资账面价值作为基准，我们将深入计算由合营企业实施重组计划所引发的股权稀释效应。这一计算结果应当被视为合营企业所有者权益内部的一个特殊变动事项，具有其独特的财务影响，需要单独进行记录和处理。

8.14.5.3 变更日之后的会计处理

在持股比例变更日之后，投资方应依据合营企业重组后的净利润和新的持股比例，确认新的投资收益。

通过这种方法，投资方能够确保其会计处理既反映企业合并对股权的影响，又符合会计准则的要求，并且保持财务报表的准确性和一致性。

8.15 公司通过持有项目公司股权间接获取收益的会计处理

8.15.1 案例概述

案例 8-15　A 公司专注于土地资产管理，其业务流程通常如下：由市场团队识别出开发程度不足 50% 的土地，随后 A 公司会进行购买；购买后，A 公司会成立或接管一个专门负责该土地的项目公司；在获得项目公司全部或部分股权的基础上，A 公司通过控制权或与项目公司签订的合同，提供方案设计和项目管理服务，但通常不参与后期开发；一旦方案设计完成，A 公司便会出售其在项目公司的股权，从而获得收益；在持有股权期间，A 公司也可能根据合同从项目公司获得服务收入。

在某些情况下，A 公司持有项目公司的股权目的可能会从出售转变为从项目公司的持续运营中获得利益分配，这种情况通常发生在持有少数股权时。如果 A 公司持有多数股权，并且在完成方案设计后出售部分股权，它可能会保留少数股权，并改变其持有目的，以从项目公司的运营中获得利益分配。

在股权收购过程中，A 公司可能会因资金问题而引入信托公司共同投资，此时 A 公司享有的是劣后受益权。此外，A 公司也可以选择不收购股权，而是仅提供方案设计和项目管理服务，这取决于 A 公司是否具备提供相关服务的能力。

思考问题：

A 公司通过出售项目公司股权或提供服务获得收益时，应如何进行相关的会计处理？

8.15.2　准则依据阐述

以下是针对提及的企业会计准则条款的概述与整理。

8.15.2.1　《企业会计准则第 2 号——长期股权投资》关键条款概述

第十七条核心内容：企业在处置其长期股权投资时，需将所处置股权的账面价值与实际获取的价款之间的差额，直接计入当期损益中。特别地，对于采用权益法核算的长期股权投资，在进行处置时，必须遵循与被投资单位直接处置其相关资产或负债相同的会计原则，即按相应比例，将原已计入其他综合收益的部分进行相应的会计处理，以确保会计信息的准确性和一致性。

8.15.2.2　《企业会计准则第 33 号——合并财务报表》相关指引

第七条参考指引：关于合并财务报表编制的具体细节，请参照第一章的第七节内容，该章节详细阐述了合并财务报表的编制原则、方法及需注意的要点，为编制合并财务报表提供了全面的指导和规范。

8.15.3　关键分析与解读

在案例 8-15 的背景下，A 公司的商业运作可以被解释为：在获得一块土地（以项目公司股权的形式，以下同）之后，通过提供方案设计和项目管理等专业服务，增加该土地的价值，随后通过出售该土地来实现增值收益。A 公司的收入来源大致分为 3 个主要部分：

（1）土地在该时期内的自然增值，即未经过任何开发或服务的原始土地价值增长。

（2）通过专业服务，如方案设计和项目管理，提升土地的附加价值。

（3）提供项目管理服务等劳务活动所产生的收入。

A 公司必须对这 3 种业务收益模式进行细致评估，以便确定适用的会计准则。这要求公司对每项业务的收益进行准确判断，并根据会计准则进行相应的会计处理。

8.15.4 案例深度剖析

根据案例 8-15 的分析，A 公司的业务模式主要通过持有项目公司的股权来实现对土地的投资，而非直接拥有土地。以下是 A 公司的会计处理。

8.15.4.1 个别报表层面

（1）股权投资的体现：A 公司持有的是项目公司股权，这应反映为个别报表中的股权投资，而非存货。

（1）股权投资的核算：根据长期股权投资会计准则，对所持项目公司股权进行核算。

（2）股权处置收益：股权出售产生的收益（包括土地自然增值和附加值提升）应确认为投资收益。

（3）管理服务收入的确认：A 公司因向项目公司提供管理服务而收取的费用，依据收入会计准则的规定，这些费用将在 A 公司完全履行其服务履约义务之时被确认为收入。

（4）劳务公允价值确定时的会计处理：在劳务的公允价值能够被可靠评估的情况下，A 公司的会计处理方式为：借记"长期股权投资——项目公司"科目，贷记"营业收入"科目，以此反映因提供管理服务而增加的对项目公司的长期投资及相应的收入确认。同时，项目公司方面则需借记"开发成本"科目，贷记"资本公积"科目，以记录因接受管理服务而增加的开发成本及公司资本公积的变动。

（5）劳务公允价值的不确定性：如果劳务的公允价值无法确定，A 公司不确认相关营业收入，但可将直接成本借记"长期股权投资——项目公司"科目。

8.15.4.2 合并报表层面

（1）控制权评估：A 公司首先评估对项目公司的控制权。

（2）控制权下的合并报表：拥有控制权的项目公司应纳入合并报表。

根据实质重于形式原则，项目公司持有的土地在合并报表中列报为存货。

股权处置价款确认为营业收入，净资产（主要是土地存货）结转营业成本。

A 公司为项目公司提供的服务成本，在实现收益前增加存货成本，内部交易应抵销。

（3）少数股权的后续计量：如果处置后仍保留少数股权，应确认为长期股权投资，并按相关准则进行后续计量。

（4）信托资金的会计处理：如果引入信托公司，A 公司需判断是否对信托实施控制，并根据信托条款确定资金性质，若实质为借款，则在合并报表中确认为负债。

（5）对非控制性项目公司的会计处理：在合并财务报表中，对于此类不具备控制权的项目公司的股权投资，应将其列报为长期股权投资。

如果投资方对项目公司具有重大影响或与其处于共同控制状态，采用权益法对该长期股权投资进行核算，以反映投资方在被投资单位所有者权益变动中应享有的份额。

当发生股权处置时，所产生的收益应在财务报表的"投资收益"项目中反映，并在附注中详细披露相关交易的具体信息和明细，以便于报表使用者理解。

在确认对项目公司提供服务所产生的收入时，需首先确定服务的公允价值。在采用权益法核算时，还需特别关注并抵销因顺流交易而产生的未实现损益，以确保会计信息的准确性和公正性。

（6）劳务成本的增加：如果劳务公允价值无法确定，A公司不确认收入，但应增加对项目公司的长期股权投资账面价值。

8.15.5　案例总结

为确保报表使用者对企业的投资和处置项目公司股权活动有更精确和全面的了解，这些活动是企业业务模式的固有组成部分，与一般意义上不属于企业核心业务的"投资"有本质区别。企业可以参考原《企业会计制度》中《投资公司会计核算办法》（财会〔2004〕14号）规定的投资公司利润表格式，以及中国证券业协会发布的《证券投资基金会计核算业务指引》（中证协发〔2007〕56号）规定的证券投资基金利润表格式，对利润表格式进行适当调整。例如，可以将正常业务活动和必要环节中产生的投资收益，作为"主营业务收入"的一个子项，在"主营业务收入"下列示。

如果企业不持有项目公司股权，不享有土地增值带来的收益，也不承担土地公允价值变动的风险，仅通过提供方案设计、项目管理等劳务来获得收入，应根据《企业会计准则第14号——收入》的规定，确认设计、项目管理等服务产生的收入，并相应结转成本。这样的会计处理有助于更清晰地反映企业的收入来源和成本结构，符合会计准则和出版规范的要求。

8.16　长期股权投资核算方法转换的公允价值确定问题

8.16.1　案例概述

案例8-16　2021年7月，某省国资委为了增加A公司的净资产，无偿将B集团8%的股权划转给A公司。此前，A公司已经持有B集团13%的股权，并将其作为金融资产进行核算。这次股权划转后，A公司的持股比例增至21%，A公司成为B集团的第二大股东。到了2021年年底，由于只是股权比例发生了变化，A公司对B集团的影响力和决策权并没有实质性的改变，这部分股权仍然按照金融资产进行核算。

到了2024年6月，A公司计划通过股东大会改组董事会，以期在当年实现对B集团的重大影响。然而，在将金融资产核算模式转换为权益法的过程中，A公司需要确定B集团净资产的公允价值。2020年年初，B集团的股东之间进行过一次股权转让，这是一次在双方无关联、充分了解交易对象并自愿基础上进行的公平交易。基于此，A公司计划利用那次交易的价格来估算2024年6月30日B集团净资产的公允价值。

思考问题：

A公司采用这种方法来确定B集团净资产的公允价值是否合理可行？

8.16.2 准则依据阐述

以下是相关企业会计准则关键内容概要。

1)《企业会计准则第2号——长期股权投资》第十四条核心条款整理

（1）权益法转换条件：当投资方因追加投资等因素，开始对被投资单位产生重大影响或实施共同控制（但不构成控制）时，需将原有股权投资的公允价值与新增投资成本合并，作为权益法下的初始投资成本。

（2）可供出售金融资产转换：如果原持股按可供出售金融资产核算，其公允价值与账面价值差额及累计公允价值变动需转入权益法下的当期损益。

（3）成本法应用：对于非同一控制下的被投资单位，当投资方能实施控制时，个别财务报表应将原股权账面价值与新增投资成本合计，作为成本法下的初始投资成本。

（4）处置投资时的会计处理：处置时，购买日前因权益法核算确认的其他综合收益，需按被投资单位直接处置资产或负债的基础进行会计处理。

（5）金融工具转换的特别处理：如果原股权依据《企业会计准则第22号——金融工具确认和计量》(2017年修订)处理，在转为成本法时，原计入其他综合收益的累计公允价值变动需转入当期损益。

（6）合并财务报表编制指引：在编制合并报表时，应严格遵循《企业会计准则第33号——合并财务报表》的相关规定执行。

2)《企业会计准则第20号——企业合并》第十四条

具体内容参见本书8.9.2.2。

8.16.3 关键分析与解读

在案例8-16中，A公司考虑的股权转让交易发生在2020年年初，距离2018年年末的股权划转基准日已有超过4年的时间。在这4年间，决定公允价值的关键估值参数可能经历了显著变化。因此，使用2020年的交易来推算2024年6月30日的公允价值是不恰当的。

从经济实质的角度来看，将金融资产模式转换为权益法核算，意味着A公司获得了对被投资企业B集团的共同控制或重大影响。这应被视为一项重大经济事件，相当于在获得共同控制或重大影响之日，以公允价值处置了原有的股权，并在同一天以公允价值重新购入了具有共同控制或重大影响的股权。因此，在核算方法转换后，应将"原股权投资的公允价值加上新增投资的公允价值"作为按权益法核算的初始投资成本。这里的

"公允价值"指的是 B 集团整体公允价值中 A 公司所持股权对应的部分，包括可辨认净资产的公允价值和商誉。

在确定初始投资成本的过程中，若发现该成本高于基于最新持股比例所估算的，A 公司在追加投资时可从 B 集团可辨认净资产公允价值中获取的份额，则无需对长期股权投资的现有账面价值进行任何调整。相反，如果初始投资成本低于这一估算份额，那么两者之间的差额将用于调整长期股权投资的账面价值，并且这一调整额将被视为营业外收入，直接反映在当前会计期间的损益表中。

8.16.4 案例深度剖析

在核算方法转换的特定日期，确定 B 集团的可辨认净资产公允价值涉及 2 个关键方面：首先是被投资企业整体净资产的公允价值中，对应于投资方持股比例的部分；其次是该企业可辨认净资产公允价值中，投资方应占的相应比例。这两者之间可能存在差异，而这一差异代表了投资成本中的商誉或负商誉成分（商誉本身不单独确认）。

实际操作中，如果投资方在核算方法转换日进行了增持股份的交易，并且没有迹象显示该交易价格不公正，可以基于增持股份的交易价格，按比例推算原作为金融资产核算的股权在转换日的公允价值。然而，在本案例中，新增的 13% 股份是通过之前的无偿划转获得的，没有可用的当日或近期交易价格作为参考。因此，为了确定所持有的 21% 股份在会计方法转换日的公允价值，必须采用合适的估值技术，以精确计算这部分股权在被投资企业整体净资产价值中所对应的公平价值份额。

至于可辨认净资产公允价值的确定，可以采用与非同一控制下企业合并中购买日的"购买对价分摊"（purchase price allocation，PPA）方法类似的技术。在实际操作中，通常需要聘请专业评估机构，以核算方法转换日为基准，进行 PPA 评估来确定这一价值。同时，根据《企业会计准则解释第 5 号》第一条的规定，需要识别和计量那些在被投资方账面上未单独确认和计量但对投资方而言符合可辨认性标准的无形资产项目。

8.16.5 案例总结

在评估股权投资的公允价值时，如果投资方对被投资单位不具备控制权、共同控制权或显著的影响力，这往往指向了一个事实，即投资方所持有的股份比例相对较低。

当被投资单位经历减资、增资或股权转让等变化，导致投资方的持股比例上升至能够对被投资单位施加共同控制或重大影响时，投资方需将该股权投资的会计核算方法从公允价值计量转变为权益法。这一转变在会计处理上可以视为首先以公允价值处置原有的股权投资，随即以相同公允价值重新购入。

第一步：核实被投资单位的会计政策、会计周期和记账本位币是否与投资方一致。如果不一致，应调整被投资单位的财务报表以符合投资方的标准。

第二步：设定长期股权投资的初始账面金额。在权益法会计处理框架下，长期股权投资的初始计量应涵盖转换日既有股权投资的公允价值与新增投资所付出的成本之和。如果原股权投资的账面金额与其公允价值不符，此差异将被视为公允价值调整项。如果无法获取被投资企业可辨认净资产的公允价值信息，可能需维持原投资成本作为账面价值。在转换日公允价值仍不明确的情况下，至少应依据投资方在被投资企业可辨认净资产账面价值中的比例来合理估算。

第三步：修正原股权投资的会计记录。对于原股权投资，其公允价值与账面价值之间的差异需依据投资性质分类处理：如果为交易性金融资产，此差异直接影响当期损益；而如果归类为其他权益工具投资，差异则计入其他综合收益。此外，如果原投资中已累积计入其他综合收益的公允价值变动，在转换为权益法核算时，应将这些变动额转入留存收益账户。

第四步：复核并调整长期股权投资的账面价值。通过对比根据新增持股比例计算得出的在追加投资日应享有的被投资企业可辨认净资产公允价值份额与初始投资成本，进行必要的调整。如果初始投资成本超出该份额，无需对长期股权投资的账面价值进行变动；反之，如果低于该份额，需将差额计入长期股权投资的账面价值增加部分，并将此视为营业外收入，直接反映在当期损益表中，以体现投资增值的财务效应。

8.17 与合营、联营企业之间顺流交易未实现损益的抵销

8.17.1 案例概述

案例 8-17 A 公司持有 B 公司 30% 的股份，因此对 B 公司具有显著的影响力。A 公司在其财务报表中记录的对 B 公司的长期股权投资价值达到 100 万元。2024 年，A 公司完成了一项交易，即将一栋建筑物出售给 B 公司，而 B 公司则将该项收购的建筑物在其账上列为固定资产进行管理。在这次交易中，A 公司总共确认了 500 万元的收益。根据 A 公司持有的股份比例，交易日的收益中，有 150 万元（500×30%）应视为 A 公司未实现的利润。

思考问题：
A 公司应如何对其与 B 公司之间的交易进行会计处理？

8.17.2 准则依据阐述

以下是关于相关会计准则内容的综合梳理。
1)《企业会计准则解释第 1 号——存货》第七条
（1）内部交易损益处理：投资企业与其联营或合营企业间发生的内部交易所产生的

损益，需根据投资企业的持股比例来分配并抵销归属于投资企业的部分，之后方可确认相应的投资损益。

（2）资产减值损失的确认：如果内部交易导致投资企业发生损失，且该损失依据《企业会计准则第 8 号——资产减值》等规定构成资产减值损失，必须全额确认此损失。

（3）子公司与联营/合营企业间交易：对于投资企业合并范围内的子公司与联营或合营企业之间的内部交易损益，同样需遵循上述原则进行抵销处理，并以此为基础确认投资损益。

2)《企业会计准则第 2 号——长期股权投资》（2014 年修订）第十二条和第十三条具体内容参见本书 8.7.2。

3)《国际会计准则第 28 号——对联营企业和合营企业的投资》第 28 段要点

（1）顺销与逆销交易的会计处理：在投资者的财务报表中，对于与联营或合营企业之间发生的"顺销"（如投资者向联营或合营企业出售资产）和"逆销"交易产生的损益，仅应确认与除投资者自身之外的其他投资者在联营或合营企业中权益份额相对应的部分。

（2）顺销交易示例：特别指出，当投资者向联营或合营企业出售或投入资产时，投资者在这些交易中所产生的损益中所占的份额需进行抵销处理。

8.17.3 关键分析与解读

关于权益法究竟是作为长期股权投资后续计量的主要手段，还是更多地应用于合并报表的编制中，这一议题长期以来一直备受争议，各方持有不同见解。不同的视角可能会导致不同的会计处理结果，关键在于报表编制者如何权衡这 2 种原则：是将权益法视为合并报表的一部分，还是将其看作长期股权投资的后续计量手段。一旦企业（作为联营企业的投资者）确定了其会计政策，应一致地应用于所有类似的交易和事件。

如果企业将权益法视为编制合并报表时使用的方法，即按照合并报表的原则，将企业在联营或合营企业中的权益和损益份额纳入企业的合并财务报表，在这种处理方式下，企业在编制合并报表时，应将未实现利润中应予抵销的相应份额超出长期股权投资账面价值的部分确认为递延收益。

如果企业采纳权益法作为其长期股权投资后续价值评估的关键手段，那么在执行权益法时，投资方需循序渐进地按持股比例抵销内部产生的利润，直至长期股权投资的账面价值缩减至零。在此情境之下，企业（同时担任投资与资产出让角色）已完全卸下对所出让资产的后续责任，因此不会新增任何负债负担，且该交易所产生的利润也无需再进行递延处理。

8.17.4 案例深度剖析

权益法在合并报表编制及长期股权投资后续计量中的应用如下。

8.17.4.1 合并报表编制中的权益法应用

在编制合并报表时，A 公司首先依据权益法在个别财务报表中核算其长期股权投资，此过程涉及内部利润份额的冲减，旨在保持长期股权投资的账面价值非负。具体会计处理如下：

（1）个别财务报表层面：

借：投资收益　　　　　　　　　　　　　　　　　　　　　　1 000 000
　　贷：长期股权投资　　　　　　　　　　　　　　　　　　　　1 000 000

（2）合并财务报表层面：

借：资产处置收益——固定资产处置收益　　　　　　　　　　1 500 000
　　贷：投资收益　　　　　　　　　　　　　　　　　　　　　　1 000 000
　　　　递延收益　　　　　　　　　　　　　　　　　　　　　　　500 000

在此框架下，A 公司在合并报表中确认的内部交易净利润净额为 3 500 000 元，系通过将总处置收益 1 500 000 元减去已计入投资收益的 1 000 000 元和递延的 500 000 元得出。随着 B 公司对固定资产的折旧计提，A 公司将适时将递延收益转入当期损益。若该固定资产被 B 公司处置或 A 公司出售其投资前，递延收益仍有余额，则将直接计入当期损益。

8.17.4.2 权益法在长期股权投资后续计量中的角色

当权益法作为长期股权投资后续计量的主要方法时，A 公司在个别财务报表中的处理与合并报表编制前保持一致，即需冲减内部利润份额以维护长期股权投资的正面价值。

（1）个别财务报表层面（与合并报表前相同）：

借：投资收益　　　　　　　　　　　　　　　　　　　　　　1 000 000
　　贷：长期股权投资　　　　　　　　　　　　　　　　　　　　1 000 000

（2）合并财务报表层面：

在编制合并报表时，A 公司的调整更为直接，无需设置递延收益：

借：资产处置收益——固定资产处置收益　　　　　　　　　　1 000 000
　　贷：投资收益　　　　　　　　　　　　　　　　　　　　　　1 000 000

此时，A 公司在合并报表中直接体现了 4 000 000 元的内部交易利润，无需递延处理。未来数年间，A 公司将暂停根据权益法确认其在联营企业净利润中的份额，改为进行账外备查登记，直至累积的未确认净利润超过初始未确认的未实现利润（案例中为 4 000 000 元）。

此外，A 公司需持续关注其对 B 公司出售资产的后续影响，并依据会计准则严格评估资产处置损益的确认条件，特别是当 A 公司为 B 公司的资产购买提供了融资担保时，需审慎分析这一因素对损益确认的潜在影响。

8.17.5 案例总结

权益法是一种会计处理方法，通常用于对联营企业和合营企业的投资。它在许多程序和理念上与逐项合并子公司财务报表的"完全合并法"相似，因此有时被称为"单行合并"。尽管如此，权益法本身也具有一些独特的计量方法特性，有些观点甚至将其视为一种"计量基础"。然而，权益法在控制判断、商誉减值测试等方面并未被认可为合并方法，且在基本准则中也未被明确定义为一种计量属性。因此，权益法的本质是"单行合并"还是"计量基础"，至今仍是一个有争议的问题，这导致了对某些交易和事项的会计处理存在不同理解。此外，权益法与法律认定之间的矛盾也引发了对其信息有用性的质疑。

在运用权益法时，针对特定交易与事项的会计处理可能因不同解读而存在多样化的会计策略。重要的是，无论选择何种策略，都需确保其在所有采用权益法核算的合营与联营企业间的同类交易或事项中得到一致应用，以保持会计处理的连贯性和可比性。

8.17.5.1 关于权益法作为合并报表手段的考量

（1）作为投资与顺销交易中的卖方，企业应消除内部交易中未实现损益中其所占的份额，以确保合并报表反映真实的财务状况。

（2）对长期股权投资的调整应谨慎进行，确保账面价值的减少不超过其初始值，避免过度冲减。

（3）如果内部交易中未实现利润的抵销额超出长期股权投资的当前账面价值，超出部分应作为递延收益加以记录，以待未来合适时机确认。

8.17.5.2 从长期股权投资后续计量的视角看权益法

（1）权益法核算下，投资方需按比例冲销内部利润，直至长期股权投资的账面价值归零，这反映了投资价值的真实变动。

（2）投资方如果不背负与该资产或联营企业相关的明确法律或推定责任，无需为潜在负债预留空间，也不应延迟相关收益的确认。

8.17.5.3 针对后续持续涉入情形的处理

（1）投资方在出售资产给联营企业后如果仍保留显著影响力，需格外谨慎评估，因为这可能违背资产处置损益确认的会计准则。

（2）遵循《国际会计准则第 16 号》等指导，企业在判定固定资产处置日时需严格依据收入会计准则，确保收入确认的合规性。

（3）特定情境下，如投资方为联营企业的借款提供担保以支持资产购买，且资产最终价值可能仅等同于其原始账面价值，投资方可能需承担全部损失。在此情境下，基于收入确认原则，投资方可能无法或不宜确认任何资产处置相关的损益。

9 企业合并准则

9.1 企业合并类型的判断

9.1.1 案例概述

案例 9-1　××股份有限公司（作为收购方），一家在新三板挂牌的公司，于 2024 年 10 月宣布了一项重大资产重组计划，计划收购××新型复合材料有限公司（作为被收购方）。

××新型复合材料有限公司是通过派生分立方式成立的新公司，其分立基准日定为 2024 年 2 月 28 日，并于 2024 年 7 月 31 日完成了工商注册和资产交割。

重组方案概述如下：

第一步：以 2024 年 2 月 28 日为分立基准日，分立前后保持了不变的股权结构，具体见表 9.1.1。

表 9.1.1　分立前后股权结构

股东名称	分立前	分立后
刘××	67%	67%
邱××	33%	33%
合计	100%	100%

第二步：进行了员工持股和股权变更，并于 2024 年 10 月完成了股权转让，股权结构变动见表 9.1.2。

表 9.1.2　转让前后股权结构

股东名称	转让前	转让后
刘××	67%	—
邱××	33%	25.38%
刘×明	—	21.44%
刘×莲	—	21.44%
其他股东	—	31.74%
合计	100%	100.00%

关联关系说明：

刘××与邱××为兄妹关系。

刘××是刘×明和刘×莲的父亲。

邱××、刘×明和刘×莲将签署一致行动人协议，成为公司的实际控制人。

第三步：实施重大资产重组，该交易被视为一系列整体的重组交易。收购方的当前股权结构见表9.1.3。

表9.1.3 收购方股权结构

股东名称	持股比例
××投资有限公司	58.37%
邱××	4.74%
××投资合伙企业	4.67%
刘×娣	1.42%
其他股东	30.80%
合计	100.00%

进一步的股权结构信息，××投资有限公司和××投资合伙企业作为股东持股平台，它们的股权结构分别见表9.1.4和表9.1.5。

表9.1.4 ××投资有限公司股权结构

股东名称	持股比例
邱××	43%
刘×明	23%
刘×莲	23%
刘×娣	11%
合计	100%

表9.1.5 ××投资合伙企业股权结构

股东名称	持股比例
刘×明	60.60%
其他股东	39.40%
合计	100.00%

经过穿透计算后，收购方的股权结构调整为表9.1.6所示。

表9.1.6 穿透计算后收购方股权结构

股东名称	持股比例
邱××	25.10%
刘×明	16.26%
刘×莲	13.43%

续表

股东名称	持股比例
刘×娣	6.42%
其他股东	38.79%
合计	100.00%

关联关系说明：邱××、刘×明、刘×莲、刘×娣均为同一家族成员，并将签订一致行动人协议，成为公司的实际控制人。

思考问题：

请分析上述案例中的企业合并属于哪种类型？

9.1.2 准则依据阐述

以下是对相关会计准则及其应用指南、讲解和通知内容的概述与解析。

9.1.2.1 《企业会计准则第20号——企业合并》要点概览

（1）同一控制下企业合并的定义：如果企业在合并前后均受同一方或多方非临时性的最终控制，此类合并视为同一控制下的企业合并。

（2）非同一控制下企业合并的界定：当合并各方在合并前后不存在由相同一方或多方进行的最终控制时，此类合并被定义为非同一控制下的企业合并。

9.1.2.2 《〈企业会计准则第20号——企业合并〉应用指南》补充解释

关于"控制非暂时性"的进一步说明：控制被认定为非暂时性，需满足合并前后长时间（通常不少于1年）内，参与合并的各方受到同一或多方持续的最终控制条件。

9.1.2.3 《企业会计准则讲解（2010）》特别说明

非同一控制下合并中的反向购买现象：在特定情况下，即便法律上表现为母公司通过发行权益性证券交换股权来合并子公司，如果合并后该母公司的生产经营决策实际受控于另一方，会计上将该母公司视为被收购方，这种特殊情形被称为"反向购买"。

9.1.2.4 《关于做好执行会计准则企业2008年年报工作的通知》相关规定

上市公司购买特殊交易的会计处理：对于购买不构成业务的上市公司交易，企业需遵循权益性交易原则进行会计处理，具体表现为不得确认商誉，同时相关费用亦不得计入当期损益，以确保会计处理的合规性与准确性。

9.1.3 关键分析与解读

在审视多项交易是否构成一系列相互关联的交易集合时，可参考《企业会计准则第

33号——合并财务报表》的详细规定，特别是针对多次进行子公司股权投资处置的情况。根据该准则第五十一条的指导原则，如果符合以下任一或多个标准，通常会将这一系列交易视为整体（即一揽子交易），并在会计处理上作相应处理：

（1）这些交易在同一时间段内达成，或它们之间表现出显著的相互影响与相互依赖性，表明它们是作为一个整体策略的一部分来规划和执行的；

（2）只有当所有相关交易共同完成后，预定的商业目标或预期成果才得以实现，体现了交易的完整性和不可分割性；

（3）至少有一项交易的发生直接依赖于另一项或多项交易的成功执行，表明交易之间存在着明确的先后顺序或条件性依赖关系，任何一环的缺失都将影响整个交易序列的完整性和有效性。

（4）单独来看，某项交易可能不具经济性，但当与其他交易合并考虑时则具有经济性。

此外，判断是否为一揽子交易时，还需考虑交易的本质、双方之间的协议或其他相关安排。例如，需要评估后一项交易是否需要经过实质性的审批流程，或者前一项交易是否会因后一项交易的变动而被撤销或修改。

若交易被判定不属于一揽子交易，并且满足同一控制下"非暂时性"的标准，则可能属于同一控制下的企业合并。相反，若交易被判定为一揽子交易，则可能构成反向购买的情况。

9.1.4 案例深度剖析

在评估家族成员间股权转让所引发的企业合并是否构成同一控制下的企业合并时，不能仅凭买卖双方的控股股东同属一个家族就断定合并属于同一控制之下。在判断家族成员控制的不同企业间合并是否构成同一控制下的合并时，需综合考量多重因素，其中尤为关键的是家族成员之间经济利益的独立程度，以及他们之间的关系紧密度和行为模式等要素。这些因素虽非穷尽性列表，但为准确界定合并性质提供了重要依据。

针对案例9-1，××股份有限公司计划收购通过派生分立方式成立的新公司××新型复合材料有限公司，即便这一系列交易构成一揽子交易，根据现有信息，这仍然被定性为非同一控制下的企业合并。

9.1.5 案例总结

在界定企业合并类型时，应遵循几项核心原则以确保准确性：

（1）企业合并的归属不应仅凭家族成员的共同控制来断定其属于同一控制下，还需深入分析其他关键要素。

（2）即便合并双方企业分别由夫妻控制，如果双方已就婚内财产达成独立管理协议，从而在实质上缺乏共同控制权，此类合并不应简单归类为同一控制下的合并。

（3）为明确界定控制关系，家族成员可采取签订一致行动协议、表决权委托协议等法律文件，以正式确立同一控制关系的存在。

（4）监管机构（如证监会及交易所）通常要求"实际控制人"的披露需细化至个人层面，而非笼统归于家族整体。此外，家族内部控制权的转移可能触及证券发行法规（如《首次公开发行股票并上市管理办法》及《首次公开发行股票并在创业板上市管理暂行办法》）中关于"实际控制人稳定性"的发行条件，需特别注意是否符合"实际控制人未发生变更"的规定。

9.2 购买日/合并日的判断

9.2.1 案例概述

案例 9-2 新三板上市公司××再生资源开发股份有限公司在 2024 年 3 月 25 日举行了 2024 年度第二次临时股东大会，会议通过了一项议案，并签署了相应的股权转让协议，内容涉及收购××环保科技有限公司的全部股权。完成工商变更的日期被记录为 2024 年 4 月 19 日。50% 的股权收购款项支付完成的日期是 2024 年 5 月 18 日，而全部款项支付完毕的日期则是 2024 年 7 月 5 日。董事会的变更则在 2024 年 4 月 1 日完成。

案例 9-3 ××星辰公司使用自有资金 9 180 万元，收购了王××、李××、刘××、姜××、韩××、天津××投资有限公司共同持有的北京××电子公司 51% 的股权。此外，××星辰公司还拥有在 2023 年 12 月 31 日前以不超过 7 000 万元收购北京××电子公司剩余 24% 股权的权利，并有权在 2024 年 12 月 31 日前以不超过 9 000 万元收购剩余 25% 的股权，最终使北京××电子公司成为××星辰公司的全资子公司。

关于北京××电子公司购买日的判断依据：

（1）××星辰公司董事会批准收购的时间是 2022 年 9 月 5 日。

（2）付款时间及比例详见表 9.2.1。

（3）北京××电子公司董事会改组的时间是 2022 年 10 月 9 日，总经理和财务总监由××星辰公司提名，由董事会任命，董事会由 5 名董事组成，其中 3 名，包括董事长，由××星辰公司委派。

（4）工商变更完成的时间是 2022 年 10 月 9 日。

表 9.2.1　××星辰公司付款时间及比例

单位：元

付款日期	金额	收款方
2022年10月15日	5 191 624.37	天津××投资有限公司
2022年11月5日	2 657 760.00	姜××
2022年11月5日	22 131 040.00	王××
2022年11月5日	12 048 960.00	李××
2022年11月5日	2 472 000.00	刘××
2022年11月6日	10 462 300.00	天津××软件技术有限公司
2022年11月6日	331 000.00	王××
2022年11月20日	1 601 600.00	韩××
2022年11月20日	22 475 875.63	北京××电子公司
合计	79 372 160.00	
代扣个税款	10 127 840.00	付款时间：11月
实际支付总额	89 500 000.00	
51%股权总价款	91 800 000.00	
已付款比例	97.49%	

××星辰公司还使用自有资金17 850万元收购了杭州××公司股东持有的51%股份，并有权在2023年以杭州××公司2022年经审计的扣除非经常性损益后的净利润的17.5倍作为公司整体估值，以现金或定向发行股份的方式收购剩余49%的股份，交易总价不超过17 150万元。

关于杭州××公司购买日的判断依据：

（1）××星辰公司董事会时间为11月9日。

（2）付款时间及比例详见表9.2.2。

（3）杭州××公司董事会改组时间为2022年12月5日。

（4）工商变更完成时间为2022年12月12日。

表 9.2.2　杭州××公司付款时间及比例

单位：元

付款日期	付款金额	收款人
2022年11月26日	61 275 133.00	董××
2022年12月12日	9 545 446.00	浙江××创业投资有限公司
2022年12月12日	7 954 554.00	浙江××红枫创业投资有限公司
2022年12月12日	3 181 813.00	浙江××创业投资有限公司
2022年12月12日	26 515 159.00	浙江××丰创业投资有限公司
2022年12月12日	23 863 632.00	上海××泓安股权投资合伙企业（有限合伙）
2022年12月12日	19 649 104.00	董××

续表

付款日期	付款金额	收款人
2022年12月15日	26 515 159.00	宁波××众盈创业投资合伙企业（有限合伙）
合计	178 500 000.00	
51%股权总价款	178 500 000.00	
已付款比例	100%	

思考问题：

应将哪一天确定为此次交易的合并日？

9.2.2 准则依据阐述

以下是对企业会计准则及其相关指南中关于企业合并条款的整理概述。

9.2.2.1 《企业会计准则第20号——企业合并》

第十条第三款明确指出，购买日是指购买方正式取得对被购买方控制权的日期，标志着合并进程中的一个关键节点。

9.2.2.2 《〈企业会计准则第20号——企业合并〉应用指南》

第二条第二款详细列举了控制权转移实现的五大核心条件，包括：

（1）企业合并的正式合同或协议已获股东大会等权力机构的批准通过。

（2）如果合并需政府相关部门的审核，必须已获取必要的官方批准。

（3）合并各方必须完成财产权转移的必要法律手续。

（4）合并方或购买方需支付合并价款的大部分（一般不少于50%），并具备支付剩余款项的财务能力与规划。

（5）合并方或购买方必须已实质性地开始主导被合并方的财务与经营决策，同时享有相应权益并承担相应风险。

9.2.2.3 《企业会计准则第33号——合并财务报表》

第七条强调了合并财务报表编制时，合并范围的界定依据为控制权。控制权的核心在于投资方对被投资方拥有的权力，这种权力不仅能让投资方通过参与被投资方的活动获得可变回报，还允许投资方利用所掌握的权力来影响这些回报的金额。这一定义为合并财务报表的编制提供了清晰的指引。

9.2.3 关键分析与解读

在企业交易的广阔领域里，上市公司将股份发行日设定为合并日的做法十分普遍，尤其是在利用股份作为支付手段完成的合并交易中。然而，当合并行为发生在同一集团内部，即处于同一控制框架下时，如何精确界定业务或股权控制权转移的时刻便成为讨论的核心。多数公司遵循惯例，在年报中披露以股份发行日为合并日，但也有例外，如选择股份发行当月的月初、月末或董事会改选结束之时作为合并日，这些选择通常旨在简化操作流程和明确合并前后的财务划分。

在股份收购驱动的企业合并案例中，控制权转移的关键步骤按顺序依次为：合并合同或协议在股东大会上的批准、监管机构（如证监会）的正式核准、资产或股权的实质性转让、董事会成员的改选，以及最终的上市公司股份发行。尽管股份发行日因满足多项控制权转移条件而常被用作控制权转移的标志，但实际情况中，由于多种因素的影响，该日期可能与实际控制权变更的日期存在时间差。

购买日，作为购买方正式掌握被购买方控制权的关键日期，其确定依赖于多个条件的实现：合并合同或协议必须首先通过内部权力机构（如股东大会）的审议；如果合并需外部监管批准，必须取得相应政府部门的许可；随后，需完成财产权的法律转移，以确保风险和收益的有效转嫁；购买方还需支付大部分合并对价，并证明有能力结清剩余款项；最重要的是，购买方必须在实际操作中开始对被购买方的财务和经营策略进行控制，并相应承担其经济利益与风险。只有当上述所有条件都得以满足时，购买日才得以正式确立。

9.2.4 案例深度剖析

9.2.4.1 案例 9-2 分析

在案例 9-2 中，交易双方并无关联关系，且本次收购构成了"业务"，形成了非同一控制下的企业合并情形。商业实质分析显示，购买日的确定应主要基于对"控制"定义的理解，即识别何时获得了对被购买方财务和经营政策的控制并能够获得相关利益，而非仅仅依赖于付款行为。

如果没有特殊情况，购买日应定在"被收购方董事会重组完成之日"（案例 9-2 中为 2024 年 4 月 1 日），这一天收购方控制了被收购方的财务和经营政策，并开始承担相应的收益与风险。项目组应结合其他资料确认，如果董事会变更完成日标志着实质性控制权的取得，包括对过渡期损益的归属（需核对收购协议的相关条款），此日即为购买日。如果实质性控制权的取得发生在支付了 50% 或全款之后，购买日应相应定在支付 50% 或全款之日。购买日的确定应基于"控制"三要素的满足，而付款超过 50% 的条件在此判断中居次要地位。

9.2.4.2 案例 9-3 分析

案例 9-3 探讨了是否构成"一揽子"收购的问题。"一揽子"交易的本质在于其各个步骤是统一筹划和确定的，共同达成同一交易目的，相互之间作为前提和条件。鉴于本案例中 2 个交易之间存在较长时间间隔，需要分析这两项交易是否从开始就被统一筹划，或者第二项交易是否是在第一项交易完成后，根据后续情况另行确定的。若是后者，则不构成"一揽子"交易。

收购协议中提到，××星辰公司有权在2023年12月31日前以不超过7000万元收购北京××电子公司24%的股权，以及在2024年12月31日前以不超过9000万元收购剩余25%的股权，这表明××星辰公司仅在特定时间点拥有收购选择权，并非在购买日就已决定收购剩余49%的股权。此外，协议中未明确收购金额且未包含违约处理条款，表明后续交易的关键条款尚未确定。因此，这两项交易步骤不互为条件，后一步骤的实施不影响前一步骤的结果，不构成一揽子交易。

同样地，××星辰公司对杭州××公司的股权收购也不构成一揽子交易。

2022年9月5日，××星辰公司董事会批准了对北京××电子公司的收购；北京××电子公司董事会于2022年10月9日改组，同日完成了工商变更。根据收购协议，股权交割以××星辰公司注册为目标公司股东为标志，自交割日起，××星辰公司即持有目标公司51%的股权，享有并承担相应的权利和义务。

在确立合并日或购买日的过程中，股权转让款的支付虽不构成唯一决定性因素，但其核心目的在于确认购买方在被购买方内部已获取足够的经济利益保障，从而降低交易被撤销或变更的潜在风险。

综合考虑，北京××电子公司的购买日定为2022年10月9日，而最近结账日9月30日被定为合并日。

9.2.5 案例总结

确定购买日或合并日是企业会计处理中的关键步骤，标志着购买方或合并方开始对被购买方或被合并方拥有控制权。在实际操作中，企业应依据合并合同或协议的条款及相关影响因素，遵循实质重于形式的原则来作出判断。以下3点应综合考虑：

（1）审批要求：企业合并通常需要得到内部决策机构和相关国家部门的批准。获得这些批准是进行会计处理的前提条件。在实践中，这些批准通常有明确的文件和日期，因此判断起来相对直接。然而，某些情况下需要区分哪些是实质性的批准程序，哪些是备案性质的程序，这需要根据具体情况具体分析。

（2）控制权的实质：购买方必须实际控制被购买方的财务和经营政策，并从中获得收益、承担风险。同时，购买方与出售方需完成相关的财产权交接手续，以确保与股权或净资产相关的风险和报酬的转移。这2项条件是对实质控制权的判断，应结合"控制"的定义进行评估。

（3）价款支付：通常情况下，为了获得对被购买方的控制权及与之相关的净资产风险和报酬，购买方需要支付相应的对价。协议中通常会详细规定控制权转移和价款支付的相关条款，且对价支付通常与财产权属和控制权的移交同步进行。如果购买方尚未支付大部分款项，或缺乏明确能力来结清全款，出售方通常不会轻易放弃对资产的掌控权，除非存在某些特殊考量促使其愿意提前释出控制权。

9.3　企业合并业务的判断

9.3.1　案例概述

案例 9-4　A 公司专注于多金属固体废物的回收处理，特别是含汞、含硒、含金银等废物，并在重金属污染土壤修复治理及环保技术和设备输出方面处于领先地位。作为国家"十二五"危险废物污染防治规划的一部分，A 公司是国家含汞废物集中利用处置示范中心之一，也是国内唯一掌握并产业化多元含汞危险固体废物多金属同步综合回收技术的企业。除了汞回收，A 公司还能回收硒、铜、锌、锑及金银等稀贵金属，实现危险固废物的无害化和资源化利用。

赵××是 A 公司的实际控制人，持有 89.47% 的股份，而××省高新技术产业发展基金创业投资有限责任公司持有剩余的 10.53%。赵××还实际控制着××汞业有限责任公司，该公司主要从事氯化汞及其触媒的生产和销售，以及锑汞分离冶炼。

氯化汞的主要原料是汞，被审计单位回收的汞约 90% 被直接销售给××汞业有限责任公司，占其汞采购量的三分之一。被审计单位的收入和利润规模较小，但××汞业有限责任公司的收入和利润规模较大，尽管其面临一些历史遗留问题。

为减少 A 公司的关联交易并扩展氯化汞业务，实际控制人赵××做了以下安排：

（1）由于××汞业有限责任公司位于城市规划区域，可能会对居民区造成污染，政府计划将其拆迁或关闭，相关补偿将由政府支付给该公司。关闭后，该公司将停止相关业务。

（2）A 公司计划投资建设氯化汞厂房和生产线，并申请相关资质，以延伸其产业链。鉴于××汞业有限责任公司与 A 公司的实际控制人相同，为了减少损失，××汞业有限责任公司将其技术转让给 A 公司。A 公司将根据自身需求，在能力范围内接收部分生产和销售人员。在 A 公司新生产线投产前，如果××汞业有限责任公司尚未被拆除，A 公司将暂时委托其加工原材料，加工服务费按市场价格定价。

（3）××汞业有限责任公司的现有产成品将自行销售，相关债权债务也将自行清收和偿付，A 公司不承担其债权债务。

案例 9-5　A 公司于 2024 年 10 月 22 日与在日本的富士微电机株式会社（以下简称"FM"）及其在中国的全资子公司广州富士高微电子有限公司（以下简称"FMG"）和广州富实微电机有限公司（以下简称"FMZ"）签订了资产转让协议。根据协议，FMG 和

FMZ 的所有资产,包括有形资产(固定资产和存货)和无形资产,将被整体转让给 A 公司。FM 在日本拥有的专利权和商标专用权将由 A 公司在中国境内独家使用;FM 拥有的所有非专利技术,包括正在申请和尚未申请的专利,将被全部转让给 A 公司。合同签订时,视为所有有形资产的所有权已被转移给 A 公司。转让价格为人民币 2 500 万元。

思考问题:

这些交易是否构成了一项业务?

9.3.2 准则依据阐述

以下是对相关会计准则内容的梳理总结。

9.3.2.1 《企业会计准则讲解(2010)》中关于业务的定义及要素

业务是指企业内部特定的一组生产经营活动或资产负债组合,它需满足以下核心要素:

(1)投入:涵盖原材料、人力资源、生产技术(无形资产)以及机器设备等长期资产,作为生产或服务的起始资源。

(2)加工处理过程:涉及管理能力、运营流程,通过有效组织投入转化为产出,是业务活动的核心环节。

(3)产出:指生产出的产品、提供的服务或降低的企业运营成本,旨在带来经济利益。

此业务组合需能够独立核算其成本费用与收入,从而为投资者创造价值与回报。同时,判断是否构成业务还需全面考量资产与负债的内在关联性及加工处理过程的完整性。

9.3.2.2 《国际财务报告准则第 3 号——企业合并》附录二"应用指南"的关键要点

(1)商誉与业务的判定:在购买资产及相关活动中,即使包含商誉,也非判断业务的必要条件;即便无商誉,特定资产与活动的组合仍可能构成业务。

(2)业务要素的灵活性:业务的具体要素(投入、加工处理、产出)会依据行业特性、经营结构的不同以及所处的发展阶段而有所差异。成熟业务通常展现出全面的投入、过程和产出;而新兴业务可能尚未形成完整的投入和过程,但仍可被视为业务。

(3)发展阶段主体的业务判定:对于处于发展阶段的主体,判断是否构成业务时,需考虑的主要因素包括主要活动的启动情况、员工与知识产权等投入及加工处理的过程、生产或服务的产出计划以及接触潜在客户的能力等。重要的是,无需同时满足所有条件,只要组合活动和资产满足业务的基本特征,即可被视为业务。

9.3.3 关键分析与解读

在评估资产或资产负债组合是否构成业务时,必须全面考量所获得的资产和负债之间的内在联系及其加工处理过程。例如,在实践中,当一家公司合并了另一家拥有独立生产能力生产线的企业，或者一家保险公司合并了另一家保险公司的寿险业务时，这些情况通常被视为业务合并。

如果一家企业获得了对另一家企业或多家企业的控制权，但被购买方（或被合并方）并不构成业务，该交易不应被视为企业合并。在这种情况下，当企业获得的资产组合不构成业务时，应根据购买日所获得的可辨认资产和负债的相对公允价值，对购买成本进行分配。这种处理方式不遵循《企业会计准则第20号——企业合并》。

9.3.4 案例深度剖析

根据《企业会计准则第20号——企业合并》及其详尽的应用指南和深入解读，业务被清晰地界定为企业内部一种特定的、集生产经营活动与资产负债于一体的组合方式。这种组合必须展现出具备投入资源、实施加工处理、产生实质性成果的能力，同时，它能够作为独立实体对其产生的成本费用及收入进行有效的核算。在判断一个资产或资产负债组合是否符合业务的标准时，需要全面且深入地考察其内部资产与负债的相互关联程度，以及该组合所经历的加工处理流程与环节。

9.3.4.1 案例9-4分析

被审计单位购买了××汞业有限责任公司的技术，并根据自身需求，在能力范围内接收了部分生产和销售人员。然而，由于被审计单位计划自行投资建设氯化汞厂房和生产线并申请相关资质，此次技术收购交易并未形成一个完整的投入—加工—产出要素循环，因此不构成"业务"。

9.3.4.2 案例9-5分析

被审计单位对FM、FMG、FMZ公司的有形资产、无形资产以及正在申请的专利等无形资产的收购，总体上应当构成一项"业务"。这主要是因为该资产组合具备了业务所需的3个要素：投入、加工处理过程和产出能力。同时，交易还包括了员工和技术的转移，并且标志着转让方在中国业务的退出，实质上构成了被审计单位对FM在中国完整经营业务的收购。

9.3.5 案例总结

在会计准则框架下，一个由资产及关联负债所组成的集合，如果展现出投入与加工处理能力，可被视为构成了一项业务。依据财政部的界定，"资产"指的是企业过往交易中取得的归企业所有或受其控制且预期能为企业带来经济价值的资源。尽管资产与业务皆能贡献经济利益于企业，但业务更深层次地体现了资产的运作效率与利用价值，它要求资产与负债的集合不仅要能进行投入与加工处理，还需实现有效的产出。

在界定"业务"时，需聚焦于以下2个核心要素：

（1）产出的核心地位：产出作为投入与加工处理流程的必然结果，是业务运营的直接成效体现。

（2）经济利益的实现：该产出需能为投资者等利益相关方创造经济回报，此乃业务存在的根本目的。

值得注意的是，尽管产出普遍被视为业务的一个显著特征，但它并非定义业务的绝对必要条件。同样，对投入与加工处理的评估也需综合考量。在判断资产集合是否构成业务时，应采取市场参与者的视角进行评估，而非单纯依据卖方或收购方的主观经营意图。

9.4 企业合并中商誉的初始确认

9.4.1 案例概述

案例 9-6 ××新源新材料股份有限公司以 1 元的对价收购了 A 公司，后者并不受同一控制方管理。在收购日，A 公司的净资产总额为负，具体数额为 –283 576.02 元。该公司的净资产仅由未分配利润构成，且其资产和负债主要为应收应付款项。根据评估，A 公司的净资产价值同样被确定为 –283 576.02 元。

思考问题：
在此类交易中，商誉的计算方法应如何确定？

9.4.2 准则依据阐述

以下是整理后的相关企业会计准则关键内容概述。

1)《企业会计准则第 20 号——企业合并》第十一条第一项

企业合并成本界定：在单次交易中完成的企业合并，其合并成本由购买方在交易日（即购买日）为取得对被购买方的控制权所付出的资产公允价值、承担的负债公允价值，以及发行的权益性证券的公允价值共同构成。

2)《企业会计准则讲解（2010）》第二十一章

权益性证券公允价值的确定方法：如果权益性证券在购买日已有公开市场价格，通常以此作为公允价值的基准，除非有充分证据表明该公开价格不可靠或不具代表性。在此情况下，需借助其他可靠证据及评估手段来确定公允价值。如果公开市场价格不可用或不可靠，可依据购买方或被购买方的权益份额比例，选择有确凿证据支持的一方进行估值。

3)《企业会计准则第 39 号——公允价值计量》第二十五条与第三十四条

（1）第二十五条：明确了公允价值计量的首要层级（第一层次输入值）为最可靠的证据来源，即便用活跃市场上相同或类似资产、负债的直接报价。同时，排除了一些特殊情形,如持有大量相似但非完全相同的资产、负债而难以单独定价,或活跃市场报价因重大事件影响而不反映计量日公允价值的情况,以及符合第三十四条特定条款的情形。

(2)第三十四条:阐述了公允价值计量的具体原则。

可观察市场报价优先:对于存在相同或类似负债、权益工具的可观察市场报价,应直接采用该报价作为公允价值基础。

市场参与者视角调整:如果无可观察市场报价但其他方将其作为资产持有,应从市场参与者的角度出发,基于资产的公允价值来估计负债或权益工具的公允价值,并考虑特征差异进行调整。

估值技术应用:在既无可观察市场报价且其他方也未将其作为资产持有的情况下,应采用估值技术,从市场参与者的视角出发,确定负债或权益工具的公允价值。

9.4.3　关键分析与解读

在实际操作中,企业在购买日对"购买对价分摊"(PPA)的处理通常是依据成本法对单独可识别的资产和负债进行评估,并根据《企业会计准则解释第5号》的首条规定,识别和计量符合可辨认标准的无形资产。运用此方法,购买成本与可辨认净资产公允价值之间的差额,将直接体现为商誉或负商誉的形成。

当商誉为正值时,一般不会引起问题,因为其初始计量值不会超过资产的可回收金额。然而,如果分摊结果为负商誉,企业则需要审慎评估,确保根据成本法确定的单项可识别资产的初始计量值不超过其可回收金额。如果超出,企业应将该资产的初始计量值降低至可回收金额,并相应减少购买日确认的负商誉,以避免在购买日将负商誉作为营业外收入,而在年末又确认资产减值损失。

特别地,如果企业合并对价是基于对被购买方股权的整体评估值确定的,并且该被购买方整体属于一个资产组,那么应确保所有可辨认净资产的初始计量总和不超过合并成本。在这种情况下,不应确认负商誉,以确保会计处理的准确性和合规性。

9.4.4　案例深度剖析

在会计实务中,同一控制下的企业合并采用的权益结合法,可以视为一种"下推会计"手段。具体来说,这涉及将最终控制方(如甲集团)在其合并报表中所反映的被购买方(如A公司)的资产、负债和损益情况,原封不动地"下推"至合并方(如B公司)的合并报表中。这样,在B公司的合并报表中,处理的结果就相当于甲集团在购买日通过非同一控制下的企业合并方式获得了对A公司的控制权,因为甲集团合并报表的效果表现为一项非同一控制下的企业合并。

相应地,在B公司的合并报表中,也会反映出自原购买日以来该商誉的变化过程,包括从原购买日到本次合并日之间的减值。最终,B公司合并报表中对商誉的计量金额将与甲集团合并报表中的计量结果保持一致。

对于 B 公司的个别报表，当其从集团处购买 A 公司的股权时，这被视为一项同一控制下的企业合并。B 公司依据收购时点 A 公司在集团合并财务报表中显示的净资产价值——这一价值是基于非同一控制下企业合并时点的可辨认净资产公允价值并持续计算得出的——将其记录于"长期股权投资"会计科目之下。

在编制 B 公司的合并财务报表时，需将原集团通过非同一控制下企业合并所形成的商誉"传递"至 B 公司的合并报表层面，并在财务报表附注中详尽披露与此相关的必要信息。例如，商誉为 20 元，商誉减值准备也为 20 元。这意味着，B 公司合并报表中所反映的商誉在 2022 年的最初金额为 20 元，而在 2024 年，随着甲集团合并报表层面对该商誉计提减值准备，其账面价值降至 0。

9.4.5　案例总结

在商誉的初步确认过程中，需综合审视以下核心要素：

（1）控制权与企业合并对商誉的决定性作用：商誉的确认严格与获取控制权的企业合并行为挂钩。这意味着，如果投资仅构成共同控制、重大影响或更低层级的参与，而未能达到控制标准，相关交易差额不得计入商誉。

（2）非同一控制合并的独特性：商誉的形成专属于非同一控制下的企业合并环境。企业合并根据控制关系可分为同一控制合并与非同一控制合并两类。在非同一控制合并场景下，仅当合并成本超出被合并方于合并日可辨认净资产公允价值时，该超出额方可作为商誉进行确认。

（3）合并模式对商誉会计处理的影响：不同类型的合并模式在商誉确认上呈现差异化处理方式。具体而言，在吸收合并中，购买方需在合并日即刻将合并成本与获取的被合并方可辨认净资产公允价值之差，直接借记至"商誉"账户。而在控股合并中，这一超额部分不直接体现于"商誉"科目，而是通过编制合并财务报表的过程，以间接方式反映合并所产生的商誉价值。

9.5　同一控制下企业合并中相同多方问题

9.5.1　案例概述

案例 9-7　甲与乙，作为两位自然人共同创立者，各自均持有 A 公司与 B 公司 50% 的股权份额及相应表决权。依据 A 公司与 B 公司的公司章程之条款，任何重大决策均需获得超过半数表决权的支持方可通过，此机制确保了甲与乙共同享有对这两家公司的控制权。

2024 年 1 月，A 公司采取了向甲和乙按相同比例增发股份的方式，收购了 B 公司 100% 的股份。假设自 A 公司和 B 公司成立之初至交易发生时，它们已经持续受到甲和乙的共同控制超过 12 个月，并且预计在交易完成后，这种共同控制的状态也将维持超过 12 个月。需要指出的是，甲和乙之间并无家庭联系。A 公司与 B 公司的股权结构详情，可以参考图 9.5.1 的展示。

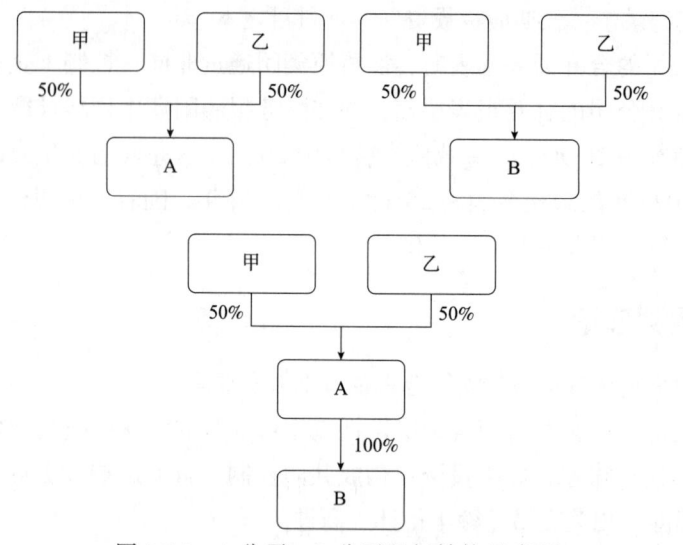

图 9.5.1　A 公司、B 公司股权结构示意图

思考问题：

当 A 公司作为主要报告单位，其收购 B 公司全部 100% 股权的交易，是否应当根据同一控制下企业合并的会计原则，即采用权益结合法进行会计处理？

9.5.2　准则依据阐述

以下是对相关会计准则内容的整理。

1)《〈企业会计准则第 20 号——企业合并〉应用指南》对"相同的多方"的定义

"相同的多方"不是指在多方中仅有一方具有控制权，而是指两个或两个以上的投资者，根据他们之间的协议约定，在对被投资单位的生产经营决策进行表决时，能够发表一致的意见。

2）国际财务报告准则（IFRS）和美国通用会计准则（US GAAP）对"相同的多方"的解释

这些准则强调的是，根据合同约定，多方共同行使对被投资单位的主导权，即共同控制权。这种定义着重于强调多方共同对被投资单位的决策有重大影响，而不是单纯强调某一方具有单独的控制地位。

9.5.3　关键分析与解读

观点一：

A 公司应避免采纳同一控制下企业合并的会计处理方式（即权益结合法），有 3 个理由：首先，该方法与通行的会计准则原则存在理念上的不一致，故应限定在准则明确限定的特定情境下适用；其次，同一控制与共同控制在本质上截然不同，对两者概念需严格区分；最后，本案例中，甲与乙系共同而非单独控制 A 公司与 B 公司，因此，A 公司运用同一控制下企业合并的会计处理方法显属不当。

观点二：

A 公司应当采取同一控制下企业合并的会计处理方法，依据在于《企业会计准则应用指南》的明确阐述："'相同的多方'这一概念，并不等同于仅有一方掌握控制权，而是指两个或更多投资者，通过协议约定，能在对被投资单位的决策表决中达成一致意见。"基于此，即便甲与乙共同控制 A 公司与 B 公司，只要他们作为"相同的多方"能够在对公司决策行使表决权时保持一致，A 公司采用同一控制下企业合并的会计处理方法便是合理且合规的。

《企业会计准则讲解（2008）》和《企业会计准则讲解（2010）》均删除了 2006 年版本中将"相同的多方"定义为"多方中的一方具有控制地位"的描述，这表明更新后的准则讲解已经解决了与应用指南之间的矛盾。

国际财务报告准则（IFRS）和美国通用会计准则（US GAAP）也强调，根据合同约定，多方共同行使对被投资单位的主导权，即共同控制，而非强调某一方单独控制。

A 公司和 B 公司的章程规定，所有重大事项需过半数表决通过。这可以被理解为准则中提到的"投资者之间的协议约定"。A 公司和 B 公司的重大事项均需过半数表决，甲和乙在表决时达成一致意见，从而共同控制 A 公司和 B 公司，符合"相同的多方"的要求。因此，A 公司应采用同一控制下企业合并的会计处理方法。

9.5.4 案例深度剖析

在案例 9-7 的分析中，更倾向于接受观点二。以下是支持这一立场的理由：

在处理共同控制下企业合并的会计问题时，特别是针对具体案例，例如 A 公司和 B 公司并非由甲和乙共同创立，并且他们获得对这两家公司的共同控制权的时间点不一致的情况，在应用权益结合法对过往财务报表进行追溯调整时，所追溯的时间跨度应当被限定在报告主体自成立以来的运营期限之内，不应超越其存续时间的边界。在此情境下，甲和乙作为共同控制方，只有在他们同时获得对 A 公司和 B 公司的共同控制权之后，由他们及其控制的 A 公司和 B 公司构成的经济实体才开始存在。

因此，当使用权益结合法进行追溯合并时，最早可追溯的比较期间，应从甲和乙两人都获得了对 A 公司和 B 公司共同控制权的那一刻算起。

9.5.5 案例总结

按照企业合并领域内的"权益结合法"核心理念，该方法视合并为参与各方权益的一种内部重组过程。从最终控制方的视角审视，此类合并从本质上看并不引发企业集团总体经济利益的增减变动，因为合并前后，最终控制方所掌握的经济资源总量维持不变,相应交易不具备销售或购买的属性。

在此理论框架下,一个核心议题便是判断最终控制方的范畴是否应涵盖最终的共同控制主体。控制权的表现形式多元,既可以是单一实体的独立控制,也可以是多个实体间的协同控制,即共同控制。因此,最终控制方的定义应广泛包含那些能够单独或共同决定被投资单位财务和经营政策的一方或多方。

9.6 被购买方不构成业务但形成控制时购买方的会计处理

9.6.1 案例概述

案例 9-8 B 公司虽具备法人资格,但其核心资产仅限于一栋房屋,缺乏"业务"概念中关键的"投入"与"加工处理"要素。随后,A 公司成功收购 B 公司 85% 股权,成为其控股股东。鉴于 B 公司资产结构单一,此交易并未构成对完整业务实体的收购。B 公司剩余的 15% 股权则由第三方 M 公司持有。

在股权转让之际,该房屋被评估为公允价值 500 万元,与 B 公司整体股权估值相吻合。A 公司支付了 425 万元作为获得 B 公司 70% 股权的对价,此金额是基于房屋公允价值按比例(对应于 B 公司总股权的 85% 中 A 公司所获部分)的计算。此次交易并未改变 B 公司的控制权结构,M 公司作为少数股东,仅享有《中华人民共和国公司法》规定的基本股东权利,无额外控制权。因此,A 公司在交易后拥有了对 B 公司所有运营事项的绝对控制权,包括财务决策、日常经营、房屋的管理与运营、市场推广、未来开发或出售等,无需 M 公司的额外批准或同意。

思考问题:
针对这一情况,A 公司该如何进行相关会计处理?

9.6.2 准则依据阐述

以下是对相关会计准则内容的概述与解析。

9.6.2.1 《企业会计准则讲解(2010)》关键要点

企业控制权的获取若未涉及业务的整合,则不构成企业合并。具体而言,如果被购买方(或被合并方)仅代表一组不构成完整业务的资产或净资产,此交易需按购买日各项可辨认资产与负债的公允价值比例分配购买成本,且处理时不遵循企业合并相关准则。

9.6.2.2 《企业会计准则第 33 号——合并财务报表》核心条款

（1）合并财务报表编制指南：具体内容参见本书 1.7.2.3。

（2）少数股东权益的列示：在合并资产负债表编制中，子公司所有者权益中不属于母公司的部分，应明确归类为"少数股东权益"，并在所有者权益项下单独列示，以清晰反映少数股东在子公司中的权益状况。

9.6.3 关键分析与解读

作为收购方，A 公司自交易完成之日（即购买日）起，必须将 B 公司纳入其合并财务报表的编制范畴之内。此外，A 公司在编制合并财务报表时，需明确反映出少数股东 M 依据其在 B 公司中所持股权比例而应享有的净资产份额，并将此部分作为少数股东权益在报表中单独列示。

A 公司应将 B 公司所拥有的房屋价值完整地反映在其合并财务报表中。如果 B 公司持有的资产不止一项，A 公司应根据这些资产在购买日的公允价值，按比例分配其为获取 B 公司 85% 股权所支付的对价（425 万元）。随后，A 公司需将分配结果除以 85%，以确定 B 公司各项资产在股权购买日在 A 公司合并财务报表中的初始确认金额。

9.6.4 案例深度剖析

（1）个别财务报表会计分录：

在 A 公司的个别财务报表中，针对收购 B 公司 85% 股权的交易，会计分录的详细记录如下：

借：长期股权投资——B 公司　　　　　　　　　　　4 250 000
　　贷：银行存款　　　　　　　　　　　　　　　　4 250 000

（2）合并财务报表合并抵销分录：

随后，在 A 公司编制合并财务报表的过程中，为了准确反映合并后的财务状况，需执行以下合并抵销分录：

借：固定资产　　　　　　　　　　　　　　　　　　5 000 000
　　贷：长期股权投资——B 公司（反映 A 公司持股比例）　4 250 000
　　　　少数股东权益　　　　　　　　　　　　　　　750 000

在合并报表编制时，A 公司所确认的购买日少数股东权益金额为 750 000 元，这是通过 B 公司总资产的公允价值 5 000 000 元乘以 M 公司的持股比例 15% 得出的。为了确定合并报表中 B 公司各项资产的初始计量金额（特别是 A 公司所持有的 85% 部分），A 公司需根据这些资产的公允价值比例重新分配其支付的对价。为了获取这些资产的全额初始计量，需将 A 公司部分的分配结果逆推至 100% 的比例。同样地，利用这些全额初始计量值乘以 M 公司的持股比例，即可计算出购买日 B 公司少数股权的初始金额。

但值得注意的是，如果未来 A 公司与 M 公司达成共同控制 B 公司的协议，B 公司的会计地位将转变为 A 公司的合营企业。在此情况下，A 公司需改用权益法核算其在 B 公司的长期股权投资，以精准反映与 M 公司共同控制 B 公司的经济关系和实际状况。

9.6.5 案例总结

鉴于 A 公司所涉交易并不构成企业合并，在编制合并财务报表的过程中，A 公司无需遵循将合并成本分摊至 B 公司各项可辨认资产和负债，以及确认商誉的标准流程。相反，A 公司应基于购买日可辨认资产和负债的相对公允价值，合理地对其支付的购买成本进行分配，这一分配过程不适用企业合并相关的会计准则。

因此，A 公司在该交易中不会确认任何商誉。进一步地，对 A 公司合并报表的编制而言，购买日对 B 公司资产和负债的初始确认，既不会对 A 公司或 B 公司的会计利润造成任何影响，也不会引发应纳税所得额的变动。尽管采用"相对公允价值比例分配法"可能导致 B 公司的资产和负债在 A 公司合并报表上的初始计量与其计税基础之间产生差异，从而可能形成应纳税暂时性差异或可抵扣暂时性差异，但是 A 公司无需因此确认相关的递延所得税负债或递延所得税资产。

9.7 家族内成员之间转让股权形成的企业合并问题

9.7.1 案例概述

案例 9-9 2024 年 10 月 13 日，A 公司与 B 自然人签订了一份股权转让合同，根据合同条款，A 公司将收购 B 自然人持有的 C 公司 70% 的股份。该股份的购买价格是 C 公司注册资本 500 万元的 70%，即 350 万元，这笔款项已于签订合同当天支付。随后，在 2024 年 11 月 20 日，C 公司完成了工商变更登记。根据企业合并的会计准则，合并基准日定于 2024 年 11 月 20 日，此时 C 公司 70% 股份所对应的净资产账面价值为 400 万元。值得注意的是，B 自然人是 A 公司实际控制人 D 自然人的父亲。

> **思考问题：**
> 在这种情况下，本次企业合并是否应被视作在同一控制下进行的合并？

9.7.2 准则依据阐述

以下是相关会计准则关键要点梳理。

1)《企业会计准则第 20 号——企业合并》第五条概览

（1）定义解析：同一控制下的企业合并，指的是在合并前后，各参与企业均置于同一方或相同多方的持续性最终控制之下。

（2）角色界定：在此类合并中，取得其他企业控制权的实体被定义为合并方，而被控制的实体则相应称为被合并方。

（3）合并日标准：合并日具体指合并方实际掌握对被合并方控制权的日期。

2）《企业会计准则第36号——关联方披露》第三条精要

（1）关联方界定：关联方关系基于控制、共同控制或重大影响而形成，涵盖直接及间接的多方关系。

（2）控制权解析：控制涉及对企业财务和经营政策的决定权，并伴随经济利益获取。

（3）共同控制阐释：指通过合同安排，多方对特定经济活动共同享有的控制，需经一致同意方可进行重大决策。

（4）重大影响说明：虽参与企业财务和经营政策决策，但不足以单独或共同控制这些政策的制定。

3）《国际财务报告准则第3号——业务合并》附录B（B2段）要点

（1）联合控制权说明：当多方根据合同共同掌握企业财务和经营决策的控制权，并能从中获利时，视为联合控制。

（2）应用特例：如果合同明确多方对每个合并实体的财务和经营政策有最终决策权，且利益分享非暂时性，此类合并不适用本准则。

4）《企业会计准则讲解（2010）》第三十七章第二节要点

（1）家庭成员关联方考量：主要投资者、关键管理人员的家庭成员（如直系亲属）在与企业交易时可能存在相互影响。

（2）关联方判断：依据家庭成员在交易中的相互影响程度来判断其是否构成关联方。

（3）深入分析：需详细评估主要投资者、关键管理人员及其家庭成员对两家企业实际影响力的大小，以准确界定关联关系。

9.7.3 关键分析与解读

在评估购买方与被购买方是否由同一家族的控股股东所控制时，单纯的家族联系并不足以直接断定两者间存在同一控制关系。对于判断家族成员控制的不同企业间的合并是否构成同一控制下的企业合并，需综合考量多种因素，包括但不限于家族成员间经济利益的独立性、相互关系的性质及实际行为模式等复杂维度。

以下是普遍遵循的几项原则：

（1）企业间的合并不应仅凭同一家族成员的控制权归属就被自动视为同一控制下的合并。控制关系的界定需更严谨的分析。

（2）即使是夫妻各自掌控的企业合并案例，如果双方基于婚姻财产协议确保了财产权属的独立，亦不可简单认定为同一控制下的合并。

（3）为明确界定同一控制关系，家族成员可通过签订一致行动协议、表决权委托协议等正式法律文件加以确立，以增强控制关系的透明度和法律效力。

（4）值得注意的是，当前监管要求（如证监会及交易所的规范）倾向于将"实际控制人"的披露细化至具体个人层面，而非泛化至整个家族。因此，家族内部控制权的转移可能不满足上市法规，如《首次公开发行股票并上市管理办法》（证监会令第 141 号）及《首次公开发行股票并在创业板上市管理办法》（证监会令第 142 号）所规定的关于"实际控制人未发生变更"的发行条件。

9.7.4 案例深度剖析

在案例 9-9 中，我们依据前文所述的"背景"信息，了解到涉及股权转让的家族股东主要是实际控制人的父亲。然而，判定是否存在同一控制关系的关键在于评估各方之间经济利益的独立性，而非个人关系的密切程度。成年家族成员在经济利益上通常具有较高的独立性，因此，仅凭 A 公司的实际控制人 D 与 C 公司的实际控制人 B 之间的父子关系，并不能直接推断 A 公司对 C 公司股权的收购就属于同一控制下的企业合并。

根据证监会发行监管部和创业板发行监管部的现行监管政策，对于"同一控制"的认定采取严格标准。通常情况下，亲属或兄弟姐妹控制的企业间的合并不被视作同一控制下的企业合并。此外，代持关系的存在通常也不被认为是同一控制下的企业合并。因此，在本案例中，将此合并认定为非同一控制下的企业合并的可能性，远大于其被认定为同一控制下的企业合并。

9.7.5 案例总结

在会计准则的框架内，"同一方"是指那些在企业合并发生前后，能够对参与合并的企业实施最终控制权的单一投资者。相比之下，"相同的多方"则被定义为两个或两个以上投资者，他们依据协议约定，在就被投资单位的经营决策进行投票时能够形成统一意见。值得注意的是，"控制"这一概念在此被强调为非暂时性，即它意味着合并的各方在合并发生前后的一个相对较长的时段内（通常不少于 1 年），都持续受到同一方或相同多方的最终控制。这里，"较长的时间"标准被具体化为至少 1 年期限。

在评估企业合并是否构成同一控制下合并时，应秉持"实质重于形式"的核心原则，即重点在于合并交易背后的实际经济实质，而非仅仅依据其外在形式或法律架构来作出判断。根据《国际财务报告准则第 3 号——企业合并》，如果合同规定多个个人股东在表决时必须采取一致行动，这些一致行动者作为一个整体，可以对参与合并的企业施加控制。这种一致行动的约定通常以书面形式达成，但也可能以非书面形式存在。然而，若这种约定不是书面的，则必须有明确的证据来证明其存在，这主要取决于每个具体案例的事实和情况。

在家庭成员之间，书面的一致行动协议是不太可能存在的。不过，他们之间的密切关系可能会暗示存在非书面的一致行动约定，但这并不是必然的。例如，父亲可能基于其法定监护人的身份代表其未成年子女采取行动；家族中具有较高威望的长辈可能利用其对家族成员的影响力,促使成年家庭成员采取一致行动。然而,必须有充分的证据来支持这种观点。如果存在证据表明家庭成员在股东大会或董事会表决时的投票行为不一致,在这种情况下,由于他们并未协同行动以实现对参与合并企业的共同控制,该企业合并不应被归类为"同一控制下的企业合并"。

对于那些不是"关系密切的家庭成员"的情况,他们之间的相互影响力可能比"关系密切的家庭成员"小得多。例如,成年兄弟姐妹之间的相互影响力一般较小,关于一致行动的非书面约定不太可能存在。因此,除非有充分的证据表明他们并非独立行动,否则可以假设非密切关系的家庭成员之间不存在一致行动关系。

对于非关联方,必须有足够强证明力的证据来表明他们采取了一致行动,从而能够同时控制参与合并的企业。这些证据要能证明非书面约定的存在,以及这种控制不是暂时性的。

9.8 上市公司向母公司增发形成同一控制下合并的会计处理

9.8.1 案例概述

案例 9-10 A 公司目前持有 B 公司(一家上市公司)40% 的股份,这使得 A 公司能够对 B 公司实施控制权。此外,A 公司还全资拥有 C 公司。A 公司计划将其持有的 C 公司全部股权注入 B 公司中,目的是增加其在 B 公司的持股比例。具体操作是,B 公司将向 A 公司发行非公开股票,以此作为获取 C 公司股权的对价。

思考问题:

针对这一情况,A 公司和 B 公司应如何进行相应的会计处理?

9.8.2 准则依据阐述

以下是相关会计准则要点解析与整理。

9.8.2.1 《企业会计准则第 2 号——长期股权投资》概览

1)初始成本确定机制

(1)同一控制下企业合并:初始成本依据合并方所支付的对价(包括现金、非现金资产、债务承担或发行的权益性证券的账面价值)及被合并方在最终控制方合并财务报表中的所有者权益份额来确定。任何差异先调整资本公积,不足时再调整留存收益。

(2)非同一控制下企业合并:遵循《企业会计准则第 20 号——企业合并》的指引,以确定的合并成本作为初始投资成本,相关中介与管理费用则直接计入当期损益。

2）非企业合并获取的长期股权投资

（1）现金支付：初始成本涵盖实际支付的购买价款、直接费用及税金等。

（2）发行权益性证券：以发行证券的公允价值为基础，遵循《企业会计准则第37号——金融工具列报》（2017年修订）的相关规定处理相关费用。

（3）非货币性资产交换：依据《企业会计准则第7号——非货币性资产交换》的具体规定来确定。

（4）债务重组：遵循《企业会计准则第12号——债务重组》的相关条款来确定初始成本。

9.8.2.2 《企业会计准则第7号——非货币性资产交换》关键点

1）公允价值计量条件与操作

（1）前提条件：交换需具备商业实质，且换入或换出资产的公允价值能够被可靠计量。

（2）计量基础：优先采用换出资产的公允价值（如果换入资产公允价值更可靠，以其为准）及相关税费作为换入资产的初始成本。

2）会计处理

（1）换入资产：按上述公允价值及相关税费进行初始计量。

（2）换出资产：在确认终止时，公允价值与账面价值之间的差额计入当期损益，反映交换对当期财务业绩的影响。

9.8.3 关键分析与解读

在案例9-10中，A公司减少了其在全资子公司C中的权益，作为交换，增加了其在控股子公司B中的股权比例。如果设定交易前A公司对B公司拥有30%的股权，交易完成后其持股比例提升至40%，那么这一变化实质上等同于A公司将其在C公司中原本全资拥有的60%权益（考虑到通过B公司间接持有的40%权益被排除后）转移给了B公司的其他股东作为交换，以此获取B公司额外10%的股权增持。

在A公司的个别财务报表记录中，该公司通过舍弃对C公司的长期股权投资作为代价，实现了对B公司股权的增持。鉴于B公司与C公司在交易前后均处于A公司的控制范畴之内，此笔交易并未构成企业合并事件，而是被视作一项针对B公司少数股东权益的收购行为。根据《企业会计准则解释第2号》的明确规定，当母公司购买其子公司少数股权以形成新的长期股权投资时，应遵循《企业会计准则第2号——长期股权投资》第六条中的具体规定来确认其投资成本。因此，从A公司的个别财务报表视角来看，此次交易表现为一种"股权换股权"的形式，即非货币性资产之间的交换，其会计处理应严格遵循《企业会计准则第7号——非货币性资产交换》的相关规定。

在编制合并财务报表时，A公司需要首先在个别报表层面上对处置C公司股权所确认的投资收益进行抵销，并调整其个别报表中对B公司的长期股权投资成本，去除包含的增值部分（这将使对B公司的增持股权回到原先的账面价值基础），然后在此基础上进行合并抵销处理。这样的处理确保了合并报表的准确性和一致性，符合会计准则和出版规范。

9.8.4 案例深度剖析

1）个别财务报表会计处理深度剖析

在处理 A 公司与 B 公司之间的股权交易时，双方需严格遵循《企业会计准则第 7 号——非货币性资产交换》的条款。交易的商业实质判断及交换资产（特指股权）公允价值的可靠性，成为选择会计处理方式的核心依据。A 公司以其持有的非上市 C 公司股权作为对价，换取了上市 B 公司的股权，实现了资产向证券的转化。鉴于上市与非上市股权在估值机制、流动性及市场波动性等关键领域的显著差异，此交易被明确界定为具有商业实质。同时，鉴于 B 公司股权存在活跃交易市场，且 C 公司股权经专业评估后公允价值确定无疑，A 公司在其个别财务报表中应采用公允价值计量模式，将 B 公司长期股权投资的初始成本设定为 C 公司股权的公允价值，并将两者间的差额作为投资收益加以确认。

2）同一控制下企业合并的 B 公司视角分析

在 A 公司的主导下，B 公司取得了对 C 公司的控制权。鉴于交易前后，B 公司、C 公司均置于 A 公司的最终控制之下，且该控制关系稳固且长期，此次交易被认定为同一控制下的企业合并。根据《企业会计准则第 2 号——长期股权投资》的要求，B 公司对 C 公司的长期股权投资成本需以合并日 C 公司在最终控制方合并财务报表中反映的账面净资产份额为基础确定，作为初始投资成本。如果此成本高于 B 公司增发股份的账面价值，超出部分需通过调整 B 公司的资本公积来平衡。

3）合并财务报表编制关键要点

鉴于 B 公司与 C 公司在交易前后均为 A 公司合并报表范围内的成员，此次交易被视为集团内部事项，对合并集团的外部财务状况、经营绩效及现金流无实质性影响。因此，在编制 A 公司的合并财务报表时，需全面抵销该内部交易所产生的所有影响，确保合并报表中资产与负债的计量准确无误。此外，个别报表层面确认的"投资收益——股权投资处置损益"亦需在合并报表中进行相应抵销处理。遵循《〈企业会计准则第 33 号——合并财务报表〉应用指南》的原则，尽管 A 公司通过重组调整了其在 B 公司与 C 公司的股权比例，但这些变动均属于集团内部调整，不涉及与外部少数股东的直接利益交换。从合并报表主体的视角看，少数股东权益并未发生实质性变动，故在重组完成时，无需对合并报表层面的少数股东权益、资本公积等权益类项目进行额外调整。

9.8.5 案例总结

在处理同一控制下企业合并的会计事务时，应采用权益结合法。在编制合并财务报表的过程中，必须对期初数据和历史比较报表进行适当的调整，以反映合并后的报告主体同在早期期间已经存在一样。

在控股股东与第三方共同参与股权转让的同一控制下企业合并案例中，处理策略需清晰界定：控股股东转让的股权需遵照同一控制企业合并的规范处理；而第三方转让的股权则被视为少数股东权益的收购。在编制合并财务报表的过往对比信息时，合并方仅将控股股东转让的股权份额纳入合并范围，剩余股权则被清晰标注为少数股东权益。如果合并日实现了对被合并方剩余股权的全面收购，该交易则遵循购买少数股东权益的准则。

对于单独财务报表的编制，从控股股东处获得的股权，其初始投资成本基于被合并方合并日的净资产账面价值及其所购股权的相应比例来确定。如果此成本与支付给控股股东的对价（包括账面价值或发行股份的面值）之间存在差额，应首先调整资本公积，若资本公积不足以覆盖，则进一步冲减留存收益。而从第三方获得的股权，其初始投资成本则直接等同于实际支付给第三方股东的价款。

当同一控制下的企业合并涉及少数股东权益的购买，且少数股东附有业绩承诺时，合并方需在合并日财务报表中，按公允价值确认该承诺，并将其计入交易对价中。在后续的财务报告中，如果该或有对价被视为金融工具，其公允价值的任何变动均需遵循金融工具会计准则，计入当期损益。

此外，当合并方利用现持有的子公司股权，在同一控制框架下交换其他公司股权以获取控制权时，此交易同样被视为同一控制下的企业合并。此交易过程中，股权的处置可能涉及企业所得税的缴纳，需分别核算股权持有期间的收益与增值部分的税务后果。在合并财务报表层面，如果子公司股权的持有目的由长期持有转变为出售，且不再符合递延所得税不确认的特定条件，需对持有期间利润相关的递延所得税进行确认，并计入当期损益；而股权增值所得，鉴于其权益性交易的属性，相关所得税应直接计入所有者权益。

9.9 分步交易实现同一控制下合并的会计处理

9.9.1 案例概述

案例 9-11 C 公司作为一家中央直属的大型国有企业，持有 A 公司超过 51% 的股权，并且始终能够对 A 公司施加控制。2021 年，C 公司通过非同一控制下的企业合并，以 2.5 亿元的代价获得了对 B 公司 51.66% 的股权，从而获得了对 B 公司的控制权。这笔交易的定价基于 B 公司当时净资产的评估值，该评估值显著高于其账面价值。

2022 年，A 公司通过从小股东处收购股权，获得了 B 公司 14% 的股权，并按照成本法进行会计处理。到了 2023 年，A 公司进一步从 C 公司手中收购了 B 公司 23% 的股权，并获得了董事会的席位。因此，从 2023 年起，A 公司对 B 公司的投资开始采用权益法进行核算。在计算投资收益时，A 公司按照获取这 23% 股权当天的公允价值对 B 公司的账面价值进行了调整。

2024 年 6 月，A 公司计划从 C 公司手中收购 B 公司 28% 的股权。一旦这笔交易完成，A 公司将持有 B 公司超过 51% 的股权。

自 2021 年起，C 公司将 B 公司纳入其合并财务报表的编制范围，直接按 B 公司的账面价值进行合并，并确认了账面价值与初始投资 2.5 亿元之间的差额为商誉。同时，B 公司每年年末都会委托外部评估机构进行资产评估。

思考问题：

A 公司通过一系列分步交易逐步实现对 B 公司的控制时，应如何进行会计处理？

9.9.2　准则依据阐述

以下是对会计准则相关条款的整理和解析。

1）《企业会计准则第 20 号——企业合并》第五条

该条款详细规定了企业合并的会计处理方法，具体内容可参见本书 9.7.2。第五条主要涉及企业合并的类型、合并成本的确定、合并日的确定以及合并财务报表的编制等方面内容。

2）《企业会计准则第 33 号——合并财务报表》第五十一条

第五十一条主要涉及合并财务报表的编制要求和方法，具体内容可参见本书 8.1.2.2。该条款内容包括合并财务报表的编制原则、合并范围的确定、合并基础的确定、合并报表中各项资产和负债的计量方法等。

9.9.3　关键分析与解读

在企业合并中，"控制"被定义为非暂时性的，意味着合并涉及的各方在合并前和合并后都将在一段较长时间内受到同一个或同一组最终控制方的控制。这个较长的时间通常被界定为超过 1 年（含 1 年）。在评估是否属于同一控制下的企业合并时，必须依据实质重于形式的原则进行判断。

以案例 9-11 为例，2021 年 C 公司对 B 公司拥有控制权，并将其纳入了合并财务报表的编制范围。同时，C 公司持有 A 公司超过 51% 的股份，同样拥有对 A 公司的控制权。因此，A 公司和 B 公司均受到 C 公司的控制。到了 2024 年 6 月，A 公司计划从 C 公司手中收购 B 公司 28% 的股权。此次收购完成后，A 公司将持有 B 公司超过 51% 的股权，实现对 B 公司的直接控制。根据这些情况，A 公司的这一收购行为符合同一控制下企业合并的条件，即合并各方在合并前后的较长时间内受到同一个控制方的控制。

回顾背景资料，A 公司最初在 2022 年和 2023 年分别通过收购 14% 和 23% 的股权，累计取得了 B 公司 37% 的股权，而自 2021 年起 B 公司就处于 C 公司的控制之下。如果

2024年A公司计划中的28%股权收购与之前取得B公司37%股权的两次交易不是作为一系列交易的一部分来考虑，那么这次收购可以被视为通过分步交易实现的同一控制下企业合并。

在此情境下，A公司在其个别财务报表中针对B公司的股权投资，必须严格依据企业会计准则的相关条款执行会计处理流程，这一流程广泛涵盖了长期股权投资的初始确认、后续的持续计量，以及合并财务报表的精确编制等关键环节。进一步地，当A公司着手编制合并财务报表时，需全面审视并纳入所有相关影响因素，以确保最终呈现的合并财务报表不仅准确无误，而且完整无遗地反映集团的整体财务状况和经营成果。

9.9.4 案例深度剖析

基于案例9-11的深入剖析，以下是A公司收购B公司股权时所采用的会计处理方法概要。

1）长期股权投资成本的确定流程

在完成对B公司28%股权的收购后，A公司在其个别财务报表中，对C公司长期股权投资的成本核算应遵循以下原则：首先，依据B公司在C公司合并财务报表中（已含商誉）的净资产账面价值，该价值自2021年C公司以非同一控制合并方式将B公司纳入报表体系时的公允价值起算，持续计算至2024年6月的合并日止。其次，将上述计算所得的账面价值乘以A公司在B公司的实际持股比例（65%），以此作为A公司对C公司长期股权投资的初始成本。同时，根据下推会计原理，C公司合并报表中针对B公司的商誉部分也需相应下推至A公司，成为其长期股权投资成本的一部分。

2）权益法下账面价值的调整措施

对于A公司原有通过权益法核算的对B公司37%股权投资的账面价值，以及与本次新增28%股权收购所支付对价的账面价值之和，如果此总和与上述计算得出的长期股权投资成本之间存在差异，A公司需在其财务报表中通过调整资本公积来平衡此差异。如果资本公积的余额不足以覆盖整个调整额，对剩余部分需进一步冲减留存收益。

3）非同一控制下合并的会计处理要点

C公司在2021年获得对B公司的控制权时，采用的是非同一控制下的合并方式，因此C公司需以购买日的公允价值为基准，持续追踪并调整B公司各项资产与负债的账面价值，并确保这些调整在C公司的合并财务报表中得到准确反映。如果C公司在编制合并报表时忽略了对B公司资产与负债的公允价值调整，此行为可能构成会计处理上的疏漏。在应用下推会计方法的过程中，如果发现此类疏漏对A公司的个别报表及其合并报表产生了重大实质性影响，C公司必须执行相应的会计差错更正程序，并以更正后的账面价值作为本次合并会计处理的基础。

4）合并报表的追溯调整

A 公司在追溯重述前期合并报表时应注意，其取得 B 公司股权分为三次，第一次是 2022 年通过向 B 公司的小股东收购获得 14% 的股权，第二次和第三次分别是 2023 年和 2024 年向 C 公司收购获得的 23% 和 28% 的股权。B 公司最初在 2021 年通过非同一控制下企业合并被纳入 C 公司的控制范围。因此：

（1）A 公司在合并报表层面对 B 公司的追溯调整最早只能追溯至 2021 年 C 公司取得对 B 公司的控制权之日。

（2）从 2021 年至 2022 年 A 公司首次收购 B 公司股权期间，A 公司在合并报表中对 B 公司的合并比例应为 51%，其余 49% 为少数股权。

（3）自 2022 年 A 公司收购 B 公司 14% 股权之日起，A 公司在合并报表中对 B 公司的合并比例应为 65%，其余 35% 为少数股权。在该交易日，A 公司在合并报表层面应体现收购 B 公司 14% 少数股权的交易，并根据收购对价与 B 公司在 C 公司合并报表层面可辨认净资产账面价值的差额调整资本公积。

9.9.5 案例总结

在企业通过一系列精心策划的交易步骤，逐步构建对同一控制体系下目标投资企业的股权控制，并最终实现企业合并的情境中，首要且关键的一步是评估这一系列交易是否构成"一揽子交易"。如果经评估确认其构成"一揽子交易"，合并方应将这些交易视为一个不可分割的整体，即单一控制权获取事件，从而进行统一的会计处理。反之，如果不满足一揽子交易的标准，合并方在取得控制权的会计处理则需遵循特定的流程。

1）长期股权投资初始成本的确定

在合并生效的当天，合并方应依据被合并方在最终控制方合并财务报表中所反映的净资产账面价值，作为确定其对被合并方长期股权投资初始成本的基础。

2）投资成本与合并对价差额的调整

如果经计算所得的长期股权投资初始成本，与合并方原先持有的长期股权投资账面价值及为获取额外股份所支付对价的账面价值之和之间出现差异，该差额应优先通过调整资本公积（含股本溢价或资本溢价）来平衡。如果资本公积的额度不足以覆盖该差额，需进一步通过冲减留存收益来进行补足。

3）原有股权投资的会计后续处理

对于合并前已持有的股权投资，如果其采用权益法或《企业会计准则第 22 号——金融工具确认和计量》（2017 年修订）进行核算并确认了其他综合收益，在未发生实际处置前，这些已确认的收益应保持现状不变。当进行投资处置时，应依据与被投资企业直接处置相关资产或负债相同的会计原则进行处理。此外，如果被投资企业的净资产中发生了除净损益、其他综合收益及利润分配以外的其他所有者权益变动，对这些变动在投资处置前不进行会计处理，仅在处置时一次性转入当期损益。如果处置后剩余股权的核算方法变更为《企业会计准则第2号——长期股权投资》规定的成本法或权益法，需按比例结转其他综合收益及其他所有者权益；如果变更为《企业会计准则第22号——金融工具确认和计量》（2017年修订）下的核算方式，应进行全额结转。

4）合并财务报表编制的特定要求

在编制合并财务报表的过程中，合并方需要特别关注那些在控制权取得前已持有的长期股权投资，在合并生效日至最终控制权确立日（以两者中较晚的日期为准）期间所产生的损益、其他综合收益及其他所有者权益变动。这些变动应在合并财务报表中通过调整比较报表的期初留存收益或计入当期损益来加以反映，以确保合并财务报表的准确性和完整性。

9.10 同一实质控制人下企业重组的会计处理

9.10.1 案例概述

案例 9-12 自然人A以1 200万美元的价格向中国香港居民甲和乙收购了注册在M国的矿业公司B公司的股权。同时，C公司（同样注册于M国）与甲和乙签订了另一份协议，以B公司注册资本等值的200万元当地货币收购其股权。自然人A也是C公司的最终控制人。交易完成后，C公司将持有B公司100%的股权，意味着自然人A和C公司为获得B公司股权支付的总对价为1 200万美元加上200万元当地货币。

B公司持有M国境内4个镍矿的探矿权（其核心业务是进行镍矿勘探），并计划开采这些矿物资源。C公司是一家仅为收购B公司股权而设立的壳公司，除拥有B公司的全部股权外，没有其他资产、负债或业务。

F公司，一家境内上市公司，通过其子公司D公司以1 200万美元的价格收购了E公司（BVI）持有的C公司100%的股权。收购协议中还规定，如果在交割日期起36个月内未能完成对现有及新获得的矿区详查，E公司（BVI）将对本次股权交易进行回购，回购价格包括1 200万美元、D公司投入的勘探费用及相应利息。

当B公司的股东从中国香港居民变更为C公司时，其账面净资产大约等于注册资本，且在变更前尚未开展勘探活动。E公司（BVI）控制B公司后，已开始矿区的基础建设和初步勘探工作。C公司在其股东变更为D公司时，已形成了"业务"。

在D公司收购E公司（BVI）持有的C公司100%股权时，C公司的账面净资产为负值。对B矿业公司，除了2013年D公司收购C公司股权时由境内资产评估机构出具的评估报告和预查报告，并未进行正式评估。

自然人 A 是 F 公司、C 公司、D 公司、E 公司和 B 公司的最终控制人。股权收购前后的公司关系，如图 9.10.1 和图 9.10.2 所示。

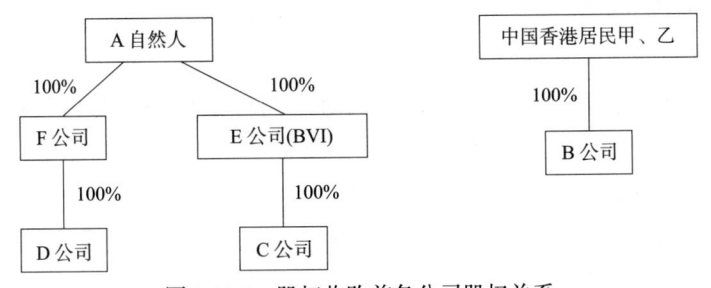

图 9.10.1　股权收购前各公司股权关系

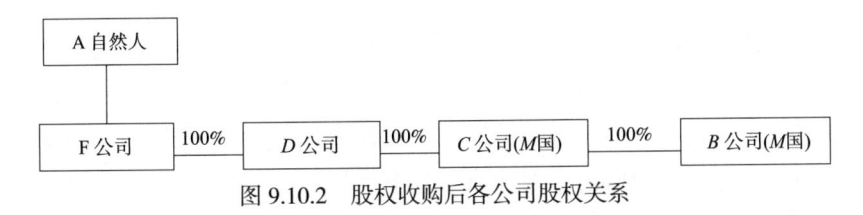

图 9.10.2　股权收购后各公司股权关系

思考问题：

F 公司收购 B 公司股权应如何进行会计处理？

9.10.2　准则依据阐述

以下是对相关会计准则条款的概述与解析。

1)《企业会计准则解释第 6 号》第二条要点

针对合并方在财务报表编制中遇到的特殊情况，即当被合并方为最终控制方先前从第三方收购而来时，会计处理需遵循一体化存续原则，自最终控制方开始控制之时起计算。会计处理基础应依据被合并方在最终控制方财务报表中的账面价值，含商誉在内。同时，合并方财务报表的比较数据追溯调整应不早于双方共同处于最终控制方之下的最晚时间点。

2)《企业会计准则第 20 号——企业合并》第五条概述

本条款具体规定了企业合并的会计处理原则，具体内容参见本书 9.7.2。

3)《企业会计准则第 27 号——石油天然气开采》核心条款简述

（1）第五条：矿区权益成本资本化及相关处理。明确将探矿权使用费、采矿权使用费、土地或海域使用权支出及购买矿区权益的直接成本资本化。同时，矿区权益取得后的日常维护费用应直接计入当期损益。

（2）第七条：矿区权益减值测试规则。要求分别对探明和未探明矿区权益进行减值测试，特别是未探明矿区权益需每年至少测试一次，且一旦确认减值损失，该损失不得在后续期间内转回。

9.10.3 关键分析与解读

在案例 9-12 中，F 公司通过其子公司 D 公司从实际控制人自然人 A 手中收购了 C 公司和 B 公司的股权，从而获得了对这些公司的控制权。该交易是在自然人 A 的主导下进行的，预计 F 公司将在未来可预见的时间内持续控制这些被收购方（即控制是持续的）。E 公司（BVI）在控制 B 公司后，已经逐步安排了专业团队进行矿区的基础建设、初步勘探和试采工作。当 D 公司成为 C 公司的股东时，C 公司已经构成了《企业会计准则第 20 号——企业合并》所定义的"业务"。因此，根据《企业会计准则第 20 号——企业合并》的相关定义和判断标准，F 公司的这次收购可以被视为同一控制下的企业合并。

按照企业会计准则的要求，当企业在同一控制下进行合并时，其会计处理应当依据被合并方净资产的账面价值来执行。然而，C 公司和 B 公司最初是由实际控制人自然人 A 通过现金支付的方式从非关联方香港居民甲、乙处取得的，因此在本案例中，作为会计处理基础的"被合并方净资产账面价值"并不是指 C 公司和 B 公司自身账面上的账面价值，而是指从最终控制方的合并报表层面确定的账面价值。

在案例 9-12 中，虽然最终控制方是自然人 A，但我们仍可采用非同一控制下合并的通用处理方法作为分析框架。假设自然人 A 编制了合并财务报表，以便估算这些净资产在其合并报表层面的账面价值。具体而言，被合并方的净资产在自然人 A 的合并报表中，其账面价值应构建于原始取得成本（即 1 200 万美元与 200 万当地货币单位的总和）之上，并需纳入随后发生的可资本化勘探支出等增加额。此外，还需考虑从实际控制人获得控制权之日起，直至同一控制下合并日这一期间内，被合并方净损益的累积影响，持续计算直至合并日，以得出最终的价值。

9.10.4 案例深度剖析

在案例 9-12 中，D 公司作为收购方，在个别报表层面对同一控制下的企业合并进行会计处理，假设被购买方 C 公司在最终控制方合并报表层面的账面净资产价值为 1 500 万美元。以下是 D 公司个别报表层面的会计分录：

借：长期股权投资——C 公司　　　　　　　　　　　　15 000 000
　　贷：银行存款　　　　　　　　　　　　　　　　　12 000 000
　　　　资本公积（差额）　　　　　　　　　　　　　 3 000 000

在 F 公司合并报表层面的处理，虽然未对被合并方的净资产进行全面评估，但考虑到被收购的 C 公司是一家矿业公司，其主要资产为 M 国矿场的探矿权，且业务集中于钽铌矿的勘探与开采，其未来现金流量主要依赖于所拥有的特定矿区权益。因此，可视 C 公司为"单一资产实体"，在此情形下，没有独立于可辨认净资产之外的商誉（即合并商誉为零）。

在 F 公司合并报表层面，可以从 D 公司个别报表中确认的长期股权投资成本中，扣除其他不重大的资产和负债的公允价值（考虑到这些资产和负债的公允价值与账面价值之间差异不大，可以用账面价值代替公允价值），剩余金额作为对该矿区权益的初始计量金额。具体计算过程如下：

假设除矿区权益外，C公司其他资产和负债的账面价值总和为X美元，那么：

$$矿区权益初始计量金额 = 15\,000\,000 - X$$

在F公司的合并报表层面，该初始计量金额将作为对C公司矿区权益的账面价值反映。虽然此次并购交易被定性为同一控制下的企业合并，但C公司是最终控制方以前年度从第三方收购的，因此在F公司的合并报表层面，对该事项的处理结果与非同一控制下企业合并的处理结果相似。

X的具体数值需要根据C公司实际的财务报表数据确定。如果C公司除矿区权益外的其他资产和负债账面价值总和较小，那么矿区权益的初始计量金额将接近于D公司确认的长期股权投资成本。如果X较大，需要相应调整矿区权益的初始计量金额。

9.10.5 案例总结

根据《企业会计准则讲解（2010）》第二十八章第一节的指导，非石油天然气采掘业企业的勘探和评价活动应遵循油气行业的相关准则，而其他经营活动则应按照相应的会计准则进行处理。因此，在F公司获得对C公司和B矿业公司的控制权后，针对被合并方继续进行的勘探开发活动，应采用成果法对勘探支出进行资本化，并在每个会计期末根据相关准则要求对未探明矿区权益进行减值测试。

在本次交易中，虽然存在一个回购协议，即如果在交割日期起36个月内未能完成对勘矿权证及相关矿区范围的详查，E公司（BVI）将回购本次交易的股权，回购价包括1 200万美元及D公司在此之后投入的勘探费用加上利息。然而，这一回购承诺是由实际控制人控制的企业（即此次股权交易中的卖方）所作出的，不符合市场公平交易的条件，因此不能作为免除对形成的商誉或资产组公允价值（包括无形资产或其他非流动资产）进行减值测试的合理基础。

在每个会计期末紧随合并日之后，F公司必须依据会计准则的严格规定，对矿区权益进行全面减值测试。具体测试规则如下：

（1）针对未探明矿区权益的减值评估，F公司需严格遵循《企业会计准则第27号——石油天然气开采》中的相关规定执行。

（2）而对于已探明矿区权益、井及相关设施、辅助设备及设施的减值测试，应依据《企业会计准则第8号——资产减值》中的条款进行。

一旦发现矿区权益的可回收金额低于其当前的账面价值，F公司应立即确认减值损失，并将该损失计入当期损益中。

此外，如果E公司（BVI）最终实践了其回购承诺，并且回购所支付的对价超过了回购时这些股权所对应的净资产价值，对于超出部分的会计处理，F公司应依据权益性交易的原则，在财务报表中将此超出金额计入资本公积中。

9.11 同一控制下企业合并对赌业绩未达标时股份回购注销问题

9.11.1 案例概述

案例9-13 A公司和B公司均为C公司的子公司。2024年，A公司与B公司签订了一份《发行股份及支付现金购买资产协议》，根据协议，A公司通过发行新股及支付现金的方式购买了B公司所持有的甲公司全部股权。同时，协议中包含了一项业绩承诺，即如果甲公司未能达到预定的业绩目标，A公司将以1元的象征性价格回购B公司持有的A公司股份，并将这些股份进行注销。股份补偿的具体数额将根据应补偿金额除以A公司在收购时发行股份的价格（30.72元/股）来确定。目前，A公司管理层预计甲公司将无法实现预定业绩，假设需补偿金额为3 072万元，相应补偿的股份数量为100万股。

B公司将所获得的A公司股票作为一项以公允价值计量且其价值变动计入其他综合收益的金融资产进行会计核算。

思考问题：
面对这种情况，涉及的各方应采取何种会计处理方法？

9.11.2 准则依据阐述

以下是对《〈企业会计准则第2号——长期股权投资〉应用指南》的整理和解析。

根据《〈企业会计准则第2号——长期股权投资〉应用指南》，当企业通过同一控制下的企业合并形成长期股权投资时，在初始投资阶段，应依据《企业会计准则第13号——或有事项》进行如下判断和处理：

（1）或有对价的确认：需要判断是否应就或有对价确认预计负债或资产，并确定应确认的金额。

（2）会计处理：如果确认了预计负债或资产，该预计负债或资产的金额与最终或有对价结算金额之间的差额，不会影响当期损益。

（3）资本公积调整：差额应调整资本公积中的"资本溢价"或"股本溢价"科目。

（4）留存收益调整：如果资本公积中的资本溢价或股本溢价不足以冲减上述差额，超出部分应调整留存收益。

这一准则的目的是确保同一控制下企业合并形成的长期股权投资在初始确认时，能够合理反映或有对价的影响，并在后续结算时，将相关差异适当地会计处理，以保持财务报表的准确性和一致性。

9.11.3 关键分析与解读

在企业会计准则的规范下，处理同一控制下的企业合并常遵循权益结合法原则，将此类合并视为各参与企业权益的一种整合与重新配置。鉴于最终控制方的存在，从集团整体视角审视，此类合并并不直接导致集团经济利益的实际增减，因为最终控制方所掌握的经济资源总量在合并前后保持恒定，相关交易不应简单等同于一般的买卖行为。

合并实施过程中，如果合并方支付的代价与被合并方净资产的账面价值间存在差异，此差额应调整至所有者权益账户中。特别地，对涉及或有对价的部分，同样不应直接反映为当期损益的增减，而应依据相同的会计处理逻辑，首先考虑对资本公积（特别是股本溢价部分）的影响。如果资本公积（股本溢价）的可用余额不足以完全抵销该差额，超出部分则需进一步在留存收益中进行相应调整。

9.11.4 案例深度剖析

根据分析结果，提出的会计处理建议如下。

9.11.4.1 A公司个别报表的会计处理

（1）业绩对赌期结束时的会计处理：

当确定业绩补偿无法实现或只能在确定应补偿业绩时合理预计，确认应收款项并同时确认回购义务（预计未来将以A公司股票结算）。

会计分录：

借：其他应收款	30 720 000
贷：资本公积——资本溢价/留存收益等	30 719 999
其他应付款	1

注意：

确认其他应收款时，企业应基于金额的确定性，并考虑业绩补偿义务人的履行意愿和财务能力，确保初始计量金额不超过可收回金额的谨慎估计，防止资产和权益的高估。

（2）股份回购结算时的会计处理：

实际回购股份时：

借：库存股	30 720 000
贷：其他应收款	30 720 000

支付交易费用时：

借：其他应付款	1
贷：银行存款	1

（3）股份注销的会计处理：

注销股本时：

借：股本	1 000 000
资本公积——股本溢价	29 720 000
贷：库存股	30 720 000

9.11.4.2　B 公司个别报表的会计处理

（1）预计业绩承诺无法实现时的会计处理：
确认补偿义务相关负债并计入损益：

借：营业外支出	30 719 999
贷：其他应付款——业绩补偿义务	30 719 999

（2）股份转让时的会计处理：
假设 B 公司持有的 100 万股 A 公司股份公允价值为 40 000 万元：

借：其他应付款——业绩补偿义务	30 719 999
其他综合收益	9 280 000
银行存款	1
贷：其他权益工具投资——成本	30 720 000
其他权益工具投资——公允价值变动	9 280 000

9.11.4.3　C 公司合并报表层面的会计调整

C 公司在合并报表层面应进行以下调整分录：

借：资本公积	30 719 999
贷：营业外支出	30 719 999

9.11.5　案例总结

在股权并购领域，对赌协议是一种常见的安排，旨在解决信息不对称和降低未来不确定性带来的风险。在这类协议中，买卖双方会在股权转让合同中设定一系列业绩指标，包括财务指标如净利润，以及非财务指标，如获得新药批准等，以此来调整交易估值。这些业绩指标可能涉及业绩补偿或股权回购等条款。在会计处理上，这种安排被称为或有对价。

在企业合并情境中，如果合并双方处于同一控制之下，购买方需对潜在的或有对价进行初步估值，以确定其是否应作为预计负债或资产入账。随后，如果最终结算金额与初始评估值有出入，需对资本公积进行相应调整。

相比之下，非同一控制下的企业合并中，或有对价的处理流程更为繁琐。首先，或有对价被视为交易对价的一部分，依据购买日的公允价值计入合并成本中。其次，如果或有对价符合金融工具的标准，需根据具体情况将其支付义务分类为权益工具或金融负债；若为可收回权利，且满足资产定义，则作为以公允价值计量且其变动直接计入当期损益的金融资产。特别地，如果收回的或有对价为股份补偿，需参考协议约定的股份数量及最近交易日的股价来确定其公允价值。如果或有对价不满足金融工具的定义，按一般或有事项处理。

在后续计量阶段，如果初始时将或有对价分类为权益工具，无需进一步会计处理；如果分类为金融资产或金融负债，需采用公允价值进行持续计量，并将任何价值变动直接计入当期损益。

当购买方拥有回收自身股份的权利，且这些股份在购买日不符合"固定换固定"条件时，初始应将其确认为金融资产。随着标的公司业绩的明朗，如果可回收股份数量符合"固定换固定"标准，需在满足条件当期将其重分类为其他权益工具，并以重分类日的公允价值计量，之后不再作调整。股份注销时，需冲销其他权益工具，并相应减少股本和资本公积。

为确保信息披露的透明度和合规性，企业在报告时应详尽阐述或有对价公允价值的确定依据及所有相关考量因素。

9.12 同一控制下企业合并同时完成少数股权收购的会计处理

9.12.1 案例概述

案例 9-14 A 公司作为母公司，控制着 B 公司和 C 公司两家子公司。在某次合并交易中，出现了一个外部非关联方 Z，其作为 C 公司的少数股东，持有 C 公司 40% 的股权。合并当日，B 公司采取了发行自家股份的方式，成功从 A 公司和 Z 手中收购了 C 公司的全部股权，即 A 公司原持有的 60% 股权和 Z 持有的 40% 股权。这一举动使得 B 公司完全控制了 C 公司。

C 公司在合并日的账面净资产为 2 000 万元，但其市场评估的公允价值达到了 2 500 万元。为了获得 C 公司的这些股权，B 公司向 A 公司发行了 600 万股新股，并向 Z 发行了 400 万股新股，每股股份的面值为 1 元。值得注意的是，合并当日 B 公司股票的公允价值为每股 2.5 元，这意味着 A 公司和 Z 分别通过股权交换获得了价值相当于其原持 C 公司股权公允价值的新增 B 公司股份。

合并前后各参与方之间的投资结构如图 9.12.1 所示。

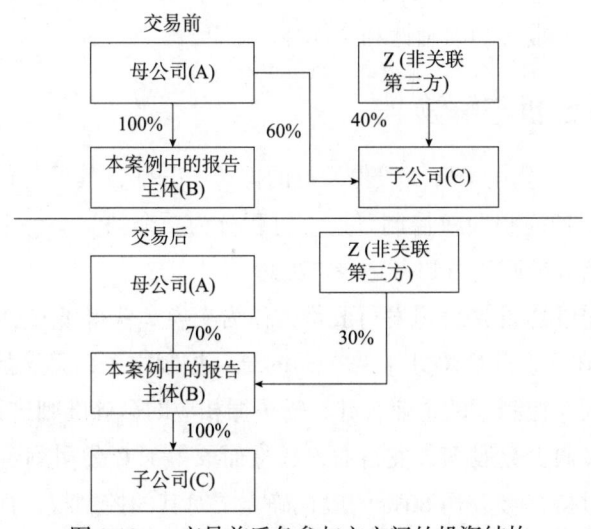

图 9.12.1 交易前后各参与方之间的投资结构

思考问题：

针对这笔交易，B 公司应采取何种会计处理方法？

9.12.2 准则依据阐述

以下是对相关会计准则内容的整理与阐述。

9.12.2.1 《企业会计准则第 2 号——长期股权投资》

具体内容参见本书 9.8.2.1。

9.12.2.2 《企业会计准则第 33 号——合并财务报表》

1）第三十八条第一款

（1）新增子公司及业务合并处理：在报告期间内，如果母公司通过同一控制下的企业合并新增了子公司或业务，这些新增实体自合并当期的期初至报告期末所产生的所有收入、费用及利润，均须纳入合并利润表进行统一反映。

（2）比较报表调整：为保持财务报表的一致性和可比性，需对比较报表中的相关项目进行追溯调整，确保合并后的报告主体在视觉上呈现出从最终控制方开始实施控制之日起便持续存在的状态。

2）第四十七条

（1）购买子公司少数股权的会计处理：当母公司选择购买子公司少数股东手中的股权时，在编制合并财务报表时，需对因此新获得的长期股权投资与其按照新增持股比例计算所应享有的自购买日或合并日起持续累积的子公司净资产份额之间的差额进行特别处理。

（2）差额调整原则：上述差额应首先尝试通过调整资本公积（包括资本溢价或股本溢价）来平衡。如果资本公积的可用余额不足以吸收全部差额，超出部分需进一步调整留存收益，以确保财务报表的准确性和合规性。

9.12.3 关键分析与解读

在案例 9-14 中，B 公司采取了股份发行的方式，分别自其母公司 A 公司及少数股东 Z 处取得了对 C 公司的完整股权控制。这一过程分为 2 个独立交易部分，每部分均需严格遵循适用的企业会计准则进行财务记录与处理。

首先，B 公司向母公司 A 公司发行股份，作为交换，获得了 C 公司 60% 的股权。鉴于 B 公司与 C 公司在交易前后均处于 A 公司的统一控制之下，且该控制状态保持未变，此交易应被归类为同一控制下的企业合并，需依循相应的会计准则进行会计处理。

其次，B 公司又向少数股东 Z 发行股份，从而取得了 C 公司剩余的 40% 股权。在此之前，A 公司已通过持有 C 公司 60% 的股权确立了对其的控制权，而 B 公司亦通过收购 A 公司手中的 C 公司股权实现了对 C 公司的全面控制。因此，B 公司从 Z 处收购的 C 公司 40% 股权，并不构成控制权的转移，而是属于购买少数股东权益的交易范畴。对于此类交易，应依照购买少数股权的会计规定来执行会计处理。

9.12.4 案例深度剖析

9.12.4.1 B 公司通过发行股份获取 C 公司 60% 股权的会计处理

（1）个别财务报表处理：

B 公司应以 C 公司在最终控制方 A 公司合并财务报表中的账面价值的 60% 份额（即 1 200 万元）作为对 C 公司长期股权投资的初始入账价值。

会计记录：

借：长期股权投资——C 公司　　　　　　　　　　　　　　　12 000 000
　　贷：股本　　　　　　　　　　　　　　　　　　　　　　　6 000 000
　　　　资本公积——股本溢价　　　　　　　　　　　　　　　6 000 000

（2）合并财务报表处理：

遵循同一控制下企业合并的原则，B 公司需在合并财务报表中追溯调整，将 C 公司 60% 股权视作自比较期间的期初即已持有，并相应更正前期财务数据。

9.12.4.2 B 公司通过发行股份获取 C 公司 40% 股权的会计处理

（1）个别财务报表处理：

B 公司按实际发行股份的公允价值（1 000 万元）记录为对 C 公司 40% 股权的长期投资成本。

会计记录：

借：长期股权投资——C 公司　　　　　　　　　　　　　　　10 000 000
　　贷：股本　　　　　　　　　　　　　　　　　　　　　　　4 000 000
　　　　资本公积——股本溢价　　　　　　　　　　　　　　　6 000 000

至此，B 公司对 C 公司的整体投资成本达 2 200 万元，股本总额增加 400 万元，"资本公积——股本溢价"科目明细累计增加至 1 200 万元。

（2）合并财务报表处理：

对于新增的 40% 股权，如果其投资成本与按持股比例计算的 C 公司净资产份额（800 万元）存在差异（200 万元），需调整资本公积。

合并日抵销分录：

借：C 公司股东权益（合并日账面值）　　　　　　　　　　　20 000 000
　　资本公积　　　　　　　　　　　　　　　　　　　　　　2 000 000
　　贷：长期股权投资——C 公司　　　　　　　　　　　　　22 000 000

注意：

（1）交易日期真实性：在合并财务报表中，B 公司购买 C 公司 40% 股权的交易必须严格基于实际发生日期记录，禁止提前假设交易完成。

（2）方法区别：此处理与从最终控制方或其子公司直接取得股权的会计处理有所区别。

（3）分段核算：合并日前后，C公司的股东权益及净利润需按不同持股比例分段计算，确保报表准确性。

（4）报表透明度：B公司合并财务报表应全面反映购买C公司40%股权的交易细节，确保信息真实完整，不允许提前假设交易完成的情况。

9.12.5　案例总结

1）同一控制下企业合并的会计处理方式

在同一控制环境下发生的企业合并，指的是合并前后各企业均处于同一或如果干共同投资者的持续控制之下。这里的"同一方"是指那些在合并前后始终维持对企业最终控制权的投资者。针对此类合并，会计处理采用权益结合法，其核心在于将此类合并视为内部经济资源的重新整合，而非基于市场公允价值的外部交易。因此，它反映了最终控制者的战略调整，而非经济实体的实质性变动。鉴于最终控制者能够自由调整集团内部所有权结构，允许在编制财务报表时追溯调整，即假设此类合并自较早时期已生效。

2）购买少数股权的会计考量

对于非由最终控制方原本持有或控制的少数股权的购买，权益结合法并不适用。原因在于，此类购买实质性地改变了最终控制方所掌控的经济资源构成及其伴随的风险与收益特性，对母公司及最终控制方而言具有经济实质性的影响。因此，如果试图在合并财务报表中提前反映此类购买行为，将违背权益结合法的基本原理。

此外，会计准则明确要求在合并利润表中分项披露多项关键财务指标，包括但不限于归属于母公司股东的净利润、少数股东损益、归属于母公司及少数股东的综合收益总额，以及基于母公司股东净利润计算的每股收益。这意味着，购买少数股权的会计处理方式将直接影响到合并日前多个会计期间的相关财务数据表现。重要的是，会计准则严格禁止在财务报表编制过程中，对与第三方（如少数股东）之间的交易进行早于实际发生日期的假设性处理。

9.13　上市公司无偿受赠股份但需向目标公司分次增资的会计处理

9.13.1　案例概述

案例9-15　2024年1月，A上市公司（甲方）、B公司（乙方）以及B公司的24位自然人股东（丙方，统称为"自然人股东"）签订了"股权转让及增资扩股协议书"。

协议规定，自然人股东将按照其持股比例，无偿地共同向 A 公司转让 B 公司 52% 的股权。股权转让完成后，A 公司将向 B 公司增资 6 900 万元，分为三个阶段：第一期增资 1 500 万元，第二期增资 1 000 万元，剩余的 4 400 万元将在 2 年内完成。

协议内容：

"股权转让及增资扩股协议书"明确指出，丙方无偿赠与的 52% 股权与甲方向乙方的增资是整体协议的一部分。如果因非丙方或乙方的原因导致协议解除或无法执行，甲方必须无条件返还丙方无偿转让的 52% 股权。

（1）协议还规定，在第一期增资完成后，甲方在乙方股东会中将拥有 85% 的表决权，而丙方则拥有 15% 的表决权。乙方董事会将由 5 名成员组成，其中，甲方推荐 4 名，丙方推荐 1 名。

（2）协议各方一致确认 2023 年 11 月 30 日为增资事宜的财务基准日。

交易相关信息见表 9.13.1。

表 9.13.1 交易信息明细

单位：万元

	项目	内容
基准日信息	基准日	2023 年 11 月 30 日
	基准日被合并方账面净资产	759.57
	基准日被合并方净资产评估值	2 330.58
	评估增值	1 571.01
购买日确定	购买日	2024 年 5 月 30 日
	购买方董事会日期	2024 年 1 月 14 日
	购买方股东会日期	2024 年 2 月 18 日
	被购买方股东会日期	2024 年 3 月 28 日
	股权转让协议签订日期	2024 年 1 月 14 日
	改选董事会日期	2024 年 3 月 28 日
	被购买方营业执照变更日期	2024 年 5 月 30 日
增资款缴纳情况	2024 年 4 月 18 日	1 500
	2024 年 6 月 17 日	1 000
	2024 年 6 月 27 日	360
	增资款支付方式	银行存款
	购买日被购买方账面净资产（扣除专项储备）	1 959.97
	评估增值	1 571.01
	合并日被合并方可辨认净资产公允价值	3 530.98

增资前后情况：

（1）本次增资前，B 公司股本为 3 100 万元。

（2）本次股权转让及增资后，A 公司对 B 公司的持股比例为 85%。

思考问题：

对于此项合并事项，应如何进行会计处理？

9.13.2　准则依据阐述

以下是对会计准则相关内容的整理。

1)《企业会计准则第 20 号——企业合并》第十条

如果参与合并的各方在合并前后不是由同一方或相同多方进行最终控制，该合并被视为非同一控制下的企业合并。

在这种情况下，实际取得对其他参与合并企业控制权的一方被定义为购买方，而其他参与合并的企业则被视为被购买方。

购买日被定义为购买方实际获得对被购买方控制权的具体日期。

2)《企业会计准则第 33 号——合并财务报表》第五十一条

具体内容请参见本书 8.11.2.2。

9.13.3　关键分析与解读

在案例 9-15 中，股权的无偿转让和受让方的增资构成了一揽子交易，应作为一个整体进行会计处理。对 A 公司而言，其对 B 公司股权的获取并非无成本，其实质支付的合并对价相当于后续增资中按股权比例计算的少数股东部分。

如果 A 公司在完成首期 1 500 万元增资后，能够在 B 公司的股东会和董事会中获得控制权，主导 B 公司的经营活动，并享有可变回报，同时后续增资无法律障碍，且 A 公司具备在约定期限内完成增资的财务能力，不会导致交易被撤销或转回，可将首期增资完成并改选 B 公司董事会之日定为购买日，自此日起将 B 公司纳入合并报表范围。然而，案例中未明确说明在 6 900 万元增资全部缴足前，A 公司及其他股东在 B 公司净资产和净利润中所占份额的确定方式，建议各方股东就此问题进行补充约定，作为会计处理和合并报表的依据。

在考虑到出资款项系分阶段缴付的情况下，商誉的核算同样应遵循分期原则，以确保最终合并财务报表中反映的商誉总额是历次增资所生成商誉的累积结果。具体计算过程如下阐述，并附以明确的公式说明：

单次增资所产生的商誉金额，是通过比较本次对 B 公司投资的资本投入与其在 B 公司可辨认净资产中新增权益份额的差额来确定。计算公式为：

$$\text{单次增资商誉} = \text{本次向 B 公司的出资额} - \left(\text{增资后 A 公司在 B 公司可辨认净资产中的权益份额} - \text{增资前 A 公司在 B 公司净资产中的权益份额} \right)$$

进一步细化计算步骤，基于各股东按实际缴纳出资比例分享 B 公司净资产与净损益的假定：

$$\text{增资后 A 公司在 B 公司可辨认净资产中的权益份额} = \left(\text{增资前 B 公司可辨认净资产} + \text{A 公司本次追加的出资额}\right) \times \text{增资后 A 公司持有 B 公司的股份比例}$$

$$\text{增资前 A 公司在 B 公司可辨认净资产中的权益份额} = \text{增资前 B 公司可辨认净资产} \times \text{增资前 A 公司的持股比例}$$

需要注意的是，如果为首次出资前，A 公司的持股比例视为零，因此其享有的份额也相应为零。

通过上述分步计算，可以精确得出每次增资过程中形成的商誉金额，并累加得出最终合并报表中应确认的商誉总额。

上述公式中的"B 公司可辨认净资产"均以购买日（2024 年 5 月 30 日）的公允价值为基础，持续计算至本次出资日的金额，即 A 公司合并报表层面体现的金额。

最终，所有增资完成后，合并报表层面确认的商誉金额为各次增资形成的商誉金额之和。同时，每次增资后，应对少数股东的权益比例和份额进行调整，少数股东权益的变动额在合并股东权益变动表中列入"所有者投入和减少资本——其他"项目。

9.13.4 案例深度剖析

在个别财务报表中，处理过程较为直接。A 公司在无偿接收 B 公司股权时，无需进行账务处理，只需根据每次向 B 公司实际增资的金额，相应增加长期股权投资的成本。待所有增资活动完成后，长期股权投资的总成本将累计为 6 900 万元。

在合并现金流量表的编制上，在整个并购过程中，A 公司并未向合并范围外的任何一方（包括 B 公司原有的股东）支付现金，因此，此次并购活动产生的现金净流出额为零。A 公司在取得对 B 公司的控制权的那一天，应将 B 公司当日的现金及现金等价物余额归类并记录在合并现金流量表的"收到的其他与投资活动相关的现金"项目下。这样的处理确保了现金流量表能准确反映并购过程中的资金流动情况。

9.13.5 案例总结

1) 实质重于形式原则的应用

在会计处理中，A 公司获取 B 公司股权的行为应遵循实质重于形式的原则。对 A 公司来说，虽然表面上看似无偿获得了 B 公司股权，但实际上其所支付的合并对价相当于后续增资中按股权比例计算的少数股东部分，因此不能简单视为无偿交易。

2) 增资完成后的商誉确认

在所有约定的增资活动全部完成后，合并报表中应确认的商誉金额应为各次增资所形成商誉金额的总和。这种方法确保了商誉的确认符合会计准则，反映了实际的财务状况。

3) 个别报表中的股权处理

在个别财务报表中，处理方式较为直接。当 A 公司无偿获得 B 公司股权时，不进行账务处理。这种处理方式简化了个别报表的会计操作，避免了不必要的复杂性。

9.14 收购少数股权与企业合并的关联性问题

9.14.1 案例概述

案例 9-16 A 公司通过收购上市公司 B 公司 60% 的股权，成功控制了 B 公司。这一控制权的获取可能是一次性交易的结果，也可能是分步收购的结果。根据 B 公司上市地的证券监管规定和证券交易规则，A 公司在获得 B 公司控制权后，有义务向 B 公司的其他股东发起全面收购要约。该要约应以不低于 60% 控股股权的收购价格，收购剩余的 40% 股权，并需尽快发出，有效期至少为 30 日。

要约收购过程：

（1）要约有效期结束前，A 公司通过证券市场略低于要约价格收购了 B 公司 3% 的股权。这部分股权的原持有者可能出于减少利息支出的考虑，选择在要约期限届满前出售。

（2）要约期限结束时，有 B 公司股东响应要约，向 A 公司出售了其持有的 30%B 公司股权。

（3）要约期限结束后，A 公司继续收购了 B 公司剩余的 7% 股权，最终使 B 公司成为其全资子公司，同时 B 公司的上市资格也随之终止。

思考问题：

在要约收购过程中，A 公司为获取 B 公司少数股权所支付的成本，是否应计入企业合并成本？

9.14.2 准则依据阐述

以下是《企业会计准则第 33 号——合并财务报表》的整理。

第三十一条：具体内容参见本书 9.6.2.2。

第四十七条：具体内容参见本书 9.12.2.2。

9.14.3 关键分析与解读

在案例 9-16 中，A 公司在收购要约有效期内及届满时所进行的 B 公司 33% 股权收购，与获得 B 公司的控制权密切相关，应作为企业合并的一部分进行会计处理。然而，收购要约期限结束后所收购的剩余 7% 股权，由于并非基于要约进行，不应视为与企业合并直接相关，而应按照收购少数股权的会计准则进行处理。

这种区分是必要的，因为它确保了会计处理的准确性和合规性，反映了交易的经济实质，并且符合会计准则的要求。在合并财务报表中，这种处理方式有助于清晰地展示企业合并的全貌以及对少数股权的收购。

9.14.4 案例深度剖析

在案例 9-16 中，A 公司在合并报表层面的会计处理应实现以下效果（假设收购对价为现金）。

（1）收购 B 公司 60% 股权并授予卖出期权的分录：

借：B 公司可辨认资产（公允价值 100%）
　　B 公司可辨认负债（公允价值 100%，如有）
　　商誉（与 B 公司 100% 权益对应的初步商誉）
　贷：现金（支付的对价）
　　　其他负债（要约期限届满日所需支付对价的公允价值）

（2）要约有效期内计提利息支出的分录：

借：财务费用——利息支出
　贷：其他负债

如果期限内利息支出不重大，可省略此分录。

（3）要约期限内收购 B 公司 3% 股权，减少相应负债的分录：

借：其他负债
　贷：现金

（4）要约期限届满后收购 B 公司 30% 股权，进一步减少负债的分录：

借：其他负债
　贷：现金

（5）要约期限届满后重分类剩余 7% 股权，将剩余股权重分类为少数股东权益的分录：

借：其他负债（7% 股权的要约收购价格）
　贷：少数股东权益（购买日净资产公允价值的 7%）
　　　商誉（如有差额）

（6）逐步收购剩余 7% 股权，收购完成时的会计分录如下：

借：少数股东权益
　贷：资本公积（支付对价与少数股权账面价值的差额，如为负则在借方）

注意：

以上分录是在假设收购对价为现金的情况下给出的。实际会计处理可能需要根据具体情况进行调整，以确保符合会计准则和相关法规要求。

9.14.5 案例总结

A 公司成功控制了上市公司 B 公司，根据 B 公司上市地区的证券监管规定和交易规则，A 公司必须履行全面收购要约的义务，以至少等同于其收购 60% 控股权的价格，向 B 公司的其他股东提出收购剩余 40% 的股份。这一规定实际上为 B 公司其他股东提供了一种卖出期权，其行权价格不得低于 A 公司获得控制权时的交易价格。尽管这一卖出期权并非通过与 B 公司其他股东的直接合同授予，但它是一项可依法执行的权利，转化为了 B 公司股东所持股份中的合同权利，与 A 公司获得 B 公司控制权的企业合并交易密切相关。然而，这一分析不适用于要约期限届满后对 B 公司剩余 7% 股份的收购。

在要约期限内，A 公司通过证券市场收购了 B 公司 3% 的股份，这并非少数股东行使卖出期权的结果，但这项交易与企业合并交易相关，本质上可视为期权的提前行使，且支付的价格与期权行权价格相关。

对于这些相关联的交易，应根据其经济实质确定会计处理方法。如前所述，A 公司收购 B 公司 60% 的股份，不仅获得了控制权，还作为交易对价的一部分，授予了 B 公司其他股东卖出期权，从而在合并财务报表层面产生了一项负债，其金额相当于期权行权时需支付的对价公允价值。

依据《企业会计准则第 33 号——合并财务报表》的指导，在编制合并资产负债表时，少数股东权益需明确作为股东权益的组成部分单独列示。然而，在《企业会计准则第 37 号——金融工具列报》（2017 年修订）的框架内，任何涉及交付现金或其他金融资产的合同性义务均被认定为金融负债。尽管提及的卖出期权可能初步看似为法定义务而非直接的合同义务［遵循《企业会计准则第 22 号——金融工具确认和计量》（2017 年修订）中对金融工具作为合同本质的定义］，但鉴于该法定义务在实质上于 A 公司与 B 公司的其他股东间建立了具有约束力的合同关系，依据《企业会计准则第 22 号——金融工具确认和计量》（2017 年修订）的要求，应对其进行相应的会计处理和列报。

9.15 非同一控制下合并认缴与实缴资本比例不一致且附有增资承诺的会计处理

9.15.1 案例概述

案例 9-17 A 公司作为一家合资企业，由 X 公司与 Y 公司联合投资设立，其注册资本总额为 3 000 万元人民币。具体而言，X 公司承担了 1 470 万元的认缴出资额，占据了注册资本总额的 49% 份额；相应地，Y 公司认缴出资 1 530 万元，占据了剩余的 51% 注册资本份额。

在 A 公司成立之初，公司章程规定了出资的缴付时间表：公司成立后 3 个月内缴付 15% 的注册资本，剩余 85% 的注册资本在成立后 2 年内缴清。双方应基本同步进行出资，如果一方未履行出资义务，另一方同样免除出资义务。此外，章程中未对出资未缴足时的利润分配方式和比例作出明确规定。

2021 年 11 月，X 公司根据签订的股权转让协议，以 780 万元的价格从 Y 公司购买了

A 公司 26% 的股权，其中，X 公司支付现金 406.79 万元，并代缴资本金 373.21 万元。股权转让完成后，X 公司在 A 公司的持股比例上升至 75%。"股权转让协议"要求 X 公司在 2022 年 6 月之前完成出资。

2022 年 3 月，A 公司通过了章程修正案，但修正后的章程仍未对出资未缴足情况下的利润分配方式和比例进行规定。至此，前述股权转让协议中的股权转让条款已履行完毕，A 公司于 2022 年 4 月完成了工商登记变更。

X 公司管理层认为，X 公司已于 2022 年 3 月获得了 A 公司的控制权。双方的实际缴纳出资情况详见表 9.15.1。

表 9.15.1　双方实际缴纳出资情况明细表

金额单位：万元

股东	2020年12月31日 实缴金额	占比	2021年12月31日 实缴金额	占比	2022年3月31日 实缴金额	占比	2022年5月31日 实缴金额	占比
X 公司	220.50	48.03%	1 102.50	48.80%	1 102.50	48.80%	1 509.29	66.80%
Y 公司	238.59	51.97%	1 156.79	51.20%	1 156.79	51.20%	750.00	33.20%
合计	459.09	100.00%	2 259.29	100.00%	2 259.29	100.00%	2 259.29	100.00%

截至 2022 年 3 月 31 日，X 公司认缴的股份比例为 49%，Y 公司为 51%；股权转让完成后，X 公司认缴的股份比例变更为 75%，Y 公司为 25%。双方已认缴但尚未实缴的出资情况见表 9.15.2。

表 9.15.2　双方已认缴但尚未实缴的出资情况

金额单位：万元

股东	2020年12月31日 认缴金额	占比	2021年12月31日 认缴金额	占比	2022年3月31日 认缴金额	占比	2022年5月31日 认缴金额	占比
X 公司	1 249.50	49.18%	367.50	49.61%	367.50	49.61%	740.71	100.00%
Y 公司	1 291.41	50.82%	373.21	50.39%	373.21	50.39%	—	0.00
合计	2 540.91	100.00%	740.71	100.00%	740.71	100.00%	740.71	100.00%

思考问题：

如何确定本次并购的购买日？在评估商誉及少数股东权益时，是否应将股东未实缴的出资额计入被购买方的可辨认净资产中？

9.15.2　准则依据阐述

以下是对相关会计准则内容的整理。

1)《企业会计准则第 33 号——合并财务报表》(2014 年修订) 第四十七条
具体内容请参见本书 9.12.2.2。

2)《企业会计准则第 13 号——或有事项》第八条

待执行合同如果转变为亏损合同，且由此产生的义务符合准则第四条规定，应确认为预计负债。

（1）待执行合同定义为：合同各方尚未履行任何合同义务，或仅部分履行了同等义务的合同。

（2）亏损合同定义为：履行合同义务不可避免的成本将超过预期经济利益的合同。

9.15.3　关键分析与解读

在展开讨论之前，需确立以下讨论所基于的假设条件，以确保分析的准确性和逻辑性。

（1）在探讨 A 公司（作为被收购方）在采用权益法核算期间直至购买日的相关情况时，我们做出如下假设，即 A 公司所有可识别的净资产，其公允价值与账面价值在此期间保持一致，因此，我们未考虑因两者间可能存在的不一致而需进行的任何调整。

（2）交易条款的公允性：本次交易被视为非关联方之间基于独立条款的公允交易，不涉及交易条件的不公允或关联方代为支付交易对价等情形。

（3）购买日的确定：购买日被设定为 2022 年 3 月，这一日期满足购买日定义及相关判断标准的规定，除非在后续分析中另有说明。

（4）损益分配与净资产归属的约定：股东间对于实缴资本与认缴资本比例不一致时的损益分配及净资产归属问题，没有明确的约定。

（5）股权投资的可收回金额：尽管 A 公司目前呈现累计亏损，但预计股权投资的可收回金额将不低于其原始实缴出资额，因此，未履行的增资承诺不会使 X 公司面临"亏损合同"。

在这些前提下，本案例中，X 公司通过 2021 年 11 月签订的"股权转让协议"，以 780 万元的价格从 Y 公司受让 A 公司 26.00% 的股权，涉及股本 780 万元。X 公司支付的对价包括两个部分：一部分是通过现金支付 406.79 万元给 Y 公司，用于受让存量股份；另一部分是通过增资 373.21 万元，以获取增量股份。这种支付方式体现了合并对价的多样性。

9.15.4　案例深度剖析

案例 9-17 分析可划分为 2 种情形。

1）一揽子交易情形

如果股权转让价款支付与认缴资本的缴足被视为一揽子交易（需同时满足 3 个条件：首先，这两项对价是在同一股权转让协议中经谈判后一并确定的；其次，协议中对增资的具体期限、方式及价格等关键要素有明确的、可执行的约定；最后，X 公司只有在这两项对价均实际支付完毕后，才能获得对 A 公司的控制权），则应将增资款缴纳完毕的日期定为购买日。

在此购买日，合并成本、少数股东权益、母公司股东权益和商誉的计算均应包括该增资金额。相应地，购买日的持股比例按 75% 计算，即在合并报表层面，视同按照分步实现的非同一控制下企业合并原则处理。

2）非一揽子交易情形

如果股权转让价款支付与认缴资本的缴足不构成一揽子交易，并且 X 公司和 Y 公司均认同未缴足的增资款不影响 X 公司对 A 公司的控制权取得，X 公司在支付完存量股份的转让价款后即取得控制权。

在此情形下，购买日的合并成本、少数股东权益、母公司股东权益和商誉的计算不包括未实际缴纳的出资额，且持股比例按实缴资本比例（66.80%）计算。

购买日后，当 X 公司履行增资义务时，在 X 公司的个别报表中，应按实际缴纳的增资额增加对 A 公司的长期股权投资账面价值。在 X 公司的合并报表层面，该增资行为应按"权益性交易"原则处理。具体而言，将增资额与增资前后 X 公司在 A 公司净资产中享有份额的增量之间的差额，调整至资本公积。如果资本公积不足以调整，差额则应冲减留存收益。

以上 2 种情形均需依据交易的实际情况和相关会计准则进行准确判断和会计处理。

9.15.5 案例总结

在分析股东的权益比例时，股东的认缴与实缴出资比例的一致性或不一致性将直接影响权益的确定方式。

1）出资比例一致时的权益确定

如果被投资方股东的认缴与实缴出资比例相同，无论按哪种比例确定，股东的权益比例都将保持一致。

2）出资比例不一致时的权益差异

当认缴与实缴出资比例不一致时，股东在实收资本和留存收益变动中的权益比例可能会有所不同，且随着被投资方的财务状况和经营业绩的变化，权益比例也可能变化。

3）报告期内盈利情况对权益比例的影响

如果被投资方在报告期内实现盈利，股东的分红权利反映了其在被投资方的权益份额。根据《中华人民共和国公司法》第三十四条，分红比例应根据全体股东的约定确定；如果无约定或约定按出资比例分红，分红比例应与实缴出资比例一致。

4）报告期内亏损情况对权益比例的影响

当被投资方在报告期内发生亏损，由于无法分红，股东实际上是依据其出资额承担亏损。根据《中华人民共和国公司法》第四条，股东的责任限于其认缴的出资额。在无其他约定的情况下，权益比例应按认缴出资比例确定；如果有其他约定，按约定确定。

5）报告期内盈亏转变对权益比例的影响

如果被投资方在报告期内由盈利转为亏损，或由亏损转为盈利，权益比例的确定应参照前述原则。在无特别约定时，累计亏损按认缴出资比例确定权益比例，累计盈利按实缴出资比例确定。如果有特别约定，按照全体股东的共同约定执行。

通过上述分析，可以清晰地界定股东在不同财务状况下的权益比例，确保权益分配的合理性和公平性。

9.16 非同一控制下企业合并购买价格的分摊问题

9.16.1 案例概述

案例 9-18 2024 年 3 月，A 公司执行了一项非同一控制下的企业合并策略，成功取得了 B 公司 70% 的股权，进而掌握了 B 公司的控制权。值得注意的是，在这一购买日，B 公司的资产负债表上已经包含了其对联营企业 C 公司的长期股权投资记录。

思考问题：

在非同一控制下的企业合并过程中，收购方应如何对支付的购买价格进行分配，以反映对被购买方持有的合营或联营企业长期股权投资的价值？

9.16.2 准则依据阐述

以下是对会计准则中关键条文的整合与阐述。

9.16.2.1 《企业会计准则第 20 号——企业合并》重点概览

1）第十三条解析

（1）合并成本的分配：在购买日，收购方需准确分配合并成本，依据后续条款（如第十四条）的规定，以确认所获得的目标公司（被购买方）所有可明确识别的资产、负债及潜在负债的价值。

（2）商誉的确认与计量：如果合并成本超出被购买方可辨认净资产公允价值之和，其差额将作为商誉记录于账上。商誉的初始计量基于其成本，并在后续期间考虑累计减值准备后进行调整。对于商誉的减值测试，应严格遵循《企业会计准则第 8 号——资产减值》的详细规定。

（3）负商誉的处理：如果合并成本低于被购买方可辨认净资产公允价值，需首先复审所有相关可辨认资产、负债及或有负债的公允价值，以及合并成本的计算是否准确无误。确认无误后，该差额将被视为利得并直接计入当期利润表中。

2）第十四条指引

具体内容参见本书 8.9.2.2。

9.16.2.2 《企业会计准则第 2 号——长期股权投资》第十条细则

有关长期股权投资的特定会计处理与披露要求，请参阅本书 8.7.2，该部分提供了详尽的操作指南与标准。

9.16.3 关键分析与解读

在非同一控制的企业合并场景下，针对被收购方所持有的联营企业长期股权投资，其于购买日的公允价值确立依据是联营企业整体股权的公允价值。此处理方式凸显了被收购方对联营企业的控制权与对子公司的控制性质不同。因此，与联营企业相关联的商誉价值，在会计上将被纳入长期股权投资——联营企业（被收购方）的初始入账金额中，而非直接体现为收购方在购买日确认的商誉。自购买日起，该长期股权投资的公允价值成为后续采用权益法进行会计核算的成本基准。

如果发生合并成本低于被收购方可辨认净资产公允价值总额的情况，收购方首要任务是复审被收购方的全部可辨认资产、负债及潜在负债的公允价值评估，以及合并成本的计算准确性，仅当复核确认合并成本确实低于可辨认净资产公允价值时，方可将该差额作为负商誉处理，并将其直接计入当期损益表。此外，此情况下还需复核通过合并取得的联营企业长期股权投资的公允价值，确保其估值合理，未出现高估情况。

采取上述方法，企业能够在非同一控制的企业合并中，确保对联营企业长期股权投资及商誉的会计处理遵循会计准则的严谨性，同时增强会计处理的逻辑连贯性与透明度。

9.16.4 案例深度剖析

在案例 9-18 中，A 公司在购买日确认的商誉是专属于对 B 公司的控制权获取，并未涵盖与 B 公司的联营企业 C 公司相关的商誉。C 公司的商誉或负商誉将反映在其股权的市场公允价值上，即在 A 公司账面上对 C 公司的长期股权投资价值中体现。

在非同一控制条件下的企业合并过程中，购买方有责任对被收购方的全部可辨认资产与负债，在交易日的公允价值基础上进行详尽的评估与确认。对于确认和计量可辨认资产，无论是长期股权投资于联营企业，还是交易性金融资产的股权投资，其初始确认和计量的原则是一致的。这是因为购买方所获取的是一项代表投资的资产，而非被投资企业背后的资产与负债。这与子公司股权投资的情况有所区别，后者意味着对子公司的资产和负债的控制权，因此需要单独对每项资产和负债在购买日的公允价值进行确定。

9.16.5 案例总结

合并对价分摊机制，特指在非同一控制环境下的企业合并场景中，遵循企业合并会计准则，将合并的总成本精准地分配到所接收的各类可辨认资产（含无形资产）、负债以及或有负债之上，并据此过程明确界定被合并实体的商誉价值。

此流程的核心在于全面识别被收购方所拥有的全部资产与负债，即便它们未在原有资产负债表上被明确列示，也需进行详尽的识别与公允价值的评估。依据这些评估的公允价值，对合并对价进行合理分配，同时充分考量递延税项可能带来的财务影响。如果合并成本超出了所接收的被收购方可辨认净资产公允价值之和，超出部分将作为商誉予以确认；反之，如果合并成本低于该公允价值总和，其差额将直接计入合并当期的损益表。

针对非同一控制下的吸收合并情况，购买方需于交易日依据所接收的被购买方可辨认资产与负债的公允价值，来确立其新的账面价值基础。在此基础上，如果计算得出的企业合并成本与所接收的可辨认净资产公允价值之间存在差异，该差异需根据具体情况，要么确认为商誉的增值，要么则作为当期损益进行调整。

对于联营或合营企业的投资，自其成为联营或合营企业之日起，应采用权益法进行会计处理。在取得此类投资时，如果投资成本与主体所享有的联营或合营企业的可辨认资产和负债的公允价值净额之间存在差额，应按以下方式处理：差额中的商誉部分包含在投资账面金额中，且不得摊销；超出投资成本的部分，在确定主体所享有的联营或合营企业损益时，应计入收益中。

9.17 非同一控制下企业合并中客户关系的确认问题

9.17.1 案例概述

案例 9-19 2024 年 3 月，A 公司计划收购一家网络科技公司的大部分股份，即 80%的股权，并购双方商定的并购日定于 2024 年 3 月 31 日。这家网络科技公司最宝贵的资源是其稳固的"客户关系"，它与海外的智能电子产品制造商建立了稳固的长期合作伙伴关系，并与这些客户签订了为期 5 年的销售合同。然而，该公司的财务报表并未体现"客户关系"的价值。

思考问题：

在此种情况下，A 公司是否能够将该网络科技公司的客户关系识别并确认为一项无形资产？如果可以，应遵循何种标准或方法来进行确认？

9.17.2 准则依据阐述

以下是对企业会计准则相关内容的精炼概述。

9.17.2.1 《企业会计准则第 20 号——企业合并》第十四条

具体内容参见本书 8.9.2.2。

9.17.2.2 非同一控制下企业合并中购买方合并报表的编制原则

编制合并报表时，购买方需独立评估，不计入被购买方原有合并报表中的商誉与递延所得税项目。购买方需依据自身立场及准则要求,重新核算购买日合并报表中应确认的商誉与递延所得税,忽略被购买方原账面的相应金额。

9.17.2.3 《企业会计准则解释第 5 号》关于无形资产确认的规范

第一条明确指出,在非同一控制合并中,购买方需细致识别并合理评估被购买方未在其财务报表中体现的无形资产。如果该无形资产源自合同或法定权利,或具备独立出售、转移等经济潜能,应予以确认。

企业还须在财务报表附注中,翔实披露通过非同一控制合并获得的无形资产公允价值及其评估方法。

9.17.2.4 《企业会计准则第 6 号——无形资产》的核心定义与确认标准

第三条定义了无形资产为无实体形态的可辨认非货币性资产,由企业拥有或控制。其可辨认性依据为能否从企业中分离用于经济交易,或源自合同及法定权利。

第四条列出了无形资产确认的 2 个条件:一是与该资产相关的经济利益预期将流入企业;二是该资产的成本能够可靠计量。

9.17.3 关键分析与解读

在企业合并的进程中,购买方需在交易当日承担起合理分配合并成本的责任,同时全面识别并正式确认从被购买方接手的所有可明确辨识的资产、负债以及潜在负债。

对于被购买方所持有的非无形资产类别的资产,如果这些资产预估能够为企业创造经济价值,且其公允价值能通过可靠手段进行估算,必须逐一确认,并以其公允价值为基准进行评估与入账。

同样,在合并中获得的无形资产,如果符合可辨认性标准,并且它们的公允价值可以被准确计量,这些无形资产也应当被单独确认,并按照其公允价值进行记录。

9.17.4 案例深度剖析

在非同一控制下的企业合并中,如果被购买方的无形项目符合"可辨认性标准"且其公允价值可以被可靠地计量,这些项目应被确认为无形资产。在实际操作中,常见的可单独确认的无形资产包括:技术类资产如专利权和非专利技术;营销类资产如知名商标、商号、业务渠道和客户资源;根据《中华人民共和国行政许可法》获得的行政许可等。在案例 9-19 中,被购买方的客户关系通常满足这些条件,应被单独确认为无形资产,这也会相应减少在购买日确认的商誉。

企业应定期对已确认的无形资产进行使用寿命的评估。对于那些具有有限使用寿命的无形资产,企业需在其整个使用寿命期间内实施摊销处理,此举将直接导致未来年度利润的相应减少。此外,一旦发现有减值迹象,企业应立即启动减值测试流程,并对于可回收金额低于当前账面价值的部分,计提相应的减值准备,以反映其实际价值的降低。

针对案例9-19中客户关系的摊销年限确定，建议采取以下步骤：

（1）审核并验证涉及的客户关系清单的真实性。

（2）在确认清单真实性的基础上，通过对比相关商标、客户关系合同期限、适用法律认定的有效期，以及本次并购可能涉及的补充协议或作废的合同的影响，确定摊销年限。通常，应咨询法律专家并执行专家审计工作程序，选择法定有效年限和合同年限中的较短者。

（3）在执行上述步骤的同时，考虑客户关系在交易估值阶段可能符合独立于商誉确认的无形资产条件，但需评估这些条件在购买日及之后是否仍然满足。应对客户关系进行必要的评估审核，结合并购前后的变化，复核第三方的估值前提和输入参数，特别是那些对估值有重大影响的因素，如并购交易对客户关系的可持续性和波动性的影响。

通过这些步骤，企业能够确保对无形资产的确认、摊销和减值测试既符合会计准则，又反映实际情况。

9.17.5 案例总结

客户资源或客户关系仅当满足以下条件时，方可被企业确认为无形资产：首先，必须存在明确的合同基础或其他法定权利，这些权利能够稳固地保障企业在较长一段时间内持续获得经济收益；其次，这些资源或关系的价值必须能够通过可靠方法进行准确计量。如果企业无法实现对这些关系所带来经济利益的有效控制，或这些资源不符合无形资产的一般定义，不应将其纳入无形资产的范畴。

具体而言，诸如企业在市场拓展活动中产生的常规营销支出，或是单纯购买客户资料而未伴随客户与出售方之间签订的独家代理或长期服务协议等情形，由于缺乏坚实的合同或法定权利支撑，通常不应将此类"客户资源"或"客户关系"视为无形资产。

如果企业仍坚持将其确认为无形资产，必须提供详尽的论证，明确阐述确认的合理性，并充分证明这些资源或关系确实满足了无形资产的所有确认条件，以确保会计处理的准确性和合规性。

根据中国证监会发布的《2013年上市公司年报会计监管报告》的相关要求，在非同一控制下的企业合并中，购买方在初始确认时，应全面识别被购买方拥有的无形资产，即便这些资产在被购买方的财务报表中尚未被确认。对于符合会计准则确认条件的无形资产，购买方应当予以确认。

在非同一控制的企业合并情境下，购买方在分配合并成本及确认所接收的可辨认资产与负债时，应排除对被购买方在合并前已确认的商誉及递延所得税资产或负债的考量。这一做法符合会计准则对企业合并中无形资产识别与确认的规定。

9.18　分步购买实现非同一控制下企业合并的会计处理

9.18.1　案例概述

案例 9-20　A 公司原为 B 公司的少数股东，持有 12.01% 的股份。通过换股交易，A 公司增持 B 公司股份至 100%，而 B 公司的股东则成为 A 公司的股东。评估基准日为 2024 年 4 月 30 日，B 公司净资产评估值为 37 468.62 万元，每股净资产评估值为 3.9 元；A 公司净资产评估值为 40 249.11 万元，每股净资产评估值为 4.02 元。

在 2024 年 9 月 8 日，B 公司通过 A 公司的投入，增加了注册资本 256.41 万元和资本公积 743.59 万元。变更后，B 公司的注册资本达到 9 871.85 万元，其中，A 公司出资 1 410.87 万元，持股比例提升至 14.29%，其余股份为个人股东所有。

A 公司在 2024 年 7 月实施了资本公积转增实收资本的操作，将股本从 10 000 万股增加到 12 660 万股。

截至 2024 年 12 月 29 日，A 公司与 B 公司成功完成了股权置换交易。在 A 公司进行的资本验证流程中，其参考了 B 公司截至 2024 年 4 月 30 日的净资产评估价值并将其作为基准。此次交易中，个人股东以总计 32 114.35 万元［37 468.62×（1-14.29%）］的资金注入 A 公司，其中的 10 101.45 万元被直接计入 A 公司的实收资本，而剩余的 22 012.90 万元则作为资本公积进行记录。A 公司随后将这 32 114.35 万元全额确认为对 B 公司的长期股权投资的账面价值。交易圆满结束后，A 公司的股本规模扩大至 22 761.45 万股。

思考问题：

在上述案例中，A 公司应采取何种会计处理方法以反映换股交易及其后续的股本变动？

9.18.2　准则依据阐述

以下是对会计准则相关内容的整理。

1）《企业会计准则第 2 号——长期股权投资》

第五条：具体内容参见本书 9.8.2.1。

第十四条：具体内容参见本书 8.16.2。

2）《企业会计准则第 33 号——合并财务报表》第四十八条

当企业通过追加投资等方式获得对非同一控制下的被投资方的控制权时，在合并财务报表中，应对购买日之前持有的被购买方的股权按购买日的公允价值重新计量。公允价值与账面价值之间的差额应计入当期投资收益。如果涉及权益法核算下的其他综合收益等，相关收益应转为购买日所属当期的收益。购买方还需在附注中披露购买日之前持有的被购买方股权的公允价值，以及按公允价值重新计量产生的相关利得或损失的金额。

3)《企业会计准则第 20 号——企业合并》第十一条

购买方在确定合并成本时,应区分以下情况:

(1)通过一次交换交易实现的企业合并,合并成本为购买方在购买日为获取对被购买方控制权而支付的资产、承担的负债或发行的权益性证券的公允价值。

(2)通过多次交换交易分步实现的企业合并,合并成本为所有单项交易所涉及的成本总和。

(3)购买方为进行企业合并而发生的所有直接相关费用也应计入合并成本。

(4)如果合并合同或协议中对未来可能影响合并成本的事项有约定,且在购买日估计这些未来事项很可能发生,并且对合并成本的影响金额能够可靠计量,购买方应将这些影响计入合并成本。

9.18.3 关键分析与解读

在案例 9-20 中,A 公司作为非同一控制下企业合并的购买方,其对 B 公司的完全控制是通过一系列分步购买交易实现的。A 公司最初持有 B 公司 12.01% 的股份,随后在 2024 年 9 月增加了 2.28% 的股份,最终在 2024 年 12 月 29 日通过换股交易获得了剩余的 85.71% 股份。因此,A 公司的会计处理应遵循分步实现非同一控制下企业合并的相关会计准则。

具体而言,A 公司在每次交易中都应按照企业合并的会计原则,分别计算和确认合并成本,并将每次交易的成本累计,以确定最终的合并成本。这种处理方式确保了会计记录的准确性和一致性,符合会计准则的要求。

9.18.4 案例深度剖析

9.18.4.1 个别报表层面长期股权投资成本的核算

在非同一控制的企业合并背景下,A 公司为获取 B 公司 100% 的控制权所支付的合并成本,是基于购买日(2024 年 12 月 29 日)为此目的而发行的权益性证券的公允价值。鉴于 A 公司为非上市企业,其每股公允价值需依据评估基准日(2024 年 4 月 30 日)每股 4.02 元的评估值,并综合考量 2024 年 5 月至 12 月间企业运营累积的净资产变动情况来调整确定。

在 A 公司的个别报表中,对 B 公司的长期股权投资期末账面价值构成包括:初始获得的 12.01% 股权成本、后续增持的 2.28% 股权成本(即 1 000 万元),以及本次换股交易中依据上述方法计算的发行股份在购买日的公允价值。

如果 A 公司在持有 B 公司股权比例从 12.01% 增加至 14.29% 期间,不具备控制、共同控制或重大影响,且该股权投资以金融资产形式按公允价值计量,期末账面价值为购买日前持有的 14.29% 股权在购买日的公允价值与新发行股份公允价值之和。这种计算方法确保了个别报表中的长期股权投资入账价值与合并报表层面的合并成本保持基本一致。

9.18.4.2 合并报表层面的会计处理原则

在编制合并报表时，A 公司需对其购买日前已持有的 B 公司 14.29% 股权，按购买日的公允价值进行重新计量。此公允价值与原投资账面价值之间的差异，应作为当期投资收益入账。合并成本由该重新计量的公允价值与新发行股份的公允价值共同确定。随后，根据此成本与 B 公司 2024 年年末可辨认净资产公允价值的差额（同时考虑递延税项影响，源于评估增减值的调整），确认商誉或负商誉。

对于购买日前持有的被购买方股权投资，如果其金融资产的公允价值与账面价值之间存在差异，以及任何已累计计入其他综合收益的部分，均需在购买日转入留存收益。如果对该股权投资原采用权益法核算，并因被投资方持有以公允价值计量且其变动计入其他综合收益的金融资产而按比例确认了其他综合收益，在购买日应参照被投资单位直接处置相关资产或负债的方式，进行相应会计处理。

9.18.5 案例总结

当企业通过一系列交易逐步获得同一控制下被投资单位的股权，并最终实现企业合并时，必须评估这些交易是否构成"一揽子交易"。当多次交易涉及的条款、条件及其经济后果符合下述任一或多项既定标准时，按照会计惯例，这些交易应当被视作"一揽子交易"进行统一的会计处理。

（1）这些交易是在同一时间或在相互影响的基础上订立的，表明它们是相互关联的一系列事件。

（2）只有将这些交易视为一个整体，才能实现一个完整的商业成果，这意味着单独的交易可能无法达到预期的商业目的。

（3）一项交易的执行以至少另一项交易的发生为前提，显示出交易之间的依赖性。

（4）单独来看，某项交易可能不具备经济合理性，但当与其他交易结合起来考虑时，则具有经济意义。

在这种情况下，企业应将这些交易作为一个整体进行评估，并在会计处理上反映其整体经济实质。这种处理方式有助于确保财务报表能够准确地反映企业的财务状况和交易的全貌。

9.19 追加投资形成控制的交易性质判断及会计处理

9.19.1 案例概述

案例 9-21　2022 年 1 月，A 公司以 5 000 万元对 B 公司进行增资（本次增资前 A 公司与 B 公司、B 公司原股东均无关联关系）。在增资的过程中，220 万元作为 B 公司的实收资本，其余资金转入资本公积，增资完成后 A 公司持有 B 公司 10% 的股份。在增资协议中，B 公司原股东承诺其持有的股权无任何瑕疵，并保证后续引入的投资者增资价格不会低于当前估值（5 亿元）。如有违反，原股东将以现金或股权形式对 A 公司进行补偿。

  A 公司最初将该增资款项归类为以公允价值计量且其变动直接计入损益的金融资产。然而，鉴于近期缺乏足够的信息来准确确定其公允价值，A 公司随后决定调整会计处理方式，转而采用成本法对该金融资产进行后续的计量。

  B 公司原股东在出资方面存在瑕疵，并且未披露 B 公司子公司对外引进投资者并签署业绩对赌事项，导致对 A 公司违约。A 公司与原股东协商，原股东同意按原价 5 000 万元回购 A 公司持有的 B 公司股份。鉴于 B 公司原股东资金紧张，A 公司提出补足出资瑕疵 800 万元，并重新商定股权价格。最终，双方同意以 5 800 万元作为 B 公司原股东 58.776% 股份的作价，以此偿还 A 公司应支付的回购款及补足出资瑕疵款。合同中体现为新增股权转让对价 800 万元，于 2022 年 3 月签署了股权转让协议。

  2024 年 3 月，A 公司与 B 公司原股东签订股权转让协议，以 800 万元受让 B 公司 48.776% 的股权。根据 2023 年 12 月的协商备忘录，800 万元股权对价将支付至 B 公司账户，用于解决原股东的出资瑕疵问题。此外，800 万元的对价也体现了对 A 公司的补偿性考量。

  鉴于 B 公司连续三年亏损，A 公司对投资进行了减值测试。以 2023 年 12 月 31 日为评估基准日，B 公司全部股东权益的评估值为 10 399.89 万元。A 公司根据协商备忘录和股权转让协议，按投资成本 5 800 万元与修正后的股权比例 58.776% 计算的可收回金额 6 112.64 万元进行减值测算。由于可收回金额大于投资成本，2023 年未计提减值准备。

> 思考问题：
>
>   A 公司通过增资和后续股权转让最终获得 B 公司的控制权，这一系列交易是否构成"一揽子交易"？应如何依据会计准则进行相应的会计处理？

9.19.2 准则依据阐述

以下是相关会计准则相关内容的梳理与阐释。

1)《企业会计准则第 33 号——合并财务报表》第五十一条

  具体内容参见本书 8.11.2.2。

2)《企业会计准则讲解（2010）》中关于合并协议中或有对价的解析

  （1）或有对价条款概述：在合并协议中，可能包含基于未来不确定事件（或有事项）的支付条款，要求购买方根据条件满足情况，额外发行证券、支付现金或其他资产，或需返还已支付的对价。

  （2）会计处理方法：购买方需将此类或有对价视为合并对价的一部分，并根据其在购买日的公允价值，计入企业合并成本中。

A. 分类确认：

如果或有对价符合权益工具或金融负债的定义，分别确认为权益或负债。

如果符合资产定义且满足确认条件，购买方可将符合协议条件、可收回的已支付合并对价部分权利确认为资产。

B. 购买日后或有对价的调整：

如果购买日后 12 个月内发现新证据或进一步证据，影响购买日已存在的情况，需对或有对价进行调整，并相应调整原计入合并商誉的金额。

C. 其他情况下的调整：

权益性质：如果或有对价为权益性质，不进行额外的会计处理。

资产或负债性质：

如果属于金融工具［依据《企业会计准则第 22 号——金融工具确认和计量》（2017 年修订）］，采用公允价值计量，其变动产生的利得或损失按该准则规定处理，可能计入当期损益或资本公积。

如果不属于金融工具范畴，依据《企业会计准则第 13 号——或有事项》或其他相关准则进行会计处理。

9.19.3 关键分析与解读

2022 年签订的"增资协议"与 A 公司在 2024 年与 B 公司原股东签订的"股权转让协议"之间存在 1 年的时间差，并且这两个协议并非同时谈判或为了实现同一商业目标而制定。尽管 A 公司可能最初有意向通过分阶段收购来控制 B 公司，但在协议条款中并未明确具体的实施步骤，两个协议之间也不存在互为条件的关系（即不签订"股权转让协议"不会使"增资协议"失效或失去其商业价值）。

尽管第二次交易在考虑了第一次交易的影响后进行，且第二次交易的发生依赖于第一次交易，但这并不证明第一次交易是在预期第二次交易的情况下进行的。在 2023 年 A 公司通过增资获得 B 公司 10% 的股份时，并没有明确的计划表明将进一步收购或增资以获得 B 公司的控制权。因此，目前没有充分的证据显示这 2 次交易可以被视为一揽子交易。

9.19.4 案例深度剖析

9.19.4.1 原 10% 股权的处理

1）初始确认和计量

在 2022 年的增资协议中，原股东承诺未来引入投资者的增资价格不会低于当时估值（5 亿元）。如果违反此承诺，原股东将以现金或股权形式对 A 公司进行补偿，构成 A 公司取得 B 公司股权的或有对价。由于会计准则未明确规定与联营企业长期股权投资相关的或有对价会计处理，一般可参照非同一控制下企业合并的或有对价处理原则。

在案例 9-21 中，A 公司根据增资协议中的保证条款，预计从 B 公司原股东处获得的补偿，在初始确认时按或有对价于投资日的公允价值计入金融资产，并从支付的对价中扣除该或有对价的公允价值，作为取得 10% 股权的初始投资成本。如果在 2023 年 1 月之前发现原股东违约，应调整初始投资成本；否则，不作调整。由于在投资日通常无法合理估计 B 公司未来的估值，该或有对价的公允价值一般为 0，投资成本即为 5 000 万元。

2）后续计量

B 公司持续亏损，表明存在减值迹象。如果作为长期股权投资，A 公司应进行减值测试；如果作为金融资产核算，应确认公允价值变动损失。2024 年 3 月，A 公司与原股东签订正式股权收购协议，该补偿作为或有对价的价款，不计入原 10% 股权的可收回金额。以 B 公司 2023 年 12 月 31 日的公允价值为基础，原 10% 股权的公允价值为 1 039.99 万元，应将股权投资价值减记至此金额，差额计入资产减值损失或公允价值变动损益。同时，原股东补偿款的公允价值与账面价值差额计入公允价值变动损益。

9.19.4.2　2024 年进一步投资取得 B 公司控制权的处理

无论 A 公司原先对 B 公司的 10% 股权是采用长期股权投资还是金融资产的方式进行核算，当 A 公司通过进一步投资获得 B 公司的控制权时，其合并成本的确定应基于原投资的公允价值与本次追加投资支付的对价之和，同时需考虑任何可能存在的或有对价。在编制合并报表时，合并成本与 A 公司依据购买日 B 公司可辨认资产和负债的公允价值所享有的份额之间的差额，将被确认为商誉或负商誉。在不涉及相关税费影响的假设下，合并成本应以 A 公司原持有的 10% 股权在购买日的公允价值，加上本次增持的 48.776% 股权的公允价值之和来计算。鉴于这两部分股权的公允价值总和（即 6 112.64 万元）与双方商定的 5 800 万元补偿金额相近，可以将 5 800 万元作为可接受的合并成本进行核算。

9.19.5　案例总结

非一揽子交易指的是各项交易彼此独立，不存在任何关联。在非一揽子交易中，取得控制权日的会计处理应遵循以下步骤。

9.19.5.1　个别财务报表编制原则

1）长期股权投资情境

在发生投资增持并取得控制权之日，如果原有投资已按长期股权投资记账，新的长期股权投资成本应由原投资的账面价值与新取得股份的公允价值加总得出。

增持前，通过权益法计量的其他综合收益或归属于长期股权投资的特定资本公积项目保持不变，留待将来处置投资时，根据长期股权投资的相关会计准则作进一步处理。

2）金融资产转化情境

如果原投资是以金融资产形式持有，增持并取得控制权当日，其转化为长期股权投资的成本应包括原金融资产的公允价值及新增股份的公允价值。

同时，增持前由公允价值变动引发的其他综合收益或损益科目需进行调整，转出至投资收益中，以反映增值或减值对投资总回报的影响。

9.19.5.2　合并财务报表编制规范

1）购买日前的股权重新评估

对于购买日之前已持有的被合并方股权，购买方需根据购买日的公允价值进行重新评估，并将评估差额确认为当期投资收益的一部分。

2）合并成本的核算

合并成本的计算需结合2个部分：一是购买日前持有的被合并方股权的公允价值，二是购买日新增股份的支付对价公允价值，两者之和即为总合并成本。

3）商誉与营业外收入的判定

通过将合并成本与购买日时所能获取的被合并方可辨认净资产公允价值的相应份额进行比较，判断是否需要确认商誉的增加，或是否存在需计入营业外收入的差额。

4）权益法调整项目的处理

对于购买日前采用权益法核算的被合并方股权，如果涉及除净损益、其他综合收益及利润分配之外的其他所有者权益变动，应在购买日将其转为当期损益。然而，如果这些变动系因被合并方重新计量设定收益计划净负债或净资产而引发，且依据会计准则不可重新分类为损益的，则此类转换不适用。

9.20　企业合并时双方同时存在债权债务关系的会计处理

9.20.1　案例概述

案例9-22　2020年，A集团公司自某银行以300万元的价格收购了一项本息合计约1 000万元的不良贷款债权。至2023年，该贷款的债务人B公司转变为A集团公司的控股子公司，A集团公司持有其80%的股份。在编制2023年度合并财务报表时，A集团公司将子公司的1 000万元债务与自身以成本计量的300万元债权相抵，差额700万元在合并财务报表中作为"营业外收入"体现，而在单独报表中未作体现。

2024年，A集团公司与B公司签订了债务豁免协议，同意B公司仅需偿还700万元。B公司将此笔债务豁免收益确认为2024年度的营业外收入。相应地，A集团公司在个别财务报表中将重组后的应收金额700万元与原购买成本300万元之间的差额400万元确认为2024年度的营业外收入。A集团公司计划在编制合并财务报表时，对两家公司的单独报表进行调整期初数处理，并在本期合并报表中不体现该笔700万元的收益。

思考问题：

A集团公司所提议的会计处理方式是否符合会计准则，是否适宜？

9.20.2 准则依据阐述

以下是对会计准则相关内容的整理。

1）《企业会计准则第33号——合并财务报表》第五十一条

具体内容参见本书8.11.2.2。

2）《企业会计准则第2号——长期股权投资》第五条

具体内容参见本书9.8.2.1。

9.20.3 关键分析与解读

在探讨此问题的会计处理方法时，首要任务是判断"2020年自银行购入不良债权"与"2023年债务人转变为集团子公司"两笔交易是否存在联系，是否相互依赖或具有因果联系。如果在购买日之前，购买方与被购买方已存在某些关系，这些关系的解决应被视为一项独立的交易来处理，这不属于《企业会计准则第20号——企业合并》的规范范围。如果对价中有部分需要用于结算这些关系，可能导致购买日确认利得或损失。

单独交易可能包括但不限于以下几种情形：①解决购买方与被购买方在合并前已有关系的交易；②为获得被购买方员工或原所有者未来服务而支付的报酬；③偿还被购买方或其原所有者因支付购买相关成本而产生的债务。

此外，A集团公司收购B公司80%股权的交易是构成同一控制下的企业合并还是非同一控制下的企业合并，对本问题的结论亦有重要影响。以下分析均基于假设该交易属于非同一控制下的企业合并进行。

在确定交易性质时，应考虑所有相关事实和情况，包括交易的实质内容、交易双方的关系、交易的商业理由以及交易对各方经济利益的影响。这有助于确保会计处理的准确性和合规性。

9.20.4 案例深度剖析

在分析此问题时，首先需确定2020年收购银行不良债权和2023年债务人成为子公司这两笔交易是否具有实质性联系，是否互为条件或存在因果关系。如果两笔交易实质上相关，应将其视为一揽子交易进行会计处理。

9.20.4.1 一揽子交易处理

如果两笔交易构成一揽子交易，A集团公司相当于以总价（B公司80%股权购买价格加300万元）购入B公司80%股权和1 000万元债权。由于300万元可能不代表债权的公允价值，需将总价按两笔交易对公允价值的比例进行分摊，重新确定企业合并成本和债权收购成本。在个别报表中，按收购成本确认对子公司的债权，并将分配到合并成本的部分确认为长期股权投资。在合并报表中，将 1 000 万元本息转为子公司权益，并以总价作为合并成本，重新计算商誉或负商誉。

9.20.4.2 独立交易处理

如果两笔交易独立且债权收购先于股权收购：

（1）债权收购时：A 集团公司在个别报表中按 300 万元实际收购价格确认对 B 公司的债权。

（2）股权收购时：在个别报表中，将 80% 股权的实际收购价格确认为长期股权投资，原债权投资资产不作调整。

在合并报表中，由于合并时同时结算了双方的债权债务关系，应单独运用相关会计准则处理，而不是运用《企业合计准则第 20 号——企业合并》进行处理。如果债务重组在股权收购后发生，且无法确定购买日的公允价值，可以认为债务的购买日公允价值为 300 万元，不确认"购买日结算损益"，该负债以 300 万元体现于合并资产负债表中，并据此计算合并商誉或负商誉。

2024 年债务重组协议：

B 公司个别报表中，300 万元债务豁免应计入资本公积。

在合并报表中，负债金额从 300 万元调整到 700 万元，增加的 400 万元负债视同对母公司的分配，冲减资本公积。

在 A 集团公司个别报表中，应收债权金额从 300 万元调整到 700 万元，差额 400 万元视同部分收回投资，贷记"长期股权投资——B 公司"科目。如果债务重组协议约定的偿还期限在 1 年以内，应从其他非流动资产调整到其他流动资产。

在 A 集团公司的合并财务报表编制过程中，如果发生债务重组且该重组被视为集团内部的交易行为，对于母公司和子公司各自财务报表中由此产生的财务影响，在编制合并报表时将被相互抵销。这一处理方式确保了合并报表能够准确反映集团作为一个整体对外呈现的财务状况、经营成果以及现金流量，而不受内部债务重组交易的单独影响。

此分析假设属于非同一控制下企业合并，且购买日确认的利得或损失在合并前，购买方参与或代表购买方参与，或主要为了购买方或合并后主体的利益而参与的交易很可能是单独交易。

9.20.5 案例总结

在评估交易性质时，购买方需综合考虑多个因素，这些因素虽然不相互排斥，也不具有决定性，但有助于判断交易是否构成与被购买方的交换部分，或是否应作为独立于企业合并的单独交易。

1）交易动机

探究合并各方及其所有者、董事、经理及其代理者进行交易的原因，有助于揭示交易是否涉及转移对价、资产获取或负债承担。如果交易主要服务于购买方或合并后实体的利益,而非被购买方或其原所有者的利益,支付的交易价格及相关资产和负债不太可能是与被购买方交易的一部分。在这种情况下,购买方应将该部分交易独立于企业合并进行会计处理。

2)交易发起方

明确交易的发起方有助于判断交易是否为与被购买方交易的一部分。交易若由购买方发起,可能是为了购买方或合并后实体的未来经济利益,而被购买方或其原所有者可能获得的经济利益很少或无经济利益。相反,交易若由被购买方或其原所有者发起,则不太可能是为了购买方或合并后实体的利益,而更可能是企业合并交易的一部分。

3)交易的时间安排

交易的时间安排对理解交易是否为被购买方交易的一部分也至关重要。如果是在企业合并条款协商阶段发生的交易,可能是出于企业合并的意图,以提供购买方或合并后实体的未来经济利益。在这种情况下,被购买方或其原所有者可能除作为合并后实体的一部分获取利益外,从交易中获得的经济利益很少或几乎没有。

如果企业合并有效地解决了之前存在的关系,购买方应确认利得或损失,并按以下方式计量:

(1)非契约性关系:对于之前存在的非契约性关系(如诉讼),应按公允价值计量。

(2)契约性关系:对于之前存在的契约性关系,计量方法为以下两者中的较低者:①从购买方的视角出发,此合同相较于当前市场上普遍存在的交易条款所蕴含的优势或劣势额度(劣势合同指的是其执行成本超越了预期可带来的经济利益,但并不直接等同于造成亏损的合同);②合同中不利一方根据合同条款可获得的金额。若②低于①,则差额作为企业合并会计处理的一部分。通过这种方法,购买方能够确保交易的会计处理既符合会计准则,又恰当地反映交易的实质和经济影响。

9.21 以控股子公司股权增资实现非同一控制下合并的会计处理

9.21.1 案例概述

案例 9-23 A 公司原本拥有其子公司 B 公司的 80% 股权,其初始投资成本设定为 5 000 万元,而 B 公司的注册资本则为 8 000 万元。在 A 公司的合并财务报表上,B 公司的净资产估值达到 10 000 万元,这一数值可能基于 2 种考量:一是 A 公司在非同一控制下合并 B 公司时,按购买日公允价值持续计算的金额;二是 B 公司自身财务记录中的账面价值。进一步估算,B 公司 80% 股权的市场公允价值高达 20 000 万元,从而可推算出

B公司整体的市场公允价值约为25 000万元。

与此同时，存在一家与A公司及B公司均无先前关联的非关联公司C公司，其可辨认净资产的公允价值评估为11 000万元，而包含潜在商誉在内的整体公允价值则为12 000万元。

近期，A公司计划以其持有的B公司80%股权（作价20 000万元）向C公司进行增资。鉴于C公司增资前的整体公允价值为12 000万元，而A公司用于增资的B公司80%股权价值远高于此，交易完成后，A公司将获得C公司62.5%的股权比例，实现对C公司的控制，这一交易被视为非同一控制下的企业合并。合并后，B公司将转变身份，成为C公司的子公司，由C公司持有其80%的股份。

思考问题：

在上述情况下，A公司应采取何种会计处理方法来反映其对C公司的投资以及由此产生的企业合并？

9.21.2 准则依据阐述

以下是相关会计准则内容的概要梳理。

1)《企业会计准则第2号——长期股权投资》第五条

具体内容参见本书9.8.2.1。

2)《企业会计准则第20号——企业合并》第十一条

具体内容参见本书9.18.2。

9.21.2.3 《企业会计准则第33号——合并财务报表》

第四十九条指出，在母公司未丧失对子公司控制权的前提下，如果其部分处置长期股权投资，并在合并财务报表编制时，处置价款与自购买日或合并日起连续计算的该投资在子公司净资产中所占份额的差额，应首先调整资本公积（具体为资本溢价或股本溢价部分）。如果资本公积的余额不足以抵销此差额，需进一步调整公司的留存收益。

9.21.3 关键分析与解读

案例9-23反映了A公司通过减少其在子公司B公司中的权益比例（从80%降至50%），换取了对C公司62.5%的控制权。具体来说，A公司放弃了B公司30%的权益，其公允价值等同于C公司62.5%权益的公允价值，均为7 500万元，表明这是一次等价的交易。此项交易构成了非同一控制下的企业合并，其合并成本应基于购买日支付的资产、承担的负债或发行的权益性证券的公允价值来确定。

在A公司的合并报表层面，应将此交易视为2个独立的部分：

（1）通过非同一控制下的企业合并，A公司获得了C公司62.5%的控股权益，同时产生了 37.5% 的少数股东权益。

（2）A 公司对 B 公司的持股权益比例发生了变动，从原先的 80% 缩减至 50%，此调整等同于 A 公司在保持对 B 公司控制权不变的前提下，对其子公司 B 公司的部分股权进行了出让或处置。

遵循《企业会计准则第 33 号——合并财务报表》第四十九条的准则要求，当母公司（如 A 公司）在不放弃对子公司（如 B 公司）控制权的前提下，进行部分股权处置时，其处置所得的价款与基于该部分股权在子公司净资产中应占份额（自取得日或合并日起持续计算）之间的差额，首先会用来调整资本公积；如果资本公积不足以调整该差额，进一步调整留存收益。然而，在此特定案例中，A 公司转让 B 公司部分权益所获得的价款，恰好等同于其通过此交易在 C 公司中新获得的权益的公允价值，因此在合并财务报表层面，这一交易并未引发额外的会计利得或损失。

此会计处理方法确保了交易的公允性，并符合会计准则的要求，同时也体现了企业合并的实质和经济效果。

9.21.4　案例深度剖析

在案例 9-23 中，A 公司通过放弃 B 公司 30% 的股权，换取了 C 公司 62.5% 的股权，这在个别报表和合并报表层面需要进行相应的会计处理。

9.21.4.1　A 公司个别报表层面

在个别报表层面，A 公司放弃的对价公允价值为 7 500 万元。原先 B 公司 30% 权益的账面价值，按成本法计算，为 1 875 万元（5 000×30%÷80%）。因此，A 公司应确认的投资收益为 5 625 万元（7 500-1 875）。A 公司继续通过 C 公司间接持有 B 公司 50% 的股权，其投资成本 3 125 万元（5 000×50%）不作调整，但需从"长期股权投资——B 公司"科目转入"长期股权投资——C 公司"科目。会计分录如下：

借：长期股权投资——C 公司（75 000 000+31 250 000）　　106 250 000
　　贷：长期股权投资——B 公司　　　　　　　　　　　　　50 000 000
　　　　投资收益　　　　　　　　　　　　　　　　　　　　56 250 000

9.21.4.2　A 公司合并报表层面

在合并报表层面，A 公司应将此次交易视为两项独立的交易处理：

（1）通过非同一控制下企业合并，取得 C 公司 62.5% 的控股权益，产生 37.5% 的少数股权。C 公司可辨认净资产的公允价值为 11 000 万元，整体公允价值为 12 000 万元，因此确认合并商誉为 625 万元［（12 000-11 000）×62.5%］，少数股东权益价值为 4 125 万元（11 000×37.5%）。

（2）在不丧失控制权的前提下，部分处置 B 公司 30% 股权的交易。处置对价为 7 500 万元，对应的 B 公司可辨认净资产在合并报表层面的价值为 3 000 万元

（10 000×30%），构成少数股东权益。合并报表层面应调整资本公积的金额为 4 500 万元（7 500-3 000）。加上 B 公司原有的 20% 少数股权，B 公司可辨认净资产中归属少数股东的份额为 5 000 万元〔10 000×（30%+20%）〕。

2 个步骤中确认的少数股东权益合计为 9 125 万元（4 125+5 000），其中，原有金额为 2 000 万元（10 000×20%），新增部分为 7 125 万元。

因此，重组交易对 A 公司合并报表层面的影响如下，会计分录假设 A 公司合并报表主体是一个单独的账务核算主体：

借：C 公司可辨认净资产	110 000 000
商誉	6 250 000
贷：资本公积	25 000 000
少数股东权益	91 250 000

在合并财务报表的编制中，B 公司的可辨认资产、负债及商誉在交易发生前后均维持原有记录，不进行基于公允价值的重新评估或调整。相反，C 公司作为新纳入合并范围的实体，其资产、负债及商誉则以购买日的公允价值为基准，进行后续的持续计量和记录。

9.21.5 案例总结

在编制个别财务报表时，将长期股权投资的处置视为一项具体的资产转让或处置交易进行处理。相关的会计处理应体现出这种处置所引发的损益情况，即通过出售股权所接收的款项或对价的公允价值与其账面价值之间的差额，这一差额应被确认为处置收益或损失，并在母公司的利润表中体现。

在编制合并财务报表的过程中，如果母公司在维持对子公司控制权不变的前提下，进行了部分股权的处置，处置该股权所获得的公允价值与自购买日以来持续计算的子公司净资产中该部分股权应占份额之间的差额，将会被用来调整资本公积中的资本溢价或股本溢价部分。这一做法基于实体理论，从母子公司构成的合并主体视角来看，母公司的这种交易属于权益性交易，其实质是在合并主体内部，控股股东与少数股东之间权益的交换。这种交易可以视为少数股东对合并主体的增资行为，其中，增资金额与新获得的所有者权益份额之间的差额，代表了母公司应享有的份额，该差额可能表现为溢价或折价。

尽管母公司处置了部分股权，但仍保持了对子公司的控制权，因此这种交易不会构成对子公司资产和负债价值的重新评估，也不会触及购买日商誉的调整。因此，在合并财务报表中，此项交易既不影响损益，也不改变原有的商誉数额。

通过这种处理方式，合并财务报表能够更准确地反映母公司与子公司之间的经济实质，同时保持商誉等关键财务指标的稳定性和一致性。

9.22 非同一控制下企业合并中业绩补偿和业绩奖励条款的会计处理

9.22.1 案例概述

案例 9-24 A 公司在经过 2022 年 9 月 30 日的审计评估后，成功地完成了对 B 公司原股东持有的 40% 股权的收购。此次收购后，A 公司通过持有 B 公司 70% 的表决权，正式将 B 公司纳入其合并报表的范围内。随着这 40% 股权的转让，原最大股东的持股比例缩减至 33%，而剩余股份则由自然人股东继续持有。本次合并的正式生效日期被设定为 2022 年 11 月 13 日，根据收购协议，A 公司需支付的对价为 1 亿元人民币，且此款项已于 2022 年 12 月 31 日之前全额支付完毕。

收购协议中不仅明确了交易的基本条款，还包含了一套精细的对价调整与利润补偿机制。该机制以 B 公司在 2022 年至 2024 年期间实现的经调整审计税后净利润复合增长率不低于 20% 作为基准利润目标。如果实际增长率超越此基准，A 公司将根据增长率超出部分的比例，对原始对价进行上调。具体而言，如果复合增长率落在 25% 至 30% 的区间内，A 公司将额外支付相当于原价（1 亿元）的奖金，且协议进一步细化了四档递增的奖励标准。反之，如果复合增长率未达基准但仍在 15% 至 20% 之间，原股东需向 A 公司支付一定数额的现金作为补偿，从而导致实际支付的对价低于原定的 1 亿元人民币。

思考问题：

A 公司应如何根据业绩补偿和奖励条款进行相应的会计处理？

9.22.2 准则依据阐述

以下是对相关会计准则及监管报告关键内容的归纳与阐述。

1)《企业会计准则讲解（2010）》中的或有对价处理

该准则明确，或有对价作为合并协议中的一项条款，是基于未来不确定事件而设定的额外支付或返还条件。这意味着，购买方在未来可能需要根据特定条件的变化，增加或减少向卖方支付的金额。

2)《企业会计准则第 20 号——企业合并》中的暂时价值确认

在企业合并完成时，如果某些可辨认资产、负债或或有负债的公允价值以及合并成本尚未最终确定，会计准则允许购买方暂时采用这些估值进行会计记录。重要的是，如果在合并日后的 12 个月内对这些暂定值进行了调整，这些调整应追溯至购买日进行反映，以保持会计处理的一致性和准确性。

3)《企业会计准则第 9 号——职工薪酬》的薪酬范畴与利润分享计划

该准则详细界定了职工薪酬的广泛范畴，包括短期薪资、退休后福利、解雇补偿等多个方面。特别地，对于利润分享计划，企业需在满足特定条件，即企业具有明确的支付义务且相关金额能够可靠计量时，方可确认相应的职工薪酬负债。

4)证监会会计部《2013 年上市公司年报会计监管报告》的合并业绩奖励区分

监管报告强调，在处理企业合并中的业绩奖励时，上市公司需清晰区分这些奖励是构成合并成本的一部分，还是应将其归类为职工薪酬支出。这一区分对确保会计处理的合规性和透明度至关重要。

5)《企业会计准则讲解（2010）》中或有对价的深入会计处理要求

本讲解进一步细化了或有对价的会计处理方法，要求购买方将或有对价纳入合并成本之中，并根据金融工具相关准则将其确认为权益、负债或资产（在符合确认条件时）。此外，对于购买日后 12 个月内因新证据出现而需调整或有对价的情况，特别指出了对合并商誉进行相应调整的要求。对于其他情况下的或有对价变动，需依据其经济实质和会计准则进行恰当的会计处理，这可能涉及公允价值的重新计量以及利得或损失的确认。

9.22.3 关键分析与解读

根据案例背景，涉及的业绩补偿承诺和奖励主要关联 2 个会计问题：首先，确定业绩奖励是被归类为职工薪酬还是或有对价；其次，对或有对价（包括业绩补偿和业绩奖励）进行适当的会计处理。

在实务操作中，部分上市公司因对会计准则的理解欠缺或交易实质分析不够透彻，常将企业合并成本与合并后应计为成本费用的职工薪酬混淆。这种混淆直接导致了会计处理的错误，本应分期确认为成本费用的职工薪酬被错误地一次性计入合并成本，进而虚增了合并商誉，并相应地减少了当前及未来会计期间的成本费用。

通常，如果支付的款项明确以相关人员继续在企业任职为前提，那么这些款项应被视为职工薪酬，而非合并过程中的直接成本。为准确地界定款项性质，企业可综合考虑以下因素：支付安排是否特别针对留任的原股东高管；如果无此安排，这些高管的薪酬水平是否与市场及企业内其他高管相当；以及支付金额的确定是否显著依赖于企业的估值表现。

关于业绩奖励条款，当被识别为或有对价时，其通常被定义为金融负债性质，并采用公允价值计量，其变动直接反映在当期损益中。由于业绩奖励的现金支付方式及其与公司业绩的紧密关联性，它不符合作为权益工具的标准。

在合并购买日，如果预测业绩奖励的支付概率高且影响金额能可靠估算，应将此金额纳入合并对价总额，以公允价值计入合并成本，同时在财务报表上确认相应的金融负债。在业绩承诺期间，公司需根据实际经营成果定期复审并调整预计的奖励金额，相应调整负债的账面价值，并将变动部分计入当期利润或亏损。业绩承诺期满，如果需支付额外的业绩奖励，上市公司需一次性结算，会计记录体现为负债减少与相应资产科目的增加。

9.22.4 案例深度剖析

在案例 9-24 中，业绩补偿应被视为与企业合并相关的或有对价安排。至于业绩奖励的性质，应依据相关指引进行判断，以确定其是或有对价还是职工薪酬的一部分。本案例中的或有对价主要与未来盈利的实际结果与预测的差异相关，属于购买日后新出现的情况。因此，或有对价的公允价值变动，包括因被购买方业绩未达承诺而获得的补偿，或因业绩超出承诺而支付给原股东且被认定为或有对价的业绩奖励，应计入后续期间的损益中。

当业绩奖励归属为职工薪酬类别时，其会计处理应严格遵循《企业会计准则第9号——职工薪酬》的规范进行操作。重要的是要强调，无论是业绩补偿还是业绩奖励，它们的本质特性并不构成对已在购买日确认的合并成本及商誉进行后续调整的依据。

如果并购目标公司的实际经营业绩未达到协议中承诺的标准，那么应支付的业绩补偿将作为营业外收入计入当期的损益表。同时，应仔细评估这一情况对后续进行商誉减值测试时可能产生的潜在影响，因为在实际操作中，商誉减值的实际确认金额可能超出最终收到的业绩补偿数额。

在企业合并的背景下，业绩补偿条款常被设计为一种保障机制，确保交易双方在进行估值和定价时能够以对未来盈利的合理预期为基础。因此，这类基于盈利预测的补偿承诺，在交易合同签署日其公允价值通常被假定为零。

观察众多并购案例中的业绩补偿协议，常见的一种安排是设立 3 年期限，最终根据这 3 年内的累计业绩来清算补偿。如果当前案例中也存在此类条款，鉴于目前仅完成了第一年，应视基于第一年业绩的支付或收取为临时性财务调整。如果 A 公司能够在合并年度的结束前获得 B 公司的全年财务成果，并据此预估出与当年合并直接相关的补偿金额，那么可以将这一预估的减少金额暂时计入其他应付款项。待 3 年期满，若确认无需支付剩余或有对价，则将其转为营业外收入。至于未来 2 年的补偿情况，由于其不确定性较高，当前阶段可暂不考虑，待相关条件明确后再进行相应的会计处理调整。

而对于被归类为职工薪酬的业绩奖励，其确认条件需严格符合《企业会计准则第9号——职工薪酬》第九条的规定，之后方可被确认为负债，据此在当期管理费用中予以反映。

9.22.5 案例总结

遵循《企业会计准则第 22 号——金融工具确认和计量》（2017 年修订）的指引，业绩补偿条款往往符合金融资产的定义框架。具体而言，当企业有合理预期能够接收到与或有对价相关联的补偿，且该补偿的金额能够被可靠地确定时，应将符合合并协议条款、具备可追索性的已支付合并对价所衍生的权利，确认为一项金融资产。此类金融资产必须被归类为以公允价值计量且其变动计入当期损益的金融资产，同时，这些资产不可被选择性地归类为以公允价值计量且其变动计入其他综合收益的金融资产。

关于业绩奖励条款的归类，其属性需依据条款具体内容进行深入剖析。如果业绩奖励展现以下特点，更倾向于将其视为职工薪酬而非企业合并中的或有对价：首先，奖励仅针对标的公司的原股东且这些股东在公司中担任核心职务；其次，奖励的获得与受奖者的在职状态紧密相连，一旦离职即丧失资格；最后，即便不计入此奖励，受奖者的薪酬水平也低于公司内其他非原股东的关键管理人员，这表明奖励旨在作为一种服务激励手段。相反，业绩奖励的发放若与上市公司是否持续获得受奖者的服务无直接联系，则应被视为企业合并中的或有对价。

一旦业绩奖励被明确为或有对价，其会计处理上则通常归类为金融负债，并以公允价值进行持续计量，任何由此产生的价值变动都将直接影响当期损益。业绩奖励多为现金形式且其金额随公司业绩浮动，因此不符合权益工具的标准定义。在进行公允价值计量时，需全面考量标的公司未来的业绩预测、支付方的信用评级与偿付能力、潜在的担保责任以及货币的时间价值等多重因素。

在购买日，如果预计业绩奖励的发放具有高度可能性且其对合并成本的影响能够被可靠估计，则预计金额应被纳入合并对价之中，并以公允价值为基础计入合并成本，同时在财务报表中作为负债被确认。在整个业绩承诺期内，企业应在每个会计期末根据标的公司的实际经营成果重新评估业绩奖励的金额，并相应调整负债的账面价值，将变动额直接计入当期损益。承诺期届满后，如果需支付超额业绩奖励，上市公司将进行一次性支付，会计记录将体现为负债账户的减少及相应资产科目的增加。

在购买日及后续的会计周期内，典型的业绩补偿条款应遵循或有对价的会计处理原则，以其公允价值为基础进行计量，并被归类为以公允价值计量且其变动计入当期损益的金融资产。实际操作中，鉴于补偿义务人支付能力的不确定性，上市公司可能会选择在当前会计期间内仅部分确认或暂时不确认相关损益，而将其调整至未来的会计年度进行反映。不过，由于业绩补偿款通常不被视为经常性损益项目，其对上市公司扣除非经常性损益后的净利润产生的影响相对有限。

9.23 子公司被重组时原控股股东的会计处理

9.23.1 案例概述

案例 9-25 B 公司作为上市公司，面临由连续亏损导致的退市风险，其母公司 A 公司因此决定对其进行重组。重组过程主要分为以下几个步骤：

（1）A 公司将其持有的 B 公司股份转让给一个无关联的第三方。

（2）第三方以其持有的优质资产（D公司）与B公司的资产进行置换，实现D公司的借壳上市。

（3）第三方将置换出的资产作为对价支付给A公司，并额外支付现金1.7亿元。

在重组过程中，第三方将通过现金出资方式设立或利用一个已有的全资子公司——C公司，将从B公司置换出的资产装入C公司。A公司最终收到的C公司股权，其经济价值等同于原先B公司的股权。C公司在重组前与A公司和B公司没有业务联系。

在资产置换的过程中，所涉及的资产及业务在置换前后跨越了不同行业领域，且这些业务在置换之前并无直接的相互交易或合作记录。重组之前，A公司作为控股股东，持有B公司30%的股权，并依据成本法对这部分长期股权投资进行会计核算，其账面价值记录为1.5亿元人民币。而重组实施后，A公司的股权结构发生变更，转而持有C公司70%的股权，成为C公司的主要控制者。值得注意的是，C公司的全部资产与负债均从B公司直接承接而来，未经历任何形式的增减或调整，保持了原有状态。

思考问题：

在上述重组情况下，A公司应采取何种会计处理方法来反映其对B公司和C公司的投资变动？

9.23.2　准则依据阐述

以下是对会计准则相关内容的整理。

1）《企业会计准则第33号——合并财务报表》第五十一条

具体内容参见本书8.11.2.2。

2）《企业会计准则第7号——非货币性资产交换》

第六条：具体内容参见本书9.8.2.2。

第七条：具体内容参见本书2.14.2。

9.23.3　关键分析与解读

在案例9-25中，B公司的重组计划涉及三项交易，包括股权转让、资产置换和资产划转。这些交易虽然将依次进行，但它们是作为一个整体来实现重组方对B公司的重组目标，即实现资产和业务的上市。任何单独的交易都不能独立完成重组的目的。此外，这三项交易相互依赖，如果其中一项未能获得批准，其他交易也将随之失效。

对于这三项交易，应当从整体上考虑其会计处理。C公司最终将由B公司的原控股股东A公司控制，并且C公司所包含的资产是B公司在重组前所持有的。因此，C公司在法律上虽然暂时由重组方控制，但在实质上，它对B公司的原有资产、负债和业务起到了延伸作用。根据实质重于形式的原则，C公司取得B公司的原有资产和负债时，应按照这些资产和负债在B公司的账面价值进行入账。

当A公司获得对C公司的长期股权投资时，需要根据C公司持有的资产和负债的不同构成进行分类处理。在 A 公司获得对 C 公司的控制权时，C 公司持有的资产和负债可以分为 2 个部分：一部分是 C 公司原有的资产和负债；另一部分是在重组过程中转入 C 公司的原先属于 B 公司的资产和负债。这两部分资产和负债之间没有直接联系。对于后者，由于控制权的延续性，应按照这些资产和负债在 B 公司账面价值进行计量。而对于前者，如果包含的资产和负债构成业务，A 公司获得控制权应按照非同一控制下企业合并的原则处理；如果不构成业务，应按照资产购买处理。此外，A 公司在 B 公司原有资产和负债中的份额增加，应作为购买少数股东权益进行会计处理。

9.23.4　案例深度剖析

在 A 公司的个别财务报表上，原本记录的是对上市公司 B 的股权投资，但经过重组后，该项投资转变为对非上市公司 C 的股权持有，尽管这两家公司的股权发生变动，它们始终都处于 A 公司的控制与管理之下。尽管 B 公司和 C 公司包含的资产和业务相同，但重组后的未来现金流的时间、金额和风险程度与重组前相比，并没有实质性的变化。在此特定情境下，从个别财务报表的角度来看，应将此次交易视为一项不具备商业实质的非货币性资产交换行为。因此，A 公司原先对 B 公司持有的长期股权投资的账面价值，应作为换取 C 公司股权的初始成本基础进行记录。即便重组中货币性对价的比例超过了 25%，可能不适用《企业会计准则第 7 号——非货币性资产交换》，但依然可以根据商业实质原则来考虑会计处理方案。对于额外获得的 1.7 亿元现金，可以视为 A 公司出售其持有的上市公司"壳资源"的对价，从而确认收益。因此，A 公司对 C 公司的长期股权投资应以其原先对 B 公司股权投资的账面价值为基础进行确认，即 1.5 亿元；同时，对于额外取得的 1.7 亿元现金对价，可以确认为处置损益。从经济实质分析，该交易应被分解为 2 项独立的交易：一是收回上市公司（壳公司）的原有经营性净资产；二是出售"壳"。第一项由于不具有商业实质，应按账面价值确认；第二项则为额外收益，可以确认为损益。

在 A 公司的合并财务报表层面，A 公司对其在原上市公司 B 的经营性净资产中所占份额的增加（从 30% 增至 70%），应按照购买少数股东权益进行处理；对于额外收到的 1.7 亿元现金，在合并报表层面同样可以确认为投资收益。由于原上市公司 B 公司的经营性净资产在重组前后始终处于 A 公司的实际控制之下，在 A 公司的合并报表中，在重组前后，对于这部分特定资产的计量基础，应当保持一致性。

9.23.5　案例总结

在处理非同一控制框架下的重大资产重组时，企业编制财务报表的首要任务是清晰无误地界定会计视角下的收购方与被收购方角色。尤其当重组策略涉及借壳上市时，确立财务报表的会计主体需紧密围绕交易的核心实质进行。接下来，企业需明确界定财务报表比较期间的计量基准体系（这包括主要资产与负债的计量规则），并依据重要性原则，逐一详尽说明所采用的计量基础及其背后的决策逻辑。同时，企业还需对比较财务报表周期内可能出现的特殊交易情形保持高度警觉并进行审慎评估，这些情形包括但不限于会计主体内部识别的重大资产减值、规模显著的资本性交易、重组计划引起的资本结构变动，以及每股收益的精准计量与报告等核心要素。

10 保险合同准则

10.1 保险业务概念及业务梳理

10.1.1 案例概述

案例 10-1 国有大型保险公司 A 公司在 2024 年的保险业务中遇到了几项特殊事项：

（1）信用风险缓释凭证发行（2024 年 2 月）。A 公司发行了一种凭证，用以担保 X 上市公司债券的信用风险。根据合同，即使投资者未持有相应债券，也可认购该凭证。如果债券发行方未能按期支付利息或本金，A 公司将向凭证持有人支付约定金额，保障其不受损失。

（2）投连险保单推出（2024 年 5 月）。A 公司推出了一款新型投连险保单，规定身故赔偿金为已交保费与保单账户价值中的较大者。这意味着，如果被保险人早期身故，赔偿金为已交保费；如果晚期身故，且保单账户价值较高，赔偿金为账户价值。

（3）团体医疗费用保单签订（2024 年 7 月）。A 公司与客户签订了 500 份为期 5 年的团体医疗费用保单，承诺赔付率不超过保费的 90%。

（4）终身寿险合同签订（2024 年 8 月）。A 公司签订了一份终身寿险合同，根据合同，公司将客户所交保费的 85% 存入账户，并保证每年至少 1% 的最低投资收益率。客户退保时可领取账户余额，身故时，公司向受益人支付账户余额的 150%。

（5）养老年金保险合同签发（2024 年 11 月）。A 公司签发的养老年金保险合同规定，年金支付与全国居民消费价格指数挂钩，确保退休后的年金支付能够适应通货膨胀。

思考问题：
在以上业务中，A 公司签订的是保险合同吗？

10.1.2 准则依据阐述

以下是对《企业会计准则第 25 号——保险合同》（2020 年修订）中第二条、第七条和第八条的规定的整理和解析。

1）第二条深入阐释

（1）保险合同定义明晰：该条款精确界定了保险合同，作为合同签发方（企业）与保单持有人间的法律约定。其核心在于针对可能对保单持有人造成损害的特定且不确定的未来事件（保险事项），企业承诺给予经济赔偿，并主动承担由此产生的显著保险风险。

（2）保险事项解释详尽：保险事项是指保险合同中具体列明的具有不确定性的未来事件，它们的发生将激活保险赔付机制，同时伴随着保险风险的产生。

（3）保险风险定义精准：保险风险特指由保单持有人转移至合同签发方（保险企业）的那部分风险，明确排除了金融风险的范畴，专注于保险业务特有的风险承担。

2）第七条规定

企业需对每项合同的保险风险进行评估，以判断其是否构成重大保险风险，并据此确定合同是否为保险合同。

对于在合同开始日经评估符合保险合同定义的合同，企业在后续期间不需要重新进行评估。

3）第八条规定

对企业基于整体商业目的与同一或相关联的多个合同对方签订的多份保险合同，应将这些合同合并为一份合同进行会计处理。

合并合同是为了更准确地反映合同的商业实质。

整理后的内容更加清晰，便于理解和应用保险合同相关的会计准则。

10.1.3　关键分析与解读

企业在判断合同是否为保险合同时，需遵循准则明确以下内容。

（1）保险风险评估。企业必须对每项合同的保险风险进行评估，以确定其是否具有重大性，从而判断合同是否构成保险合同。只有当合同转移了重大保险风险时，该合同才被认定为保险合同。

（2）单项合同基础。即便合同组合或合同组发生重大损失的可能性不大，单项合同的保险风险仍可能重大。企业应以单项合同为基础进行保险合同的识别。

（3）持续评估。针对在合同起始日已经过评估并被认定为符合保险合同定义的合同，企业在后续期间通常无需进行再次评估，除非合同因发生修改而触发终止确认，并因此被重新确认为一项全新的合同。

（4）重大保险风险测试。在执行重大保险风险测试时，企业应识别那些同时满足以下条件的合同为已转移了重大保险风险的合同：此类合同在至少一个具有商业现实性的情境下，如果发生保险事故，即便其发生概率较低，也足以导致企业面临重大的额外财务负担。对于这些潜在额外负担的当前经济价值评估，企业应遵循《企业会计准则第25号——保险合同》（2020年修订）第二十五条所确立的折现率标准，以确保计算的准确性和合规性。

（5）额外金额的定义。额外金额是指保险事项发生时比不发生时多支付金额的现值，包括索赔处理费和理赔估损费。

（6）不包括在额外金额中的项目。额外金额不包括因未能提供未来服务而少收取的管理费、因保单持有人死亡而免除的手续费、针对未导致保单持有人重大损失的事项而支付的款项，以及通过分出再保险合同摊回的金额。

（7）损失的判断标准。企业判断是否因保险事项遭受损失的标准是，保险事项发生时企业的未来现金流出现值大于流入现值。

（8）合同边界内的现金流量。企业在进行重大保险风险测试时，不应考虑合同边界外的现金流量，而应关注与合同履约直接相关的现金流量。

10.1.4 案例深度剖析

（1）信用风险缓释凭证。A 公司发行的信用风险缓释凭证不构成保险合同。保险风险特指从保单持有人转移至合同签发人，且非金融性质的风险。该凭证不要求持有人遭受不利影响作为支付前提，因此不符合保险合同的定义。

（2）投连险保单。A 公司推出的投连险保单不满足保险合同的条件。保险风险的重大性需在具有商业实质的情形下评估，即对交易双方经济意义有显著影响。投连险保单主要为投资产品，其保险风险对客户的投资目的和保险公司的利润获取影响甚微，可能无法通过重大保险风险测试，应被视为投资合同。

（3）团体医疗费用保险。A 公司签发的团体医疗费用保险不构成保险合同。虽然单个被保险人可能获得超过保费的保障，但从团体角度看，合同赔付通常不超过保费，无法体现重大保险风险，因此 A 公司签发的团体医疗费用保险不满足保险合同的标准。

（4）终身寿险保险和养老年金保险。A 公司所发行的终身寿险保险与养老年金保险，均符合保险合同的定义范畴。这些合同不仅涵盖了金融风险的管理职能，更显著地承载了重大保险风险的转移与保障功能。例如，终身寿险在客户身故时需支付额外金额，养老年金保险与消费价格指数挂钩，但赔付取决于年金领受人的生存状态，这些合同明确地显示出了重大的保险风险已被有效转移。

（5）金融风险和保险风险的区别。金融风险涉及利率、金融工具价格、汇率等可能变化的因素，而保险风险是合同签发人必须接受的、保单持有人已面临的风险。合同带来的新风险若仅为金融风险，则不构成保险风险。金融风险并不涵盖那些仅与合同一方特定相关联的非金融变量变动所带来的风险。

10.1.5 案例总结

企业在界定合同是否归类为保险合同时，应依据以下既定内容进行审慎评估。

10.1.5.1 属于保险合同的情况

（1）保险合同的类别。保险合同包括实物失窃或损坏保险、产品责任保险、人寿保险、年金和养老金保险、伤残及医疗保险、履约保证和投标保证、质量保证、知识产权保险、旅游保险，以及特定债券合同等。

（2）特定类型的保险合同。如个人电子产品财产保险、机动车损失保险、董事及高管职业责任保险、终身人寿保险、即期年金保险等，均视为保险合同。

（3）年金和养老金保险的特殊说明。根据《企业会计准则第 25 号——保险合同》（2020 年修订），离职后福利计划中的雇主责任不适用本准则。

（4）质量保证的适用范围。第三方签发的质量保证属于保险合同的适用范围，而生产商或销售商提供的质量保证则不属于。

（5）其他类型的保险合同。其他类型的保险合同包括旅游保险、特定债券合同、与合同一方特定相关的气候或地质变化导致的损失赔付合同等。

10.1.5.2　不属于保险合同的情况

（1）投资合同。具有保险合同法律形式但未转移重大保险风险的投资合同，视为投资合同。

（2）风险转回合同。通过特定机制将保险风险转回给保单持有人的合同，如某些财务再保险合同，这些合同通常为金融工具或服务合同，不适用《企业会计准则第 25 号——保险合同》（2020 年修订）。

（3）集团或企业内部保险。企业向子公司或分支机构签发的保险合同，在合并或财务报表层面不视为保险合同。

（4）无不利影响前提的合同。要求在特定事件发生时付款，但不以对合同持有人造成不利影响为前提的合同，不属于保险合同。

（5）信用担保。第三方债务人未偿还债务时，即使合同持有人未遭受损失，也要求支付款项的合同，不属于保险合同。

（6）与物理变量无关的合同。基于不特定于合同一方的气候、地质或其他物理变量确定付款的合同，如天气衍生工具，不属于保险合同。

（7）减额支付合同。基于不特定于合同一方的物理变量，减少支付本金、利息或本息的合同，不属于保险合同。

10.2　保险合同的分拆

10.2.1　案例概述

案例 10-2　A 保险公司签发的人寿保险合同含有账户价值元素。合同签发时，A 公司收到 1 000 元保费。账户价值根据保单持有人自愿支付的金额、特定资产的投资回报以及 A 公司按合同扣取的费用进行调整。如果被保险人在责任期内身故，A 公司将支付账户价值加上 5 000 元；若退保，则支付账户价值。该合同提供的保险服务与账户价值并存且合同失效或到期。假设合同满足重大保险风险转移的条件。A 公司理赔部门处理赔案，资产管理部门负责投资。市场上有类似投资产品但不提供保险服务。

案例 10-3　2024 年 3 月 1 日，B 保险公司与 Y 市政府签订大病医疗保险协议，责任期为 1 年。协议规定，如果最终赔付率低于 90%，B 公司需支付额外金额，最高不超过保费的 12%；如果赔付率高于 90%，B 公司无需支付额外金额，但如果高于 120%，政府需向 B 公司支付差额。假设协议符合保险合同的定义，但重大保险风险转移尚待测试。

案例 10-4　2024 年 5 月，C 保险公司与 T 公司签订保险合同，设定 200 万元为起赔点，T 公司自担雇员 200 万元以下医疗费用，C 公司对超出部分提供 100% 保险保障。C 公司为 T 公司雇员提供理赔服务并独立收费，市场价格一致，且服务不含保险成分。

案例 10-5　2024 年 1 月，D 保险公司与 H 商业银行签订合同，为按揭贷款借款人提供人身保险服务。如果借款人身故或伤残，D 公司向 H 银行偿还未偿还本金和利息。服务价格根据借款人情况确定。

案例 10-6　2024 年 7 月，E 保险公司推出养老金产品，以终身年金形式提供长寿风险保障，年金金额与养老成本指数挂钩。

思考问题：

对上述案例中的各保险合同，是否需要进行拆分？

10.2.2　准则依据阐述

以下是对《企业会计准则第 25 号——保险合同》（2020 年修订）中第九条与第十条的深入解读与整理。

1）第九条：保险合同组成部分的分解与会计处理

（1）分解原则：保险合同中如果包含多个独立且可识别的组成部分，企业应逐一分解，并针对每个部分应用相应的会计准则。

（2）嵌入衍生工具：符合《企业会计准则第 22 号——金融工具确认和计量》（2017 年修订）中定义的拆分条件的嵌入衍生工具，需按照金融工具相关会计准则进行核算。

（3）投资成分分析：能够明确区分的投资成分，应依据《企业会计准则第 22 号——金融工具确认和计量》（2017 年修订）处理；如果该类投资成分符合特定条件分红特征的投资合同定义，仍采用本准则进行会计处理。

（4）商品与服务：对于明确可分的商品或独立于保险合同的服务承诺，应遵循《企业会计准则第 14 号——收入》的规定进行会计处理。

（5）剩余部分：在完成上述分解后，保险合同的剩余部分应继续按照本准则进行会计核算。

术语释义：

投资成分：无论保险事件是否发生，均须向保单持有人退还的资金部分。

保险合同服务：涵盖了为企业提供保险保障、为非分红型保险合同持有人提供投资回报，以及为分红型合同持有人管理其基础项目投资等服务的总和。

2）第十条：合同现金流量的分配原则

（1）分配基础：企业应依据保险合同的分解情况，合理地对合同产生的现金流量进行分配。

（2）分配方法：在剔除已分解的嵌入衍生工具及可识别的投资成分现金流量后，剩余的现金流量需在保险成分与可明确区分的商品或服务承诺之间进行有效分配。

（3）会计准则应用：分配给保险成分的现金流量，应继续遵循本准则的相关规定进行会计处理。

10.2.3　关键分析与解读

10.2.3.1　保险合同的组成部分

1）嵌入衍生工具的处理方式

在保险合同的范畴内，有时会包含有衍生工具的特性元素，如客户享有的退保选择权。根据《企业会计准则第22号——金融工具确认和计量》（2017年修订）的指导原则，如果这些嵌入的衍生工具在经济特性和风险特征上与主保险合同不构成紧密关联，且符合衍生工具的定义要求，企业需将这些元素从保险合同中剥离出来，并依照《企业会计准则第22号——金融工具确认和计量》（2017年修订）进行独立的会计处理。然而，如果该嵌入的衍生工具本质上亦构成保险合同的一部分，且应遵循《企业会计准则第25号——保险合同》（2020年修订），上述的分拆与特殊处理规定将不再适用。

2）投资成分的辨识与会计处理方法

对于保险合同内蕴含的投资成分，如果能够清晰且明确地将其与保险保障功能相区分，需进行分离处理，并依照《企业会计准则第22号——金融工具确认和计量》（2017年修订）的规定进行相应的会计处理。特别指出，如果投资成分包含有基于业绩浮动的分红属性，此类成分应被视作保险合同不可分割的一部分，需根据保险合同会计准则的要求进行会计处理。投资成分被认定为可明确区分的标准包括但不限于投资与保险两个部分在功能上不存在高度的相互依赖关系；在相同或类似市场条件下，企业或其他相关方能够单独出售与投资成分条款相同的独立合同。

3）商品与非保险合同服务承诺的会计处理

企业应在分拆嵌入衍生工具和投资成分后，考虑分拆商品或非保险合同服务的承诺，并适用《企业会计准则第14号——收入》。保险合同服务包括为保险事项提供的保障服务、投资回报服务及管理基础项目的投资相关服务。

4）保险成分

识别并分拆出非保险成分后，剩余的保险成分应按保险合同准则处理，包括未分拆的嵌入衍生工具、不可明确区分的投资成分和商品或服务承诺。

10.2.3.2　合同现金流量分摊

1）分摊方法

企业在面对包含多个组成部分的合同分拆时，应基于分拆的具体情况，对合同内的现金流量进行合理分配。具体而言，首先，需从总现金流量中扣除已单独剥离并处理的嵌入衍生工具及投资成分的相应现金流量。其次，剩余的现金流量应进一步在保险成分与那些能够清晰界定的商品或非保险合同服务承诺之间，按照合理的比例或方法进行分摊。

2）分摊原则

现金流入应按《企业会计准则第 14 号——收入》被分摊至保险成分和可明确区分的商品或非保险合同服务承诺成分。与保险成分和可明确区分的商品或非保险合同服务承诺成分直接相关的现金流出应被分摊至相应成分，与保险成分和可明确区分的商品或非保险合同服务承诺成分不直接相关的现金流出则在反映单独合同时企业预计将产生的现金流出的基础上进行分摊。

3）合同合并与分拆

企业在运用保险合同合并规定和分拆规定时，应得出关于合并、分拆的一致判断结果。不应对根据分拆规定判断应分拆的不同成分，再根据合并规定判断将其合并。

4）合同的法律形式与实质

单项合同的剩余组成部分如果其法律形式上的权利和义务实质体现为一个整体，不应进一步分拆，应作为一个整体按保险合同准则处理。

10.2.4 案例深度剖析

以下是对案例 10-2 至案例 10-6 的解析。

10.2.4.1 案例 10-2 分析

A 公司签发的人寿保险合同含有投资成分和服务承诺。企业需判断这些成分是否可被明确区分。案例中，市场存在相似产品，区分的关键在于判断投资与保险成分的关联性。根据相关国际财务报告准则，若投资成分的价值变动与保险成分无关，或任一成分的失效不影响另一成分，则不需拆分，整体适用保险合同会计准则。A 公司的理赔和资产管理活动是履行合同的必要部分，不构成可分拆的服务。

10.2.4.2 案例 10-3 分析

B 公司与 Y 市政府签订的医疗保险协议包含投资成分，需判断其是否可区分。协议中 B 公司的净赔付上限高于常规支付，表明存在重大保险风险转移。投资成分与保险成分高度关联，因此不可分拆。协议体现了收支平衡原则，当赔付率低时，B 公司返还部分金额；赔付率高时，政府补偿 B 公司，确保净赔付不超过保费的 120%。

10.2.4.3 案例 10-4 分析

C 公司与 T 公司签订的保险合同中，对 C 公司提供的理赔服务需单独评估是否可分拆。理赔服务为 T 公司带来独立于保险保障的利益，且与保险服务的现金流量不高度关联，C 公司未提供整合服务，因此理赔服务应从保险合同中分拆，并按《企业会计准则第 14 号——收入》处理。

10.2.4.4 案例 10-5 分析

D 公司与 H 银行的团体保险合同虽在法律形式上为一合同，但考虑每个借款人的保险服务可单独定价、出售，且借款人间无关联，应将团体合同分拆为多项单独的保险合同进行会计处理。

10.2.4.5 案例 10-6 分析

E 公司推出的养老金产品包含嵌入衍生工具，需评估其与主合同的关联性。衍生工具（与养老成本指数挂钩的年金给付）与终身养老年金合同高度相关，因此无需单独拆分。

10.2.5 案例总结

通过上述案例，我们可以总结以下几点：

1）嵌入衍生工具的角色

在保险合同中，嵌入衍生工具通常为客户提供选择权和保障。这些工具的主要特性和风险通常与保险合同本身紧密相关，因此，一般不需要将它们从合同中分离出来进行独立核算。

2）投资成分的区分性

考虑到大多数保险合同中投资成分与合同的其他部分往往同时到期或失效，实际上很少有投资成分能够被明确区分出来。这意味着，大多数情况下，投资成分不应从保险合同中拆分。

3）商品或服务承诺的处理

对于与保险合同紧密相关的商品或服务承诺，如某些健康管理服务，它们可能需要从合同中被分离出来单独评估。然而，除了这些明显且与保险服务直接相关的承诺，大多数其他商品或服务承诺不需要拆分。

4）拆分的例外情况

尽管大多数嵌入衍生工具和商品或服务承诺不需要被拆分，但在某些情况下，如果它们与保险合同的风险和经济特征不高度相关，或者如果它们可以被单独提供给客户并带来独立的价值，那么对这些成分可能需要按照相关会计准则进行拆分和独立核算。

10.3 保险负债的初始计量

10.3.1 案例概述

案例 10-7 2024 年 2 月，A 保险公司（以下简称"A 公司"）成功签订了 100 份为期 3 年的长期保险合同。这些合同自签订之日起生效，每份保险单的一次性保费为 20 元，这些合同共同构成了一个保险合同组。A 公司预计在合同签订时即刻收到总保费 2 000 元，并已对年末的现金流出进行了预测。根据市场情况，这些现金流量特征的折现率被设定为 5%。在保险合同的初始确认阶段，A 公司对非金融风险进行了 150 元的调整。此外，A 公司针对这一系列保单的未来赔付做出了以下两种情形预测：

情形 1：预计每年年末的现金流出为 400 元，累计总额为 1 200 元。

情形 2：预计每年年末的现金流出为 800 元，累计总额为 2 400 元。

在进行这些估计时，A 公司未考虑其他可能影响预测的因素。

> **思考问题：**

A 保险公司该如何对上述保险合同组进行初始计量？

10.3.2 准则依据阐述

以下是对《企业会计准则第 25 号——保险合同》（2020 年修订）中第十六条、第二十条、第二十一条和第二十七条内容的整理与解析。

1）第十六条：合同确认的基准时刻

企业应依据以下最早发生的情况之一，确定其签发的保险合同组的确认时间：责任期正式启动之日；保单持有人首次支付保费到期日，或在未设定具体到期日时，企业实际收取到首笔保费的日期；以及合同出现亏损之时。

一旦达到上述任一确认点，企业应按照相关规定，将合同归属至相应的组合，且此归类在后续不再更改。

责任期被定义为企业向保单持有人提供保险合同服务的时间段。

2）第二十条：计量单元与初始负债评估

企业在计量时，应以保险合同组为基本单位。

在保险合同组初次确认时，企业应综合考量履行合同的预期现金流量与合同服务边际，以此为基础对保险合同负债进行初步计量。

术语释义：

合同服务边际指的是，企业在未来因继续提供保险合同服务而预期将确认的尚未实现的利润。

3）第二十一条：履约现金流量的构成要素

履约现金流量由以下三个部分组成：对履行保险合同直接相关的未来现金流量的预测；因货币时间价值及金融风险而做的调整；以及非金融风险调整。

履约现金流量的估算原则：在估算履约现金流量时，不考虑企业自身的违约风险对预测值的影响。

术语释义：

非金融风险调整是指，在履行保险合同过程中，企业因承担非金融性质的风险（这些风险影响未来现金流量的金额和时间）而要求获得的额外补偿。

4）第二十七条：合同组初次确认时的计算规则

在保险合同组首次确认时，企业应计算并加总以下各项的现金流量：预测的履约现金流量；终止确认与保险获取相关的现金流量资产及其他相关资产或负债所产生的现金流量；以及合同组内所有合同在该确认日当天的现金流量。

10.3.3 关键分析与解读

企业在对签发的保险合同组进行识别与确认时，必须遵循以下原则：首先，确认应发生在责任期的起始日；其次，如果保单持有人的首付款有明确的到期日，以该日期为准,否则以企业实际收到首付款的日期为准;最后,如果发生亏损,以亏损发生的时点为准。这4个关键时间点——责任期的起始日、首付款到期日、实际收到首付款的日期以及合同的签发日——将共同决定保险合同组的确认或初始计量时点。

在某些情况下,保险合同组的确认日或初始计量日可能会早于责任期的开始,这通常发生在以下情形:①当约定的首次付款到期日早于责任期的起始日;②在没有约定首付款到期日的情况下,如果实际首付款日期早于责任期的起始日;③保单的签发日早于责任期的起始日,并且合同在此日期之前已经产生了亏损。

在合同组的初始确认阶段,企业应将履约现金流量与合同服务边际的总和作为保险合同负债的初始计量基础。这意味着保险合同负债等于未来现金流量现值、非金融风险调整以及合同服务边际的合计。值得注意的是,并非所有保险合同都会存在合同服务边际。只有在所有现金流量现值加上非金融风险调整后表现为现金净流入,保险公司才能将其确认为合同服务边际,这表明保险公司有望从该合同组获得收益。相反,如果这一合计表现为现金净流出,保险公司必须将其作为首日亏损计入当期损益,这暗示着保险公司可能在该合同组上遭受亏损。在这种情况下,亏损合同组的保险合同负债的账面价值将等于其履约现金流量,而合同服务边际则为零。

10.3.4 案例深度剖析

10.3.4.1 初始确认与计量时点的确定

根据案例10-7的背景,保单的签发日、责任期的起始日以及保费的付款日理论上应为同一日。从严格意义上讲,保单的签发与责任期的开始应在同一瞬间,且此瞬间应略先于保费的支付。基于此,我们可以将保单的责任开始时点(或签发时点)视作合同的初始确认或计量时点。考虑到在第二种赔付情况下,保险合同组表现为亏损,应在保单签发时点(与责任开始时点一致)识别亏损,并以此作为初始确认或计量的时点。

10.3.4.2 初始计量的会计处理

保险合同组的计量时点定于保单的签发或责任期的起始时点。具体的计量结果展示在表10.3.1中。

表10.3.1 保险合同组负债初始计量

单位:元

项目	情形1(盈利组)	情形2(亏损组)
未来现金流入现值	2 000.00	2 000.00
未来现金流出现值	−1 089.30	−2 178.60
现值合计	910.70	−178.60
非金融风险调整	−150.00	−150.00
履约现金流量	760.70	−328.60
合同服务边际	0.00	−328.60
初始确认负债	760.70	−328.60

注:负数表示贷记金额,所有计算结果均保留至小数点后两位。

情形1：A公司的会计处理如下：

初始确认时：

借：未来现金流量现值未到期责任负债　　　　　　　　　910.70

　　贷：未到期责任负债——非金融风险调整　　　　　　150.00

　　　　合同服务边际　　　　　　　　　　　　　　　　760.70

情形2：A公司的会计处理如下：

（1）初始确认时：

借：亏损保险合同损益　　　　　　　　　　　　　　　　328.60

　　贷：未到期责任负债　　　　　　　　　　　　　　　328.60

（2）收到保费时：

借：银行存款　　　　　　　　　　　　　　　　　　　2 000.00

　　贷：未到期责任负债——未来现金流量现值　　　　 2 000.00

注意：

以上内容已根据原文进行了适当的调整，并保留了计算过程、会计分录和表格，以确保逻辑性、符合会计准则及出版规范。

10.3.5　案例总结

在实施《企业会计准则第25号——保险合同》（2020年修订）之后，对于在保险责任生效之前即已收取保费的合同，如电话车险和部分寿险的开门红业务，企业需要在收到保费时立即确认并进行初始计量。对于亏损合同，初始计量应在保单签发日进行，特别是当保单签发日早于责任期开始日时，亏损将被提前确认。

企业在将保险合同组设定为计量单元之初，于组合首次确认之时，需综合考虑预计的履约现金流量及合同服务边际的总体预估价值，以进行保险合同负债的初步量化评估。履约现金流量涵盖了基于合同执行预期的未来现金流估算，包括资金时间价值的计算，对金融风险的调整措施以及对非金融风险的考量，但不包括企业自身潜在的违约风险影响。

合同服务边际，作为对未来通过保险服务提供预期将实现的未赚取收益的表征，其初始计量基于3个要素之和：首先是预测的履约现金流量；其次是保险现金流相关资产及任何其他相关资产或负债终止确认而可能导致的现金流变动；最后是合同组内各合同在确认日的现金流状况。如果该总和表现为正向的现金净流入，企业将其确认为合同服务边际；反之，如果表现为负向的现金净流出，即初始确认时合同组即处于亏损状态，企业需将此亏损总额直接计入当期损益中的"亏损保险合同损益"项目，并相应增加未到期责任负债的账面价值，以准确反映此亏损情况。通过这种方式，《企业会计准则第25号——保险合同》（2020年修订）确保了保险合同的会计处理更加准确和透明，同时为保险公司提供了一种方法来评估和管理其保险合同的财务影响。

10.4 保险负债的后续计量

10.4.1 案例概述

案例 10-8 截至 2024 年 12 月 31 日，A 保险公司（以下简称"A 公司"）已成功签发 100 份为期 3 年的保险合同，形成了一个合同组。这些合同的责任期从 2025 年 1 月 1 日开始，直至 2028 年 12 月 31 日结束。每份保单的一次性趸缴保费为 20 元，合同规定的保费付款到期日同样为 2025 年 1 月 1 日。A 公司预计在合同签发当天即收到总趸缴保费 2 000 元，并预测每年年末的现金流出为 400 元。当时的市场折现率为 5%，反映了该现金流量特征。在保险合同的初始确认阶段，A 公司对非金融风险进行了 120 元的调整，且决定不将货币时间价值及金融风险导致的非金融风险调整变动额计入保险合同的金融变动额。预计非金融风险调整将在整个责任期内每年平均释放 40 元，并确认为损益。A 公司决定将所有保险合同金融变动额计入保险财务损益。假设这些合同均不具有直接参与分红特征，不符合采用保费分配法计量的条件，且在责任期内各年的责任单元相等，不进行折现计算。

在第 1 年年末，A 公司的实际赔付金额与预期相符。

进入第 2 年年末，A 公司的实际赔付金额降至 300 元，较预期减少了 100 元，同时非金融风险调整当年释放了 40 元。此外，A 公司调整了第三年的未来现金流出估计，从最初的 400 元降至 280 元，并将与未来现金流量估计相关的非金融风险调整从 120 元修改为 30 元，预计这笔调整将在第三年释放。

到了第 3 年年末，A 公司的实际赔付金额与第二年年末的预期保持一致。

假设在责任期结束前，所有合同均未失效，且没有投资成分。市场折现率始终维持在 5%，反映了该合同组的现金流量特征，且在此过程中不考虑其他因素。

思考问题：

A 公司该如何对上述保险合同组进行后续计量？

10.4.2 准则依据阐述

以下是对《企业会计准则第 25 号——保险合同》（2020 年修订）中关键条款的整理和深入阐释。

1）第二十八条：保险合同负债的动态评估机制

企业需定期（即每个资产负债表日）整合并更新未到期责任负债与已发生赔款负债的总额，以此精确反映保险合同的当前负债状况。

未到期责任负债的核算涵盖了各保险合同组在该日尚未履行的预期现金流量及合同服务边际的分配。

已发生赔款负债则聚焦于已分配给合同组的，与赔付案件及关联费用直接相关的现金流量。

2）第三十一条：保险服务收益与成本的界定

企业因有效管理保险合同而减少的未到期责任负债，应确认为保险服务收入。

相反，因赔付支出及费用增加导致的已发生赔款负债增长及其后续现金流变动，则构成保险服务费用。

在此过程中，需明确区分保险服务收益与费用，排除投资成分的干扰。

3）第三十二条：保险获取成本的合理摊销

企业应在其保险合同有效期内，合理分摊保险获取成本，作为保险服务费用的构成部分，并同步确认相应的保险服务收入，以真实反映保费收入的逐步累积。

4）第三十三条：货币时间效应与金融风险的量化分析

企业需独立评估货币时间价值及金融风险对未到期责任负债与已发生赔款负债的影响，并将其量化为保险合同金融变动额。

企业拥有选择权，可决定是否将非金融风险调整纳入保险合同金融变动额的核算范围。

5）第三十四条：保险合同金融变动额的会计处理策略

针对保险合同金融变动额，企业需在合同组层面从以下两种会计处理方式选择其一：

（1）直接全额计入当期保险财务业绩。

（2）分解后部分计入当期保险财务业绩，其余部分则计入其他综合收益，并通过系统方法在合同剩余期限内逐步确认，以保持各期财务表现的均衡性。

保险财务业绩全面反映了企业保险业务（包括自留与分出业务）的承保与再保险财务影响。

6）第三十五条：非金融风险调整变动的会计处理

对于非金融风险调整中未计入保险合同金融变动额的部分，企业应直接将其变动计入当期及未来期间的损益。

7）第八十七条：非保费分配法下保险合同的透明度要求

对于未采用保费分配法的保险合同，企业需在财务报表附注中充分披露以下关键信息，以增强财务报告的透明度：

（1）保险合同负债与资产的期初、期末余额及其净额变动详情。

（2）当期未来现金流量现值的具体变动情况。

（3）非金融风险调整的当期变动数据。

（4）合同服务边际的变动情况。

（5）与当期服务直接相关的变动，包括合同服务边际的摊销、非金融风险调整的变动及当期经验调整。

（6）与未来服务潜在相关的变动，如新合同对财务的影响、合同服务边际估计的调整情况。

（7）与过去服务相关的变动，特别是已发生赔款负债的现金流量变动。

（8）其他虽不直接影响当期服务但影响保险合同账面价值的项目，如现金流量变动、再保险分入人风险变动、保险合同金融变动额等，并需详细区分保费、保险获取成本、赔款等具体项目的变动情况。

10.4.3 关键分析与解读

10.4.3.1 资产负债表日保险合同负债的后续计量与评估

在每个资产负债表日，企业必须实施一套系统化的程序，对保险合同负债进行后续的精确计量与评估。这一过程的核心聚焦于2个关键领域：未到期责任与已发生赔款准备金的更新。对于未到期责任部分，它不仅要求重新评估与未来保险合同履行直接相关的预期现金流，还涉及合同服务边际的即时重新计量。合同服务边际作为企业对未来通过继续提供保险服务而可能实现的未赚取收益的当前估计，其价值的准确反映至关重要。此外，对已发生赔款准备金，则紧密跟踪已结案件及其相关赔付费用所引发的现金流量变动，确保及时反映最新的赔付情况。

10.4.3.2 非分红型保险合同组中合同服务边际的详细调整机制

对非分红型保险合同组而言，合同服务边际的账面价值管理尤为重要。它需以初始记录值为基础，并接受一系列精细的调整，以适应企业因持续提供保险服务而预期的未来经济收益变动。这些调整措施广泛且深入，包括但不限于：

（1）当期合同对边际的直接影响：评估当前合同执行情况对合同服务边际的直接贡献或影响。

（2）边际利息的计提：采用合同组确认时的加权平均利率，对合同服务边际进行利息计算，以反映资金时间价值。

（3）未来服务现金流变动处理：如果预测显示未来服务相关现金流量将出现不利变动（即亏损），对此部分亏损，需即时计入当期损益。

（4）汇兑差额的调整：考虑汇率变动对合同服务边际的影响，并进行相应调整。

（5）摊销金额的分配：根据预计将要提供的保险服务进度，合理分摊合同服务边际的摊销金额。

10.4.3.3 保险服务收入的确认

保险服务收入应反映企业向保单持有人提供服务的模式，确认金额应体现预计收取的对价，扣除投资成分后的净额。

10.4.3.4 保险服务费用的组成部分

保险服务费用由多项要素综合构成，具体包括当前周期的赔款支出、与保险业务直接相关的费用开支、获取现金流量过程中的摊销成本、亏损的识别及后续可能的转回调整，以及已发生赔款负债项下因非投资因素引起的现金流量变动。

10.4.3.5 保险合同金融变动额的处理机制

保险合同的金融变动额主要源于货币时间价值的变动及金融风险因素对未到期责任负债与已发生赔款负债账面价值的共同作用。企业拥有选择权,可自主决定是否将非金融风险的调整变动纳入金融变动额的总体范畴内进行处理。

10.4.3.6 会计政策的选择与应用

针对金融变动额,企业需在合同组层面上作出决策,选择是将其全额直接计入当期损益,还是采用更为细化的方式,将其部分计入当期损益,而剩余部分则计入其他综合收益。如果选择后者,需在金融变动额发生的剩余有效期间内,采用科学合理的方法对分摊金额进行规划与执行。

10.4.3.7 披露要求

对于未采用保费分配法的合同,企业应在附注中披露履约现金流量和合同服务边际的详细信息,包括期初和期末余额、变动情况等。

10.4.4 案例深度剖析

10.4.4.1 初始确认与后续计量

根据案例10-8的背景,A公司在2025年1月1日签发了一组保险合同,责任期从该日起至2028年12月31日。保费收入在合同签发日即已收到,因此将该日作为保险合同负债的初始计量日。表10.4.1是初始确认时及后续每年年末的履约现金流量估计。

表10.4.1 保险合同负债初始计量结果及后续每年年末预计履约现金流

单位:元

项目	初始确认时	第一年年末	第二年年末	第三年年末
未来现金流入现值的估计(①)	2 000	—	—	—
未来现金流出现值的估计(②)	(1 089.30)[***]	(743.76)[**]	(380.95)[*]	—
未来现金流量现值的估计(③=①+②)	910.70	(743.76)	(380.95)	—
非金融风险调整(④)	(120)	(80)	(40)	—
履约现金流量(⑤=③+④)	790.70	(823.76)	(420.95)	—
合同服务边际(⑥)	(790.70)	—	—	—
初始确认时的保险合同负债(⑦=⑤+⑥)	—	—	—	—

* 第2年年末的未来现金流出现值 =400÷(1+5%)=380.95(元)。

** 第1年年末的未来现金流出现值 =400÷(1+5%)^2+400÷(1+5%)=743.76(元)。

*** 初始确认时的未来现金流出现值 =400÷(1+5%)^3+400÷(1+5%)^2+400÷(1+5%)=1 089.30(元)。

10.4.4.2 第1年年末保险合同负债计量

在第1年年末,A公司的保险合同负债变动如表10.4.2所示。

表 10.4.2　第 1 年年末保险合同负债变动表

单位：元

项目	未来现金流量现值估计	非金融风险调整	合同服务边际	保险合同负债
年初余额（①）	—	—	—	—
与未来服务相关的变动：新合同（②）	910.70	(120)	(790.70)	—
年初现金流量（③）	(2 000)	—	—	(2 000)
保险财务损益（④）	(54.46)*	—	(39.54)**	(94)
与当年服务相关的变动（⑤）	—	40***	276.75****	316.75
年末现金流量（⑥）	400	—	—	400
年末余额（⑦=①+②+③+④+⑤+⑥）	(743.76)	(80)	(553.49)	(1 377.25)

* 未来现金流量现值估计计息产生的保险财务损益 =−（0+910.70−2 000）×5%=54.46（元），为与前文数据保持一致，此处不作四舍五入。

** 合同服务边际计息产生的保险财务损益 =−（0−790.70）×5%=39.54（元）。

*** 与当年服务相关的变动中非金融风险调整=120÷3=40（元）。

**** 合同服务边际 =（790.70+39.54）÷3=276.75（元）。

10.4.4.3　第 2 年年末保险合同负债计量

第 2 年年末，A 公司对履约现金流量进行了估计调整，具体如表10.4.3 和表10.4.4 所示。

表 10.4.3　第 2 年年末修正的预计履约现金流量

单位：元

项目	初始确认时	第一年年末	第二年年末	第三年年末
未来现金流入现值的估计①	2 000	—	—	—
未来现金流出现值的估计②	(1 089.30)	(743.76)	(266.67)*	—
未来现金流量现值的估计③=①+②	910.70	(743.76)	(266.67)	—
非金融风险调整④	(120)	(80)	(30)	—
履约现金流量⑤=③+④	790.70	(823.76)	(296.67)	—
合同服务边际⑥	(790.70)	—	—	—
初始确认时的保险合同负债⑦=⑤+⑥	—	—	—	—

* 修改后第 2 年年末的未来现金流出现值 =280÷（1+5%）=266.67（元）。

表 10.4.4　第 2 年年末保险合同负债变动表

单位：元

项目	未来现金流量现值估计	非金融风险调整	合同服务边际	保险合同负债
年初余额①	(743.76)	(80)	(553.49)	(1 377.25)
年初现金流量②	—	—	—	—
保险财务损益③	(37.19)	—	(27.67)	(64.86)
与未来服务相关的变动④	114.29*	10*	(124.29)*	—
与当年服务相关的变动⑤	100**	40***	352.73****	492.73
年末现金流量⑥	300	—	—	300
年末余额⑦=①+②+③+④+⑤+⑥	(266.66)	(30)	(352.72)	(649.38)

* 与未来服务相关的未来现金流量现值估计变动额 =（400−280）÷（1+5%）=114.29（元），非金融风险调整变动额 = 40−30=10（元），两者变动合计调整合同服务边际为 124.29 元。

** 与当年服务相关的未来现金流量现值估计变动额 =400−300=100（元）。

*** 非金融风险调整变动额为 40 元。

**** 合同服务边际摊销金额 =（553.49+124.29+27.67）÷2=352.73（元）。

10.4.4.4 第 3 年年末保险合同负债计量

在第 3 年年末，A 公司的保险合同负债变动如表 10.4.5 所示。

表 10.4.5 第三年度保险合同负债变动情况表

单位：元

项目	未来现金流量现值估计	非金融风险调整	合同服务边际	保险合同负债
年初余额①	（266.66）	（30）	（352.72）	（649.38）
年初现金流量②	—	—	—	—
保险财务损益③	（13.34）	—	（17.64）	（30.98）
与未来服务相关的变动④	—	—	—	—
与当年服务相关的变动⑤	—	30	370.36	400.36
年末现金流量⑥	280	—	—	280
年末余额⑦=①+②+③+④+⑤+⑥	—	—	—	—

10.4.4.5 A 公司的会计处理方法

（1）在保险合同初始确认时，会计分录如下：

借：未到期责任负债——未来现金流量现值（或称"现值部分"）　910.70
　　贷：未到期责任负债——非金融风险调整　　　　　　　　　　120.00
　　　　未到期责任负债——合同服务边际　　　　　　　　　　　790.70

该分录反映了保险公司对未来保险合同现金流量的现值估计，以及为反映非金融风险和合同服务边际所作出的调整。

（2）当保险公司收到客户支付的保费时，会计分录如下：

借：银行存款　　　　　　　　　　　　　　　　　　　　　　　2 000
　　贷：未到期责任负债　　　　　　　　　　　　　　　　　　　　2 000

（3）第一年年末会计处理：

发生赔付时：

借：承保财务损益　　　　　　　　　　　　　　　　　　　　　　400
　　贷：未到期责任负债　　　　　　　　　　　　　　　　　　　　　400

支付赔款时：

借：已发生赔款负债　　　　　　　　　　　　　　　　　　　　　400
　　贷：银行存款　　　　　　　　　　　　　　　　　　　　　　　　400

确认保险财务损益时：

借：承保财务损益　　　　　　　　　　　　　　　　　　　　　　　94
　　贷：未到期责任负债　　　　　　　　　　　　　　　　　　　　　 94

确认保险服务收入时：

借：未到期责任负债　　　　　　　　　　　　　　　　　　　　　716.75
　　贷：保险服务收入　　　　　　　　　　　　　　　　　　　　　716.75

（4）第二年年末会计处理：

发生赔付时：

  借：保险合同赔付和费用   300

    贷：已发生赔款负债   300

支付赔款时：

  借：已发生赔款负债   300

    贷：银行存款   300

为了调整合同服务边际，会计分录如下：

  借：未到期责任负债——未来现金流量现值   114.29

    未到期责任负债——非金融风险调整   10.00

    贷：未到期责任负债——合同服务边际   124.29

此调整反映了 A 公司对未来现金流量现值及非金融风险调整部分的重新评估，并相应地对合同服务边际进行了调整。

当确认保险业务产生的财务损益时，会计分录如下：

  借：承保财务损益   64.86

    贷：未到期责任负债   64.86

此分录记录了因保险业务运营而产生的财务损益，并将其从未到期责任负债中转出，以反映实际经营成果。

在确认因提供保险服务而产生的收入时，会计分录为：

  借：未到期责任负债   792.73

    贷：保险服务收入   792.73

此分录表示随着保险服务的逐步提供，相应的收入被确认，并从未到期责任负债中释放出来，计入当期的保险服务收入。

（5）第三年年末会计处理：

发生赔付时：

  借：保险合同赔付和费用   280

    贷：已发生赔款负债   280

支付赔款时：

  借：已发生赔款负债   280

    贷：银行存款   280

确认保险财务损益时：

  借：承保财务损益   30.98

    贷：未到期责任负债   30.98

确认保险服务收入时：

  借：未到期责任负债   680.36

    贷：保险服务收入   680.36

10.4.5 案例总结

10.4.5.1 保险合同负债的后续计量

在保险合同的初始计量之后,企业需要在每个资产负债表日对保险合同负债进行后续计量,并确认相关的损益。这一过程往往包含对未到期责任负债与已发生赔款负债的精确计量,尤其强调未到期责任负债计量的重要性。

10.4.5.2 未到期责任负债的后续评估与调整策略

未到期责任负债的后续评估与调整策略主要分为 2 种情形。

第一种情形,当未来参数(如保费、赔付金额、非金融风险、折现率等)与初始计量时的假设完全一致时,未到期责任负债可以被视为一个蓄水池。在这种情况下,预期的现金流入(如收到保费、计算利息等)会增加未到期责任负债,然而,预期的现金流出项目,包括赔付支出、退保退款以及成本费用的增加,结合非金融风险调整的逐步释放和合同服务边际的摊销过程,将导致未到期责任负债的减少。基于这一逻辑,我们在期初未到期责任负债的账面价值上,进行后续的调整与计算,加减第一年内发生的所有现金流入、流出、释放和摊销,可以得到第一年年末未到期责任负债的账面价值。后续保险期限内的每个资产负债表日,可以采用相同的方法进行后续计量。

第二种情形,如果保险合同负债初始计量后未来参数发生变化,可能会导致三类偏差。

(1)当期经验调整偏差:包括与当期服务相关的偏差和与未来服务相关的当期保费收入及相关现金流变化。与当期服务相关的偏差会影响当期损益,但不会影响未到期责任负债账面价值;与未来服务相关的当期保费收入及相关现金流变化会改变履约现金流量,进而影响合同服务边际。

(2)未来现金流预期偏差:期末估计的未来现金流的各种假设与期初不一致,如未来被保险人死亡率、发病率、退保率等的估计可能发生变化。这会导致估计未来现金流净流出和非金融风险调整发生变化,从而影响与未来服务相关的履约现金流量。对于盈利合同组,如果履约现金流量增加,合同组的潜在利润和资产负债表日合同服务边际减少;如果履约现金流量减少,合同组的潜在利润和资产负债表日合同服务边际增加。对于亏损合同组,履约现金流量增加过多可能会使合同组由盈利变为亏损,亏损额计入当期保险服务费用,合同组的未到期责任负债按增加后的履约现金流量计量,合同服务边际变为 0。如果履约现金流量减少幅度过大,可能会超出亏损金额,此时企业应将超出部分确认为合同服务边际,计入未到期责任负债。

(3)折现率预期偏差是后续资产负债表日的折现率可能发生变化,这会影响未来现金流量现值和非金融风险调整现值,从而引起履约现金流量的变化。然而,合同服务边际不会吸收未来折现率的变化,不会影响履约现金流量,而是被直接计入未到期责任负债的变化中。未来折现率上升会使得未到期责任负债下降,反之亦然。

通过 2 种方式,企业能够确保保险合同负债的后续计量符合会计准则,并在每个资产负债表日准确反映保险合同的财务状况。

10.5　具有直接参与分红的保险合同组计量

10.5.1　案例概述

案例 10-9　A 保险公司（以下简称"A 公司"）在 2023 年 12 月 31 日签发了 100 份 3 年期投资连结险保险合同。这些合同的责任期从 2023 年 12 月 31 日开始，一直持续到 2025 年 12 月 31 日。根据合同规定，这些保险合同具备直接参与分红的特性，并且被归为一个合同组。

A 公司为每份保单的持有人设立了独立的账户，账户价值基于账户资产的公允价值计算。每份合同的趸缴保费为 1 000 元，合同约定的保费付款截止日期为 2023 年 12 月 31 日。2023 年 12 月 31 日，A 公司在初始确认该合同组时，预计会立即收到总计 100 000 元的保费。合同还规定，一次性初始扣费为保费的 5%，即 5 000 元。此外，每年的资产管理费为年初账户价值的 1%，该费用将从 2024 年 12 月 31 日起每年年末直接从账户中扣除。

A 公司在初始确认该合同组时，预计每年会有 1 人死亡，死亡给付为当时账户价值加上 500 元，假设赔付在每年年末发生和支付。如果责任期结束时保单持有人仍然存活，那么在责任期结束时，他们将收到账户价值作为满期金。A 公司预计，责任期内每年账户资产及账户外资产的投资收益率始终为 5%，同时，假设具有随基础项目回报而变动的履约现金流量特征的折现率与具有不随基础项目回报而变动的履约现金流量特征的折现率在责任期内也始终为 5%。这些基本参数见表 10.5.1。

表 10.5.1　2023 年年末保险合同组的基本参数

单位：元

项目	2023 年12月31日	2024 年12月31日	2025 年12月31日
保费/人	1 000		
保费合计	100 000		
账户管理费		1%	1%
预期投资收益率		5%	5%
折现率		5%	5%
死亡人数		1	1
有效人数	100	99	98

到了 2024 年，A 公司的实际投资收益率为 4%。在 2024 年年末，折现率下降至 3%，同时 A 公司预计 2025 年的投资收益率也将为 3%。这些数据见表 10.5.2。

表 10.5.2　2024 年末保险合同组基本参数

单位：元

项目	2023年12月31日	2024年12月31日	2025年12月31日
保费/人	1 000		
保费合计	100 000		
账户管理费		1%	1%
预期投资收益率		5%	3%
实际投资收益率		4%	未知
折现率		3%	
死亡人数（人）		1	1
有效人数（人）	100	99	98

假设在责任期内，合同组每年的责任单元为当年的有效人数，所有账户的资产均按照公允价值进行评估，并且这些公允价值变动将即时计入当期的财务损益中。同时，不考虑保险获取现金流、非金融风险调整等其他因素。

思考问题：

A 公司该如何对上述保险合同组进行计量？

10.5.2　准则依据阐述

《企业会计准则第 25 号——保险合同》（2020 年修订）第四十条至第四十二条整理与深度解读。

1）第四十条：直接分红型保险合同的清晰界定

本条对享有直接分红特性的保险合同进行了精确界定，提出三项关键标准，作为合同自生效日起即需满足的条件：

（1）共享基础明确化：确保保险合同中清晰界定了保单持有人参与分享的具体、可识别的投资或业务活动的收益分配机制。

（2）回报关联紧密性：强调企业向保单持有人承诺的未来收益，必须作为投资项目公允价值变化中的核心组成部分，彰显了两者间紧密的财务耦合关系。

（3）价值波动一致性：保单持有人应得支付额的变动需紧密跟随基础项目公允价值的变动趋势，实现了利益共享的直接性和同步性。

2）第四十一条：履约现金流量估算的精细化

（1）估算细节：该条详细阐明了履约现金流量估算的标准化流程，即以基础项目公允价值为基准，扣除浮动管理费用后的净额作为估算依据。

（2）浮动费用说明：浮动管理费用被定义为保险公司因管理和运营基础项目所获取的报酬，其确定基于项目总收益扣除固定服务成本后的剩余部分，体现了管理费用与项目绩效的直接关联。

3）第四十二条：合同服务边际账面价值的动态管理与调整策略

本条围绕合同服务边际的初始账面价值，构建了一个涵盖多项动态因素的调整框架，具体包括：

（1）合同即时效应：反映当前合同活动对服务边际价值的即时影响。

（2）企业份额变动管理：审慎评估并调整保险公司在基础项目公允价值中所占份额的变动，排除非直接相关因素干扰。

（3）非回报性现金流监控：分析并调整与未来服务相关但不随项目回报变化的履约现金流变动，同时考虑特定排除规则。

（4）汇率风险应对：记录并调整汇率波动对合同服务边际造成的财务影响。

（5）摊销计划实施：根据服务实际提供进度，合理制定摊销计划，确保保险服务收入在责任期内平稳确认。

①摊销策略解析：强调基于实际服务交付的摊销原则，保障服务收入在责任期内的均衡、准确反映。

②合并处理倡议：为提高会计处理效率与精确度，鼓励企业在遵守会计准则的前提下，对特定类型的变动金额实施合并处理，简化核算流程。

10.5.3 关键分析与解读

直接参与分红特征保险合同的初始与后续计量相关内容如下。

10.5.3.1 初始计量阶段

对于包含直接分红特性的保险合同组，其未到期责任负债的初始评估框架涵盖了 2 个核心要素：一是履约现金流量，这包括了未来现金流的现值和针对非金融风险的必要调整；二是合同服务边际，它是对未来持续保险服务所带来未实现收益的预估。此计量框架与无分红特性的保险合同组保持一致，确保了计量标准的统一与精确。

10.5.3.2 后续计量阶段

此类保险合同的后续管理可细化为 4 个关键步骤：

（1）合同组资金初始化：在扣除必要的初始费用后，资金被注入投资账户，转化为基础项目投资资产，这些资产依据公允价值原则进行持续计量。

（2）资产管理费计提：保险公司依据基础项目资产在特定时点的公允价值，定期计提一定比例的年度资产管理费。

（3）赔付流程管理：在保险有效期内，如果发生赔付事件，保险公司将根据保单投资账户的实际价值与合同约定的保额关系，确定并支付相应的赔付金额。

（4）持续投资与最终分配：保险公司继续管理剩余的基础项目投资资产，直至保险期满，随后将资产按比例分配给合同持有人。在此过程中，浮动收费机制成为保险公司利润的主要来源。因此，保险公司需基于基础项目的公允价值，扣除浮动费用后的差额，来预测并计量未来的现金流量。值得注意的是，浮动收费法在核心理念上与通用模型相似，但在具体调整项目上两者有所区别。

10.5.3.3　合同服务边际的动态调整

（1）基础项目价值变动响应：随着基础项目公允价值的波动，企业在其中的权益份额也会发生相应变化，这一变化将直接反映在合同服务边际的调整上。

（2）未来服务相关现金流的精准预估：对于那些不受基础项目回报直接影响但与未来保险服务紧密相关的预期现金流量变动，保险公司将进行细致调整，以确保合同服务边际能够准确反映企业因持续提供服务而预期获得的未来经济利益。

10.5.3.4　浮动收费法的深入解析

在浮动收费体系下，合同服务边际与浮动收费的现值之间存在着紧密的联动关系。随着基础项目公允价值的变动，保险合同负债也会相应调整，进而带动合同服务边际的变动。对分红型保险合同而言，由于基础项目的价值变动较为频繁，大部分履约现金流量的变动将归属于客户，而企业则主要通过合同服务边际的小幅调整来体现其应得份额。

10.5.3.5　与未来服务紧密相关的履约现金流管理

此部分现金流量主要涵盖了未来可能发生的风险赔付支出及其非金融风险调整。保险公司将根据预期赔付金额的变化以及折现率的波动情况，对合同服务边际进行适时调整，以确保其能够准确反映未来对客户保障利益的承诺。

10.5.3.6　损益确认的差异化分析

在损益确认方面，浮动收费法与通用模型之间存在显著差异。特别是在保险服务业绩和投资业绩的划分上，分红型保险合同的保险服务费相对较低，其主要收入来源包括预期费用、合同服务边际摊销等。而基础项目的公允价值变动已完全反映在保险负债的变动中，且大部分变动归属于客户，因此投资业绩通常为零。此外，在浮动收费法下，折现率变动对保险负债的影响不计入财务损益之中，从而使得保险财务损益直接等同于基础项目的公允价值变动额。

10.5.4　案例深度剖析

10.5.4.1　初始确认

2023 年 12 月 31 日，A 公司对合同组进行了初始确认，并预计了未来每年账户价值的变动，具体数据详见 10.5.3。

表 10.5.3　预期未来每年账户价值变动情况

单位：元

项目	2023 年	2024 年	2025 年
年初账户价值（①）		95 000	97 812
收到的保费（②）	100 000	—	—
初始扣费（③）	（5 000）	—	—

续表

项目	2023 年	2024 年	2025 年
账户管理费（④=-①×1%）		（950）	（978）
公允价值变动损益（⑤=①×5%）		4 750	4 891*
死亡给付—账户部分［⑥=-(①+②+③+④+⑤)×本年死亡人数/年初有效人数］		（988）	（1 028）*
年末（满期给付前的）账户价值（⑦=①+②+③+④+⑤+⑥）	95 000	97 812	100 697

* 为简化计算，本案例中数据四舍五入后仅保留整数，下同。

同时，A 公司还预计了未来每年年末的履约现金流量，具体数据见表 10.5.4。

表 10.5.4　初始计量结果及预期后续每年年末履约现金流量估计

单位：元

项目	2023 年 12 月 31 日	2024 年 12 月 31 日	2025 年 12 月 31 日
未来现金流入——保费（①）	100 000	—	—
死亡给付——账户部分（②）	—	（988）	（1 028）
死亡给付——非账户部分（③）	—	（500）	（500）
满期给付（④）	—	—	（100 697）
未来现金流出的估计合计（⑤=②+③+④）	—	（1 488）	（102 225）
未来现金流出现值的估计（折现率为5%）（⑥）	（94 138）	（97 356）	
履约现金流量（⑦=①+⑥）	5 862		
合同服务边际（⑧=-⑦）	（5 862）		

此外，A 公司还预计了 2024 年和 2025 年的浮动收费，具体数据见表 10.5.5。

表 10.5.5　2024 和 2025 年预期浮动收费

单位：元

项目	2024 年	2025 年
基础项目公允价值中企业享有份额的金额	950	978
不随基础项目回报变动的履约现金流量	（500）	（500）

在初始计量时，A 公司预计浮动收费金额的现值为 5 862 元，即：5 000+（950-500）÷（1+5%）+（978-500）÷（1+5%）^{2}=5 862（元）。

A 公司还预计了账户外资产的变动情况，具体数据见表 10.5.6。

表 10.5.6　账户外资产预期变动情况

单位：元

项目	2023 年	2024 年	2025 年
年初余额（①）	—	5 000	5 700
公允价值变动损益（②=①×5%）	—	250	285
现金流入（③）	5 000	950	978
现金流出（④）	—	（500）	（500）
年末余额（⑤=①+②+③+④）	5 000	5 700	6 463

基础项目公允价值中 A 公司享有份额的金额预计变动见表 10.5.7。

表 10.5.7　基础项目公允价值中 A 公司享有份额的预计变动情况

单位：元

项目	2024 年	2025 年
年初余额（①）	1 792	932
现金流入（②）	（950）	（978）
年末余额（等于年末基础项目公允价值中企业享有份额金额的现值）（③）	932	—
基础项目公允价值中企业享有份额的变动额［④=③-（①+②）］	90	46

注：2024 年年初金额 = $950 \div (1+5\%) + 978 \div (1+5\%)^2 = 1\,792$（元）。2024 年年末金额 = $978 \div (1+5\%) = 932$（元）。

A 公司还预计了合同服务边际的变动情况，具体数据见表 10.5.8。

表 10.5.8　合同服务边际预期变动情况

单位：元

项目	2023 年	2024 年	2025 年
责任单元		100	99
年初余额（①）	—	5 862	2 938
新合同（②）	5 862	—	—
与未来服务相关且不随基础项目回报变动的履约现金流量的变动额调整合同服务边际（③）	—	（46）	（24）
基础项目公允价值中企业享有份额的变动金额调整合同服务边际（④）	—	90	46
摊销（⑤）	—	（2 968）	（2 960）
年末余额（⑥=①+②+③+④+⑤）	5 862	2 938	—

注：2024 年变动额 = ［$500 \div (1+5\%) + 500 \div (1+5\%)^2$］$\times 5\% = 46$（元）。2025 年变动额 = $500 \div (1+5\%) \times 5\% = 24$（元）。

2024 年的摊销金额 = $(5\,862 - 46 + 90) \times 100 \div (100 + 99) = 2\,968$（元）。2025 年的摊销金额 = $(2\,938 - 24 + 46) \times 99 \div 99 = 2\,960$（元）。

A 公司预计的有关利润项目及其组成部分见表 10.5.9。

表 10.5.9　预期有关利润项目及其组成部分

单位：元

项目	2024 年	2025 年
保险服务收入（①）	3 468	3 460
——预期赔付和费用	500	500
——合同服务边际摊销	2 968	2 960
保险服务费用（②）	（500）	（500）
——实际赔付和费用	（500）	（500）
保险服务业绩（③=①+②）	2 968	2 960

续表

项目	2024年	2025年
公允价值变动损益（④）	5 000	5 176
保险财务损益（⑤）	（4 750）	（4 891）
投资业绩（⑥=④+⑤）	250	285
净利润（⑦=③+⑥）	3 218	3 245

注：预期和实际的赔付和费用为死亡给付中非账户价值部分；账户价值部分为投资成分，不计入损益；公允价值变动损益包括账户资产产生的公允价值变动损益和账户外资产产生的公允价值变动损益，计入当期保险财务损益的金额应当等于账户资产计入当期损益的金额，使这些损益相抵后净额为零。

A公司预计的有关资产负债表项目见表10.5.10。

表10.5.10 预期有关资产负债表项目

单位：元

资产负债表项目	2023年12月31日	2024年12月31日	2025年12月31日
资产	100 000	103 512	6 463
负债	（100 000）	（100 294）	—
所有者权益	—	3218	6 463

注：资产为相应时点的账户资产和账户外资产，2023年12月31日的资产=95 000+5 000=100 000（元）；2024年12月31日的资产=97 812+5 700=103 512（元）；2025年12月31日的资产=100 697-100 697+6 463=6 463（元）。
负债为相应时点的保险合同负债，2023年12月31日的负债=初始计量时履约现金流量+初始确认时的合同服务边际2023年收到的保费=-5 862+5 862+100 000=100 000（元）；2024年12月31日的负债=97 356+2 938=100 294（元）。

10.5.4.2 后续计量

2024年，A公司实际投资收益率发生变化，年末调整2025年的预期投资收益率为3%。A公司2024年实际账户价值变动和预估的2025年账户价值变动见表10.5.11。

表10.5.11 2024年账户价值实际变动及2025年账户价值变动估计

单位：元

项目	2023年	2024年	2025年
年初账户价值（①）	—	95 000	96 871
当年收到的保费（②）	100 000	—	—
初始扣费（③）	（5 000）	—	—
账户管理费（④=-①×1%）		（950）	（969）
公允价值变动损益（⑤=①×投资收益率）		3 800	2 906
死亡给付—账户部分［⑥=-（①+②+③+④+⑤）×本年死亡人数/年初有效人数］		（979）	（998）
年末（满期给付前的）账户价值（⑦=①+②+③+④+⑤+⑥）	95 000	96 871	97 810

注：2024年实际投资收益率为4%，2024年年末预计2025年投资收益率为3%。

2024年年末，A公司更新预期2025年的履约现金流量，见表10.5.12。

表 10.5.12 2025 年履约现金流量估计情况

单位：元

项目	2023 年12月31 日	2024 年12月31 日	2025 年12月31 日
未来现金流入现值的估计——保费（①）	100 000	—	—
死亡给付——账户部分（②）	—	（979）	（998）
死亡给付——非账户部分（③）	—	（500）	（500）
满期给付（④）	—	—	（97 810）
未来现金流出的估计合计（⑤=②+③+④）	—	（1 479）	（99 308）
未来现金流出现值的估计（折现率为3%）（⑥）	（94 138）	（96 415）	
履约现金流量（⑦=①+⑥）	5 862		
合同服务边际（⑧=-⑦）	（5 862）		

A 公司 2024 年实际浮动收费情况和 2024 年年末预计的 2025 年浮动收费情况见表 10.5.13。

表 10.5.13 2024 年实际浮动收费情况及 2025 年预计浮动收费情况

单位：元

项目	2024 年	2025 年
基础项目公允价值中企业享有份额的金额	950	969
不随基础项目回报变动的履约现金流量	（500）	（500）

A 公司 2024 年实际账户外资产变动情况和 2024 年年末预计的 2025 年账户外资产变动情况见表 10.5.14。

表 10.5.14 2024 年实际账户外资产变动情况及 2025 年预计账户外资产变动情况

单位：元

项目	2023 年	2024 年	2025 年
年初余额（①）	—	5 000	5 650
公允价值变动损益（②=①× 投资收益率）	—	200	170
现金流入（③）	5 000	950	969
现金流出（④）	—	（500）	（500）
年末余额（⑤=①+②+③+④）	5 000	5 650	6 289

注：2024 年的实际投资收益率为 4%，2024 年年末预计 2025 年投资收益率为 3%。

基础项目公允价值中 A 公司享有份额的金额变动情况见表 10.5.15，其中 2025 年为更新后的预计数据，其他为实际数据。

表 10.5.15 2024 年基础项目公允价值中 A 公司享有实际份额变动情况及 2025 年预计情况

单位：元

项目	2024 年	2025 年
年初余额（①）	1 792	941
现金流入（②）	（950）	（969）

续表

项目	2024年	2025年
年末余额（等于年末基础项目公允价值中企业享有份额金额的现值）（③）	941	—
基础项目公允价值中企业享有份额的变动额［④=③-（①+②）］	99	28

注：2024年年末金额=969÷（1+3%）=941（元）。

A公司2024年合同服务边际实际变动情况和2024年年末预计的2025年合同服务边际变动情况见表10.5.16。

表10.5.16　2024年合同服务边际实际变动情况及2025年预计情况

单位：元

项目	2023年	2024年	2025年
责任单元	100	99	
年初余额（①）	—	5 862	2 937
新合同（②）	5 862	—	—
与未来服务相关且不随基础项目回报而变动的履约现金流量的变动额调整合同服务边际（③）	—	（56）	（15）
基础项目公允价值中企业享有份额的变动金额调整合同服务边际（④）	—	99	28
摊销（⑤）	—	（2 968）	（2 951）
年末余额（⑥=①+②+③+④+⑤）	5 862	2 937	—

注：2024年变动额=500+500÷（1+3%）-［500÷（1+5%）+500÷（1+5%）^{2}］=56（元）。
2025年变动额=500-500÷（1+3%）=15（元）。

A公司2024年实际有关利润项目及其组成部分情况和2024年年末预计的2025年有关利润项目及其组成部分情况见表10.5.17。

表10.5.17　2024年实际有关利润项目及其组成部分情况及2025年预计情况

单位：元

项目	2024年	2025年
保险服务收入（①）	3 468	3 451
——预期赔付和费用	500	500
——合同服务边际摊销	2 968	2 951
保险服务费用（②）	（500）	（500）
——实际赔付和费用	（500）	（500）
保险服务业绩（③=①+②）	2 968	2 951
公允价值变动损益（④）	4 000	3 076
保险财务损益（⑤）	（3 800）	（2 906）
投资业绩（⑥=④+⑤）	200	170
净利润（⑦=③+⑥）	3 168	3 121

A公司2023年年末和2024年年末实际资产负债情况和2024年年末预计的2025年

年末部分资产负债表项目情况见表 10.5.18。

表 10.5.18　2023 年年末和 2024 年年末实际资产负债及 2025 年预计情况

单位：元

资产负债表项目	2023 年 12 月 31 日	2024 年 12 月 31 日	2025 年 12 月 31 日
资产	100 000	102 521	6 289
负债	（100 000）	（99 353）	—
所有者权益	—	3 168	6 289

注：2024 年 12 月 31 日的资产＝96 871＋5 650＝102 521（元）。

2025 年 12 月 31 日的资产＝97 810－97 810＋6 289＝6 289（元）。

2024 年 12 月 31 日的负债＝96 415＋2 938＝99 353（元）。

10.5.4.3　A 公司会计处理

（1）初始确认时：

借：未到期责任负债——未来现金流量现值　　　　　　　　　　　　5 862

　　贷：未到期责任负债——合同服务边际　　　　　　　　　　　　5 862

（2）收到保费时：

借：银行存款　　　　　　　　　　　　　　　　　　　　　　　100 000

　　贷：未到期责任负债　　　　　　　　　　　　　　　　　　　100 000

（3）第一年会计处理：

A. 确认资产第一年的公允价值变动损益时：

借：交易性金融资产　　　　　　　　　　　　　　　　　　　　　4 000

　　贷：公允价值变动损益　　　　　　　　　　　　　　　　　　　4 000

B. 第一年确认保险财务损益时：

借：承保财务损益　　　　　　　　　　　　　　　　　　　　　　3 800

　　贷：未到期责任负债　　　　　　　　　　　　　　　　　　　　3 800

C. 第一年发生赔付时：

借：未到期责任负债　　　　　　　　　　　　　　　　　　　　　　979

　　保险合同赔付和费用　　　　　　　　　　　　　　　　　　　　500

　　贷：已发生赔款负债　　　　　　　　　　　　　　　　　　　1 479

D. 第一年年末支付赔款时：

借：已发生赔款负债　　　　　　　　　　　　　　　　　　　　　1 479

　　贷：银行存款　　　　　　　　　　　　　　　　　　　　　　1 479

E. 确认第一年保险服务收入时：

借：未到期责任负债　　　　　　　　　　　　　　　　　　　　　3 468

　　贷：保险服务收入　　　　　　　　　　　　　　　　　　　　3 468

（4）第二年会计处理：

A. 确认资产第二年的公允价值变动损益时：

借：交易性金融资产　　　　　　　　　　　　　　　　3 076
　　贷：公允价值变动损益　　　　　　　　　　　　　　3 076

B. 第二年确认保险财务损益时：

借：承保财务损益　　　　　　　　　　　　　　　　　2 906
　　贷：未到期责任负债　　　　　　　　　　　　　　　2 906

C. 第二年发生赔付、满期应付账户价值时：

借：未到期责任负债　　　　　　　　　　　　　　　　98 808
　　保险合同赔付和费用　　　　　　　　　　　　　　　500
　　贷：已发生赔款负债　　　　　　　　　　　　　　　99 308

D. 第二年年末支付赔款和满期时的账户价值时：

借：已发生赔款负债　　　　　　　　　　　　　　　　99 308
　　贷：银行存款　　　　　　　　　　　　　　　　　　99 308

E. 确认第二年保险服务收入时：

借：未到期责任负债　　　　　　　　　　　　　　　　3 451
　　贷：保险服务收入　　　　　　　　　　　　　　　　3 451

10.5.5　案例总结

保险合同如果具备直接分红特性，通常以储蓄（投资）为主要目的，同时提供一定的保障功能。这类合同需要满足以下3个条件：首先，合同中明确规定保单持有者有权分享明确可识别的基础项目收益；其次，公司预计将会将基础项目公允价值变动产生的大部分收益支付给保单持有者；最后，预计支付给保单持有者的金额的变动在很大程度上与基础项目的公允价值变动相关。

这种类型的保险合同主要通过投资于以公允价值计量的基础项目来进行。保险公司因提供相关投资服务而收取的费用，即所谓的浮动收费，会随着基础项目的公允价值变动而变化。这种浮动收费本质上是公司因管理基础项目并供给投资服务所获取的对价，它体现了公司在基础项目公允价值变动中的权益份额，且该份额与那些不受基础项目回报率波动影响的履约现金流量保持对应关系。

根据《企业会计准则第25号——保险合同》（2020年修订），企业在处理具有直接分红特性的保险合同时，应基于基础项目的公允价值减去浮动收费后的差额来估计其履约现金流量。这意味着基础项目的公允价值是公司与客户共享的，公司从中提取浮动收费，剩余部分则为保单持有者的利益。

在实际操作中，由于具有直接分红特性的保险合同的这种浮动收费特点，通常将其称为浮动收费法或可变费用法。总体而言，浮动收费法与通用模型的基本计量方法保持一致，即保险合同负债依然是履约现金流量（包括未来现金流量现值和非金融风险调整）与合同服务边际之和。主要的区别在于合同服务边际的调整项目和投资业绩的核算，具体差异如表 10.5.19 和表 10.5.20 所示。

表 10.5.19　合同服务边际调整：通用模型法与浮动收费法的区别

项目	通用模型法	浮动收费法
合同服务边际调整项目	期初合同服务边际	期初合同服务边际
	＋新加入合同的合同服务边际	＋新加入合同的合同服务边际
	＋合同服务边际的当期利息	± 基础项目公允价值中企业享有份额的变动金额
	± 与未来服务相关的履约现金流量变动金额	± 与未来服务相关且不随基础项目回报变动的履约现金流量变动金额
	± 合同服务边际的当期汇兑差额	± 合同服务边际的当期汇兑差额
	− 合同服务边际当期汇兑差额	− 合同服务边际当期摊销额
	＝期末合同服务边际	＝期末合同服务边际

表 10.5.20　投资业绩核算：通用模型法与浮动收费法的区别

项目	通用模型法	浮动收费法
资产投资收益	资产投资收益	基础项目公允价值变动金额
保险财务损益	保险负债的利息增值＝履约现金流量按上期末计量用折现率实现计息增值＋合同服务边际按初始计量用折现实现的计息增值	基础项目公允价值变动金额＝基础项目公允价值中企业享有份额的变动金额（合同服务边际变动金额）＋基础项目公允价值中客户享有份额的变动金额（履约现金流量变动金额）
	折现率变动导致的保险负债变动；未被合同服务边际吸收，计入保险财务损益	折现率变动导致的保险负债变动；被合同服务边际吸收，不计入保险财务损益
投资业绩	资产投资收益＝（保险负债的利息增值＋折现率变动导致的保险负债变动）	0

通过对比分析表 10.5.19 与表 10.5.20，可以明显观察到浮动收费法在合同服务边际调整项目的关键转变：从合同服务边际的当期利息变为基础项目公允价值中企业享有份额的变动金额；从与未来服务相关的履约现金流量变动金额变为与未来服务相关且不随基础项目公允价值变动的履约现金流量变动金额。此外，浮动收费法的投资业绩为 0，而通用模型法的投资业绩通常不为 0。这是因为在浮动收费法中，资产投资收益等于基础项目公允价值变动金额，保险负债利息增值也等于基础项目公允价值变动金额，折现率变动导致的保险负债变动为 0，从而使得资产投资收益与保险财务损益相等，最终导致投资业绩为 0。

10.6　亏损合同组负债的计量

10.6.1　案例概述

案例 10-10　截至 2021 年 12 月 31 日，A 保险公司（以下简称"A 公司"）发行了 100 份 3 年期的保险合同，保险责任期限自 2021 年 12 月 31 日起，至 2024 年 12 月 31 日止，合同归属于同一合同组。A 公司预计在合同签发之日即收到一次性全额保费 1 600 元，并预测在随后的 3 年每年年末分别发生并支付 800 元的赔付。在合同组的初始确认阶段，A 公司设定了 5% 的折现率，并预计非金融风险调整额为 480 元，该调整额将在 3 年的责任期内平均分摊。A 公司做出了决策，即不将非金融风险调整额的变化纳入保险合同的金融变动范畴，而是选择将其全额计入保险财务损益之中。初始确认时，A 公司对保险合同组的预测信息汇总在表 10.6.1 中。

表 10.6.1　初始确认时保险合同组预测信息

单位：元

项目	第一年年初	第一年年末	第二年年末	第三年年末
未来现金流入	1 600			
未来现金流出		（800）	（800）	（800）
折现率		5%	5%	5%
非金融风险调整	（480）			

在第一年和第二年，所有事项的实际发生时间和金额与预期相符。至第二年年末，A 公司将第三年的未来现金流出预测调整为 200 元，与该现金流量相关的非金融风险调整维持原状。第三年中，所有事项的实际发生时间和金额与第二年年末的预期保持一致，具体如表 10.6.2 所示。

表 10.6.2　保险合同组预测信息的后续变动

单位：元

项目	第一年年初	第一年年末	第二年年末	第三年年末
未来现金流入	（1 600）			
未来现金流出		（800）	（800）	（200）
折现率		5%	5%	5%
非金融风险调整	（480）			

假设这些合同不具备直接分红特性，也不符合采用保费分配法的条件。在责任期结束前，没有合同失效，且在责任期内，每年的保险责任单位均等，不考虑其他履约现金流量（如投资成分等）及其他因素。

思考问题：

A 公司该如何对上述保险合同组进行确认与计量？

10.6.2　准则依据阐述

以下是《企业会计准则第 25 号——保险合同》（2020 年修订）第四十六条至第四十九条的要点概览与优化阐述。

1）第四十六条：亏损合同组初始认定及财务处理

（1）首日及后续亏损的即时确认：在合同组初次确认时如果即显现亏损，或随后有合同被归入此亏损合同组带来新增亏损，企业应即刻确认该亏损，并将其直接计入当期保险服务费用开支。

（2）负债账面价值的相应调整：同时，企业还需将确认的亏损额加到未到期责任负债的账面价值上，以确保准确反映当前的财务责任状况。

（3）负债与现金流量的初始匹配：在首次确认阶段，亏损合同组的保险合同负债账面价值必须精确等同于其预估的未来履约现金流量水平。

2）第四十七条：亏损合同组后续计量的财务调整

在后续财务处理中，如果合同组继续呈现亏损态势，企业应再次识别并确认该亏损，随后将其计入当期保险服务费用，并相应提高未到期责任负债的账面价值。可能的亏损诱因包括：

（1）未来现金流量预测上调且超出合同服务边际的当前价值，这通常源于对未来现金流量或非金融风险调整估算的变动。

（2）对于具有直接分红特征的合同组，其基础资产公允价值中企业所占份额的减少如果超出合同服务边际的当前价值，亦会导致亏损。

3）第四十八条：未到期责任负债变动的管理与分摊

（1）变动因素的识别与分摊机制：在确认合同组亏损后，企业应对未到期责任负债账面价值的所有变动进行识别，并采用系统化、合理化的方法，在亏损部分与其他负债部分之间进行公平分摊。这些变动可能源于保险服务费用的支付、非金融风险调整引起的损益变动以及保险合同的金融性变动。

（2）亏损部分处理的特殊性强调：值得注意的是，任何分摊至亏损部分的金额均不得被视为当期保险服务收入，以避免财务报表的误导性陈述。

4）第四十九条：亏损合同组后续管理的深化措施

（1）新增亏损的及时应对：面对未来现金流量预测调整或非金融风险变动所导致的新增亏损（如履约现金流量的增加或分红特征合同组基础资产公允价值的减少），企业应迅速识别并计入当期保险服务费用，同时相应调整未到期责任负债的账面价值，以准确反映新增亏损的影响。

（2）亏损减少的积极处理：如果未来现金流量预测下调或企业份额增加导致亏损减少，企业应积极减少未到期责任负债中的亏损部分，并冲减相应的当期保险服务费用。如果减少额超出当前亏损范围，超出部分应被合理确认为合同服务边际，以体现合同服务的潜在盈利前景。

10.6.3 关键分析与解读

亏损合同是指在评估保单的盈利能力时，综合考虑预期的现金流入、流出及其不确定性后，评估结果显示会出现净流出的合同。根据最新的保险合同会计准则，保险公司不得将签发时间超过1年期限的合同划入同一个合同组，因此，保险公司习惯于将每个会计年度内确认的、属于同一组的亏损合同归为一个单独的亏损合同组。

对于新确认的亏损合同组，以及新合同加入现有组合所带来的亏损，保险公司需将其计入当期的保险服务费用。此外，为了保障客户利益及准备对未来潜在的赔付，保险公司应将这部分亏损计入未到期责任负债，这实质上是通过股东资本来弥补。这种由股东资本补充的亏损部分，称为未到期责任负债中的亏损组成部分。在初始确认时，亏损合同组的合同服务边际被设定为0，其保险合同负债的账面价值应等同于其预期的履约现金流量。基于非金融风险调整的考虑，现有资源应足以覆盖未来债务。因此，亏损合同组在初始确认时的未到期责任负债，应等于未到期责任负债的其他组成部分与亏损部分的总和，也就是预期的履约现金流量。

在后续的计量过程中，亏损合同组可能会出现亏损进一步扩大或减少，甚至转为盈利。亏损的变化将影响保险合同负债的计量和损益的确认方式，具体如下：

（1）如果亏损的变化与当前服务相关，例如实际赔付金额超出或低于预期，导致合同组的亏损扩大或减少，在这种情况下，保险合同负债的计量保持不变，而营运偏差会通过实际赔付额和其他保险服务费用额反映在保险服务费用中，影响保险服务业绩。

（2）如果亏损的变化与过去的服务相关，比如物价变动导致的已发生赔款负债的增加或减少，这时，已发生赔款负债将自然调整，并且其变动金额需计入当期保险服务费用，即反映为已发生赔款负债相关的履约现金流量变动。

（3）当亏损的变动与未来服务活动或相关履约现金流量的波动紧密相连时，任何对未来现金流量的预期调整，无论是增加还是减少，都将直接体现在亏损数额的变化上。具体而言，如果未来现金流量预测的上调或非金融风险因素评估的变动，导致履约现金流量预测值上升，同时，在包含直接分红条款的保险合同组中，如果企业所持有的基础投资项目公允价值份额出现下滑，这些综合因素应被视为新增的亏损状况。对此，企业应将这些新增亏损计入当期的保险服务费用，并相应地增加未到期责任负债的会计账面价值。相反地，如果履约现金流量的预测出现下降，企业则需从未到期责任负债中减去之前已确认的相应亏损部分，并相应调减当期的保险服务费用。而对于那些超出亏损金额的部分，应明确识别为合同服务边际，且根据会计准则，此部分金额不应纳入当期的保险服务收入核算范围。

10.6.4 案例深度剖析

10.6.4.1 保险合同负债的计量

在案例10-10中，A公司在进行保险合同负债的初始计量时，预计的未来现金流量的测算结果如表10.6.3所示。

表 10.6.3　保险合同负债初始计量结果及未来现金流量的估计

单位：元

项目	第一年年初	第一年年末	第二年年末	第三年年末
未来现金流入现值（①）	1 600			
未来现金流出预计	（2 400）	（800）	（800）	（800）
未来现金流出现值（②）	（2 179）	（1 488）	（762）	
未来现金流量净现值（③=①+②）	（579）			
非金融风险调整（④）	（480）			
履约现金流量（⑤=③+④）	（1 059）			
合同服务边际 [⑥=-Max（⑤,0）]	—			
保险合同负债（⑦=⑤+⑥）	（1 059）			

在后续计量中，保险合同负债的计量如下。

（1）第1年保险合同负债计量如下。

在第1年中，所有事项的实际发生时间和金额与初始确认时的预期一致。

未到期责任负债履约现金流量的变动包括以下部分：

保险服务费用导致的未来现金流量现值减少额为800元；

非金融风险调整的变动金额为160元；

保险合同金融变动额为109元 [（1 600+579）×5%]。

A公司将上述变动系统合理地分摊至未到期责任负债的非亏损部分和亏损部分，预计分摊至亏损部分的比例为40% [1 059÷（1 600+1 059）×100%]。

第一年分摊结果及损益确认如表10.6.4所示。

表 10.6.4　第一年保险合同未到期责任负债变动金额的分摊及相关损益确认

单位：元

项目	未到期责任负债的非亏损部分	未到期责任负债的亏损部分	合计
由发生保险服务费用导致的估计未来现金流量现值的减少额	481	319	800
因相关风险释放而计入当期损益的非金融风险调整的变动金额	96	64	160
保险合同金额变动金额	66	43	109
保险服务收入	577	—	577
保险服务费用—保险合同赔付和费用	—	383	383

第一年负债变动情况如表10.6.5和表10.6.6所示。

表 10.6.5　第一年保险合同未到期责任负债和已发生赔款负债变动情况

单位：元

项目	未到期责任负债的非亏损部分	未到期责任负债的亏损部分	已发生赔款负债	保险合同负债
年初余额	—	—	—	—
初始确认时确认亏损保险合同损益		（1 059）		（1 059）
现金流入	（1 600）			（1 600）

续表

项目	未到期责任负债的非亏损部分	未到期责任负债的亏损部分	已发生赔款负债	保险合同负债
保险财务损益	（66）	（43）	—	（109）
保险服务收入	577			577
保险服务费用—保险合同赔付和费用		383	（800）	（417）
现金流出			800	800
年末余额	（1 089）	（719）	—	（1 808）

表 10.6.6　第一年保险合同未来现金流量现值、非金融风险调整和合同服务边际的变动情况

单位：元

项目	未来现金流量现值	非金融风险调整	合同服务边际	保险合同负债
年初余额	—	—	—	—
与未来服务相关的变动：新合同	（579）	（480）	—	（1 059）
现金流入	（1 600）			（1 600）
保险财务损益	（109）			（109）
与当年服务相关的变动	—	160		160
现金流出	800			800
年末余额	（1 488）	（320）	—	（1 808）

（2）A公司在第二年和第三年的保险合同负债计量也遵循类似的方法和步骤，具体数据和分摊结果分别在表10.6.7、表10.6.8、表10.6.9、表10.6.10和表10.6.11中详细列出。

表 10.6.7　第二年保险合同未到期责任负债变动金额的分摊及相关损益确认

单位：元

项目	未到期责任负债的非亏损部分	未到期责任负债的亏损部分	合计
由发生保险服务费用导致的估计未来现金流量现值的减少额	481	319	800
因相关风险释放而计入当期损益的非金融风险调整的变动金额	96	64	160
保险合同金额变动额	45	29	74
保险服务收入	577		577
保险服务费用—保险合同赔付和费用		383	383

表 10.6.8　第二年保险合同未到期责任负债和已发生赔款负债变动情况

单位：元

项目	未到期责任负债的非亏损部分	未到期责任负债的亏损部分	已发生赔款负债	保险合同负债
年初余额	（1 089）	（719）	—	（1 808）
现金流入	—			—
保险财务损益	（45）	（29）	—	（74）
保险服务收入	680			680

续表

项目	未到期责任负债的非亏损部分	未到期责任负债的亏损部分	已发生赔款负债	保险合同负债
保险服务费用—保险合同赔付和费用		383	(800)	(417)
保险服务费用—亏损保险合同损益		365		365
现金流出			800	800
年末余额	(454)	—	—	(454)

表 10.6.9 第二年保险合同负债变动情况

单位：元

项目	未来现金流量现值	非金融风险调整	合同服务边际	保险合同负债
年初余额	(1 488)	(320)	—	(1 808)
现金流入				
保险财务损益	(74)	—	—	(74)
与未来服务相关的变动	571	—	(206)	365
与当年服务相关的变动		160	103	263
现金流出	800			800
年末余额	(191)	(160)	(103)	(454)

注：由于与未来服务相关的未来现金流量现值减少 571 元，冲减全部未到期责任负债的亏损部分 365 元后还剩余 206 元，应确认为合同服务边际。

第二年年末，A 公司对经过调整后的合同服务边际余额进行摊销，以确认与当年服务相关的变动，计入保险服务收入。责任期还剩 2 年，所以第二年合同服务边际摊销金额为 103 元（206÷2）。

表 10.6.10 第三年保险合同未到期责任负债和已发生赔款负债变动情况

单位：元

项目	未到期责任负债的非亏损部分	未到期责任负债的亏损部分	已发生赔款负债	保险合同负债
年初余额	(454)	—	—	(454)
现金流入	—			
保险财务损益	(14)	—		(14)
保险服务收入	468			468
保险服务费用—保险合同赔付和费用			(200)	(200)
保险服务费用—亏损保险合同损益				
现金流出			200	200
年末余额	—	—	—	—

注：第三年，A 公司确认的保险服务收入包括预期赔付和费用 200 元、非金融风险调整变动金 160 元和合同服务边际摊销 108 元，合计 468 元。

表 10.6.11 第三年保险合同负债变动情况

单位：元

项目	未来现金流量现值	非金融风险调整	合同服务边际	保险合同负债
年初余额	(191)	(160)	(103)	(454)
现金流入	—			
保险财务损益	(9)		(5)	(14)

续表

项目	未来现金流量现值	非金融风险调整	合同服务边际	保险合同负债
与未来服务相关的变动	—	—	—	—
与当年服务相关的变动	—	160	108	268
现金流出	200			200
年末余额	—	—	—	—

10.6.4.2 保险合同负债的会计处理

（1）初始计量：

借：亏损保险合同损益　　　　　　　　　　　　　　　1 059
　　贷：未到期责任负债　　　　　　　　　　　　　　　　　1 059

（2）第一年的会计处理：

借：银行存款　　　　　　　　　　　　　　　　　　　1 600
　　贷：未到期责任负债　　　　　　　　　　　　　　　　　1 600

借：承保财务损益　　　　　　　　　　　　　　　　　　109
　　贷：未到期责任负债　　　　　　　　　　　　　　　　　　109

借：保险合同赔付和费用　　　　　　　　　　　　　　　800
　　贷：已发生赔款负债　　　　　　　　　　　　　　　　　　800

借：已发生赔款负债　　　　　　　　　　　　　　　　　800
　　贷：银行存款　　　　　　　　　　　　　　　　　　　　　800

借：未到期责任负债　　　　　　　　　　　　　　　　　960
　　贷：保险服务收入　　　　　　　　　　　　　　　　　　　577
　　　　保险合同赔付和费用　　　　　　　　　　　　　　　　383

（3）第二年的会计处理：

借：承保财务损益　　　　　　　　　　　　　　　　　　 74
　　贷：未到期责任负债　　　　　　　　　　　　　　　　　　 74

借：保险合同赔付和费用　　　　　　　　　　　　　　　800
　　贷：已发生赔款负债　　　　　　　　　　　　　　　　　　800

借：已发生赔款负债　　　　　　　　　　　　　　　　　800
　　贷：银行存款　　　　　　　　　　　　　　　　　　　　　800

借：未到期责任负债　　　　　　　　　　　　　　　　　365
　　贷：亏损保险合同损益　　　　　　　　　　　　　　　　　365

借：未到期责任负债——未来现金流量现值　　　　　　　206
　　贷：未到期责任负债——合同服务边际　　　　　　　　　　206

借：未到期责任负债　　　　　　　　　　　　　　　　1 063
　　贷：保险服务收入　　　　　　　　　　　　　　　　　　　680
　　　　保险合同赔付和费用　　　　　　　　　　　　　　　　680

（4）第三年的会计处理：

借：承保财务损益　　　　　　　　　　　　　　14
　　贷：未到期责任负债　　　　　　　　　　　　　　　14
借：保险合同赔付和费用　　　　　　　　　　　200
　　贷：已发生赔款负债　　　　　　　　　　　　　　　200
借：已发生赔款负债　　　　　　　　　　　　　200
　　贷：银行存款　　　　　　　　　　　　　　　　　　200
借：未到期责任负债　　　　　　　　　　　　　468
　　贷：保险服务收入　　　　　　　　　　　　　　　　468

以上调整和会计处理确保了保险合同负债的计量符合会计准则，并准确反映了保险公司的财务状况。

10.6.5 案例总结

亏损合同组的会计计量核心在于区分未到期责任负债为亏损部分与非亏损部分。这种区分使得未到期责任负债的利息增长和风险释放也需相应地被分割。企业需要采用一种系统化和合理的方法，将未到期责任负债账面价值的变动分摊到这两个部分，具体包括以下几项：

（1）因保险服务费用发生而减少的未来现金流量现值。

（2）因风险释放而影响当期损益的非金融风险调整变动额。

（3）保险合同价值的变动。

值得注意的是，分摊至未到期责任负债亏损部分的金额不应计入当期的保险服务收入。

亏损部分的未到期责任负债可能产生亏损转回，这通常发生在2种情况下：

（1）当期负债释放导致的亏损转回：在任何给定的会计期间，未到期责任负债亏损部分释放的预期保险服务费用与非金融风险调整不会被纳入保险服务收入。然而，实际的赔付费用将被计入保险服务费用，这可能导致保险服务收入降低，业绩出现亏损。每期亏损的现值大致等同于已计入当期保险服务费用的预期亏损。这可能导致亏损在损益表中被重复计算。因此，企业应在每个会计期间内，将由未到期责任负债亏损部分释放的金额——包括因保险服务费用发生而减少的未来现金流量现值和因风险释放而计入损益的非金融风险调整变动额——作为保险服务费用的减项，逐期冲减之前确认的预期亏损，形成亏损转回。

（2）预期未还导致的亏损转回：在后续计量过程中，如果期末预期的履约现金流量减少导致亏损减少，企业应将履约现金流量减少额——由未来现金流量或非金融风险调整的估计变更导致——用于减少未到期责任负债的亏损部分，并冲减当期保险服务费用。超出亏损部分的金额应被确认为合同服务边际。

一次性将亏损合同组的预期亏损计入保险服务费用，然后通过亏损转回的方法逐步冲销，这种做法有助于遏制保险公司无序扩张亏损业务的冲动。

10.7 保险合同组的简化计量——保险分配法

10.7.1 案例概述

案例 10-11 A 保险公司（以下简称"A 公司"）于 2023 年 7 月 1 日签发了一组保险合同，该合同组的责任期限为 10 个月，即从 2023 年 7 月 1 日起至 2024 年 4 月 30 日止。在合同签发日，A 公司收到一次性全额保费 1 320 元，并支付了 20 元的保险获取现金流量。在 2023 年 7 月 1 日至 2023 年 12 月 31 日，发生了 700 元的赔付，相关的非金融风险调整额为 36 元；预计在 2024 年 1 月 1 日至 2024 年 6 月 30 日将发生 500 元的赔付，相关的非金融风险调整额为 24 元。最终，A 公司在 2024 年 8 月 31 日确定了 1 270 元的赔付金额，并在当日完成了支付。在初始确认及责任期内，没有迹象表明该保险合同组会产生亏损。A 公司采用保费分配法对该合同组进行会计处理。

A 公司预计提供保险服务的每个部分与相关保费到期的时间间隔不超过 1 年，并且所有相关赔款均在赔付案发生后的 1 年内支付。A 公司决定不调整未到期责任负债和已发生赔款负债的账面价值，以反映货币时间价值和金融风险的影响。同时，A 公司选择在保险获取现金流量发生时将其一次性确认为费用。假设在责任期内，合同组中没有合同失效，风险预计会随着时间的推移在责任期内释放。在此案例中，不考虑其他履约现金流量（如投资成分等）或其他因素。

案例 10-12 B 保险公司（以下简称"B 公司"）于 2022 年 12 月 31 日签发了 100 份为期 3 年的保险合同，合同组的责任期限为 2023 年 1 月 1 日至 2025 年 12 月 31 日。合同约定的保费付款到期日为 2022 年 12 月 31 日，B 公司在该日收到一次性全额保费 1 200 元，并支付了 180 元的保险获取现金流量。假设保险合同在责任期内均匀发生赔付，且风险随着时间的推移在责任期内释放。B 公司在 2022 年年末预计未来每年赔付率为 60%，且赔款在发生赔付案当年的年末支付。B 公司采用保费分配法对合同组进行会计处理，并选择不在保险获取现金流量发生时将其一次性确认为费用。

在第二年年末，B 公司根据最新情况和估计，将第三年的赔付率调整为 120%。假设在责任期内，合同组中没有合同失效，不考虑折现和其他履约现金流量（如投资成分等）等因素。

思考问题：

A 公司、B 公司该如何对上述保险合同组进行计量？

10.7.2 准则依据阐述

以下是对《企业会计准则第 25 号——保险合同》（2020 年修订）核心条款的整理和解读。

1) 第五十条：保费分配法的适用前提

企业在合同组中采用保费分配法，需满足以下条件之一：一是能合理判断简化处理与全面计量对未到期责任负债的评估结果无显著差异，但赔付案前履约现金流量的重大变动除外；二是合同组内所有合同的责任期均不超过1年。

2）第五十二条：短期合同保险获取现金流的会计记录

对于责任期不超过1年的合同组，企业可选择在合同初始确认时，将保险获取现金流量直接作为当期费用计入损益。

3）第五十三条：未到期责任负债的核算与调整

（1）初始确认时，未到期责任负债等于已收保费减去（如未计入损益）初始保险获取现金流。

（2）资产负债表日，需根据新增保费、扣除的当期保险获取现金流量、服务费用摊销、融资成分调整及保险服务收入和赔款负债投资成分的变动，更新该负债的账面价值。

4）第五十四条：融资成分的考量与调整

合同组如果含显著融资成分，企业需以初始折现率调整未到期责任负债，以体现货币时间价值和金融风险。但服务提供与保费支付间隔不超1年的，可忽略融资成分影响。

5）第五十五条：亏损合同组的管理

责任期内合同组如果亏损，超出未到期责任负债账面价值的履约现金流量应计入当期保险服务费用，并增加负债账面价值。

6）第五十六条：已发生赔款负债的计量原则

已发生赔款负债依据赔案及相关费用的履约现金流计量。如果预计结算在赔付案后1年内完成，可忽略货币时间价值和金融风险的影响。

7）第五十七条：保险服务收入的确认方法

确认保险服务收入时，需剔除保费中的投资成分并调整融资成分，然后根据合同责任期或风险实际发生时间（非时间流逝主导）分摊至各期，确认当期收入。

10.7.3 关键分析与解读

10.7.3.1 保费分配法的适用条件

企业在以下情况下可采用保费分配法简化合同组的会计处理：

（1）预计无重大差异：企业能合理预测，使用保费分配法与完整计量规定相比，对合同组未到期责任负债的计量结果无重大差异。如果企业预计在赔付案发生前履约现金流量会有重大波动，不适用此条件。通常，合同组责任期越长，履约现金流量波动性越大，且可能因嵌入衍生工具而增加波动。

（2）责任期限限制：合同组内所有合同的责任期限不超过1年。企业需基于合同开始时的情况判断是否符合条件。在无亏损迹象时，不必评估合同是否存在亏损，即默认合同在初始确认时为非亏损状态。

10.7.3.2 保费分配法框架下的保险合同负债计量机制

1）初始计量阶段

未到期责任负债的初始确立：在初始确认时，未到期责任负债的账面价值设定为已收取保费总额，但需剔除即时计入当期损益（如适用）的保险获取成本，并全面纳入合同组因终止确认导致的保险获取现金流量资产变动及其财务影响。

短期合同的成本处理：对于自初始确认起责任期限不超过1年的合同组，企业可选择将保险获取成本在发生时直接作为当期费用处理，以简化核算流程。

摊销方法的运用：如果企业采用摊销方式处理保险获取成本，则在计算未到期责任负债时，需额外扣除已终止确认的保险获取现金流量资产的价值。

即时服务费用的确认：如果企业偏好即时确认策略，则未到期责任负债的计算将仅限于已收保费与已终止确认的保险获取现金流量资产价值之差，以反映即时的财务状况。

2）后续计量与调整机制

未到期责任负债的灵活调整：在资产负债表日，企业需综合考虑期初余额、新增保费收入、不计入损益的保险获取成本扣除、保险服务费用的摊销情况、融资成分的调整以及保险服务收入与已发生赔款负债之间的动态关系，对未到期责任负债的账面价值进行适时调整。

融资成分的审慎处理：对于包含显著融资成分的合同组，企业应使用初始折现率对未到期责任负债进行时间价值与金融风险的调整。如果服务提供与保费收取的时间间隔较短（如1年内），则可合理忽略融资成分的影响。

已发生赔款负债的精确计量：基于已发生索赔及相关费用的预期现金流，对已发生赔款负债进行准确计量。在短期支付预期下，可采用简化方法，忽略货币时间价值与金融风险的影响。

保险服务收入的逐步确认：将已收取及预期收取的保费，在剔除投资成分并考虑融资影响后，根据风险释放模式（如时间流逝或特定事件触发）分期确认为保险服务收入，以反映服务的逐步提供过程。

10.7.3.3 亏损合同组的特别管理策略

在合同组的责任期内，如果预测出现亏损，企业应将超过未到期责任负债账面价值的履约现金流量部分计入当期保险服务费用，并相应增加未到期责任负债的账面价值。此亏损确认的增量，即负债增加额，是根据通用模型法估算得出的，它反映了未到期责任负债相关履约现金流量超出保费分配法下负债账面价值的差额。在后续的保险期间内，该亏损部分的逐步改善并非直接体现为保险服务收入的增加，而是通过保险服务费用的逐步减少来反映亏损的逐步消化过程。

10.7.3.4 投资业绩的计量

投资业绩等于投资收益减去保险财务损益。投资收益为保险合同负债资金在当期产生的投资收益；保险财务损益通常等于当期的保险合同金额变动额，包括按合同组初始确认时确定的折现率实现的当期利息增值（含未到期责任负债和已发生赔款负债的利息增值）和期末折现率变动导致的保险合同负债变动金额。

10.7.4 案例深度剖析

10.7.4.1 案例 8-11 保险合同负债的计量与损益确认

1）未到期责任负债与保险服务收入的计量

在案例 8-11 中，A 公司保险合同组的赔付和支付情况详见表 10.7.1。

表 10.7.1　A 公司保险合同组的赔付和支付情况

单位：元

项目	2023年7月1日至2023年12月31日	2024年1月1日至2024年6月30日	2024年7月1日至2024年12月31日
发生的赔付	700	500	
赔付相关非金融风险调整	36	24	
最终确定赔款的金额并支付			1 270

A 公司的未到期责任负债和保险服务收入的计量结果见表 10.7.2。

表 10.7.2　未到期责任负债和保险服务收入计量结果

单位：元

未到期责任负债	初始确认时	初始确认后至 2023 年 12 月 31 日	2024 年 1 月 1 日至 2024 年 6 月 30 日
期初余额①＝上期⑤	—	（1 320）	（528）
当期收到的保费②	（1 320）	—	—
保险服务收入③＝-④×赚取比例		792	528
未确认的保险服务收入④＝上期（③＋④）＋本期②	（1 320）	（1 320）	（528）
期末余额⑤＝①＋②＋③	（1 320）	（528）	—

2）保险负债的计量

保险合同组在各相关时点的保险合同负债变动情况见表 10.7.3。

表 10.7.3　保险合同负债变动情况

单位：元

保险合同负债	初始确认时	2023 年 12 月 31 日	2024 年 6 月 30 日
未到期责任负债	（1 320）	（528）	—
已发生赔款负债	—	（736）	（1 260）
保险合同负债	（1 320）	（1 264）	（1 260）

3）保险合同组对资产负债表和利润表的影响

保险合同组在各相关时点对利润表的影响见表 10.7.4。

表 10.7.4　保险合同组对利润表的影响

单位：元

利润表项目	2023 年下半年	2024 年上半年	2024 年下半年
保险服务收入	792	528	—

续表

利润表项目	2023年下半年	2024年上半年	2024年下半年
保险服务费用	（756）	（524）	（10）
保险服务业绩	36	4	（10）
净利润	36	4	（10）

保险合同组在各相关时点对资产负债表的影响见表10.7.5。

表10.7.5 保险合同组对资产负债表的影响

单位：元

资产负债表项目	2023年12月31日	2024年6月30日	2024年12月31日
资产	1 300	1 300	30
负债	（1 264）	（1 260）	—
所有者权益	36	40	30

4）相关会计处理

（1）A公司收到保费时：

借：银行存款　　　　　　　　　　　　　　　　　　1 320
　　贷：未到期责任负债　　　　　　　　　　　　　　　　1 320

（2）支付保险获取现金流量时：

借：待结转支出　　　　　　　　　　　　　　　　　　20
　　贷：银行存款　　　　　　　　　　　　　　　　　　　20

（3）根据费用分摊结果，一次性确认为费用：

借：保险合同赔付和费用　　　　　　　　　　　　　　20
　　贷：待结转支出　　　　　　　　　　　　　　　　　　20

（4）2023年下半年发生赔付案时：

借：保险合同赔付和费用　　　　　　　　　　　　　　700
　　贷：已发生赔款负债　　　　　　　　　　　　　　　　700

（5）期末评估赔付相关的非金融风险调整时：

借：保险合同赔付和费用　　　　　　　　　　　　　　36
　　贷：已发生赔款负债　　　　　　　　　　　　　　　　36

（6）确认2023年下半年保险服务收入时：

借：未到期责任负债　　　　　　　　　　　　　　　　792
　　贷：保险服务收入　　　　　　　　　　　　　　　　　792

（7）2024年上半年发生赔付案时：

借：保险合同赔付和费用　　　　　　　　　　　　　　500
　　贷：已发生赔款负债　　　　　　　　　　　　　　　　500

（8）期末评估赔付相关的非金融风险调整时：

借：保险合同赔付和费用　　　　　　　　　　　　　　24
　　贷：已发生赔款负债　　　　　　　　　　　　　　　　24

（9）确认 2024 年上半年保险服务收入时：

借：未到期责任负债　　　　　　　　　　　　　　　　　528

　　贷：保险服务收入　　　　　　　　　　　　　　　　　　　528

（10）2024 年下半年确定赔款最终金额时：

借：保险合同赔付和费用　　　　　　　　　　　　　　10

　　贷：已发生赔款负债　　　　　　　　　　　　　　　　　　10

（11）2024 年下半年支付赔款时：

借：已发生赔款负债　　　　　　　　　　　　　　　　1 270

　　贷：银行存款　　　　　　　　　　　　　　　　　　　　　1 270

10.7.4.2　案例 10-12 保险合同负债的计量与损益确认

1）未来各期现金流出及现值

B 公司在初始确认时对未来每年现金流出的预期及现值见表 10.7.6。

表 10.7.6　初始确认时预期未来每年的现金流出情况

单位：元

项目	第一年	第二年	第三年	合计
预期未来现金流出	240	240	240	720

第二年年末，B 公司根据实际情况调整第三年赔付率后的预期未来现金流出见表 10.7.7。

表 10.7.7　第一年和第二年实际现金流出及第三年估计情况

单位：元

项目	第一年（实际）	第二年（实际）	第三年（预期）	合计
现金流出	240	240	480	960

2）保险合同组未到期责任负债和保险服务收入计量

保险合同组的未到期责任负债和保险服务收入计量结果见表 10.7.8。

表 10.7.8　保险合同组的未到期责任负债和保险服务收入计量结果

单位：元

未到期责任负债	初始确认时	第一年	第二年	第三年
年初余额（非亏损部分）①		（1 020）	（680）	（340）
收到的保费②	（1 200）	—	—	—
保险获取现金流量③	180	—	—	—
保险获取现金流量摊销④=- 保险获取现金流量 × 摊销比例		（60）	（60）	（60）
保险服务收入⑤=- ⑥ × 赚取比例		400	400	400
未确认的保险服务收入⑥= 上年（⑤+⑥）+ 本年②	（1 200）	（1 200）	（800）	（400）
年末余额（非亏损部分）⑦=①+②+③+④+⑤	（1 020）	（680）	（340）	—
预期未来现金流量的现值⑧	（720）	（480）	（480）	
亏损部分年末余额⑨=Min［（⑧-⑦),0］			（140）	

注：未确认的保险服务收入为已收取的保费扣除以前年度已确认为保险服务收入的金额。

3）保险合同负债计量

B公司每年年末的保险合同负债变动情况见表10.7.9。

表10.7.9　B公司每年年末的保险合同负债变动情况

单位：元

保险合同负债	初始确认时	第一年年末	第二年年末	第三年年末
未到期责任负债	（1 020）	（680）	（480）	—
已发生赔款负债	—	—	—	—

4）保险合同组对利润表和资产负债表的影响

B公司的利润项目及其组成部分见表10.7.10。

表10.7.10　B公司有关利润项目及其组成部分

单位：元

利润表项目及其组成部分	第一年	第二年	第三年
保险服务收入	400	400	400
保险服务费用	（300）	（440）	（400）
——保险合同赔付和费用	（300）	（300）	（540）
——保险获取现金流量摊销	（60）	（60）	（60）
——保险合同的赔付和其他 费用	（240）	（240）	（480）
——亏损保险合同损益	—	（140）	140
保险服务业绩	100	（40）	—
净利润	100	（40）	—

注：各年的亏损保险合同损益为年末未到期责任负债的亏损部分的账面价值减去年初账面价值。例如，第二年的相关金额＝－140－0＝－140（元）。

B公司每年年末的资产负债表项目见表10.7.11。

表10.7.11　B公司每年年末的有关资产负债表项目

单位：元

资产负债表项目	初始确认时	第一年年末	第二年年末	第三年年末
资产	1 020	780	540	60
负债	（1 020）	（680）	（480）	—
所有者权益	—	100	60	60

注：每年年末的资产账面价值＝年初账面价值－当年现金流出。例如，第一年年末资产的账面价值＝1 020－240＝780（元）。

5）相关会计处理

（1）B公司收到保费时：

借：银行存款　　　　　　　　　　　　　　　　　　　　　　　　　　1 200
　　贷：未到期责任负债　　　　　　　　　　　　　　　　　　　　　　　　　1 200

（2）支付保险获取现金流量时：

借：待结转支出　　　　　　　　　　　　　　　　　180
　　贷：银行存款　　　　　　　　　　　　　　　　　　　180

计入未到期责任负债时：

借：未到期责任负债　　　　　　　　　　　　　　　180
　　贷：待结转支出　　　　　　　　　　　　　　　　　　180

（3）第一年相关会计处理。

第一年摊销保险获取现金流量时：

借：保险合同赔付和费用　　　　　　　　　　　　　60
　　贷：未到期责任负债　　　　　　　　　　　　　　　　60

第一年内发生赔案时：

借：保险合同赔付和费用　　　　　　　　　　　　　240
　　贷：已发生赔款负债　　　　　　　　　　　　　　　　240

第一年年末支付赔款时：

借：已发生赔款负债　　　　　　　　　　　　　　　240
　　贷：银行存款　　　　　　　　　　　　　　　　　　　240

第一年确认保险服务收入时：

借：未到期责任负债　　　　　　　　　　　　　　　400
　　贷：保险服务收入　　　　　　　　　　　　　　　　　400

（4）第二年相关会计处理。

第二年摊销保险获取现金流量时：

借：保险合同赔付和费用　　　　　　　　　　　　　60
　　贷：未到期责任负债　　　　　　　　　　　　　　　　60

第二年内发生赔案时：

借：保险合同赔付和费用　　　　　　　　　　　　　240
　　贷：已发生赔款负债　　　　　　　　　　　　　　　　240

第二年年末支付赔款时：

借：已发生赔款负债　　　　　　　　　　　　　　　240
　　贷：银行存款　　　　　　　　　　　　　　　　　　　240

第二年确认亏损保险合同损益时：

借：亏损保险合同损益　　　　　　　　　　　　　　140
　　贷：未到期责任负债　　　　　　　　　　　　　　　　140

第二年确认保险服务收入时：

借：未到期责任负债　　　　　　　　　　　　　　　400
　　贷：保险服务收入　　　　　　　　　　　　　　　　　400

(5)第三年相关会计处理。

第三年摊销保险获取现金流量时：
借：保险合同赔付和费用　　　　　　　　　　　　　　　　　60
　　贷：未到期责任负债　　　　　　　　　　　　　　　　　　60

第三年内发生赔案时：
借：保险合同赔付和费用　　　　　　　　　　　　　　　　　480
　　贷：已发生赔款负债　　　　　　　　　　　　　　　　　　480

第三年年末支付赔款时：
借：已发生赔款负债　　　　　　　　　　　　　　　　　　　480
　　贷：银行存款　　　　　　　　　　　　　　　　　　　　　480

第三年转回亏损保险合同损益时：
借：未到期责任负债　　　　　　　　　　　　　　　　　　　140
　　贷：亏损保险合同损益/保险合同赔付和费用　　　　　　　140

（注：采用保费分配法计量的保险合同组，对于亏损部分的分摊，记入"保险合同赔付和费用"或"亏损保险合同损益"科目均可；而采用一般规定计量的保险合同组，对于亏损部分的分摊，应当记入"保险合同赔付和费用"科目。）

第3年确认保险服务收入时：
借：未到期责任负债　　　　　　　　　　　　　　　　　　　400
　　贷：保险服务收入　　　　　　　　　　　　　　　　　　　400

10.7.5　案例总结

保费分配法提供了一种简化的会计手段，用以确定保险服务收入和未到期责任负债，而不必依赖于履约现金流量和合同服务边际的估计。这种方法将收到的保费（包括已收到和预期将收到的）在保险期限内按时间等方法进行分配。与此相对，通用模型法则要求通过估计履约现金流量来计量已发生赔款负债。

在保险合同期限不超过1年的情况下，保费分配法是适用的。如果合同期限超过1年，则需评估使用此法与通用模型法计量得到的未到期责任负债是否存在显著差异。即便合同组满足保费分配法的条件，保险公司也有权选择使用通用模型法。

保费分配法简化了未到期责任负债和保险服务收入的计量过程，与通用模型法相比，它降低了会计处理的复杂性。特别是当合同组的初始确认期限不超过1年时，企业可选择将保险获取现金流量发生时立即确认为费用，计入当期损益，而不是通过摊销处理。

在通用模型法下，摊销后的保险获取现金流量需要同时计入保险服务费用和收入。而在保费分配法下，摊销后的金额仅计入保险服务费用，无需计入收入。这种处理方式在表10.7.12中有明确展示。

表 10.7.12　保险获取现金流量的确认：通用模型法与保费分配法的差异

项目	通用模型法	保费分配法
合同组确认前发生的保险获取现金流量	摊销——将摊销金额同时计入保险服务费用和保险服务收入	摊销——将摊销金额计入保险服务费用
合同组确认时发生的保险获取现金流量		二选一：①摊销——将摊销金额计入保险服务费用；②发生时直接计入保险服务费用
合同组确认后发生的保险获取现金流量		

在表 10.7.12 中，两种不同方法——通用模型法与保费分配法，在界定和确认保险合同边界内获取现金流量方面的显著差异得到了清晰展现。对于合同组正式确认之前已发生的现金流量，通用模型法选择将其视为资产进行登记，待合同组满足确认标准时，再停止对该资产的确认流程。而保费分配法则是在合同首次确认之时，立即将这些现金流量从总保费收入中剔除，以计算并设定未到期责任负债的初始估值。对于合同组在确认时刻及之后产生的现金流量，通用模型法与保费分配法在处理方式上再次显现出不同，这些细致入微的差别在表 10.7.13 中得到了详尽的阐释与对比。

表 10.7.13　合同边界内保险获取现金流量对未到期责任负债计量的影响

项目	通用模型法 初始计量	通用模型法 后续计量	保费分配法 初始计量	保费分配法 后续计量
合同组确认前发生的保险获取现金流量	减少合同服务边际	无	（摊销）从已收保费中扣减，后面逐期将摊销金额加回	
合同组确认时发生的保险获取现金流量			二选一：①如果摊销，发生时一次性扣减，后面逐期将摊销金额加回；②如果不摊销，无须扣减	
合同组确认后发生的保险获取现金流量	计入履约现金流量	发生时减少合同服务边际		

表 10.7.13 进一步阐释了两种方法在未到期责任负债计量上的不同影响。在通用模型法中，合同组确认前后发生的现金流量会减少合同服务边际，而在保费分配法中，这些流量从已收保费中扣减，后续逐期加回摊销金额。合同组确认后发生的现金流量在通用模型法中计入履约现金流量，而在保费分配法中减少合同服务边际。

10.8　分出再保险合同的初始计量

10.8.1　案例概述

案例 10-13　2023 年 11 月 30 日，A 保险公司（以下简称"A 公司"）与 X 公司（分入方）签订了一份成比例再保险合同。根据合同条款，X 公司为 A 公司在 2024 年 1 月 1 日至 2024 年 12 月 31 日期间签发的所有 3 年期保险合同提供 30% 的赔付保障。A 公司根据两种不同情形，以一次性支付方式向 X 公司交付分出保费，金额分别为 260 元和 300 元。本案例中，未考虑 X 公司违约风险及其他所有变量，如分保费用。A 公司将该再保险合同单独作为一个合同组进行会计处理。

2024年2月21日，A公司发行了一组3年期保险合同，预计在合同签发之日即收到1 000元保费，并在保险期间内支付900元的赔付现值，同时进行60元的非金融风险调整。

案例10-14 2023年12月20日，A公司发行了另一组3年期保险合同，预计在合同签发之日即收到850元保费，并在保险期间内同样支付900元的赔付现值，非金融风险调整亦为60元。

思考问题：

A公司该如何对上述保险合同组进行初始计量？

10.8.2 准则依据阐述

以下是《企业会计准则第25号——保险合同》（2020年修订）第五十九条至第六十五条深度剖析概要。

1）再保险合同组的精细化分类策略

第五十九条：企业应将分出的再保险合同组细分为三大类别：初期即现净利得的合同集、预测未来低利得潜力的合同群，以及上述两类之外的其他合同组。此外，企业可进一步依据净成本、净利得预测及未来盈利潜力进行细分，同时明确规则，即分出时间间隔超1年的合同不得归入同一组合。

2）合同组确认时点的明确界定

第六十条：针对分出再保险同组合的确认，企业应遵循"先至为准"原则，即在合同组责任期起始日与对应保险合同组被判定为亏损合同的时点中，选择较早的一个作为确认时点。

第六十一条：对于涉及成比例责任的再保险合同组，其确认时点则有所延后，需考虑责任期开始日与保险合同初始确认日中的较晚者，或在对应保险合同组被判定为亏损合同时进行确认。

3）初始计量与未来现金流评估的严谨性

第六十二条：在初始确认时，分出再保险合同组的资产价值由两个部分构成：履约现金流量与合同服务边际。后者体现了企业从分入人服务中预见的净成本节约或未来净利得。

第六十三条：在估算未来现金流量现值时，企业需遵循与对应保险合同组相一致的假设条件，并深入考量分入人的违约风险，以确保评估的准确性和可靠性。

4）非金融风险调整与合同服务边际的精确计量

第六十四条：基于再保险合同组向分入人转移的风险程度，企业应合理估算非金融风险调整值，以全面反映风险转移的经济影响。

第六十五条：合同服务边际的计算需综合考虑多个因素，包括履约现金流量、终止确认资产或负债相关的现金流量、合同组内合同的现金流变动，以及分保摊回未到期责任资产亏损的摊回部分。计算得出的净成本或净利得将被确认为合同服务边际；如果净成本与前分出事件相关，则应按规定计入当期费用损益。

此概要旨在为企业提供一个清晰、系统的指南，助力其更好地理解和执行《企业会计准则第 25 号——保险合同》（2020 年修订）中关于分出再保险合同的各项规定。

10.8.3　关键分析与解读

再保险合同涉及再保险分出人与再保险分入人之间的协议，据此，分入人同意对分出人因原保险合同所产生的赔付等费用进行补偿。与原保险合同相似，分出再保险合同应按初始确认时的净利得可能性分为不同组别：净利得组、净成本组和剩余组。企业不得将分出时间间隔超过 1 年的合同合并为一个再保险合同组。净利得代表合同服务边际为正，而净成本则指合同服务边际为负。

10.8.3.1　初始确认时点

对于比例再保险合同，确认时点为以下最早时点之一：
（1）分出再保险合同组责任期开始日与对应保险合同初始确认时点中较晚的一个。
（2）对应的保险合同组合同组确认为亏损合同组的时点。
对于其他类型的再保险合同（如超额赔款再保险），初始确认时点为：
（1）分出再保险合同组责任期开始日。
（2）对应的保险合同组合同组确认为亏损合同组的时点。
分出再保险合同组初始确认时点的判断如表 10.8.1 所示。

表 10.8.1　分出再保险合同组初始确认时点的判断

项目		再保险合同组签发时间	原保险合同组是否亏损	原保险合同组初始确认时点	再保险合同组责任期开始日	分出再保险合同组初始确认时点
比例再保险	合同组A	2023.12.15	否	2024.1.20	2024.1.1	2024.1.20
	合同组B	2023.2.5	是	2023.7.25	2023.6.1	2023.6.1
超赔再保险	合同组C	2023.11.5	否	2024.3.13	2024.1.1	2024.1.1
	合同组D	2024.3.7	是	2024.3.7	2024.1.1	2024.1.1

10.8.3.2　初始计量基本逻辑

在通用模型法下，分出再保险合同资产的初始计量基于分保摊回未到期责任负债资产，等于履约现金流量与合同服务边际之和。企业在估计未来现金流量现值时，应使用与原保险合同组一致的假设，并考虑分入人的不履约风险。

10.8.3.3　合同服务边际的计算原理与差异识别

企业在对分出再保险合同组进行初始确认时，必须执行一系列复杂的现金流量分析，这些分析涵盖但不仅限于以下几个方面：首先是直接履行合同义务所必需的现金流量预测；其次是因终止确认与该合同组相关的资产或负债而产生的现金流量调整；再次是合同组内各独立合同自身变动所引发的现金流量变动；最后是分保摊回过程中，针对尚未到期的责任资产所亏损部分的摊回金额。上述所有现金流量计算结果的净影响，无论是表现为净收益（净利得）还是净支出（净成本），均需作为该合同组特有的合同服务边际进行确认，以准确反映企业未来从分入人服务中可能获得的净成本节约或净利得潜力。

值得注意的是，原保险合同组与分出再保险合同组在计量合同服务边际时存在显著区别：

（1）分出再保险合同组的特殊构成：该合同组在计量时特别纳入了分保摊回中针对未到期责任资产亏损的摊回部分，这一元素在原保险合同组的计算中通常不被考虑。

（2）合同服务边际的双向性：在分出再保险合同组中，合同服务边际可能呈现为正数（即表示净利得），也可能为负数（即表示净成本），这取决于各项现金流量的综合计算结果。这一特点与某些原保险合同组在计量上可能存在的单向性（如通常只表现为正数净利得）形成了鲜明对比。

原保险合同组初始计量亏损对财务报告的影响如表 10.8.2 所示。

表 10.8.2 原保险合同组初始计量亏损对财务报告的影响：原保险合同组和分出再保险合同组的差异

项目	原保险合同组	分出再保险合同组
	亏损	亏损摊回
损益处理方式	将亏损计入当期损益，形成保险服务费用（亏损部分的确认）	将亏损摊回计入当期损益，形成摊回保险服务费用（亏损摊回部分的确认）
资产负债处理方式	股东出资补偿履约现金流量，负债增加，形成未到期责任负债的亏损部分，未到期责任负债分为亏损部分和其他部分	履约现金流量不变，合同服务边际按亏损摊回额负向调整，形成分保摊回未到期责任资产亏损摊回部分，分保摊回未到期责任资产分为亏损部分和其他部分
利润表与资产负债表的变动	负债增加亏损部分，保险服务费用等额增加	资产增加亏损摊回部分，摊回保险服务费用等额增加

亏损摊回在利润表中一次性确认，形成收入项，未来将通过亏损摊回的转回逐期抵销，导致合同服务边际负向调整。

10.8.4 案例深度剖析

10.8.4.1 案例 10-13 分出再保险合同组的初始计量

1）初始确认时间点的确定

A 公司对原保险合同组进行了初始计量，结果如表 10.8.3 所示。根据表中数据，原保险合同组并未亏损，且分出再保险合同为比例再保险。因此，分出再保险合同组的初始确认时间点为责任期开始日和对应保险合同初始确认时点中较晚的一个，即 2024 年 2 月 21 日。

表 10.8.3　原保险合同组初始计量结果

单位：元

项目	金额
未来现金流入现值的估计	1 000
未来现金流出现值的估计	（900）
未来现金流量现值	100
非金融风险调整	（60）
履约现金流量	40
合同服务边际	（40）
初始确认时保险合同负债	—

2）支出分出保费前的初始计量

在支付分出保费前，A 公司对未来现金流进行了估计，情形 1 和情形 2 的分出保费分别为 260 元和 300 元。初始计量结果如表 10.8.4 所示。未来现金流入现值（摊回赔付）为 270 元，而未来现金流出现值（分出保费）分别为 –260 元和 –300 元，导致未来现金流量现值估计分别为 10 元和 –30 元。

表 10.8.4　分出再保险合同组的初始计量结果

单位：元

项目	情形1：分出保费为260元	情形2：分出保费为300元
未来现金流量流入现值的估计（摊回赔付）	270	270
未来现金流量流出现值的估计（分出保费）	（260）	（300）
未来现金流量现值的估计	10	（30）
非金融风险调整	18	18
履约现金流量	28	（12）
合同服务边际	（28）	12
初始确认时分出再保险合同资产		
损益确认	—	—

注：①在估算分出再保险合同组的未来现金流量现值时，我们采用了一系列与计量相应原保险合同组相一致的假设条件。考虑到分出比例为30%，因此，计算得出的未来现金流入现值为 270 元（900×30%）；②分出再保险合同组的非金融风险调整额度，是根据该合同组实际转移给再保险分入人的风险程度来确定的。基于此原则，该分出再保险合同组的非金融风险调整额计算为 18 元（60×30%）。③合同服务边际＝–履约现金流量。

3）支付分出保费后的计量

支付分出保费后，A 公司对分出再保险合同资产进行了重新计量，结果如表 10.8.5 所示。此时，未来现金流出为 0，分出再保险合同资产等于分出保费的金额，即情形 1 为 260 元，情形 2 为 300 元。

表 10.8.5　支付保费后分出再保险合同资产的计量结果

单位：元

项目	情形1：分出保费为260元	情形2：分出保费为300元
未来现金流量流入现值的估计（摊回赔付）	270	270

续表

项目	情形1:分出保费为260元	情形2:分出保费为300元
未来现金流量流出现值的估计（分出保费）	0	0
未来现金流量现值的估计	270	270
非金融风险调整	18	18
履约现金流量	288	288
合同服务边际	（28）	12
分出再保险合同资产	260	300
损益确认	—	—

10.8.4.2 案例8-14 分出再保险合同组的初始计量

1）初始确认时间点的确定

A 公司的原保险合同组在初始计量阶段的成果已汇总于表10.8.6 中。鉴于该组合同出现了亏损情况，根据会计准则，A 公司决定将分出再保险合同组的初始确认日期设定为责任期开始日与对应保险合同首次确认日两者之中较早的日期，即选定为2023年12月20日作为确认时点。

表10.8.6 原保险合同组在初始确认时的计量结果

单位：元

项目	金额
未来现金流入现值的估计	850
未来现金流出现值的估计	（900）
未来现金流量现值	（50）
非金融风险调整	（60）
履约现金流量	（110）
合同服务边际	—
初始确认时保险合同负债	（110）
损益确认：保险服务费用—亏损部分的确认	110

2）支付分出保费前的初始计量

在支付分出保费前，A 公司进行了初始计量，情形1和情形2的分出保费分别为260元和300元。初始计量结果如表10.8.7 所示。亏损摊回部分为33元，这在损益确认中体现为摊回保险服务费用的减少。

表10.8.7 分出再保险合同组的初始计量结果

单位：元

项目	情形1:分出保费为260元	情形2:分出保费为300元
未来现金流量流入现值的估计（摊回赔付）	270	270
未来现金流量流出现值的估计（分出保费）	（260）	（300）
未来现金流量现值的估计	10	（30）

续表

项目	情形1：分出保费为260元	情形2：分出保费为300元
非金融风险调整	18	18
履约现金流量	28	（12）
合同服务边际（采用亏损摊回调整之前）	（28）	12
亏损摊回部分	33	33
合同服务边际（采用亏损摊回调整之后）	5	45
初始确认时分出再保险合同资产	33	33
损益确认：摊回保险服务费用（亏损摊回部分）	（33）	（33）

注：①由于原保险合同组亏损了110元，分入公司预期会承担33元（110×30%）的亏损，分出公司应将33元的亏损摊回确认为摊回保险服务费用，计入当期损益；②分出再保险合同资产等于分保摊回未到期责任资产，等于履约现金流量和合同服务边际（采用亏损摊回调整之后）之和，情形1下分出再保险合同资产为33元（28+5）；情形2下分出再保险合同资产为33元（-12+45）。

3）支付分出保费后的计量

支付分出保费后，A公司的分出再保险合同资产计量结果如表10.8.8所示。履约现金流量增加了相应的分出保费金额，分出再保险合同资产相应增加至情形1的293元和情形2的333元。

表 10.8.8 支付保费后分出再保险合同资产的计量结果

单位：元

项目	情形1：分出保费为260元	情形2：分出保费为300元
未来现金流量流入现值的估计（摊回赔付）	270	270
未来现金流量流出现值的估计（分出保费）	0	0
未来现金流量现值的估计	270	270
非金融风险调整	18	18
履约现金流量	288	288
合同服务边际（采用亏损摊回调整之前）	（28）	12
亏损摊回部分	33	33
合同服务边际（采用亏损摊回调整之后）	5	45
分出再保险合同资产	293	333
损益确认		

注：①支付分出保费后，未来现金流出为0，履约现金流量相应增加了分出保费260元（情形1）和300元（情形2）；②支付分出保费后，分出再保险合同资产也相应增加了分出保费，即情形1为293元[260+33=履约现金流量+合同服务边际（采用亏损摊回调整之后）=288+5]，情形2为333元[300+33=履约现金流量+合同服务边际（采用亏损摊回调整之后）=288+45]。

10.8.5 案例总结

企业在初始确认分出再保险合同组时，核心任务是评估由此产生的分出再保险合同资产，即所谓的分保摊回未到期责任资产。该资产反映了分出公司在支付分保费后，因持有再保险合同而拥有的权利。与负债不同，这一资产的确认基于分出公司向分入公司支付保费后，分入方形成的负债，而分出方获得的相应资产。

在初始确认阶段，分出再保险合同组仅涉及未到期责任，而不包括已发生赔款责任。当分出再保险合同组产生盈利时，合同服务边际表现为正值，即净利得；相反，如果合同组亏损，则合同服务边际为负值，即净成本。通常情况下，净成本并不需要立即在利润表中体现。

对于尚未支付的分出保费，即便分出再保险合同组亏损，其初始确认的资产价值亦为零。然而，一旦分出保费完成支付，不论合同组是否亏损，分出再保险合同资产的价值将等同于已支付的分出保费。即便合同服务边际为负，相关的成本也将在损益表中按期摊销，而非一次性确认为亏损，这有助于平滑损益波动。

10.9 分出再保险合同的后续计量

10.9.1 案例概述

案例 10-15 2022 年元旦，保险公司 A（以下简称"A 公司"）与 Y 公司签订了一项再保险协议，此协议可被视为一个合同组。根据协议条款，A 公司向再保险接收方 Y 公司支付的再保险费用为 900 元。Y 公司对相关保险合同中每一笔赔偿提供 40% 的保险保障。这些相应的保险合同均在同一天，即 2022 年 1 月 1 日生效，并在 2022—2024 年承担保险责任。

在签订再保险合同时，A 公司对部分相关的保险合同进行了初始评估，认为它们在初始确认时存在亏损，因此确认了亏损合同组。与此同时，其他合同由于盈利而被视为另一组。在这些保险合同的初始确认之后，A 公司即刻收到了总计 2 790 元的保费收入（盈利组为 2 250 元，亏损组为 540 元），并随即支付了 900 元的再保险费用。到了 2024 年，预测盈利合同组的未来现金流现值为 1 500 元，而亏损合同组则为 600 元。在 2024 年，相关的保险合同实际现金流与预测相符。2023 年年末，A 公司重新评估了保险合同的执行现金流估计，预计未来现金支出将上升 20%。

假设所有这些合同都不具有直接分配红利的特性，也不满足保费分配法的条件；保险合同的服务在保险期间被均匀提供，再保险合同对应的保险合同赔偿在保险期限内均匀发生并快速支付；在 A 公司支付保险赔偿的当天，也从 Y 公司获得了相应的赔偿，而折现率为零。在本案例中，我们不考虑非金融风险调整和再保险接收方违约风险等其他因素。

思考问题：
A 公司该如何对上述保险合同组进行计量？

10.9.2 准则依据阐述

《企业会计准则第 25 号——保险合同》（2020 年修订）第六十六至七十条精要解读。

1）第六十六条：分出再保险合同资产的后续评估

在每个会计期末，企业需汇总分保摊回的未到期责任资产与已发生赔款资产，以此为基础对分出再保险合同资产的价值进行复审。未到期责任资产涵盖两个部分：一是资产负债表日根据比例分配给各合同组的、与未到期责任紧密相关的预期现金流；二是当日合同组所保持的合同服务边际价值。而已发生赔款资产则是指该日按比例分配给合同组的、与既往赔款及费用相关的预期回收现金流。

2）第六十七条：亏损合同组的分保摊回机制

针对与保险合同同步或提前确认的分出再保险合同，企业在识别亏损合同组或具体亏损合同时，需通过两项关键参数的乘积来确定未到期责任资产中可摊回的亏损部分：一是保险合同已确认的亏损数额；二是预期从再保险合同组中可回收的赔付比例。此基础上，企业需调整合同服务边际，并以其作为摊回的保险服务费用计入当期利润或亏损。同时，随着保险合同亏损情况的变化，企业需适时调整摊回金额，但不得超过预定的回收上限。

3）第六十八条：合同服务边际的账面价值调整规则

资产负债表日，企业需对分出再保险合同组的合同服务边际账面价值进行全面调整。调整依据包括：新合同对服务边际的即时影响、基于合同组确认时加权平均利率计算的当期服务边际利息、根据第六十七条确定的未到期责任资产亏损摊回额、与未来服务不直接挂钩的履约现金流变动（排除已调整部分）、当期汇兑差额对服务边际的作用，以及服务边际在当期的摊销情况。企业还需明确责任期内的责任分配，以便对调整后的服务边际进行恰当摊销。

4）第六十九条：再保险分入人违约风险的会计处理

如果再保险分入人的违约风险导致履约现金流发生变动，且此变动与未来服务无直接联系，则企业无需调整相关分出再保险合同组的合同服务边际。

5）第七十条：分保摊回资产的财务处理

当再保险分入人提供的服务导致分保摊回未到期责任资产减少时，企业应视为分出保费的分摊。同样，赔款及相关费用的摊回引起分保摊回已发生赔款资产增加，或后续履约现金流发生变动时，应确认为摊回的保险服务费用。在此过程中，企业需排除分出再保险合同中的投资元素，并将不依赖于保险合同赔付的预计收入作为分出保费分摊的抵扣项。

10.9.3 关键分析与解读

10.9.3.1 基本公式

资产的后续计量基于以下公式：

分出再保险合同资产 = 分保摊回未到期责任资产 − 分保摊回已发生赔款资产

其中，分保摊回未到期责任资产涵盖履约现金流量和合同服务边际，具体为：

分保摊回未到期责任资产 = 履约现金流量 + 合同服务边际

而分保摊回已发生赔款资产则与已发生赔款及其他费用有关：

$$分保摊回已发生赔款资产 = 履约现金流量$$

10.9.3.2 合同服务边际的调整

通常，由于分出再保险合同组可能存在亏损，合同服务边际初始为负值。期末的调整如下：

$$期末合同服务边际 = 期初合同服务边际 + 组内新增合同变动额 - 利息增值额 - 亏损摊回部分$$

分保摊回未到期责任资产的亏损摊回部分可能由两个部分组成：首先，根据《企业会计准则第 25 号——保险合同》（2020 年修订）第六十七条第一款的规定，与履约现金流量变动无关的亏损摊回部分应当调整合同服务边际；其次，另一部分亏损摊回，与履约现金流量无关，应直接反映在当期的损益中，而无需对合同服务边际进行调整。这两种情形均涉及将预期的亏损一次性计入当前损益，随后在后续期间逐步进行转回处理，从而形成亏损摊回的转回项。这一转回过程将减少分保摊回未到期责任资产中亏损摊回的额度，并在损益表中体现，具体细节如表 10.9.1 所展示。

表 10.9.1　与履约现金流量变动有关的亏损摊回情形：分出再保险合同亏损摊回的会计处理

项目	与履约现金流量变动无关的亏损摊回	与履约现金流量变动有关的亏损摊回	
		情形1	情形2
出现的时点和原因	对应亏损原保险合同组初始确认时或亏损原保险合同加入合同组时	对应原保险合同组的合同服务边际归零后，其履约现金流量继续增加导致亏损，同时导致的分出再保险合同组的履约现金流量发生超额变动	对应的采用保费分配法的计量的原保险合同组在后续计量时亏损，出现亏损部分的确认和转回，导致分出再保险合同组的履约现金流量发生超额变动
出现时的处理方式	资产负债表：形成亏损摊回部分；调整合同服务边际，亏损摊回部分在合同服务边际中	资产负债表：形成亏损摊回部分，不调整合同服务边际，亏损摊回部分在履约现金流量中	
	利润表：计入摊回保险服务费用，即亏损摊回部分的确认		
后续处理方式	后期逐步转回，即亏损摊回的转回。 资产负债表：亏损摊回部分因而逐步减少，最终为0。 利润表：将亏损摊回的转回计入摊回保险服务费用，逐步抵销之前计入的亏损摊回部分的确认		

10.9.3.3 损益确认的思路与方法

在《企业会计准则第 25 号——保险合同》（2020 年修订）下，损益列报遵循总额原则，涉及原保险合同组和分出再保险合同组的收支和负债。损益确认逻辑基于以下公式：

$$分出再保险服务业绩 = 摊回保险服务费用 - 分出保费分摊净投资业绩 = 资产投资收益 - (承保财务收益 + 分出再保险财务损益)$$

$$净投资业绩 = 资产投资收益 - (承保财务收益 + 分出再保险财务损益)$$

其中，分出保费分摊和摊回保险服务费用分别代表分保成本和分保收入，而分出再保险财务损益影响最终利润。

10.9.3.4 分出保费分摊的计算

分出保费分摊反映了分出公司的分保成本,按公式计算:

$$分出保费分摊 = 分保摊回未到期责任资产账面价值减少额$$

此减少额等于预计的摊回赔款及其他费用、非金融风险调整释放及合同服务边际摊销的总和。

10.9.3.5 摊回保险服务费用的计算

当期摊回保险服务费用由以下公式确定:

$$\begin{matrix}当期摊回\\保险服务\\费用\end{matrix} = \begin{matrix}摊回当期发生\\赔款及其他\\相关费用\end{matrix} + \left(\begin{matrix}当期确认的\\亏损摊回\\部分\end{matrix} - \begin{matrix}亏损摊回\\部分的\\转回\end{matrix}\right) + \begin{matrix}分保摊回已发生赔款\\资产相关履约现金\\流量变动\end{matrix}$$

所有亏损摊回部分均计入当期损益,而分保摊回已发生赔款资产的变动则反映在分出再保险服务费用中。

10.9.3.6 分出再保险财务损益的计算

分出再保险资产的变动额形成财务损益,其计算如下:

$$\begin{matrix}分出再保险合同\\金额变动额\end{matrix} = \begin{matrix}分出再保险资产的\\利息增值\end{matrix} + \begin{matrix}期末折现率变动导致的\\分出再保险资产变动\end{matrix}$$

企业可根据《企业会计准则第 25 号——保险合同》(2020 年修订)的规定选择性处理分出再保险财务损益。

10.9.4 案例深度剖析

10.9.4.1 初始计量

A 公司在初次确认阶段,对其保险合同负债以及分出再保险合同的资产所进行的计量结果,已经全面汇总并清晰地呈现在表 10.9.1 中。

表 10.9.1 初始确认时原保险合同负债和分出再保险合同资产计量结果

单位:元

项目	保险合同负债 盈利合同组	亏损合同组	分出再保险合同资产
未来现金流入现值的估计①	2 250	540	840
未来现金流出现值的估计②	(1 500)	(600)	(900)
履约现金流量③=①+②	750	(60)	(60)
分出的再保险合同组的合同服务边际(调整亏损摊回部分前)④			60
亏损摊回部分⑤			24
分出的再保险合同组的合同服务边际(调整亏损摊回部分后)⑥=④+⑤			84
对应的保险合同组的合同服务边际⑦=−Max(③,0)	(750)	—	
保险合同负债⑧=③+⑦	—	(60)	
分出再保险合同资产⑨=③+⑥			24

10.9.4.2 2022年分出再保险合同组计量情况

2022年，A公司的实际现金流量与预期一致。盈利合同组的合同服务边际当年摊销金额为250元（750÷3），分出再保险合同组的合同服务边际每年摊销金额为28元（84÷3）。2022年12月31日，盈利合同组的合同服务边际余额为500元（750-250），分出再保险合同组的合同服务边际余额为56元（84-28）。A公司的保险合同负债和分出再保险合同资产见表10.9.2。

表10.9.2 2022年年末原保险合同负债和分出再保险合同资产计量结果

单位：元

项目	保险合同负债		分出再保险合同资产
	盈利合同组	亏损合同组	
未来现金流入现值的估计①	—	—	560
未来现金流出现值的估计②	（1 000）	（400）	—
履约现金流量③=①+②	（1 000）	（400）	560
合同服务边际④	（500）	—	56
保险合同负债⑤=③+④	（1 500）	（400）	
分出再保险合同资产⑥=③+④			616

注：2022年12月31日，A公司对应的盈利合同组的未来现金流出现值为1 000元（1 500÷3×2）；对应的亏损合同组的未来现金流出现值为400元（600÷3×2）；分出再保险合同组的未来现金流入现值为560元〔（1 000+400）×40%〕。

10.9.4.3 2023年分出再保险合同组计量情况

2023年12月31日，A公司更新对应的保险合同组履约现金流量估计前，保险合同负债和分出再保险合同资产见表10.9.3。

表10.9.3 2023年年末原保险合同负债和分出再保险合同资产计量结果（假设变更前）

单位：元

项目	保险合同负债		分出再保险合同资产
	盈利合同组	亏损合同组	
未来现金流入现值的估计①	—	—	280
未来现金流出现值的估计②	（500）	（200）	—
履约现金流量③=①+②	（500）	（200）	280
合同服务边际④	（500）	—	56
保险合同负债⑤=③+④	（1 000）	（200）	
分出再保险合同资产⑥=③+④			336

2023年12月31日，A公司更新了对应的保险合同组履约现金流量的估计。A公司估计对应的保险合同组未来现金流出将增加20%，从700元（1 500÷3+600÷3）增加到840元。相应地，A公司估计分出的再保险合同组的未来现金流入也增加20%，从280元

（700×40%）增加到336元。A公司的保险合同负债和分出再保险合同资产见表10.9.4。

表10.9.4 2023年年末原保险合同负债和分出再保险合同资产计量结果（假设变更后）

单位：元

项目	保险合同负债 盈利合同组	保险合同负债 亏损合同组	分出再保险合同资产
未来现金流入现值的估计①	—	—	336
未来现金流出现值的估计②	（600）	（240）	—
履约现金流量③=①+②	（600）	（240）	336
合同服务边际④	（200）	—	8
保险合同负债⑤=③+④	（800）	（240）	—
分出再保险合同资产⑥=③+④	—	—	344
确认的亏损和亏损摊回⑦	—	（40）	16

注：①对应的保险合同组的预期未来现金流出增加140元（对应的盈利合同组500×20%+对应的亏损合同组200×20%），相应地，分出的再保险合同组的预期现金流入增加56元（原预期未来摊回金额280×20%），分出的再保险合同组更新后的未来现金流入现值为336元；②由于对应的盈利合同组与未来服务相关的履约现金流量产生不利变动100元（500×20%），相应调减对应的盈利合同组的合同服务边际账面金额100元。经调整后合同服务边际的当年摊销金额为200元［（500-100）÷2］，计入保险服务收入。因此，2023年12月31日，对应的盈利合同组的合同服务边际账面价值为（贷方）200元（500-100-200）；③对于对应的亏损合同组，与未来服务相关的履约现金流量的增加额40元（200×20%），应确认为新增亏损并计入当期损益；④对应的亏损合同组与未来服务相关的履约现金流量增加引起的分出的再保险合同组亏损摊回部分增加16元（40×40%），该变动金额由分摊至对应的保险合同组且不调整其合同服务边际的履约现金流量变动导致，因此不调整分出的再保险合同组的合同服务边际，确认为当期损益；⑤除上述不调整合同服务边际的部分，分出的再保险合同组履约现金流量变化的其余部分金额为40元（对应的盈利合同组预期未来现金流出增加额100元×40%），调整分出的再保险合同组的合同服务边际；⑥经调整后的分出的再保险合同组的合同服务边际为（借方）16元（年初借方余额56-本年调整金额40），合同服务边际当年摊销金额为8元（16÷2），确认为当期损益。2023年12月31日，分出的再保险合同组的合同服务边际账面价值为8元（借方）。

2023年，A公司的分出再保险合同资产变动情况见表10.9.5。

表10.9.5 2023年分出再保险合同资产变动情况

单位：元

项目	分保摊回未到期责任资产① 非亏损摊回部分	分保摊回未到期责任资产① 亏损摊回部分	分保摊回已发生赔款资产②	分出再保险合同资产合计③=①+②
2023年1月1日余额	600	16	—	616
分出保费的分摊	（280）	—	—	（280）
从分入人摊回的金额	—	8	280	288
现金流量（收到摊回赔款）	—	—	（280）	（280）
2023年12月31日余额	320	24	—	344

注：①A公司更新了对应的保险合同组履约现金流量的估计前，分出的再保险合同组的亏损摊回部分每年分摊金额为8元（24÷3），因此，2023年1月1日，亏损摊回部分账面价值为（借方）16元（2023年1月1日的账面价值24－2023年的分摊金额8）；②2023年，分出保费的分摊280元{分出的再保险合同当年预期从再保险分入人摊回的赔付和费用280元［（500+200）×40%］－分出的再保险合同亏损摊回部分当年分摊金额+分出的再保险合同组的合同服务边际当年摊销金额8元}；③从再保险分入人亏损摊回的金额8元（亏损摊回部分变动中计入损益的部分16－亏损摊回部分的分摊金额8）。

10.9.4.4 原保险合同组和分出再保险合同组损益确认

上述对应的保险合同组和分出的再保险合同组的相关损益情况见表10.9.6。

表10.9.6 原保险合同组和分出再保险合同组损益确认情况

单位：元

项目	2022年	2023年	2024年	合计
保险服务收入①	930	880	980	2 790
保险服务费用②	（740）	（720）	（780）	（2 240）
签发的保险合同的保险损益③=①+②	190	160	200	550
分出保费的分摊④	（300）	（280）	（320）	（900）
摊回保险服务费用⑤	296	288	312	896
分出再保险合同的保险损益⑥=④+⑤	（4）	8	（8）	（4）
保险服务业绩⑦=③+⑥	186	168	192	546

注：① 2022年，保险服务收入=对应的盈余合同组发生的预期赔付和费用+对应的盈余合同组合同服务边际当期摊销+对应的亏损合同组发生的预期赔付和费用-对应的亏损合同组亏损部分当期分摊=（1 500÷3）+（750÷3）+（600÷3）-（60÷3）=500+250+200-20=930（元）；② 2022年，保险服务费用=对应的盈余合同组发生的实际赔付和费用+对应的亏损合同组发生的实际赔付和费用+对应的亏损合同组当期新确认的亏损-对应的亏损合同组亏损部分当期分摊=（1 500÷3）+（600÷3）+60-（60÷3）=500+200+60-20=740（元）；③ 2022年，分出保费的分摊=分出的再保险合同组当年预期从再保险分入人摊回保险服务费用-分出的再保险合同组亏损摊回部分当年分摊金额+分出的再保险合同组的合同服务边际当年摊销金额=（500+200）×40%-8+（84÷3）=280-8+28=300（元）；④ 2022年，摊回保险服务费用=分出的再保险合同组初始确认亏损摊回部分+分出的再保险合同组当年实际摊回的赔付和费用-分出的再保险合同组亏损摊回部分当年分摊金额=24+280-8=296（元）；⑤ 2023年，保险服务收入=对应的盈余合同组发生的预期赔付和费用+对应的盈余合同组合同服务边际当期摊销+对应的亏损合同组发生的预期赔付和费用-对应的亏损合同组亏损部分当期分摊=（1 500÷3）+（500-100）÷2+（600÷3）-（60÷3）=500+200+200-20=880（元）；⑥ 2023年，保险服务费用=对应的盈余合同组发生的实际赔付和费用+对应的亏损合同组发生的实际赔付和费用+对应的亏损合同组当期新确认的亏损-对应的亏损合同组亏损部分当期分摊=（1 500÷3）+（600÷3）+40-（60÷3）=500+200+40-20=720(元)；⑦ 2023年，分出保费的分摊=分出的再保险合同组当年预期从再保险分入人摊回的赔付和费用-分出的再保险合同组亏损摊回部分当年分摊金额+分出的再保险合同组的合同服务边际当年摊销金额=（500+200）×40%-8+8=280-8+8=280（元）；⑧ 2023年，摊回保险服务费用=分出的再保险合同组当年实际摊回的赔付和费用-分出的再保险合同组亏损摊回部分当年分摊金额+分出的再保险合同组亏损摊回部分当年新增=280-8+16=288（元）；⑨ 2024年，保险服务收入=对应的盈余合同组发生的预期赔付和费用+对应的盈余合同组合同服务边际当期摊销+对应的亏损合同组发生的预期赔付和费用-对应的亏损合同组亏损部分当期分摊=500×（1+20%）+（500-100）÷2+200×（1+20%）-60=600+200+240-60=980（元）；⑩ 2024年，保险服务费用=对应的盈余合同组发生的实际赔付和费用+对应的亏损合同组发生的实际赔付和费用-对应的亏损合同组亏损部分当期分摊=600+240-60=780（元）；⑪2024年，分出保费的分摊=分出的再保险合同组当年预期从再保险分入人摊回保险服务费用-分出的再保险合同组亏损摊回部分当年分摊金额+分出的再保险合同组的合同服务边际当年摊销金额=336-24+8=320（元）；⑫2024年，摊回保险服务费用=分出的再保险合同组当年实际摊回的赔付和费用-分出的再保险合同组亏损摊回部分当年分摊金额=336-24=312（元）。

10.9.4.5 相关会计处理

1）2022年相关会计处理

（1）2022年1月1日，A公司确认分出的再保险合同组亏损摊回部分：

借：分保摊回未到期责任资产　　　　　　　　　　　　24
　　　贷：摊回保险服务费用　　　　　　　　　　　　　　24

（2）2022 年 1 月 1 日，A 公司向分入人支付再保险合同的保费：

借：分保摊回未到期责任资产　　　　　　　　　　　　　　　　900
　　贷：银行存款　　　　　　　　　　　　　　　　　　　　　　　　900

（3）2022 年，根据对应的保险合同组发生的赔付和费用，A 公司从分入人摊回赔付和费用，并收到该摊回款项：

借：分保摊回已发生赔款资产　　　　　　　　　　　　　　　　280
　　贷：摊回保险服务费用　　　　　　　　　　　　　　　　　　　280
借：银行存款　　　　　　　　　　　　　　　　　　　　　　　280
　　贷：分保摊回已发生赔款资产　　　　　　　　　　　　　　　　280

（4）2022 年 12 月 31 日，A 公司按照预期摊回的赔款和费用减去亏损摊回部分的分摊金额后的净额确认分出的再保险合同分出保费的分摊：

借：分出保费的分摊　　　　　　　　　　　　　　　　　　　272
　　贷：分保摊回未到期责任资产　　　　　　　　　　　　　　　　272

（5）2022 年 12 月 31 日，A 公司确认分出的再保险合同组亏损摊回部分的分摊金额：

借：摊回保险服务费用　　　　　　　　　　　　　　　　　　　　8
　　贷：分保摊回未到期责任资产　　　　　　　　　　　　　　　　　8

（6）2022 年 12 月 31 日，A 公司确认分出的再保险合同组的合同服务边际当年摊销金额：

借：分出保费的分摊　　　　　　　　　　　　　　　　　　　　28
　　贷：分保摊回未到期责任资产　　　　　　　　　　　　　　　　28

2）2023 年相关会计处理

（1）2023 年，A 公司根据对应的保险合同组发生的赔付和费用，从分入人摊回赔付和费用，并收到该摊回款项：

借：分保摊回已发生赔款资产　　　　　　　　　　　　　　　　280
　　贷：摊回保险服务费用　　　　　　　　　　　　　　　　　　　280
借：银行存款　　　　　　　　　　　　　　　　　　　　　　　280
　　贷：分保摊回已发生赔款资产　　　　　　　　　　　　　　　　280

（2）2023 年 12 月 31 日，A 公司按照预期摊回的赔款和费用减去亏损摊回部分的分摊金额后的净额确认分出的再保险合同分出保费的分摊：

借：分出保费的分摊　　　　　　　　　　　　　　　　　　　272
　　贷：分保摊回未到期责任资产　　　　　　　　　　　　　　　　272

（3）2023 年 12 月 31 日，A 公司确认分出的再保险合同组亏损摊回部分的分摊金额：

借：摊回保险服务费用　　　　　　　　　　　　　　　　　　　　8
　　贷：分保摊回未到期责任资产　　　　　　　　　　　　　　　　　8

（4）2023 年 12 月 31 日，由于预期履约现金流量发生变化，A 公司确认分出的再保险合同组亏损摊回部分：

　　　　借：分保摊回未到期责任资产　　　　　　　　　　　　　　　　16
　　　　　　贷：摊回保险服务费用　　　　　　　　　　　　　　　　　　16
　　（5）2023年12月31日，A公司确认分出的再保险合同组的合同服务边际当年的摊销金额：
　　　　借：分出保费的分摊　　　　　　　　　　　　　　　　　　　　8
　　　　　　贷：分保摊回未到期责任资产　　　　　　　　　　　　　　　8
　3）2024年相关会计处理
　　（1）2024年，A公司从分入人摊回赔付和费用，并收到相应款项：
　　　　借：分保摊回已发生赔款资产　　　　　　　　　　　　　　　336
　　　　　　贷：摊回保险服务费用　　　　　　　　　　　　　　　　　336
　　　　借：银行存款　　　　　　　　　　　　　　　　　　　　　　336
　　　　　　贷：分保摊回已发生赔款资产　　　　　　　　　　　　　　336
　　（2）2024年12月31日，A公司按照预期摊回的赔款和费用减去亏损摊回部分的分摊金额后的净额确认分出的再保险合同分出保费的分摊：
　　　　借：分出保费的分摊　　　　　　　　　　　　　　　　　　　312
　　　　　　贷：分保摊回未到期责任资产　　　　　　　　　　　　　　312
　　（3）2024年12月31日，确认分出的再保险合同组亏损摊回部分的分摊金额：
　　　　借：摊回保险服务费用　　　　　　　　　　　　　　　　　　　24
　　　　　　贷：分保摊回未到期责任资产　　　　　　　　　　　　　　24
　　（4）2024年12月31日，确认分出的再保险合同组合同服务边际当年的摊销金额：
　　　　借：分出保费的分摊　　　　　　　　　　　　　　　　　　　　8
　　　　　　贷：分保摊回未到期责任资产　　　　　　　　　　　　　　8

10.9.5　案例总结

在会计实践中，对分出再保险合同组进行持续的后续计量工作的核心宗旨，是确保在每个资产负债表日都能精准无误地评估并反映该合同组下再保险合同资产的价值，并据此确认相关的收益和费用。

10.9.5.1　分出再保险合同资产的计量

公司须在每个资产负债表日，基于分保摊回未到期责任资产与分保摊回已发生赔款资产的合计值，对分出再保险合同资产进行后续评估。具体来说：

（1）分保摊回未到期责任资产涵盖与未到期责任相关的履约现金流量以及合同服务边际。

（2）分保摊回已发生赔款资产则包含与已发生赔款及其他费用摊回相关的履约现金流量。

在确定合同服务边际账面价值时，以下因素需要纳入考量并相应调整：

（1）合同影响金额：考虑当期加入合同组的合同对服务边际的影响。

（2）利息计提：根据合同确认时的固定利率计算利息，如果新增合同影响利率，则使用更新后的加权平均利率。

（3）亏损摊回金额：包括初始确认亏损合同组时计算的亏损摊回部分，以及与履约现金流量变动无关的亏损摊回部分的转回。

（4）履约现金流量变动：基于合同组初始确认时的折现率，评估与未来服务相关的现金流量变动，特定情况下确认为摊回保险服务费用。

（5）汇兑差额：考虑合同服务边际在当期由于汇率变动产生的影响。

（6）摊销金额：根据保险合同服务获取模式，对调整后的合同服务边际账面价值进行合理摊销，影响当期及以后期间的损益。

在后续计量过程中，亏损摊回部分的金额应根据相关保险合同亏损部分的变化进行调整，确保调整后的金额不超过预计摊回的保险合同亏损部分的相应金额。此外，如果履约现金流量变动是由再保险分入人不履约风险引起，且与未来服务无关，则不应对合同服务边际进行调整。

10.9.5.2 分出保费的分摊与保险服务费用的摊回机制

企业在当期接受再保险分入人提供的服务时，需执行以下会计处理：首先，分保摊回未到期责任资产账面价值的减少部分，应当确认为分出保费的分摊部分；其次，对于因赔款及其他费用摊回所导致的分保摊回已发生赔款资产账面价值的增加，以及与之相关的履约现金流量变动，这些均应被确认为摊回的保险服务费用。这一过程涵盖了摊回的赔款、亏损摊回的确认及其后续转回，同时还需考虑相关履约现金流量的动态变化。

此外，企业还需将预期从再保险分入人处获取的、直接关联于保险合同赔付的款项计入摊回的保险服务费用之中；而对于那些预计收到的、与保险合同赔付无直接关联的款项（例如，基于分出保费固定比例计算的手续费用），则应作为分出保费分摊金额的减少项进行处理。值得注意的是，亏损摊回部分的确认与转回金额，同样作为摊回保险服务费用的重要组成部分。

在进行上述分摊与费用确认的过程中，企业应确保将分出再保险合同中涉及的投资成分予以排除，以确保会计处理的准确性和合规性。

11 股份支付准则

11.1 股份支付范围的确定

股权激励起源于20世纪50年代的美国,其理论基础是委托代理理论。这种制度主要面向公司的高层管理人员,通过赋予他们公司股票或股票期权,旨在实现管理层与股东利益的一致性,从而为股东创造更多价值。近年来,我国一些上市公司开始为员工,尤其是高层管理人员,实施股权激励计划,以期缓解委托代理问题。

2006年,财政部正式发布了《企业会计准则第11号——股份支付》,其主旨在于统一并规范上市公司在执行股权激励计划时的会计核算方法与信息披露机制。然而,通过该准则在我国上市公司实际应用中的反馈情况来看,一系列问题逐渐显现,包括等待期划定不明确、行权条件设定缺乏统一标准、股票期权公允价值评估过程复杂且挑战重重,以及信息披露内容的详尽程度不足等。鉴于股份支付交易本身所固有的复杂性和特殊性,这向负责执行股权激励计划的企业会计人员提出了更为严格的挑战,要求他们不断精进自身的职业判断力与专业技能,以有效应对这些复杂多变的情境,确保会计处理的准确性和信息披露的充分性。

11.1.1 案例概述

案例 11-1 一家名为××的拟上市公司,其业务范围包括:①需要特定许可的经营项目,例如国际旅游业务、国内旅游业务、出境旅游业务、保险代理业务;②一般性经营项目,如提供会议服务。

在××公司计划对上海A公司进行增资控股之前,上海A公司进行了股权结构调整,并要求在工商登记上完成这一调整(由于工商登记的时间要求,股权调整的登记与增资的登记将同步进行)。在这次股权转让中,原股东肖×(名义持有人,同时也是公司实际控制人王×的妻子)和洪××将其持有的上海A公司股份分别转让给了王×、邓×、陈×、郭×和另一位陈××。增资完成后,××公司将拥有上海A公司51%的控制权。

根据××公司签订的增资协议,在第二页的前言部分(d)提到,目标公司(上海A国际旅行社有限公司)将在增资交割日之前完成管理层持股计划,该计划已经得到增资方的认可。具体来说,肖×将其持有的405万元出资额中的部分转让给了王×和邓

×，洪××也将其持有的45万元出资额中的部分转让给了邓×、陈×、郭×和另一位陈××，这些转让均作为股权激励的一部分。具体的增资细节在表11.1.1。

表11.1.1 增资情况

金额单位：元

原股东	增资前	本期增加	本期减少	增资后	持股比例	资本公积	备注
肖×	4 050 000.00		4 040 815.00				浙江市场部经理
			9 185.00				
洪××	450 000.00		82 652.00	91 837.00	1.00%		副总经理
			91 837.00				
			91 837.00				
			91 837.00				
王×		4 040 815.00		4 040 815.00	44.00%		总经理
邓×		91 837.00		91 837.00	1.00%		东南亚部经理
陈×		91 837.00		91 837.00	1.00%		副总经理
郭×		91 837.00		91 837.00	1.00%		海岛部经理
陈×		91 837.00		91 837.00	1.00%		电商部经理
凤凰国旅公司		4 683 673.00		4 683 673.00	51.00%	40 816 327.00	
合计	4 500 000.00	9 091 836.00	4 408 163.00	9 183 673.00	100.00%	40 816 327.00	

注：凤凰国旅公司出资4 550万元，其中，计入实收资本4 683 673元、资本公积40 816 327元。

思考问题：

针对这一情况，股份支付的会计处理应该如何进行？

11.1.2 准则依据阐述

以下是对相关会计准则内容的系统化阐述与解析。

11.1.2.1 《企业会计准则第11号——股份支付》

1）第二条核心要义解析：定义阐述

股份支付机制，是企业为酬谢职工及其他服务提供方所实施的一种交易安排，其核心在于企业通过授予权益性工具或承担基于此类工具计算的负债，以换取所需的服务。

2）第二条核心要义解析：分类明细

权益结算类：此类别下，企业直接以其自身持有的股份或其他形式的权益工具作为对价，支付给服务提供者，以此作为对其所提供服务的回报。

现金结算类：与前者不同，此类型下企业承诺的是基于股份或其他权益工具价值计算的现金或其他资产支付义务，用于偿付服务提供者的贡献。

权益工具界定：本准则中所提及的"权益工具"，特指企业自身所持有的，能够证明所有者权益的金融工具，包括但不限于普通股、优先股等。

11.1.2.2　上市公司执行相关监管问题解答

股权激励的会计处理：针对上市公司大股东将其所持有的非本公司股份，以低于市场公允价格的合约条款转让给公司高级管理人员的行为，本质上构成了一种股权激励措施。因此，此类交易应遵循股份支付的会计准则要求，进行相应的会计处理和披露。

11.1.2.3　挂牌公司股票发行中的股份支付问题

适用情形解析：在挂牌公司进行股票发行时，如果存在以下特定情况，主办券商需就此次发行是否应被认定为股份支付进行详尽说明：

（1）发行给高管、核心员工、员工持股平台或特定投资者的股票价格显著低于当前市场价格或公司股票的公允价值。

（2）发行价格低于公司的每股净资产值。

（3）发行股票直接用于实施股权激励计划。

（4）全国中小企业股份转让系统（全国股转系统）认为存在其他需要特别说明的股份支付情形。

11.1.3　关键分析与解读

确定一项交易是否应归类为股份支付，主要依据以下两个关键因素：

（1）交易性质：需要评估交易是否涉及了服务的交换或能否为企业带来额外的未来利益。股份支付的核心在于服务的提供和获取，如果交易中没有服务的提供，则不属于股份支付的范畴。

（2）价值差异：应考虑交易中是否存在公允价值与实际支付成本之间的差异。股份支付的另一个条件是交易双方之间的对价是否公平。如果服务提供者或咨询机构等获得了股份，并且这些股份的价值高于他们提供的服务成本，那么这种差异应被视为成本费用。

简而言之，股份支付的关键在于服务的交换和价值的公平性。只有当交易双方通过服务的提供和接受，且存在公允价值与实际成本之间的差异时，才符合股份支付的定义。

11.1.4　案例深度剖析

在分析案例 11-1 时，建议公司首先深入探究目标公司原股东转让股份的真实意图，并依据股份支付的判定标准来评估这一行为是否构成股份支付。针对本案例的具体情况，如果股权转让的授予日期与公司增资目标公司并取得控制权的购买日期相隔不远，可以认为公司在增资时所支付的金额基本上反映了目标公司股份在授予日的公允价值。

如果股权转让满足股份支付的确认条件，在没有其他特别约定的情况下，可以将其视为直接行权的股份授予。股权转让的成立日将作为行权日，同时也是确定股份支付成本费用的基准日。此外，本案例中涉及股份支付的应仅限于邓×、陈×、郭×和陈××所获得的股份。

要实现"该股份支付费用对收购方财务报表无影响"的目标，必须同时满足以下条件：

（1）收购方对目标公司的收购构成一项非同一控制下的企业合并。

（2）股份支付的授予日在收购方购买目标公司的日期之前。

（3）股份支付没有等待期，或者等待期已在购买日之前结束。

在公司的个别财务报表编制过程中，鉴于公司并未直接参与该股份支付交易，故不将此以股份为基础的支付交易纳入确认范畴。然而，在编制合并财务报表时，该交易则需按照权益结算的股份支付方式进行相应的会计处理。

11.1.5 案例总结

在规划员工激励计划时，企业首要任务是明确该计划是属于股份支付范畴还是职工薪酬类别，这一判断将直接决定是遵循《企业会计准则第11号——股份支付》还是《企业会计准则第9号——职工薪酬》进行会计处理。核心考量点在于评估计划中提供的对价是否与企业的权益工具（例如股票）的价值存在紧密的关联性。

（1）股份支付：如果激励措施直接涉及股票，或以股票价值为基础确定债务，如股票期权、限制性股票和股票增值权等，则属于股份支付。

（2）职工薪酬：如果激励措施不涉及股票，或其计算方法与股票价值无关，则为职工薪酬。例如，企业年金属于职工薪酬中的"设定受益计划"。

然而，重要的是要明确，尽管企业可能选择权益工具作为支付对价的方式，但以下几种特定场景并不满足股份支付的定义：

（1）如果企业未能从交易中收获任何形式的服务作为回报，则该交易不应被视为股份支付。

（2）交易如果直接发生在企业与股东之间，这样的交易并不纳入股份支付的范畴。

（3）在合并活动中，合并方与被合并方之间的交易，即便涉及权益工具的转移，亦不被认定为股份支付。

（4）企业如果以相同的发行价格和认购条件，同时向员工及非关联方发行权益工具，这样的交易亦不属于股份支付的范畴。

还需注意的是，还可能存在其他特定情境，它们同样因不符合股份支付的核心要素而被排除在外。

在实际操作中，企业可以通过直接授予或通过"持股平台"提供激励措施。持股平台可以是有限公司、有限合伙企业或信托计划。

对于持股平台提供的激励措施，企业同样需要分析其属于股份支付还是职工薪酬：

情况1：如果持股平台仅能投资集团内公司的股票，员工在满足服务期限后获得各自份额，且最终金额基于持股平台持有的股票价格决定，这属于股份支付，适用《企业会计准则第11号——股份支付》。

情况2：当持股平台的参与者所获最终收益直接关联于公司未来盈利状况，而非单纯基于股票价格变动时，该机制应归类为"长期利润分享计划"，它属于其他类型的长期职工福利范畴。因此，在会计处理上，应遵循《企业会计准则第 9 号——职工薪酬》的相关规定进行核算。

企业在界定合并范围时，应当以"控制"这一核心概念为出发点进行考量。从理论层面分析，持股平台在满足特定条件下，有可能需要被纳入合并财务报表的编制范围之内。"控制"是指投资方通过积极参与被投资方的日常运营或相关活动，从中获取与自身表现或被投资方业绩相关的可变回报，并且投资方能够利用其在被投资方中的权利，直接或间接地影响这些回报的金额。企业从持股平台获取的可变回报可能涵盖以下方面：①调整分配额度以获取更好的员工服务；②决定持股时间长短以获得投资的可变回报；③在持有期间，获得现金股利的再投资损益。

对于股份支付，如果企业控制持股平台，则需将其纳入合并范围，并逐项反映持股平台的资产和负债。对于职工薪酬，虽然国际的准则可能允许豁免合并，但中国的准则没有相关规定，企业在实务操作中应予以注意。

11.2 限制性股票公允价值的确认问题

11.2.1 案例概述

案例 11-2 ×× 制造有限公司在准备新三板上市过程中的股改情况如下：2024 年 2 月，公司新增注册资本 1 580 万股，其中实际控制人个人投入 900 万股，实际控制人配偶投入 337.5 万股，公司员工通过设立的持股平台［珠海市德堡企业管理合伙企业（有限合伙）］等投入 342.5 万股。入股价格的确定依据是公司当时的账面净资产，大约为 1.70 元/股（其中 1 元计入股本，剩余部分计入资本公积），但据估计，实际的公允价值可能高达 3 元/股（此估值尚未经过正式评估）。

思考问题：

在进行股份支付时，是否必须进行资产评估，并依据评估结果确定入股价格？或者，是否可以采用证券公司推荐的"B-S 期权定价模型"以及金融工程中的"无套利理论"和"看涨—看跌平价关系式"，来估算每份股票期权的公允价值？

11.2.2 准则依据阐述

以下是对相关会计准则内容的整理和概述。

11.2.2.1 《企业会计准则第 11 号——股份支付》

第四条核心要点：以权益结算的股份支付，旨在换取职工服务时，其计量应依据授予职工的权益工具公允价值进行。此公允价值需遵循《企业会计准则第 22 号——金融工具确认和计量》（2017年修订）的标准来确定。

11.2.2.2 《企业会计准则讲解（2010）》之权益工具公允价值确定

（1）计量基础：职工股份的公允价值原则上基于企业股份的市场价格，需调整以反映特定授予条款和条件（除市场条件外的可行权条件）。

（2）非公开市场处理：如果股份未在市场公开交易，则公允价值需基于估计的市场价格，并同样考虑条款和条件的调整。

（3）估计因素考量：在估算过程中，需纳入职工等待期内无权取得股份的条款、股份在可行权日后的转让限制等因素，但避免超过市场参与者自愿支付的价格水平，以准确反映可行权限制的影响。

（4）特定限制处理：在授予日估算公允价值时，不考虑等待期内的转让限制及其他非市场条件，因这些条件属于可行权条件中的非市场性要素。

11.2.3 关键分析与解读

上市公司通过发行股份筹集资金时，会将募集到的资金确认为公司的资产，并基于股份的面值及超出面值的溢价，分别将这两部分资金登记入账至股本和资本公积项目。然而，当发行涉及限制性股票时，会计处理方式就变得更为错综复杂。尽管授予限制性股票从形式上赋予了激励对象股东身份，但如果未能满足既定的解锁标准，公司则承担着回购这些股票的责任。针对这一特殊情况，会计领域内形成了三种主要的处理立场：

（1）法律形式等同观：限制性股票与普通股在本质上并无不同，因此应遵循相同的会计处理原则。具体而言，公司在授予限制性股票之日收取的认购款项应直接作为权益工具入账；至于回购的潜在义务，则遵循"实际履行时确认"的原则，即仅在真正实施回购时才在财务报表中体现相应的负债，而在授予日不预先记录任何负债。

（2）金融工具视角：由于限制性股票与普通股在经济实质上存在显著差异，特别体现在回购义务的存在上，这表明上市公司并不能无条件地免除未来交付现金或其他金融资产的责任。因此，依据金融工具列报的相关会计准则，限制性股票应被确认为一项金融负债。同时，上市公司在授予日收到的购股款项应被视为预收款，并同样确认为负债。对于该负债的计量，应采用回购金额的现值作为依据，且在计量过程中不考虑未来回购可能性的变动。

（3）股份支付准则观点：限制性股票属于以权益结算的股份支付，应适用股份支付准则而非金融工具列报准则。在授予日不确认金融负债，而是在每个资产负债表日估计解锁可能性，如很可能需回购，则确认预计负债，并在后续资产负债表日根据重新估计的数量调整预计负债和权益工具。

综合考虑，对限制性股票的会计处理应结合法律形式和经济实质：一方面，上市公司发行限制性股票需履行法律手续，中介机构亦进行审验，从法律角度看，应作为增资处理；另一方面，由于存在明确的回购约定，上市公司负有交付现金的合同义务，且不在公司控制范围内,从经济实质看,授予日应确认为金融负债,并以回购金额现值计量。

11.2.4 案例深度剖析

11.2.4.1 IPO 企业股权激励审计要点与公允价值评估策略

遵循《北京注册会计师协会专家委员会提示〔2016〕第 8 号——IPO 企业股权激励工具关注的审计重点》的指引,IPO 企业在对股权激励工具进行初始计量时,面临着股份未上市流通导致公允价值确定难度增加的挑战。

11.2.4.2 公允价值评估原则与分层框架

依据《企业会计准则第 22 号——金融工具确认和计量》(2017 年修订),IPO 企业需明确其权益工具的公允价值,同时依据股份支付协议细节作适应性调整。公允价值的评估分为三层次体系:

(1)首要层次:直接引用活跃市场中相同或相似资产/负债的公开报价。

(2)次级层次:依据非活跃市场报价、相似资产/负债信息及其他可观察或市场验证的输入值进行推断。

(3)最终层次:在缺乏直接或间接市场证据时,基于不可观察输入值(即市场参与者的定价假设)进行估计。

11.2.4.3 审计师提醒与管理层考量

审计师应警示企业管理层,在使用第二、第三层次评估时,务必确保方法合理且具操作性。管理层则需综合考量以下要素来判定公允价值:

(1)市场交易价格参考:筛选并剔除过去 6 个月内明显不公允的股权交易价格。

(2)专业评估方法:优先选用如现金流折现法等专业手段进行资产价值评估。

(3)行业基准比较:利用市盈率、市净率等行业标准作为校验依据。

(4)期权定价模型辅助:在适当时机,借助期权定价模型增强分析的科学性。

11.2.4.4 特殊情况应对策略

(1)近期 PE 投资参照:近期 PE 投资价格应视为公允价值评估的重要依据。

(2)估值技术应用:在无直接市场参照情况下,企业应遵循协会提示,通过多维度分析,运用合适的估值技术来确定公允价值。

11.2.4.5 限制性股票的公允价值处理

对于限制性股票,其公允价值评估应简化为标的股份公允价值与授予价格之差,通常不建议复杂化处理,如引入 B-S 模型等期权定价方法进行额外调整。

11.2.4.6 结论

在确定 IPO 企业股权激励工具的公允价值时,应综合考虑市场报价、专业评估、行业比较和期权定价模型等多种方法。对于限制性股票，其公允价值的确定应直接反映其与授予价格的差额，避免过度依赖复杂的金融模型。这种方法既符合会计准则，也适合书籍出版规范，确保了会计处理的逻辑性和透明度。

11.2.5 案例总结

在评估限售股的价值时，考虑其"限售"特性的影响因素，关键在于区分限售条件的性质。如果限售条件是权益工具的固有属性，即无论持有人身份或是否提供服务，均需遵守限售规定；或者限售条件仅与员工的服务义务相关，如股份支付中的服务期限或业绩条件。

换句话说，如果存在一个活跃交易的限售股市场，且此市场对所有潜在买家开放，那么该市场的交易价格可以作为限售股在授予日公允价值的参考。限售股公允价值与同日无限售股份市价之间的差额，可被视为"流动性折扣"或卖出认沽期权的价值。然而，实际情况中，这样的市场并不存在。理论上，如果授予日企业同时向财务投资者发行限售股份，且限售期限与股份支付的等待期一致，那么限售股的发行价可能反映其公允价值。但至今，这种情况尚未有案例记录，使得区分这两类限售条件的影响变得复杂。

基于审慎监管和减少利润操纵空间的考虑，监管机构倾向于在计算限制性股票的公允价值时，不区分这两类限售条件的影响。限制性股票的公允价值直接基于授予日无限售条件股份的市价，不考虑期权价值的扣除。这种做法虽可能不完全符合会计准则的某些规定，但它简化了操作流程，提高了实务操作的一致性，并有效减少了利润操纵的可能性。

因此，我们建议，在评估权益结算股份支付计划中，于限制性股票授予日所确定的公允价值时，应遵循监管机构的倾向性意见，不扣除期权价值因素，以确保会计处理的合规性和实务操作的简便性。这种处理方式既体现了监管机构的审慎态度，也符合当前会计实务的需求。

11.3 股份支付认定和授予日公允价值确定问题

11.3.1 案例概述

案例 11-3 A公司（一家上市公司）计划通过发行股份的方式收购B公司（一家非上市公司）股东所持有的B公司股权。B公司历史上曾进行过两次涉及员工的增资活动，具体情况如下：

（1）第一次增资。2023年12月，B公司为激励核心管理人员，通过增资扩股方式引入了关键管理人员及C有限合伙企业（由B公司高级管理人员出资成立）。B公司注册资本增加2 000万元，C企业以货币形式认缴1 600万元，其他高管人员认购400万元，注册资本达到5 000万元，并修改了公司章程。增资价格基于B公司2022年12月31日未经审计的净资产定价，C企业成立于2023年1月10日，旨在作为B公司权益的共同间接持有者。合伙协议规定了股权行权的条件限制，包括合伙人离职时的退伙规定，以及B公司上市后股票解锁期满，合伙人可要求出售股票并分配收益等条款。

（2）第二次增资。2024年5月11日，B公司股东大会决定将股本从8 500万元增至11 500万元，由C企业出资，增资价格为2元/股，与不含增资的净资产（每股4元）存在2元/股的差异。

思考问题：

C企业对B公司的两次增资是否构成股份支付？如果是，其公允价值应如何确定？

11.3.2 准则依据阐述

以下是对《企业会计准则第11号——股份支付》中关键条款的概述与整理。

1）第六条第一款：权益结算股份支付

（1）适用情形：职工需完成等待期内服务或达到业绩条件后方可行权。

（2）会计处理：在等待期内，企业应按可行权权益工具数量的最佳估计及其授予日公允价值，将当期服务成本计入相关费用或成本，并同步调整资本公积。

2）第八条：换取服务的权益结算股份支付

如果服务公允价值可靠计量，则以其取得日公允价值计入成本或费用，并增加所有者权益。

如果服务公允价值不可计量但权益工具公允价值可靠，则按权益工具取得日公允价值计入成本或费用，并增加所有者权益。

3）第十条：现金结算股份支付

企业应依据承担的基于股份或其他权益工具计算的负债公允价值进行计量。

4）第十一条：立即行权的现金结算股份支付

对于授予后即刻可行权的现金结算股份支付，企业需在授予日即按承担负债的公允价值计入相关成本或费用，并相应增加负债记录。

11.3.3 关键分析与解读

根据《企业会计准则讲解（2010）》第十二章第一节的阐述，股份支付被界定为一种交易模式，企业通过赋予权益工具或承担与这些工具相关联的债务责任，来换取员工及其他利益相关方所提供的各项服务。此类支付方式具有3个显著特点：首先，它是企业与职工或其他服务提供者之间的交易活动；其次，其主要目的是换取服务；最后，交易的对价或定价与企业未来权益工具的价值紧密相关。

因此，在评估特定案例中的两次增资是否构成股份支付时，我们必须依据案例的具体背景信息，细致分析其是否满足股份支付的定义和特征。在确定这两次增资中股份的公允价值时，不应仅仅依赖账面净资产价值；相反，应基于股份支付授予日的企业整体价值评估来确定，这通常涉及以收益现值法为基础的净资产评估，并考虑公司在相关时点的上市预期等调整因素。

11.3.4 案例深度剖析

在案例 11-3 中，C 企业的合伙人均为 B 公司的员工，且合伙协议中规定了提前离职将丧失股权激励相关权益的条款。这表明股权激励是基于员工身份，旨在换取员工向 B 公司提供的服务，符合股份支付的定义和特征。因此，C 企业对 B 公司的两次出资应被认定为股份支付。

1）股份支付的确认

股权激励的获得是基于员工身份，旨在换取服务。交易双方为公司和员工。

员工获得的经济利益与公司上市后的股价直接相关。

2）公允价值的确定

两次增资时的标的股份公允价值应基于授予日的企业价值整体评估确定。

通常以收益现值法下的净资产评估为基础，考虑上市预期等因素进行调整。

第二次股份支付发生在 2024 年 5 月，接近本次收购日，应参考股权收购的作价确定公允价值。

3）高管直接出资的处理

高管直接对 B 公司出资，不附服务期限或业绩条件。

企业应在授予日（出资完成日）将标的股权公允价值高于入股价格的差额一次性计入损益。

4）股份支付相关费用的确认

费用应在等待期内逐期确认为成本、费用。

等待期与公司上市计划的预计进度相关，需适当估计。

5）A 公司收购 B 公司的影响

A 公司收购 B 公司属于非同一控制下的企业合并。

B 公司财务报表仅在购买日后才纳入 A 公司财务报表。

如果股份支付计划在购买日当天或之前取消，则不会影响 A 公司的损益。

如果 A 公司在购买日当天或之后对原有的股份支付计划进行了替换，则此类变更应遵循并符合《国际财务报告准则第 3 号——企业合并》中的相关规定进行会计处理。

6）取消股份支付计划的处理

如果 B 公司独立 IPO 计划放弃，原股份支付计划中的非市场业绩条件未满足，可能需要在股权完成收购之日将相关费用转回。

这取决于股份支付计划是否取消，以及 A 公司是否会实施其他替代的股份支付计划。

11.3.5 案例总结

股份支付的会计处理机制详尽地覆盖了权益结算与现金结算两大领域，具体会计准则阐释如下。

11.3.5.1 权益结算的股份支付

1）职工服务交换股份

计量依据：依据授予时权益工具的公允价值来确定。

会计处理方式：在等待期间，企业需在每个资产负债表日，基于对可行权数量的最合理预测，按照授予日的公允价值，将职工所提供的服务成本计入相应的费用或成本项目中，并同时增加资本公积（特指其他资本公积部分）。

2）即时可行权的股份支付（如限制性股票）

会计处理方式：在授予日，企业需立即按照权益工具的公允价值，将服务成本计入相关费用或成本，并相应增加资本公积（特别是股本溢价部分）。

3）第三方服务交换股份

计量依据：基于所换取服务的公允价值。

会计处理方式：在服务获得日，企业需按服务的公允价值计入相应的费用或成本。

4）公允价值不确定性的应对措施

如果服务的公允价值难以确定，但权益工具的公允价值可靠时，企业应依据权益工具在服务获得日的公允价值来计入相关费用或成本。

5）内在价值计量法（特殊情形）

在极少数情况下，如果权益工具的公允价值无法可靠获取，则需采用内在价值（即权益工具的公允价值与其协议价格之差）来计量，并于服务发生时及后续的资产负债表日和结算日进行确认和计量服务金额。

6）结算规定

如果在等待期内发生结算，视为加速行权，需即刻确认剩余的服务金额。对于结算支付超出回购日内在价值的部分，应计入当期的损益中。

11.3.5.2 现金结算的股份支付

1）等待期内的会计处理

在每个资产负债表日，企业需基于最佳的可行权预测，以承担负债的公允价值来计入相关的费用或成本，并确认相应的负债。同时，还需对负债的公允价值进行周期性的重新评估，并将任何变动计入损益。

2）即时可行权的现金结算（如虚拟股票、业绩股票）

在授予日，企业需立即以负债的公允价值计入相关费用或成本，并确认负债。随后，在每个资产负债表日和结算日，持续对负债的公允价值进行重估，并将变动计入损益。

11.4　股权激励计划取消的会计处理问题

11.4.1　案例概述

案例 11-4　A 公司宣布实施一项股权激励方案，旨在向符合条件的激励对象授予总量达 300 万份的股票期权。该计划的授予日定在 2023 年 1 月 15 日，且规定自授予日起 12 个月后，激励对象可在随后的 36 个月内分三期行权，每期可行使的期权数量为授予总量的三分之一。

1）行权条件综述

A 公司实施的股权激励计划设定了以下关键行权条件，以确保公司未来的财务增长与盈利能力：

（1）净利润增长目标：自 2023 年起至 2025 年，A 公司需基于 2022 年的净利润水平，实现连续 3 年的净利润高速增长。具体而言，需分别达到或超过以下年度增长率：2023 年不低于 20%，2024 年提升至不低于 50%，而到 2025 年则需实现至少 80% 的显著增长。

（2）净资产收益率门槛：与此同时，公司在同一时期内还需维持并提升扣除非经常性损益后的加权平均净资产收益率。具体标准设定为：2023 年应至少达到 10%，2024 年提升至不低于 12%，至 2025 年则需达到或超过 15% 的水平。

（3）持续盈利稳定性：为保障公司期权等待期内的财务稳健性，A 公司被要求在整个等待期内，其净利润及扣除非经常性损益后的净利润均需保持在期权授权日之前 3 个会计年度（基准期）平均水平的上方，且在整个期间内不得发生任何净亏损的情况。

2）环境变化与业绩影响

A 公司在披露股权激励计划后，遭遇了宏观环境和行业状况的重大变化，导致 2023 年的经营业绩显著下滑。根据目前的预测，2023 年的净利润及其经过非经常性损益调整后的净利润预计将低于授权日之前 3 个会计年度的平均水平，这一结果将导致 A 公司的股票期权激励计划无法达到既定的行权条件。

3）激励计划终止

鉴于当前的经营状况，A 公司管理层预计主要行权条件中的净利润增长率目标无法实现，并计划于 2024 年 3 月终止股权激励计划。

思考问题：

面对这种情况，A 公司应如何对其进行相关会计处理？

11.4.2　准则依据阐述

以下是对《企业会计准则第 11 号——股份支付》中第六条与第十二条关键条款的梳理与深入解析。

1）第六条：权益结算的股份支付

（1）等待期内会计处理要点：对于此类股份支付，企业在每个会计期末（即资产负债表日），需依据对可行权权益工具数量的最合理预测，并采用授予日确定的公允价值，将员工服务期间产生的成本或费用计入相应会计期间，并同时增加资本公积（其他资本公积部分），以反映权益的累积增长。

（2）估计调整机制：如果后续信息表明，原先估计的可行权权益工具数量与实际不符，企业应及时进行调整，确保在最终可行权日时，所记录的数量与实际可行权数量一致，保障会计信息的准确性。

（3）等待期与可行权日界定：等待期被明确定义为从授予权益工具到满足行权条件（包括服务期限或业绩标准）的期间。对于以服务为基础的股份支付，等待期直接对应服务开始至行权之日；而对于基于业绩的股份支付，则需在授予日合理预测等待期的长度。可行权日则标志着员工或其他权益接收方正式获得从企业获取权益工具的权利。

2）第十二条：现金结算的股份支付

（1）等待期内会计处理框架：对于需达成特定条件后方能行权的现金结算股份支付，企业应在每个资产负债表日，基于当前对可行权情况的合理预测，运用负债的公允价值，将相应服务成本计入当期费用或成本，并同步确认负债，以反映企业未来需支付的现金义务。

（2）负债公允价值调整策略：如果后续发现企业当期承担的负债公允价值与初始估计存在差异，企业应迅速调整，确保在可行权日，负债的公允价值能准确反映实际可行权状况下的经济负担，维护财务报告的可靠性。

上述内容详细阐述了在权益结算与现金结算两种模式下，股份支付的会计处理规范，明确了等待期、可行权日的定义及估计调整的原则，为企业提供了明确的会计指导，确保了会计信息处理的一致性与准确性，严格遵守了会计准则的规范要求。

11.4.3　关键分析与解读

在分析案例背景的基础上，A公司的股权激励计划在会计处理上的关键难题在于确定每期解锁阶段的股权激励费用。实务操作中对此存在不同见解。

11.4.3.1　第一期解锁的会计处理

根据股份支付计划作废的原则，2023年度不应确认与第一期解锁相关的股权激励费用。原因是截至2023年年末未能实现净利润增长率等行权条件，导致无法解锁相应股票期权，这被视为计划的作废。

11.4.3.2　第二期和第三期的会计处理

这两期应被视为股份支付计划的取消，并按加速行权进行处理。然而，对于取消日应确认的费用金额们存在争议。

11.4.3.3 关于取消日确认金额的不同观点

第一种观点认为,应将所有流通在外的股权激励费用反映在取消日,无需考虑未来行权条件的满足情况。这是因为一旦取消,即视为提前满足了行权条件,应将授予日权益工具的公允价值全部确认在取消当期。

第二种观点认为,依据《国际财务报告准则第2号——股份支付》的规定,主张将计划的取消或结算视作加速授予处理,并即时确认原本计划在剩余授予期内逐渐确认的服务金额。此做法旨在体现,如果非计划取消,这些费用本应在未来多个期间内逐渐确认。因此,需考量未来行权条件的达成可能性,基于此预测可能行权的奖励数量,并据此计算出当前应一次性确认的费用总额,以反映预期的经济影响。

11.4.3.4 财政部的指导意见

遵循财政部2012年3月印发的《关于取消股份支付计划会计处理问题的复函》(财办会〔2012〕11号,以下简称财办会〔2012〕11号文件)文件精神,如果企业在等待期内因故(非因行权条件未达成而自然终止)决定撤销已授予但尚未执行的权益工具,企业需依据《企业会计准则解释第3号》的规定,将该撤销行为视为加速行权情况来处理。在实际操作中,这意味着企业必须在撤销决定的当期,一次性地确认原本预定在未来剩余等待期间内分期计入的所有相关费用。

11.4.3.5 结论

从上述分析来看,尽管存在不同观点,但在实务中均可采用。财办会〔2012〕11号文件的观点倾向于第一种观点,即在本例中,应加速确认与第二、第三期相关的费用。

11.4.4 案例深度剖析

在分析案例11-4时,需澄清两个核心问题,以确保会计处理的准确性和合规性。

11.4.4.1 股份支付费用的确认时机

企业在每个资产负债表日应根据服务期限和业绩条件的预计满足情况,对授予的权益工具数量进行估计。

如果确定服务期限条件和业绩条件中的非市场条件无法满足,或预计未来解锁批次的这些条件也将无法满足,则在本期间内,可以不确认相关股份支付费用,并将前期已累计确认的费用(如果有)予以转回。

在案例11-4中,第一期解锁的三分之一部分基于2022年的业绩条件,鉴于目前基本无法达到,因此可以不确认与第一期解锁相关的股份支付费用。如果2024年的业绩指标继续不满足非市场条件,则2024年也不应确认股份支付费用。

11.4.4.2 股份支付计划终止的会计处理

如果公司在2024年终止股份支付计划,其对财务报表的影响取决于所采用的处理观点。

观点一：如果取消发生在2024年，则应将截至取消日所有尚未解锁的批次对应的未确认股份支付费用在2024年度一次性确认，不考虑假设不取消情况下的实际解锁可能性。

观点二：需要考虑在假设不取消情况下，第二、第三期解锁的剩余2/3部分最终行权的可能性，以确定是否需要在取消时加速确认剩余的相关费用。这要求公司提供未来期间的盈利预测等相关证据，以证明"预计未来第二、第三期的可行权条件也无法得到满足"。

注意：

（1）盈利预测的准确性。管理层应确保盈利预测反映对未来盈利前景的最佳估计，假设该计划继续实施，最终授予的权益工具数量将为零。管理层用于测算未来授予权益工具数量的预测信息应与公司及同行业其他上市公司在年报中披露的未来前景展望信息保持一致。

（2）股份支付计划的终止披露。2024年3月终止原股份支付计划的事项，在2023年度财务报表中应作为资产负债表日后非调整事项予以披露。由此导致的股份回购需要履行减资程序。

11.4.5　案例总结

在处理未达到行权条件的股份支付时，企业需区分以下两种情况。

11.4.5.1　未满足市场条件的处理

如果股份未行权是由于未达到市场条件，企业无需调整已确认的费用。

11.4.5.2　未满足非市场条件的处理

如果股份未行权是因为未达到非市场条件（如业绩目标），企业应调整已确认的相关费用。

1）非市场条件未满足导致计划取消或终止

如果激励对象未达到服务期限或业绩等非市场条件，实际上未被授予权益工具。企业应在会计上将原已确认的费用进行冲回。

在权益结算的股份支付中，服务期限和非市场业绩条件决定了授予权益工具的数量。如果未满足这些条件，授予的权益工具数量为零，相关的累计成本和费用也应为零，需在当期冲回前期已确认的成本和费用。

2）非市场条件违约引发的激励计划调整

即便激励对象预期能圆满完成服务期限及业绩目标，如果因权益工具的当前市场价格低于其行权价格，使得行权预期转为亏损，公司可能会决定取消或中止当前的激励计划。

无论这种取消是由公司主动发起还是因员工方面原因所致，在会计处理上都将视为加速行权事件，要求企业即刻将原本计划在未来剩余等待期内分期摊销的费用全部计入当前会计期间的损益，并同步调整资本公积的数额。

针对具体的会计处理方案，如是否需全额或部分冲回已确认费用，以及损益应如何合理分摊至不同会计年度等，均需要深入剖析股权激励计划的各项具体条款后方可确定。

3）针对特定解锁阶段取消的会计处理细则

在仅涉及某一特定解锁期内股票被取消的情况下，如果此取消系由于非市场条件的未达成所致，则会计处理上将仅限于冲回与该特定解锁期直接相关的已记录费用，而不影响其他解锁期的会计处理流程和结果。

4）国际财务报告准则（IFRS）框架下的实践应用

遵循 IFRS 的规定，每一期独立设定的解锁阶段均被视为单独的股份支付交易，并要求在其相应的等待期内逐步将相关费用计入财务报表。

在非市场条件不再满足的情境下，为了确保财务报告内容的精确无误及报告的及时发布，企业需根据非市场条件违约的具体发生时点来安排冲回损益的会计年度。

11.5 以权益结算的股份支付计划修改的会计处理

11.5.1 案例概述

案例 11-5 A 公司为吸引并保留人才，于 2022 年首次董事会上决定对符合条件的员工实施股份激励措施。期权的估值基于"布莱克—斯科尔斯"模型，涉及参数包括行权价格、无风险利率、预期存续期、波动率及授予日的公司公允价值。这些参数的确定依赖于激励计划的相关条款、类似上市公司的历史交易数据以及同期投资者的入股价格。期权以单位形式发放，每单位代表 A 公司注册资本 1 元。

在 2022 年 5 月的首批股份激励中，A 公司注册资本为 2 500 万元，通过"布莱克—斯科尔斯"模型估算授权日的估值为 8 000 万元；授予股份比例为 5%，等待期为 3 年。

2022 年 12 月，A 公司注册资本增加至 7 500 万元；2023 年第二批股份激励，基于 7 500 万元的注册资本，通过"布莱克—斯科尔斯"模型估算授权日的估值为 50 000 万元；授予股份比例为 2.5%，等待期同样为 3 年。李某在 A 公司的持股比例为 25%，其中包括代持的 8% 员工股权，待员工行权时，李某将转让股份给员工。

2023 年 6 月，经股东一致同意，李某及其他股东将其持有的部分 A 公司股权无偿转让给持股平台，持股平台因此持有 A 公司 15% 的股权，全部用于员工股份激励，包括之前邓某名下用于员工股份支付的 8% 股权。

在 2023 年 9 月，A 公司完成了其企业组织形式的转变，由原本的有限责任公司变更为股份有限公司。股本减少至 2 000 万元，7 000 万元转入资本公积；改制后的股东出资比例与原有限责任股东持股比例保持一致；此时 A 公司融资估值为 55 000 万元。

2024 年，A 公司基于股本 1 000 万元，员工股份激励池共 150 万股，每股价值 50 元，对员工股份支付协议进行了修改。修改内容见表 11.5.1。由于股东变动，员工实际首次行权日期为 2024 年 12 月 31 日。

表 11.5.1　员工股份支付协议修改情况

序号	调整内容	调整前状态	调整后状态
1	激励主体变更	原由李某代持用于员工激励的股份,涉及李某、A公司和员工三方签订的协议	建立合伙企业持股平台,员工通过持有该平台的权益间接持有A公司股份,期权激励协议由邓某、A公司、员工及合伙企业四方签订
2	股权数量调整	原计划允许员工以零成本购入A公司一定比例的股权,以注册资本1元为单位,根据授予股权比例确定期权份额	股份制改革后,A公司股本减少,公司按新股本和调整后的股比例重新计算期权数量,但员工持有期权占注册资本比例维持不变
3	股权公允价值调整	原以"布莱克—斯科尔斯"模型确定授予日的股权价值,即公允价值等于公司估值乘以期权比例	变更方案生效日公司估值上升,导致授予的期权数量,但员工持有期权占注册资本比例维持不变
4	等待期调整	原定等待期为3年,其间若员工非自愿或违反协议导致劳动关系解除,将丧失行权资格,但可要求补偿	期权行权期调整为4年,满1年后每月可按1/36的比例行权,满4年可行使全部期权

思考问题:

(1) 在调整期权激励计划时,如果行权价格、期权总数、等待期限、可行权日期等核心条款维持不变,而仅涉及签约方的变更,这种情况是否触发了股份支付计划修改的相关规定,进而要求依据新期权协议签订日的公允价值进行重新评估与计量?

(2) 确定新授予的权益工具是否作为原协议的直接替代时,应依据哪些具体标准或条件进行判断?这些条件如何确保新工具在实质上接替了原协议的权利与义务?

(3) 面对A公司此次计划变更,其中公司估值在方案生效日相较于原授予日有所提升,但期权授予数量有所减少,且修改后的股份支付在生效日的公允价值超出了原方案授予日的公允价值。在此情境下,是否应独立审视期权数量的减少,并作为已授予权益工具的部分取消来处理,从而进行相应的会计调整?

11.5.2　准则依据阐述

以下是对《企业会计准则讲解(2010)》中"五、条款和条件的修改"章节内容的概述。

1) 有利修改的处理

(1) 公允价值增加:如果修改提升了权益工具的公允价值,企业需根据增值部分调整服务成本的确认;如果修改发生在等待期内,增值部分连同原公允价值一并分期确认;如果发生在可行权日后,则立即确认增值部分;如果需延长服务期以获取修改后权益,增值部分在整个新等待期内分摊。

(2) 数量增加:增加的权益工具数量,其公允价值应作为新增服务成本确认,处理方式同公允价值增加情况。

(3) 可行权条件放宽:如果缩短等待期或放宽业绩条件,企业应基于修改后的条件进行会计处理。

2）不利修改的处理

（1）公允价值减少：不利修改导致的公允价值下降不影响原服务成本的确认，继续以授予日公允价值为准。

（2）数量减少：减少的权益工具部分视为取消，按取消条款处理。

（3）可行权条件收紧：如果延长等待期或增设业绩条件，企业忽略修改后的条件，维持原会计处理。

3）取消或结算的会计处理

（1）等待期内取消或结算：视为加速行权，立即确认剩余等待期内的费用。支付给职工的款项视为权益回购，超额部分计入当期费用。如果授予新权益工具作为替代，需评估是否构成替代，并据此处理公允价值变动；否则，按新股份支付处理。

（2）回购已行权权益工具：减少所有者权益，超额支付部分计入当期费用。

此概述旨在清晰呈现《企业会计准则讲解（2010）》中关于股份支付计划条款和条件修改、取消或结算的会计处理原则。

11.5.3 关键分析与解读

在常规情况下，一旦股份支付协议生效，其条款和条件不应被轻易更改。然而，企业在特定情况下可能需要对授予权益工具的股份支付协议条款进行调整。例如，可能因为股票的除权、除息或其他因素，需要对行权价格或股票期权的数量进行调整。此外，为了提高激励效果，相关法规也允许企业根据股份支付协议的条款，对行权价格和股票期权数量进行调整，但必须经过董事会的决议和股东大会的审议批准。

在会计实践中，面对权益工具条款与条件的任何变动，包括取消或结算已发放的权益工具在内，企业均需坚守以授予日的公允价值作为评估所获服务价值的核心标准。这一原则性要求指出，即便权益工具的条款有所调整，企业也应坚持依据原始的公允价值来进行服务的计量与确认，不受后续变更的影响。此做法旨在保持会计记录的持续一致性和清晰性，同时确保企业遵循既定的会计准则与公开资料所规定的标准做法。

11.5.4 案例深度剖析

股份支付协议自其生效日期始，其条款与条件原则上应保持恒定，以规避不必要的频繁变动。然而，在特定情况下，如市场条件变化导致的股票除权除息，或是为了提升激励机制的有效性，企业可能会需要调整协议中的某些条款，比如行权价格或股票期权的数量。这类调整必须严格遵循法定程序，首先需通过董事会的正式决议，随后再经股东大会审议批准，以确保所有决策既合法又合理。

在会计实践中，面对权益工具条款的任何变动，包括已授予权益工具的取消或结算，企业应当坚持一个基本原则，即根据授予日的公允价值来评估并确认员工服务所带来的企业价值。这一原则具有不可动摇性，它确保了服务计量与确认过程的连续性和精确性。

11.5.5 案例总结

通过分析上述案例，本书对股份支付变动情况的总结见表11.5.2。

表 11.5.2　股份支付变动情况的总结

变动性质	影响数量	影响公允价值	其他条款调整
员工获益	增加：基于原权益工具公允价值的服务金额继续摊销；新增部分作为新授予股份支付，在剩余期限摊销	增加：基于原权益工具授予日公允价值的服务金额继续摊销；公允价值增加部分在剩余期限摊销	员工获益，考虑修改
员工受损	减少：剩余部分继续在剩余期限摊销；减少部分按取消处理，视作加速可行权	减少：继续以授予日的权益工具公允价值为基础确认服务金额，忽略公允价值减少	不利于员工（例如延长等待期）：忽略此类修改对会计处理的影响

说明：权益工具公允价值的增加，具体指的是在修改日，新修改后的权益工具公允价值相较于原权益工具公允价值的增加部分，即两者之间的差额。

11.6　附有市场条件股权激励的会计处理

11.6.1　案例概述

案例 11-6　A 公司的股权激励计划与公司估值紧密相关。

A 公司于 2023 年 5 月 19 日成立，并在其《合伙协议》及《公司章程》中规定了一项高管股权激励机制，与公司估值挂钩。具体激励措施如下：

（1）高管可获激励股份，最高可达公司总股本的 22%，包括初始 5% 的股份。激励股份的授予将根据以下条件逐步实施：

如果在成立后 2 年内，公司以不低于 5 亿元的净资产估值吸引 A 轮投资，并且增资比例至少 20%，金额不少于 5 000 万元，高管将获得约 5% 的股权，总计持有 10% 的公司股份。

如果在 3 年内，以不低于 10 亿元的净资产估值吸引 B 轮投资，增资比例和金额要求同上，高管可额外获得约 4% 的股权，总计持有 14% 的公司股份。

如果在 4 年内，以不低于 20 亿元的净资产估值吸引 C 轮投资，增资要求不变，高管可再获得约 4% 的股权，总计持有 18% 的公司股份。

如果在 5 年内，公司完成国内外 IPO 或以不低于 25 亿元的净资产估值吸引投资，增资比例和金额要求保持一致，高管可最终获得约 4% 的股权，达到最高持股比例 22%。

如果高管未按顺序但直接实现了上述任一经营目标，亦可一次性获得相应股权激励。

（2）对赌协议规定，如果 A 公司在 5 年内未能达到至少 1 亿元的净资产市场估值或未能吸引任何投资，则高管所持股份将无偿转让给其他股东。如果公司估值在 1 亿至

2亿元之间，则其他股东有权按特定价格收购高管股份。

> **思考问题：**

A公司应如何根据股权激励计划进行相应的会计处理？

11.6.2 准则依据阐述

以下是对《企业会计准则第11号——股份支付》中第五条至第七条核心要点的概括与整理。

1）第五条：立即可行权的股份支付

如果股份支付协议在授予后即刻具备行权条件且以权益结算，企业需在协议获得批准的授予日，即将权益工具的公允价值计入相应的成本或费用科目，并同时增加资本公积的账面价值。这里，"授予日"特指协议正式获得企业内部审批通过的日子。

2）第六条：详细条款指引

具体内容参见本书11.4.2。

3）第七条：成本费用确认后的稳定性

一旦股份支付进入可行权日之后，企业需保持已确认的相关成本或费用及所有者权益总额的稳定性，不得再对这些已确认的财务数据进行任何调整。这一规定确保了会计处理的稳定性和一致性。

11.6.3 关键分析与解读

在股份支付的会计架构中，"授予日"扮演着举足轻重的角色，它精确地界定了股份支付协议在企业内部及可能涉及的外部机构（如股东大会）中正式获得批准的具体日期。这一"批准"状态标志着企业与员工或相关方就协议条款已达成全面共识，且协议的法律效力得到了官方的认可。针对A公司的具体情况，其股份支付的授予日确定为公司成立的标志性日期——2023年5月19日。值得注意的是，尽管缺乏直接的股东大会决议文件，但A公司在其基础性法律文件《合伙协议》及《公司章程》中，已明确规定了股权激励的详细内容，这完全符合《企业会计准则第11号——股份支付》及其配套解读中对"授予日"定义的法定要求。

A公司应将其推行的股权激励视为一项包含市场条件的权益激励方案，并据此遵循相应的会计准则进行会计处理。根据《企业会计准则第11号——股份支付》的指引，市场条件是指那些直接关联到权益工具市场价格波动的行权条件，包括但不限于行权价格、行权资格及行权成功概率等。在A公司的案例中，由于股权激励的行使与公司市场估值紧密挂钩，因此它明确归类为市场条件的一种表现形式。

在会计处理的实际操作中，A公司无需提前预测股权激励的最终行权概率，因为市场条件的成就与否并不会直接左右企业对已提供服务价值的估算与确认。对于包含市场条件的股份支付计划，一旦员工满足了所有非市场性的条件（比如既定的业绩目标、服务期限等），企业即应承认并计量员工已提供的服务所对应的价值。

至于授予日股权公允价值的确定方法，企业可以在实际操作中参考专业评估师利用市场法或收益法（而非资产基础法）在授予日当天评估得出的价值。此外，如果条件许可且符合实际情况，企业还可考虑采用公司设立时每股 1 元的出资价格作为公允价值的合理参考。

11.6.4　案例深度剖析

在确定所授予股份在授予日的公允价值为每股 1 元的假设下，相应的会计处理如下。

11.6.4.1　2023 年 12 月 31 日的会计分录

（1）计算管理费用：

$$管理费用 = \left(\frac{500}{2} + \frac{400}{3} + \frac{400}{4} + \frac{400}{5}\right) \times \frac{8}{12} = 375.56（万元）$$

（2）会计分录：

借：管理费用　　　　　　　　　　　　　　　　　　　　　3 755 600
　　贷：资本公积　　　　　　　　　　　　　　　　　　　　　　3 755 600

（注：这里假设授予的股份总数为 1 700 万股。A 公司成立日即授予了 5% 的初始股份，授予价格与股东入股价格一致，为每股 1 元，且无等待期，因此该部分股份支付费用视为零。本案例中，假设等待期内预计的离职率为零。）

11.6.4.2　2024 年 12 月 31 日的会计分录

（1）计算管理费用：

$$管理费用 = \left(\frac{500}{2} + \frac{400}{3} + \frac{400}{4} + \frac{400}{5}\right) \times \frac{4}{12} + \left[\left(\frac{500}{2} + \frac{400 \times 2}{3} + \frac{400 \times 2}{4} + \frac{400 \times 2}{5}\right) - \left(\frac{500}{2} + \frac{400}{3} + \frac{400}{4} + \frac{400}{5}\right)\right] \times \frac{8}{12} = 565.33（万元）$$

（2）会计分录：

借：管理费用　　　　　　　　　　　　　　　　　　　　　5 653 300
　　贷：资本公积　　　　　　　　　　　　　　　　　　　　　　5 653 300

遵照财政部《关于做好执行企业会计准则的企业 2012 年年报工作的通知》（财会〔2012〕25 号）的指示，当企业在约定的等待期内非因未达成行权条件而主动撤销已授予的权益性工具时，应采取加速可行权的会计处理方式。此措施实质上是将原计划在剩余等待期内逐渐确认的股权激励费用，视为即时满足行权条件，并在撤销当期一次性计入当期损益。

针对 A 公司的具体情况，无论其未来如何调整、修订乃至终止股权激励计划，包括但不限于修改权益工具的条款与条件，或是直接废除并结算相关权益，公司均需遵循授予日所确定的公允价值原则，来衡量和确认员工服务所带来的价值。特别是，如果 A 公司决定废止股权激励计划，这一行为将触发加速可行权的会计处理机制，要求公司在该决策生效时立即确认原本计划在未来各期分摊的所有费用。

11.6.5 案例总结

在股份支付的会计实务框架中，"业绩条件"处于至关重要的地位，它详细界定了员工或利益相关方在达成特定服务期限要求及企业预设的业绩里程碑后方可解锁权益的具体条款。这些条件进一步细化为市场条件与非市场条件两大板块。

市场条件紧密关联于权益工具的市场动态，具体包括行使权益时所需的股价达标水平、资格认证标准，以及对行权可能性的综合考量。例如，股份支付计划可能设定特定的股价门槛，仅当市场报价触及或超越此门槛时，员工或利益相关方才具备获取股份的资格。

反观非市场条件，它脱离了市场价格波动的范畴，聚焦于企业内部的业绩指标，如协议中明确界定的盈利阈值、销售达成量等。这些条件作为员工行使权益不可或缺的前置条件，确保了企业目标与个人贡献之间的紧密绑定。

企业在对权益工具于授予日进行公允价值评估时，需全面审视并纳入股份支付协议中所有市场条件与非市场条件的综合效应。特别是针对那些以业绩条件为基础的股份支付方案，尤为关键的是，在评估过程中要充分考虑市场条件的潜在影响力。一旦员工全面达成所有非市场条件的要求，企业应迅速确认其已提供的服务所对应的价值。

11.7 分红约定同时包含股份支付和职工薪酬的会计处理

11.7.1 案例概述

案例 11-7 A 公司与 5 名自然人股东共同设立 C 公司，以及 A 公司与这些自然人签订的分红奖励协议的情况如下。

2022 年 7 月，A 公司携手包括 B 在内的 5 名自然人股东，共同出资创立了 C 公司，其中 A 公司占据了 70% 的股权份额。伴随此次合作，A 公司与这些自然人股东还缔结了一份详尽的协议，该协议明确规定了 C 公司未来分红政策及相关事务的处理方式，具体内容如下所述：

（1）A 公司承诺在 C 公司成立后的 3 年内（2022—2024 年），将 10% 的股份分红收益奖励给这些自然人股东。这些分红收益将由 C 公司统一管理，并且只能用于以每股 1 元的价格购买 C 公司的股份。

（2）如果在 3 年内，这些自然人股东获得的分红收益不足以支付购买 10% 股份所需的款项，他们愿意用现金补足差额。3 年期满后，C 公司将根据工商登记的出资比例进行利润分配。

这些自然人股东所获得的奖励股份，以及未来 3 年内可购买 C 公司股份的数量和比例，与他们当前持有的 C 公司股份数量无关。此外，也有目前不是 C 公司股东的核心技术人员获得了奖励股份和 3 年后的购股期权。在这些获得奖励的个人中，获赠比例最高的一人获得了 10% 股份的收益权和 5% 的购股期权，尽管该人目前并未持有 C 公司的任何股份。

思考问题：

A 公司如何对授予自然人股东的 10% 股份分红收益权进行会计处理？

11.7.2 准则依据阐述

以下是对相关会计准则内容的整理。

1)《企业会计准则第 11 号——股份支付》第四条至第六条

具体内容分别参见本书 11.2.2.1、11.6.2 和 11.4.2。这些条款涵盖了股份支付的确认、计量和相关会计处理的基本原则。

2)《企业会计准则解释第 4 号》第七条

本条规定了股份支付的结算类型。如果结算企业使用其自身的权益工具进行股份支付交易，则该交易应作为权益结算的股份支付进行处理。如果使用其他方式结算，则应作为现金结算的股份支付处理。

当结算企业是接受服务企业的投资者时，应在授予日按照权益工具的公允价值或应承担负债的公允价值，确认为对接受服务企业的长期股权投资，并同时确认资本公积（其他资本公积）或负债。

3)《企业会计准则第 9 号——职工薪酬》第九条

具体内容参见本书 9.22.2。该条款涉及职工薪酬的会计处理，包括股份支付在内的各种形式的薪酬。

11.7.3 关键分析与解读

A 公司承诺，在 C 公司成立初期的 3 年期限内（2022—2024 年），提供 10% 的股份作为奖励，其分红收益归这些自然人股东所有。这些收益将由 C 公司统一管理，并且只能用于以每股 1 元的价格购买 C 公司的股份。如果在这 3 年期间，这些股东所获得的分红收益不足以支付购买 10% 股份所需的款项，他们需自行补足差额。3 年期满后，C 公司将根据股东的实际出资比例进行利润分配。

此外，A 公司向这 5 名股东提供了一个期权，允许他们以每股 1 元的价格购买 C 公司的 10% 股权，并立即让渡这部分股权的收益权，即允许这 5 名股东享有 C 公司未来 3 年内 10% 的净利润。

从经济实质来看，此交易旨在激励这些自然人股东积极参与 C 公司的经营，以期实现更佳的业绩。这种奖励分红股份的分配与股东目前的持股比例无关。因此，这 5 名股东获得的 10% 股份分红权和购股期权，主要是基于他们作为 C 公司的管理层和关键员工所提供的服务，而非基于他们持有的股份。

该交易既包含股份支付也涉及职工薪酬。鉴于协议中存在"如果3年内所获得的利润不足以支付股份购买款项，剩余部分需用现金补齐"的条款，利润分享计划与股份支付应被视为两个独立的事项，并应根据各自的会计原则分别进行会计处理。

11.7.4 案例深度剖析

1）利润分享计划的会计处理

A公司将10%股份的分红权让渡给股东，作为一项职工薪酬计划，在每个财务年度末，根据当年实现的利润计算出这10%股份应分得的金额，并将其确认为当期的管理费用。在扣除该管理费用后，C公司的净利润将根据股权比例分配给各股东（在股东实际行使购股期权前，A公司在合并报表中对C公司的持股比例保持为70%）。

2）股份支付的会计处理

A公司授予股东以1元/股的价格购买C公司10%股份的期权，这属于权益结算的股份支付。在授予日（协议签订日）确定该期权的公允价值后，将其分摊到等待期（从协议生效到股东可行使购股权的时间段）的每一年，计算出每年的摊销额，并在A公司的个别报表和合并报表层面进行如下会计处理：

C公司个别报表层面：

借：管理费用
　　贷：资本公积

A公司报表层面：

借：长期股权投资——C公司
　　贷：应付职工薪酬——股份支付

由于A公司负责结算，并且使用的是C公司的权益工具而非A公司自己的，对A公司个别报表而言，这属于现金结算的股份支付。作为C公司的股东，A公司应借记"长期股权投资——C公司"科目，以反映承担的股份支付费用。

A公司报表层面抵销分录：

借：资本公积
　　贷：长期股权投资

当激励对象到期行权时，在A公司的报表层面，应根据激励对象支付的现金（包括公司代管的10%收益权的现金收益和激励对象按约定补足的部分）与应付职工薪酬——股份支付的总和，减去C公司10%股权净资产账面价值的差额，对资本公积进行调整。

11.7.5 案例总结

职工薪酬涵盖了企业为获取职工服务或终止劳动合同而提供的各类报酬或补偿。在这一定义下，以股份为基础的支付交易，虽然在广义上属于职工薪酬的范畴，但由于其涉及职工对象、支付对价、支付条件及金额计算等更为复杂的限制，因此要求采用特殊的会计处理方法。

通常，股份支付计划仅适用于公司中的特定群体，如高级管理人员或关键技术人员，而非全体员工。这些计划往往附带特定条件，可能与员工的服务年限或公司业绩挂钩。

股份支付与一般职工薪酬的主要区别在于，股份支付基于公司股份的公允价值变动来执行。无论是权益结算还是现金结算的股份支付，它们都包含了基于公司未来股份公允价值变动的增值权，赋予员工潜在的价值。

在权益结算的股份支付中，员工可能以低于市价的价格获得股份购买权，即一种在股份价值上升时以高于购买价格售出股份的看涨期权。这种期权基于公司股份的增值，通常被视为股份增值权。而在现金结算的股份支付中，员工的收益同样与公司股份的未来价值挂钩，涉及现金形式的股份增值权。

由于股份增值权的存在，公司股份的公允价值变动将直接影响员工通过股份支付计划获得的利益。相比之下，职工薪酬中的其他形式可能也有授予对象和条件的限制，但这些限制不基于公司股份价值的结算方法。

举例而言，利润分享计划是依据员工为企业所提供的服务量和服务质量，作为回报，企业将基于自身的利润或其他运营成效来向员工支付额外的酬劳。员工可能因达到业绩指标或服务一定期限后，获得按企业净利润的特定比例计算的薪酬。尽管存在支付条件，但这些计划的结算基础是企业的利润，与公司股份的公允价值无直接联系，因此不属于股份基础的支付。

总结来说，《企业会计准则第 11 号——股份支付》下的职工薪酬是基于公司股份公允价值的变动，这种变动是决定对职工支付采用何种会计处理方法的关键因素，直接影响员工获得的经济利益。

12 资产减值准则

12.1 商誉发生减值时的会计处理

商誉减值是会计领域中一个备受关注的话题，无论是学术界还是实务界都对此进行了大量的研究。在上市公司公布的年度财务报告中，经常可以看到一些公司因商誉减值而计提了巨额准备金。这种减值行为有时会对公司的财务状况产生重大影响，导致公司从盈利状态转为亏损，甚至在某些情况下，可能会触发交易所的停牌机制。因此，商誉减值也被视为衡量上市公司并购成效的一个重要指标。

12.1.1 案例概述

案例 12-1　A 公司于 2020 年 11 月 30 日收购了子公司 B 公司，并确认了 10 190.23 万元的商誉。该商誉与特定的资产组相关联，包括天津燃气站、北戴河加气站和营口管道输送等在建项目。在收购时，B 公司除了这些在建项目外，并无其他资产。收购完成后，A 公司进一步对 B 公司进行了资本注入，B 公司也继续开发了青龙和平泉的加气站项目。到了 2024 年 6 月 30 日，A 公司计划出售原收购的北戴河加气站和营口管道输送项目。

思考问题：
考虑到 A 公司即将出售部分原收购时包含的项目，是否需要对相关联的商誉执行减值测试？

12.1.2 准则依据阐述

一旦商誉被确认，企业在持有期间无需进行摊销。根据《企业会计准则第 8 号——资产减值》，企业需在每个会计年度结束时对其进行价值评估。商誉的计量应遵循账面价值与可回收金额中的较低者原则，即如果可回收金额低于账面价值，则需计提相应的减值准备。重要的是，一旦计提了减值准备，这些准备不得在后续期间转回。

在进行商誉减值测试时，应依据资产组或资产组组合的减值处理原则。为了满足资产减值测试的要求，企业合并中形成的商誉账面价值应从购买日开始，根据合理的方法分配到相应的资产组。对于那些难以直接分配到特定资产组的商誉，应将其分配到相关的资产组组合中。

12.1.3 关键分析与解读

在执行商誉减值评估流程中，如果发现包含商誉的资产组或资产组组合的预计可回收金额低于其财务记录的账面价值时，二者之差即被正式认定为减值损失。随后，按照既定步骤处理此损失：首要任务是将该减值损失直接用于减少该资产组或组合内商誉的账面价值。如果减值损失金额在冲减商誉后仍有剩余，则剩余部分需依据资产组内其他各项资产（不含商誉）的账面价值占比，按比例公平分摊至这些资产上。

此外，如果资产组或组合结构中包含少数股东权益，那么在进行商誉减值测试时，必须全面纳入归属于少数股东的商誉份额进行评估。一旦测试结果显示商誉存在减值，此减值损失应当依据母公司与少数股东在资产组或组合中的相应权益比例，进行公平合理的分摊，以确保各权益方承担与其权益比例相匹配的损失。

12.1.4 案例深度剖析

依据《企业会计准则第 8 号——资产减值》的规范，在进行资产价值减损评估过程中，商誉应被精准地配置到那些能有效吸收其协同效应的具体资产组或资产组集群中。同理，当发生对构成业务运营单元的资产组或集群进行处置时，相应的商誉部分也必须同时从其会计确认中撤销。

《企业会计准则讲解（2010）》对于因企业合并而形成的商誉，在其向不同资产组或集群分配的问题上，提供了概括性的指导原则。该文件明确指出，自合并购买日起，商誉的账面值应依据合理、公正的原则，分配到那些能直接或间接受益于合并所带来的协同效应的资产组或集群中。如果无法直接分配到特定资产组，则应向上扩展至资产组集群层面，且这些集群的界定不得超出《企业会计准则第 35 号——分部报告》所确立的报告分部边界。在分配过程中，决定性因素是各资产组或集群因合并所获取的协同效应程度。

当面临缺乏详细、科学分配依据的情境时，实务中常采用一种简化的估算方法来量化商誉的减少额，即依据拟处置资产组在原始收购总价值中所占的比例来进行估算。

12.1.5 案例总结

在理论架构下，商誉减值测试的关键环节在于将商誉的可回收金额与其账面价值进行对比分析。如果前者低于后者，则必须正式认定并确认减值损失的发生。鉴于商誉作为一种无形资产的独特性质，其可回收价值的评估无法孤立进行，而是必须与相关资产组或资产组组合紧密相连，共同构成评估的整体框架。因此，商誉减值测试的实践过程，本质上是对这些更广泛经济单位进行综合考量与分析的过程。

以下是实施商誉减值测试所遵循的一般性步骤：

（1）界定相关资产范围：首要步骤是清晰界定出哪些资产组或资产组组合能够直接或间接地从商誉中获益，这些经济单位将构成商誉减值测试的基本分析单元。

（2）分配商誉价值：自企业合并交易完成之日起，需采用合理的分配策略，如基于各资产组或组合的公允价值占比（在公允价值可准确计量的情况下）或账面价值占比（在公允价值难以获取时），将合并产生的商誉账面价值分摊至上述界定的相关资产组或组合中。

（3）评估可回收价值：对于包含商誉的每一个资产组或组合，需严谨计算其可回收金额。这一计算过程通常涵盖两个维度：一是考虑资产组或组合的公允价值减去预计的处置成本后的净额（此净额可能受到现有销售协议或市场流动性的影响）；二是基于对未来现金流量的合理预测而得出的现值。如果前者因数据不足或市场条件限制而无法可靠估计，则转而采用后者作为可回收金额的确定依据。最终，选择两者中的较高值作为该资产组或组合的可回收金额。

12.2 减值迹象的判断

12.2.1 案例概述

案例 12-2 A 公司面临的特定税务情况如下：

截至 2023 年 10 月 31 日，A 公司账目上显示有一笔数额庞大的待抵扣进项税，总额达到 4.38 亿元。2023 年 8 月 29 日，A 公司接到了一份复函，内容涉及 ×× 电厂土地资产的处理。该复函要求 A 公司与相关部门协作，遵循国家及地方的相关规定，加快 ×× 电厂土地的收储和补偿工作，以促进土地的整合和收储进程。

鉴于土地收储后，A 公司预计无法在市内获得拆迁用地以重建厂房，同时公司注册地址保持不变，这可能导致其待抵扣进项税缺乏足够的销项税额来实现抵扣。

思考问题：

A 公司是否应对其待抵扣进项税计提减值准备？如果需计提，计提的依据是否充分？

案例 12-3 根据 ×× 电器科技股份有限公司对北京 ×× 新材料股份有限公司的收购计划，一方面以 2024 年 4 月 30 日为评估基准日，采用收益法对目标公司的全部股东权益进行评估，得出的评估值为 436 686.23 万元，较账面净资产增值 342 211.94 万元，增值率达到 362.23%；另一方面，按资产基础法评估时，固定资产中的机器设备和电子设备可能面临 130 万元的减值。

鉴于目标公司运营正常，其机器设备和电子设备均未闲置或停用。在收益法评估显示大幅增值的情况下，无论是机器设备的资产组还是电子设备的总部资产组，均不应计提减值准备。

思考问题：

这种会计处理是否恰当？

案例 12-4 ××永磁材料股份有限公司的经营和资产评估情况如下：

××永磁材料股份有限公司专注于稀土废料的回收和冶炼分离。该公司在生产初期一次性投入萃取料液，该料液在生产过程中基本保持稳定，仅有微小波动，且在生产终止时可按市场价出售。企业将其一次性投入的萃取料液作为其他非流动资产核算。

在对其他非流动资产进行市价减值测试时，发现其可变现价值低于账面价值，按当前市价测算需计提减值准备。然而，考虑到稀土氧化物作为稀缺资源，尽管目前市价低迷，未来价格有望回升。企业每年通过该萃取料液的运营可实现1 000万至2 000万元的净利润，该资产对企业生产至关重要。

思考问题：

企业是否应计提减值准备？

12.2.2 准则依据阐述

以下是对《企业会计准则第8号——资产减值》第四条和第五条内容的整理。

1）第四条：资产减值迹象的判断

（1）企业应在每个资产负债表日评估资产是否存在减值迹象。

（2）对于因企业合并产生的商誉及使用寿命不确定的无形资产，无论是否观察到减值迹象，都需每年执行减值测试。

2）第五条：可能表明资产减值的迹象

（1）资产市价在本期大幅下跌，跌幅超出了正常的时间流逝或使用导致的折旧。

（2）企业经营环境或资产市场在本期或近期发生重大不利变化。

（3）市场利率或投资报酬率提高，影响资产未来现金流量现值的折现率，导致资产可收回金额下降。

（4）资产已显陈旧或损坏。

（5）资产将被闲置、停用或提前处置。

（6）内部报告显示资产经济绩效未达预期，如净现金流量或营业利润与预计差异显著。

（7）其他可能表明资产发生减值的迹象。

12.2.3 关键分析与解读

当企业的总市值低于其净资产的账面价值时，通常被视为企业整体的潜在减值迹象。这可能意味着整体资产被高估或负债被低估，但这种迹象并不总是易于直接归属。除非公司能够证明其股价低于净值是由于市场的非理性行为（例如，投资者故意压低股价或负债被低估），否则应进行全面的减值测试。如果在随后的资产负债表日，这一迹象持续存在且非由非理性因素引起，那么再次进行全面测试是必要的。然而，如果在上一个资产负债表日已经计算了资产的未来现金流现值，并且在此期间（如一个季度或一年内）没有发生重大的经济或经营环境变化，那么在下一个资产负债表日，没有必要重新计算现值，只需更新受时间影响的数据。

此外，深入内部报告的分析往往能揭示出资产潜在减值的迹象。传统观念倾向于将公司财务报表的盈利状态视为资产无减值风险的晴雨表，然而，这种看法忽略了企业当前面临或预期未来会发生的一系列事件。这些事件尽管在当下的财务报表中未留下直接印记，却有能力深远地影响企业未来的财务健康状况。以实例言之，某公司如果筹划剥离其最具盈利能力的子公司，而剩余子公司均处于亏损状态，即便该决策在资产负债表编制日尚未显著影响公司的账面数字，但通过内部信息透露的未来事件与财务预测，已清晰预示了公司即将面临的财务挑战和潜在的亏损风险。再比如，一家公司在资产负债表日的运营状况非常好，但这可能是因为主要竞争对手的产品尚未开发出来，预计在两年内将对公司的主要产品造成价格压力，导致利润下降。公司内部已经在积极准备另一产品的生产线，以应对竞争对手产品的推出。这两个例子都表明，尽管在资产负债表日公司的盈利状况良好，但内部报告或预算已经显示出资产可能即将减值的迹象。

最后，有些减值迹象可能与个别资产相关。即使某些迹象可以归因于特定资产，也不意味着必须对该资产计提减值。举例来说，当资产因部分实体受损而导致其公允价值有所下降时，这并不构成公司必须直接对该资产进行减值准备的充分条件。通常情况下，管理层应首先评估该资产（或其所属资产组）的预计未来现金流量现值，作为决策依据。这一步骤旨在全面考量资产未来的经济效益潜力，之后再决定是否需要计提减值准备。此外，即便确定当前无需计提减值，公司仍须审慎调整该资产的折旧政策，包括折旧方法、使用年限估计及残值估算等，以确保资产的账面价值能够准确反映其经济实质和使用效能。

12.2.4 案例深度剖析

（1）针对增值税借方余额，企业需在财务报表上根据其流动特性分别归类至"其他流动资产"或"其他非流动资产"项目下，并同步对该余额作为资产的价值维护状况进行减值风险评估。特别是在某些特定行业，如报业、印刷业及农业，由于业务特性，进项税额常超出销项税额，形成常态。如果企业核心业务模式维持稳定，则需预判部分进项税额在可预见的经营周期内难以实现抵扣。依据《财政部 国家税务总局关于增值税若干政策的通知》（财税〔2005〕165号）规定，企业如果注销一般纳税人资格或转为小规模纳税人，其留抵税额将无法获得退税处理。鉴于此，企业应基于对未来采购与销售活动的合理规划，严谨评估留抵税额的可回收潜力。对于评估后认为难以回收的税额部分，企业应及时计提减值准备，并在当期损益表中以资产减值损失的形式予以反映。如果后续市场环境或企业经营策略发生变化，导致留抵税额的可抵扣前景改善，则原先计提的减值准备可依据实际情况进行相应转回处理。

（2）在评估待抵扣进项税额的可抵扣性时，不能仅依赖毛利率进行测算，因为人工成本等非可抵扣因素也会影响测算结果。更准确的方法是比较采购额与销售额的比例，考虑特殊因素如视同销售、免税项目等的影响。如果该比例超过100%，超出部分的进项税额可能无法抵扣，需考虑计提减值准备。

（3）资产减值测试应以资产组为单位进行，不同资产组的可收回金额差异不可互抵。因此，首要任务是分析目标企业是否构成单一的资产组整体。只有当目标企业作为一个不可分割的资产组整体存在时，我们才能初步判断其长期资产可能未发生减值。然而，如果目标企业内部分散为多个资产组，那么就必须对每个资产组分别进行详尽的减值测试，以确保评估的全面性和准确性。

（4）按照《企业会计准则讲解（2010）》的第九章"资产减值"相关规定，资产的可回收金额应当设定为公允价值减去处置费用后的净额与预计未来现金流量现值这两者之中的较高值。不过，也存在一些特殊情况需要特别考量，比如当资产的公允价值净额超出了其账面价值，或是预计未来现金流量的现值显著地高于公允价值净额时。此外，如果由于条件限制，公允价值净额无法获得可靠估计，那么应当转而采用预计未来现金流量的现值作为可回收金额的确定依据。

结合具体案例，可以根据其他非流动资产的可收回净额和预计未来现金净流量，确定是否存在资产减值。如果包含该资产的资产组的可收回金额不低于其账面价值，则该资产组整体未发生减值，无需单独对该资产计提减值准备。

12.2.5 案例总结

会计准则在国内外对资产减值及无形资产的潜在减值迹象均有所规定，这些规定普遍从企业内外部环境两个维度进行考量。美国、英国、加拿大、澳大利亚的会计准则以及国际会计准则理事会（IASB）在其准则中均详细列出了一系列可能触发资产减值的情况，具体见表12.2.1。我国会计准则在减值迹象的具体列举上，与国际上的规定基本保持一致。

表 12.2.1 各国及 IASB 关于资产减值迹象的规定比较

部分	迹象	中国	IASB	美国	英国	澳大利亚
企业内部	过时或物理损坏的证据	√	√	√	√	√
	资产使用方式出现了明显不利的变化		√	√	√	√
	资产的经济效果已经或者将来比预期要差	√	√	√		√
	用于购买、经营或维持该资产的现金流量明显高于预期		√	√		√
	使用该项资产的实际现金流量或经营利润比预期要低	√	√	√		√
	资产的预期现金流量降低或者预期损失升高		√	√		√
企业外部	资产产生经营损失		√	√	√	
	关键雇员的重大流失				√	
	实体的账面价值大于其市场资本化金额		√			√
	资产的市场价值降低	√	√	√	√	√
	企业经营所处的环境或产品面向的市场出现明显的不利变化	√	√			
	利率的明显上升使资产的使用价值降低	√	√		√	√

12.3　非同一控制下企业合并下形成暂估商誉的减值问题

12.3.1　案例概述

案例 12-5　A 公司于 2024 年 6 月 30 日完成了对 B 公司的收购。在随后的 2024 年 12 月 31 日财务报表编制过程中，A 公司尚未完成对购买对价的分配，因此只能依据当时可获取的信息，对 B 公司在购买日的可辨认资产和负债的公允价值进行初步估计。

截至 2024 年 12 月 31 日，由于 A 公司所处市场的整体价值下降，加之 B 公司自收购以来的不佳业绩表现，出现了可能的商誉减值迹象。

> **思考问题：**
> 针对这一情况，A 公司应采取何种会计处理方法，以应对此次并购所形成的商誉可能发生的减值？

12.3.2　准则依据阐述

以下是相关会计准则的整理概述。

12.3.2.1　《企业会计准则第 20 号——企业合并》

关键条款包括第十三条与第十六条，它们详细阐述了企业合并交易的会计处理方法和原则，具体实施细则可参照 9.1 和 9.16 等相关章节进行深入了解。

12.3.2.2　《企业会计准则第 8 号——资产减值》

第二十三条：明确规定了企业合并中形成的商誉至少需在每年年末接受减值测试的法定要求，且这一测试需紧密关联于相关的资产组或资产组组合进行，以确保评估的全面性和准确性。此外，这些资产组或资产组组合需被证实能从企业合并所带来的协同效应中直接或间接受益，同时其范围不应超越《企业会计准则第 35 号——分部报告》所划定的报告分部界限。

第二十四条：详细说明了商誉减值测试时的分摊规则。首先，企业应自合并购买日起，将商誉的账面价值合理且公正地分摊至相关的资产组或资产组组合中。如果直接分摊存在困难，则应退而求其次，将商誉分摊至更广泛的资产组组合层面。分摊的依据首选各资产组或资产组组合的公允价值占比，但如果公允价值的计量不可信赖，则转而采用账面价值占比作为分摊基准。其次，如果企业因内部重组等外部因素导致报告结构发生变动，进而影响到已分摊商誉的资产组或资产组组合构成时，企业应依照类似的方法重新进行商誉的分摊工作。

12.3.3 关键分析与解读

在企业合并过程中产生的商誉，应从合并日开始分配至预期能从合并中获得协同效应的购买方资产组。购买方在完成合并后，通常需要一段时间来确定所有可辨认资产、负债及或有负债的公允价值，这一过程称为"计量期"，用以完成合并的初始会计处理。一旦购买方掌握了关于合并日状况的所有必要信息，或者确定无法获得更多信息，计量期便结束。

如果在当期期末，可辨认资产和负债的公允价值仅得到临时确认，且在合并期末完成商誉分摊的可能性不大，购买方可以在最终确定所有公允价值之前，先行分摊部分或全部的暂估商誉。

购买方在分摊商誉时，应避免任意或主观的分配，在信息不充分的情况下，应暂不进行商誉分摊。然而，当购买方确认所有商誉与特定的资产组或资产组组合有关，并且初始会计处理在所有重大方面已基本完成，仅剩部分细节待处理时，可以对暂估商誉进行分摊。

最终，购买方如果能可靠地确定单个资产组或资产组组合的账面价值，便能进行有效的减值测试。即便购买方已将购买对价分摊至资产组或资产组组合，可能还需要在各类资产间进行进一步的分摊，例如有形或无形资产与资产组内的商誉，购买方仍需进行减值测试。所以购买方在尚未精确确立所取得的可辨认资产及其所承担负债的公允价值之时，依据暂时估计的商誉分摊结果，企业仍然有权且有必要进行减值测试，以确保资产价值的合理反映。

12.3.4 案例深度剖析

在企业合并完成后，购买方有最长 12 个月的"计量期"来确定取得净资产的公允价值，并完成商誉的资产组分配。这一期限不应超出获取购买日相关事实和情况所需的必要时间。在计量期结束之前，即便购买对价分摊（PPA）尚未达到最终确定状态，购买方也需将暂估的商誉预先分配至相应的资产组中，并承担起责任，确保每年至少执行 1 次减值测试，以维护财务信息的准确性和透明度。商誉的减值测试应与其相关的资产组或资产组组合一起进行。如果在计量期内，商誉分配尚未完成且出现减值迹象，应进行减值测试。

如果 A 公司在未完成 PPA 的情况下，已将暂估商誉分配至资产组并进行了减值测试，那么应对上一年度的减值测试结果进行追溯调整。如果 A 公司未将暂估商誉分配至资产组，但存在减值迹象且减值测试确认了减值，同样需要追溯调整。反之，如果减值测试未发现减值，A 公司可以选择进行追溯调整，而非必须。

在其他情况下，购买方只需进行本年度的减值测试，并采用未来适用法进行衔接调整。如果购买方对上一年度的减值测试进行了更新，导致更新后的前期减值损失小于原确认的初始商誉减值，这种减少是对初始商誉减值金额的调整，不构成减值转回的条件，因此不违反禁止商誉减值准备转回的规定。

12.3.5 案例总结

案例 12-5 的分析结论可通过图 12.3.1 进行直观展示。

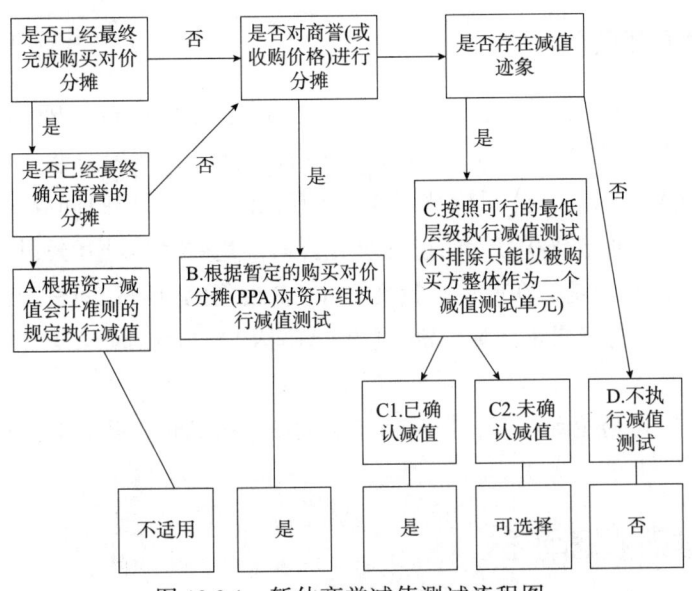

图 12.3.1 暂估商誉减值测试流程图

情景 1：在完成收购的当年，购买方已经确定了所获得的可辨认资产和负债的公允价值，以及商誉的分配。基于这些确定值，进行了年末的减值测试。因此，在随后的年度中，不需要对前一年度的减值测试结果进行调整。

情景 2：购买方在前一年度进行了减值测试。在最终确定购买对价分摊（PPA）后，发现需要对之前暂定的公允价值和商誉分配进行调整。根据国际财务报告准则（IFRS）第 3 号第 45 段的规定，购买方需要重新计算前一年度末的可收回金额，并追溯调整由此引起的公允价值和商誉分配的变动。

情景 3：如果前一年度出现了减值迹象，并且购买方进行了减值测试（尽管测试的层级可能高于根据国际会计准则（IAS）36 或《企业会计准则第 8 号——资产减值》进行的标准减值测试），可能会有以下两种情况：

（1）上年度末确认商誉减值损失（C1）：鉴于现在可以获得更详细的信息，购买方本应确认的上年度末减值额可能与之前确认的"暂定"减值额不同。因此，购买方应追溯调整前一年度的减值测试。

（2）上年度末未确认商誉减值损失（C2）：由于 IAS 36 和《企业会计准则第 8 号——资产减值》没有明确规定追溯方法，购买方可以选择是否追溯调整前一年度的减值测试。

情景 4：如果购买方在前一年度没有进行减值测试，那么追溯调整前一年度的减值测试是不合适的。特别是，购买方可能会将本年度发生的减值通过追溯调整计入前一年度的损益。

12.4 收购少数股权交易对期末商誉减值测试的影响

12.4.1 案例概述

案例 12-6 2023 年 2 月 1 日，A 公司向 B 公司注入了 15 000 万元资本，成功取得 B 公司 51% 的控股权益。当时，B 公司的可辨认净资产经评估后的公允价值为 12 000 万元。基于这一交易细节，A 公司确认了 3 000 万元的商誉。转眼间到了 2024 年 6 月，A 公司决定进一步追加 5 000 万元的投资于 B 公司，此举使其对 B 公司的持股比例攀升至 70.50%。值得注意的是，在此追加投资之际，B 公司的可辨认净资产价值已按照购买日所确认的公允价值持续累积计算，累计总额已高达 115 000 万元。

思考问题：

A 公司对 B 公司的追加投资，即收购了少数股东的股份，是否会对商誉的减值测试造成影响？

12.4.2 准则依据阐述

以下是对相关会计准则内容的整理。

1）《企业会计准则第 33 号——合并财务报表》第四十七条

该条款的具体内容和应用指南参见本书 9.12.2.2。

2）《企业会计准则第 20 号——企业合并》第十三条

该条款的详细规定和解释参见本书 9.16.2.1。

12.4.3 关键分析与解读

在维持母公司对子公司控制权不变的条件下，当因购买或出售子公司的少数股权等权益性交易引起母公司在子公司中的持股比例出现变化时，进行商誉减值测试应遵循特定的会计处理方法。具体来说，在测试中，对于子公司少数股东权益中的商誉部分，应对资产组的账面价值进行模拟调整，这一调整应基于最初获得控制权时的持股比例，而不是考虑控制权获得后持股比例的变化。

进一步而言，对于任何由此产生的商誉减值损失，需按照最初购买时确定的持股比例，在归属于母公司的商誉与归属于少数股东的商誉之间进行合理的分摊。这一做法不仅确保了商誉减值测试的公正性与精确性，也完全符合会计准则的相关规定。

12.4.4 案例深度剖析

在案例 12-6 中，从一方面来看，A 公司的特殊情形体现在 2023 年收购了 B 公司 51% 的股权，从而获得了控制权，并在 2024 年进一步增持了 19.5% 的股份，使其持股比例增至70.50%。第二次的股权增持属于对少数股权的收购，在合并报表中按照权益性交易的原则进行处理，不会导致新商誉的产生，因此对合并报表中的商誉总额没有影响。

从另一方面来看，自购买日开始，合并商誉的原始金额和可能的减值金额作为一个整体已经被确定。后续的少数股权收购或在不失去控制权的情况下对子公司股权的部分处置等权益性交易，并不会引起合并报告主体的变化。因此，这些交易不会对商誉的整体金额（包括归属于少数股东的部分）产生影响。相应地，合并商誉和归属于母公司的商誉这两项金额保持不变，作为两者之差的少数股东商誉调整金额也应保持不变。

2023年年末，A公司依据其51%的持股比例，首次展开了商誉减值测试工作，明确了归属于少数股东的商誉的原始价值以及可能面临的减值风险。尽管随后在2024年内，公司完成了对少数股权的进一步收购，但在2024年底对含商誉资产组重新评估减值时，针对商誉如何调整资产组账面价值的处理，特别是涉及少数股东商誉的原始价值及至2024年年初已计提的减值部分，应继续采用并遵循2023年年末减值测试所确立的基础与结果，确保不受2024年交易活动变化的影响。

具体来说，2024年年末资产组账面价值的调整公式为：

$$\begin{matrix}2024\text{年年末}\\\text{调整后资产组}\\\text{账面价值}\end{matrix} = \begin{matrix}2024\text{年年末}\\\text{可辨认净资产}\\\text{账面价值}\end{matrix} + \left(\begin{matrix}2023\text{年}\\\text{年末商誉}\\\text{原值}\end{matrix} - \begin{matrix}2023\text{年}\\\text{年末减值}\\\text{准备}\end{matrix}\right) + \left(\begin{matrix}2023\text{年年末}\\\text{少数股东}\\\text{商誉原值}\end{matrix} - \begin{matrix}2023\text{年年末}\\\text{少数股东商誉}\\\text{减值准备}\end{matrix}\right)$$

如果经过上述调整后的2024年年末资产组账面价值超过该资产组的整体可收回金额，需要进一步确认商誉减值准备，则在计算出2024年年末商誉（包括归属于母公司和少数股东的商誉）的进一步减值金额后，该进一步减值金额应按照最初取得控制权时的股权比例（51%对49%）在母公司股东和少数股东之间分配，以确定2024年内针对合并报表层面已确认的归属于母公司的商誉需进一步计提的减值金额。

12.4.5 案例总结

商誉，作为企业集团资产体系中的关键组成部分，其形成根植于非同一控制条件下的企业合并活动。遵循《国际财务报告准则第3号——企业合并》（IFRS3）的规范，商誉的价值结构主要由两大要素构成：首先是被并购企业"持续经营能力"所体现的公允价值；其次是合并交易所激发的协同效应所代表的公允价值。尽管商誉在总体上被视为一个完整的资产单元，但依据现行的企业会计准则，归属于少数股东的商誉份额并不直接体现在财务报表的确认之中。然而，这一会计处理方式并未削弱商誉资产的整体完整性及其对企业集团经济利益的实质性贡献，这正是为何在评估资产减值时，需对少数股东权益下的商誉进行模拟调整，以作为理论支撑的原因。

在我国会计准则的特定背景下，商誉的确认过程排除了与少数股东相对应的份额。企业一旦获得控制权后，后续对少数股东权益的收购被视为"权益性交易"，此过程中并不涉及对新取得股权对应商誉价值的重新计量，而是通过调整资本公积或未分配利润来体现这一变化。在进行商誉减值测试时，需采用一种假设性策略，即假定少数股东所持有的商誉份额为完整商誉的一部分，并将其纳入资产组账面价值的总和之中，随后与基于未来可回收金额预期的现值进行对比分析。如果两者之间存在差异，则视为存在减值损失，且该损失需依据母公司的持股比例，在合并财务报表的资产减值损失项目中予以恰当反映。

由于购买少数股权被视为权益性交易，相关的商誉已经在资本公积或未分配利润中进行了调整。因此，如果存在购买少数股权的情况，不应简单地在商誉减值测试后按比例计算。

12.5 存在对赌协议的吸收合并的商誉减值问题

12.5.1 案例概述

案例12-7 A公司，作为一家公开上市的企业，于2023年6月30日成功完成了对B公司的全资收购，这是一项非同一控制下的企业合并交易，采用了现金与股权相结合的支付方式。此次合并中，B公司的原股东承诺了2023年至2025年的业绩目标。自合并完成后的次月起，B公司即被整合进A公司的合并财务报表体系，此次交易导致了高达30.15亿元的商誉产生，并标志着一次重大的资产重组，该方案已顺利获得中国证监会重组审核委员会的批准。

回溯至2022年，A公司同样通过非同一控制下的企业合并路径，全额收购了C公司，彼时C公司的原股东也对未来几年的业绩做出了明确承诺。至2024年，随着业绩承诺期的结束，C公司的原管理团队完成了其历史使命并离职，A公司随即引入了新的管理团队接管运营。然而，C公司在2024年的业绩表现相较于2023年有所下滑，此次收购曾为A公司带来了10.5亿元的商誉。

值得注意的是，B公司与C公司同属一个行业领域，它们在产品布局、技术积累、生产设备等方面展现出一定的重合性，且共享着相同的终端客户群体，这使得两家公司在业务层面具备了高度的协同潜力，能够在采购、客户资源、生产流程、技术创新及设备利用等多方面实现资源共享与优势互补。

鉴于B公司在行业内展现出的更为强劲的经营实力，其管理层（即原B公司创始人，同时也是业绩承诺的承担者）已规划在2024年将C公司整合纳入B公司的业务架构之中，旨在通过深度整合来最大化协同效应，确保业绩承诺的达成并追求超额业绩奖励。A公司则从整体战略规划和长远利益出发，寄望于通过这一整合举措，进一步提升自身在行业内的地位与市场竞争力，为客户提供更为全面、高效的系统解决方案，同时实现经营成本的降低与运营效率的提升。

思考问题：

在这种背景下，如何对 B 公司在业绩承诺期满时的商誉进行准确的减值评估？

12.5.2 准则依据阐述

以下是对《企业会计准则解释第 7 号》及《企业会计准则第 8 号——资产减值》相关条款的概述和解析。

1）《企业会计准则解释第 7 号》第四条解析

非同一控制下企业合并后，子公司转分公司时，如果合并成本低于可辨认净资产公允价值，差额入留存收益；反之，超出部分转至母公司商誉账面价值。

同一控制下合并后，子公司转分公司，则原商誉按账面价值转入母公司商誉。

2）《企业会计准则第 8 号——资产减值》第二十四条第三款概述

企业因重组等致报告结构变化，影响已分摊商誉的资产组构成时，需采用类似方法重新分摊商誉至受影响的资产组或组合。

12.5.3 关键分析与解读

基于案例背景所提供的信息，需明确两个核心问题：首先是关于 B 公司在整合后达成业绩承诺的评估；其次是评估 B 公司商誉减值的可能性。B 公司与 C 公司的整合是否能在 B 公司的业绩承诺期内实现，这一点至关重要。B 公司自 2023 年 7 月完成收购后，2023 年至 2025 年被定义为业绩承诺期。此次收购作为一项重大资产重组，已经获得证监会重组委的审批和通过。在业绩承诺期内，通过外部并购等非关联交易来实现业绩是被允许的，然而，通过与同一母公司控制下的关联方进行吸收合并来达成业绩目标的做法是否恰当，则需要深入分析。

这涉及案例的具体情境、相关会计准则以及实际操作情况的综合考量。特别是需要评估在业绩承诺期内，B 公司通过吸收合并 C 公司这一关联方的交易是否符合会计准则和监管要求，以及是否能够真实反映公司的业绩表现。

12.5.4 案例深度剖析

12.5.4.1 业绩承诺履行评估

聚焦于交易核心目标，B 公司的原始创始股东（即业绩承诺承担者）为追求业绩达标及额外奖励，采取了并购策略，成功从 A 公司手中以公平价格获得了 C 公司的经济权益与运营控制权。此举旨在通过深度整合，实现 C 公司的运营效益最大化，进而达成预期经济回报。在此过程中，无论是通过外部融资强化运营资本，还是直接利用运营产生的超额利润（扣除利息后），均被视为 B 公司向业绩目标迈进的实质性进展。

为进一步巩固双方合作，B 公司的业绩承诺方可与 A 公司签订关联交易协议，灵活选择将 C 公司的资产与负债全面转移至 B 公司，或采取股权增资方式使 B 公司直接控股

C公司，并随后实施吸收合并，以促进两家公司的全面融合，同时优化税务筹划。

根据双方协议，B公司业绩承诺方需在2024至2025年度内达成预设的利润指标，以保障C公司商誉免于减值。届时，C公司的承诺业绩将作为基准，从B公司合并后的净利润中扣除，剩余的净利润将决定业绩承诺方是否需要向A公司支付差额补偿或享受奖励。

如果在此期间C公司发生业务重组，进而影响到业绩承诺与补偿条款的执行，B公司的新旧股东将共同商讨解决方案，并通过正式补充协议明确调整内容，该协议须获得上市公司股东大会的批准后方具法律效力。

12.5.4.2 商誉减值评估与应对策略

鉴于B公司与C公司业务的紧密性，两者合并后的商誉难以独立进行评估。鉴于业绩承诺方已作出保证，C公司的未来业绩将足以覆盖合并后2年内可能出现的商誉减值风险，因此，任何因合并产生的商誉减值损失，均应由B公司按照其业绩承诺向A公司进行相应补偿。

合并后，C公司的商誉将并入B公司的财务报表体系之中。虽然业绩承诺与商誉分配的复杂性存在，但这不应成为阻碍上市公司进行战略重组、提升运营效率及最大化股东利益的障碍。如果重组导致商誉分配基础发生变化，企业需重新评估并分配受影响资产组或组合的商誉价值。

针对B公司吸收合并C公司后商誉分摊的复杂情况，企业可依据合并后双方资产组的相对价值比例，重新划分B公司的可回收金额，以作为商誉减值测试的基础。同时，也可探索其他科学合理的商誉分配方法，确保评估结果的公正性与准确性。最终，B公司合并报表中确认的商誉将转移至B公司自身层面，并在该层面进行独立的减值测试。

12.5.5 案例总结

尽管B公司与C公司的交易属于同一控制下的企业合并，但C公司最初是通过非同一控制下的企业合并成为A公司最终控制方的一部分。针对此类交易，可以遵循以下会计处理原则。

12.5.5.1 权益结合法的应用

权益结合法的核心理念是从最终控制方的角度出发，认为该交易并未改变最终控制方控制的经济资源，只是资源的内部重新分配。因此，在采用同一控制下企业合并的会计处理时，所依据的账面价值应为被合并方在最终控制方合并报表中记录的账面价值。如果被合并方C公司最初是通过非同一控制下企业合并加入最终控制方A公司的，这里的账面价值应以该非同一控制下合并购买日的公允价值为基准，并持续计算至今。

12.5.5.2 下推会计处理方法的应用

在这种同一控制下的企业合并中，会计处理需要将最终控制方合并报表中的处理"下推"到合并方 B 公司的合并报表层面。如果 A 公司在最初通过非同一控制下企业合并获得 C 公司的控制权时产生了商誉，那么这部分商誉也应"下推"至 B 公司的合并报表中。然而，在编制合并报表时，B 公司需要注意，即便这是同一控制下的企业合并，也不能假定从最早期间起就已将 C 公司纳入合并范围，而只能从 C 公司最初被纳入 A 公司合并报表的日期（即非同一控制下合并的购买日）开始，将其纳入合并报表范围。

13　合并财务报表准则

13.1　股权转让刚完成摘牌的子公司是否纳入合并范围

13.1.1　案例概述

案例 13-1　2024 年 7 月 27 日，××重型汽车进出口有限公司与××航空技术北京有限公司签订了一份《合作协议》。根据协议，双方计划在肯尼亚合资成立一家有限责任公司，专注于推广陕汽系列产品。合资企业将在肯尼亚法律法规的框架内运营，其股东按照各自承诺的出资比例享有有限责任保护，共同享有利润分配，并按比例分担经营风险。同时，该合资公司将以其拥有的全部资产对外承担所有经济法律责任。合资公司的注册资本总额为 100 万美元，其中××重型汽车进出口有限公司出资 34%，××航空技术北京有限公司出资 66%。

合资公司的最高决策机构为董事会，根据当地法规设立，自公司注册登记之日起董事会成立。董事会架构由 5 名成员构成，其中包括由××重型汽车进出口有限公司委任的两名董事，以及××航空技术北京有限公司委派的其余 3 名董事。双方协商并选定了一位董事会秘书，以支持董事会的日常工作与决策流程。董事长由××航空技术北京有限公司委派的董事担任，董事任期为 3 年，可连任。

董事会的职责包括但不限于：

（1）制定公司的经营策略和投资方案。

（2）审核并批准总经理的报告。

（3）确立并执行公司年度财务预算与决算规划。

（4）审查并核准公司的盈利分配策略及亏损补偿方案。

（5）决策公司注册资本的增减变动。

（6）评估并决定公司债券的发行与否。

（7）对涉及公司合并、分立、形式变更、解散及清算等重大变革事项进行决议。

（8）策划并制定公司的长期经营策略与短期投资计划。

（9）确立公司内部管理架构的设立与调整方案。

（10）依据总经理的推荐，决定公司中高层管理人员（除高级管理层外）的任免及其薪酬标准。

（11）制定公司的基本管理制度。

（12）修改公司章程。

（13）执行公司章程规定的其他职权。

董事会的表决采取一人一票制，决议须获得至少三分之二董事的同意才能通过。

××航空技术北京有限公司正在考虑转让其持有的部分子公司的长期股权投资。截至2024年12月31日的资产负债表日，部分子公司的股权转让刚刚完成摘牌阶段。

思考问题：

在股权转让摘牌刚刚完成的情况下，这些子公司是否应继续纳入该公司的合并财务报表？

13.1.2 准则依据阐述

《企业会计准则第33号——合并财务报表》中相关条款的概述。

1）第七条第二款概览

详细条款内容及其应用指导，请参阅1.7.2.3，该部分提供了具体解读和实施建议。

2）第十八条核心要点

投资方在衡量其对被投资方的控制力时，需明确其角色定位：是主要决策者还是仅作为代理人执行决策。如果决策权实际掌握在其他方手中，则需进一步分析这些方是否仅为代理身份，代为执行。

代理角色的本质在于代表主要决策者行事，并不赋予其对被投资方的实际控制权。如果投资方授权代理人进行决策，则该决策权应视作投资方直接掌控。

3）第十九条：判断代理人身份的综合考量

在界定决策者是否充当代理人角色时，需全面审视其与被投资方及其他投资者的关系网：

（1）如果存在某一方拥有无条件罢免决策者的实质性权力，则表明该决策者实为代理人。

（2）在其他复杂情况下，应综合评估以下关键因素：①决策者能够影响的决策范围及其在被投资方中的权力界限；②其他方所持有的、可能对决策产生影响的实质性权利；③决策者的薪酬结构，是否与其在被投资方中的表现紧密挂钩；④决策者因持有被投资方其他权益而可能面临的回报变动风险,这反映了其经济利益与风险承担的关联度。

13.1.3 关键分析与解读

普遍观点认为,股权转让在满足以下条件时,可以确定为合并日、购买日或处置日(即控制权丧失之日):

(1)股权交易合同已经正式签署并生效。如果合同生效需先获得相关监管机构的批准,那么必须已经完成所有必要的批准程序并获得相应的批准文件。

(2)产权交易已通过产权交易所完成,且已获得产权转让的交割证明文件。

(3)被投资企业已更新其股东名册,将股权对应的表决权、收益权等相关股东权利转移给新的合并方或购买方(受让方),原股东(转让方)不再拥有相关风险和收益。

(4)股权转让的价款、支付方式和时间表已经明确,受让方已根据约定的进度支付了相应的款项,并对未支付部分的来源做出了妥善安排,不存在受让方违约的迹象,也无迹象表明交易会被撤销或逆转。

(5)预计目标企业在完成工商变更登记过程中不会遇到重大法律障碍。

13.1.4 案例深度剖析

确定一家公司是否应继续纳入合并财务报表的范围,关键在于评估截至2024年12月31日,××航空技术北京有限公司是否继续对该企业拥有控制权。在具体案例中,如果受让方在摘牌后满足了丧失控制权的条件,则该企业不应再被纳入合并范围。反之,如果这些条件尚未完全满足,尤其是如果股权转让协议尚未签署或尚未完成实际交割,则该企业仍应被纳入合并范围。

根据《企业会计准则第30号——财务报表列报》第四十二条的严格界定,企业需同时满足以下4个条件,才能将某部分资产或非流动资产视为持有待售资产进行会计处理:

(1)该部分资产必须能够迅速且按市场常规交易条件进行出售。

(2)企业内部必须已通过关于出售该资产的正式决议,并已获得股东层面的必要批准。

(3)企业与资产受让方之间必须签订了具备法律强制力的、不可变更的转让合同或协议。

(4)该资产转让的预计完成时间应在未来一年内。

对于已满足上述所有条件但尚未完成交易流程的拟出售股权，企业有权在财务报表中将其归类为流动资产下的持有待售资产进行列示。不过，值得注意的是，尽管这些股权在财务报表中的分类位置有所变动，其产生的任何收益或亏损均需在合并财务报表中得到全面、准确的反映，以确保财务信息的完整性和透明度。

另外，在编制合并财务报表的附注部分时，母公司有责任揭示并公开以下关键信息：

（1）如果母公司已承诺根据不可撤销的转让协议处置子公司，无论是否保留股权，应在附注中单独披露符合持有待售条件的子公司相关资产和负债的情况。

（2）如果母公司已承诺处置的子公司符合终止经营的确定条件，应在附注中披露与该终止经营相关的详细信息。

（3）如果母公司在取得子公司时，该子公司即符合持有待售条件，则在附注中只需披露该子公司的净利润金额，无需进一步分解披露净利润的构成。

13.1.5　案例总结

对于通过调整董事会成员构成来影响合并报表范围的行为，应予以密切监控。首要任务是评估此类调整是否基于合理的商业目的，而非仅仅为了减少报表上的数字。核心在于判断是否真正失去了对被投资方的实质控制权，特别是对其财务和经营决策的主导权。

此外，即便大股东减少了在董事会中的席位，根据《中华人民共和国公司法》，股东大会仍是公司的最高权力机构。如果大股东在股东大会上的表决权比例保持不变，就不能简单地否定其对公司仍持有控制权的可能性。对于这类问题，必须结合具体情况和详细资料进行深入分析。

13.2　结构化主体是否纳入合并范围

2014 年，我国对企业会计准则进行了重要的修订，其中包括对"控制"概念的重新界定，并引入了"结构化主体"这一新的定义。根据修订后的准则，母公司所控制的实体不仅包括传统意义上的子公司，还应涵盖其所控制的结构化主体，这扩展了财务报表合并的范围。

结构化主体作为一种金融工具创新，在企业的融资活动中扮演着积极的角色。然而，由于它们长期未被纳入合并报表，可能隐含着较大的风险。这种风险的存在及其在实际操作中的问题已经逐渐引起了全球业界的关注。

13.2.1 案例概述

案例 13-2 ××证券股份有限公司作为资产管理人成立的几个资产管理计划,需评估这些计划是否应纳入公司 2024 年度的合并财务报表。

1) 63 号集合资产管理计划

该计划于 2024 年 11 月 24 日成立,具体信息见表 13.2.1。其投资范围包括境内基金、特定客户资产管理计划、私募基金等,管理费和托管费按日计提。业绩报酬在开放日和清算日计提,预期收益率不固定。××证券认购份额占 10%,2024 年 11 月 28 日资产净值为 33 399 292.24 元,收益为负,但管理费用导致××证券获得的收益占比异常高,具体内容见表 13.2.2。

表 13.2.1　63 号集合资产管理计划信息

集合计划名称	63 号集合资产管理计划(以下简称"63 号计划")
类型	集合资产管理计划
委托人	个人客户、机构客户(共 29 个)
管理人	××证券股份有限公司(以下简称"××证券")
托管人	中国农业银行股份有限公司
存续期限	3 年
投资范围	(1)本集合计划募集的资金可以投资中国境内依法发行的基金及基金子公司发行的一对多特定客户资产管理计划、私募基金管理人发行已备案的私募基金,占集合计划净值的比例为 0~95% (2)现金及现金等价物为 5%~100%
管理费	每日管理费=前一日集合资产计划净值×1.5%÷365
托管费	每日托管费=前一日集合资产计划净值×0.1%÷365
业绩报酬	在每个开放日及期末清算日,业绩报酬将被计提一次。计提后剩余的净值,即扣除业绩报酬后的净值,将作为当日的最终净值,这为委托人提供了一个参考价格,以便他们可以据此参与或退出计划。管理人将根据开放日或期末清算日(T-1 日)的单位净值来计提业绩报酬。如果单位净值达到或超过 1.06 元,管理人将从超出部分中提取 20% 作为其业绩报酬
预期收益率	无

表 13.2.2　63 号集合资产管理计划测算情况

单位：元

产品份额		预期产品收益率	预期变动收益				非自持部分业绩报酬	自持部分收益	管理费	××证券总体收益占集合集整体收益的比例
总份额	其中：自持份额		预期产品净值	自持份额净值	预期产品收益					
33 402 571.46	3 300 032.08	4%	34 738 674.32	3 432 033.36	1 336 102.86		—	132 001.28	521 080.11	35.17%
		5%	35 072 700.03	3 465 033.68	1 670 128.57		—	165 001.60	526 090.50	31.47%
		6%	35 406 725.75	3 498 034.00	2 004 154.29		—	198 001.92	531 100.89	28.76%
		7%	35 740 751.46	3 531 034.33	2 338 180.00		60 205.08	231 002.25	536.111.27	28.78%
		8%	36 074 777.18	3 564 034.65	2 672 205.72		120 410.16	264 002.57	541 121.66	28.80%
		9%	36 408 802.89	3 597 034.97	3 006 231.43		180 615.24	297 002.89	546 132.04	28.82%
		10%	36 742 828.61	3 630 035.29	3 340 257.15		240 820.32	330 003.21	551 142.43	28.83%
		15%	38 412 957.18	3 795 036.89	5 010 385.72		541 845.71	495 004.81	576 194.36	28.87%
		20%	40 083 085.75	3 960 038.50	6 680 514.29		842 871.10	660 006.42	601 246.29	28.90%
		25%	41 753 214.33	4 125 040.10	8 350 642.87		1 143 896.50	825 008.02	626 298.21	28.91%
		30%	43 423 342.90	4 290 041.70	10 020 771.44		1 444 921.89	990 009.62	651 350.14	28.92%
		35%	45 093 471.47	4 455 043.31	11 690 900.01		1 745 947.28	1 155 011.23	673 402.07	28.93%
		40%	46 763 600.04	4 620 044.91	13 361 028.58		2 046 972.68	1 320 012.83	701 454.00	28.93%
		45%	48 433 728.62	4 785 046.52	15 031 157.16		2 347 998.07	1 485 014.44	726 505.93	28.94%
		50%	50 103 857.19	4 950 048.12	16 701 285.73		2 649 023.47	1 650 016.04	751 557.86	28.94%
		55%	51 773 985.76	5 115 049.72	18 371 414.30		2 950 048.86	1 815 017.64	776 609.79	28.94%
		60%	53 444 114.34	5 280 051.33	20 041 542.88		3 251 074.25	1 980 019.25	801 661.72	28.94%

2）定增 1 号定向资产管理计划

该计划成立于 2024 年 8 月 31 日，具体信息见表 13.2.3。其主要投资于上市公司非公开发行股票，管理费和托管费年费率分别为 1.5% 和 0.1%，业绩报酬按超额收益的 20% 计提。××证券认购份额占 10%，截至 2024 年 10 月 31 日，资产净值为 100 023 415.75 元，收益为负，具体内容见表 13.2.4。

表 13.2.3　定增 1 号定向资产管理计划简要信息

定向计划名称	定增 1 号集合资产管理计划（以下简称"集合计划"）
类型	集合资产管理计划
委托人	个人客户和机构客户共 81 个
管理人	××证券
托管人	中国民生银行股份有限公司
存续期限	13 个月的封闭期为存续期间，6 个月为退出期
投资范围	本资产管理计划主要针对上市公司的非公开发行股票进行投资，这包括直接投资或通过基金公司、基金子公司的一对多特定客户资产管理计划、私募证券投资基金等方式进行。投资的资产类型广泛，涵盖银行存款、货币市场基金、各类证券投资基金（含私募证券投资基金）、债券正回购、短期融资券、央行票据、国债、地方政府债、政策性及非政策性金融债、公司债、企业债、可转债、可分离交易债券、可交换债、中期票据、首次公开发行股票、商业银行理财计划、集合资金信托计划、资产支持证券、股指期货、收益互换等金融监管部门批准或备案的产品，以及中国证监会认可的其他投资品种。 在资产配置上，股权类资产、固定收益类资产以及现金类资产的比例均在 0 至 100% 之间；债券正回购的融入资金余额不得超过计划总资产净值的 40%；收益互换的成本不得超过参与本金的 30%；股指期货交易仅限于卖出开仓方向；其他金融工具的投资占比同样在 0 至 100% 的范围内。管理人需确保自集合计划成立之日起 6 个月内，投资组合的比例符合上述规定
管理费	年费率为 1.5%； 每日应支付的管理费用 = 前一日集合计划资产净值 × 1.5% ÷ 365
托管费	年费率为 0.1%； 每日应支付的管理费用 = 前一日集合计划资产净值 × 0.1% ÷ 365
业绩报酬	业绩报酬：本集合计划终止之日对委托人份额实际收益超过 7% 的部分计提 20% 的业绩报酬
预期收益率	本集合计划不设定预期报酬率，采用现金分红的方式进行分配

表 13.2.4 定增 1 号定向资产管理计划测算情况

单位：元

产品份额		预期产品收益率	预期产品净值	自持份额净值	预期变动收益				××证券总体收益占集合集合整体收益的比例
总份额	其中:自持份额				预期产品收益	非自持部分业绩报酬	自持部分收益	管理费	
33 402 571.46	3 300 032.08	4%	104 024 352.38	10 400 468.00	4 000 936.63	—	400 018.00	1 560 365.29	35.25%
		5%	105 024 586.54	10 500 472.50	5 001 170.79	—	500 200.50	1 575 368.80	31.56%
		6%	106 024 820.70	10 600 477.00	6 001 404.95	—	600 027.00	1 590 372.31	28.85%
		7%	107 025 054.85	10 700 481.50	7 001 639.10	—	700 031.50	1 605 375.82	26.79%
		8%	108 025 289.01	10 800 486.00	8 001 873.26	180 045.93	800 036.00	1 620 379.34	27.03%
		9%	109 025 523.17	10 900 490.50	9 002 107.42	360 091.86	900 040.50	1 635 382.85	27.22%
		10%	110 025 757.33	11 000 495.00	10 002 341.58	540 137.79	1 000 045.00	1 650 386.36	27.38%
		15%	115 026 928.11	11 500 517.50	15 003 512.36	1 440 367.45	1 500 067.50	1 725 403.92	27.89%
		20%	120 028 098.90	12 000 540.00	20 004 683.15	2 340 597.11	2 000 090.00	1 800 421.48	28.16%
		25%	125 029 269.69	12 500 562.50	25 005 853.94	3 240 826.77	2 500 112.50	1 875 439.05	28.33%
		30%	130 030 440.48	13 000 585.00	30 007 024.73	4 141 056.42	3 000 135.00	1 950 456.61	28.45%
		35%	135 031 611.26	13 500 607.50	35 008 195.51	5 041 286.08	3 500 157.50	2 025 474.17	28.60%
		40%	140 032 782.05	14 000 630.00	40 009 366.30	5 941 515.74	4 000 180.00	2 100 491.73	28.53%
		45%	145 033 952.84	14 500 652.50	45 010 537.09	6 841 745.40	4 500 202.50	2 175 509.29	28.65%
		50%	150 035 123.63	15 000 675.00	50 011 707.88	7 741 975.05	5 000 225.00	2 250 526.85	28.69%
		55%	155 036 294.41	15 500 697.50	55 012 878.66	8 642 204.71	5 500 247.50	2 322 544.42	28.72%
		60%	160 037 465.20	16 000 720.00	60 014 049.45	9 542 434.37	6 000 270.00	2 400 561.98	28.75%

3）包商银行1号定向资产管理计划

该计划成立于2024年7月14日，具体信息见表13.2.5。其主要投资于固定收益类证券和货币市场工具，管理费年费率0.2%，托管费年费率0.05%，业绩报酬按超额收益的65%计提。包商银行全额认购，××证券未参与。

表13.2.5　包商银行1号定向资产管理计划简要信息

项目	信息
定向计划名称	包商银行1号定向资产管理计划（以下简称"定向计划"）
类型	定向资产管理计划
委托人	包商银行股份有限公司
管理人	××证券
托管人	宁波银行股份有限公司
存续期限	1年
投资范围	（1）投资范围涵盖。 固定收益证券，这包括国债、企业债、公司债（无论是公开还是非公开发行）、地方政府债券、金融债券、次级债券、央行票据、短期融资券、中期票据、非公开定向债务融资工具、可转换债券（包括可分离交易可转债）、可交换债券、项目收益债券、中小企业集合票据和资产支持证券，以及在交易所市场、银行间市场和机构间市场进行的质押和买断式回购交易。 货币市场工具，涉及现金、银行存款、债券正回购和逆回购操作，以及短期融资券等。 （2）资产配置比例。 债券类资产占计划总资产的比例应为0至100%。可转换债券资产的总投资额不超过计划资产投资总额的20%，且不得执行转股操作。资产支持证券的投资限于优先级部分。 单一债券的累计持仓成本（或市值）不应超过产品资产总值的10%，也不应超过该债券发行规模的10%。对单一债券或单一发行体的投资规模不得超过管理计划资产总规模的10%，且单只债券的投资额不应超过该债券发行主体未偿债务总规模的10%。单只债券的最长剩余期限不应超过5年，且资产管理计划的平均加权久期不得超过2年。 非公开定向债务融资工具、资产证券化、中小企业集合票据等资产的单一合计投资比例应不超过15%。产品将货币市场工具和高评级短期融资债券作为基础的流动性配置资产，同时将资产支持证券、私募债券、可转换债券和可交换债券作为提升收益的资产。此外，对于交易所非公开发行的公司债券投资需谨慎，且本计划遵循包商银行债券投资的授权条件
管理费	年费率0.2%；管理费＝初始委托资金×管理费年化费率×存续天数÷365
托管费	年费率0.05%；托管费＝初始委托资金×托管费年化费率×存续天数÷365
业绩报酬	管理人以超额比例的方式提取业绩报酬，初始委托资产的本期投资总收益 如超过预期投资收益，管理人向委托人收取预期投资收益以上部分的65%作为业绩报酬，其公式为： 业绩报酬＝超额报酬×65% 超额收益＝本期投资总收益－初始委托资产×预期年化收益率×本期实际运作天数÷365
预期收益率	计划设定的首笔委托资产的预期年化收益率目标为5.0%。 需要明确的是，该预期年化收益率并不代表管理人对客户资产本金不受损失或确保获得最低收益的保证。实际情况中，实际收益有可能无法达到预期的年化收益率。在风险集中爆发的极端情况下，投资者甚至可能面临本金的损失，导致实际收益为负

表13.2.2和表13.2.4展示了63号计划和集合计划的测算情况，表13.2.6提供了定向计划的收益测算。

> 思考问题：
> 上述资产管理计划是否应纳入××证券的合并财务报表？

13.2.2 准则依据阐述

以下是对会计准则相关条款的整理。

13.2.2.1 《企业会计准则第41号——在其他主体中权益的披露》

结构化主体的定义：不以表决权或类似权力作为确定控制方的决定因素，而是通过多层次权力结构设计，使得出资人即使出资额相同，也可能因所处层次不同而拥有不同的权力、回报和风险。

13.2.2.2 《企业会计准则第33号——合并财务报表》

控制的重新定义：投资方对被投资方拥有权力，享有可变回报，并且能够运用权力影响回报金额。判断是否控制特殊目的实体时，需评估发行人是否为主要责任人或代理人。如果为主要责任人，则需合并特殊目的实体。

13.2.2.3 《企业会计准则第23号——金融资产转移》（2017年修订）

金融资产转移情形：包括转移收取金融资产现金流量的权利，或保留该权利但承担支付给最终收款方的义务，并满足特定条件。

判断风险和报酬转移：企业需比较转移前后金融资产未来现金流量净现值及时间分布的波动，通过计算确定是否已将几乎所有风险和报酬转移给转入方。计算时应考虑所有合理、可能的现金流量波动，并采用适当的现行市场利率作为折现率。

13.2.3 关键分析与解读

在分析特殊目的实体的控制权问题时，关键在于如何评估主体所具有的权力与所获得的可变回报之间的巨大差异。特别是当主体拥有实质性决策权，但其可变回报并不占主导地位时，判断尤为关键。

观点一：主张合并。

证券公司作为劣后级权益持有者，承担了基础资产组合的主要风险和收益波动。这种风险承担与优先级权益持有者不同，这种差异性显著影响其决策行为。在计算证券公司所享有的经济利益比重时，考虑到劣后级权益的厚度足以吸收基础资产组合的所有收益和损失，优先级权益更接近于债务和利息的性质。因此，将证券公司持有的劣后级权益预期收益与总劣后级权益预期收益进行比较，是一种合理的评估方法。此外，IFRS 10的应用指南B72段的示例15，虽未被纳入企业会计准则第33号的应用指南，但提供了支持合并观点的间接证据。在该示例中，决策者持有劣后级权益的35%，并从中获得固定管理费和业绩报酬，国际会计准则委员会（IASB）认为这种经济利益是重要的，从而得出合并的结论。

观点二：反对合并。

虽然证券公司作为劣后级权益持有者，面临基础资产组合的主要可变性，但在计算其经济利益比重时，应使用整个资管计划的预期收益作为分母，而非扣除优先级预期收益后的剩余收益。此外，IFRS 10 的 B72 段的示例 15 并未被纳入国内会计准则的应用指南，国内实务中不主张简单模仿。反对合并的观点认为，如果证券公司需要合并资管计划，其实际承担的最大风险敞口与合并后的资产和负债规模不成比例，可能导致资产、负债和收入规模的虚增，误导财务报表使用者。同时，合并过程工作量大，但提供的信息并未完全反映经济实质，这与成本效益原则不符。

13.2.4 案例深度剖析

在审视证券公司审计中对"可变回报量级"分析方法的适用性时，应持审慎态度。尽管 2023 年审计期间，根据厦门会议的指导精神，多数证券公司采纳了这一分析手段，但其缺陷同样显而易见。2023 年审计工作结束后，证监会就这一问题征求了公众意见，普遍反馈认为该方法并不适宜。因此，有理由预期 2024 年的审计工作中，监管机构可能会调整其原有的倾向性立场。当前情况下，推荐采用更多关注回报的可变性（即边际回报变动率）的评估方法。

针对 3 个资产管理计划合同的具体情况分析如下：

（1）63 号集合资产管理计划：管理人以 10% 的自有资金参与，基金份额不分级别，管理费率设定为 1.5%；业绩报酬的提取条件为单位净值超过 1.06 元时，管理人可提取超出部分的 20% 作为业绩报酬。综合评估后，××证券在该计划中所承担的回报可变性并不显著，因此建议不将其纳入合并报表。

（2）定增 1 号定向资产管理计划：管理人同样以 10% 的自有资金参与，基金份额不分级别，管理费率为 1.5%；业绩报酬的提取条件为计划终止时，委托人份额的实际收益超过 7% 的部分，管理人可提取 20% 作为业绩报酬。综合评估后，××证券在该计划中所承担的回报可变性同样不显著，建议不纳入合并报表。

（3）包商银行 1 号定向资产管理计划：管理人未参与该计划，管理费率较低，为 0.2%；业绩报酬的提取条件为超过预期年化收益率 5% 的超额收益部分，管理人可提取 65% 的业绩报酬，且投资对象主要为固定收益类品种。综合考虑投资对象的收益稳定性和风险程度，以及较高的业绩报酬提取比例，该资管计划的剩余回报可变性高度集中在管理人身上。尽管管理人未持有计划份额，但实质上更类似于管理人向资管计划借款（年利率为 5% 的固定收益加上超额收益的 35%）进行二级市场债券交易。在这种情况下，本书倾向于认为××证券在该产品中承担的是主要责任人角色，其管理该计划主要是为了实现自身利益，因此建议将该计划纳入××证券的合并报表。

13.2.5 案例总结

在处理与实体相关的控制权问题时，可以遵循以下步骤进行系统分析：

（1）识别经济活动：明确实体所涉及的主要经济活动，如贷款项目、股票质押贷款的发放、管理和回收等，包括尽职调查、条款协商、市值监控、追加质押通知和强制平仓等关键决策。

（2）设立目的：检查这些经济活动是否在实体成立之初就已明确。如果答案是肯定的，则主导实体设立的主体（如投资者）拥有控制权，直接进入第（5）步；否则，继续进行第（3）步。

（3）决策机构：确定在实体中哪些机构负责这些经济活动的决策，如股东会、董事会、执行董事、投资决策委员会或执行团队等。

（4）议事规则：根据这些机构的议事规则，识别出谁（决策者）在这些机构中拥有主导权。注意，否决权是实质性权利，而非保护性权利。

（5）权力归属：评估其他投资者是否拥有罢免或无条件辞退这些决策者的权利。如果这种权力属于单一一方，则表明该方不具有控制权；如果所有方都拥有，则表明拥有权力的一方是唯一有权方，进入第（6）步。

（6）可变回报分类：检查实体的可变回报是否进行了分类。如果是，需要识别与实体经营活动最相关的回报类别，并进入第（7）步；如果不是，则直接进入第（8）步。

（7）回报相关性：评估拥有权力的一方是否是获得与实体经营活动最相关的可变回报的主要方。如果不是，则进入第（8）步；如果是，则进入第（9）步。

（8）其他回报：考虑该拥有权力方取得的其他回报，并与类似服务的市场回报进行比较。如果其获得的总收益与市场回报相当（例如，资产管理人获得的总收益占被投资产品当期总收益的比例为20%），则该方为代理人，不具有控制权；否则，进入第（9）步。

（9）风险承担：考虑该拥有权力方是否承担了最大的风险敞口。如果是，则属于控制；如果不是，则进入第（10）步。

（10）回报重大性：计算该拥有权力方获得的可变回报是否显著。如果显著，则其属于控制方。在计算证券公司所享有的回报比例时，应在相同层级、相同性质的回报之间进行比较。

13.3　职工持股平台相关会计处理问题

13.3.1　案例概述

案例13-3　2024年1月1日，上市公司A公司通过其员工代表P，成立了一个名为S公司的员工持股平台。在此结构中，P担任名义股东，代表A公司执行员工持股计划，但并不享有S公司股东的任何权利和义务。A公司为S公司提供了资金，这些资金专门用于购买与A公司股票期权计划相关的股份，且这些资金是无息的。S公司除了这项任务外，没有其他资产或业务活动。

A公司向S公司提供了总额为100万元人民币的无息贷款，此笔款项专款专用，旨在支持S公司购买A公司公开发行的股票。随后，在2024年1月1日，S公司利用这笔资金在二级市场上以每股2.5元的交易价格，成功购入了A公司的10万股股票。

随后，在2024年5月1日，A公司董事会及其他相关机构批准S公司向其核心技术员工授予一定数量的股票期权，数量在30万至50万股之间，行权价格为每股2.7元，行权日期定于2024年12月31日，具体的行权数量将根据业绩条件确定。根据期权估值方法，预计行权数量为35万股，期权的单价为每股0.15元。

随后，在2024年9月1日，S公司继续增持A公司股票，以每股2.65元的价格额外购入了30万股。至2024年12月31日，A公司的核心技术员工则根据既定计划，实际行使了股票期权，共计行权35万股。

思考问题：

针对这一情况，A公司是否对S公司具有控制权，以及A公司应如何对S公司的财务状况进行会计处理？

13.3.2 准则依据阐述

以下是对相关会计准则内容的概述和解析。

13.3.2.1 《企业会计准则第33号——合并财务报表》关键点

（1）第七条：具体内容请参见本书1.7.2.3。

（2）第十三条：投资方对被投资方的控制权认定包括：

A. 直接持有半数以上表决权。

B. 即便持股半数或以下，但通过协议能控制半数以上表决权。

（3）第十四条：即便持股半数或以下，以下因素也可能表明控制权：

A. 表决权分散程度与持有比例。

B. 潜在表决权（如转换权、认股权证）。

C. 其他合同性权利。

D. 被投资方历史表决行为。

（4）第十八条和第十九条：

具体内容请参见本书13.1.2。

13.3.2.2 《企业会计准则第40号——合营安排》核心要点

第五条：共同控制定义为多方共有的对特定安排的决策权，且此决策需所有参与方一致同意。涉及的活动涵盖：①商品与劳务交易；②金融资产的管理；③资产的采购与处置；④研发活动；⑤融资等。

13.3.2.3 《国际财务报告准则第10号——合并财务报表》关键条款

第18段：明确了拥有决策权的投资方需自我评估其角色为委托人还是代理人。

13.3.2.4 《〈国际财务报告准则第 10 号——合并财务报表〉应用指南》重要指引

第 58 段：在评估对被投资方的控制时，投资方需界定自身角色为委托人或代理人。代理人代表委托人行动，服务于其利益，因此在行使决策权时，并不等同于对被投资方的控制。

13.3.3 关键分析与解读

（1）职工持股平台，作为发起公司股份的持有者，其股份的获取可通过两种主要途径实现：首先，职工持股平台可通过公司提供的资金，在二级市场上购买公司股份。这通常涉及公司直接向平台提供无息贷款，或通过银行贷款并由公司提供担保。在这种情况下，职工持股平台实际上并未承担股份价格波动的风险。其次，公司也可能通过定向增发的方式，直接向职工持股平台分配股份。

（2）职工持股平台根据公司的持股计划，向员工提供公司股份，包括但不限于以下几种方式：一是提供股票期权，允许员工在行权后获得股份；二是提供限制性股票，员工以特定价格购买后，需遵守一定的锁定期；三是实施利润分享计划，通过平台向员工分配利润。在这些情况下，职工持股平台持有的股份和资金仅为托管性质，并不拥有实际权益。

（3）职工持股平台的运营受到法律法规的严格监管，其业务范围相对有限。从经济角度来看，职工持股平台是为实现公司的特定目标而设立的，公司实际上控制着平台的运营并承担相关风险与收益，因此对平台的运作负有责任。

关于职工持股平台的会计处理，主要涉及两个核心问题：首先，公司如何对其对职工持股平台的投资进行会计处理，这需要评估公司是否对平台拥有控制权；其次，公司如何在其单独和合并财务报表中反映职工持股计划，这包括平台购买股份和向员工授予股份的会计处理。

13.3.4 案例深度剖析

上市公司 A 公司在判断其对 S 公司是否具备控制权时，需严格依据双方合同的具体条款，并参照《企业会计准则第 33 号——合并财务报表》中详细阐述的"控制三要素"原则，进行深入且细致的剖析与评估。

A 公司不仅参与了 S 公司的成立，还明确了其经营目标，并将 S 公司的活动范围限定在执行 A 公司的职工持股计划上。这表明 A 公司对 S 公司的设立目的和设计具有主导权，从而对 S 公司拥有"权力"。

S 公司的成立宗旨是代表 A 公司持有股份，且 A 公司为 S 公司购买股份提供了资金支持。这反映出 A 公司实际上承担了 S 公司持有股份价格波动的风险，以及与职工持股计划相关的责任，因此 A 公司承担了 S 公司的"可变回报"。

S公司的唯一业务活动是向A公司的员工分配股份,这与A公司的利益紧密相关。尽管A公司没有直接持有S公司的股份,但通过其对S公司的影响力,能够对S公司可能面临的"可变回报"产生影响。名义股东P并不享有S公司的任何股东权利和义务,而是在A公司的主导下,实质上作为A公司的代理人。

综合上述分析,A公司满足了"控制三要素",因此对S公司拥有控制权。

在会计处理方面,不同国家和地区的会计准则可能存在差异。例如,美国和英国要求将职工持股平台视为发起主体的一个分支机构,在发起主体的单独财务报表中体现职工持股计划的会计处理。而根据国际财务报告准则,国际财务报告解释委员会(IFRIC)在2006年和2011年多次讨论了这一问题,尽管未形成正式结论,但倾向于将职工持股平台视为一个独立的会计主体,而非发起主体的分支机构。在我国,根据《中华人民共和国公司法》等相关法律法规,我们倾向于IFRIC的观点,认为职工持股平台应作为一个独立的会计主体,在合并财务报表中体现相关持股计划。

针对本案例,A公司在个别财务报表层面,仅需对向S公司提供的借款进行会计处理,具体会计分录如下:

借:其他非流动资产　　　　　　　　　　　　　　　　　1 000 000
　　贷:银行存款　　　　　　　　　　　　　　　　　　　1 000 000

由于该借款具有特定用途且为无息,A公司应在报表附注中详细披露该借款的性质及相关合同条款。

在合并财务报表层面,A公司应将S公司纳入合并范围,并根据金融工具列报、股份支付等准则对S公司持有的股份及向职工授予的持股计划进行会计处理。具体会计处理如下:

2024年1月1日,A公司在合并财务报表层面,将S公司购买的股份作为购入库存股处理:

借:库存股(100 000×2.5)　　　　　　　　　　　　　　250 000
　　贷:银行存款　　　　　　　　　　　　　　　　　　　250 000

在2024年5月1日,A公司董事会正式通过了股票期权激励计划。按照《企业会计准则第11号——股份支付》的规定,该计划的授予日被确立为董事会批准此股份支付协议的当天。紧接着,关于这些股票期权的会计处理将依据以下步骤进行:

借:管理费用(350 000×0.15)　　　　　　　　　　　　　52 500
　　贷:资本公积　　　　　　　　　　　　　　　　　　　52 500

2024年9月1日,A公司在合并财务报表层面,将S公司购买的股份作为购入库存股处理:

借:库存股(300 000×2.65)　　　　　　　　　　　　　　795 000
　　贷:银行存款　　　　　　　　　　　　　　　　　　　795 000

2024年12月31日,A公司核心技术人员实际行权,按约定价格购买股份。根据《企业会计准则第37号——金融工具列报》(2017年修订)规定,A公司应核销所购买的库存股及相关成本，产生的相关利得或费用直接冲减权益：

借：银行存款（350 000 × 2.70） 945 000
　　资本公积 100 000
　　贷：库存股 1 045 000

13.3.5 案例总结

13.3.5.1 职工持股平台的控制权判定

在实际操作中，公司设立职工持股平台的方式可能呈现多样化，不仅包括以职工代表的名义设立，也可能以最终控制方的名义进行。合同安排同样可能具有复杂性。然而，鉴于职工持股平台的特殊目的和管理模式，这些实体很可能符合《企业会计准则第33号——合并财务报表》中对"结构化主体"的定义。因此，需要依据"控制三要素"来评估发起主体是否对职工持股平台具有实质性的控制权。如果职工持股平台的法律股东实际上仅作为代理人，那么该平台应纳入发起主体的合并财务报表之中。

13.3.5.2 职工持股计划的会计处理

在编制合并财务报表的过程中，如果发起主体借助职工持股平台实现了对其自身股份的收购，那么相关的会计处理方法必须严格遵循《企业会计准则第37号——金融工具列报》（2017年修订）的规范。基于具体的案例情境，不同类型的职工持股计划需依据以下会计准则分别进行会计处理：

（1）对于通过职工持股平台向职工授予的股票期权，其会计处理应直接采纳《企业会计准则第11号——股份支付》中的规定执行。

（2）如果授予职工的是限制性股票，则此类交易的会计处理需综合考虑《企业会计准则第11号——股份支付》以及《企业会计准则解释第7号——非货币性资产交换》中关于特定问题（即问题五）的详细规定，以确保处理的准确性和合规性。

（3）针对利润分享计划的会计处理，鉴于其作为职工薪酬的一种特殊形式，可能需要参照《企业会计准则第9号——职工薪酬》中的相关条款来执行，以确保该计划的会计处理既符合会计准则的要求，又能准确反映其经济实质。

13.4　未实现内部销售损益对递延所得税及少数股东损益的影响

13.4.1　案例概述

案例13-4　甲公司持有乙公司60%的股份，拥有对乙公司的控制权，并将其纳入合并财务报表的编制。2024年全年，甲公司向乙公司销售了商品，不含增值税的销售额为

1 000万元，成本为800万元。这些商品被乙公司作为存货持有，且至年末未进行销售。甲公司与乙公司分别适用25%和15%的所得税税率。在编制合并财务报表的情境中，我们假定存在满足递延所得税资产或负债确认的先决条件。

> **思考问题：**
>
> 在2024年编制合并财务报表时，甲公司应如何对未实现的内部销售利润及其所得税影响进行会计处理？

案例13-5 甲公司作为控股股东，持有乙公司60%的股份并因此拥有对乙公司的控制权，已将其纳入合并财务报表的合并范围。2024年度内，乙公司向甲公司销售了价值1000万元（不含增值税）的商品，而该批商品的成本对乙公司而言为800万元。甲公司将这些购入的商品作为存货进行管理，至年末时，这批商品尚未被进一步销售。

关于税务处理，甲公司与乙公司分别适用的所得税税率为25%和15%。在编制合并财务报表时，考虑到甲公司与乙公司之间的内部交易及其未实现利润（即销售额与成本之差200万元），且假定这些内部交易及未实现利润符合递延所得税资产或负债的确认条件，因此，在合并财务报表层面将进行相应的递延所得税调整。

> **思考问题：**
>
> 在编制2024年度的合并财务报表过程中，甲公司应当如何妥善处理和调整与乙公司之间因内部交易而形成的未实现销售利润，以及这种未实现利润对集团合并层面所得税费用产生的影响？

案例13-6 甲公司持有乙公司60%的股份和丙公司70%的股份，因此对这两家公司均实现了控制权，并将它们纳入了合并财务报表的合并范围。在2024年，乙公司向丙公司销售了价值1 000万元（不含增值税）的商品，这些商品的成本对乙公司而言为800万元。丙公司接收这些商品后作为存货管理，至当年年末，这些商品仍未实现对外销售。

在税务方面，甲公司、乙公司和丙公司分别适用的所得税税率为25%、25%和15%。在编制合并财务报表时，考虑到乙公司与丙公司之间的内部交易及其未实现利润（即销售额与成本之差200万元），且假设这些交易及未实现利润符合递延所得税资产或负债的确认标准，因此需要在合并报表层面进行相应的递延所得税调整。

> **思考问题：**
>
> 在2024年编制合并财务报表时，甲公司应如何对乙公司与丙公司之间未实现的内部销售利润及其所得税影响进行会计处理？

13.4.2 准则依据阐述

以下是相关会计准则内容概述和解析。

13.4.2.1 《企业会计准则解释第1号》中关于未实现内部销售损益的税务处理

在编制合并财务报表的过程中，如果抵销未实现的内部销售损益后，导致合并资产负债表中的资产或负债账面价值与其计税基础间出现暂时性差异，需采取以下会计处理方法：

（1）在合并资产负债表中明确确认递延所得税资产或递延所得税负债。

（2）相应地对合并利润表中的所得税费用进行调整。

（3）需注意，直接计入所有者权益的交易或事项，以及与企业合并直接相关的递延所得税，不纳入上述调整范围。

13.4.2.2 《企业会计准则第33号——合并财务报表》关键条款概览

1）第三十条：合并资产负债表的编制原则与步骤

（1）内部交易影响抵销：消除母子公司间及子公司相互间的内部交易影响。

（2）长期股权投资与所有者权益抵销：母公司对子公司的长期股权投资与其在子公司所有者权益中的份额相互抵销，并考虑减值准备。

（3）子公司持有母公司股权处理：视为库存股，在所有者权益项下以"减：库存股"列示。

（4）子公司间股权投资处理：采用与母公司对子公司股权投资相同的抵销方法。

（5）债权债务项目抵销：包括母子公司间及子公司相互间的债权与债务，同时考虑减值准备。

（6）未实现内部销售损益抵销：覆盖存货、固定资产等，及相应跌价或减值准备。

（7）其他内部交易影响：抵销其他内部交易所引起的合并资产负债表变动。

（8）递延所得税处理：针对未实现内部销售损益产生的暂时性差异，确认递延所得税资产或负债，并调整所得税费用（除非特定情况）。

2）第三十六条：未实现内部交易损益的具体抵销规则

（1）母公司向子公司销售：产生的未实现内部交易损益全额抵销"归属于母公司所有者的净利润"。

（2）子公司向母公司销售：按母公司在子公司的持股比例，在"归属于母公司所有者的净利润"和"少数股东损益"间进行分配抵销。

（3）子公司间销售：依据母公司在出售方子公司的持股比例，进行相应损益分配抵销。

13.4.3 关键分析与解读

母公司在向子公司出售资产并产生未实现的内部交易损益时，可采取两种不同的会计处理方法：

（1）第一种方法是在调整子公司的盈亏时，将逆流交易中的未实现内部交易损益纳入考量。在编制抵销分录的过程中，确定的少数股东损益将包含与少数股东相关的未实现内部交易损益。

（2）第二种方法是在调整子公司盈亏时，不将未实现的内部交易损益计算在内。对于逆流交易中涉及少数股东的未实现内部交易损益，应单独编制会计分录，借记"少数股东权益"科目，贷记"少数股东损益"科目。

尽管这两种会计处理方法在操作上有所差异，但它们导致的最终财务结果将是一致的。

13.4.4 案例深度剖析

13.4.4.1 案例 13-4 分析

甲公司在编制 2024 年 12 月 31 日的合并报表时，对向子公司销售商品产生的未实现内部销售损益进行以下会计处理：

第一步，甲公司需抵销未实现的内部销售损益：

会计分录：

借：营业收入	10 000 000
贷：营业成本	8 000 000
存货	2 000 000

第二步，确认由抵销引起的存货账面价值与计税基础之间的暂时性差异，并据此计算递延所得税资产，采用子公司所适用的税率进行核算。具体计算过程如下：

递延所得税资产 = 2 000 000 × 15% = 300 000（元）

会计分录如下，用以记录上述递延所得税资产的形成：

借：递延所得税资产	300 000
贷：所得税费用	300 000

此分录反映了公司因存货账面价值与计税基础差异而确认的递延所得税资产，及其对当期所得税费用的影响。

第三步，分析未实现内部销售损益对子公司少数股东的影响，根据相关准则，少数股东不享有权益，故甲公司合并报表无需进一步处理。

13.4.4.2 案例 13-5 分析

甲公司在编制 2024 年 12 月 31 日的合并报表时，对子公司向其销售商品产生的未实现内部销售损益进行以下会计处理：

第一步，同案例 13-4。

第二步，递延所得税资产按甲公司适用的税率计算：

递延所得税资产 = 2 000 000 × 25% = 500 000（元）

会计分录如下：

借：递延所得税资产	500 000
贷：所得税费用	500 000

第三步，逆流交易中，未实现内部销售损益应向少数股东分配，甲公司合并报表作以下调整：

少数股东应分配损益 =（2 000 000 – 500 000）× 40% = 600 000（元）

会计分录：

借：少数股东权益	600 000
贷：少数股东损益	600 000

13.4.4.3 案例 13-6 分析

在编制 2024 年 12 月 31 日的合并财务报表过程中，甲公司针对其子公司之间因销售商品而形成的未实现内部销售损益，采取了以下会计处理方法进行操作：

第一步，同案例 13-4。

第二步，递延所得税资产按丙公司适用的税率计算：

递延所得税资产 =2 000 000 × 15%=300 000（元）

会计分录如下：

借：递延所得税资产　　　　　　　　　　　　　　　300 000
　　贷：所得税费用　　　　　　　　　　　　　　　　　　　300 000

第三步，分析未实现内部销售损益对卖方子公司少数股东的影响，甲公司合并报表作以下调整：

卖方子公司少数股东应分配损益 =（2 000 000-300 000）× 40%=680 000（元）

会计分录：

借：少数股东权益　　　　　　　　　　　　　　　　680 000
　　贷：少数股东损益　　　　　　　　　　　　　　　　　　680 000

13.4.5 案例总结

13.4.5.1 未实现内部销售损益的递延所得税适用税率问题

当合并资产负债表中的资产或负债因抵销未实现的内部销售损益而与其计税基础产生暂时性差异时，应在合并资产负债表中确认递延所得税资产或递延所得税负债。在涉及不同税率的内部销售各方时，相关资产的未来出售或使用所产生的税务后果，将反映在原内部交易中的买方实体的税务申报中。因此，在确认与已抵销的内部交易中未实现的损益相关联的递延所得税时，应依据买方实体的适用税率来进行计算和处理。

13.4.5.2 未实现内部交易损益的股东和少数股东分配问题

在母公司与子公司、子公司与母公司以及子公司相互之间的交易中产生的未实现内部销售损益，应根据各自享有的份额进行分配。由于这些未实现损益在卖方的利润表中体现，企业应根据卖方子公司的少数股东的持股比例进行相应的损益分配。

13.5　已进入清算程序的子公司是否纳入合并范围

13.5.1　案例概述

案例 13-7　A 公司持有的控股子公司 B 公司面临长期亏损，其净资产已降至负值。A 公司在 2023 年年初之前已对 B 公司的长期投资进行了全额的减值准备，导致 2023 年年末的长期投资账面价值归零。鉴于 B 公司自 2024 年 12 月 15 日起，经股东会决议成立清算组并决定终止经营活动，进入清算阶段，因此 B 公司在 2024 年度未被纳入 A 公司的合并财务报表范围。

思考问题：

在 2024 年度的财务报告中，A 公司是否应当将 B 公司的财务状况纳入其合并财务报表的编制？

13.5.2　准则依据阐述

《企业会计准则第 33 号——合并财务报表》第七条要点：该条款具体规定了合并财务报表编制的相关要求与标准，是编制企业合并财务报表时必须遵循的准则依据，具体内容参见本书 1.7.2.3。

13.5.3　关键分析与解读

是否将已进入清算流程的子公司纳入合并报表的范畴，通常基于母公司是否对其保持控制权这一标准进行判断。以下是关于清算期间子公司合并范围的具体原则：

（1）破产清算的子公司：如果子公司根据《中华人民共和国企业破产法》进入破产程序，通常由法院指定的破产管理人负责接管。此时，原母公司已失去对子公司活动的主导权。由于这类子公司往往资产不足以抵偿债务，破产过程主要确保债权人公平受偿，清算结束后通常无剩余财产分配给股东。因此，股东无法从清算中获得经济利益或可变回报，故此类子公司不应被纳入原母公司的合并报表。

（2）针对采取非破产清算路径，即由股东自发启动清算程序的子公司，母公司在其清算期间仍维持着控制性地位，故应持续将其财务数据纳入合并财务报表的编制框架中。在合并报表的处理上，此类子公司被视为待处置的资产与负债的集合体。值得关注的是，尽管清算规定限制了子公司进行非清算相关的经营行为，这是出于法律法规对资产处置方式的监管要求，但并不影响母公司在法律允许的范围内对子公司重大决策的参与权和影响力，同时也不免除母公司对子公司剩余净资产所承担的风险和享有收益的责任。因此，上述的法律约束或监管限制，并不成为影响判断子公司是否应纳入合并报表范围的关键因素。

13.5.4　案例深度剖析

在案例 13-7 所述情境中，子公司尚未启动破产清算流程，因此，在进行正常清算时，其财务状况仍需纳入合并报表的编制。然而，必须密切监测子公司是否有依法进入破产程序的必要性。一旦子公司开始破产程序，它就不再适合被纳入合并报表的范围。

如果子公司在年末因破产等情形而被判定不再适宜纳入合并财务报表的范围，那么对应的长期股权投资应做减值处理至零值，以确保长期股权投资账户不产生贷方余额。同时，如果母公司为子公司提供了借款担保或承担了超出其法定有限责任的额外责任，则应遵循《企业会计准则第 13 号——或有事项》等相应会计准则，根据很可能需要承担的额外责任金额来确认并计提预计负债。然而，在进行上述会计处理时，需确保长期股权投资账户不因此而产生负余额。

考虑到子公司长期处于资不抵债的状况，在以往的合并报表编制过程中，其超额亏损应已经被计入并相应减少了合并的留存收益。在本报告期内，应将子公司从年初至处置日期的利润表纳入合并范围，并将之前减少的合并留存收益中的超额亏损部分转回。当子公司在年末不再纳入合并范围时，应将其历史上减少合并留存收益的累计超额亏损转回，并作为处置收益记录在合并投资收益中。

13.5.5　案例总结

子公司的清算过程可能通过不同方式启动，一种是通过股东会决议成立由股东构成的清算组；另一种则是破产清算，由人民法院指定的破产管理人和债权人参与，其中债权人会议对资产变现和债务清偿计划持有最终决策权。这两种情况下对合并报表范围的影响存在差异，特别是对于第一种情形，以下是考虑其是否应纳入合并范围的关键因素：

（1）股东组成的清算组：在清算阶段，由于清算组由股东构成，且其清算方案需得到股东会的批准，表明母公司对子公司仍然保有控制权。

（2）母公司的直接参与：母公司通过清算组直接参与子公司的清算活动，包括资产清偿和清算业务，从而可能通过其权力获得变动的回报。

（3）影响回报的权利：母公司通过行使上述权利和参与活动，能够对其所获得的回报金额产生影响。

基于这些因素，除非存在相反证据，否则子公司在清算阶段通常应继续纳入合并报表范围。

然而，在破产清算的情况下，母公司通常无法参与子公司的清算过程，也就无法通过相关活动获得变动回报。这是因为破产清算中的清算组由人民法院指定，且债权人会议对清算事宜拥有最终决策权。如果债权人之间无法达成一致意见，最终的决策将由人民法院作出裁定。

13.6　合伙企业纳入合并范围的问题

13.6.1　案例概述

案例 13-8　A 公司担任普通合伙人角色，B 公司作为优先级有限合伙人，C 公司则是劣后级有限合伙人，三方联合发起成立了 D 基金，A 公司承担基金事务的执行职责。A 公司将按照每年 1% 的比例，基于有限合伙基金的实缴资本规模收取管理费，并且对于超出预期收益的超额部分，A 公司将获得 5% 的收益分成。

案例 13-9 A 公司作为普通合伙人,与其他有限合伙人共同发起设立了一家名为 B 基金的有限合伙制基金。A 公司出资 0.1 亿元,占基金份额的 2%。B 基金的合伙协议赋予 A 公司作为执行事务合伙人,拥有对基金所有事务包括投资、资产处置、分配等的全面、独立且排他的管理决策权。A 公司需以最大化所有合伙人利益为决策原则,且有限合伙人无法撤销 A 公司的管理决策权。B 基金的存续期设定为 3 年,期满时合伙人将按原始出资额回收投资。投资收益在扣除相关费用后,按照一定的分配方法进行分配:年均收益率不超过 12% 的部分,按合伙人出资比例分配;超过 12% 的部分,60% 归普通合伙人所有,其余 40% 按出资比例分配给有限合伙人。亏损分担方面,有限合伙人根据其出资比例共同承担基金的亏损,而对于超出基金总认缴出资额部分的亏损,则由普通合伙人负责承担。

案例 13-10 A 公司持有 B 公司 60% 的股份,B 公司负责 C 基金的募集与管理。A 公司作为有限合伙人,在 C 基金中持有 10% 的财产份额。C 基金的合伙协议规定投资决策委员会由 5 名委员组成,全部由普通合伙人委派。补充的合伙协议正式确立了投资决策委员会为最高层次的投资决策机构,明确规定所有相关事务在获得该委员会的批准后方可付诸实施。同时,C 基金的托管协议中详尽规定,作为管理人的 B 公司在发出任何投资划款指令之前,必须先向托管人全面提交涉及投资决策的所有法定文件及详尽资料,以确保决策透明度和合规性。

思考问题:

在上述案例中,A 公司是否应当将其所投资的合伙企业纳入其合并财务报表的编制范畴之内?

13.6.2 准则依据阐述

以下是对《企业会计准则第 33 号——合并财务报表》第七条至第二十条内容的概述和解析。

1)第七条至第十二条:控制的判定框架

(1)综合评估控制:投资方需综合考量所有相关事实与情况,以确定是否对被投资方实施控制。随着相关要素的变化,投资方需重新进行此类评估。

(2)权利的定义:如果投资方拥有主导被投资方活动的现时权利,无论其是否实际行使,均视为拥有对被投资方的权利。

(3)主导最重大影响活动:在多个投资方均有权主导不同活动的情况下,控制权的归属将取决于能够主导对被投资方最具重大影响活动的投资方。

(4)实质性权利的考量:在评估权利时,投资方应聚焦于实质性权利,即排除财务和法律障碍后,投资方实际能够行使的权利。

(5)保护性权利的排除:仅持有保护性权利的投资方,因这类权利通常在特定情况下行使且不涉及决策权,故不被视为拥有对被投资方的控制。

2)第十三条至第十六条:复杂情境下的控制评估

(1)表决权与合同安排的综合考量:当表决权未对投资决策产生决定性影响时,投资方需进一步评估合同安排,以确定是否通过其他方式拥有对被投资方的控制权。

（2）难以明确控制的情境：投资方需深入考察能否单方面主导被投资方的关键活动，如任命核心管理人员、决策重大交易以及控制关键人事任命程序等，以辅助判断控制权的归属。

（3）特殊关系的影响：投资方与被投资方之间的特殊关系，如人员关联、相互依赖等，可能在控制权的评估中发挥重要作用。

3）第十七条至第二十条：可变回报与整体及部分控制的考量

（1）可变回报的识别：投资方从被投资方获取的回报如果随其业绩波动而变化，则视为享有可变回报。评估时需依据合同的实际经济效果进行。

（2）整体控制的评估：通常情况下，投资方需从整体层面判断对被投资方的控制状态。

（3）可分割部分的特殊处理：在极少数特定条件下，如果存在确凿证据且符合法规要求，投资方可将被投资方视为由可分割的部分（即单独主体）组成，并针对这些部分逐一判断其控制权。此判断依据包括但不限于资产是否专用于特定债务清偿、其他方是否享有相关权利等。

13.6.3 关键分析与解读

投资方在评估对被投资方是否具有控制权时，必须基于一系列相关的事实和情况进行全面考量。关键考虑因素包括但不限于：被投资方成立的宗旨、决策过程、投资方的主导权、可变回报的享有、回报金额的影响力，以及投资方与其他方的关系。

在这些因素中，尤其以投资方的主导能力和可变回报、影响力以及与其他方的关系最为关键。

1）投资方的主导能力

依据《中华人民共和国合伙企业法》的规定，普通合伙人在合伙企业中承担执行合伙事务的职责，而有限合伙人则普遍不参与合伙事务的具体执行工作。然而，实务中有限合伙人可能通过参与投资决策委员会等方式间接影响决策，这并不简单等同于执行合伙事务。

即便普通合伙人名义上执行合伙事务，这并不排斥有限合伙人在特定情况下拥有控制权，特别是当单一有限合伙人占有较大权益比例时。

2）表决权的行使

普通合伙人虽出资比例低，但可能在投资决策层面拥有实质性控制。而有限合伙人即便持有过半数表决权，也不一定具有控制权，特别是当重要事项需更高比例同意时。

3）实质性权利与保护性权利

投资方在判断控制权时，应区分实质性权利与保护性权利。实质性权利指持有人有实际能力行使的权利，而保护性权利主要保护持有人利益，不涉及决策权。

4）可变回报

普通合伙人的收益通常与管理费和业绩分成相关，后者与被投资方业绩紧密相关。有限合伙人的收益可能包括固定收益或可变收益，或两者结合，需根据具体情况分析。

5）影响回报的能力

投资方的控制力与其对回报施加影响的能力成正比，即控制能力愈强，则其对回报的塑造力也越大。在有限合伙企业的架构下，投资决策委员会的决策对投资回报的走向具有至关重要的影响力。

6）投资方与其他方的关系

投资方需判断其是否为主要责任人或代理人。在有限合伙制基金中，普通合伙人通常执行合伙事务，而有限合伙人可能在特定条件下具有更换普通合伙人的权利。

13.6.4 案例深度剖析

13.6.4.1 案例 13-8 分析

尽管 A 公司担任执行事务合伙人的角色，享有变动性回报，并具备一定能力影响投资回报，但其变动性回报相较于基金规模较小。考虑到违约可能性和 A 公司在违约情况下的风险敞口，可以发现 A 公司面临的风险相对较低，这主要是因为基金本身的风险敞口不大。基于实质重于形式的原则，将有限合伙基金和目标公司纳入 A 公司的合并报表缺乏充分的理由。

13.6.4.2 案例 13-9 分析

A 公司在 B 基金中的出资比例虽只有 2%，但拥有全面的、排他性管理决策权，且其他投资方无法撤销这一决策权。A 公司对 B 基金的经营和财务政策拥有完全控制。对于年均收益率超出 12% 的部分，A 公司能够获得 60% 的收益，同时在亏损情况下，需承担超出基金认缴出资额的风险。这表明 A 公司承担的风险和获得的利益随 B 基金的业绩波动而有显著变化，且在很大程度上负责和享有 B 基金的主要风险和回报，超出了其 2% 的出资比例。因此，A 公司应将 B 基金纳入其合并报表的范围。

13.6.4.3 案例 13-10 分析

B 公司作为 C 基金的管理人，实际上并未掌握投资决策委员会的控制权，而是充当代理人的角色。因此，A 公司与 C 基金之间不存在控制与被控制的关系，不符合合并财务报表的企业会计准则规定，故 C 基金不应被包含在 A 公司的合并会计报表中。

13.6.5 案例总结

在会计领域，确定是否对另一实体（被投资方）具有控制力，从而判断是否应将其纳入合并报表的标准，主要基于以下几个关键点：首先，本实体是否拥有对被投资方相关活动的主导权；其次，是否通过参与这些活动获得变动性回报；最后，是否有能力利用所拥有的权力影响回报的金额。一个实体不采取公司制组织形式，这一事实本身并不意味着它不应被纳入合并范围。

在评估对合伙企业的控制权时，由于法律法规的差异，所考虑的因素可能与评估公司制企业时有所不同。合伙企业的"人合"或"人合兼资合"特性，要求在判断控制权时，更多地关注合伙协议等合同文件的作用。合伙企业的灵活性较高，使得控制权的判断更为复杂。与公司制企业相比，合伙企业，特别是有限合伙企业，具有独特的特点。因此，在评估控制权时，不应仅基于普通合伙人的身份，而应深入分析合伙协议的条款、基金的具体情况，包括投资者的持股比例、公司治理结构、投资者的权利、风险和收益等。

在合伙企业中，普通合伙人的角色通常类似于有限合伙人聘请的职业经理人，利用其专业知识和资源进行投资管理，以实现有限合伙人利益的最大化，这是有限合伙制的一个显著优势。然而，也有例外情况。在应用控制标准确定合并范围时，应遵循实质重于形式的原则，综合考虑所有相关因素进行综合评估。

13.7 引入"国家特殊管理股"子公司纳入合并范围问题

13.7.1 案例概述

案例 13-11 A公司作为一家文化传媒企业，由B公司在2021年6月出资成立，A公司成为B公司的全资子公司，初始注册资本达2 000万元。遵循国家关于深化公司制与股份制改革，并在特定领域内积极探索实施国家特殊管理股制度的战略导向，C公司于2024年5月16日正式以特殊管理股股东的身份，计划与B公司签订增资扩股协议，以每股1元的价格向A公司增资100万元。本次增资后，A公司的股权结构详见表13.7.1。

表 13.7.1　A公司股权架构（增资后）

单位：万元

股东名称	出资额	持股比例
B公司	2 000.00	95.24%
C公司	100.00	4.76%
合计	4 500.00	100.00%

C公司在A公司4.76%的持股中，包含2%的特殊管理股和2.76%的普通股。增资完成后，C公司将享有以下主要权利：

（1）如果A公司未来计划增加注册资本，C公司有权利在相同条件下优先增持，以保持其在A公司的持股比例（包括特殊管理股和普通股）不被稀释。如果C公司未行使此优先权，导致特殊管理股比例降至1%以下，各方应协商制定反稀释保护方案，且C公司对可能导致特殊管理股比例降至1%以下的交易拥有否决权。

（2）A公司将设立由5名成员组成的董事会，C公司有权提名1名董事。公司的重大经营决策需董事会批准，C公司提名的董事在此类决策中拥有否决权。

（3）A公司将聘任总经理，由C公司提名的董事推荐，并经董事会批准。C公司提名的董事对总经理有提名和任免权。总经理负责 A 公司的日常经营管理。如果产品违反国家法律或政策，总经理应及时报告并建议处理方案，董事会应在 3 个工作日内回应。总经理应执行董事会的决定；如果未得到回应，总经理可提出处理方案，报董事会备案后决定是否终止相关产品。

（4）C 公司可自由转让其持有的 A 公司普通股，无论是向关联方还是第三方，不受限制。

思考问题：

在上述情况下，B 公司是否应继续将 A 公司纳入其合并报表范围？

13.7.2 准则依据阐述

以下是对《企业会计准则第 33 号——合并财务报表》中第七条、第十四条和第十七条的整理：

（1）第七条：具体内容参见本书 1.7.2.2。

（2）第十四条：具体内容参见本书 13.3.2.1。

（3）第十七条：具体内容参见本书 13.6.2。

13.7.3 关键分析与解读

依据《企业会计准则第 33 号——合并财务报表》第七条的规定，确定控制权涉及 3 个核心要素：权力、可变回报及其相互关系。从本案例分析，A 公司原本是 B 公司的全资子公司，B 公司对其拥有控制权。即便在引入国家特殊管理股之后，B 公司通过参与 A 公司的活动所享有的可变回报并未改变；如果"权力"要素得以确认，鉴于 B 公司在 A 公司中依旧持有较大比例的股份，其角色应继续被视为主要责任人而非代理人。因此，权力与回报的关系也应成立。关键的判断标准在于 B 公司是否继续保有对 A 公司的主导权，即能否主导 A 公司的相关活动。

对于多数企业而言，经营和财务决策通常对其经济回报产生显著影响。然而，由于被投资企业的设立目的和设计各异，所谓的"相关活动"也不尽相同。必须在综合考虑所有相关事实和情况后，才能做出准确判断。这些活动可能涉及销售和采购商品或服务、管理金融资产、购买和处置资产、进行研发活动以及融资活动，包括资本结构的确定和融资获取等。

决策的实例可能包括但不限于：制定被投资方的经营和融资策略，如编制预算；选择关键管理人员或服务提供者，并确定其薪酬，以及决定终止其服务关系或解除其职务。

企业日常运营的决策流程通常遵循公司章程或协议中既定的权力分配体系，其中股东大会或董事会等核心机构承担关键决策职责。不过，在特定情境下，基于合同条款的具体规定或某些特定因素的影响，决策权可能会转移至其他专门设立的机构，如特别管理委员会，来主导决策过程。特别值得注意的是，在有限合伙企业的组织框架内，企业活动的决策机制可能有所不同，可能通过全体合伙人参加的合伙人大会进行集体决策，或者由普通合伙人、投资管理公司等特定主体依据其明确的职责权限来负责执行决策。

13.7.4 案例深度剖析

在案例 13-11 中，A 公司引入国家特殊管理股后，该特殊管理股占比达 4.76%，并在 A 公司董事会中占有一席，同时拥有提名总经理的权利。除了对某些特定事项拥有否决权外，未发现相关协议对股东会和董事会的表决规则有其他特殊安排。因此，评估 B 公司是否继续对 A 公司具有控制权，关键在于分析这些否决权是否足以影响 B 公司对 A 公司相关活动的主导权。

根据背景资料，涉及国家特殊管理股股东及其派驻董事和提名总经理的"一票否决权"的事项主要包括：

（1）C 公司对可能导致特殊管理股权被稀释至 1% 以下的交易拥有否决权。

（2）A 公司在做出涉及经营业务等重大事项的决策前，需董事会批准，C 公司提名的董事在这些决策中拥有否决权。

（3）总经理负责 A 公司的出版业务，如发现产品违反国家法律或政策，应及时向董事会报告并提出处理方案。董事会应在 3 个工作日内做出回应，总经理应执行董事会的决定；如果未得到回应，总经理有权在提出书面处理方案并报董事会备案后，决定终止相关产品。

从这些约定来看，第（1）项关于股权稀释的否决权与"相关活动"无关，因此在讨论控制权时可以忽略。至于第（2）（3）项否决权，如果这些权利仅限于合规性问题，即仅对违反国家法律或政策的产品拥有否决权，且在产品合规的情况下不会行使，因此，这些否决权并不削弱 B 公司对 A 公司的控制权。在此前提下，B 公司有权并应继续将 A 公司纳入其合并财务报表的编制范围。

然而，如果这些否决权超出了合规性问题的范围，就需要进一步分析 B 公司是否因此丧失对 A 公司的控制权。这可能需要更详细的背景信息，如国家特殊管理股引入后的实际决策参与情况，以便进行深入讨论。

13.7.5 案例总结

所谓的"国家特殊管理股"是一种类别股，区别于常规的普通股，其特点是股东所享有的权利有别于普通股股东。这类股份具备特定的"管理"职能。通常，股东通过行使投票权参与公司的重要决策，从而实现其管理职能。显而易见，无论是金融股还是双层股权结构中的超级投票权股，它们的表决权都经过了特别加强，从而扩展了股东的管理权限，因此它们均被归类为"管理股"。相对地，不具备表决权的优先股则不被视为管理股。

特别需要指出的是，国家特殊管理股的"管理权"通常不是指企业的日常经营管理权，而是指对特定事项的管理权。这种股份的"特殊性"在于它将公司控制权细分为经营管理控制权和特定事项控制权。政府可能选择降低其在国有资本中的股份比例，放弃对企业日常经营的控制，同时保留对特定事项的控制权，以此确保国家安全和公共利益的维护。因此，国家特殊管理股的设置通常不会对原有控股股东的控制地位及其合并报表的范围造成影响。

13.8 权益法下对被投资单位权益性交易的"视角调整"问题

13.8.1 案例概述

案例 13-12 A 公司作为 B 公司持有 25% 股份的关键股东，对 B 公司的运营策略及业绩具有深远影响，因此，A 公司决定采用权益法来核算其对 B 公司的长期股权投资。2024 年 8 月 31 日，B 公司圆满完成了对两家子公司的股权收购，实现了控股合并，并于次月首次发布了包含这些新成员的合并财务报表。从 B 公司的视角出发，此次合并被归类为同一控制下的企业合并范畴。在编制 2024 年度合并财务报表的过程中，B 公司严格遵守了同一控制下企业合并的会计准则，对新增子公司的初始资产负债表及过往年度利润表实施了必要的追溯性调整，以确保合并报表中的历史比较数据能够精确无误地反映出从合并日起集团的全面财务状况及经营绩效。

> **思考问题：**
> 面对 B 公司的合并事项，A 公司应如何进行相应的会计处理？

13.8.2 准则依据阐述

《企业会计准则第 33 号——合并财务报表》中的第二十六条与第五十二条，共同构建了合并财务报表编制的核心框架与灵活调整机制，具体解析如下。

13.8.2.1 第二十六条概览

本条详细阐述了母公司在筹备合并财务报表时应恪守的几大基本原则与具体操作指引：

（1）基础与统一：以母公司及旗下各子公司的财务报表为基石，融合其他必要信息，将企业集团视作统一的会计实体，统一遵循企业会计准则及政策，全面展现集团的财务健康、运营绩效及现金流动态。

（2）核心操作：涉及资产、负债、权益、收入、费用及现金流等关键财务要素的全面合并；实施母公司对子公司长期股权投资的抵销处理，以消除重复计算；针对内部交易及其可能引发的资产减值损失，实施全额确认与抵销，确保财务数据的纯净性；对集团特有的交易或事项进行针对性调整，以精准映射集团整体的真实状况。

13.8.2.2 第五十二条补充

本条作为对前述条款的补充与细化，明确指出了在面临未在前文特别指明的交易或事项时，如果其在合并报表中的确认与计量方式，与母公司或子公司的个别财务报表存在出入，应依照第二十六条第四项（即针对内部交易及特殊事项的调整原则）的精神，进行必要的调整工作，旨在消除因视角差异带来的信息偏差，确保合并财务报表的精确性、连贯性与可比性。

综上所述，第二十六条与第五十二条共同强调了合并财务报表编制过程中的"统一性"与"准确性"两大核心理念，要求母公司在编制过程中不仅要坚持统一的会计政策，还要对内部交易、特殊事项乃至未明确列示的交易事项进行细致入微的调整，以最终呈现出一份真实、公正、全面反映企业集团整体财务状况与经营成果的高质量合并财务报表。

13.8.3 关键分析与解读

编制合并财务报表时，应依据"实体理论"进行。该理论将企业集团视为一个独立的会计实体，并在集团层面应用统一的会计政策和估计方法。根据实体理论，合并财务报表的服务对象不仅限于母公司的股东，也包括持有少数股权的股东。

根据实体理论的核心精髓，即视企业集团为统一的会计实体，这一理论基础在特定交易与事项的会计处理上，自然而然地引发了母公司个别财务报表与合并财务报表间的显著差异。因此，编制合并报表的过程远非简单的数据加总与内部交易的简单抵销，它要求深入分析并调整同一经济交易在不同会计主体视角下产生的不同财务影响。以反向收购为例，这种复杂性尤为突出，因为它可能导致母公司的个别报表与合并报表在会计要素的确认与计量上产生显著的差异。

为了应对这些"视角差异"带来的挑战，当前企业会计准则及其补充条款、解释性文件已明确指出调整的必要性和具体方向。这些调整广泛涵盖了多种情况，包括但不限于：购买少数股权、在不丧失控制权的前提下对子公司股权的部分处置、通过分步交易实现的非同一控制下企业合并以及因子公司股权转让引发的控制权变更等。此外，对于与联营、合营企业等采用权益法核算的关联方之间未实现的内部交易损益，合并报表与个别报表的处理方式亦大相径庭，这种差异处理旨在维护各层级财务报表的会计独立性和准确性，确保财务信息的真实反映。

13.8.4 案例深度剖析

在案例 13-12 的情境中，实体理论的应用凸显了"视角差异调整"的复杂性。具体而言，尽管 A 公司对 B 公司具有重大影响，但 B 公司的最终控制实体独立于 A 公司所属的集团（比如是外部第三方），导致 B 公司在其个别财务报表中视为"同一控制下"的交易，在 A 公司采用权益法进行会计处理时，并不能等同视之。

B 公司根据其自身视角，可以将这类交易按账面价值计入账簿，并可能通过调整资本公积来平衡差额，这是同一控制下企业合并的典型会计处理方式。然而，A 公司在应用权益法时，仅关注并反映其在 B 公司净资产和净利润中的相应份额，而不涉及 B 公司其他股东的权益和损益。因此，在 A 公司的报表体系中，B 公司的其他股东不被视作"权益持有者",这意味着 A 公司需将此类合并交易视为与非权益持有者之间的交易来处理。

在进行权益法核算前,A 公司必须依据自身视角对 B 公司的合并财务报表进行必要的调整。特别是,当 B 公司本年度发生了被视为权益性交易的同一控制下合并时,A 公司需将该交易从权益性调整为非权益性,以适应其核算需求。

值得强调的是,虽然权益法核算通常基于联营或合营企业的合并报表,但在遇到"视角差异"时,必须首先对这些合并报表进行适应性调整,以确保核算基础的一致性。

针对本案例,A 公司在实施权益法时,需对 B 公司的合并报表进行特定的"视角调整",即将其视为非同一控制下的企业合并来处理,并遵循相应会计原则,如不进行前期数据追溯调整,以公允价值计量购买日取得的资产和负债,确认商誉或负商誉而非调整资本公积等。尽管这些原则提供了指导方向,但在实际操作中,考虑到调整过程的复杂性,企业还需综合考虑可行性、公允价值与账面价值的差异、购买对价的公允价值与账面价值差异、商誉金额的重要性,并在合理范围内进行适度简化。

13.8.5 案例总结

《企业会计准则第 33 号——合并财务报表》界定了合并财务报表的核心目标,全面展现母公司及其全部子公司组成的企业集团的综合财务状况、经营绩效及现金流量状况。

《企业会计准则第 33 号——合并财务报表》根植于"实体理论",强调在编制合并报表时,需不仅限于抵销母子公司间的长期股权投资、所有者权益及内部交易,还需基于集团整体视角,对特殊交易与事项实施深度调整。

对个别财务报表与合并财务报表之间存在视角差异重视,指出合并报表的编制过程已超越简单的数据聚合与抵销,而是要求从企业集团这一更宏观的经济主体角度出发,对同一经济活动进行跨维度的调整与优化。视角差异的调整范围得到了显著扩展,不再局限于特定几项调整内容。

例如,在集团内部开展的房地产租赁业务中,如果单个成员企业将该类房地产列为投资性房地产进行会计处理,但在合并财务报表层面,鉴于此类房地产在集团整体运营中被视为自用性质,因此在内部交易损益抵销后,还需进一步调整其账面价值,将原本归类为投资性房地产的资产重新划定为自用固定资产或无形资产,以确保合并报表能够真实反映集团整体的资产配置与经济实质。

又如,母公司将借款作为实收资本投入到子公司,用于长期资产的建设。在子公司的个别财务报表中,可能无法将相关借款利息资本化。但在合并财务报表层面,需要将这些借款利息进行资本化处理。

此外,某些母子公司共同向第三方投资者发行的金融工具,在子公司的个别财务报表中可能被分类为权益工具。然而,在合并财务报表层面,需要综合考虑母子公司所承担的合同义务,可能需要将其重新分类为金融负债。